敦煌与丝绸之路文化，是西部这片热土所孕育出的灿烂杰作。如今随着考古发掘及文献释读的深入，研究新成果不断涌现，越来越多的学者对于敦煌与丝绸之路文化产生了浓厚的兴趣。已出版关于敦煌与丝绸之路文化的图书数以千计，并且每一时段都会有新的论著问世。“敦煌与丝绸之路学术文丛”就是在以往诸多学者研究成果的基础上，对学界关于敦煌与丝绸之路文化最新研究成果的一次梳理与总结。

敦煌与丝绸之路学术文丛

俄　军　杨富学　主编

杨富学　著

西域敦煌宗教论稿续编

读者出版传媒股份有限公司
甘　肃　教　育　出　版　社

图书在版编目（C I P）数据

西域敦煌宗教论稿续编 / 杨富学著. -- 兰州 : 甘肃教育出版社, 2013.4
(敦煌与丝绸之路学术文丛)
ISBN 978-7-5423-2962-2

Ⅰ. ①西… Ⅱ. ①杨… Ⅲ. ①佛教－宗教文化－研究－西域 Ⅳ. ①B948

中国版本图书馆CIP数据核字(2013)第062617号

出 版 人：吉西平
项目负责：白　鑫
责任编辑：吴洁琼
封面设计：徐晋林

西域敦煌宗教论稿续编
杨富学　主编
甘肃教育出版社出版发行
（730030　兰州市读者大道 568 号）
www.gseph.com　0931–8773056
兰州新华印刷厂印刷
开本 787 毫米×1092 毫米　1/16　印张 30.25　插页 4　字数 480 千
2015 年 4 月第 1 版　　2015 年 4 月第 1 次印刷
印数：1~1 000
ISBN 978-7-5423-2962-2　　定价：76.00 元

总 序

“丝绸之路”是古代中国走向世界之路。这条古老的商路在今天已成为历史的陈迹，但在几千年的历史长河中，却是中华民族得以向全世界展示其伟大创造力和灿烂文明的门户，也是古代中国文化得以与西方文化实现交流，成为相互影响、融合，共同促进人类文明进程的合璧之路。丝绸之路上传播的不仅是东西方的经济交流，更重要的是古代中国与其他国家、地区、民族之间物质文化和精神文化互相交往的产物，是东西文明相互撞击的结果，这才是丝绸之路的真正文化价值所在。丝绸之路上流动的是一种夹带着精神的物质，通过丝绸之路，中西文明第一次接触与交流，并在以后的交往进程中共同进步。季羡林先生曾言：“世界上历史悠久、影响深远的文化体系有四个，即中国、印度、希腊和伊斯兰文化。由于丝绸之路的影响，我国的敦煌和吐鲁番是这四大文化体系在全世界仅有的两个交汇点。从人类发展的愿景来看，对文化汇流的研究有其特殊的意义。目前研究这种汇流现象和汇流规律的地区，最好的、最有条件的恐怕就是敦煌和吐鲁番。”

敦煌、吐鲁番作为四大文明汇聚之地的代表，毋庸置疑。除此之外，长安、于阗、龟兹、楼兰、张掖、武威、天水、西宁、固原等地也都莫不以作为东西方文化的交汇之地而著称于世。穿越西北的丝绸之路不仅是重要商道,也是文化交流的通道。甘肃河西走廊作为丝绸之路上唯一不变的交通干道,也是丝绸之路历史遗存最典型、最丰富的地区。而地处丝绸之路咽喉的河陇地区则是中国传统文化“承前启后,继绝扶衰”之地,更是多种文化交融荟萃的枢纽。敦煌文献与石窟艺术、吐鲁番文书与石窟、居延汉简与悬泉汉简、黑水城文献、藏文文献等大量古代的文化遗存的相继发现都令世界震撼。丝路文化也逐渐成为中外文化交流中最为耀眼的部分,以致对其研究成为东方学诸多学科领域内最为突出的内容之一。

敦煌与丝绸之路文化,是甘肃这块贫瘠的土地所孕育出的灿烂杰作,是甘肃历史悠久、文化厚重的真实写照,也是对甘肃历史文化地位和特色的最好诠释。甘肃作为中华文明的重要发祥地、中西文化交汇的要道和各民族交融的前沿地带,必将对中华民族文化的传承创新和发展起到重大的推动作用和深远的影响。如今随着考古及文献的不断发掘,越来越多的学者对于敦煌与丝绸之路文化产生着浓厚的兴趣,在国内外学者的努力耕耘下,获得了相当丰硕的研究成果。截止目前,有关敦煌与丝绸之路文化方面出版的图书数以千计,而且研究范围正日益扩大,每一时段都会有新的学术成果涌现。

甘肃学术资源丰富,然而就其在国际学术界的影响而言,无疑应首推敦煌学、丝绸之路史和少数民族历史文化,三者可并称为拉动甘肃学术研究走向世界的“三驾马车”。甘肃教育出版社长期以来一贯坚持“立足本地，传承文化，追求特色，出版精品”的原则和方针，先后推出了大量优秀的敦煌学、丝绸之路史和少数民族历史文化方面的研究著作，引起了国内外学术界的广泛关注与推重。这套“敦煌与丝绸之路学术文丛”的策划与出版，正是该社突出“敦煌文化”与“丝路研究”主导思想的具体体现，这些选题又都和丝路沿线纷繁复杂的民族历史文化问题息息相关。

“敦煌与丝绸之路学术文丛”是一套综合性学术研究丛书，从不同方面探讨丝绸之路沿线历史、宗教、语言、艺术等文化遗存。和以往的有关丝绸之路文化方面的论著相比，本套丛书有自身个性，即特别注重西北少数民族文献与地下考古资料，在充分掌握大量最新、最前沿的研究动态和学术成果的基础上，在内容的选取和研究成果方面具有一定的权威性和前沿性。整套丛书也力求创新，注重学科的多样性和延续性，其中的各分册图书，在该学术研究领域都有一定的创新性。当然，这12册图书只是国内敦煌与丝路文化的部分成果，我们今后还将进一步通过出版续编的方式逐步完善，竭诚欢迎各位同仁的参与、批评与指正。

文丛的作者，既有成就卓著的老专家，也有青年才俊，更多的则是在这一领域有着突出成就的中年学术骨干。本丛书从策划到编辑，得到了诸位作者的大力支持与协助，从完善书稿到认真校对，都付出了不少辛劳，从而保证了书稿的写作质量和出版质量，在此致以由衷的感谢。

此外，不少年轻人，如甘肃省博物馆的赵天英，敦煌研究院民族宗教文化研究所的彭晓静、王东、张海娟，甘肃省社会科学院历史研究所的李志鹏以及兰州大学和西北民族大学的研究生俄玉楠、史淑琴、阿尔斯兰、史亚军等都参与了本丛书的具体工作，孜孜矻矻，乐此不疲，保证了丛书编纂工作的顺利完成，这里致以深深的谢意。

俄军　杨富学

2014年元旦

目 录

敦煌文献对中国佛教史研究的贡献 …………………………………… (001)
一、敦煌出土佛教文献的概况 ………………………………………… (001)
二、敦煌文献与正统佛教研究 ………………………………………… (002)
三、敦煌文献与世俗佛教研究 ………………………………………… (004)
四、敦煌文献与少数民族佛教研究 …………………………………… (005)

敦煌文献 P.2977 所见早期舍利塔考
——兼论阿育王塔的原型 ……………………………………… (007)
一、舍利与舍利塔 …………………………………………………… (007)
二、敦煌文献 P.2977 的内容与价值 ………………………………… (009)
三、十九塔杂考 ……………………………………………………… (013)
四、阿育王塔的原型 ………………………………………………… (029)
五、结论 ……………………………………………………………… (033)

也谈敦煌文献中的《付法藏因缘传》 ………………………………… (038)
一、敦煌写本《付法藏因缘传》辨析 ………………………………… (038)
二、《付法藏因缘传》中的祖师及对后世的影响 …………………… (043)
三、莫高窟第 196 窟的高僧画像 …………………………………… (046)
四、《付法藏因缘传》与祖师付嘱心法的传承 ……………………… (050)

浚县大伾山六字真言题刻研究 ……………………………………… (054)
一、大伾山六字真言题刻概述 ………………………………………… (054)

二、六字真言考释 ……………………………………………… (060)
三、六字真言在大伾山出现的原因蠡测 …………………………… (063)

敦煌本《历代法宝记·弘忍传》考论 …………………………… (068)
一、解题与录文 ………………………………………………… (068)
二、校注 ………………………………………………………… (070)
三、《弘忍传》所反映的几个问题 ……………………………… (071)

《金刚经》与南宗禅
——以敦煌文献为中心 ………………………………………… (076)
一、《金刚经》与慧能禅法 ……………………………………… (076)
二、《金刚经》与神会禅法 ……………………………………… (080)
三、《金刚经》与南宗禅祖师传承 ……………………………… (083)
四、南宗禅与敦煌《金刚经》信仰 ……………………………… (085)

《孔雀明王经》文本的形成与密教化 ………………………… (089)

甘肃省博物馆藏道教《十戒经传授盟文》 …………………… (098)

《乐山堂神记》与福建摩尼教
——霞浦与敦煌吐鲁番等摩尼教文献的比较研究 …………… (105)
一、引言 ………………………………………………………… (105)
二、《乐山堂神记》录文 ………………………………………… (106)
三、《乐山堂神记》与敦煌吐鲁番摩尼教文献共见诸神释证 ……… (110)
四、回鹘摩尼僧之开教福建 …………………………………… (121)
五、由乐山堂看明教堂口制度的形成与影响 ………………… (131)
六、霞浦明教的民间化与地方化 ……………………………… (141)

回鹘摩尼寺的形成及其功能的异化 ……………………… (149)

一、回鹘摩尼教寺院的形成 ……………………………… (149)

二、回鹘摩尼寺功能的异化 ……………………………… (156)

三、高昌回鹘摩尼寺的封建庄园化 ……………………… (166)

回鹘摩尼教的消亡及相关问题 …………………………… (182)

一、缘起 …………………………………………………… (182)

二、高昌回鹘摩尼教的式微与消亡 ……………………… (183)

三、波斯文《大霍加传》所见摩尼教徒献疑 ……………… (189)

四、察合台文摩尼教史料辨析 …………………………… (193)

回鹘宗教史上的萨满巫术 ………………………………… (199)

一、回鹘萨满教之炽盛 …………………………………… (199)

二、摩尼教传入之初萨满教的抗争 ……………………… (204)

三、萨满教的民间化——巫术 …………………………… (207)

文殊山:回鹘佛教文化的最后一方净土 ………………… (212)

唐代长安与敦煌佛教文化之关系 ………………………… (223)

一、沙州之长安乞经 ……………………………………… (223)

二、敦煌发现的长安佛事斋文 …………………………… (225)

三、《谒法门寺真身五十韵》及《天台五义分门图》之流入敦煌 ………………………………………………………… (228)

四、传入敦煌的其他长安法物 …………………………… (229)

五、政府对敦煌佛教的管理 ……………………………… (231)

六、余论 …………………………………………………… (233)

鄯善敦煌吐蕃僧人饮酒习俗考析 ……………………………… (236)

论鄯善国出家人的居家生活 ……………………………………… (251)
一、僧侣可以娶妻生子,拥有户主身份 ……………………………… (252)
二、僧侣中盛行蓄奴 ……………………………………………… (253)
三、僧侣可以收养子女,甚至参与妇女买卖 ………………………… (254)
四、僧人可置办田产 ……………………………………………… (254)
五、僧侣可饲养牲畜 ……………………………………………… (255)

鄯善国佛教戒律问题研究 ……………………………………… (259)
一、概说 ………………………………………………………… (259)
二、佛教在鄯善国的盛行 ………………………………………… (261)
三、僧人娶妻生子与相关戒律 …………………………………… (263)
四、僧人置产敛财与相关戒律 …………………………………… (265)
五、僧人饮酒食肉与相关戒律 …………………………………… (268)
六、僧人蓄奴与相关戒律 ………………………………………… (271)
七、鄯善国的《僧界规章》 ………………………………………… (272)
八、鄯善国"有信无戒"现象形成的原因 …………………………… (276)
九、余论 ………………………………………………………… (279)

从生老病死看唐宋时期敦煌佛教的世俗化 ………………………… (283)

蒙古豳王家族与河西西域佛教 …………………………………… (300)
一、豳王乌鲁斯的形成及其对河西西部和西域东部的统治
……………………………………………………………… (300)
二、豳王家族之奉佛 ……………………………………………… (303)
三、豳王家族与河西石窟的营造 ………………………………… (309)

河西多体文字合璧六字真言私臆 …………………………… (317)

黄教在卫拉特中的传播与影响述论 ………………………… (327)
一、黄教传入前的卫拉特佛教 …………………………… (327)
二、黄教始传与顾实汗入藏护教 ………………………… (332)
三、《卫拉特法典》对黄教的保护 ………………………… (337)
四、咱雅班第达对黄教的贡献 …………………………… (340)
五、噶尔丹与西藏黄教上层的结纳 ……………………… (343)
六、策妄阿拉布坦及其后的卫拉特黄教 ………………… (348)
七、土尔扈特之黄教 ……………………………………… (353)

从敦煌文献看道信禅法 ……………………………………… (357)

东山法门及其对敦煌禅修的影响 ………………………… (366)
一、敦煌文献所见东山法门 ……………………………… (366)
二、东山法门形成前的敦煌禅 …………………………… (371)
三、东山法门对敦煌僧人禅修的影响 …………………… (373)

《历代法宝记》所见达摩祖衣传承考辨 …………………… (378)

敦煌文献所见武则天与达摩信衣之关系 ………………… (387)
一、武则天与达摩信衣之入神都洛阳 …………………… (387)
二、武则天与达摩信衣之入蜀 …………………………… (390)
三、达摩信衣的归宿 ……………………………………… (392)

《传法宝记》的作者及其禅学思想 ………………………… (397)

碑铭赞所见唐五代敦煌的禅宗信徒 …………………………… (405)
一、敦煌禅宗信徒之分布 …………………………………… (405)
二、敦煌禅宗信仰之基本内容 ……………………………… (410)
三、敦煌禅宗信仰流行的原因 ……………………………… (413)

敦煌莫高窟禅窟的历史变迁 ………………………………… (415)

蜀地禅宗之禅法及其特点
——以敦煌写本《历代法宝记》为中心 ……………………… (426)
一、概说 ……………………………………………………… (426)
二、智诜禅法 ………………………………………………… (427)
二、处寂禅法 ………………………………………………… (429)
三、无相禅法 ………………………………………………… (431)
四、无住禅法及其影响 ……………………………………… (433)
五、净众保唐禅法的差异 …………………………………… (438)

关于摩诃衍禅法的几个问题 ………………………………… (442)
一、概说 ……………………………………………………… (442)
二、摩诃衍禅法在西藏的兴衰 ……………………………… (443)
三、摩诃衍禅法之顿渐共修 ………………………………… (450)
四、摩诃衍禅法在西藏盛衰之因由 ………………………… (456)
五、摩诃衍禅法对后世的影响 ……………………………… (460)
六、简短的结论 ……………………………………………… (464)

张碧波先生及其对萨满文化的研究
——《萨满文化研究》序 ……………………………………… (466)

敦煌文献对中国佛教史研究的贡献

一、敦煌出土佛教文献的概况

散藏在世界各国的古代敦煌文献总数约在6万件以上，除了数量最大的汉文文书外，尚有一定数量的吐蕃文、回鹘文、粟特文、于阗文、梵文、西夏文写卷，其中有90%以上的卷子都是佛教文书。

从敦煌遗书纪年题记看，时代最早的佛教卷子是日本中村不折氏旧藏的《譬喻经》(散746)，系前秦苻坚甘露元年(359年)之物。其次为S.797《十诵比丘戒本》，写成于西凉李暠建初元年(405年)。时代最晚者为北京图书馆藏收字4号《梵网经卢舍那佛说菩萨心地法门戒品》和俄藏《曹宗寿造经帙疏》(F.32A M.v1696)，分别为至道元年(995年)和咸平五年(1002年)的写本。[①] 除了藏经洞(莫高窟第17窟)出土的这些早期文献外，在莫高窟北区的464、465等窟中还发现了一些元代的文献，尤其是在上世纪90年代，通过对莫高窟北区石窟的清理，又发现了大批元代文献，主要是用回鹘文、西夏文及藏文等写成的佛教典籍，其中多为残片。[②] 自前秦至元，时间跨度达千年之久。

敦煌发现的佛教文献，既有本地的译经、疏释、著录及刻本、写本，也有大量自外地流入的法物。从一些文献题记即可以看出，敦煌早已有了自己的译场，从北魏开始就有了专门的写经生。这些写经生靠替施主抄写佛经取得报酬而生活。

当地僧众学习用的佛经和注疏，以及州县学校发给学生用的课本和学生听讲笔记等物也在敦煌也有不少留存。[③] 中原的帝王将相、世家豪族，不乏崇信佛教者。他们常常做这种“写经功德”，将写经分送到全国各

①另据报道，俄藏 F. 229B(M. 897)为《景德传灯录》残卷(成书于1006年)，为时代更晚的文献。但经考证，此文献非出敦煌，实出自黑城。见荣新江《俄藏〈景德传灯录〉非敦煌写本辨》，《段文杰敦煌研究五十年纪念文集》，北京：世界图书出版公司，1996年，第250~253页。

②彭金章、王建军《敦煌莫高窟北区石窟》第1~3卷，北京：文物出版社，2000—2004年。

③袁德领《敦煌遗书中的佛教文书简介》，《敦煌研究》1988年第1期，第110页。

大寺院“供养”。张、曹归义军时期，每当向中原王朝进贡时，常附带有“请经”任务。而朝廷的回赐物中，也常常有佛经。如S.2140《沙州乞经状》曰：

> 沙州先得帝王恩赐藏教。即今遗失旧本，无可寻觅欠数，却于上都乞求者。①

另外，求法的僧侣、东西往来的商人也或多或少地带来了一些佛经。从以上两个来源可以看出，敦煌所出佛教文献既体现出本地特色，同时又可视作4至14世纪中国佛教文献及其相互交流史的缩影，具有重要的参考价值。

二、敦煌文献与正统佛教研究

所谓正统佛教是一个与世俗佛教相对的概念。正统佛教十分强调并维护佛教经典的正统性，从僧祐《出三藏记集》、费长房《历代法宝记》、道宣《大唐内典录》、明佺等《大周刊定众经目录》、智昇《开元释教录》、圆照《贞元新定释教目录》到赵安仁等《大中祥符法宝录》及吕夷简等《景祐新修法宝录》，大凡南宋以前的佛教经录，一般都主张判教，以甄别正经、疑经和伪经。对正经加以维护，对疑经采取不信任态度，对伪经则极力排斥。对偶然混入藏内的疑伪经必加说明，以示剔除；而对社会上流传更广的疑经和伪经采取视而不见的态度，以期达到弘扬并维护正统佛教的目的。

大凡正统佛教所尊奉的正经，在敦煌都有发现，著名者有《大般若波罗蜜多经》《金刚经》《金光明最胜王经》《妙法莲华经》《维摩诘经》《大般涅槃经》《梵网经》《大方广佛华严经》《药师琉璃光如来本愿功德经》《大日经》《大宝积经》《瑜伽师地论》及《净土三经》等，多则数千号，少则也有数百、数十号。尤为宝贵的是不少经卷附有题记，如北图藏生字24号和闰字96号《净名经关中释抄》的题记将东汉以来直到唐朝期间六种译本的翻译情况交代得清清楚楚。诸如此类者不少，对古代中国佛经翻译史及佛经流传过程的研究都极具价值。

再如S.2278《宝雨经》残卷，内容为达摩流支于武则天长寿二年(693年)所译该经的第3个译本，与前两个译本相比，多出了一段武则天为自

①方广锠《敦煌遗书〈沙州乞经状〉研究》，《敦煌学佛教学论集》下册，香港：中国佛教文化出版有限公司，1998年，第202~204页。

已称帝而造舆论的所谓“佛授记”,卷末题记中有许多武周新字,由“大白马寺大德沙门怀义监译”。说明这一“授记”的出笼与薛怀义有关,体现了唐代佛教与政治间的紧密关系。

敦煌写本中保存有300余件禅宗文献,分属于近百部著作,不少系唐代宗密编纂的禅藏的遗留。[①] 禅藏编成不久,即遇会昌灭法而在中原失传,仅存于敦煌。其中法海本《六祖坛经》最受学界推重。该经主要记录了六祖慧能的事迹和语录,反映了慧能对习禅者的要求:体认佛性之自身洁净,以树立佛教的世界观,被奉为禅宗南宗的基本理论书籍。敦煌遗书中保存有该经写本4件,其篇幅比通行的元代宗宝的改编本少得多,不分章节,言语朴素。经几代学者努力,现已整理出最可靠、最古老的《坛经》读本。[②] 由神会述,刘澄集的《神会语录》,记录了开元年间神会与信徒们就禅法、修行等问题进行的问答,并记述了自达摩至慧能禅宗六祖相承的传略等,对禅宗史的研究有重要意义,故自胡适发现并著成《神会和尚遗集》后,数十年间研究不衰,先后出版有石井光雄《敦煌出土神会录》、铃木大拙《敦煌出土荷泽神会语录》、杨曾文《神会和尚禅话录》等多种录校本。此外的禅籍尚有《坛语》《历代法宝记》《楞伽师资记》等,这些文献的发现改变了中国禅宗史研究的基本面貌。

敦煌偏处西北,在安史之乱后孤悬关外,躲过了会昌法难,得以保存一批内地失传的佛典,如《诸佛名经》《众经别录》等;还有一些经典,是敦煌所特有的,如昙倩于安西译出的《金刚坛广大清净陀罗尼经》《大乘无量寿宗要经》及法成于河西诸地翻译的多部佛经等。这些经译出后未能传入内地,仅流传于西北一隅,并在敦煌得以保留。这是对中华大藏经的一大贡献。

敦煌还保存有不少未为历代《大藏经》所收的印度高僧的佛教著作,如马鸣的《大庄严经论》、龙树的《中论》《大智度论》、世亲的《大乘百法明论》《大乘五蕴论》等。它们的发现,为研究古代印度佛教及其对中国的影响,印度佛学大师的生平、著作及思想影响等都提供了新的资料。

这里还应提到敦煌出土的为数众多的佛教经录,其中既有流通全国的各种综合性目录,也有敦煌本地寺院编纂的目录,大都未为历代大藏经所收,[③] 对研究古代中国佛教经录弥足珍贵。

①方广锠《关于禅藏与敦煌禅籍的若干问题》,方广锠主编《藏外佛教文献》第1辑,北京:宗教文化出版社,1995年,第393页。

②杨曾文《敦煌新本〈六祖坛经〉》,上海:上海古籍出版社,1993年,《自序》第7页。

③方广锠《敦煌佛教经录辑校》上册,南京:江苏古籍出版社,1997年,《前言》第5页。

三、敦煌文献与世俗佛教研究

与正统佛教不同，世俗佛教在对待疑经和伪经的态度上，并未遵循正统佛教只奉受正经的传统，对所谓的正经、疑经和伪经兼收并蓄，一视同仁，不分轻重，同样崇奉。敦煌出土的为数众多的此类文献，即如实地反映了这一现象。

敦煌文献中的疑伪经典很多，据笔者粗略统计，无虑数十种，主要的有《佛说无量寿宗要经》《佛说天地八阳神咒经》[①]《佛说父母恩重经》《佛说十王经》《佛说续命经》《救护身命经》《救护身命济人疾病苦厄经》《决罪福经》《大通方广经》《大方广华严十恶品经》《佛说要行舍身经》《佛说赞僧功德经》《新菩萨经》《佛顶心观世音菩萨救难神验经》《佛说因果经》《佛说如来成道经》《佛说消灾除横灌顶延命真言经》《佛说安宅神咒经》《佛说北方大圣毗沙门天王经》《佛说不增不灭经》《大丈夫经》《佛说禅门经》《无量大慈经》《破昏殆法》《劝善经》《七阶佛名》《观世音三昧经》《大辨邪正经》《佛说证明经》《首罗比丘经》《佛说咒魅经》《佛说法句经》《佛说净度三昧经》《最胜妙定经》《佛说证香火本因经》《僧迦和尚欲入涅槃说六度经》等等。这些文献，一般不为历代大藏经所收，故很多久已失传，幸亏从敦煌文献中还可以找到若干遗存，堪为研究之资。[②]

这些疑伪经的抄本量不等，有的仅存一件或数件，有的存数十件乃至上百件，为数最多的当属《佛说无量寿宗要经》，现存写本不下 200 件。这些经典有的归瓜沙归义军各级政府或官员所有，有的则为寺院及僧侣之藏品，还有更多的当属社会上一般平民之物。由此可见，疑伪经在敦煌社会中的流行是相当广泛的，普及到社会的各个阶层。

从敦煌出土的佛教文献看，唐宋时代，敦煌佛教的世俗化倾向越来越明显，人们将抄写、诵读、供养佛经和塑造、绘制佛像作为积累功德的最大事功。希望以此功德使自己以及早已亡故或仍然生存于世的亲人乃至一切众生消灾除难，同登乐果。[③]

为了向文化水平较低或不识字的信众传扬佛教，人们把深奥的佛经

①此指唐义净译本。法护译《八阳神咒经》与之不同，思想内容相去甚远，应为“正经”。说明有些传统上被视为伪经的经典，其实也是从印度传来的，并非中土僧人伪撰。

②李正宇《唐宋敦煌世俗佛教的经典及其功用》，《兰州教育学院学报》1999 年第 1 期，第 9~10 页。

③有关文献被裒辑于黄征、吴伟编校《敦煌愿文集》(长沙：岳麓书社，1995 年)中，可参见。

改编成通俗易懂的讲经文、因缘文、变文、押座文、解座文以及歌辞、俚曲等，或将其转化成壁画，或流转于口唱，供信众观赏。这些举措为佛教理论的传播开启了多种多样的方便之门。①

除上述之外，敦煌发现的与世俗佛教有关的文献还有很多，为我们描绘了古代敦煌丰富多彩的寺院生活实况。如邈真赞、高僧行传等寺院史传文书描述了许多高僧大德的行实；斋会斋文、礼忏文、羯磨文、授戒文、度牒等则记录了敦煌古代寺院的佛事活动；而有关寺院买卖、典押、借贷、雇工诸方面的契约等则反映了敦煌寺院的经济活动，为敦煌乃至全国的佛教世俗化这一课题的研究提供丰富而宝贵的铁证。

四、敦煌文献与少数民族佛教研究

在敦煌出土的佛教文献中，有不少内容都与曾在敦煌活动过的古代少数民族有关，其中与吐蕃相关者为数最为丰富。既有吐蕃文，也有汉文，人们从中发现了许多为现代教规、行政文件、年代纪所不载的佛教文献。

敦煌文书中的藏文写本计有近万件，多与佛教相关，有经、律、论、真言、经疏及吐蕃人的著述等多方面的内容。如所周知，佛教传入西藏是在7世纪松赞干布执政时，而后来的宗教著作却常把它夸大成是藏族与生俱来的东西。敦煌的藏文文献写成于神圣感并不强烈的时代，当时藏族文化发达，思想活跃，宗教文献中表现出的常常是历史的真实，②吉光片羽，堪称可贵。

在藏文之外，敦煌所出的汗牛充栋的汉文写卷中，还有相当丰富的吐蕃佛教史料，其中尤以昙旷《大乘二十二问》、王锡《顿悟大乘正理决》及法成的有关著译最引人注目。

《大乘二十二问》罗列有关大小乘教理、教义、教史方面的问题共二十二个，系昙旷为回答吐蕃赞普关于佛法的垂询而撰，是研究昙旷思想及吐蕃统治时期河西佛教状况的珍贵资料。

王锡所撰《顿悟大乘正理决》则证实了一直被视为传说的吐蕃僧诤的实际存在。藏族史家称来自中原的摩诃衍和尚在争论中失败了，而《正理决》却说他取得了胜利。藏族史料称此后禅宗的教义和活动因受禁止而在

①有关文献见载于周绍良、张涌泉、黄征《敦煌变文讲经文因缘辑校》(上、下册)，南京：江苏古籍出版社，1998年。

②上山大峻，“敦煌资料と初期チベット佛教研究”，《东洋学术研究》第21卷2期，1982年，第14~28页。

西藏消失,但敦煌发现的禅宗文献却又使我们得出相反的结论。这一现象表明,发生在西藏腹地(如拉萨的桑鸢寺)的佛教故实在敦煌文献中不乏记载,且很有研究的价值。

唐代藏族高僧法成的著作在敦煌石窟中留存极多。其中有法成由汉译藏的《金光明最胜王经》《解深密经疏》《楞伽阿波多罗宝经》《善恶因果经》《贤愚经》等20部;藏译汉者有《般若心经》《诸星母陀罗尼经》《萨婆多宗五事论》等5部;著述有《大乘四法论及广释开决记》《大乘稻芊经随听手镜记》《叹诸佛如来无染著德赞》等3部,另有法成讲,弟子谈迅、福慧、法镜等人手录的《瑜伽师地论讲议录》等。[①]

敦煌发现的与昙旷、王锡、法成有关及由其撰写的著作,大致反映了汉地禅宗在吐蕃中的传入、兴盛到衰亡三个阶段的历史。这些对研究古代吐蕃乃至河西地区的佛教无疑是弥足珍贵的资料。

除吐蕃文献外,敦煌发现的回鹘佛教史料也是相当丰富的。著名的回鹘文《阿毗达磨俱舍论安慧实义疏》是今存该经最完整的版本,对研究与复原该经意义重大;由著名维吾尔族佛教徒安藏和必兰纳识里创作的佛教诗歌集更是研究回鹘佛教文学、宗教思想的第一手资料。其他比较重要的文献尚有叙事诗《常啼与法上的故事》、韵文体《观音经相应譬喻谭》、密宗文献《吉祥胜乐轮》及多种佛教经典,如《金光明最胜王经》《阿毗达磨俱舍论》《妙法莲华经玄赞》《佛说十王经》《八十华严》《阿毗达磨顺正理论》等。[②] 回鹘文自15世纪以后便被弃用,成为不为人知的“死文字”,只有劫后余孤残存于敦煌、吐鲁番的古代遗址中。敦煌发现的这些文献尽管数量上没有吐鲁番出土者众多,但其篇幅一般都比较大,保存相对完好,故对唐宋至蒙元时代回鹘佛教的研究具有特殊的意义。

此外,敦煌还发现有用梵文、粟特文、于阗文、西夏文写成的佛教典籍,数量尽管不多,但其研究价值却是不可低估的。

(原刊《世界宗教研究》2000年第2期,第142~147页)

①以上文献可参见戴密微著,耿昇译《吐蕃僧诤记》,兰州:甘肃人民出版社,1984年;上山大峻《敦煌佛教の研究》,京都:法藏馆,1990年;杨富学、李吉和《敦煌汉文吐蕃史料辑校》(第1辑),兰州:甘肃人民出版社,1999年。

②J. Hamilton, *Manuscrit ouïgours du IXe–Xe siècle de Touen– houang*, 2 vols., Paris 1986; 杨富学、牛汝极《沙州回鹘及其文献》,兰州:甘肃文化出版社,1995年。

敦煌文献 P.2977 所见早期舍利塔考

——兼论阿育王塔的原型

一、舍利与舍利塔

舍利是梵语 Sārira 的音译，又作舍利子，汉译为灵骨、身骨、遗身，是人往生后经过火化而遗留下来的结晶体。释迦牟尼遗体火化后所结成的珠状物，在佛经中称作舍利子。舍利子的形状千差万别，既有圆形，也有椭圆形，更有莲花形，甚至还有的呈佛或菩萨状。其颜色也呈七彩斑斓，有的像珍珠，有的像玛瑙，也有的似水晶，光彩照人，而且如钻石一般坚硬，锤打不碎。唐释道世编《法苑珠林·舍利篇·引证部》说：

> 舍利有其三种，一是骨舍利，其色白也；二是发舍利，其色黑也；三是肉舍利，其色赤也。菩萨罗汉等亦有三种，若是佛舍利，椎打不碎，若是弟子舍利，椎击便破矣。①

《浴佛功德经》中将舍利分为两种，其一为生身舍利，又称身骨舍利，是指佛的遗骨；二为法身舍利，又称法颂舍利，是指佛所遗留的教法，即《大藏经》中的经律论等。另外，舍利还有真身舍利与影骨舍利之别。释迦牟尼遗体火化后遗留下来的舍利，称真身舍利，为防止真身舍利被盗或遗失，用其他材料仿制或代用的仿制舍利，即影身舍利，一般置于真身舍利之前，起一种保护作用。如在陕西扶风法门寺地宫中出土的四颗佛指舍利中，仅有一颗为释迦牟尼佛的真身指骨舍利，其余三颗为唐代用玉石等材料复制的影骨舍利。

舍利的形成，一般说来，系修行者的道力功底久年积累所致，可以“证信”。修行人在圆寂荼毗以后出现舍利的多少，可彰显修行人生前在践行戒定慧方面取得信仰成就的高低。《金光明经》卷四《舍身品》云：“舍利者，

①《大正藏》第五三卷《事汇部上》，No. 2122，页 598c。

是戒定慧之所熏修，甚难可得，最上福田"。[①] 死后身出舍利不是出家在家修行人追求解脱的最终目标，但却是修行者追求解脱过程中之量化标准之一。舍利，并非佛菩萨在修行圆寂荼毗后所独享，一般肉体凡胎，达到一定修行次第，经过火化后也会有舍利出现，被称作舍利子或坚固子。高僧的舍利是佛教徒通过勤修戒定慧所证得的道果，而释迦牟尼的真身舍利则与之迥然有别。释迦牟尼为度化众生，解脱众生苦难，常现不同的法身、报身、化身，荼毗后的八万四千颗真身舍利便成为佛法身、报身、化身的标志，藉以激励修学者努力精进。

释迦牟尼灭度后200年左右，印度孔雀王朝第三代君主阿育王(公元前2世纪)统一古印度大部，国势大张。在其皈依佛教后，大兴佛教，在华氏城(今印度比哈尔邦首府巴特那)举行了佛教史上规模最大的第三次结集，编纂整理经、律、论三藏经典，并派遣僧侣四方传播佛教。阿育王还取出王舍城大宝塔阿阇世王分得的佛陀舍利，分成八万四千份，"尊者耶舍舒指放光，八万四千道。令羽飞鬼，各随一光尽处，安立一塔。"[②] 在中国，共建造了19座舍利塔。《阿育王传》卷一对这一过程有详细记载：

> 王还于本处，便造八万四千宝箧，金银琉璃以严饰之，一宝箧中盛一舍利。复造八万四千宝瓮，八万四千宝盖，八万四千匹彩以为装校。一舍利付一夜叉，使遍阎浮提，其有一亿人处，造立一塔。于是鬼神各持舍利四出作塔……[王]到于上座夜舍之前，合掌而言："我今欲于阎浮提内造立八万四千宝塔。"上座答言："善哉，善哉。王若欲得一时作塔，我于大王作塔之时，以手障日，可遍敕国界：'手障日时，尽仰立塔。'"于是后即以手障日，阎浮提内一时造塔。造塔已竟，一切人民，号为正法阿恕伽王，广能安隐，饶益世间，遍于国界，而起塔庙。善得滋长，恶名消灭，天下皆称为正法王。[③]

阿育王到处建立塔寺，分奉舍利。按每亿户人家分得一份，计八万四千份，建八万四千宝塔，华夏得十九份，建十九处宝塔。阿育王朝时期佛教昌盛，以阿育王奉佛建塔有功，后世佛教徒为缅怀阿育王功德，多将瘗埋

①《大正藏》第一六卷《经集部三》，No. 663，页354a。
②[宋]志磐《佛祖统纪》卷三三，《大正藏》第四九卷《史传部一》，No. 2035，页318b。
③《大正藏》第五〇卷《史传部二》，No. 2042，页102a–b。

释迦牟尼舍利的塔称作阿育王塔,庶几成为释迦牟尼舍利塔的代名词。

二、敦煌文献 P. 2977 的内容与价值

关于中华十九塔的情况,道宣撰《集神州三宝感通录》卷上(成书于麟德元年,664 年)、《广弘明集》卷一五和道世撰《法苑珠林》卷三八《故塔部第六》(成书于总章元年,668 年)均有记载。与之大致相同的记载又见于敦煌文献 P.2977 中,可与上述三史的记载互相印证,且可补充以上三史记载之不足,对全面认识我国早期舍利塔的分布与佛教发展状况具有较高史料价值,惜一直未引起学界的关注。兹录全文如下:

第三明塔　佛灭度后一百八十六年,摩竭陀国铁轮王名阿育,开前故塔,取其舍利八万四千粒,使七宝为资,驱役鬼神,造八万四千宝塔,每一塔中安舍利一粒,请鸡头末寺十六万八千僧中,第一座号曰耶舍尊者,于五指端放八万四千道光明,敕鬼神寻光尽处,安塔一所,大唐国内得一十九所也。

第一在明州鄮县育寺

第二在金陵长干寺也

第三在青州临淄县　寺久无名

第四在河中普救寺

第五在凤翔法门寺

第六在瓜州　未知寺名

第七在沙州大乘寺

第八在故洛阳白马寺

第九在泾(凉)州姑藏寺

第十在甘州删丹县　未知寺名

第十一在晋州洪同县广化寺

第十二在代州香谷县圆果寺

第十三在益州福咸(感)寺

第十四在洛京蜜(密)县超化寺

(第十五原缺)

第十六在怀州武陟县妙药(乐)寺

第十七在北京净明寺

第十八在北京榆杜(社)县　寺久无名

第十九在魏府潮城县　寺久无名

夫舍利者,唐言灵骨。恐滥凡人之骨,故取舍利之名也。

经云:舍利者,无量戒定慧之熏修,最上福田,甚难可得。夫在家出家者,须求无上菩提者,总须礼敬是塔,乃至瞻一礼一香一花,扫洒供养者,千返生天,不堕地狱,所在之处,毫遗尊崇,见佛开经,总证道深。①

P.2977 为唐代写卷,首尾皆残,值得庆幸的是"第三明塔"部分内容基本完整,只有少数几字残损,而且结合上下文,可以补出。文中注明十九处舍利塔的排位、地址及名称等状况。其中,P.2977 所列十九塔(漏第十五塔)之顺序与《法苑珠林》完全相同,《集神州三宝感通录》所列与以上二者基本一致,惟十四塔与十五塔位置调换。《广弘明集》卷一五所载古塔顺序与之不同(见表一),而且漏掉了凉州姑藏(臧)寺塔。

以敦煌文献 P.2977 与《集神州三宝感通录》《广弘明集》和《法苑珠林》的记载相比较,详略各有千秋。如 P.2977 所载为 19 塔,《集神州三宝感通录》则为 20 塔,多出"杂明神州山川藏宝等缘二十",《法苑珠林·故塔部》又增为 21 塔,比 P.2977 多出"统明神州山川并海东塔"和"西域所造之塔"。就内容论,P.2977 尽管比上述三书都简略得多,但对塔名的记载却比三书更全面、更准确,如第四塔,《法苑珠林》和《集神州三宝感通录》均失其名,《广弘明集》则称作"蒲阪育王塔",学界仅知其位处蒲州,但到底是哪一座寺,长期无法确定。② 敦煌写本明确为"河中普救寺",而今天蒲州正好有普救寺存在,其位置庶几乎可藉由此文献得到底定。再如写本第十一塔为晋州洪同县广化寺塔,第十二为代州香谷县圆果寺塔,都比《集神州三宝感通录》《广弘明集》和《法苑珠林》的记载确切,诸如此类,比比皆是。现以 P.2977 与《集神州三宝感通录》《法苑珠林》《广弘明集》进行比较,对应情况如下:

①上海古籍出版社、法国国家图书馆编《法国国家图书馆藏敦煌西域文献》第 20 册,上海:上海古籍出版社,2002 年,第 301~302 页。

②张驭寰《佛教寺塔》,北京:宗教文化出版社,2007 年,第 161 页。

表一　敦煌文献与三史所列十九塔对应关系表

序号	P.2977	《集神州三宝感通录》卷上	《法苑珠林·故塔部》	《广弘明集》卷一五
1	第一明州鄮县育寺	西晋会稽鄮塔缘一	西晋会稽鄮县塔一	越州鄮县塔一
2	第二金陵长干寺	东晋金陵长干塔缘二	东晋金陵长干塔二	闰(润)州江宁长干寺塔七
3	第三青州临淄县(未知寺名)	石赵青州东城塔缘三	石赵青州东城塔三	青州临淄阿育王寺塔十
4	第四河中普救寺	姚秦河东蒲坂塔缘四	姚秦河东蒲阪塔四	河东蒲坂育王塔十一
5	第五凤翔法门寺	周岐州岐山南塔缘五	周岐州岐山南塔五	岐山法门寺塔四
6	第六瓜州(未知寺名)	周瓜州城东古塔缘六	周瓜州城东古塔六	瓜州土塔九
7	第七沙州大乘寺	周沙州城内大乘寺塔缘七	周沙州城内大乘寺塔七	沙州城大乘寺育王塔十七
8	第八洛阳白马寺	周洛州故都西塔缘八	周洛州故都西塔八	洛州白马寺育王塔十五
9	第九泾(凉)州姑藏寺	周凉州姑臧县塔缘九	周凉州姑藏故塔九	缺
10	第十甘州删丹县(未知寺名)	周甘州删丹县塔缘十	周甘州删丹县故塔十	甘州删丹育王古塔十六
11	第十一晋州洪同县广化寺	周晋州霍山南塔缘十一	周晋州霍山南塔十一	晋州霍山育王寺塔十八
12	第十二代州香谷县圆果寺	齐代州城东古塔缘十二	齐代州城东古塔十二	代州育王塔十四
13	第十三益州福感寺	隋益州福感寺塔缘十三	隋益州福感寺塔十三	益州成都福感寺塔五
14	第十四洛京蜜(密)县超化寺	隋郑州起化寺塔缘十五	隋郑州超化寺塔十五	郑州超化寺塔二
15	(原缺)	隋益州晋源县塔缘十四(雒县塔附)	隋益州晋源(原)县塔十四	益州晋源(原)县塔六

续表

序号	P.2977	《集神州三宝感通录》卷上	《法苑珠林·故塔部》	《广弘明集》卷一五
16	第十六怀州武陟县妙药(乐)寺	隋怀州妙乐寺塔缘十六	隋怀州妙乐寺塔十六	怀州武陟妙乐寺塔八
17	第十七北京净明寺	隋并州净明寺塔缘十七	隋并州净明寺塔十七	并州育王寺塔十二
18	第十八北京榆杜(社)县(未知寺名)	隋并州榆社县塔缘十八	隋并州榆社县塔十八	并州榆社育王寺塔十三
19	第十九魏府潮城县(未知寺名)	隋魏州临菑(黄)县塔缘十九	隋魏州临黄县塔十九	冀州临黄育王塔三
20		杂明神州山川藏宝等缘二十	统明神州山川并海东塔二十	
21			明西域所造之塔二十一	

《集神州三宝感通录》卷上及《法苑珠林·故塔部》之塔序编号完全一样，十四、十五都位处益州，书手误作同一寺，竟把“晋源(原)县塔”漏写。原本应为十五的超化寺塔被提前一位，成了十四。可以确定，敦煌写本依据的顺序无疑是《集神州三宝感通录》及《法苑珠林》的记载，只是笔误才出现序列差异。三者相较，历史地名略有出入，由此可证该塔所在寺院的方位及名称的历史变迁情况，如第十二的“代州香谷县圆果寺”和“齐代州城东古塔”，二者相较，可清晰地知道代州古塔所在寺院为圆果寺，兴建于北齐时期。诸如此类，不一而足，将隋以前所存的十九处舍利塔的兴废历史刻画出了一个较为完整、明晰的轨迹。

写本时代不明。但其中所载“第十七在北京净明寺”一语可为我们确定其时代提供线索。武则天长寿元年(692年)，因并州是武氏故里建为北都，在今山西太原市西南晋源区。神龙元年(705年)废。开元十一年(723年)，又因并州为唐高祖发祥地，复建为北都。天宝元年(742年)，改北都为北京。上元二年(761年)，停京号，次年又称北都。故而可以认为，该文献当写成于并州称北京时期(723—761年之间)或其后，比《集神州三宝感通录》《广弘明集》和《法苑珠林》大致要晚一个世纪左右。原来没有名称的舍利塔先后被命名，这可能就是晚出的敦煌写本对塔名的记载却比早出的三史更全面、更准确的缘由。

三、十九塔杂考

关于中华十九座阿育王塔的状况，宋人志磐曾留下这样的描述：

> 摩腾谓汉明帝曰：阿育王塔，震旦有十九处。大士告刘萨诃：洛阳（圣冢）、建邺（长干）、鄮阴（玉几）、临淄、成都五处有阿育王塔。今十九处不可备知，而考之五处，独鄮阴之塔，显示世间可获瞻礼。①

这一记载说明，早在宋代，华夏十九塔中，除洛阳、建邺、鄮县、临淄、成都五处之阿育王塔外，其余大多已不为人所知。五塔之中，只有鄮县之塔"可获瞻礼"，其余也都被隐而不彰。有幸的是，敦煌写本 P.2977 有对这些古塔的珍贵记录，考古资料及地方志文献也提供了丰富的佐证，结合佛教典籍的有关记录，十九塔的演变历史及现状大多尚可稽考。现依敦煌写本之次序，逐一考之如下。

1. 明州鄮县育寺塔。《集神州三宝感通录》与《法苑珠林》均作"明州鄮县阿育寺"。《广弘明集》卷一五称此塔在"越州东三百七十里"。鄮县，今浙江省宁波市鄞州区，古属会稽郡。"阿育寺"，又名阿育王广利寺，位处今宁波市东二十公里的鄞州区宝幢镇，是我国禅宗名刹，"中华五山"之一。由于寺内舍利殿中存有名闻天下的佛祖舍利宝箧印塔而饮誉海内外。

最早确切记载古鄮县舍利塔的是道宣，他在《集神州三宝感通录》卷上记载说：晋太康二年（281 年），并州离石人刘萨何（诃）在宁波一个大山中掘得灵塔一座，"相状青色，似石而非石，高一尺四寸，方七寸，五层露盘，似西域于阗所造"。② 当时认为是古印度阿育王所造八万四千塔中的一座，推崇备至，遂将此山命名为阿育王山。这种塔属于典型的宝箧印塔，亦即阿育王塔。

据新旧《阿育王寺志》记载，在舍利塔涌出后，东晋义熙元年（405 年）建塔亭，唐万齐融撰《阿育王寺常住田碑》载："阿育王灵塔寺者，晋义熙元年（405 年）所置也。"③ 这应是阿育王寺建寺之始。20 年后，晋文帝增建祠

①［宋］志磐《佛祖统纪》卷三三，《大正藏》第四九卷《史传部一》，No. 2035，页 327c。

②《大正藏》第五二卷《史传部四》，No. 2106，页 404b。

③《全唐文》卷三三五，上海：上海古籍出版社，1990 年，第 1498 页。

图1　宁波阿育王寺地面大塔

宇,造三层木塔。大同六年(540年),梁武帝诏越州守臣重修阿育王塔,并重修寺院僧舍,赐额为"阿育王寺"。南宋咸淳末(1174年),魏王恺用黄金造护塔而藏舍利塔于其中。不久宋孝宗降旨送舍利塔入临安皇宫,并为阿育王寺题额"妙胜之殿"(今存)。入元之后,阿育王寺曾将舍利塔护送至遥远的上都(今内蒙古),又转北京各寺。明万历时,太后赐藏舍利的铜塔。凡此种种,足见历代对于宁波舍利塔崇拜至极。

今天所见的宁波阿育王塔有二座。一为地面建筑,高约37米,是一座砖构六角七层楼阁式塔。此塔始建于唐代,重修于元代,为宁波阿育王寺内著名建筑之一(图1)。二为木雕舍利小塔。据传,此塔即西晋和尚刘萨诃在宁波山中所获者。该阿育王塔曾几度转移。唐会昌灭佛之际,移往越州官库,宣宗时又移往越州开元寺,后又移回育王寺。贞明二年(916年),吴越王钱镠及弟钱铧又将此塔迎往杭州罗汉寺,太平兴国三年(978年)钱弘俶降宋,翌年僧统赞宁又奉此塔移往汴京,此后便下落不明。今天所见者应为宋代仿制之物,现存阿育王寺舍利殿内。舍利殿高15米余,内有石舍利塔一座,石塔内又有七宝镶嵌的小木塔一座。塔身呈青色,高1.4尺,宽0.7尺,五层四角,四面窗孔,每层雕菩萨神像,内顶悬宝磬,磬内悬舍利一颗,即为俗谓的佛真身舍利。舍利呈暗红色,因视角不同和光线强弱的变化,有时会发出红、黄、灰黑等不同色彩,被奉为镇寺之宝(图2)。"文革"期间,阿育王寺的舍利塔暂由国家库房保存,而木塔外护石舍利塔却被砸毁，于1979年重新修复。

2. 金陵长干寺塔。《集神州三宝感通录》与《法苑珠林》均作“东晋金陵长干塔”。东吴赤乌年间，有西域康居国人康僧会领徒至长干里，弘法于吴大帝孙权，“权大叹服，即为建塔。以始有佛寺，故号建初寺”。[①] 该寺为江南第一座佛教寺院，被称为江南佛教的发祥地，后被孙皓毁掉。到西晋武帝司马炎太康三年（282年），刘萨诃得舍利于长干里，复建长干寺。[②] 东晋咸安元年（371年），“交州合浦郡人董宗之……尝于海底见光照曜，往取，乃得佛光，即表上台。帝敕安阿育王像背，冥然即合。四十余年乃方具足，帝即于长干寺阿育王塔上，起三层木浮图。”[③] 即此长干寺塔。又过二百年，梁武帝萧衍于天监年间将寺名改成长干寺（以位处金陵长干里而得名），在圯址上重新修复寺院、建造九级阿育王塔，名曰圣感塔。《梁书》卷五四《扶南传》载：“[大同]三年八月，高祖改造阿育王寺塔，出旧塔下舍利及佛爪发。”遂举办无遮大会，并且赦免了天下所有罪犯。遗址中曾出土舍利塔砖，砖面上有大同三年十月十五日“敕建长干寺如来舍利塔砖趁庆之造”十五字，可证《梁书》记载之不误。隋唐二代，都曾从此塔下取出舍利。《法苑珠林》卷三八《故塔部第六·感应缘》载：

图2　宁波阿育王寺舍利殿小木塔

西京城内东南曲池日严寺，寺即隋炀帝造。昔在晋蕃作镇，淮海京寺有塔未安舍利，乃发长干寺塔下取之，入京埋于日严寺塔下，施铭于上……至武德七年日严寺废，僧徒散配，其舍利塔无人守护。时有道宣律师，门徒十人，配住西市南长寿坊崇义寺，乃发掘塔下，得舍利三枚，白色光明，大如黍米，并爪一枚，少有黄色，并白发数十余，有杂宝琉璃古器等，总以大铜函盛之。检无

①[梁]释慧皎撰，汤用彤校注《高僧传》卷一《康僧会传》，北京：中华书局，1992年，第16页。
②[清]孙文川撰，陈作霖编《南朝佛寺志》卷上，台北：明文书局，1980年，第21~24页。
③[隋]费长房《历代三宝纪》卷三，《大正藏》第四九卷《史传部一》，No. 2034，页39a。

螺发，又疑爪黄而小如人者。寻佛倍人，爪赤铜色，今则不尔。乃将至崇义寺佛堂西南塔下，依旧以大石函盛之。本铭覆上，埋于地府。①

北宋端拱元年(988年)，僧可政得唐三藏玄奘大师顶骨舍利，于长干寺建塔瘗藏；宋天禧元年(1017年)，长干寺重修，改称“天禧寺”，寺塔易名“圣感塔”。元至元二十五年(1288年)，忽必烈诏改天禧寺为“元兴天禧慈恩旌忠教寺”，改塔名为“慈恩塔”。永乐六年(1408年)，寺塔均毁于火。永乐十年(1412年)，成祖朱棣为报答母恩，在已损毁寺塔的旧址上，“依大内图式，造九级一色琉璃塔一座，曰第一塔，以扬先皇太后之德。”② 因此得名大报恩寺与大报恩寺塔(琉璃塔)。大报恩寺塔规模宏伟，九层八面，高达78.2米，堪称南京历史上最辉煌的古建筑，曾被西方人士誉为“中世纪世界七大奇迹”之一。③

咸丰三年(1853年)，太平军进逼南京，利用报恩寺琉璃塔“俯窥城内，架炮轰城”。④ 翌年，清军攻克雨花台，太平军为防清兵占据而放火烧塔，使这座闻名中外的琉璃塔遭到了彻底的破坏，仅存一青铜色塔刹(1930年后失踪)和8米高的石碑。1854年5月30日美国海军助理军医法斯等人游大报恩寺琉璃塔，目睹了寺塔被毁的惨状。⑤ 遗址今存南京城南中华门(原聚宝门)外古长干里晨光机械厂内。

2008年11月22日，北宋长干寺地宫出土了中国目前发现的最大鎏金七宝阿育王塔，塔高近1.2米，重约50公斤，底部呈正方形，内部为木质胎体，山花蕉叶边长48厘米(图3)。塔内盛佛舍利十颗，并有佛顶真骨等。地宫建于大中祥符四年(1011年)，修建者为演化大师可政和滑州助教王文，据当时的文献记载，其中供奉有金棺银椁、佛顶真骨和感应舍利10颗。文献记载与本次发掘出土情况完全吻合。⑥

①《大正藏》第五三卷《事汇部上》，No. 2122，页586a。

②《江南报恩寺琉璃塔全图》，嘉庆七年报恩寺内僧刻。

③经盛鸿、胡华《南京大报恩寺琉璃塔的毁灭与重建》，《档案与建设》2002年第8期，第35~39页。

④[清]汪士铎《光绪江宁府志》卷八。

⑤茅家琦译《1854年6月1日法斯就漫游天京大报恩寺琉璃塔给麦莲的报告》，南京大学学报编辑部、太平天国史研究室《太平天国史论丛》第二辑(《南京大学学报丛书》)，1980年，第310~323页。

⑥祁海宁等《南京大报恩寺遗址暨北宋长干寺真身塔地宫发掘》，国家文物局主编《2008中国重要考古发现》，北京：文物出版社，2009年，第138~139页。

3. 青州临淄县塔。《集神州三宝感通录》与《法苑珠林》均作“石赵青州东城塔”。P.2977 原写作“在青州临□县，寺久无名”。原文缺一字，依考古发掘证据，应指“青州临淄县”，即今山东临淄市。例如南朝宋宗炳《明佛论》即称后赵在临淄城发现阿育王寺遗址。①《魏书·释老志》言：“灵骨分碎……今洛阳、彭城、姑藏、临淄皆有阿育王寺，盖承其遗迹焉。”② 亦可为证。青州东城塔，即临淄市西关兴国寺阿育王塔。《高僧传》载石虎欲于临漳修治旧塔，缺少承露盘。佛图澄曰：“临淄城内有古阿育王塔，地中有承露盘及佛像，其上林木茂盛，可掘取之。”随即画图与使者，石虎“依言掘取，果得盘像”。③ 据《临淄县志》等史料记载，兴国寺即为石虎所建。北魏时又在寺后建大石佛，身高 5.6 米、宽 1.8 米、厚 1 米，面庞丰满，头饰螺髻，赤足袒胸，身披通肩袈裟，立于覆莲座上，雕刻手法呈现北魏风格(现存临淄石刻艺术馆)。至宋代，寺院经过修建，更名为广化寺。元代惠帝至正年间被毁。直到明代初年在光化寺旧址重新建寺，更名西寺，又名西天寺。临淄八景中的“西寺楼头听晓钟”即此。

图 3　北宋长干寺地宫出土阿育王塔

4. 河中普救寺塔。《集神州三宝感通录》作“姚秦河东蒲坂塔”，《法苑珠林》则作“姚秦河东蒲阪塔”。蒲阪/蒲坂，古地名，据宋永初《山川记》记载：“蒲阪城中有舜庙，城外有舜宅及二妃坛。”古蒲阪即今山西省永济县蒲州镇。今蒲州一带寺院存塔众多，有河津觉成寺、中条山万固寺、中条山上栖严寺、猗氏妙道寺、猗氏永兴寺、安邑太平兴国寺和蒲州普救寺。普救寺位处永济(唐河东)县蒲州镇东门外三里，道宣、道世均言建于姚秦时期，但考古学证据显示，实际应建于北周建德年间(572—577 年)，初名灵

①[梁]僧佑《弘明集》卷一一，《大正藏》第五二卷《史传部四》，No. 2102，页 72a。

②《魏书》卷一一四《释老志》，北京：中华书局，1974 年，第 3028 页。

③[梁]释慧皎撰，汤用彤校注《高僧传》卷九《佛图澄传》，北京：中华书局，1992 年，第 351~352 页。

居寺,隋仁寿元年(601年)改今名。同年,隋文帝奉送舍利至三十州,诏令十月十五日同时起塔,此寺即为其一。文献有明确记载,而且寺内尚存仁寿舍利塔碑可资为证。唐代,释道积对寺院重新予以修缮,十年乃成。① 寺建于中条山巅,西临黄河,是一组塔殿并列布局的佛寺。普救寺塔在左侧,大雄宝殿建于右侧,塔的四周有回廊。抗日战争时期,寺宇被毁,唯存仁寿二年所立舍利塔铭碑及二十六座砖塔,其中即包括重修于宋代的舍利塔,密檐式,平面六角形,五层,高17米,其中第一层特高,檐下仿木构建筑雕斗栱及飞椽,二层以上迭涩出檐,简洁庄重。

5. 凤翔法门寺塔。《集神州三宝感通录》与《法苑珠林》均作“周岐州岐山南塔”,即今陕西省扶风县法门寺塔。法门寺又名成实寺、无忧王寺、法云寺、重真寺等。法门寺佛舍利的特点是对佛指骨舍利的供养。法门寺塔的兴建,最晚不迟于西魏恭帝二年(555年)。唐人张彧撰《圣朝无忧王寺大圣真身宝塔碑铭并序》载:“大魏二年,岐州牧小冢宰拓跋育以为□□□古名,同于今□,削旧规,创新意,广以台殿,高其闬闳,度僧以资之,刻名以纪之。”② 法门寺塔地宫出土的《大唐咸通启送岐阳真身志文》云:“元魏二年,岐守拓跋育初启塔基,肇申供养。”③ 元魏与大魏二年,均指西魏恭帝二年。隋文帝时又有郡牧李敏修葺供养。有唐一代,法门寺一直充任国寺、官寺、皇家内道场,唐肃宗、宪宗、懿宗等皇帝多次迎佛骨于内宫供养,每次迎佛骨都花费甚巨。④

关于法门寺塔,道宣是这样记载的:

> 扶风岐山南古塔者,在平原上南下北高,东去武亭川十里,西去岐山县二十里,南去渭水三十里,北去岐山二十里……周魏以前寺名阿育王,僧徒五百。及周灭法,厢宇外级,唯有两堂独存。隋朝置之,名成实寺。大业五年,僧不满五十人者废之,此寺从废。入京师宝昌寺,其塔故地,仍为寺庄。⑤

这一记载表明,在周武帝于建德三年(574年)灭法之前,法门寺曾是

①李芳民《唐五代佛寺辑考》,北京:商务印书馆,2006年,第88页。
②《全唐文》卷五一六,上海:上海古籍出版社,1990年,第2322页。
③李发良《法门寺志》,西安:陕西人民出版社,1995年,第10页。
④韩金科《从佛指舍利到法门寺文化》,北京:东方出版社,1999年,第153页。
⑤《大正藏》第五二卷《史传部四》,No. 2106,页406b。

一个拥有500僧徒的大寺。

法门寺塔原为四层木塔，下有地宫，除藏有佛骨之外，还有唐皇室施舍的大量金银珠宝、法器、锦缎衣饰等供品。1569年关中大地震，法门寺塔被震塌，明万历七年(1579年)神宗赐银数万两建塔，历时三十年建成。新建的塔为砖砌楼阁式，平面八角十三层，高60余米。第一层塔身八面，南面塔门，上有“真身宝塔”四字的石匾。1654年关中又发生大地震，法门寺塔开始倾斜，虽然多次整修无效。1976年松潘大地震波及法门寺塔，1981年8月塔身大半坍塌。1988年重建钢筋混凝土砖塔，仿明式，十三级八角。

6. 瓜州塔。《法苑珠林》写作“周瓜州城东古塔”。瓜州，一般来说指今甘肃省瓜州县，但并不尽然，如北魏正光六年(525年)设立的瓜州，治所即在今敦煌市西一公里处的沙州古城，领敦煌、酒泉、玉门、常乐、会稽五郡。隋初沿置，至大业三年(607年)始改为敦煌郡。唐武德五年(622年)改名西沙州，贞观七年(633年)省“西”字，另于晋昌县设瓜州。故唐以前瓜州实即唐沙州，初唐以后，瓜州在沙州东面，即今天的瓜州县。道宣《集神州三宝感通录》记载说：“瓜州城东古基者，乃周朝阿育王寺也。废教以后，隋虽兴法更不置寺。今为寺庄，塔有舍覆，东西廊庑，周回墙匝。时现光相，士俗敬重。每道俗宿斋，集会兴福，官私上下，乞愿有应。”《集神州三宝感通录》和《法苑珠林》均成书于7世纪中期，这时的瓜州与北朝至隋时期的瓜州已不是一码事了，二书却未予甄别，一仍旧名而把沙州称作瓜州，误。这里的城东古塔，指的其实是敦煌市东南25公里处莫高窟崇教寺内的舍利塔，依《广弘明集》卷一五，该崇教寺塔为土塔，完全符合莫高窟周围多土塔的状况。受道宣、道世记载的影响，有学者认为阿育王寺为“瓜州僧寺，在瓜州城东。”[①] 显然亦误。值得注意的是，在瓜州榆林窟第16窟外室洞口北壁有墨书《阿育王寺释门赐紫僧惠聪俗姓张住持窟记》载惠聪率弟子七人至榆林窟住十四日，看经疏，洗身三次。末署“国庆五年(1073年)岁次癸酉(应为癸丑)十二月十七日题记”。这里的阿育王寺，既有可能是凉州的姑臧寺，更有可能为删丹的阿育王寺。二地和敦煌一样，当时都处在西夏帝国的管辖之下，故都使用西夏年号。

道宣《广弘明集》卷一七收有仁寿元年《隋国立舍利塔诏》，其中列出全国建舍利塔的州30个，即岐、雍、嵩、泰、华、衡、定、廓、牟、吴、同、蒲、

①李正宇《敦煌地区古代祠庙寺观简志》，《敦煌史地新论》，台北：新文丰出版公司，1996年，第70页。

苏、泾、并、隋、益、秦、杨、郑、青、亳、汝、瓜、番、桂、交、相、襄、蒋。[①]瓜州名列其中，但具体方位未予标明。在同卷所附王劭《舍利感应记》中言明“瓜州于崇教寺起塔”。据载，仁寿元年(601年)，隋文帝诏诸州起灵塔供养舍利，遣法静寺僧智嶷持诏至瓜州崇教寺。[②]原立于莫高窟332窟前室的李克让《莫高窟佛龛记并序》(勒立于唐圣历元年，698年)云：“爰自秦建元之日，迄大周圣历之辰，乐僔、法良发其宗，建平、东阳弘其迹，推甲子四百余岁，计窟室一千余龛，今见置僧徒，即为崇教寺也。”[③]残碑现存于敦煌研究院文物陈列中心，碑文又见于敦煌写本P.2551中。这些记载都表明，P.2977中的瓜州指的就是敦煌，只是在各种材料中，未找到该塔建于北周时期的其他证据。其具体位置，也因无文字记载，不得而知。崇教寺之名至唐高宗时尚存，P.2005、P.2695《沙州都督府图经》“祥瑞”条载：“黄龙。右唐弘道元年(683年)腊月，为高宗大帝行道。其夜，崇教寺僧徒都集，及直官等，同见空中有一黄龙，可长三丈以上，髯须光丽，头目精明，首向北升，尾垂南下。当即表奏，制为上瑞。”“为高宗大帝行道”一语表明，崇教寺具有官寺的性质。嗣后，该寺之名不复重现，[④]“约在开元、天宝年间，寺额改称，其名遂湮。”[⑤]

7. 沙州大乘寺塔。《集神州三宝感通录》《法苑珠林》均作“周沙州城内大乘寺塔”。大乘寺之名在敦煌历史文献中多见，具体位置应在今敦煌市西一公里处沙州故城内。隋唐之际沙州有三所石窟(莫高窟、榆林窟、西千佛洞，俗称三窟)及十六所僧尼寺院。其中僧寺十一所，尼寺五所，大乘寺属尼寺常住，且列为五所尼寺之首。自中唐至五代，多见于记载，不同时期所住尼数不一，少则30人，多时达210人。沙州地区权要及仕宦家庭之女出家，多入此寺，如瓜沙归义军节度使曹议金之侄女就出家于该寺，在敦煌文献P.3556《曹法律尼厶邈真赞并序》有载。只是在敦煌文献中，除P.2977外，至今尚未发现其他有关大乘寺瘗埋佛舍利的确切文字信息。

在敦煌写本中，有一件文献直接涉及敦煌佛舍利的去向问题，即

①《大正藏》第五二卷《史传部四》，No. 2103，页213a–b。

②《续高僧传》卷二六《智嶷传》载：智嶷“入关中，住法静寺，仁寿置塔，送瓜州崇教寺”。

③P. 2551，原碑石现存敦煌研究院，录文见李永宁《敦煌莫高窟碑文录及有关问题》，《敦煌研究》试刊第1期，1981年，第56~60页。

④清代敦煌市三危乡甘家堡仍有“崇教寺”之设，但与本文所论无涉。参见张玉茂、张瑞峰《敦煌清代崇教寺碑》，《敦煌研究》1996年第3期，第91~92页。

⑤李正宇《敦煌地区古代祠庙寺观简志》，《敦煌史地新论》，台北：新文丰出版公司，1996年，第72页。

S.1438《献舍利表》,文曰:

> 沙州寺舍利骨一百卅七粒,并金棺银椁盛全。
>
> 臣闻舍利骨者,释迦牟尼佛之身分也,化而为之,都八斛四升。在五印而成道,于双树而涅槃。龙天分之立祠,凡圣收之起塔。形圆粟粒,色映金砂。坚韧不碎于砧锤,焚漂罔灭于水火。神通莫测,变化无穷。或初少而后多,或前增而末减。有福则遇,无福则消。作苍生之休征,为王者之嘉瑞。沙州置经千祀,舍利出后百年,寺因莲花而建名,塔从舍利而为号。金棺银椁,葬于九地之中;月殿星宫,镇乎一州之内。昨者,官军压垒,朝见非烟之祥;人吏登陴,夜睹毫光之异。果得高僧远降,象驾来仪。表以精诚,无遗颗粒。自然灵物应代,照　赞普德化之年;圣迹呈祥,明像法重兴之日。不然,希有之事,岂现于荒陬?无为之宗,流行于海内。自敦煌归化,向历八年,歃血寻盟,前后三度。频招猜忌,屡发兵戈,岂敢违天,终当致地。彷徨依拒,陷在重围,进退无由,甘从万死。伏赖宰相守信,使无涂炭之忧;大国好生,庶免缧囚之苦。伏惟圣神赞普,雪泽远施,日月高悬,宽违　命之诛,舍不庭之罪。臣厶诚欢诚喜,顿首顿首,死罪死罪。
>
> 其舍利骨,先附(付)僧师子吼等三人进。伏乞大赦所获之邑,冀以永年之优;广度僧尼,用益无疆之福。庶得上契佛意,下协人心。特望　天恩,允臣所请。臣厶限以守官沙塞,不获称庆阙庭,无任喜庆,为国祈福之至,谨附表陈贺以闻。臣厶诚欢诚惧,顿首顿首,死罪死罪,谨言。①

在吐蕃于贞元二年(786 年)占领敦煌之时,当地“守官沙塞”的唐朝故吏为避免战乱,保护一方平安,将保存在“金棺银椁”中的“舍利骨一百卅七粒”拱手献于吐蕃。这些贡奉物被视作“镇乎一州之内”的宝物,当非一般舍利可比。以理度之,非佛骨舍利难以当之。故这些舍利应系大乘寺或崇教寺,甚或二寺全部之佛舍利。

8. 故洛阳白马寺塔。《集神州三宝感通录》《法苑珠林》均作“周洛州

①中国社会科学院历史研究所等编《英藏敦煌文献》(汉文佛经以外部分)第 3 册,成都:四川人民出版社,1990 年,第 18 页。参见王惠民《〈董保德功德记〉与隋代敦煌崇教寺舍利塔》,《敦煌研究》1997 年第 3 期,第 69~83 页。

故都西塔”，即今天洛阳白马寺门外东南角之齐云塔，又称释迦舍利塔。因该塔在古都城之西而得名西塔。白马寺号称中国第一大丛林，也是中国最早的一座佛寺。杨衒之《洛阳伽蓝记》卷四云：“白马寺，汉明帝所立也。佛入中国之始。寺在西阳门外三里御道南。帝梦金神长丈六，项背日月光明。胡神号曰佛。遣使向西域求之，乃得经像焉。时以白马负经而来，因以为名。”① 据《魏书》卷一一四《释老志》载：“自洛中构白马寺，盛饰佛图，画迹甚妙，为四方式。凡宫塔制度，犹依天竺旧状而重构之，从一级至三、五、七、九。世人相承，谓之‘浮图’，或云‘佛图’。”② 由这段文字可知，在创建白马寺的同时，就已经修建佛塔(佛图)了。另据今白马寺内保存的宋代天禧五年(1021 年)刻石《摩腾入汉灵异记》所载，汉明帝曾于“己巳之岁”敕令所司“崇建浮图”，“凡九层，五百余尺，岌岩岳峙，号曰齐云”。己巳之岁，即公元 69 年，也就是建造白马寺的第二年。易言之，东汉明帝曾在公元 69 年创建了一座“齐云塔”。

仁寿元年(601 年)，隋文帝第一次颁诏分舍利，其中有白马寺之名，遂起塔供养。后该塔屡经雷火电击，现存之齐云塔为金代大定十五年(1175 年)重修。今齐云塔旁保存的《大金国重修河南府左街东白马寺释迦舍利塔记》碑石中有如下一段文字：

> 洎五代之后，粤有庄武李王，施己净财，于[白马]寺东又建精蓝一区，亦号曰东白马寺，并造木浮图九层，高五百余尺……又一百五十余年至丙午岁之末，遭劫火一炬，寺与浮图俱废，唯留余址，鞠为瓦子堆、茂草场者，今五十载矣……彦公大士，自浊河之北底此，睹是名刹，荒榛丘虚，彷徨不忍去……因塔之旧基，剪除荒埋，重建砖浮图一十三层，高一百六十尺。③

由这方碑刻可知，今存之塔重建于金。而在砖塔之前，宋初建有九层木塔。然而该木塔仅存一个半世纪后便被烧毁(今塔座四周之巨大石柱础可能就是原木塔之柱石)；又过了半个世纪，始有砖塔(今齐云塔)修建。齐

①[北魏]杨衒之著，杨勇校笺《洛阳伽蓝记校笺》，北京：中华书局，2006 年，第 171 页。
②《魏书》卷一一四《释老志》，北京：中华书局，1974 年，第 3029 页。
③洛阳市地方史志编纂委员会编《洛阳市志》第一五卷《白马寺志》，郑州：中州古籍出版社，1996 年，第 66 页。

云塔又称金方塔，为四方形密檐式，十三层，高 35 米，其外轮廓，由下而上，略呈抛物线状，其塔身周长之最大处，是在塔的中腰，即第四、第五层塔檐处，线条显得柔媚流畅，在古塔中独具特点，不可多得。有中国第一释迦佛舍利塔之美称。[①]

9. 凉州姑藏寺塔。在 P.2977 写本中，“凉”被误写为“泾”。《集神州三宝感通录》作“凉州姑臧塔”，《法苑珠林》则作“周凉州姑藏故塔”。姑藏，多作姑臧，原名盖臧，为匈奴所筑，后音讹为姑臧，即今甘肃武威市。《西河旧事》云：“姑臧者，秦月氏戎所据，匈奴谓之盖臧城，语讹为姑臧也。”[②] 该地自古文化昌盛，同时又是佛教东传的咽喉要地。昙无谶在此曾译出《大般涅槃经》等十几部经典。姑臧后来亦称凉州。《集神州三宝感通录》卷上载：“依检诸传，咸云姑臧有育王塔。然姑臧郡名，今以为县，属州。《汉书》河西四郡，则张掖、姑臧、酒泉、炖煌也。然塔未详。”说明至 7 世纪中期道宣撰《集神州三宝感通录》时，此塔早已湮灭不存了，故而《广弘明集》卷一五在记载中华十九塔时，此塔之名已不复出现。

10. 删丹县塔。《集神州三宝感通录》作“甘州删丹塔”，《法苑珠林》作“周甘州删丹县故塔”。删丹县即今甘肃之山丹县。唐道宣撰《广弘明集》卷一五称其位处“甘州东百二十里删丹县城东弱水北土堆”。[③] 即今甘肃省山丹县山丹培黎学校院内。塔早已损毁不存，明代在发现的塔基上复建，称为发塔。清修《甘州府志》卷一三《艺文志》载有明人陈敏撰《重修山丹县发塔寺碑记》，称该“发塔寺”原名“育王塔寺”。[④] 据载，“明洪武间取土筑城，得铁佛五，石函一，内藏发。又有石炉，镌字曰‘发塔’。”[⑤] 因年久失修，在 1954 年的地震中倒塌了。2004 年，在山丹县南湖公园南侧重建发塔，高五丈多，呈瓶状，为喇嘛塔式样。

11. 晋州洪同县广化寺塔。《法苑珠林》作“周晋州霍山南塔”。依敦煌

①洛阳市文化局编《洛阳市文物志》（征求意见稿），1985 年，第 165~167 页；《洛阳市志》第一五卷《白马寺志》，第 45~46 页；罗哲文《中国古塔》，北京：外文出版社，1994 年，第 182 页。

②［清］顾祖禹撰，贺次君、施和金点校《读史方舆纪要》卷六三，北京：中华书局，2005 年，第 2991 页。

③《大正藏》第五二卷《史传部四》，No. 2103，页 202a。

④［清］钟赓起著，张志纯、郭兴圣、何成才校注《甘州府志校注》卷一三，兰州：甘肃文化出版社，1995 年，第 562 页。

⑤［清］杨春茂著，张志纯等校点《重刊甘镇志·祠祀》，兰州：甘肃文化出版社，1996 年，第 210~211 页。

写本,可知塔的所在地为广化寺,位处今山西省洪同县东北17公里位处霍山(古称中镇山)之巅,为广胜寺的前身。道宣《集神州三宝感通录》卷上称:“晋州北霍山南原大堆塔者,远近道俗咸称是育王塔。”① 现存于寺内的唐代大历四年五月二十七日《敕建广胜寺牒》记载说:“晋州赵城东南三十里,霍山南脚上,古育王塔院一所。”《广胜寺舍利塔序》云:“霍山塔,阿育王十九塔之一也。”此塔原名霍山阿育王塔,亦称飞虹塔。该塔屡经重修,今存者为八角十三层楼阁式塔,全高47.6米,自上而下周身遍贴五彩瑠璃,俗称琉璃塔。明武宗正德十一年(1516年)始建,嘉靖六年(1527年)完工,历时12年建成,是国内现存最大最完整的琉璃塔。内部构造为“扶壁攀登式”,与国内现存的其他阿育王式塔迥然有别。

广胜寺建于东汉桓帝永和年间,那时就已经有塔了。《平阳府广胜塔兴修考据》言:“东汉桓帝建和元年创建卢舍寺,寺有故塔,乃阿育王所造八万四千塔之数,在震旦国中者十有九,而此其一也。”如果此载不误,那么,广胜寺塔的前身在汉代即已存在了。

12. 代州香谷县圆果寺塔。《集神州三宝感通录》《法苑珠林》均作“代州城东古塔”。代州即山西代县,古塔位处代县旧城东北隅圆果寺中。塔建于北齐,圆果寺后建,始于隋代仁寿初年(601年),时称龙兴寺,内有阿育王木塔一座。唐武宗“会昌灭法”时被毁。唐宣宗大中元年(847年)重建,宋元丰二年(1097年)遭雷击又毁。宋崇宁元年(1102年)再次修建,元兵南下时,毁于兵燹。现存阿育王塔为元至元十一年(1274年)复建后的遗构。寺内曾存《塔志》,详载其情,后于“文革”中遗失。圆果寺总平面规模很大,前后有五个院落,主要殿宇都布置在中轴线上。塔在殿后,有一所很大的塔院。圆果寺在“七七事变”后曾被日军拆毁,惟塔幸存。

明释大闻辑《释鉴稽古略续集》曰:“山西圆果寺是古迹道场,为国祝圣之所。”② 元初藏传佛教流行,代县圆果寺阿育王塔遂被改修为喇嘛塔状,塔基平面呈长方形,长51米,宽26米,高1.5米。塔座的叠涩砖两层,上施莲花座一层,再上施曲尺形须弥座,塔身为圆形覆钵。该塔与北京妙应寺的大白塔,同为中原地区今存喇嘛塔之早期作品。只是该塔塔基大,塔肚小,在元以后的喇嘛塔中很稀见。③ 值得注意的是,敦煌写本P.2977有“第十二在代州香谷县圆果寺”的记载,至于“香谷县”,遍检史籍,均未

①《大正藏》第五二卷《史传部四》,No. 2106,页408a。

②《大正藏》第四九卷《史传部一》,No. 2038,页944a。

③张驭寰《佛教寺塔》,北京:宗教文化出版社,2007年,第162页。

见载，存此待考。

13. 益州福感寺塔。《集神州三宝感通录》与《法苑珠林》均作“益州郭下福感寺塔”。《法苑珠林》卷三八《故塔部第六》载该寺“在州郭下城西，本名大石。相传云：‘是鬼神奉育王教，西山取大石为塔基，舍利在其中，故名大石也。’……隋初有诜律师，见上起九级木浮图，今见在焉。”① 益州，即四川省成都市，辖境内新都县宝光寺现存舍利塔一座。宝光寺相传建于东汉，隋代名大石寺，唐代臻至极盛。唐末黄巢起义，于广明元年(881 年)攻占长安，唐僖宗逃亡四川，曾住于此。为了报答“佛恩”，命悟达国师负责重修庙宇，并改名为宝光寺。明末，毁于兵燹。清康熙九年(1670 年)，临济宗第三十五代祖师破山海明派弟子重修宝光寺，形成了今天所见一塔、五殿、十六院的建筑群。同治十一年(1872 年)《重修宝光寺浮图记》对此有如下记载：

> 唐僖宗幸蜀，舍利放光，掘出石函，有如来舍利十三颗，莹澈明洞，不可方物，乃召悟达国师为建浮图十三级，以精蓝名曰宝光。

在明、清两代的一些地方志中，也有类似的记载。《全唐诗》卷八三五有贯休《蜀王登福感寺塔三首》，记蜀王登塔事，为贯休于蜀中所作，足证福感寺就在益州。宋代，宝光寺一度更名为“大觉寺”，僧众三千余人，香火极盛。明正德年间，新都名士杨升庵父子捐款资助维修。寺内之塔自隋建成后，迭经培修，现存者为清代之物，为十三级密檐式方形砖，塔高 30 米。此塔与寺平面布局，塔在寺前，居于寺院的中心位置，体现出原始的特色。从塔的整体形制看，虽经过多次维修，局部已有改动，但仍保持了唐代密檐式塔的基本风貌，是四川境内现存时代最早的古塔之一。②

14. 洛京密县超化寺塔。“密”在敦煌写本中误作“蜜”。《集神州三宝感通录》与《法苑珠林》均作“郑州超化寺塔”，排列第十五位。敦煌写本因漏写原排列在十四位的隋益州晋源县塔而误将超化寺塔前提了一位。

超化寺是超化阿育王寺的俗称，建于东汉桓帝初年(147 年)，迄今已有近两千年的历史。明代这里曾出土北齐和清三年(564 年)残石碑一方，

①《大正藏》第五三卷《事汇部上》，No. 2122，页 587b。
②罗哲文《中国古塔》，北京：外文出版社，1994 年，第 193 页。

碑上刻有"维那昙鸾"四字。[①] 昙鸾为净土宗二祖,维那为寺院三纲之一。至于超化寺塔的兴建,据史料记载,应始于隋开皇元年(581 年),坐落于河南省新密市南 7.5 公里超化寺村白云山上。唐中期兴盛一时,超化寺规模宏大,僧众约两千人,舍利塔名列当时全国第十五位,寺额存有"十五超化寺"字样。中国净土宗初祖菩提流支曾在此地译经,并传法于二祖昙鸾。超化阿育王寺在中国孕育了一个至为重要宗派——净土宗,被誉为净土第一祖庭。

超化寺原有舍利塔 1 座,位处超化下寺西南坡,名"超化塔",又名"中寺古塔",建于唐开元二年(714 年),为十三级方形砖塔,高 30 余米。砖质地坚硬细腻,经千余年仍坚实完好。1969 年 11 月塔被拆除时,出土有汉白玉舍利函、北齐造像碑头、唐碑等文物。其中汉白玉舍利函内装舍利盒 2 个,盖上有铭文纪年,现存河南博物院。今所见超化寺舍利塔,系当地人根据历史照片,于 2003 年前后重新兴建的。

15. 漏写之塔。《集神州三宝感通录》和《法苑珠林》均作"隋益州晋源县塔",排列在第十四位,P.2977 漏写。《集神州三宝感通录》卷上载该塔位处益州(今四川成都市)西南一百余里,"今号为等泉(众)寺,本名大石。"如所周知,"晋源"作为县名出现甚晚,1947 年,改太原县而置,治晋源(今山西太原西南晋源区)。1949 年迁治太原市,1951 年撤销,并入太原市。所以,笔者认为这里的"晋源县"应为"晋原县"之误。晋原县初置于北周,属犍为郡,治所在今四川崇州市西北六十里怀远镇,位置正与《法苑珠林》的记载相合,只是遗迹已无从寻觅。

16. 怀州武陟县妙乐寺塔。P.2977 误"乐"为"药"。《集神州三宝感通录》与《法苑珠林》均作"隋怀州妙乐寺塔"。妙乐寺塔,又名妙乐寺真身舍利塔,位于河南焦作市武陟县城西 7.5 公里处古怀城遗址。后周苏允平撰《妙乐寺重修舍利塔碑并序》载:佛祖舍利灵骨,"造塔起八万四千,此土得一十九所塔,是其一数也"。现存之塔为后周时期奉周太祖敕而修,建成时间,《嘉庆重修一统志》记为后周显德二年(955 年),[②] 学界多采纳此说。然苏允平谓:"自大周广顺三年癸丑岁(953 年)兴工,至显德元年甲寅岁(954 年)毕功。不逾二载,□成□塔。塔身高一百尺,相轮高二十三尺,纵

①[明]袁宏道《游超化寺记》,《[嘉庆]密县志》卷七。参见刘建洲《密县超化寺北齐造像碑》,《中原文物》1994 年第 1 期,第 109~112 页。

②《嘉庆重修一统志》卷二〇三《怀州府二》,北京:中华书局,1986 年,第 9983 页。

广相称，层层离地，岌岌耸空。"[1] 则完成于显德元年。应以此说为准。现存之塔高 34.19 米，塔身自下而上每层高度均匀递减，外轮廓呈优美的抛物线形。塔二层以上南、东、西壁佛龛内置佛像，计 17 尊，其中有两尊为铁佛，其余均为玉佛。妙乐寺塔整体设计、砌作工艺及建材质量均属上乘，千余年来，虽历地震、洪水等各种自然灾害，但塔体及木结构保存完好。妙乐寺塔是我国现存最古老、保存最完整的五代御塔。

17. 北京净明寺塔。"净"在敦煌写本中非常模糊，无法辨认。同一塔，在《集神州三宝感通录》中作"并州子城东净明寺塔"，《法苑珠林》写作"并州净明寺塔"，故而拟补"净"字。并州即今山西省太原市。

并州净明寺，原名开化寺，位处太原市西南 17 公里的金胜乡寺底村北的蒙山山麓。始建于北齐天宝二年(551 年)，初名"法华寺"，隋仁寿元年(601 年)改名"净明寺"。唐高宗时赐额"开化寺"。[2] 此寺内有两座砖构舍利塔，南北对峙，基座相连，形制相同，被称作连理塔。建于北宋淳化元年(990 年)，与本文所谓"并州净明寺塔"晚得多，且与阿育王塔大相径庭，故可排除其可能性。

那么，真正的净明寺塔应在何处呢？P.2977 载"在北京净明寺"，记塔所在位置不言"并州"而作"北京"。如所周知，并州改称北京是在开元十一年(723 年)至上元二年(761 年)之间，故址在今山西太原市西南晋源区。今天的晋源区东北古城营村有惠明寺，寺内有净明塔耸立，相传即为阿育王所建十九塔之一。目前所存之塔，为洪武十八年(1385 年)重建，正德十六年(1521 年)及清康熙四十九年(1710 年)都曾进行过重修。现存于寺内的康熙四十九年岁次庚寅六月癸未吉日立之《重修惠明寺碑记》称："惠明寺已建，其来久矣。历考碑志，以为建于隋仁寿之初。而其中宝塔，相传为阿育王所造舍利塔，气象庄严，为太原古刹。"今存之塔高 25 米，为清代流行的喇嘛式塔，呈宝瓶状，平面为正方形，基座甚高，座上施五层梁式台基，其上置圆形覆莲座。塔肚收分很锐，置七重仰莲瓣，上承十三天。全然没有阿育王塔之痕迹。

18. 北京榆社县塔。《集神州三宝感通录》作"并州大谷榆社塔"，《法苑珠林》作"隋并州榆社县塔"。"大谷"当为"太谷"之讹。隋开皇十八年(598 年)，改阳邑县为太谷县。唐武德三年(620 年)置太州，六年州废，以

①[清]陆心源编《唐文续拾》卷九(《全唐文》附篇)，上海：上海古籍出版社，1990 年，第 41 页。
②李安保、崔正森主编《三晋古塔》，太原：山西人民出版社，1999 年，第 41 页。

县属并州。P.2977称其“寺久无名”,可见在敦煌文献书写之时(742—761年),只有孤塔存在,“而榆社县塔”所处的寺院名称已被历史所遗忘了,宋元时期又被重修。清乾隆八年(1743年)《榆社县志》记载,该舍利塔“在县东南大同寺,天下第十八塔,《大藏经》所云辽州榆社塔是也。不知建于何代。宋治平四年(1067年)重修,元大德年间改为毗卢殿。”该书大同寺条云:“大同寺,在城外东南。元时建中殿,即舍利塔。”2002年文物工作者在大同寺遗址发掘出宋治平四年重修该舍利塔的碑记,有“大宋辽州榆社县重修释迦舍利并序稽夫大雄氏之垂教”等文字,足证《榆社县志》记载之不虚。现存该县文峰塔内之清雍正元年(1723年)《郡宋王太尊新建文峰塔记》云:“尝览东部大同寺碑志,志称毗卢殿建处,即系古舍利塔旧址。”该舍利塔原坐落于今山西省榆社县东南大同寺内。寺内原有一座八角形石塔,抗日战争时期被日军飞机炸毁,大殿亦毁于是时。[①]

19. 魏府潮城县塔。《集神州三宝感通录》与《法苑珠林》均作“魏州临黄县塔”,《广弘明集》卷一五作:“冀州(旧魏州者)临黄育王塔”。关于该塔的位置,现有说法多种,一般认为当位于今山西孝义市大孝堡乡大孝堡村东临黄舍利律院内。

各种资料显示,该塔建于后周,后又经隋、唐、宋、明、清各代修葺,其地宫舍利一颗是宋景佑二年仁宗皇帝御赐的。1986年,文物普查过程中1936年“古魏州临黄舍利宝塔十方院”举行最后一次授戒仪式的《临黄塔舍利律院千华戒坛同戒录》。[②] 是证该地即“魏府潮城县塔”之所在。孝义古属介州、汾州或浩州,既不在魏州(魏府)临黄县,又不临近黄河,何以会有临黄塔之名?颇令人费解。故有人提出该塔应在山东省莘县观城镇东南附近,[③] 可备一说。敦煌写本中出现的“潮城县”,当即朝城县,唐开元七年(719年)改武圣县置,属魏州,治所在今山东莘县西南朝城镇。而临黄县初置于北魏,治所在今河南范县东南二十二里临黄集,隋代属魏州,唐属澶州,北宋端拱元年(988年)废。范县临黄集位于莘县东南,二者相距仅三十里许。再加上孝义市,临黄塔之所在即有四说:山西孝义市大孝堡乡、山东莘县观城镇、莘县朝城镇、河南范县临黄集。其中以孝义市大孝堡乡之说证据最为充足,也多为学界、教界所接受,故本文暂采

①张驭寰《佛教寺塔》,北京:宗教文化出版社,2007年,第163页。

②孝义市地方志编纂委员会编《孝义县志续》,太原:山西古籍出版社,1996年,第417页。

③李保奎《莘县境内曾有阿育王塔》,《聊城日报》2009年12月29日B版。

此说。

孝义临黄舍利律院原来规模很大，前后有数重大殿，佛事昌盛，僧尼众多，但目前大部分建筑已经倾圮。光绪十八年(1892 年)纂《山西通志》卷一六九《寺观》“孝义县”条载：“普化寺(即临黄舍利律院)在县东南大孝里，唐贞观六年(633 年)建。宋景祐二年(1035 年)修。”[①] 普化寺内现存之舍利塔系明永乐二年(1404 年)重修之物，[②] 清康熙四十四年(1705 年)又有修葺。[③] 为楼阁式实心砖塔，塔身平面八角，塔体分八级，其形制上细下粗，高 20 米，周长 10 米，一至七层皆嵌镶砖雕边框与砖雕文字。由于塔基倾斜，塔体错位，于 2004 年至 2006 年间得到加固维修。

四、阿育王塔的原型

分布在中国的十九座阿育王塔，据传是根据印度佛教徒送来的图样制作的，与印度的阿育王塔几无差异。《阿育王传》卷一载：阿育王取阿阇世王所埋舍利，造八万四千宝箧，一箧盛一舍利，复造八万四千宝盖，八万四千匹彩，建八万四千宝塔。[④] 后来，高僧法显与玄奘先后于 5 世纪初、7 世纪初造访印度，目睹了当时还存在的阿育王塔并分别予以记载。如《大唐西域记》卷二载：

> 城东南三十余里，至醯罗城……复有重阁，画栋丹楹。第二阁中有七宝小窣堵波，置如来顶骨。骨周一尺二寸，发孔分明，其色黄白，盛以宝函，置窣堵波中。[⑤]

至于八万四千宝塔，即所谓的真正的阿育王塔究竟应是什么样子的呢？长期以来却无法说清。

据载，五代时期，吴越王钱弘俶(929—988 年)曾仿照印度阿育王故实建造八万四千塔，埋之于国内名山之中。南宋志磐《佛祖统记》卷四三

①[清]王轩、杨笃等纂修《[光绪]山西通志》卷一六九《寺观》，台北：台湾华文书局，1969 年，第 3244 页。

②[清]邓必安、邓常纂修《孝义县志·重修普化寺记》。

③[清]邓必安、邓常纂修《孝义县志·胜迹祥异》。

④《大正藏》第五〇卷《史传部二》，No. 2042，页 102a。

⑤[唐]玄奘、辩机撰，季羡林等校注《大唐西域记校注》，北京：中华书局，1985 年，第 228 页。

《法运通塞志》有如下记载：

> 吴越王钱俶，天性敬佛，慕阿育王造塔之事，用金铜精钢造八万四千塔，中藏《宝箧印心咒经》，布散部内，凡十年而讫功。[①]

其事发生在宋太祖建隆元年(960年)十月。因这些塔的形状好似一个宝箧，内藏《宝箧印心咒经》，故称宝箧印塔，又称阿育王塔。又因其大都为金属铸造，外涂以金，所以又称金涂塔。

日僧道喜于965年撰《宝箧印经记》，记载这种塔高"九寸"余，内藏经卷，经卷上有题记称："天下都元帅吴越国王钱弘俶本宝箧印经卷八万四千卷之内安宝塔之中供养，回向已毕。显德三年丙辰岁记也。"显德三年即956年。清代以来，在江南地区的浙江、福建、湖南、广东等地出土了不少金涂塔实物，其中有题记者多件，宋人王昶辑《金石萃编》卷一二二录其一件，题记为："吴越国王钱弘俶敬造八万四千宝塔，乙卯岁记。"1957年浙江金华万佛塔地宫出土金涂塔15件，塔铭不一，有的铭文同于《金石萃编》所录，有的则为："吴越国王俶敬造八万四千所，永充供养。时乙丑岁记。"[②] 此外，苏州虎丘云岩寺塔以及近年的杭州雷峰塔都出土了多尊方形小塔。同一类型的塔在日本发现多尊，如大正七年(1918年)和歌山县东牟娄郡那智的经冢遗址即出土了一尊，据同出物分析，应为平安时代后期，即11世纪之物。在东京国立博物馆、福冈市今津誓愿寺、京都府相乐郡金胎寺、大阪长野金刚寺等也均收藏有传世的此塔。[③] 因这些塔之底部刻有吴越王造塔的铭文，可推断这些小塔应即当年吴越王所造的八万四千塔的一部分。这些实物的发现，印证了佛教史籍的记载。从出土物可以看出，钱弘俶所造塔均为用金铜材料铸造的宝箧印塔。既然钱弘俶仿效的是阿育王，以理度之，其所建塔也应以印度阿育王塔为模式，易言之，阿育王塔之本始应为宝箧印塔式样。

宝箧印塔是由古印度"窣堵波"的基本原形发展而来的，而且较多地受到了犍陀罗艺术的影响。均为平面方形，其高度从一层到三层、五层不等，因其位置及性质而异，是一种实心塔，由基座、塔身(包括塔檐)与塔刹

①《大正藏》第四九卷《史传部一》，No. 2035，页394c。

②浙江省文物管理委员会《金华市万佛塔塔基清理简报》，《文物参考资料》1957年第5期，第42页。

③金申《吴越国王造阿育王塔》，《东南文化》2002年第2期，第46~51页。

三部分组成，为藏《宝箧印陀罗尼经》之用，属于一种纪念性、功德性建筑。五代之前，这种形制的塔在我国早已存在。北魏时期云冈石窟壁面雕刻之塔，即是此类塔的雏形。如云冈石窟第 14 窟主室西壁所见浮雕之塔，已用山花蕉叶包着覆体，其形象与今天所见实物基本相同。[①] 类似的用山花蕉叶做成的宝箧印塔在新疆吐鲁番交河故城也有发现。故城内原有6 至 7 世纪高昌国时期的大型佛寺，后塌毁，仅有宝箧印塔塔群留存。塔群平面布局为方形，中心为一座特别大的塔（图 4），四周每角二十五座，共计一百零一座。目前这些塔大多都已坍塌，仅仅留下当中的一座大塔和西南区一座尚保存完整的塔。在敦煌石窟壁画中，多有阿育王拜塔的故事，其中的塔也都是宝箧印塔式样（图 5）。

2008 年 11 月 22 日，长干寺地宫出土了中国目前发现的最大鎏金七宝阿育王塔，塔高 110 厘米，重约 50 公斤，底部呈正方形，山花蕉叶边长 48 厘米。长干寺地宫四壁由四块 80 厘米宽的石板围成，在地宫中发现有石碑一通，书“金陵长干寺真身塔藏舍利石函记”，其中提到“圣感舍利十

图 4　吐鲁番交河故城宝箧印塔

①水野清一、长广敏雄《云冈石窟》第 11 卷，京都：京都大学人文科学研究所，1953 年，图 9、11、17。

图 5　莫高窟第 323 窟北壁宝箧印塔

颗""佛顶真骨(释迦牟尼)""诸圣舍利",这些记载在出土物中均得到了证实。在此次长干寺七宝阿育王塔被确认之前,并没有确凿证据表明古代的阿育王塔的形制，杭州南屏山雷峰塔地宫中阿育王塔的命名只是一种推测,但是此次碑文与实物相印证,终于使阿育王塔的形制得以"正名"。由此发现,结合钱弘俶所造八万四千塔,可以证实,阿育王塔本应为宝箧印塔式样。

现存的这种塔形的实物,分作小型的和大型的两种。其中,造型小者,可以放在佛台、香案上或供于佛龛之内;大者在地面上独立建造,这种塔是佛教寺院建筑的一部分,也是我国佛塔中的一个重要类型。西晋时代的鄮县阿育王寺舍利殿中的阿育王塔即属于小型宝箧印塔。该小木塔之形制与佛典所载之塔有些相似。塔身系印度风格,与钱弘俶所造八万四千宝箧印塔极为相似。[1] 南京北宋长干寺地宫发现的鎏金七宝阿育王塔宝也属于小型宝箧印塔。而建于地面之上的塔都属于大型塔,如长干寺塔及其后身大报恩寺塔,以及宁波阿育王寺内的阿育王塔等皆是如此。不管大型

①罗哲文《中国古塔》,北京:外文出版社,1994 年,第 290~291 页。

塔还是小型塔，都被后世改造得几乎没有原来的面貌了。佛塔建筑经历了漫长的发展过程，逐步与我国的建筑艺术相结合，进而形成了中国独特的体系，成为我国古塔中具有独特风格的一种类型。

五、结　　论

综上所述，敦煌文献 P.2977 记载了中国早期存在的十九座舍利塔，内容可与《集神州三宝感通录》《法苑珠林》及《广弘明集》等古代佛教史传著作相印证，而且可互相补缺。通过考证，我们大致可以明了我国早期舍利塔的基本状况。各种佛教典籍及相关历史文献对中国早期的十九座舍利塔的地址、名称记载大同小异，详略则有所不同。通过勘对，结合地方史志的有关记载与地下考古发掘证据，可对早期十九塔的兴衰演变及地理方位形成较明晰的认识。

上文逐一对中国境内的十九处阿育王塔进行了考证。这些古塔，有的历史脉络比较清楚，如南京长干寺塔、陕西扶风法门寺塔，有的则因为塔早已损毁不存，史籍缺载而所知甚少，如武威姑臧故塔、崇州晋原古塔等。为清楚起见，现将十九处阿育王塔的历史信息及兴废状况列为下表。其中，旧塔名以敦煌写本 P.2977 及道宣、道世的记载为主，同时增入地方史志与考古材料中出现的塔名；始建年代部分以《集神州三宝感通录》卷上和《法苑珠林》卷三八《故塔部第六》的记载为纲，若具体年代可考，则在括弧内注明；现塔名包括于近世损毁的古塔。

在遗迹尚留的十五座地面建筑的阿育王塔中，时代最早者为唐代遗

表二　敦煌文献 P.2977 所列舍利塔基本信息调查表

序号	旧塔名	旧址	始建年代	今址	现塔名	兴废状况	现塔时代
1	鄮县塔/阿育王塔	会稽鄮县/会稽鄮县	宝箧印塔：西晋（义熙元年）	浙江宁波市鄞州区阿育王寺舍利殿内	阿育王舍利塔		宋代
			地面大塔：唐代	浙江宁波市鄞州区阿育王寺内	阿育王寺塔	历代重修	元代

续表

序号	旧塔名	旧址	始建年代	今址	现塔名	兴废状况	现塔时代
2	阿育王塔	金陵	宝箧印塔：东晋(咸安元年)	南京市中华门外长干里晨光机械厂内北宋长干寺塔地宫内	七宝阿育王塔	北宋大中祥符四年，阿育王塔被掩埋于地宫。	北宋大中祥符四年
	长干寺塔/圣感塔/慈恩塔/大报恩寺塔		地面大塔：东晋	南京市中华门外长干里晨光机械厂内	大报恩寺塔	经历代重修，永乐十年建琉璃塔,1854年被太平军炸毁	
3	东城塔/阿育王塔	青州临淄县/青州	后赵	山东省临淄市西关兴国寺	阿育王塔	宋、明重修	明
4	蒲阪塔/普救寺塔	河中/河东蒲阪/河东蒲坂	姚秦(实建于北周建德年间)	山西永济蒲州镇普救寺	栖严寺塔	隋、宋重修	宋
5	岐山南塔/法门寺塔	凤翔/岐州岐山	北周(最晚不迟于西魏恭帝二年)	陕西省扶风县法门寺	法门寺塔	历代重修，明万历七年所修塔于1981年坍塌	1988年
6	城东古塔	瓜州	北周	甘肃省敦煌莫高窟		不存	

续表

序号	旧塔名	旧址	始建年代	今址	现塔名	兴废状况	现塔时代
7	大乘寺塔	沙州	北周	甘肃省敦煌市西一公里沙州故城内		不存	
8	故都西塔/白马寺塔/齐云塔	洛阳/洛州	北周(公元69年已建塔)	河南省洛阳市白马寺	齐云塔/释迦舍利塔	历代重修	金大定十五年
9	姑藏故塔	凉州姑藏/凉州姑臧	北周	甘肃省武威市姑臧寺		不存	
10	删丹县塔/阿育王塔	删丹县/甘州删丹县	北周	甘肃省山丹县山丹培黎学校院内	阿育王塔/发塔	原塔早毁,明代重修,1954年震毁	2004年
11	广化寺塔/霍山南塔	晋州洪同县/晋州霍山	北周(东汉永和年间已建塔)	山西省洪洞县东北17公里处广胜寺	飞虹塔/阿育王塔/广胜寺塔	历代重修	明嘉靖六年
12	城东古塔/舍利塔	代州香谷县/代州城	北齐	山西省代县城东圆果寺	阿育王塔	唐、宋、元重修	元
13	福感寺塔	益州/益州郭下	隋	成都市新都县宝光寺	宝光塔	宋、明、清重修	清

续表

序号	旧塔名	旧址	始建年代	今址	现塔名	兴废状况	现塔时代
14	晋原古塔	益州晋原县	隋	四川省崇州市西北六十里怀远镇		不存	
15	超化寺塔	洛京密县/郑州	隋(开皇元年)	河南省新密市白云山超化寺	超化寺塔	唐代重修,1969年被拆	2003年前后
16	妙乐寺塔	怀州武陟县/怀州	隋	河南省武陟县城西妙乐寺	妙乐寺塔	后周显德元年重修	后周显德元年
17	净明寺塔	北京/并州子城东/并州	隋(仁寿元年)	山西太原市西南晋源区惠明寺	净明塔	明、清重修	清康熙四十九年
18	榆社县塔	北京榆社县/并州太谷榆社/并州榆社县	隋	山西省榆社县大同寺	舍利塔	宋元代重修，元塔抗战时期被日军炸毁	
19	临黄县塔	魏府潮城县/魏州临黄县	隋	山西省孝义市临黄舍利律院	舍利塔	原塔早毁,明永乐二年重修,清代以来多次维修	明永乐二年

物，如河南新密超化寺塔建于唐开元二年(714 年)；其次为五代遗物，如河南武陟妙乐寺塔；有宋代作品，如山西永济普救寺塔，也有金代遗物，如河南洛阳白马寺齐云塔，其余之塔则多为元明清时代之物。遗憾的是，这些古塔有的毁于近世，如南京大报恩寺塔被太平军炸毁于 1854 年，山西省榆社县大同寺舍利塔在抗战时期被日军飞机炸毁，甘肃山丹县发塔震毁于 1954 年，河南新密超化寺塔被拆于 1969 年，陕西省扶风县法门寺塔于 1981 年自然坍塌。现存或一直保存到近世的这些古塔，大都经过多次重修，全然已非原来阿育王塔的式样，只不过有些还在继续沿用"阿育王塔"的名称而已。佛塔的中国化，是随着佛教的中国化进程的深入逐步完成的，可以说是我国佛教史标志性的重要成就之一，为我国建筑艺术的发展做出了贡献。

十九塔中，除曾经存在于甘肃敦煌莫高窟的崇教寺塔（瓜州城东古塔）、敦煌市西大乘寺塔、武威姑臧寺塔及四川崇州怀远镇晋原县塔现已无处可寻外，其余均可按图索骥，一一落实。这些古塔，绝大多数都早于隋文帝三次颁诏在全国诸州建 113 座舍利塔之前，堪称中国舍利塔之先驱。

〔原刊《敦煌学辑刊》2010 年第 1 期，第 66~89 页(与王书庆合撰)〕

也谈敦煌文献中的《付法藏因缘传》

《敦煌学辑刊》2007 年第 3 期刊载了马格侠撰《敦煌〈付法藏传〉与禅宗祖师信仰》一文(以下简称“马文”),对敦煌卷子中关于付法藏传的文献进行了爬梳整理,并以之为据,探讨了敦煌地区的禅宗祖师信仰及其特点,有助于进一步认识敦煌地区的禅宗思想与民间佛教信仰。但对文中的部分观点,笔者不敢苟同,今特撰文进行商榷,不妥之处,望马先生及学界同仁不吝赐教。

一、敦煌写本《付法藏因缘传》辨析

马文中把敦煌文献中遗留下来关于付法藏传的文献分为五类,分别为:

《付法藏因缘传》:S.264、S.1730、S.2512、P.2124、S.4478;

《付嘱法藏传略抄》:S.9407、S.8758、京咸 29、京帝 62、京服 27、S.1053、S.5981、P.2680、P.2791、P.2774、P.3212;

《付法藏传》:P.2776v、S.1635、P.2977、P.3355、P.3727、P.4968、P.3913;

《付法传》:S.276v、S.366v;

《付法人传》:P.2775、P.2775v、俄 Дx.03719。

计有文献 28 卷。[①]

马文将付法藏传文献分作五类,而实际上,所谓的《付法藏传》《付法传》《付法人传》都只不过是《付法藏因缘传》的别称。《付嘱法藏传略抄》则是《付法藏因缘传》的节略本。在敦煌文献中,同一著作使用多个名字的现象俯拾即是,如《菩萨总持法一卷》亦称《破相论》,又名《契经论》或《破二乘见》;《历代法宝记》亦名《师资血脉传》,又称《定是非摧邪显正破坏一切心传》,或曰《最上乘顿悟法门》等。《付法藏因缘传》出现不同称谓同属这样情况,不足为怪。

①马格侠《敦煌〈付法藏传〉与禅宗祖师信仰》,《敦煌学辑刊》2007 年第 3 期,第 121 页。

《付法藏因缘传》六卷，为北魏时期西域三藏吉迦夜与昙曜共译。关于本书的记录，最早见于《出三藏记集》：

> 《付法藏因缘经》六卷……宋明帝时，西域三藏吉迦夜于北国，以伪延兴二年，共僧正释昙曜译出，刘孝标笔受。此三经并未至京都。[①]

其后，隋费长房《历代三宝纪》卷九载："《付法藏传》四卷，见菩提留支录……至和平三年(462年)昭玄统沙门释昙曜[译]。"[②] 同卷又载："《付法藏因缘传》六卷(或四卷。因缘广异曜自出者)"，系西域沙门吉迦夜于"延兴二年为沙门统释昙曜于北台重译，刘孝标笔受，见道慧宋齐录"。[③] 同书卷一〇又称："《付法藏经》六卷(见李廓录)……凉州沙门宝云[译]。"[④] 接着唐道宣《大唐内典录》和智升《开元释教录》都依《历代三宝纪》之说而重复记载。实际存在的本子，只有昙曜和吉迦夜共出的一种，只是各种经录记载不一而已。

马文列出的敦煌付法藏传文献有28个卷号，比我们已知的21件多出了7个，分别为：S.2512、京服27、S.1635、P.2977、P.3913、Дx.03719和S.5981。经过仔细复核，这七个卷号均属误判。

1. S.2512马文定名为《付法藏因缘传》。该文献的内容有三项，其一为《药师经疏》，其二为S.2512va《第七祖大照和尚寂灭日斋赞文》，其三为S.2512vb《大乘起信论广释卷第五》。除第二《第七祖大照和尚寂灭日斋赞文》中的某些内容与《付法藏因缘传》略有关联外，余下二目均与付法藏传无关。方枘圆凿，不相契合。

2. 京服27被马文定名为《付嘱法藏传略抄》。京服27(0839)卷号的正面为《十方千五百佛名经》，背面内容经考证，知为十六罗汉图榜题底稿，经典依据是《法住记》。[⑤] 马文不查，而致此误。

3. S.1635马文定名为《付法藏传》。原卷明言："《泉州千佛新著诸祖

---

①[梁]僧祐撰，苏晋仁、萧炼子点校《出三藏记集》卷二《新集撰出经律论录》，北京：中华书局，1995年，第62~63页。

②《大正藏》第四九卷《史传部一》，No. 2034，页85a。

③《大正藏》第四九卷《史传部一》，No. 2034，页85b。

④《大正藏》第四九卷《史传部一》，No. 2034，页89c。

⑤王惠民《敦煌壁画〈十六罗汉图〉榜题研究》，《敦煌研究》1993年第1期，第25~36页。

师颂》，终南山僧慧观撰序。"内容主要记述西国二十八代祖师及唐土六代祖师的付嘱心印法的特点。[①] 慧观所撰序后有"后招庆明觉大师述"字样，马文将之定名为《付法藏传》，不妥之处有三：首先，这是一篇标题明确、头尾完整的祖师颂文，主要记述西国二十八代祖师及中土六代祖师的禅法传承特点；其次，在《付法藏传》中找不到与此相关的内容；其三，终南山僧慧观也好，后招庆明觉大师也罢，一位口述，一位撰序，二位绝不是《付法藏传》的作者或译者(《付法藏传》译者为北魏吉迦夜与昙曜)，故将《泉州千佛新著诸祖师颂》定名为《付法藏传》明显有误。

4. P.2977 马文定名为《付法藏传》。《敦煌遗书总目索引新编》定名为"残佛书"，说明为："其篇目有：第三明塔(记唐国内阿育十九塔)、第四明祖师传教(记禅宗三十三祖)。"[②]《敦煌遗书最新目录》拟名为《法宝东流因缘》。[③] 就该卷的篇目来讲，残存二篇，即第三明塔、第四明祖师传教，至于该卷原本总共有多少篇目，则不得而知，在《付法藏因缘传》中没有该二篇目，应以黄永武先生定名的《法宝东流因缘》为妥。

5. P.3913 马文定名为《付法藏传》。原卷有题曰："金刚峻经金刚顶一切如来深妙密秘金刚界大三昧耶修行四十二种坛法经作用威仪大毗卢遮那佛金刚心地法门秘法戒坛法仪则　大兴善寺沙门大广智不空奉诏译。"故学界一般将之定名为《坛法仪则》，应是准确无误的。文书最后一部分为《付法藏品第三十五》，内含六部分内容，其中有《付嘱法藏略抄》，非为马文所谓的《付法藏传》。文中所列祖统始于印度的过去七世佛，到中国禅宗的第六世祖惠能禅师结束，所列祖统与《宝林传》中的禅宗祖统说基本一致，说明禅宗祖统说已得到了密宗的认可。[④] 而《付法藏传》未将过去七世佛列为祖师。故曰：P.3913 反映的只是密宗对印度佛教及禅宗祖统说的引用与认识，而不能将之当做禅宗祖统来看待，同样也不能将该文献定名为《付法藏传》。

6. Дx.03719 马文定名为《付法人传》。查该残卷为小残片，残存二行

①可参见李玉昆《敦煌遗书〈泉州千佛新著诸祖师颂〉研究》，《敦煌学辑刊》1995 年第 1 期，第 29~35 页。

②敦煌研究院编《敦煌遗书总目索引新编》，北京：中华书局，2000 年，第 262 页。

③黄永武编《敦煌遗书最新目录》，台北：新文丰出版公司，1986 年，第 696 页。

④Tanaka Ryōshō, Relations between the Buddhist Sects in the T'ang Dynasty through the Ms. P. 3913, *Journal Asiatique*, t. cclxix, 1981, p. 166；田中良昭《敦煌禅宗文献の研究》，东京：大东出版社，1983 年，第 136 页。

文字。第一行存十字:“龙树菩萨传究(鸠)摩罗什出”。[1] 第二行仅存7字,而且多残,依稀可辨为“萨者出南天竺梵”。查《付法藏因缘传》,无这一内容,与马文所说相扞格。龙树菩萨在《付法藏因缘传》中被列为第十三代祖师,传迦那提婆,和鸠摩罗什无干。其实,这段话的本意是说《龙树菩萨传》由鸠摩罗什译出。今本《龙树菩萨传》即署“姚秦三藏鸠摩罗什译”,开首第一句话即为“龙树菩萨者,出南天竺梵志种也”。[2] 与该卷残存文字相契合。可见,Дx.03719应定名为《龙树菩萨传》。

7. S.5981马文定名为《付法藏传略抄》。核其内容,知为同光二年智严往西天巡礼圣迹之后记,其中引述了《付法藏传》等文,述佛涅槃及大教东流事。由是而将之定名为《付法藏传略抄》显然不妥。该后记内容重要,故马文予以全文引述,录之如下:

> 大唐同光二年三月九日,时来如礼圣迹,故留后记。鄜公开元寺观音院主,临坛持律大德智严誓立无上普愿,救拔众生。乞愿欲往西天,求请我佛遗法回来东夏。然愿我今皇帝万岁,当府曹司空千秋。合境文武崇珂,总愿皈依三宝,一切土亦人民息发无上菩提之心。智严回日,誓愿将此凡身于五台山供养天皇、殊师利菩萨,焚烧此身用明往来道途岭卫,愿所将有为之事,回向无为之理,法界有情,同护正觉。(注意其中加着重号的内容,表示录文有误)

此录文错误甚多,难以卒读。以之对照原卷,可以发现,马文所引内容除断句方面存在着可供商榷之处外,在录文上也存在着不少问题。现据原卷重新校录如下:

> 大唐同光二年三月九日时来巡礼圣迹,故留后记。鄜州开元寺观音院主临坛持律大德智严,誓求无上普愿,救拔四生九类,故往西天来请我佛遗法回东夏,然愿我今　　皇帝万岁,当府曹司空千秋,合境文武崇班,总愿归依三宝,一切土(士)庶人民,息(悉)发无上菩提之心。智严回日,誓愿将此凡身,于五台山供养

①俄罗斯科学院东方研究所圣彼得堡分所编著《俄藏敦煌文献》第11册,上海:上海古籍出版社,1999年,第33页。

②《大正藏》第五〇卷《史传部二》,No. 2047,页184a。

大圣文殊师利菩萨,焚烧此身,用酬往来道途护卫之恩,所将有为之事,回向无为之理,法界有情,同证正觉。

关于文献中的智严其人,马文也给予了应有的关注,在紧随录文之后写道:

这段文字中的智严是中国4—5世纪西行求法高僧之一,凉州人,为广求经论、曾西度葱岭,进入罽宾,跟随佛陀禅师,佛陀跋陀罗修习禅法,后邀请二禅师来东土传法,智严回国时,带来梵经多部,后于宝云一起翻译了这些佛经。在史籍中有关智严西行求法的记载比较少,因此在这个卷子中所夹杂的这段内容为我们研究智严及其西行求法与译经提供了实物资料。[①]

这段文字颇值得商榷。后记在开首即已明言写于大唐同光二年(924年),显系智严去西天巡礼圣迹途次敦煌时留下的笔迹。此外,在S.2659《往生礼赞文》中也有"往西天求法沙门智严西行传记写下一卷"之尾题,此卷的书法笔势应为五代宋初的经生体,全然没有魏晋书法之遗风,庶几乎可定S.2659中的智严与S.5981中的智严应为同一人,生活于五代时期,且曾往西天求法,绝非4至5世纪间与宝云一起翻译佛经的那个智严,故无法为宝云、智严译经提供新的史料。二者相距四五百年之久,题记中的智严为鄜州开元寺观音院僧人,与凉州无涉,此智严非彼智严也。释门庞大,佛僧重名号者颇多,如慧远、摩诃衍等名号皆难以数计,必须要注意同一名号僧人所处的时代及其行为,否则就会犯张冠李戴的错误。

由上论述可以看出,敦煌出土的付法藏传文献非为28件,实际只有21件,可分为二类(非为5类),其一为《付法藏因缘传》,有写本12件,依次为:S.264、S.276va、S.366v、S.1730、S.4478、P.2124、P.2775、P.2775v、P.2776v、P.3355vb、P.3727a、P.4968。其二为《付嘱法藏传略抄》,存写本9件,依次为:S.1053、S.8758、S.9407、P.2680、P.2774、P.2791、P.3212、京咸29v、京帝62。

①马格侠《敦煌〈付法藏传〉与禅宗祖师信仰》,《敦煌学辑刊》2007年第3期,第122页。

二、《付法藏因缘传》中的祖师及对后世的影响

《付法藏因缘传》记载了二十三位祖师：摩诃迦叶、阿难、商那和修、优婆趣多、提多迦、弥遮迦、佛陀难提、佛陀蜜多、胁比丘、富那奢、马鸣、比罗、龙树、迦那提婆、罗睺罗、僧伽难提、僧伽耶舍、鸠摩罗驮、阇夜多、婆修槃陀、摩拏罗、鹤勒那、师子。[①] 同时也记载了摩田提事迹，但因其与商那和修同时得法，故未被列为祖师。但中国后世形成的宗派，多将其列为第三代祖师。另有与摩拏罗同时的夜奢比丘，在三论宗中，也被独立出来而成第二十三祖。

《付法藏因缘传》在中国的翻译与传播，直接影响到中国佛教宗派法统说的建立，如隋代出现的地论派、天台宗、三论宗及唐代形成的禅宗的法统说，都是以该书为依据的。

隋唐之际中国出现了众多的佛教宗派，可以说是印度佛教在中国的发展，标志着佛教中国化进程的完成，虽有异于印度佛教，但中国佛教所有派别都是以印度原始佛教为宗的，从理论上讲，中国各宗派的历代祖师都是从佛陀那里得到付嘱心法的，只是各派建立祖统的观点与方法有所不同。中国化佛教宗派的法统说，以禅宗最为详备，在敦煌出土《付法藏因缘传》中有明确而丰富的记载。

在中国众多的佛教宗派中，以天台宗的形成时间为最早。天台智者大师（智顗）于隋开皇十四年（594 年）在湖北当阳玉泉寺开讲《摩诃止观》，在卷一历叙付法藏的传承时，照搬《付法藏因缘传》的记载，将摩诃迦叶至师子共二十三位印度得到佛陀传心法之人列为祖师，加上与商那和修同时得法的摩田提（末田地），遂成二十四祖。他还认为诸师的相承都属“金口所记”。[②] 天台一宗出于南岳慧思，慧思出于北齐慧文，智者系慧文禅师的再传，慧文用心一依龙树所作的《大智度论》，龙树是《付法藏因缘传》中的禅师，而为东土传承的高祖，这样相承而下，智者是东土第四代，这一说法成为后来天台家共认的法统。[③]

禅宗最初在古本《六祖坛经》里依着《付法藏因缘传》，略加增减，构成

①《大正藏》第五〇卷《史传部二》，No. 2058，页 297a—322a。
②《大正藏》第四六卷《诸宗部三》，No. 1911，页 1a—b。
③杨曾文《天台宗的史前期——从慧文到慧思》，黄心川主编《光山净居寺与天台宗研究》，香港：天马图书有限公司，2001 年，第 1~3 页。

二十八祖之说(在阿难后加末田提,提多迦后略去弥遮迦,又在师子比丘后加舍那婆斯、优婆崛、僧迦罗、须婆蜜多,下接达摩)。[①] 经过改变后的传法世系看起来很整齐,但其中却存在着一个很大的问题,即舍那婆斯其实就是商那和修,而优婆崛显然就是优婆趣多的异写,这两位很重要的祖师在不同位置上用不同的汉文译名实际上重复出现了两次。但这一点,《坛经》的最初的作者似乎并不清楚。此现象说明,《坛经》所列的祖师世系还比较粗糙,尚处于形成过程中的较早阶段。[②] 后来稍晚形成的智炬《宝林传》就发现了这一问题,于是进行了修正,于《付法藏因缘传》弥迦后加婆须蜜,又于师子后加婆舍斯多、不如蜜多、般若多罗、菩提达摩,仍为二十八代。此后《宗镜录》卷九七、《景德传灯录》卷一至三都采用了这种说法,遂成定论。[③]

从上文的论述可以看出,智𫖮天台法统说的形成比禅宗法统说的出现要早一个世纪,显而易见,禅宗的二十八代说,其实采纳的是天台宗的故智。

三论宗为隋唐之交著名僧人吉藏所创。《续高僧传》载:"晚以大业初岁,写二千部《法华》,隋历告终,造二十五尊像,舍房安置,自处卑室,昏晓相仍,竭诚礼忏。又别置普贤菩萨像,帐设如前,躬对坐禅,观实相理。"[④] 他所造的用于"竭诚礼忏"的二十五尊像当为祖师像。可佐证此说的是,在河南沁阳悬谷山石窟和龙门石窟擂鼓台中洞雕刻的祖师像都是二十五尊。[⑤] 悬谷山石窟的传法弟子像侧都刻有题名,虽有风化,但仍然可以辨析。依次可复原为:大迦叶、阿难比丘、末田地比丘、商那和修比丘、优婆趣多比丘、提多迦比丘、弥遮迦比丘、佛陀难提比丘、佛陀蜜多比丘、胁比丘、富那奢比丘、马鸣菩萨、毗罗比丘、龙树菩萨、迦那提婆菩萨、罗睺罗比丘、僧伽难提比丘、僧伽耶舍比丘、鸠摩罗驮比丘、阇夜多比丘、婆修槃陀比丘、摩奴罗比丘、夜奢比丘、鹤勒那夜奢、师子比丘。[⑥] 龙门石窟擂鼓台中洞所见祖师像与之完全一致,而且每像旁也同样都有文字,只是第三身与

①杨曾文校写《敦煌新本六祖坛经》,上海:上海古籍出版社,1993 年,第 66 页。
②王邦维《禅宗所传祖师世系与印度佛教的付法藏系统》,杨曾文、方广锠编《佛教与历史文化》,北京:宗教文化出版社,2001 年,第 202 页。
③田中良昭《禅宗祖统说改变考》,《宗教研究》第 47 卷 3 辑,1974 年,第 145~146 页。
④《大正藏》第五〇卷《史传部二》,No. 2060,页 514a。
⑤王惠民《祖师传承及其在中国的流行》,李振刚主编《龙门石窟研究文集·2004 年龙门石窟国际学术研讨会文集》,郑州:河南人民出版社,2006 年,第 640 页。
⑥王振国《河南沁阳悬谷山隋代千佛洞石窟》,《敦煌研究》2000 年第 4 期,第 29 页。

第五身字迹已经损毁。[1]值得注意的是这二处石刻的祖师像均为二十五尊，比《付法藏因缘传》所列多出了二尊。除了上文提到的摩田提（末田地）外，又多出了二十三祖夜奢比丘。在《付法藏因缘传》中，摩奴罗和夜奢的地位是平等的：

> 次付比丘名摩奴罗，令其流布无上胜法。彼摩奴罗智慧超胜，少欲知足；勤修苦行，言辞要妙；悦可众心，善能通达三藏之义；于南天竺兴大饶益。时有尊者号曰夜奢，辩慧聪敏，甚深渊博，与摩奴罗功德同等。亦能解了三藏之义，流布名闻，咸为宗仰。曾于一时彼摩奴罗至北天竺，尊者夜奢而语之言：恒河以南二天竺国，人多邪见，听辩利智。长老善解音声之论，可于彼土游行教化。我当于此利安众生。时摩奴罗即如其语，至二天竺，广宣毗罗无我之论，摧伏一切异道邪见。所为既办，舍身命终。于是已后次有尊者名鹤勒那夜奢出兴于世，受付嘱法，广宣流布。[2]

摩奴罗在南印度传法，夜奢在北印度弘道，二者之间本无传付关系。摩奴罗将法直接传给了鹤勒那夜奢。悬谷山石窟和擂鼓台中洞石刻将摩田提和夜奢独立出来，作为祖师看待，是以《付法藏因缘传》为依据的，只是小有变通而已。

地论派，又作地论家、地论学派。北魏永平元年（508 年），菩提流支、勒那摩提、佛陀扇多及义学缙儒十余人奉宣武帝之命，于洛阳翻译十地经论，历四年而成。其后，因菩提流支及勒那摩提之弟子间意见分歧，遂分为相州南道、相州北道二派。慧光承勒那摩提之说，于相州（河南安阳）南部弘法，称相州南道派，又称南道，系地论派之正统；道宠嗣菩提流支之法，宣讲于相州北部，是为相州北道派，又称北道。[3]其中，南道高僧灵裕于开皇九年（589 年）建安阳宝山第 16 号窟（大住圣窟），有塔铭题记曰："敬造窟，用功一千六百，二十四像世尊，用功九百……传法圣大法师廿四人。"[4]二十四尊祖师像刻于南壁东侧，每像下都有题名，分别为：摩诃迦叶、阿

①袁德领《龙门石窟擂鼓台中洞之研究》，《敦煌研究》2003 年第 4 期，第 27 页。

②《付法藏因缘传》卷六，《大正藏》第五〇卷《史传部二》，No. 2058，页 321c。

③王振国《地论学派与少林寺》，释永信主编《少林寺与中国律宗》，郑州：少林书局，2003 年，第 16~18 页。

④河南省古代建筑保护研究所《宝山灵泉寺》，河南人民出版社，1991 年，第 81、293 页，图 18。

难、摩田提、商那和修、优婆趜多、提多迦、弥遮迦、佛陀难提、佛陀蜜多、胁比丘、富那奢、马鸣菩萨、比罗、龙树菩萨、迦那提婆菩萨、罗睺罗、僧伽难提、僧伽耶舍、鸠摩罗驮、阇夜多、婆修槃陀、摩奴罗、鹤勒那夜舍、师子比丘。① 明显可以看出是依据《付法藏因缘传》雕造的。由于地论派存在时间不长，至唐初即已消亡，未对禅宗形成影响。故禅宗祖统说的形成，只能从天台宗中寻其渊源。

马文在论及《付法藏因缘传》对中国各宗派法统之影响时未提及三论宗与地论派，但提到了净土宗。② 遗憾的是，文中未给出任何证据。据笔者所知，净土宗不像有些佛教宗派有师资授受的传承，所以不会有祖师的直接传承系统，况且，慧远大师当初并没有开宗立派的意思。因此，一千多年来，虽然信仰此宗的佛徒和杰出的大师很多，但都没有创立门户的意图。净土宗立祖之说始于宋代，有四明宗晓(1151—1212 年)将历代修行念佛法门的六位德高望重者列为莲宗之祖，以晋代庐山慧远为莲社始祖，善导、法照、少康、省常、宗赜五人继之。③ 后来四明志磐改立慧远、善导、承远、法照、少康、延寿和省常为莲社七祖。④ 到了明清之际，众又举袾宏为第八祖。清道光年间，悟开又加推智旭为第九祖、实贤为十祖、际醒为十一祖。⑤ 晚近印光又改推行策为第十祖，实贤、际醒递降为第十一祖和十二祖。近人又推印光大师为十三祖。后人如此推崇，只不过是仰慕前人对净土的弘扬功劳而已，与天台宗、禅宗的衣钵相传和以心印法的传承，实不可同日而语。

三、莫高窟第 196 窟的高僧画像

马文认为敦煌石窟中出现有禅宗历代祖师资传承的内容，并引莫高窟晚唐时期第 196 窟榜题为佐证，试图证明该窟内“所绘制的五身高僧就应该是禅宗的西方五祖”。⑥ 此说是否可信呢？我们仔细读一下莫高窟第

①河南省古代建筑保护研究所《宝山灵泉寺》，河南人民出版社，1991 年，第 294 页，图 21。
②马格侠《敦煌〈付法藏传〉与禅宗祖师信仰》，《敦煌学辑刊》2007 年第 3 期，第 119 页。
③[宋]宗晓编《乐邦文类》卷三，《大正藏》第四七卷《诸宗部四》，No. 1969A，页 192c。
④[宋]志磐撰《佛祖统纪》卷二六《净土立教志》，《大正藏》卷四九《史传部一》，No. 2035，页 260c-265a。
⑤[清]空灵《净业痛策·莲宗正传》，《续藏经》第六二卷，No. 1199，页 629b。
⑥马格侠《敦煌〈付法藏传〉与禅宗祖师信仰》，《敦煌学辑刊》2007 年第 3 期，第 125 页。

196窟之题记,便可自明。该窟前室北壁西端上角有题记称:

如来成道,十二年中,有诸利根,略制戒律,十二年后,终至涅槃。有诸钝根,多行毁犯,随阙补过,广制戒律。譬如纳衣,为孔方补。佛临涅槃时,以此律藏,付嘱优婆离,佛灭度后,摩诃迦叶匡究云宝简取,五百大阿罗汉,于王舍城,结集法藏。尔时优婆离,一夏之中,八十度升高座,具足诵出大毗尼藏。如来佛所说□□□后,有八十诵,悉以付嘱摩诃迦叶。此迦叶将入灭度,以此律藏,付嘱阿难,阿难将欲灭度,付二大士,一名商那和修,二名末田地。依付法藏语说,尊者末田地向罽宾行化,不在经中,更不见记也。商那和修在王舍城行化,而商那和修临灭度时,以此法藏,付嘱优婆趜多。已上有大五师,总持八万法藏,智辩超群,神通莫侧(测)。而趜有五弟子,一名萨婆多,二名昙无德,三名弥沙塞,四名婆庶富,五名迦叶惟。此五人于大藏中,神解不同,阙于圆通,又皆是圣智。观末代凡夫,钝不能具受大毗尼藏,各自简略,取舍不同,随众生所兴,分为五部。

在该题记的东侧,还可看到如下文字:

二者四为(分)律,律主名昙无德,此方云法政。此人有菩萨根情性,传持此律。此间有晋国沙门支法师,令往向西土,从于阗国,赍四分律本,还到秦国。国王姚兴,以弘始十二年,秦右将军司隶校慰姚嵩,于长安寺中,集全德沙门三百余人,请罽宾国三藏,大乘律师佛陀利舍,译出四分律,并长阿含经。凉州比丘竺法念,译胡音,秦国道云、道含等笔□(授),此土律兴四分第二。①

从这两方题记中我们可以清楚地看出,前一方叙述了律藏在印度的发展与传承,后一方言明律藏由印度到中土的传译过程。题记提到,趜多有五弟子,一名萨婆多,二名昙无德,三名弥沙塞,四名婆庶富,五名迦叶惟。这五人均是以持律而闻名。莫高窟第196窟的内容有不少就是以弘扬律藏为主基调的。《敦煌石窟内容总录》记该窟前室“南壁上画高僧与净人

①敦煌研究院编《莫高窟供养人题记》,北京:文物出版社,1986年,第86~87页。在引用时对原标点断句和个别文字有更正。如,原文的四为律应为“四分律”之误。

传戒”“北壁上画高僧传戒律图并题记二方”。[1] 窟内题记与律有关者，除上引二方题记外，还有如下供养人题名：“窟主管释门都法律京城内外临坛供奉大德阐扬三教大法师沙门戒智一心供养”“清信弟子释门法律戒三……临坛大德□教诚……沙门戒文供养”。此外还可看到“戒胜”“戒集”“戒寂”“戒□”“戒深”等“戒”字辈和尚的题名。[2] 这些供养比丘基本上来自乾元寺。[3] 上述诸因素都隐约透漏出该窟与佛教戒律及律宗间的关系。综合洞窟内题记及壁画内容，不难推定，莫高窟第196窟的壁画是以弘律和持律为主导思想的。此前早已有人揭櫫这两方题记的属性与价值，指出其中的第一方题记“是说佛教律藏的传承”，第二方题记“是说四分律传入中土的过程”。[4] 马文也注意到了这一说法并加以引用，却又得出了“该洞窟所绘制的五身高僧就应该是禅宗的西方五祖”的结论，自相矛盾。其实，与其将这五身高僧像看做是禅宗的西方五祖，还不如将其视作律宗五宗似乎更合适一些。依榜题内容，推而论之，该五身高僧像，分别应为优婆趜多之弟子萨婆多、昙无德、弥沙塞、婆庶富和迦叶惟。其中的昙无德(法正，Dharmaguptah)，被奉为律宗的初祖。[5] 故曰，与其利用第196窟的榜题及壁画内容来阐述《付法藏因缘传》与禅宗祖师信仰，毋宁将之视为研究律宗传承的资料显得更为恰当。

马文认为：在敦煌遗留下来的《付法藏因缘传》中有一些“纯粹是为莫高窟祖师像所写榜题草稿”。这类经卷在敦煌遗留下来的有三份，分别为P.2971、京咸29和P.3727。其中，P.2971《壁画榜书底稿》载有如下内容：

> 东壁第一须菩提、第二富楼那、第三磨诃迦旃[6] 延、第四阿那律、第五优波梨[7]、第六罗侯罗、第七阇夜多、第八婆修盘陁、第

①敦煌研究院编《敦煌石窟内容总录》，北京：文物出版社，1996年，第77页。

②敦煌研究院编《莫高窟供养人题记》，北京：文物出版社，1986年，第87~88页。

③土肥义和《论莫高窟中的何法师窟(第196窟)的建造年代——对供养人像题记的考察》，提交2000年敦煌学国际学术讨论会论文；梅林《“何法师窟”的创建与续修——莫高窟第196窟年代分论》，《艺术史研究》第八辑，2006年，第418~420页。

④袁德领《莫高窟196窟前室北壁上部内容考辩》，《敦煌学辑刊》2002年第2期，第123~124页。

⑤劳政武《佛教戒律学》，北京：宗教文化出版社，2001年，第69~71页；杜斗城、杨富学《嵩山与律学高僧》，释永信主编《少林寺与中国律宗》，郑州：少林书局，2003年，第4~5页。

⑥“旃”，马文误录为“颜”。

⑦“优波梨”，马文误录为“优婆趜”。

> 九摩奴罗、第十鹤勒那夜奢、第十一师子比丘、第十二达摩祖师、第十三惠可禅师、第十四璨禅师、第十五信大师、第十六弘忍禅师、第十七能大师、第十八无著菩萨、第十九世亲①菩萨、第二十罗什法师、第二十一佛图澄、第二十二刘萨诃、第二十三慧远和尚。②

这里出现的二十三人均被马文列入祖师。其实非也。二十三人中,前六人位居释迦牟尼十大弟子之列,二者对应关系为:

第一须菩提	须菩提解空第一
第二富楼那	富楼那说法第一
第三磨诃迦旃延	磨诃迦旃延论义第一
第四阿那律	阿那律天眼第一
第五优波梨	优婆离持律第一
第六罗侯(睺)罗	罗睺罗密行第一

佛陀的这六位大弟子均与禅宗关于祖统传承的《付法藏因缘传》没有任何关系。在莫高窟第 6 窟、第 22 窟、第 44 窟、第 74 窟、第 87 窟、第160窟等窟的彩塑或壁画中,数度出现释迦牟尼的十大弟子,并署有清晰的榜题。

第十二至十七所列达摩祖师、惠可禅师、[僧]璨禅师、[道]信大师、弘忍禅师、[慧]能大师是中土禅宗公认的六祖,在《付法藏因缘传》也找不到其名号。若谈禅宗从印度到中国禅宗的发展与传承,中土的这六位祖师不可或缺,若仅就《付法藏因缘传》而论,则与他们毫不相干。

第十八至二十三为无著、世亲、鸠摩罗什、佛图澄、刘萨诃、慧远,他们分别是印度、西域、河西走廊及中原地区的高僧,有的以著书立说闻名遐迩(如无著、世亲),有的以译经弘法名扬天下(如鸠摩罗什、佛图澄、慧远),有的以具有神异功能而家喻户晓(如刘萨诃)。以上六位与《付法藏因缘传》没有任何关系,与禅宗在中土的传承与发展更是扯不上边。马文把杂抄于《付法藏因缘传》其间的"泗州僧伽和尚无念因缘,寺门首立禅师、无著菩萨(并弟子)、世亲菩萨(并弟子)、罗什法师(所□弟子)、佛图澄、刘萨诃、慧远和尚"等内容视为敦煌禅宗祖师信仰的例证,缺少理论根基,在

①"亲",马文误录为"积"。

②上海古籍出版社、法国国家图书馆编《法藏敦煌文献》第 20 册,上海:上海古籍出版社,2002 年,第 283 页。

大量的敦煌禅宗史料中无法找到把他们作为禅宗祖师的依据。由于当时抄经纸张缺乏，在不少的废弃或缺乏再利用价值的文献中都有杂抄的内容。如果儿童习字时将自己的姓名杂抄于《付法藏因缘传》之中，据此就将该孩童当做禅宗祖师来看待，那岂不是贻笑大方了。笔者以为，将那些与高僧鸠摩罗什、佛图澄、刘萨诃、慧远等有关的杂抄放在敦煌民间信仰及当地佛教发展的环节中去考虑，似乎更妥贴一些。

余下的阇夜多、婆修盘陁、摩奴罗、鹤勒那夜阇、师子比丘五人是《付法藏因缘传》中出现过的祖师。值得注意的是，他们在《付法藏因缘传》中位置是二十至二十四祖，与P.2971《壁画榜书底稿》所列位置第七至第十一也迥然有别。

总之，莫高窟第196窟的壁画内容与付法藏传是不相干的，更与禅宗祖师信仰毫无关联。就笔者所知，在为数众多的莫高窟供养人题记或画像榜题中，根本无法找到完整或较为完整的符合《付法藏因缘传》排列次第的西方二十八祖。

四、《付法藏因缘传》与祖师付嘱心法的传承

马文在叙述完敦煌文献中的《付法藏因缘传》后，接着探讨禅宗祖师信仰问题。那么，二者是如何联系起来的呢？文中未作任何交代。其实，二者之间还应有一个过渡，那就是印度佛教的历代祖师付嘱心法。关于这一问题，敦煌出土的禅宗早期史书《历代法宝记》(S.516)中曾有这样的叙述：

> 案：《付法藏经》云：释迦如来灭度后，法眼付嘱摩诃迦叶，迦叶付嘱阿难，阿难付嘱末田地，末田地付嘱商那和修，商那和修付嘱优波掬多，优波掬多付嘱提多迦，提多迦付嘱弥遮迦，弥遮迦付嘱佛陀难提，佛陀难提付嘱佛陀蜜多，佛陀蜜多付嘱胁比丘，胁比丘付嘱富那耶奢，富那耶奢付嘱马鸣，马鸣付嘱毗罗长老，毗罗长老付嘱龙树，龙树付嘱迦那提婆，迦那提婆付嘱罗侯罗，罗侯罗付嘱僧迦那提，僧迦那提付嘱僧迦耶舍，僧迦耶舍付嘱鸠摩罗驮，鸠摩罗驮付嘱阇夜多，阇夜多付嘱婆修槃陀，婆修

> 槃陀付嘱摩奴罗，摩奴罗付嘱鹤勒那，鹤勒那付嘱师子比丘，师子比丘付嘱舍那婆斯已。

此说肯定了印度祖师付嘱心法的传承脉络。敦煌写本 S.1635《泉州千佛新著诸祖师颂》在叙述了与上大致相同的传法世系后，接着又讲舍那婆斯付嘱不如蜜多，不如蜜多付嘱般若多罗，般若多罗又付嘱菩提达摩，菩提达摩开始在中土传法，被称为中国禅宗的始祖。这样印度共有二十八代禅宗祖师。P.3047 唐人独孤沛的《菩提达摩南宗定是非论》是这样描述禅宗在内地的付嘱传承的：

> 和上答："从上已来，具有相传付嘱。"
> 又问："相传付嘱已来，经今几代？"
> 和上答："经今六代。"
> 远法师言："请为说六代大德是谁？并叙传授所由。"
> 和上答："后魏嵩山少林寺有婆罗门僧，字菩提达摩，是祖师。达摩在嵩山将袈裟付嘱与可禅师，北齐可禅师在岘山将袈裟付嘱与璨禅师，隋朝璨禅师在司空山将袈裟付嘱与信禅师，唐朝信禅师在双峰山将袈裟付嘱与忍禅师，唐朝忍禅师在东山将袈裟付嘱与能禅师。经今六代。内传法契，以印证心；外传袈裟，以定宗旨。从上相传，一一皆与达摩袈裟为信。"

付嘱心印法是印度佛教的传承特点之一，禅宗在中国形成后，其传承特点变为付嘱心印法加传信衣法，这样灯灯相续，法炬恒明，内传法契，以印证心；外传袈裟，以定宗旨。有关记载见于敦煌文献中的 S.2144《禅宗密传心印法》，兹选录如下：

> 鸠摩罗多临般涅槃时，密传心印，付嘱闍夜多尊者，偈云：
> 言下合无生，因于法界性，
> 若能如是解，通理事理竟。
> 阇夜多临般涅槃时，密传心印，付嘱婆修槃头，偈云：
> 泡幻同无碍，云何不了悟，

建法在其中，非今亦非古。

……

达摩临般涅槃时，密传心印，付嘱惠可大师，偈云：

本来缘有地，因地种花生，

本来无有种，花亦不能生。

惠可大师临般涅槃时，密传心印，付嘱僧璨大师，偈云：

花种虽因地，从地种花生，

若无人下种，花地尽无生。

璨大师临般涅槃时，密传心印，付嘱道信大师，偈云：

花种有生性，因地花生生，

大缘与性合，当来不生生。

信大师临般涅槃时，密传心印，付嘱弘忍大师，偈云：

有种来下种，因地果还生，

无生既无种，无情亦无生。

弘忍大师临般涅槃时，密传心印，付嘱惠能大师，偈云：

惠能大师告诸长老，衣信到吾处不传也。

所以达道，一花开五叶，结果自然成，从可大师至吾，合五人也。普告诸长老曰：如来以大法眼，付嘱大迦叶，辗转相传于我，我今将此正法眼藏，付嘱于汝，汝善护持，勿令法眼断绝，听我偈言：

心地菩萨性，普雨悉众生，

顿悟花情已，菩提果自成。

以该文献与敦煌文献中的《付法藏因缘传》相结合，可对我们进一步认识密传心印法从印度禅法到中国禅宗之发展演变具有积极的指导作用。印度佛教历代祖师付嘱心法的传承，为研究印度禅思想的发展历史梳理了一个清晰的脉络。

综上所述，可以看出，敦煌文献中的付法藏传文献其实应为21件，归纳起来，可分为《付法藏因缘传》(《付法藏传》，12件)和《付嘱法藏传略抄》(9件)二类，后者是前者的略本。敦煌莫高窟第196窟出现的佛教高僧画像，反映的主要是律宗内容，与《付法藏因缘传》及禅宗祖师信仰无关。敦煌文献中的《付法藏因缘传》旨在阐述禅宗在印度历代祖师付嘱心法的传承，为中国禅宗祖统说的形成与发展奠定了基础。禅，在印度是以心传法，在传入中国后有所发展，在以心传法的基础上增加了传信衣之法。西方共二十八祖，中土共六祖，其中西方第二十八祖菩提达摩同时又是中国禅宗的始祖，共计三十三祖，这种说法已为广大学界和教界人士所广泛认可。至于其他一些说法，[①] 但都只能算作是一家之言罢了。

〔原刊《敦煌学辑刊》2008 年第 3 期，第 94~106 页（与王书庆合撰）〕

①关于禅宗西土祖师的各种说法与考析，可参见王振国《关于龙门擂鼓台中洞与看经寺的罗汉问题》，敦煌研究院编《2004 年石窟研究国际学术会议论文集》，上海：上海古籍出版社，2006 年，第 1007~1017 页。

浚县大伾山六字真言题刻研究

大伾山(包括浮丘山)位处历史文化名城——河南省浚县城东南,系太行山的余脉,东西宽 0.95 公里,南北长 1.75 公里,海拔高度近135 米。该山虽够不上名山大川,但却有着丰富的历史文化内涵,山上多处可见的六字真言题刻,就是不可忽视的历史见证。近期,笔者应邀前往该地对这些题刻进行了为期 2 天的考察,并受命从事研究,偶有所得,值佛学名宿楼宇烈先生七十华诞之际,谨呈此文作为纪念,并借以向楼先生及诸位同仁求教。

一、大伾山六字真言题刻概述

在大伾山现存的历史文物中,摩崖石刻、铭文占有相当重要的分量,本文所述的六字真言题刻都属于这一范畴。这些题刻分别使用了汉、梵、回鹘、八思巴等多种文字,兹一一标举于下。

1. 汉文题刻 2 处,一可见于天宁寺大佛楼北崖石壁,一见于纯阳洞天圆门下崖壁,均为楷书。前者系元代之物,后者时代不详。

2. 梵文题刻 7 处。在大伾山的六字真言题刻中,最多见的

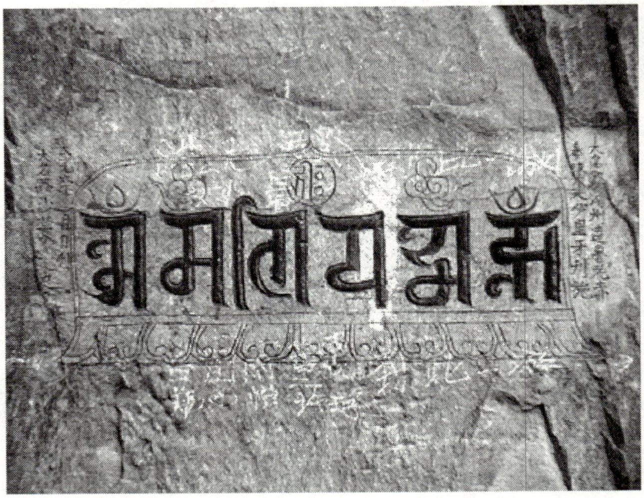

图 1　天宁寺大佛楼北石壁题刻

是古天城体(Devanāgarī)梵文,现已找到的至少有 7 处。其一在天宁寺大佛楼北石壁,字呈红色,有至元六年(1269 年)题款(图 1);其二见于伟观亭崖壁;其三、四分刻于太平兴国寺上崖壁(图 2)和丰泽庙康显侯告碑碑额,其侧各有回鹘式蒙古文(简称“蒙古文”或“蒙文”)题记一则;另外 3 处则见于浮丘山千佛寺洞口和上方石壁(图 3)。其中一处旁题:“元至元六年二月大名路浚州达鲁花赤奉政大夫一心供养”。这些梵文题刻内容完全一致,读作:Oṃmani padme hūm。

图 2　太平兴国寺上崖壁梵文题刻

图 3　浮邱山千佛洞口梵文题刻

吾人固知，梵文是公元前6世纪左右产生于印度的一种结构比较复杂的音节文字。起源于阿拉美字母（Ahrimans）的一支——闪米特文字(Semitic)。早期梵文字母与阿拉美字母之间有三分之一是完全相同的，三分之一近似，另有三分之一则迥然有别，但又不乏和谐的痕迹。由于这种文字被认为是万能的梵天(Brahmā)创造的，故被称为梵文，有时又音译作婆罗谜文。这种文字最早自右向左书写，与阿拉美文字相同，只是到后来才改为自左向右书写，其最大特点是按音节书写，不按单词书写。因地域和时代的不同，又形成了多种变体，其中的西部变体在中亚及我国西域地区影响极大，直接促成了“焉耆—龟兹文”和于阗文的形成。前者被称为“中亚斜体”，后者则被命名为“中亚直体”。[①] 此外，今天的藏文也是根据梵文字母于7世纪创制的。

梵文行于印度，但南、北各异。行于北印度者多方形，行于南印度者多圆形。大伾山所见均为方形字体，应系北印度之梵文。

在以上7处梵文题刻中，见于康显侯告碑碑额上者需作一些特别的说明。康显侯告碑现存大伾山丰泽庙内，刻于北宋宣和元年(1119年)，题

图4　丰泽庙康显侯告碑六字真言与蒙古文题刻

①L. Sander, *Paläographisches zu den Sanskrithandschriften der Berliner Turfansammlung*, Wiesbaden 1968；饶宗颐《中国载籍有关梵书与佉留书起源的记载》，氏著《选堂集林·史林》下册，中华书局香港分局，1982年，第1438~1444页；库尔班·外力《早期阿拉美文在新疆的几种变体》，《新疆社会科学》1984年第2期，第155~156页。

《宋封丰泽庙康显侯敕并碑记》,额篆“康显侯告”四字,同时附以草体梵文六字真言和蒙古文题记(图 4)。

这则蒙文题记之内容与图 1 所示太平兴国寺上崖壁所刻相同，可转写为:taimingluŏu sungĵiü taruγači bičig-sin。其中,taimingluu 指大名路(治今河北省大名县);sungĵiü,为浚州(今河南省浚县)之音译;taruγači 即达鲁花赤,蒙古语原为镇压者、制裁者、盖印者之意,转而有监斩官、总辖官之意。元时汉人不能任正官,多数行政机关及各路、州、府、县均设达鲁花赤,主要由蒙古人充任,亦常参用色目人,以掌印办事,把握实权。题记中最后一字 bičig-sin 意为书、碑、记等。如是,则这段文字可译作“大名路浚州达鲁花赤题”。书写者身份当为蒙古人,说明二题记均为元代之物。

元代蒙古文文献存世者极为稀少，以原件形态保存下来的仅有数十种而已(包括写本、印本、碑铭、印文、符牌等),此外,就是敦煌石窟与内蒙古自治区阿尔寨石窟中发现的为数不多的元代蒙古文题铭了,故曰,大伾山的这二则蒙古文题记尽管内容不多,但同样弥足珍贵。

3. 回鹘文题刻一处,见于大伾山伟亭观(图 5),写作 oom ma ni bad mi qung。其写法与敦煌莫高窟现存的《六字真言碣》(用汉、藏、回鹘[①]、天

图 5　大伾山伟观亭北回鹘文题刻

①该碑系蒙古王子阿速歹(西宁王速来蛮之子)于 1348 年勒立。其中的回鹘文常被释作蒙古文,误。因为蒙古统治者忽必烈创制八思巴文的主要目的就是要以之取代回鹘式蒙文,使其成为“蒙古国字”,即官方文字。故回鹘式蒙文与八思巴式蒙文不会在蒙古王室成员勒立的同一方石刻中同时出现。

城体梵文、西夏和八思巴字合璧刻写)中同一内容有别,也不同于莫高窟第61、152、180、256、464、465窟及安西榆林窟第12窟、敦煌西千佛洞第10窟等石窟中所见。在莫高窟、榆林窟和西千佛洞的所有例证中,回鹘文都是竖写的,依照梵文的原始写法,分为四字,写作 oom mani badmi qung,这比较符合回鹘文书写的一般习惯。而在大伾山题刻中,它被分作六字,而且采用是竖写横排列,正如同本应竖写竖排列的八思巴字在这里也被竖写横排列一样。这种写法在别处是甚为稀见的,愚以为,之所以做这样的处理,应是书写者出于保持与梵文、藏文、汉文写法一致的需要,因为它们都是横向排列的,而且也都被分作六字书写。如果这一推测不误,那么,我们是否可以说,大伾山的回鹘文六字真言题刻已被中原的回鹘人地方化了?

回鹘文是以回鹘(今维吾尔族与裕固族的共同祖先)为代表的北方突厥民族所使用的一种文字。公元7至8世纪,回鹘人游牧于色楞格河和鄂尔浑河流域一带,于744年取代突厥,在蒙古高原建立了雄强一时的漠北回鹘汗国(744—840年)。9世纪中叶,由于天灾人祸,部内大乱,在黠戛斯(今新疆柯尔克孜族与中亚吉尔吉斯人的祖先)的攻击下分崩离析,部众纷纷西迁,一支奔至吐蕃统治下的河西走廊,先后以甘州(今甘肃张掖市)、沙州(今甘肃敦煌市)为中心建立了自己的政权——甘州回鹘和沙州回鹘;另一支逃往中亚葛逻禄统治区,建立了哈喇汗王朝;第三支入新疆,以高昌(今新疆吐鲁番市)、北庭(今新疆吉木萨尔县)为中心建立了高昌回鹘王国。此后,他们由游牧改为定居,原于8世纪左右以中亚流行的粟特文字母为蓝本而创制的民族文字——回鹘文也随之得以迅速发展,成为宋元时代河西走廊、西域、中亚诸地通行的文字之一,被广泛使用以书写诏告敕令、宗教典籍、文学作品、契约文牍和历法医籍,留下了极为丰富的文献资料。后来,回鹘人改信伊斯兰教,回鹘文也逐步被阿拉伯字母取代,大致自16世纪后终于退出了历史舞台,不复流行,成为"死文字"。

回鹘文是一种音素文字,其基本字母最初为18个,后经过不断的发展,最后演变为23个。在23个字母中,5个用来表示8个元音,18个用来表示21个辅音。字母的写法有字头、字中、字尾之分,形式不一。其写法最初由右向左横书,后可能受汉文的影响而改为自上而下直行竖写。[①]

这种文字对周边民族曾产生过相当大的影响。13世纪初,回鹘文为

①耿世民《维吾尔族古代文化和文献概论》,乌鲁木齐:新疆人民出版社,1983年;杨富学《回鹘文献与回鹘文化》中篇第一章《语言文字》,北京:民族出版社,2003年。

成吉思汗所认识,并以其字母为基础而创制了蒙古民族自己的文字,即前已提及的回鹘式蒙古文。这种文字的发展,从13世纪初到17世纪初是第一阶段。这时,字母的笔画结构,基本拼写规律和书写体式都与回鹘文相似,保持着古朴的面貌。17世纪以后进入第二阶段,在不同地区朝着不同的方向发展。1648年,咱雅班智达在这种蒙古文的基础上创造了适合卫拉特方言特点的托忒文。差不多与此同时,通行于其他广大地区者的回鹘式蒙古文也发生了明显变化:字母的笔画结构有所改进,拼写规律趋于严密,一个词分为两段的现象消失了,形成了区别于古代蒙古文的近代蒙古文,行用至今。[①] 1599年,女真首领努尔哈赤命令巴克什额尔德尼、扎尔固齐噶盖二人仿照古代回鹘式蒙文创造了满文。后来,锡伯族又以满文为基础创制了锡伯文。

4. 八思巴字题刻一处,可见于大伾山龙洞上崖壁(图6)。读作:om ma ni pė mi hụng。

图6 大伾山龙洞上崖壁八思巴字六字真言

①道布《回鹘式蒙古文》,中国民族古文字研究会编《中国民族古文字图录》,北京:中国社会科学出版社,1990年,第295页;双福《后期蒙文沿革概述》,中国民族古文字研究会编《中国民族古文字研究》第3辑,天津古籍出版社,1991年,第21~27页;丁守璞、杨恩洪《蒙藏关系史大系·文化卷》,拉萨:西藏人民出版社、北京:外语教学与研究出版社,2000年,第153~154页。

八思巴字是元世祖忽必烈命国师八思巴（Phas-pa,1235—1280年）根据藏文字母而创制的一种拼音文字，始创于1260年，即忽必烈登蒙古国(1206—1271年)大汗位的第一年。《元史》八思巴本传记载说：

> 帝师八思巴者，土番萨斯迦人，族款氏也……中统元年，世祖即位，尊为国师，授以玉印。命制蒙古新字，字成上之。其字仅千余，其母凡四十有一……至元六年诏颁行于天下。诏曰："……自今以往，凡有玺书颁降者，并用蒙古新字，仍各其国字副之。"①

这种文字最初被忽必烈命名为"蒙古新字"，不久即改称"蒙古字"，并被最高统治者确立为官方文字。按照忽必烈最初的构想，主旨在于要用八思巴字取代原来使用的回鹘式蒙文，以之"译写一切文字"。② 亦即在用这种文字拼写蒙古语外，还用以记录其他语言。现存资料证明，除蒙古语外，它至少还记录了汉语、藏语、梵语及回鹘语等多种语言。③ 但由于这种文字并不如回鹘式蒙文那样适合于蒙古语言的书写与表达，故蒙元最高统治者虽不遗余力予以推崇，但始终无法达到预期的效果，不仅在民间得不到普遍认可，即使在地方政府机构中，八思巴字也一直未能取代回鹘式蒙文的地位，反而仅仅行用了110余年便随着蒙元帝国的灭亡而寿终正寝。④ 庶几乎由此可以推断，浚县大伾山的八思巴字六字真言应镌刻于元代，它的发现，成为元人用八思巴字译写梵语的例证之一。

二、六字真言考释

六字真言，在大伾山汉文题刻中写作"唵、嘛、尼、巴、迷、吽"，而在其他更多地方，却是以唵、嘛、呢、叭、咪、吽形式出现的，如同上文所述回鹘文、八思巴字题刻一样，均为梵文 oṃ mani padme hūm 的音译。

①《元史》卷202《八思巴传》，北京：中华书局，1976年，第4517~4518页。

②《元史》卷202《八思巴传》，第4518页。

③照那斯图《论八思巴字》，《民族语文》1980年第1期；照那斯图、杨耐思《八思巴字研究》，中国民族古文字研究会编《中国民族古文字研究》，北京：中国社会科学出版社，1984年，第377页。

④关于八思巴字的创制与行用，可参见［美］尼·鲍培著，郝苏民译补《〈八思巴字蒙古语碑铭〉译补》，海拉尔：内蒙古文化出版社，1986年，第1~21页。

六字真言的最初原型，始见于6至7世纪成书的《佛说大乘庄严宝王经》(梵文作 Avalokiteśvara-Guṇakāraṇḍavyūha，藏文作 Za-ma-tog-bkod-pa)。[①] 据宋人赵安仁、杨亿编纂《大中祥符法宝录》载，此经之汉文译本系天息灾(? —1000年)于宋太宗太平兴国八年(983年)译出，共计4卷。但六字真言并未因此而在印度及中原地区流行，只是后来随着藏传佛教影响的扩大才逐步流行开来。

梵文 oṃ mani padme hūm，常被奉为佛教秘密莲花部之“根本真言”。究其名义，则唵(Oṃ)表示“佛部心”，谓念此字时，自己的身体要应与佛身，口要应于佛口，意要应于佛意，只有身、口、意与佛融为一体，才能获得成就；嘛呢，为梵文 mani 之音译，原意为“摩尼宝珠”“如意宝”等，表示“宝部心”，据说此宝出自龙王脑中，若得此珠，则入海能无宝不聚，上山能无珍不得，故又名“聚宝”；叭咪，相当于梵文 padme，原意为“莲花”，表示“莲花部心”，以此比喻法性如莲花一样纯洁无瑕；吽，即梵文 hūm，表示“金刚部心”，祈愿成就的意思，意谓必须依赖佛的力量，才能得到“正觉”，成就一切，普度众生，最后达到成佛的愿望。[②] 藏传佛教把这六个字看作经典的根源，主张信徒循环往复持诵思维，念念不忘，认为如此即可积累功德，“功德圆满”可得解脱。

六字真言在藏族中的最初奉行，考其根源，应与《佛说大乘庄严宝王经》(又称《宝箧经》)之藏译密切相关。至于该经藏文本的来源，元人庆吉祥等纂《至元法宝勘同总录》卷5和布顿(1290—1364年)于1322年所著《善逝教法史》是这样记载的：据传公元4—5世纪顷拉脱脱日王在位时，宝物自天而降，既有佛像，也有佛经，其中就有《佛说大乘庄严宝王经》。那时虽未译为藏文，但却受到了崇拜。7世纪时，松赞干布又派遣端美三菩提赴尼波罗(今尼泊尔)求经，得梵本而携归，并命之译成藏文。但实际上，该经流入藏地的时间要比之晚得多，大约在9世纪左右，故而日本学者今枝由郎断言《大乘庄严宝王经》自天而降的说法实际上“是一桩没有任何史料价值的宗教性传说”。那么，该经于藏地的出现应归于何时呢？他指出：

在812年编纂后并译成藏文的佛经书目《登迦玛目录》中就

①李翎《藏传佛教图像研究》，中央美术学院美术史系1999级博士学位论文(未刊)，第67~68页。

②任继愈主编《宗教词典》，上海：上海辞书出版社，1981年，第223页。

> 已经收录有该经文了。此外,根据德格版本所记载,译文的跋中就已经提到,这部经卷是由胜友、持戒和益西岱所翻译的,这样,《大乘庄严宝王经》(《宝箧经》)藏文译本的出现时间很可能最迟也超不过九世纪初叶。①

此说理由充分,依据可靠,应是比较可信的,决非孟浪之语。

《佛说大乘庄严宝王经》是一部宣扬观音法力的经典。究竟其义,乃宣扬其法力之无上,她可以使众生脱离六道轮回之苦而获解脱。

在藏传佛教中,六字真言(六字大明咒)又被称作观世音菩萨的大悲心咒,只要常念这神奇的咒语,即可获得现报,修持方法极简单易行。14世纪成书的《西藏王统记(Gyalrab Salwai Melong)》以《白莲花经》② 的基本思想为基础,对六字真言所体现的观音法力作了如是概括:

> 此六字咒,摄诸佛密意为其体性,摄八万四千法门为其心髓,摄五部如来及诸秘密主心咒之每一字为其总持陀罗尼。此咒是一切福善功德之本源,一切利乐悉地之基础。即此便是上界生及大解脱道也。③

作者把这六个神奇的字与佛教的"六道"理论结合了起来,认为六字与"六道"有着密切的对应关系:

> "唵",除天道生死之苦;"嘛",除阿修罗道斗诤之苦;"呢",除人道生老病死之苦;"叭",除畜生道劳役之苦;"咪",除饿鬼道饥渴之苦;"吽",除地狱道寒热之苦。④

这样,六字真言也就差不多成了佛法的象征,几乎涵盖了佛教的众多精义。这种解释虽有点背离梵文的原始意义,但极大地神化了六字真言的不凡法力,而且将六字与"六道"巧妙地附会于一起,更容易为信徒所理解

①[日]今枝由郎著,杨培纯译《敦煌藏文写本六字真言简析》,载王尧主编《国外藏学研究选译》,兰州:甘肃民族出版社,1983年,第60~61页。

②即鸠摩罗什译《妙法莲华经》。见《大正藏》第9卷,No. 262,第1~63页。

③索南坚赞著,刘立千译《西藏王统记》,北京:民族出版社,2000年,第20页。

④前揭《西藏王统记》,第21页。

和接受,从而对六字真言的信受奉行起到了推波助澜的作用。除了信众之外,这一说法也得到了学界的普遍认可。①

六字真言在吐蕃中流行的最早证据,可追溯到吐蕃占领敦煌时期(786—848年)。在那个时代书写的古藏文文献中,即已发现有用吐蕃文书写六字真言的情况,如伦敦印度事务部图书馆藏S.T.420-1、S.T.421-1、S.T.720②及巴黎法国国立图书馆藏P.T.37、P.T.51等藏文写卷即是。③这些写卷尽管有的已很残破,而且写法也不无差异,但都以无可辩驳的事实表明,至迟在8至9世纪时,六字真言在吐蕃中即已出现了。此后,随着藏传佛教在后弘期的迅猛发展,六字真言也开始逐步流行起来,至于在全国范围内的广泛传播,则应自元朝始。

三、六字真言在大伾山出现的原因蠡测

不同文字的六字真言题刻何以在大伾山如此多见?这是一个值得认真思考的问题。窃以为必须从藏传佛教在大伾山的盛行这一历史大背景下探寻原因。

在蒙古国(1206—1271年)至元朝(1271—1368年)时期,统治者出于巩固政权的需要,大力推崇佛教,主要是藏传佛教。1246年,蒙古阔端太子代表蒙古汗廷与西藏萨迦派四祖萨迦班智达(Sa-skya Paṇḍita,1182—1251年)在凉州会晤,确认了他在西藏各地僧俗中的领袖地位。④1260年,忽必烈即大汗位,遂敕封萨迦派五祖八思巴为"国师","授以金印,任中原法主,统天下教门",⑤正式将藏传佛教定为国教,以藏族僧人为统领。自此,八思巴作为蒙古国—元朝教祖的崇高地位得以确认,并受到蒙古朝统治者的极大尊崇。1270年,忽必烈再次接受八思巴的灌顶,将八思巴的封号从"国师"升为"帝师",封为"皇天之下,大地之上,西天佛子,化

①如丁福保《佛学大辞典》,北京:文物出版社,1984年,第996页;阎文儒《元代速来蛮刻石释文》,《敦煌研究》第1期,1982年,第34~39页;才让《藏传佛教信仰与民俗》,北京:民族出版社,1999年,第29~32页。

②L. de la Vallee Poussin, *Catalogue of the Tibetan Manuscripts from Tun-huang in the India Office Library*, Oxford University, 1962.

③王尧主编《法藏敦煌藏文文献解题目录》,民族出版社,1999年,第7、10页。

④樊保良、水天长主编《阔端与萨班凉州会谈》,兰州:甘肃人民出版社,1997年,第84页。

⑤[元]念常《佛祖历代通载》,《大正藏》第49卷,No. 2036,第707页。

身佛陀，创制文字，辅治国政，五明班智达八思巴帝师。”[①] 除帝师外，大批的西藏僧人亦受到蒙古王室的尊崇，他们有的受封为王，有的被皇子、宗王们奉为上师，有的在朝廷做官，取得各种封号，《元史·释老传》所谓帝师弟子“号司空、司徒、国公，佩金玉印者，前后相望”的记载诚不为虚言，生动而概括地反映了当时藏传佛教的极盛之状。同时，蒙古统治者又推行尊教抑禅政策，压制汉人中流行的禅宗而独尊藏传佛教，而且他本人和许多皇亲贵族都纷纷皈依帝师，成为藏传佛教的信徒。上行下效，皈依藏传佛教者日众，流风所及，自元以至明清以降，藏传佛教不仅为藏、汉、蒙古、满诸族所信奉，而且还传至回鹘、西夏等古代民族及今日的裕固、土、纳西等多民族之中，甚至远传至不丹、锡金、尼泊尔、蒙古人民共和国和俄罗斯的布里雅特等地。

藏传佛教特别崇信六字真言，凡藏族地区，老年人每日的功课之一，就是念诵六字真言，并用念珠来记数，据说有的达数亿遍。人们坚信，只要诚心念诵，无量功德就会自然而生。人们将六字真言印于经幡，飘扬于高山，风在念诵；刻于山崖、寺壁，朝山礼佛者可随时观瞻念诵；题于长布片上，安放嘛呢轮内，可使信徒在朝寺时随时用手拨转，如同在家老人手摇嘛呢轮一样，等于念诵了无数遍的六字真言。这种信奉六字真言的风气随着藏传佛教的盛行迅速弥漫全国，大伾山六字真言题刻的出现就是该宗教在元政府支持下由青藏高原向四方传播、弘扬的结果。

元朝时期大伾山佛教兴盛之状，史书了无记载，惟太平兴国寺所藏《先师山主和尚崇鋻度小师碑》对此略有反映。该碑为楷书，版高 64 厘米，宽 44 厘米，勒立于忽必烈中统五年(1264 年)。碑载：

> 先师山主和尚崇鋻受业于顺德府大开元寺，次住天宁寺，自甲辰(1250 年)年间度小师二十四名。[②]

高僧崇鋻一人即剃度僧人 24 名，说明他在当时的影响相当大，同时也反映出天宁寺在当时应是颇具规模。推而论之，住寺僧人至少应在百名以上，从一个侧面体现了元代大伾山佛教的盛况。

同样，我们从大伾山今存的元代摩崖石刻中亦可得到相同的印象。上文所举 11 处六字真言题刻，毋庸置疑，大多都属于元代，此外，大伾山还

①阿旺贡噶索南著，陈庆英译《萨迦世系史》，拉萨：西藏人民出版社，1989 年，第 147 页。

②大伾山志编纂委员会编《大伾山志》，郑州：中州古籍出版社，1995 年，第 73 页。

有数量相当丰富的其他元代摩崖题刻。为清楚地反映这一宗教文化现象，兹选择题刻中时代较为明确者，依其出现的先后，简略标举于下。①

大伾山元代摩崖题刻简表

	时 代	内 容	位 置
1	至元壬午(1282 年)	不忽木观佛像题记	太平兴国寺朝阳洞北崖壁
2	至元壬午(1282 年)	不忽木等题记	天宁寺大佛楼北崖壁
3	至元二十九年(1292年)	张孔孙题记	太平兴国寺朝阳洞北崖壁
4	至元三十一年(1294 年)	刘孙“大伾伟观”题刻	伟观亭崖壁
5	至元三十一年(1294 年)	韩奕“大伾伟观”题刻	伟观亭崖壁
6	元贞二年(1296 年)	失斥答儿速木赤题记	太平兴国寺朝阳洞崖壁
7	大德五年(1301 年)	脱烈海牙等题记	太平兴国寺朝阳洞崖壁
8	大德七年(1303 年)	张居宽题记	太平兴国寺朝阳洞北崖壁
9	延祐四年(1317 年)	张良弼题记	天宁寺大佛楼北崖壁
10	至治二年(1322 年)	任彦斌题记	天宁寺大佛楼北崖壁
11	至治三年(1323 年)	李好文撰大伾山观音岩造像记	观音洞崖壁
12	至治三年(1323 年)	题大伾山寺诗	天宁寺大佛楼北崖壁
13	泰定元年(1324 年)	佟元复撰瞻大伾弥勒像题记	天宁寺大佛楼北崖壁
14	至顺三年(1332 年)	许有壬题记	太平兴国寺朝阳洞北崖壁
15	至正二年(1342 年)	不忽木等观龙穴题记	龙洞南崖壁
16	至正二年(1342 年)	不忽木观佛像题记	太平兴国寺伯达洞崖壁
17	至正二年(1342 年)	不忽木、韩云卿观大佛及龙穴题记	龙洞南崖壁
18	至正三年(1343 年)	□伯昌题记	天宁寺大佛楼北崖壁

①本表的编制，主要参考了《大伾山志》，第 31~58 页及张富民主编《大伾山名胜石刻选》，郑州：中州古籍出版社，2000 年，第 15~21 页。

续表

	时代	内容	位置
19	至正四年(1344年)	至正甲申题记	天宁寺大佛楼北崖壁
20	至正六年(1346年)	任诚题记	天宁寺大佛楼北崖壁
21	至正八年(1348年)	童敬之题记	天宁寺大佛楼北崖壁
22	至正十一年(1351年)	真定木寅题记	太平兴国寺朝阳洞北崖壁
23	至正十一年(1351年)	真定木寅题记	龙洞南崖壁
24		顺德府大开元寺题记	天宁寺大佛楼北崖壁

与之形成对照的是,其他时代的题刻却为数不多,如唐、宋二代各为8处,明代仅7处,清代最多,有43处。但必须作出特别交代的是,在清代摩崖题刻中,仅浚县知县刘德新所书就有14处之多,加上清代历史长达267年(1644—1911年),而元代[①] 历史仅108年(1260—1368年),推而论之,大伾山题刻最为繁盛的时期应是元代,其中又全部集中于1282至1351年这前后70年的时间段内,说明这一时期大伾山香火空前旺盛。礼佛者之民族成分多种多样,其中大多数自然为汉人(如许有壬[②]、张居宽、张良弼、张孔孙、韩云卿、韩奕、任诚、李好文之属),同时也有回鹘人(如脱烈海牙[③])与蒙古人(如失斥答儿速木赤),甚至还有来自中亚的康里人(如

①1271年,忽必烈将"蒙古国"国号改为"元"(1271—1368)。这里所说的"元代"涵盖的是自1260年忽必烈即蒙古国汗位至1369年元朝灭亡这一时段。

②本传载《元史》卷182。元代相州(今河南省汤阴县)人,元祐进士,至正中累官集贤殿大学士,改枢密副使,拜中书左丞,善书法,有《至正集》、《圭塘小稿》行世。

③脱烈海牙,元代有二。其一见于《元史》卷137《脱烈海牙传》,别失拔里(今新疆吉木萨尔县)人。曾任隆平县(今河北省隆尧县)达鲁花赤,后累官监察御史、礼部尚书、荆湖北道宣尉使及淮东宣慰使。另一位见于河南省渑池县城东一里河村维吾尔族墓地中发现的《渑池刘氏墓志铭》。碑载:"刘氏之先,本出西域,系出畏兀氏。自鼻祖以来,时代绵远,弗可考证,今始自五世按谱牒而志之。自一世高祖父讳剌真海牙,在元初永宁(今河南省洛宁县)、灵宝、陕县、渑池、宜阳五县达鲁花赤,慈恺祥悌,民咸慕之。遂世居永宁。生子一,讳脱烈海牙,授思南宣慰,蛮夷酋长莫不詟服。"说明,曾任思南(今贵州省境内)宣慰使的脱烈海牙是今日渑池维吾尔族的二世祖。时至今日,该县尚有脱烈海牙的后裔数百人。参见任崇岳、雷海潮《河南省的维吾尔人》,《中州今古》1989年第1期。

不忽木[1]),而木寅、童敬之、佟元复之辈,就名称看,亦有是少数民族的可能,但究属何族,因于史无证,不敢遽断。大伾山在元代佛教兴盛,人文荟萃,成为各族汇聚,朝山拜佛之胜地,这应该是六字真言题刻多见的首要原因。

这里还需特别指出的是,元代通常被认为是文教不兴的时期,故全国汉地佛教庙宇中,属于元代的题刻都为数不多,如号为藏传佛教兴盛之地的山西五台山、北京白塔寺、甘肃永靖炳灵寺石窟、张掖马蹄寺、凉州白塔寺及杭州飞来峰、城隍山宝成寺等,都莫不如此。唯大伾山不同,元代题刻不仅不比别的时代少,反而出奇的多,而且是汉、梵、回鹘、蒙古及八思巴等多种文字熔于一炉,交相辉映,构成了中州大地佛教名胜中一道独特的风景线。这一现象无疑值得关注与思考。

通过上文对多种文字六字真言题刻的考察,结合大伾山元代题刻的繁盛、文化的昌盛及天宁寺等寺院僧人的众多,我们可以得出如下结论:

1. 元代是大伾山佛教最为兴盛的时期之一;

2. 这里在蒙古—元代是中原地区佛教,尤其是藏传佛教活动的一个中心;

3. 以佛教信仰为纽带,汉、藏、蒙、回鹘及来自印度、中亚康里的多民族文化在这里和平相处,协调发展,共同促进了大伾山古代文明的繁荣昌盛;

4. 大伾山文化独具特色,内涵丰富,值得做进一步深入而系统的研究。

(原刊李四龙、周学农主编《哲学、宗教与人文》,北京:商务印书馆,2004年,第627~637页)

①本传载《元史》卷130,其中提到他曾“受学于国子祭酒许衡”,与太平兴国寺上方“伯达洞”内石壁所见《不忽木题记》和龙洞南崖壁之《不忽木等观龙穴题记》所谓“鲁斋(许衡之号)门人不忽木”的记载一致。

敦煌本《历代法宝记·弘忍传》考论

一、解题与录文

弘忍(602—675年)是唐代著名习禅高僧,他与其师四祖道信共同缔造的东山法门在中国禅宗史上居有极为重要的地位,被禅宗尊为五祖。宋人赞宁《宋高僧传》卷八、道原《景德传灯录》卷三以及敦煌发现的早期禅宗史书净觉撰《楞伽师资记》(S.2054、S.4272、P.3294、P.3436、P.3537、P.3703、P.4564)、杜朏撰《传法宝记》(P.3664、P.2364、P.3858、P.3559)和佚名氏撰《历代法宝记》(S.516、S.1611、S.1776、S.5916、P.2125、P.3717、P.3727及石井藏本)等都列有专传,而且敦煌还发现有记述其禅法的《蕲州忍和尚导凡趣圣悟解脱宗修心要论》(北宇04号、S.2669、S.3558、S.4064、P.3434、P.3559、P.3777),为弘忍禅法及其生平事迹的研究提供了丰富而珍贵的资料。其中,《历代法宝记·弘忍传》(以下简称《弘忍传》)内容丰富,史实与传说杂陈。今不揣浅陋,略作考论。

《历代法宝记》,又名《师资血脉记》《定是非摧邪显正破坏一切心传》或《最上乘顿悟法门》,旨在宣传以唐成都保唐寺为中心的禅系为正统禅宗,是保唐寺无住于大历九年(774年)去世后由其弟子编纂而成的。历代大藏经未收,久已失传。幸敦煌存其写本8件,其中S.516和P.2125见录于《大正藏》卷五一《史传部三》。各个抄本之间互有差异,兹以P.2125为底本,参以他本(部分写本缺《弘忍传》),择善而从,校录如下:

唐朝第五祖弘忍禅师,俗姓周,黄梅人也。七岁事信① 大师[1],年十三入道披衣。其性木讷沉厚,同学轻戏,默然无对。常勤作务,以礼下人。昼则混迹驱给,夜便坐摄至晓,未常懈倦。卅年不离信大师左右。身长八尺,容貌与常人绝殊。得付法袈裟[2],居冯

①信,即四祖道信(580—651年),俗姓司马,河南沁阳人,后徙于蕲州永宁县(今湖北武穴市)。唐初于湖北黄梅的双峰山开设道场,聚徒传法,在禅风、禅理、禅法上多有建树,被称为禅宗的真正创始人。

茂山,① 在双峰山东[3],相去不遥。时人号为东山法[4]门②,即为[5]冯茂山[6]也,非嵩山是也。

时有狂贼可达寒、奴戳等,围绕[7]州城数匝,无有路[8]入,飞鸟不通。大师遥见,来彼城,群贼退散。递相[9]言:"无量金刚执杵趁(瞋)我,怒目切齿,我遂奔散。"[10]忍大师却归冯茂山。

显庆五年,大帝敕使黄梅冯茂山,请忍大师。师不赴所请。又敕使再请,不来,敕[11]赐衣药就冯茂山供养。后四十余年,接引道俗,四方龙像归依奔凑[12]。大师付嘱惠能法及袈裟。后至咸亨[13]五年,命弟子玄赜③ 师与吾起塔,至二月十四日问塔成[14]否。答言[15]:"功毕。"大师云:"不可同佛二月廿五日入般涅槃[16]。"又云:"吾一生教人无数,除[17]惠能④,余有十[18]尔。神秀⑤ 师、智诜⑥

①冯茂山,亦即东山,位于湖北省黄梅县东北。清光绪二年(1876 年)修《黄梅县志》载:"五祖寺,县东北二十五里。昔者冯茂长者以其山为大满禅师(即弘忍)建道场,一名东山;一名冯茂山。唐宣宗敕建大中东山寺。南唐加师号曰广化。宋景德中改赐额真慧。元至顺间,敕赐师号曰"妙圆普觉禅师"。至明万历间,寺毁于火,重加修建。咸丰四年(1854 年)冬,贼毁,今僧清洋募建。"

②东山法门,《楞伽师资记·弘忍传》载:"忍传法,妙法、人尊,时号为东山净门,又缘京洛道俗称叹,蕲州东山多有得果人,故曰东山法门也。"《旧唐书》卷一九一《神秀传附弘忍传》曰:"弘忍与道信并住东山寺,故谓其法为东山法门。"

③玄赜(生卒年不详),太原祁县人,俗姓王,长期在安州(湖北安陆)寿山寺居住修行,于唐景龙二年(708 年)应诏入东京洛阳弘传禅法。

④惠能(638—713 年),亦作慧能,为南宗禅的创始人。俗姓卢,原籍范阳(今河北涿州),因父遭贬官徙居新州。著有《南宗顿教最上大乘摩诃般若波罗蜜经六祖慧能大师于韶州大梵寺施法坛经》(S.5475、北冈 48 号、敦煌博物馆藏本),被尊为禅宗六祖,主要活动于韶州大梵寺等地。

⑤神秀(约 607—706 年),俗姓李,陈留尉氏县(在今河南)人。48 岁时投师弘忍门下。弘忍死后,创北宗禅,在武则天、唐中宗、唐睿宗时代,于东京洛阳传法,声名隆重。被北宗禅尊为六祖。

⑥智诜(608—702 年),俗姓周,原籍汝南(在今河南),因父为官迁居于蜀。主要活动于资州(今四川资中北)德纯寺,被尊为剑南禅派——净众、保唐禅派的创始人。宋代《景德传灯录》卷四将其列入弘忍旁系所出的 13 人之一,说他"无机缘语录",未为之立传。仅《历代法宝记》有传,但可疑之处甚多。如传文说他 13 岁出家,先随玄奘"学经论,后闻双峰山忍大师,便辞去玄奘法师,舍经论,遂于冯茂山投忍大师"。智诜 13 岁时,玄奘才 22 岁,尚未西行求法,师之的可能性微乎其微。辞玄奘投弘忍之说更不可能,因为玄奘离蜀是在 623 年,四年后就西行求法去了,而弘忍是在永徽二年(651 年)道信去世后才以继位传法而闻名的。

师[19]、智德①师、玄赜[20]师、老安②师、法如③师[21]、惠藏④师、玄约⑤师、刘主簿⑥，虽不离吾左右，汝各一方师也。”后至上元二年二月十一日，奄然坐化。忍大师时年七十四也。弟子唯[22]惠能传衣得法承后。学士闾丘均撰碑文。⑦

二、校　注

[1] S.1776 多出一“住”字。

[2] S.1776、S.516 和 P.3717 均无“袈裟”二字。

[3] 底本多出一“西”字。

[4] S.1776 无“法”字。

[5] S.516 无“为”字。

[6] 底本多出一“是”字。

[7] “绕”，S.516 误作“饶”。

[8] “路”，S.1776 误作“络”。

[9] 底本无“相”字。

[10] “散”，S.1776 误作“教”。

[11] S.1776、S.516 与 P.3717 无“敕”字。

[12] S.1776 无“凑”字。

[13] “亨”，S.1776、S.516 与 P.3717 均误作“享”。

[14] “成”，S.1776 误作“城”。

[15] S.1776 无“答言”，S.516 与 P.3717 仅有“答”字。

①智德，生平不详。

②老安(584—702 年)，即惠安，又作慧安，以年龄较大而被称为老安。俗姓卫，荆州枝江人。唐贞观末，曾从弘忍修习禅法。主要活动于嵩山会善寺。

③法如(638—689 年)，俗姓王，上党(今山西长治)人。随弘忍学法十六年，主要活动于嵩山少林寺，当时颇负声望。

④惠藏：生平不详。

⑤玄约：生平不详。

⑥刘主簿：生平不详。

⑦学士闾丘均撰碑文，据《宋高僧传·弘忍传》记载：“开元中，太子文学闾丘均为塔碑焉。”唐代曾任唐山(今浙江昌化县)主簿的刘澄，曾编纂《南阳和尚问答杂征义》(敦煌写卷 S.6557、P.3047 及日本石井光雄收藏本)，文中亦曰：“闾丘均造碑文，其碑见在黄梅。”碑原立湖北黄梅五祖寺，至今已荡然无存。

［16］“槃”,S.1776 误作“盘”。

［17］“除”,底本无,S.1776 残。

［18］“十”,S.1776 误作“小”。

［19］S.1776 残“师”字。

［20］“玄赜”,S.1776 误作“宫绩”。

［21］S.1776 残“师”字。

［22］底本无“唯”字。

三、《弘忍传》所反映的几个问题

该传虽然文字不多,但值得探讨之处却不少,如作者对南、北禅及剑南禅的态度;弘忍十大弟子,尤其是惠能、神秀、玄赜、智诜地位的变迁;弘忍的卒年;弘忍吉州退敌故事的真伪;唐高宗是否曾召请过弘忍等,都是禅宗史上不可忽略的问题。

《历代法宝记》撰人不详,但从行文不难看出,作者是南宗禅的信徒。这在《弘忍传》中不无反映。

众所周知,禅宗之最终形成,大致在 7 世纪的中叶,真正的创始人应为四祖道信和五祖弘忍。他们都讲求禅修的顿、渐法门。[①] 意在因人施教,善巧方便,后因弟子们对禅的看法不同而引起门户之争。在弘忍的弟子中,以神秀和慧能最为著名。

道信、弘忍之东山法门继承的是达摩以来重视《楞伽经》的传统,把通过禅观修行达到心识的转变作为对修行者的基本要求。因为神秀在这方面有卓越的表现而得到了弘忍的赞许。[②] 唐高宗仪凤初年(677 年),神秀受朝廷指派入当阳(今湖北当阳)玉泉寺建道场,着手兴建大通禅寺,讲授“东山法门”禅法,累 24 年之久,集僧数千,声势与影响极大,深得武则天、唐中宗、唐睿宗的崇敬。

久视元年(700 年),武则天遣使请神秀入东京洛阳传法,封为国师,享受特殊礼遇,并与帝并肩而殿,武则天及群臣经常向他跪请问法。其禅法在以长安、洛阳为中心的北方广大地区产生了越来越大的影响。神秀也被禅宗尊为六祖。就在神秀声名大振之际,慧能也以韶州宝林寺、大梵寺

①［宋］赞宁《宋高僧传》卷八,北京:中华书局,1993 年,第 171 页。

②［唐］张说《唐玉泉寺大通禅师碑铭并序》载,弘忍曾赞叹曰:“东山之法尽在秀矣。”见［清］董诰等编《全唐文》卷二三一,上海:上海古籍出版社,1990 年,第 1030 页。

为中心，于岭南一带进行传法。

与道信、弘忍禅法相较，不难看出，慧能禅法已有重大革新，与神秀的禅法迥然有别，于是，禅宗分成了南北二宗。除此之外，还有四川成都的保唐派、净众派和江苏南京的牛头宗等。南宗主张顿悟，北宗主张渐修，二者各执一词，只是慧能在世时，南宗禅的影响远没有北宗禅大。二宗一南一北，并行传播，直到唐末以前，一直没有发生过公开的激烈争论。[①]

唐玄宗开元二十年(732 年)，慧能的弟子神会在洛阳附近的滑台(也称白马，在今河南省滑县东)与以普寂为首的北宗僧人展开辩论，批评北宗禅"师承是傍，法门是渐"。[②] 宣称北宗没有祖传袈裟，而南宗慧能曾从弘忍受祖传袈裟，才是达摩以来的禅宗正统，禅法主顿。[③]

神会的努力，使北宗禅在两京地区的统治地位发生了动摇，南宗禅一度在洛阳一带开始兴盛。但由于北宗禅在北方势力过大，神会不久便受到诬陷而被流放外地。直到安史之乱之后，由于神会主持戒坛度僧筹款支持军需有功，受到朝廷的支持，南宗的正统地位才逐渐得到朝廷的确认。此后南宗发展成为禅宗的主流，北宗逐渐衰微。慧能遂取代神秀而成为禅宗的第六祖。

《弘忍传》称："弟子唯惠能传衣得法承后。"显然是站在南宗立场上说的。不仅如此，《弘忍传》还对北宗隐含攻击之词，如文中称"东山法门，即为冯茂山也，非嵩山是也"。名义上讲的是冯茂山与嵩山非为一山，实际目的却在说明以神秀、普寂为代表的禅宗与道信、弘忍禅宗不是同一法门，否认北宗禅的正统地位。

我们知道，嵩山长期充当着北宗禅的根据地。神秀应诏入东都后，主要活动地点就在嵩山一带。他力荐普寂正式受度为僧，接着于长安年间(701—702 年)遣普寂驻嵩山南麓的嵩岳寺，在此修行。普寂在这里广为传授神秀的禅法，逐渐出名。在神龙二年(706 年)神秀去世后，普寂继承

①冉云华《敦煌遗书与中国禅宗历史研究》，《中国唐代学会会刊》(台北)第 4 期，1993 年，第 54~61 页；Yanagida Seizan, The Li-tai fa-bao chi and the Ch'an Doctrine of Sudden Awakening, Langaster Lai (ed.), *Early Ch'an in China and Tibet.* California 1983, pp.13-50.

②宗密《中华传心地禅门师资承袭图》，任继愈主编《中国佛教丛书·禅宗编》第 1 册，南京：江苏古籍出版社，1993 年，第 286 页。

③胡适《荷泽大师神会传》，《胡适说禅》，北京：东方出版社，1993 年，第 113~117 页；吕澄《中国佛学源流略讲》，北京：中华书局，1979 年，第 226~227 页；杨曾文《神会和尚禅话录》，北京：中华书局，1996 年，第 169~186 页。

了他的法位，"统领徒众"。[①] 神秀的另两位大弟子义福与景贤，在神秀去世后，亦都驻锡于嵩山。前者居嵩岳寺，在唐中宗时应邀入长安传布禅法，前来求法者甚众。[②] 后者居会善寺，在唐中宗时应诏在洛阳传法。"化自南国，被乎东京，向风靡然，一变于代。"[③] 于是，嵩山便成了北宗禅的代表。《弘忍传》遂借山以言禅法。

这种重南宗而抑北宗的思想在《历代法宝记》对弘忍弟子的排列上体现得更为明显。该书之《弘忍传》曾引弘忍言，称其大弟子除惠能外，"余有十尔"，但列出的却仅有神秀、智诜、智德、玄赜、老安、法如、惠藏、玄约和刘主簿等9人。前后自相抵牾。且又与同书《惠能传》所记弘忍传法衣于慧能时提到的十大弟子不同。《惠能传》有文曰：

> 忍大师在黄梅冯茂山日，广开法门，接引群品。当此之时，学道者千万余人，并是升堂入室。智诜、神秀、玄赜、义方、智德、惠藏、法如、老安、玄约、刘主簿等，并尽是当官领袖，盖国名僧。

这里，智诜的排名被移到了神秀的前边，说明《历代法宝记》在彰南宗、抑北宗的同时，也在极力提高剑南禅派创始人智诜的地位。与前述记载相较，弘忍的弟子中还多出了义方。

《历代法宝记》对十大弟子的叙述，依据的无疑是玄赜撰《楞伽人法志》所载弘忍临终前对玄赜说的一段话：

> 如吾一生，教人无数，好者并亡，后传吾道者，只可十耳。我与神秀，论《楞伽经》，玄理通快，必多利益；资州智诜、白松山刘主簿，兼有文性；华州惠藏、随州玄约，忆不见之；嵩山老安，深有道行；潞州法如、韶州惠能、扬州高丽僧智德，此并堪为人师，但一方人物；越州义方，仍便讲说。[④]

①[唐]李邕《大照禅师塔铭》，见[清]董诰等编《全唐文》卷二六二，上海：上海古籍出版社，1990年，第1175页。
②[唐]严挺之《大智禅师碑铭》，《全唐文》卷二八〇，第1256页。
③[唐]羊愉《嵩山会善寺故景贤大师身塔石记》，《全唐文》卷三六二，第1626页。
④《楞伽师资记》（敦煌写本S.2054、S.4272、P.3294、P.3436、P.3537、P.3703、P.4564）引玄赜撰《楞伽人法志》。

印顺法师认为,玄赜不在十人之列。作为《楞伽人法志》的作者,玄赜有意不将自己列入,很可能是他不愿与他人同列。因为与之同门的神秀,早在弘忍去世时已是“两京(长安、洛阳)法主,三帝(武则天、唐中宗、唐睿宗)国师”,在京洛地区被公认为六祖,而玄赜在神秀于706年去世后才于景龙二年(708年)被召入京。这个结局是他所不愿接受的,故不愿将自己与神秀及其他弘忍弟子同列。而《楞伽师资记》的作者为抬高玄赜,才加入了义方,使玄赜隐然在十人之外。[①] 这一说法影响很大。但笔者却对此不敢苟同。因为这样处理后所得出的结论,明显与弘忍所谓“传吾道者,只可十耳”的说法相矛盾。笔者认为,弘忍这些话是对玄赜讲的,所以在评说各人时未讲玄赜。值得注意的是,弘忍在最后说道:“汝之兼行,善自保爱,吾涅槃后,汝与神秀又尊为第一。”说明玄赜不仅应入十人之列,而且以兼行禅、文,与神秀并称第一。这十人“并堪为人师”。至于最后提到的义方,弘忍的评价是“越州义方,仍便讲说。”显然有另眼相看的成分,并未视其为“堪为人师”的禅师。

《弘忍传》通过篡改玄赜的原话,以慧能替代玄赜的位置,而未详审弘忍遗言的背景,遂陷入言称十人,而列出者仅有9人的自相矛盾之中。在另一处将义方列入十人之中,若加上慧能,变成了十一人,又与弘忍原意不合。

质言之,弘忍亲承咐嘱的十大弟子应为神秀、玄赜、智诜、刘主簿、惠藏、玄约、老安、法如、惠能、智德。而《历代法宝记》的叙述,与弘忍原意方枘圆凿,不相契合,含有强烈的宗派因素,在有意贬低北宗神秀的同时,极力提高南宗慧能与剑南禅智诜的地位。

关于弘忍去世的时间,《旧唐书》卷一九一《神秀传附弘忍传》载为咸亨五年(674年)。《楞伽师资记》引《楞伽人法志》更具体至咸亨五年之二月十六日。由于《楞伽人法志》的作者玄赜是弘忍亲信弟子,故其记载被认为是可信的。[②] 但其他禅宗史传都比较一致地称其卒年为上元二年(675年),只是具体月日有异,如《传法宝记》定为上元二年八月十八日;《宋高僧传》作上元二年十月二十三日;《弘忍传》却谓其卒日为上元二年二月十一日。

《历代法宝记》之撰写,是在吸收《楞伽师资记》和《传法宝记》两部书史料的基础上用保唐禅派的观点撰成的,但对弘忍卒日的记载却相差年

①印顺《中国禅宗史》,上海:上海书店,1992年,第82页。
②杨曾文《唐五代禅宗史》,北京:中国社会科学出版社,1999年,第83页注1。

余。《历代法宝记》虽后出，但其说当应有所本，不会完全是空谷来风。敦煌写本《南阳和尚问答杂征义》(S.6557、P.3047及日本石井光雄收藏本)[①]对弘忍卒日的记载与其完全相同，可互相印证。我们不敢断言《弘忍传》的记载就是正确的，但至少可备一说。

传中记载显庆五年(660年)，唐高宗李治曾两次请弘忍出山，均未能如愿，于是赐衣药就冯茂山供养。此事在《宋高僧传》《楞伽师资记》《传法宝记》等文献中均不见记载。其真实性有待考证。若此记载不误，则可为弘忍生平提供新的资料。

最后，我们应当提及《弘忍传》对弘忍事迹的叙述，似有与道信事相混之嫌。文中所载狂贼(指农民起义)围攻州城，因惧大师法力而退散的故事与《续高僧传》、《景德传灯录》及《传法宝记》中所载道信事几无二致。敦煌写本P.3664《传法宝记·道信传》载：

> 至大业度人，配住吉州寺。属随(隋)季丧乱，群贼围城七十余日，井泉皆竭。信从外来，水复充溢。刺史叩头，问贼退时。[大师言]："但念般若，不须为忧。"时贼徒见地(城)四隅，皆有大力士，因即奔骇，城遂获全。

此事发生的时间，按《传法宝记》，为"隋季丧乱"之际，即隋末；《续高僧传·道信传》未载；《景德传灯录》径言大业十三年(617年)。据史料记载，是年，广东梁尚慧起义军由南向北进入江西，至吉州(今江西省吉安市)时，围城达两个月之久。当时正在庐山大林寺修持的道信，闻讯后立即率徒赶往吉州，以佛教徒特有的方式解了吉州之围。这在乾隆年间修《吉安府志》和光绪年间修《江西通志》中都有详尽记载。这一年弘忍才16岁，恐难当此大任。况且除《弘忍传》之孤证外，其他史籍(包括禅宗史书)均未载其曾经住锡于吉州，更无吉州退敌之说。故我们认为是传文作者误将道信大师事搀入弘忍传中。

总之，敦煌本《弘忍传》对研究禅宗五祖弘忍及唐代的禅宗历史具有重要的史料价值，但又不可盲从，对具体问题要作具体的分析。

(原刊湛如主编《华林》创刊号，北京：中华书局，2001年，第177~182页)

①杨曾文编校《神会和尚禅话录》，北京：中华书局，1996年，第108页。

《金刚经》与南宗禅
——以敦煌文献为中心

菩提达摩来华传教，在传授心地法门时，以《楞伽经》作为禅修者的奉行典籍。但此经名相丰富，义理繁杂，译文生涩，对于顿悟禅修来说，难度很大。因而到四祖道信之后，《金刚经》就逐渐取代了《楞伽经》的地位，四祖道信即曾劝人念《摩诃般若波罗蜜》。五祖弘忍创东山法门，普劝僧俗读诵《金刚般若波罗蜜经》。到了六祖慧能，把听闻《金刚经》作为见道成佛的证据，与《金刚经》的因缘就更为密切了。至于《金刚经》与南宗顿悟禅派思想间的关系，由于书缺有间，文献不足，学界少有论及。但敦煌文献对此却有所反映。从而可以看出，《金刚经》不仅与南宗顿悟思想的形成关系密切，而且在南宗禅祖师传承中起到了非常重要的作用。

一、《金刚经》与慧能禅法

众所周知，中国禅宗的历史发展大体经历了酝酿期、初创期、南北宗并立期和南宗独盛期。从菩提达摩到惠可、僧璨，可作为酝酿期；唐朝的道信、弘忍正式创立禅宗，为禅宗的初创期；六祖慧能从五祖弘忍受法，归岭南后大力弘传“顿教”禅法，神秀与其弟子普寂在北方弘传“渐教”禅法，形成南北二宗对峙的局面；经神会北上与北宗争禅门正统，唐末(9世纪后期)借助朝廷之力，南宗取得正统地位，逐渐形成南宗独盛的局面。禅宗虽然不是菩提达摩创立的，但他被奉为中土禅宗的初祖，以慧可为二祖，僧璨为三祖，而真正创立禅宗的是四祖道信和五祖弘忍。弘忍继承道信禅法，于蕲州东山光大法门，被称为“东山法门”。[①]

以东山法门的形成为标志，明显带有中国特色的禅宗丛林才算真正建立起来，此后又相继形成了诸如南宗、北宗、净众派、保唐派、荷泽宗、青原宗、牛头宗、临济宗、曹洞宗等众多流派。不过建立较早且影响较大者莫

①洪修平、徐长安《东山法门与禅宗初创》，《“东山法门”与禅宗》，武汉：武汉出版社，1996年，第7~16页。

过于以慧能为代表的南宗和以神秀为代表的北宗。慧能提倡顿悟,以直见心性而闻名,神秀主张渐修,以去除烦恼,不使烦恼障蔽自性而深受人们的欢迎;南宗归旨于《金刚经》,而北宗则归旨于《楞伽经》。二者皆名噪一时,对中国的禅宗发展产生过深远的影响。

慧能生于唐太宗贞观十二年,卒于唐玄宗先天二年,南海新州(今广东新兴县)人,俗姓卢氏。据敦煌文献《历代法宝记》(S.516、P.2125、P.3717)所载,其父"本贯范阳(今北京大兴,宛平一带),左降迁流岭南,作新州百姓"。[①] 慧能三岁丧父,家境艰辛贫乏,稍长以卖柴为业,养母度日。二十四岁时辞亲出家,往蕲州黄梅参拜弘忍和尚。慧能初到之日,弘忍令慧能在寺内随众作劳役,于碓房踏碓舂米。弘忍的上座弟子神秀曾写得法偈于廊壁上,云:"身是菩提树,心如明镜台,时时勤拂拭,莫使有尘埃"。然此偈与弘忍的心性观尚有一定的默契距离,不符合《金刚经》所谓"凡所有相,皆是虚妄"[②] 的思想,故未得到弘忍的赞同。慧能虽为苦役小僧,但聪颖过人,听人读诵神秀的得法偈后心有所感,但不识文字,故请人代笔亦作一法偈书于廊壁上,偈云:"菩提本无树,明镜亦非台,佛性常清净,何处有尘埃"。[③] 慧能把菩提树、明镜台都看成是空,只有佛性是恒常清净的,充分体现了般若性空的思想。《般若心经》曰:"无智亦无得,以无所得故,菩提萨埵,依般若波罗蜜多故,心无罣碍。"[④]《金刚经》曰:"实无有法如来得阿耨多罗三藐三菩提。"[⑤] 慧能对"空"的理解要比神秀对"空"的理解彻悟得多,与弘忍意旨深相契合,从而得到了弘忍的器重及认可。弘忍并于夜半三更唤慧能入堂内,对其讲说《金刚经》,至"应无所住,而生其心",大彻大悟,遂授以衣法。这里的衣指袈裟,法即指南宗禅所尊奉的《金刚经》。慧能得弘忍衣法,遂成为禅宗六祖。可见,慧能从发心到求法,再到得法,始终都没有离开过《金刚经》。

《金刚经》,又名《金刚般若波罗蜜经》,为古代印度大乘佛教典籍。后

①杨曾文校写《新版敦煌新本六祖坛经》,北京:宗教文化出版社,2001 年,第 7 页。

②[姚秦]鸠摩罗什译《金刚般若波罗蜜经》,《大正藏》第八卷《般若部四》,No. 0235,页 749a。

③杨曾文校写《新版敦煌新本六祖坛经》,北京:宗教文化出版社,2001 年,第 11、14 页。

④[罽宾]般若共利言等译《般若波罗蜜多心经》,《大正藏》第八卷《般若部四》,No. 0253,页 849c。

⑤[姚秦]鸠摩罗什译《金刚般若波罗蜜经》,《大正藏》第八卷《般若部四》,No. 0235,页 751a。

秦姚兴弘始九年(402年)经鸠摩罗什初次翻译,华夏才开始流传。此后,其他的异译本有北魏菩提流支、南朝陈真谛之同名译本;另有隋达摩笈多译《金刚能断般若波罗蜜经》;唐玄奘译《能断金刚般若蜜多经》(即《大般若经》第九会);义净译《能断金刚般若波罗蜜多经》。该经是唐代最流行的佛经之一,主要宣扬"般若性空"之理,主张"应无所住而生其心",[①]以平等心对待一切差别相,破一切名相,从而达到不执着任何一物而体认般若实相的境地。

按照《金刚经》的说法,佛法就是要解决心的问题。降伏其心,是《金刚经》所要解决的问题,也是整个佛法要解决的。故而佛法也不妨称为心性之学。心性之学是慧能禅学思想的重要组成部分,主要体现于顿悟成佛之说。顿悟与渐修,是南宗与北宗两派禅学思想的根本分歧点,南宗主张学佛人无须长期修习,只有一旦领悟自性的本来面目即突然觉悟心性,便可成佛;北宗认为明白自性本来面目必须通过长期的修习磨炼,使烦恼逐渐不障蔽自性清净的佛性,这样佛性就自然现前了。大乘佛教把佛性是否清净看作人能否成佛的根本,照此看来,佛性就是宇宙的本体真如,亦即最高的智慧般若之智,所以"佛性"也即是"如来性"与"觉性"。

慧能的禅法思想主要体现于《六祖坛经》之中。《六祖坛经》版本很多,其中敦煌本《六祖坛经》应是慧能说教的最原始的本子。现知有五个写本,分别为S.5475、北冈48(8024)、敦博77、旅顺博物馆藏本及北京国家图书馆藏敦煌遗书北敦08958号。这5件写卷内容一致,出自同一原本,不存在异本问题。[②]成书时代,据考应在781年至801年之间。[③]

慧能在弘扬佛法时,总是极力称赞般若法门,这在他的《六祖坛经》中有较多反映,如:"师升座,告大众曰:'总净心念摩诃般若波罗蜜。'"又曰:"善知识,若欲入甚深法界,得般若三昧者,须修般若行,持诵《金刚经》,即得见性,当知此经功德无量无边,经中分明赞叹,莫能具说,此法门是最上乘,为大智人说。"这些言论都是要强调持诵《金刚经》之功德无量无边,持诵《金刚经》能入甚深法界,见性成佛。

《六祖坛经》在谈到《般若经》、自悟本性、无念与去除分别心时,都用

①[姚秦]鸠摩罗什译《金刚般若波罗蜜经》,《大正藏》第八卷《般若部四》,No. 0235,页749c。

②周绍良《敦煌写本坛经原本》,北京:文物出版社,1997年,第175~192页。

③Whalen Lai, The Formless Mind Verse of Shen-hsiu-Reconstructing the Northern Ch'an Position, *Journal of Oriental Studies* 22, 1984, p. 17.

到"顿教"、"顿法"两词。慧能认为大乘人闻听《金刚经》,知本性具般若智,可不假文字,用智慧观照经义;根钝者则烦恼深重,纵然听闻"顿教"之说,仍然会误向外觅佛,不悟本性,故而《六祖坛经》乃以《金刚经》为开示"顿悟"说教:

> 若大乘者,闻说《金刚经》,心开悟解。故知本性自有般若之智,自用智慧观照,不假文字……有般若之智与大智之人,亦无差别。因何闻法即不悟?缘邪见障重,烦恼根深,犹如大云盖覆于日,不得风吹,日无能现。般若之智亦无大小,为一切众生自有迷心,外修觅佛,未悟自性,即是小根人。①

《六祖坛经》随后又说听闻"顿教",不假外修,唯令本性恒常生起正见,便得彻悟,不为世间事相妨相碍,这样便符合《般若经》之教:

> 闻其顿教,不信(假)外修,但于自心,令自本性常起正见,一切邪见烦恼尘劳众生,当时尽悟,犹如大海纳于众流,小水大水合为一体,即是见性。内外不住,来去自由,解除执心,通达无碍。心修此行,即与《般若波罗蜜经》本无差别。②

慧能认为人们本身自俱的佛性本来清净,只是由于人们心中所产生的种种妄念覆盖了真如本性,使其不能认识自己本有的佛性罢了。因此慧能要求人们自识本心,自见本性。"佛是自性作,莫向身外求,自性迷,佛即众生,自性悟,众生即佛"。③佛即在身性中,求佛不能到身外去求,只有向内心去求,因此要想成佛只有靠本身的觉悟,即他所倡导的自性自度。这与《金刚经》所说的"不住色生心,不住声、香、味、触、法生心,应无所住而生其心"④之说是一致的。

与北宗渐修禅法思想相比,在成佛问题上,慧能充分肯定了自我的能

①杨曾文校写《新版敦煌新本六祖坛经》,北京:宗教文化出版社,2001年,第33~34页。
②杨曾文校写《新版敦煌新本六祖坛经》,北京:宗教文化出版社,2001年,第34页。
③杨曾文校写《新版敦煌新本六祖坛经》,北京:宗教文化出版社,2001年,第45页。
④[姚秦]鸠摩罗什译《金刚般若波罗蜜经》,《大正藏》第八卷《般若部四》,No. 0235,页753c。

动作用。慧能的顿悟成佛说,宣扬的是一种简捷的成佛方法。“一念愚即般若绝,一念智即般若生。”[①] 成佛在于一念之悟,刹那之间,而不需勤苦地长期修习。最终仍归结于“般若性空”学说。慧能用自己的经验现身说法:“我于忍和尚处,一闻言下大悟,顿见真如本性。”[②] 以自己的亲身体验,为广大愚迷众生指明了一条快捷的成佛之路。慧能建立顿悟成佛说,以简易快捷而著称,他宣扬佛法以心传心,不立文字,顿悟成佛,一扫传统佛教的长期繁琐的修习哲学,使自己创立的禅学修习更为简捷明了,从而不仅能使广大的下层民众所接受,而且也深为上层统治者所赏识。

二、《金刚经》与神会禅法

慧能一生弟子众多,主要有神会、怀让、行思等人,他们分别开创了禅宗的荷泽、南岳、青原三个支派。其中以神会对慧能顿悟说的捍卫及传承功劳最大。“弟子神会若颜子之于孔门也,勤勤付嘱,语在会传……会序宗脉,从如来下西域诸祖外,震旦凡六祖,尽图缋其影。”[③]

神会,俗姓高,襄阳人。“年方幼学,厥性淳明。从师传授五经,克通幽暗。次寻庄老,灵府廓然。览后汉书,知浮图之说。由是于释教留神,乃无仕进之意,辞亲投本府国昌寺颢元法师下出家。其讽诵群经,易同反掌。全大律仪,匪贪讲贯。”[④] 神会学贯中西,博通儒释,先跟神秀学习三年渐修之法,后而转在慧能门下参修顿悟之旨,可谓是顿渐兼修的高僧大德。自到慧能门下学顿悟法开始, 神会即意识到顿悟之法更容易被广大民众所接受,遂全力弘扬之。

在慧能逝世后,神会离岭南北上,于开元八年(720 年)隶名于南阳(今河南邓州市)龙兴寺,声望渐著,开始弘扬以《金刚经》为宗旨的“定慧不二”的顿悟法门。为了扩大南宗的影响,神会北上,身临北宗盛行的西安、洛阳一带去传法。开元二十年(732 年)正月十五日,神会在滑台(也称白马,在今河南省滑县东)大云寺设无遮大会,把著名学者崇远当做北宗的代表,与之展开激烈辩论,诤其是非,定其宗旨。天宝四年(745 年),神

①杨曾文校写《新版敦煌新本六祖坛经》,北京:宗教文化出版社,2001 年,第 31 页。
②杨曾文校写《新版敦煌新本六祖坛经》,北京:宗教文化出版社,2001 年,第 36 页。
③[宋]赞宁撰,范祥雍点校《宋高僧传》卷八《唐韶州今南华寺慧能传》,北京:中华书局,1987 年,第 175 页。
④[宋]赞宁撰,范祥雍点校《宋高僧传》卷八《唐洛京荷泽寺神会传》,北京:中华书局,1987 年,第 179 页。

会入东都洛阳,对北宗进行更直接的抨击。这些活动使顿悟禅法在西安、洛阳等地迅速传播,逐步确定了南宗顿悟说在全国的主导地位。

神会在北方的传法活动虽然曾一度受到迫害,但因为在唐朝平定“安史之乱”的过程中曾主持戒坛度僧,为唐军筹集军饷,以有功而受到了朝廷的赏识,为以后南宗的迅速发展和南宗正统地位的取得奠定了基础,被学界称作是中国禅宗的“真正开山宗师”。[①] 故而在南宗祖师系谱中,神会常被列为七祖。

唐人宗密在《中华传心地禅门师资承袭图》中认为“荷泽宗者全是曹溪之法,无别教旨”。[②] 荷泽宗者,即神会所创立之宗;曹溪之法即指慧能的顿悟之法。从神会禅法的整体上来说传承了慧能的顿悟禅法,但具体分析起来,神会对慧能禅法中的“无念”“见性”“定慧”“顿悟”以及批评北宗“观心”、“看静” 的禅法方面都有新的发挥。[③] 他根据佛教发展的具体情势,特别重视《金刚经》,强调读诵《金刚经》的种种功德,从某种意义上讲是对慧能依奉《金刚经》而修习顿悟禅法之理论的继承和发展。

般若学说在神会禅学中占有十分重要的地位。神会把般若看作佛教最高法门和修行实践的根本,认为般若可以统摄一切法门,要想觉悟成佛就必须修学般若:“今发心学般若波罗蜜相应之法,超过声闻、缘觉等,同释迦牟尼佛授弥勒记,更无差别。”[④] 故而神会特别强调般若经典的意义,认为只有遵从《金刚经》的教义,才真正是从大功德出发,进而可以达到佛教的最高理想境界。“若欲得了达甚深法界,直入一行三昧者,先须诵持《金刚般若波罗蜜经》,修学般若波罗蜜。何以故?诵持《金刚般若波罗蜜经》者,当知是人不从小功德来。譬如帝王生得太子,若同俗例者,无有是处,何以故?为从最尊最贵处来。诵持《金刚般若波罗蜜经》亦复如是。”[⑤] 另一方面,他在宣讲自己的禅学主张时经常运用般若经典的教义,自觉地把般若学说作为其禅学思想的理论基础。[⑥]

①胡适《研究神会和尚的始末》,《胡适自传》,南京:江苏文艺出版社,1995 年,第 290 页。

②《续藏经》第六三卷,No. 1225,页 31c。

③杨曾文《唐五代禅宗史》,北京:中国社会科学出版社,1999 年,第 214 页。

④北寒 81(8376)、P.2045b、S.2492、S.6977、敦博 77《南阳和上顿教解脱禅门直了性坛语》,杨曾文编校《神会和尚禅话录》,北京:中华书局,1996 年,第 7 页。

⑤P.3047、P.3488、P.2045《菩提达南宗定是非论》,杨曾文编校《神会和尚禅话录》,北京:中华书局,1996 年,第 35 页。

⑥邢东风《认知与般若——从神会禅学的“知”看般若的意义》,《禅宗与“禅学热”》,北京:宗教文化出版社,2006 年,第 63~64 页。

由于禅宗标榜“以心传心”,“教外别传”,经过分渲染后似乎给人一种禅宗排斥经教,轻蔑经论的印象。其实这是一种误会。禅宗强调“以心传心”,“教外别传”,主要是为了反对那种教条式的、只求字面意义的讲经解经,破除人们对经典的盲从,而不是根本不读经典、不依经典。实际上,禅宗的根本精神、基本思想和修行方法,应当说都是从印度佛教经典中提炼出来的,都可以找到它的经典根据。净觉著《楞伽师资记》(S.2054、S.4272、P.3294、P.3436、P.3537、P.3703、P.4564)卷一即谓达摩有“藉教悟宗”之举。而在早期禅宗祖师中,依经典立论也是一个不争的事实。神会对《金刚经》的倚重,也是早期禅宗重视经典的一个证据。

《金刚经》短小明快,义理幽深,在社会上流行甚广。开元十七年(729年)唐玄宗听到武功县丞苏珪一家持诵《金刚经》带来善报的传说后,“亦发心持经,从化甚众”。[①] 唐玄宗遂亲自为《金刚经》作注,后敕颁御注《金刚经》于天下,极大地促进了《金刚经》的流行。按照《六祖坛经》的说法,慧能之投弘忍门下学法,就是因为“大师劝道俗,但持《金刚经》一卷,即得见性,直了成佛。”[②] 当慧能投弘忍门下后,听闻《金刚经》,“言下便悟”。[③]《金刚经》于是便成为慧能及其弟子神会团结信众,弘扬顿教禅法的重要依据。神会修的是“般若波罗蜜法”, 行的是“般若波罗蜜行”,依据的都是《金刚经》。他通过亲身体验,得出了如下结论:

> 修学般若波罗蜜者,能摄一切法;行般若波罗蜜行,是一切行之根本。金刚般若波罗蜜,最尊最胜最第一,无生无灭无来去,一切诸佛从中出。

神会称颂《金刚经》是“一切诸佛母经,亦是一切诸法祖师”。[④] 故而他将《金刚经》奉为印心经典。神会不遗余力地宣传《金刚经》,在《菩提达南宗定是非论》(P.3047、P.3488、P.2045) 中更是以相当大的篇幅宣传《金刚经》的功德与神力,把听闻、书写、受持、读诵《金刚经》的种种功德说得不可思议。声称诵持此经可得到不可数计的种种功德,即使犯下一切极恶重

①[宋]志磐《佛祖统纪》卷四〇,《大正藏》第四九卷《史传部一》,No. 2035,页 374c。
②杨曾文校写《新版敦煌新本六祖坛经》,北京:宗教文化出版社,2001 年,第 7 页。
③杨曾文校写《新版敦煌新本六祖坛经》,北京:宗教文化出版社,2001 年,第 15 页。
④P.3047、P.3488、P.2045《菩提达南宗定是非论》,杨曾文编校《神会和尚禅话录》,北京:中华书局,1996 年,第 34~35 页。

罪,也会因诵持此经所得的功德而使众罪消除。

三、《金刚经》与南宗禅祖师传承

为了与北宗所提出的以《楞伽经》相传的祖统说相对抗,神会提出了以《金刚经》相传的祖统说。他在《南阳和尚问答杂徵义》(敦煌写本S.6557、P.3047)中反复强调《金刚经》的重要性,尤其是《金刚经》在达摩祖衣袈裟传承过程中充当的至关重要的角色:

一、达摩大师"乃依《金刚般若经》,说如来知见,授与慧可。授语以为法契,便传袈裟,以为法信"。

二、达摩大师云:"《金刚经》一卷,直了成佛。汝等后人,依般若观门修学。"

三、惠可大师"奉事达摩,经于九年,闻说《金刚般若波罗经》,言下证:'如来实无有法即佛,菩提离一切法,是名诸佛。'"

四、璨禅师从惠可大师,"经依《金刚经》说如来知见,言下便悟:'受持读诵此经,即为如来知见。'密授默语,以为法契;便传袈裟,以为法信"。

五、道信承僧璨之后,"师依《金刚经》说如来知见。言下便证:'实无有众生得灭度者。'授默语,以为法契;便传袈裟,以为法信"。

六、弘忍继承道信,"依《金刚经》说如来知见。言下便证最上乘法,悟寂灭。忍默受语,以为法契;便传袈裟,以为法信"。

七、慧能上承弘忍,"师依《金刚经》说如来知见,言下便证:'若此心有住,则为非住。'密授默语,以为法契;便传袈裟,以为法信"。

八、慧能大师居漕溪,"来住四十年,依《金刚经》重开如来知见。"

通过以上八条,神会大胆地把菩提达摩奉行的印心经典《楞伽经》换成了《金刚经》。从达摩以至神秀,都是正统的楞伽宗,虽然道信、弘忍已强调《金刚经》的重要,但奉行的经典仍然是《楞伽经》。经过神会的"革命",楞伽宗的法统被彻底推翻了,楞伽宗的"心要"说也被神会的"知见"说所取代。所以,慧能、神会的"革命",不是南宗革了北宗的命,其实是般若宗革了楞伽宗的命。神会强调依《金刚经》"说如来知见",在师徒传承中,需"内传法契""外传袈裟"。[①] 这种法契应是根据《金刚经》或直接引用《金

①P.3047、P.3488、P.2045《菩提达南宗定是非论》,杨曾文编校《神会和尚禅话录》,北京:中华书局,1996年,第27页。

刚经》而提出的。这种思想可以说是神会的创造，成为其禅宗祖统说的一大特色。

北宗对五祖弘忍以后法统的说法，有以神秀为第六祖者，也有以法如为第六祖者，其中又以神秀为六祖的说法影响更大些，神秀的弟子普寂则以第七祖自居。神会为了扩大南宗的影响，极力宣传以慧能为六祖的祖统说，反对以神秀、普寂为首所宣扬的北宗祖统说。神会所持的理由十分简单：无论是法如还是神秀，都没有从弘忍那里得到历代相传的达摩袈裟，惟有慧能拥有这种袈裟，同时又有五祖弘忍所传的法契，是慧能继承五祖弘忍为第六代祖师的有力证明。

神会不但继承和发展了慧能的顿悟禅法思想，而且还建立了以《金刚经》为相互传承的南宗祖统说，明显地与北宗渐修禅法建立的以《楞伽经》为相互传承的祖统说分庭抗礼，为南宗之立宗弘法奠定了理论基础。如果以修行顿悟禅法慧能为开山祖师的话，那么其弟子神会的顿悟说，则把南宗理论发展至巅峰。

神会在开元二十年（732年）于滑台大云寺与北宗僧人崇远进行辩论，其中何人为达摩禅法合法继承人的问题是双方争论的焦点。《菩提达南宗定是非论》(敦煌写本P.3047、P.3488、P.2045)记载说：

> 远法师问：禅师既口称达摩宗旨，未审此禅门者，有相传付嘱，为是得说只没说？
>
> 和上答：从上已来，具有相传付嘱。
>
> 又问：相传付嘱已来，经今几代？
>
> 和上答：经今六代。
>
> 远法师言：请为说六代大德是谁？并叙传授所由。
>
> 和上答：后魏嵩山少林寺有婆罗门僧，字菩提达摩，是祖师。达摩在嵩山将袈裟付嘱与可禅师；北齐可禅师在皖山将袈裟付嘱璨禅师；隋朝璨禅师在司空山将袈裟付嘱与信禅师；唐朝信禅师在双峰山将袈裟付嘱与忍禅师；唐朝忍禅师在东山将袈裟付嘱与能禅师。经今六代。内传法契，以印证心；外传袈裟，以定宗旨。从上相传，一一皆与达摩袈裟为信。其袈裟今在韶州，更不与人。余物相传者，即是谬言。又从上已来六代，一代只许一人，终

无有二。纵有千万学徒，亦只许一人承后。

禅宗的祖统说关系到嫡传与正统的问题。神会所列举的历代祖师当中，前五代为菩提达摩→惠可→僧璨→道信→弘忍，“从上相传，一一皆与达摩袈裟为信”，这与北宗所认可的祖统是一致的，这也是中国禅宗史上普遍认可的祖师系统，只是北宗不像南宗那样事事强调达摩信衣袈裟而已。但在何人为六祖的问题上，南宗与北宗之间却产生了巨大分歧。就禅宗祖统说形成的历史看，的确是北宗率先提出了禅门传承世系问题，普寂及其门徒把神秀作为继承弘忍的六祖，以普寂为七祖。然神会北上弘法，公开抨击北宗“师承是傍，法门是渐”。① 神会批评北宗的理由有二：一有慧能在弘忍处得到的传心印法，叫“内传法契，以印证心”；二有慧能在弘忍处得到的付嘱袈裟，叫“外传袈裟，以定宗旨。”“法契”“心印”是师徒间秘密传授的某些话作为传法的依据。历代祖师是如何相心印的可参阅敦煌文献 S.2144《禅宗密传心印法》。对此我们已撰文做过研究，② 于此不赘。

四、南宗禅与敦煌《金刚经》信仰

《金刚经》在南宗禅以之为立宗的基本经典后，影响进一步扩大，围绕《金刚经》为主题的各种作品亦大量出现。这些作品在敦煌文献中有很多被保存下来，其中比较重要的有：

北始 37(4443)、闰 21(4445)《金刚般若疏》；

S.2047《金刚经疏》；

S.2050《金刚经疏》；

S.2068《金刚经注》；

S.1389、S.2671、S.2738、S.5905、P.2084、P.2113、P.2173、P.2174、P.2182、P.2330、P.3080、北鸟 087v(1319)《御注金刚般若波罗蜜经宣演》；

P.4748、S.6537《金刚映序》(唐宝达集)；

P.2159《金刚般若经依天亲菩萨论赞略释秦本义记》(唐知恩集)；

①[唐]宗密《中华传心地禅门师资承袭图》，任继愈主编《中国佛教丛书·禅宗编》第 1 册，南京：江苏古籍出版社，1993 年，第 286 页。

②王书庆、杨富学《〈历代法宝记〉所见达摩祖衣传承考辨》，《敦煌学辑刊》2006 年第 3 期，第 163~164 页。

S.2437v、P.2034、P.2493a、P.2493v、P.2627v 等《金刚般若经旨赞》(唐昙旷撰);

S.4037vc《持诵金刚经灵验功德记》;

S.5459、S.5291、S.5450a、S.5444、S.5443、S.5494、S.5536、S.5581f、S.5646a、S.5669、S.5699《金刚经启请》《奉请八大金刚》《发愿文》等;

S.5464、P.2039vd《金刚经赞》;

P.2094a、P.2716《持诵金刚经灵验功德记及开元皇帝赞金刚经一卷》;

P.3664g、P.2325b、P.3792vb、P.4597、北乃 074(8371)、北衣 037(8365)《姚和尚金刚五礼》;

P.2629《金刚经赞疏》;

P.3445c《金刚经赞文》;

P.3863v《光启三年(887 年)金刚经神验记》;

P.4025《金刚经灵验记》(两面书);

北昃 005(7669)《东方金刚大集想一本》;

北收 001v(4446)、北闰 042v(4447)《金刚经赞释》;

P.2133va《金刚般若经讲经文》;

P.2799a、P.3922b、S.5533、P.T.116、龙谷 58《顿悟真宗金刚般若修行达彼岸法门要诀》。

诸如此类,不胜枚举。在敦煌出土的文献中,属于《金刚经》本身的写本就更多了,仅鸠摩罗什译《金刚般若波罗蜜经》写本即达 2000 个卷号以上。此外还有北魏菩提流支译本,8 个卷号;南朝陈真谛译本,2 个卷号;玄奘译《能断金刚般若波罗蜜经》1 个卷号。除这些写本外,还有长庆四年(824 年)四月六日柳公权书《金刚般若波罗蜜经》碑的拓本(P.4503)、咸通九年(868 年)王玠施造的木刻本《金刚般若波罗蜜经》(S.P.002)。可见在九、十世纪之际,《金刚经》在敦煌地区还是相当流行的。

从这些出土文献中常可看到敬奉《金刚经》的题记,如 S.5544《金刚经》题记曰:"奉为老耕牛,神生净土,弥勒下生,同在初会,俱闻圣法。"反映了农民对耕牛的深厚感情。P.2876《金刚经》册尾题:"天祐三年岁次丙寅(906 年)四月五日,八十三老翁刺血和墨,手写此经,流布沙土,一切信士,国土安宁,法轮常转。以死写之,乞早过世,余无所愿。"另外,在

S.5451、S.5669、敦煌市博物馆藏编号为53的《金刚经》写本中，也都有八十三岁老翁“刺血和墨，手写此经”的题记，反映了当时人们对《金刚经》信仰的虔诚。

唐德宗贞元二年(786年)，吐蕃占领敦煌。不久，当地著名禅僧摩诃衍师徒应吐蕃赞普的邀请前往逻娑(拉萨)“说禅”。五六年间，吐蕃人习禅者蔚然成风。贞元八年至十年(792—794年)，在吐蕃赞普的主持下，以摩诃衍为首的汉僧与以莲花戒为首的印度僧侣展开辩论。从记录这次辩论过程的敦煌写本《顿悟大乘正理决并序》(P.4646、S.2672)来看，当时摩诃衍为证明自己的禅法来源有自，在答问时曾广泛征引大乘经典，8次引用《金刚经》的内容。在辩论失利后，汉地禅僧暂时退出逻娑，但摩诃衍禅法仍在包括敦煌在内的吐蕃周边辖地流行。① 在敦煌石窟壁画中，属于吐蕃统治时期的《金刚经变》计有八铺，属于晚唐时期的有九铺，这种题材在敦煌流行的时间长达一个世纪之久。②

敦煌莫高窟曾以禅修名刹而著名，莫高窟大量金刚经变画及《金刚经》写本、印本的存在，足以说明《金刚经》在社会层面的流传之广了。值得注意的是，在敦煌发现的2000余件《金刚经》写本、印本中，鸠摩罗什译本占绝大多数，而菩提流支、陈真谛、玄奘的译本总共才占11个卷号。隋达摩笈多译《金刚能断般若波罗蜜经》及义净译《能断金刚般若波罗蜜多经》更是一无所见。而南宗禅所尊奉的经典正是鸠摩罗什译本，故可以推定，鸠摩罗什译《金刚经》在敦煌的盛行，应与南宗禅的盛行及对罗什译本的尊奉是分不开的。

通过以上论述可以看出，《金刚经》自六祖慧能以后，逐步发展成为禅宗顿悟派的根本经典，并由此而创立了以此经为递次传法的祖统说，使南宗禅法思想体系更加完备，形成与北宗祖统说分庭抗礼的局面，并最终取而代之，成为禅宗各派公认的祖统。《金刚经》尽管内容短小，但义理深邃。慧能抓住这一特点，广为传扬，普劝僧俗读诵《金刚经》。神会继承慧能的以《金刚经》为依据来修习顿悟的思想，并且创立了以《金刚经》作为历代祖师传承衣钵的印心经典，把《金刚经》信仰推向巅峰，在敦煌文献及唐代莫高窟壁画中，都可看到为数众多的《金刚经》写本与根据该经内容而绘

①杨富学、王书庆《关于摩诃衍禅法的几个问题》，《唐史论丛》第10辑，西安：三秦出版社，2008年，第233~240页。

②史苇湘《论敦煌佛教艺术的世俗性——兼论〈金刚经变〉在莫高窟的出现与消失》，《敦煌研究》1985年第3期，第25页。

制的经变画，体现了该经的盛行。这种现象的出现，应与以《金刚经》为主旨的顿教禅法思想在敦煌的流行息息相关。

〔原刊《敦煌研究》2009 年第 1 期，第 74~80 页（与王书庆合撰）〕

《孔雀明王经》文本的形成与密教化

《孔雀明王经》为“五护秘经”之一,因其“有大神力,求者皆验。五天之地、南海十洲及北方土货罗等二十余国,无问道俗、大乘小乘,皆共尊敬,读诵求请,咸蒙福利,交报不虚。”① 故而为民众笃信至今,现有梵、汉、藏、西夏、日、尼泊尔等多种文本存世。

一

《孔雀明王经》之梵本原文,先由俄国学者奥登堡(S.Oldenburg)刊载于《俄国皇家考古学会东方部纪要》中,② 附于彼得罗夫斯基(N.Petrovski)所辑《梵文疏勒文钞本残卷》一文之后。因为该残卷经奥登堡断定为《大孔雀经》,故附以梵本《大孔雀经》。此外,于1890年库车发现、现藏英国牛津大学包德利图书馆的鲍威尔写本中数页,经奥登堡研究,知为《大孔雀王咒经》的一部分。③ 随后,塞西尔·本达尔(Cecil Bendall)也在与英籍德裔印度学家霍恩勒(A.F.Rudolf Hoernle)的通信中表达此观点。1907年,渡边海旭博士撰文指鲍威尔写本第六和第七部分系《孔雀王咒经》之一部分。④ 后经霍恩勒研究,推定鲍威尔写本的年代为4世纪左右,且其中保存的《孔雀明王经》文本年代更早。⑤ 职是之故,可将鲍威尔写本中保存的《孔雀明王经》推定为该经目前已知最古的梵语文本。

《孔雀明王经》传入我国的时间较早,现存有6部汉译本。

1. 东晋帛尸梨密多罗译《佛说大金色孔雀王咒经》1卷,高丽藏佚译

①[唐]义净译《佛说大孔雀咒王经》,《大正藏》第一九卷《密教部二》,No. 985,页459b。

② Zapiski Vostocnago otdyeleniya imp. *Ruask Arkheol. Obstchestva*, t. XI, 1897–1898, Petersburg 1899, p. 218.

③ Zapiski Vostocnago otdyeleniya imp. *Ruask Arkheol. Obstchestva*, t. XI, 1897–1898, Petersburg 1899, p. 297.

④ K. Watanabe, A Chinese Text Corresponding to Part of the Bower Manuscript, *Journal of the Royal Asiatic Society*, April, 1907, pp. 261–266.

⑤ A. F. Rudolf Hoernle, On the Date of the Bower Manuscript, *Journal of the Asiatic Society of Bengal*, Part I, Vol. LX, for 1891, No. II, pp. 79–96.

者名，元藏、明藏题帛尸梨密多罗译。释藏中尚存两本，实则为一，只是其中一本译文较长而已。高丽藏中两本皆名《佛说大金色孔雀王咒经》，元藏明藏一名《佛说大孔雀王咒经》，一名《佛说大孔雀王杂神咒经》；

2. 失译者名《大金色孔雀王咒经》1 卷(今附秦录)；

3. 后秦龟兹鸠摩罗什译《孔雀王咒经》1 卷。文末译有孔雀王咒场；

4. 南朝梁僧伽婆罗于 516 年译《孔雀王咒经》2 卷。为此经的首次全文翻译；

5. 唐义净于 705 年译《佛说大孔雀咒王经》3 卷。附有《坛场画像法式》；

6. 唐不空译《佛母大金曜孔雀明王经》3 卷。附有《佛说大孔雀明王画像坛场仪轨》1 卷。

比较以上 6 个本子就会发现，前 3 者显示了该经更原始的形式，而后 3 者则明显有较大扩充。

藏文译本可知者有二，其一为北京版，崇祝寺天清番经局本，[①] 存《甘珠尔藏》中，乃直译梵文原名。[②] 其二为纳塘版，二种字句相差甚少。西夏文本藏中国国家图书馆。[③] 黑水城出土的西夏文佛典中，也有《孔雀明王经》写本。除上述诸本外，还有日本法藏馆藏 11 世纪梵文贝叶本；巴黎国立图书馆 1749 年的梵文抄本；巴黎亚洲学会藏抄本，此本不详其年代，应为近代本；英国所藏《五护》抄本，剑桥有 9 本，分属 11 世纪至 17 世纪；伦敦大英博物院有 3 本，一本为 11 世纪本，二本为 16 世纪本；伦敦亚洲学会有 2 本，其一为 1767 年本，其二年代更为古老。[④] 此外，敦煌遗书中已知有 3 件，分别为《敦煌遗书总目索引》散 120 号(现藏中国国家图书馆，为义净译本)、散 726 号(现藏于日本大谷大学，为鸠摩罗什译本)和法藏 P.2368(不空译本)。

二

《孔雀明王经》咒语晦涩，佛名、药叉、龙王、大仙、众生主等名号繁复，

①王静如《佛母大孔雀明王经夏梵藏汉合璧校释》，《西夏研究》第 1 辑，北平：国立中央研究院历史语言研究所出版，1930 年，第 181 页。

②西尔文·列维《大孔雀经药叉名录与地考》，上海：商务印书馆，1931 年，第 6 页。

③周叔迦《北平图书馆藏西夏文佛经小说》，《周叔迦佛学论著集》下册，北京：中华书局，1991 年，第 736 页。

④西尔文·列维《大孔雀经药叉名录与地考》，上海：商务印书馆，1931 年，第 7 页。

而且本子众多，此为其显著特点，学术界的研究也主要集中于诸本内容校释。对《孔雀明王经》的研究，应首推唐代不空所撰《唐梵相对孔雀经》，惜现已失传。20世纪30年代，王静如曾撰文从经名翻译、经中所称诸王名的数目和译名、经文的组织和翻译用诸词等4个方面，对梵汉藏夏本进行校释，考订出西夏本《佛母大孔雀明王经》是译自藏文本。[①] 随后，该氏又对西夏本经中众神名号如龙王、大仙、众生主等，详加译释，并校以梵、藏、汉诸本。不仅进一步佐证西夏本译自藏本之论，且“得各本名号异同之大凡，订众译之失”。[②]

19世纪末20世纪初，随着西域、敦煌等地考古工作的展开，大量古代写本得以重新问世，《孔雀明王经》梵文写本即其一。奥登堡、渡边海旭、霍恩勒等学者都注目于此。在对梵文古本翻译转写的基础上，通过与汉文《孔雀明王经》的比对，以确定写本内容。随后，列维(Sylvain Lévi)对该经梵文本中关于“诸法药叉名录”进行深入研究，指出：“梵文撰述之中，地名之丰富，无逾此经也。”因此撰《大孔雀经药叉名录舆地考》一书，以梵本为基础，校以藏汉诸本，对经中涉及的药叉名录和地名逐一进行了详细的考证，充分揭示了《孔雀明王经》在保留印度历史地理方面的巨大价值。[③]

日本对《孔雀明王经》的研究有据可查的是僧人灵云，曾于1868年对勘不空本、义净本而撰《佛母大孔雀明王经异同》。此本已为日本释藏(应指明治本)所录。由于日本孔雀明王信仰的发达，因此日本十分注重对《孔雀明王经》的注疏研究，可看到的就有《孔雀经音义》3卷、《孔雀经开题》《孔雀经并仁王经法》《孔雀明王小供养法》《孔雀明王法》《孔雀经转读作法》《孔雀明王经读诵作法》《孔雀经结愿作法》《孔雀经御读发愿》《孔雀经御修法日记》《孔雀经法日记》等10余种。[④] 但上述学者专家对《孔雀明王经》的研究主要集中于其语言翻译、校释、注疏、龙王大仙等诸神名号、药叉名录及地舆考等方面，对《孔雀明王经》文本内容本身的研究却极少关注。

近期，又有王惠民关注《孔雀明王经》在敦煌、大足等地的流传，侧重

①王静如《佛母大孔雀明王经夏梵藏汉合璧校释》，《西夏研究》第1辑，北平：国立中央研究院历史语言研究所出版，1930年。

②王静如《佛母大孔雀明王经龙王大仙众生主名号夏梵藏汉合璧校释》，北平：国立中央研究院编《庆祝蔡元培先生六十五岁论文集》下册，1935年。

③西尔文·列维《大孔雀经药叉名录与地考》，上海：商务印书馆，1931年。

④参见日本《佛书解说大辞典》第2册，东京：大东刊行社，1932年，第326~328页。

于从敦煌和大足的孔雀明王像看《孔雀明王经》在这些地区的流行，以及反映的五代、宋时期中国密教的发展。虽然也提到《孔雀明王经》的产生，但只是认为"与孔雀形貌美丽华贵、古代印度咒法盛行有关，也许还与孔雀明王本生故事有些联系，"[①] 并没有从《孔雀明王经》的文本来源、形成角度进行研究。

实际上，因为鲍威尔写本中保留有年代极为古老的《孔雀明王经》文本，且此经有从东晋到唐，即由4世纪到8世纪的先后6个不同汉译文本存在，因此，通过对《孔雀明王经》不同时代的文本内容进行比对考察，可以看出现存《孔雀明王经》的文本是由一个最早的非常小的核心不断扩展来的，尤有进者，我们能从现存的不同文本中看到这个扩展的过程，并且此文本扩展过程为我们提供了认识佛教从最初采用咒术密法到逐渐发展成为理论体系完善、仪轨完备的有组织的密教，从杂密发展到纯密的密教发展史的一个具体直观的切入点。

三

《孔雀明王经》主要讲述的是比丘莎底出家未久，为蛇所咬，阿难陀见他痛苦，疾往佛所，佛告阿难陀，孔雀明王大陀罗尼有大威力，能灭诸毒。佛说此咒之后，乃历数诸种神道不能恼害持此咒者。所说诸神，名称之众，可称佛教神团的一次大集合。佛还告阿难陀说，昔有金曜孔雀王居于雪山，诵咒自护。因一时忘诵大孔雀王咒，遂与众多孔雀婇女游戏山林，被怨家捕获。被缚之时，复诵此咒，遂得解脱。

对比《孔雀明王经》的不同文本，从年代最古老的鲍威尔写本的《孔雀王咒经》本到唐不空本，内容逐步丰富，有大的扩展，系由最初的较小核心而逐步扩展的痕迹依稀可辨。核心文本由两个故事元素组成：其一，比丘被蛇咬的故事，即被蛇咬的比丘通过使用大孔雀王咒得救；其二，孔雀王故事，解释了此咒是如何在佛本生即孔雀王时最初使用。"前一个是鲍威尔写本第六部分的内容，后一个正好是鲍威尔写本第七部分的内容"。[②]

先看比丘被蛇咬的故事。年代当非常古老，在巴利文藏经律藏《小品》

①王惠民《论〈孔雀明王经〉及其在敦煌、大足的流传》，《敦煌研究》，1996年第4期。

②A. F. Rudolf Hoernle（Ed.）, *The Bower Manuscript: Facsimile Leaves, Nagari Transcript, Romanized Transliteration and English Translation with Notes,* Calcutta: Superintendent Government Printing, 1893–1912, Vol. II, p. 241.

(第五《小事犍度》之《诵品一及诵品二》之六《对蛇之护咒》部分,有其较早的简短故事形式:

> 尔时,有比丘被蛇咬死。诸比丘以此事白世尊,[世尊曰:]“诸比丘!彼比丘未以慈心遍满四类蛇王族。诸比丘!若彼比丘以慈心遍满四类蛇王族者,诸比丘!彼比丘不致被蛇咬死。何等是四类蛇王族耶?毗楼罗阿叉蛇王族、伊罗漫蛇王族、舍婆子蛇王族、瞿昙冥蛇王族也。诸比丘!彼比丘必未以慈心遍满此四类蛇王族也。诸比丘!彼比丘若以慈心遍满此四类蛇王族者,彼比丘不致被蛇咬死也。诸比丘!以慈心遍满四类蛇王族者,为自守、自护而许诵自护咒。诸比丘!行此者,应如是为:
>
> 慈爱毗楼罗,慈爱伊罗漫,慈爱舍婆子,慈爱瞿昙冥,慈爱无足者,慈爱二足者,慈爱四足者,慈爱多足者,无足者勿害我,二足者勿害我,四足者勿害我,多足者勿害我,一切有情生类,一切之生类者,一切皆遇善美,少分恶勿前来。
>
> 佛无量,法无量,僧无量,匍行者(爬虫类):蛇蝎、百足、蜘蛛、蜥蜴、鼠有量也。我自护,我诵护咒,生者还去!我归命世尊,归命七等正觉者。诸比丘!许将血取出。

同样的故事在巴利藏经藏《增支部》二《四集》之第二《适切业品》第六十七里也有所见:

> 一,一时,世尊住舍卫(城)祇陀林中给孤独园。时舍卫[城]一比丘被蛇咬死。于是,甚多比丘谒至世尊之处。至已,闻讯世尊坐于一面。坐在一面之诸比丘,白世尊言:
>
> 二,“大德!此舍卫(城)有一比丘被蛇咬死”“诸比丘!此比丘未以慈心,令四蛇王族舒偏。诸比丘!若此比丘以慈心,令四蛇王族舒偏,诸比丘!此比丘被蛇咬,则不致于死。以何为四蛇王族耶?
>
> 即:毗楼博叉蛇王族、伊罗钵多蛇王族、尸婆弗多蛇王族、黑瞿昙蛇王族是。诸比丘!此比丘未以慈心,令四蛇王族舒偏,若此

> ……则不致于死。诸比丘！我为防已、为护已、为救已，以慈心容许此四蛇王族舒偏。
>
> 佛乃无量，法是无量，僧亦无量。匍行、蛇蝎、百足、蜘蛛、蜥蜴、鼠等乃有量，我令作护，我令作救，有情还去，我归命世尊，我归命七正自觉者。"

将这个故事的早期形式与鲍威尔写本《孔雀王咒经》里的比丘被蛇咬故事相比较，我们会发现，在早期形式中，这个比丘还没有名字；他也被说成被蛇毒死了，佛给出这个咒是为了将来使用；这个咒也还没有叫《大孔雀王咒》。

随后，我们又在巴利藏《小部经典》八《本生经》三之第二篇之第六章《那塔木达鲁哈品》之二零三《犍度本生谭》中发现这个故事的稍晚的发展形式。

> 序分。此本生谭是佛在祇园时，对某比丘所作之谈话。彼比丘于浴室入口处劈割薪木，由腐木中出来一蛇，啮其足指，彼当场毒发而死。此事传遍精舍内外皆知。比丘等于法堂中议论，纷如花放。"诸位法友！如此比丘，于浴室入口劈割薪木，为蛇所啮，当场死亡。"适佛来此处问曰："汝等比丘！今有何事，集于此处？"比丘等云："如是如是。"佛云："汝等比丘！若彼比丘对四大龙王之一族，多修慈行，即不被蛇啮。昔者诸仙人于佛未出世时，对龙王之一族，多修慈行，得免于为龙王一族所惹起之危险。"于是佛为说过去之因缘。
>
> 主分。昔日波罗奈国梵与王治国时，菩萨生于迦尸国之婆罗门族，年长弃爱欲出家为仙人，修得神通与等至。彼于雪山地方恒伽河屈曲之处，作为隐栖之所，耽乐禅定，住于仙人之群围绕之处。时恒伽河峰，有种种爬虫动物居住，与诸仙人众多危险，诸多仙人之生命，为其所取。仙人等以此事告之于菩萨，菩萨集合全部仙人曰："若汝等对四大龙王多修慈行，则蛇等将不啮汝等。因此，今后应对四大龙王应修如是等慈行。"于是菩萨唱如下之偈……

> 如是菩萨又云："须忆持三宝之德。" 菩萨示三宝无限之德后，更说明有情之有限："爬虫之类，为有限之物，无论蛇蝎、百足、蜘蛛、蜥蜴、鼠类皆是如此。"

至此，比丘被蛇咬的故事已发展成为一个佛本生的主题，但在稍晚的形式里，比丘和咒语仍然没有特指的名字。但是，当这个故事被《孔雀王咒经》采纳，出现在该经最古老的文本即鲍威尔写本第六部分时，比丘和咒语的名字首次出现，"在这里它已经被扩展很多，成为陀罗尼经的形式，和防御各种不幸的全面保护性的咒"。①

第二个孔雀王的故事，是基于另一个佛本生的故事。即巴利藏《小部经典》八《本生经》三之第二篇之第一章《刚强品》之一五九《孔雀本生谭》：

> 主分　昔日波罗奈国梵与王治国时，菩萨宿某孔雀之胎卵中，其壳如迦尼迦花蕾之色，破卵而出，作黄金色，美丽可爱，两翼之间，具有美丽赤色之线。彼护己命越三山峰，至第四檀特金山中之平原，定为居所。黎明之时，彼立山顶，观日初升，为保护自己探取食物之所，唱念梵咒……
>
> 如斯六代之王相继去世，至第七代王即位，亦遣一猎夫前往。彼至其处，不予菩萨足所踏处张网，彼知菩萨以咒文护身往探饵之场。彼下山至附近捕一雌孔雀，加以训练，拍手即跳，弹指即鸣，如此习练熟惯，伴至其处。于孔雀尚未护身探饵之前，晨起打橛张网，使雌者鸣声。孔雀闻雌性特有之鸣声，引动爱欲，咒文不能护身，踏入网中，为猎捕归，献于波罗奈王……（下略）"

将鲍威尔写本和其他译本《孔雀明王经》中的孔雀王故事和上述《孔雀本生谭》的故事比较就会发现，二者明显一致，但有一个地方却迥然有别，即在鲍威尔写本中，《孔雀本生谭》里的咒（对日出和日落的唱颂）被汰除后替代以"大孔雀王咒"。易言之，"大孔雀王咒"是把《孔雀本生谭》里的咒中对佛祈祷的部分加入比丘被蛇咬的故事里的咒制成的。

至此，《孔雀明王经》的文本来源和形成过程已逐步展现，应是佛教比

①A. F. Rudolf Hoernle (Ed.), *The Bower Manuscript: Facsimile Leaves, Nagari Transcript, Romanized Transliteration and English Translation with Notes*, Calcutta: Superintendent Government Printing, 1893–1912, Vol. II, p. 428a.

丘故事和金色孔雀王故事的合成，而且现有材料表明，大概鲍威尔写本中的第六和第七部分的《孔雀王咒经》文本体现和保存了这种最早的结合。

《孔雀明王经》文本产生的具体过程应该是把《犍度本生谭》比丘故事里的简短的咒有意提取出来，扩展加入一个长的龙族名单和很多巫术行话，然后把它加入从《孔雀本生谭》中取出的咒中，保留对佛的祈祷，汰除对日出和日落的唱颂。最后这个重新组成的咒被称作做“大孔雀王咒”。是后，这个经重新组合的新咒全部被插入比丘故事里，而且这个比丘故事在经过了修改和扩张后（加入了比丘名字和比丘被救活的情节）被放在了《孔雀明王经》经首，而结合的另一部分孔雀王故事则被放在了经的第二部分。如是以观，《孔雀明王经》的最初的核心文本就通过对佛教原有的故事形式（比丘被蛇咬的故事和孔雀王的故事）和咒语（被蛇咬故事里的咒和《孔雀本生谭》里的咒）进行修改、扩张继而糅合，从而产生新的经文（《孔雀明王经》）和新的咒语——大孔雀王咒。

四

上文的论述表明，《孔雀明王经》最初是由佛教两个本生故事——比丘故事和孔雀王故事——结合形成的，鲍威尔写本第六和第七部分的《孔雀王咒经》保留了这个最初结合所形成的最早的核心文本。考察《孔雀明王经》从鲍威尔写本时最初较小的核心文本扩展成为不空本时内容丰富繁杂、仪轨详备的《佛母大金曜孔雀明王经》，其发展充分体现了佛教经典从早期咒语到杂密再到纯密的发展完善的过程，值得引起特别的注意，这里仅撷取其中的两个问题略作探讨。

首先谈经文形成过程：从最初简单的咒语发展到有结界咒场，再到《坛场画像法式》出现，最后有完备的《佛说大孔雀明王画像坛场仪轨》。

不同文本内容的差异虽然存在译者本身省略或节译等因素，但主导因素应是《孔雀明王经》本身内容随着时代和密教的发展而得到不断的扩充。据霍恩勒考证，鲍威尔写本年代大体是 4 世纪，而其保留的《孔雀王咒经》的文本年代似乎更早。考其内容此时只是一些咒语。帛尸梨密多罗的《佛说大金色孔雀王咒经》、失译《大金色孔雀王咒经》及僧伽婆罗的《孔雀王咒经》，年代都在 5 至 6 世纪，这个时期还属于密教的早期阶段，即我们所说的"杂密",因此我们没有在这些文本中发现有关结界、仪轨、坛法等相关内容。

在相传是鸠摩罗什译《孔雀王咒经》里,经首首次出现结界金刚宅,经末出现《孔雀王咒场》的相关内容。① 而到了义净所译经中,《大孔雀咒王经》已经发展成一部较为完善的密宗经典了。其不仅有关于制造坛场和绘制佛像的方法,而且就是在这部经中,陀罗尼首次被神化并被称为明王。众所周知,陀罗尼明王化是密教形成的重要标志,考察义净所处的时代正是印度密教形成的时期,义净本人又曾亲赴印度那烂陀寺求法,并对密教产生了兴趣,故其所翻译的《孔雀咒王经》已经有密宗经典的样式。

由于不空学识渊博,且为密宗大师,对密教仪轨坛场密法等十分精通,因此不空本《孔雀明王经》必是在校正义净本的同时以一种或数种梵本为根据。不仅经的内容更为详尽,而且译有更加完备的《佛说大孔雀明王画像坛场仪轨》,使得《孔雀明王经》由最初只是小乘巴利藏中存在的本生故事和咒语相结合形成的佛教陀罗尼经,最终发展成为内容翔实、坛场画像仪轨完备的重要密教经典。

其次,经名的演变:从《佛说大金色孔雀王咒经》《大金色孔雀王咒经》《孔雀王咒经》到《佛说孔雀咒王经》和《佛母大金曜孔雀明王经》,体现了《孔雀明王经》从最初的咒经到杂密经典再到纯密教经典的演变过程。因此学术界在研究《孔雀明王经》时,应该将其不同文本分阶段对待,不能简单地将其说成是"杂密经典"。

《孔雀明王经》现存文本的来源是由一个较小的核心文本发展而来,写成于4世纪的鲍威尔写本为该问题的研究提供了难得的实证。随后,《孔雀明王经》渐得扩展,在不空那里,变成了内容丰富繁杂、仪轨详备的《佛母大金曜孔雀明王经》。考察《孔雀明王经》这一部经的文本产生及发展,可以管窥佛教密教从一开始简单实用陀罗尼咒到将陀罗尼咒与佛教故事相结合形成杂密经典再到相关坛场、画像、仪轨等体系逐渐完备的纯密的历史过程。所以,研究《孔雀明王经》的文本形成和发展问题,也是用细节生动再现了佛教密教的形成发展过程及其在中国的传播。

〔原刊《陕西师范大学学报》2012年第5期,第107~111页(与任曜新合撰)〕

①虽然学术界目前对这部经是否是鸠摩罗什译还存有争议,但无论是否是鸠摩罗什译,该经所据文本一定晚于五一二年的僧迦婆罗本。

甘肃省博物馆藏道教《十戒经传授盟文》

甘肃省博物馆藏唐景龙三年(709年)《十戒经传授盟文》及题跋,卷轴装裱。甘肃省博物馆编为第017号。《盟约》横14厘米,纵22.4厘米,细黄麻纸,残存8行,墨书(其中第7至8行间的"三洞法师北岳先生阎履明"11字用朱笔书写)。题跋19行,横22.4厘米,纵约42厘米,宣纸墨楷书。

《十戒经传授盟文》全文在秦明智所撰《关于甘肃省博物馆藏敦煌遗书之浅考与目录》中已有收录,称为"道教文约",[1] 惜录文有数处错误,且未录题跋。今据原卷重录如下:

1. 大唐景龙三年(709年)岁次己酉己未朔四月壬戌,敦煌县平康乡

2. 修武里、神泉观道士、清信弟子索澄空,年廿一岁。但为空人无识,既受

3. 纳有形,形染六情,六情一染,动之弊[秽],或(惑)于所见,昧于所着,世务因缘,以次而发,

4. 招引罪垢,历世弥积。轮回于三界,漂浪而忘返;流转于五道,长沦而弗悟。

5. 伏闻天尊大圣,演说十戒十四持身之品,依法行者,可以超升三界,位极

6. 上清。澄空性虽愚昧,愿求奉受。谨赍信如法,谨诣三洞法师

7. 北岳先生阎服顺,奉受十戒十四持身之

8. 品,修行供养,永为身宝。僭盟负约,长幽地狱,不敢蒙原。

文中所涉神泉观是唐代敦煌著名的道观,在敦煌文献中多有反映,如上海图书馆藏敦煌遗书181号《太玄真一本际经》题记载:

①文载《1983年全国敦煌学术讨论会文集(文史·遗书编)》(上),兰州:甘肃人民出版社,1987年,第474~475页。

大周长寿二年(693年)九月一日,沙州神泉观道士[索][玄]洞,于京东明观,为亡妹写本际经一部。[①]

P.2602《无上秘要》题记(北图珍20、P.2371、S.0080等《无上秘要经》题记内容同,只是用词略有变化):

开元六年(718年)二月八日,沙州敦煌县神泉观道士马处幽,并侄道士马袍一,奉为七代先亡所生父母及法界苍生,敬写此经供养。

P.2361《本际经疏卷第三》题记、P.2417《老子道德经》题记:

景龙二年(708年)三月十四日于神泉观写了。

此外,P.2424、P.2806、P.2861、P.3141等文献中也都有神泉观之名[②]。这些道教典籍均写成于唐中叶以前,说明在那个时代,敦煌神泉观的道事活动还是相当频繁的。

至于神泉观的具体位置,过去学界都以敦煌遗书P.2417《老子道德经》题记中的记载为依据进行研究。题记称:

大唐天宝十载(751年)岁次辛卯五月乙酉朔廿六日庚戌,敦煌郡敦煌县神沙乡阳沙里、神泉观男生、清信弟子索栖岳,载三十一岁。……诣三洞法师中岳先生马游岳。

其中,"敦煌郡敦煌县神沙乡阳沙里、神泉观男生、清信弟子索栖岳"一语,多被断句为"敦煌郡敦煌县神沙乡阳沙里神泉观男生清信弟子索栖

①吴织、胡群耘《上海图书馆藏敦煌遗书目录(续)》,《敦煌研究》1986年第3期,第95页。

②姜伯勤《沙州道门亲表部落释证》,《敦煌研究》1986年第3期,第3页;同氏《道释相激:道教在敦煌》,陈鼓应主编《道家文化研究》第13辑,北京:三联书店,1998年,第59页。

岳。”以此证明神泉观的位置就在敦煌郡敦煌县神沙乡的阳沙里。[1]而“神沙”一般指鸣沙山。故神沙乡的位置就被推定在鸣沙山一带。神泉，自然就与今天的月牙泉发生了联系。

按照这样的逻辑，《十戒经传授盟文》中的“敦煌县平康乡修武里、神泉观道士、清信弟子索澄空”自然就应断句为“敦煌县平康乡修武里神泉观道士清信弟子索澄空。”照此说，敦煌县平康乡的修武里也应有一个神泉观。平康乡一名见于吐鲁番出土《武周圣历二年(699年)敦煌县诸乡营麦豆亩数计会账》《武周长安三年(703年)三月敦煌县录事董文彻牒》及敦煌所出《唐天宝九载(750年)八至九月敦煌郡仓纳谷牒》等文献中，为唐代前期敦煌十一乡(即敦煌乡、莫高乡、龙勒乡、神沙乡、平康乡、洪池乡、玉关乡、效谷乡、洪闰乡、慈惠乡)之一。[2]平康乡地处县城之北，北周保定四年(564年)以前为平康县地。乡下有洪文(P.3770)、安昌(P.3770)、修武(甘肃省博物馆017号《十戒经传授盟文》)等里。这样一来，唐代敦煌也就有了两个神泉观，一在平康乡的修武里，一在神沙乡的阳沙里，前者在县城之北，后者在县城之南，相距不远。

众所周知，敦煌自汉至唐，人口一直不多，新旧《唐书·地理志》都记旧有户4265，口16250。《太平寰宇记》卷一五三亦载沙州“唐天宝户4260”。但《通典》载沙州有户6395，口32234。这是汉唐时期敦煌户口的最高数字。[3]说明唐代人口最多时也不过3万余口。在这种情况下，沙州会有两个神泉观同时存在，[4]似乎不太可能(即使在人口众多的大都市，也很少见到有同名道观并存的现象)。由是观之，《十戒经传授盟文》和P.2417《老子道德经》题记中的阳沙里和修武里应分别为神泉观道士索栖岳和索澄空的籍贯，而非神泉观的所在。

①谭蝉雪《敦煌道经题记综述》，陈鼓应主编《道家文化研究》第13辑，北京:三联书店，1998年，第11页。李正宇《敦煌地区古代祠庙寺观简志》(载《敦煌学辑刊》1988年第1~2期合刊，第73页)亦持是说，后予以更正，正确地将神泉观的所在改定在沙州城东北四十里，见季羡林主编《敦煌学大辞典》，上海:上海辞书出版社，1998年，第633页。

②陈国灿《唐五代敦煌乡里制的演变》，《敦煌研究》1989年第3期，第39页。

③齐陈骏《敦煌沿革与人口(续)》，《敦煌学辑刊》第2辑，1981年，第69页(收入氏著《河西史研究》，兰州:甘肃教育出版社，1989年，第90页)。

④李并成《唐代瓜沙二州间诸驿考》甚至认为敦煌当时有三个神泉观，一在神沙乡阳沙里，二在平康乡修武里，三在清泉驿。见李并成、李春元《瓜沙史地研究》，兰州:甘肃文化出版社，1996年，第132页。

那么，神泉观到底应在哪里呢？我们不妨看看S.2005《沙州都督府图经》卷第三的有关记载：

> 清泉驿，右在州东北四十里，去横涧驿廿里，承前驿路，在瓜州常乐县西南。刺史李无亏以旧路石碛山险，迂曲近贼，奏请近北安置。奉天授二年五月八日敕移就北。其驿置在神泉观庄侧，故名神泉驿。今为清泉戍，置在驿傍，因改为清泉驿。

这一记载准确地表明神泉观应在沙州城东四十里处，在清泉驿之旁。清泉驿，李并成将其比定在今敦煌市城湾农场二站故城。[①] 李正宇认为遗址应在今城湾农场南大泉村一带。村南有湖，今名大泉湖，湖中有泉，殆清泉、神泉得名之所由。[②]

《十戒经传授盟文》时代确切，地点明确，记述了年廿一岁的道士索澄空入观与师傅阎服顺签订传授规约等方面的内容。从文中可以看出，索澄空是要摒弃罪恶，因缘入道，并誓愿在入道后尊奉教规，信奉道统，"奉受十戒十四持身之品，修行供养"。明显属于科戒仪轨。

敦煌发现的道教科戒仪轨可分为两类，其一为求《道德经》的盟誓愿文，现已发现的有4件（P.2347、P.2350、P.2417、P.2735）；另一类就是求十戒的盟誓愿文，已为学界所知的有6件（P.2347、P.2350、P.6454、P.3770、P.3417及罗振玉旧藏）。本文所述的《十戒经传授盟文》应为第7件。

一人在同一天同时可以进行求经与求戒，如P.2347的唐真戒就在五月十八日求《道德经》和十戒，P.2350的李无上也是将求经与求戒仪式放在同一天（正月二日）举行的。

《十戒经传授盟文》有言："谨诣三洞法师北岳先生阎服顺"，即拜三洞法师北岳先生阎服顺为师。

"三洞"之意，《云笈七籤》卷六曾作如下解释：

> 《道门大论》云：三洞者，洞言通也，通玄达妙，其统有三，故云三洞。第一洞真，第二洞玄，第三洞神。

①同上引李并成文，第132页。

②李正宇《古本敦煌乡土志八种笺证》，台北：新文丰出版公司，1998年，第63页。

三洞法师，指的就是精通道教经典的道士，是道教中较高的法位。① 先生呢？则是道教对具有一定学识或具有法位的道士的尊称。在敦煌文献中，除二次可以看到"三洞法师北岳先生阎履明"外，还有《十戒经传授盟文》中的"三洞法师北岳先生阎服顺"，以及"三洞法师中岳先生张仁邃"(P.2350、罗振玉旧藏)、"三洞法师中岳先生马游岳"(P.2417、P.6454)、"师中岳先生张仙翼"(P.2735)、"三洞法师中岳先生索崇术"(P.3770)、"三洞法师中岳先生张泰"(P.3417)。敦煌有"三洞法师"法位之设，说明当时敦煌道教的发展具有较高的水准。

在上述所引 11 件科戒仪轨中，有 3 件中出现"北岳"一词，8 件出现"中岳"。至于其所表达的意义，《太上丹简墨箓经》如是云：

> 若受法位，至真一及太一素券之号，可署先生之位。其生年属东方宿者，当署东岳先生之号；生年属南方宿者，当署南岳先生之号；生年属西方宿者，当署西岳先生之号；生年属北方宿者，当署北岳先生之号；生年属辰、戌、丑、未并中央七宿，当署中岳先生之号。②

说明五岳之称是根据每位法师生年的地支而定的，由此可反映出先生的生年，即寅卯所生为东岳，巳未所生为南岳，申酉所生为西岳，亥子所生为北岳，辰戌丑未所生为中岳，故中岳先生显得特别多。③

仔细推敲《十戒经传授盟文》的用语，我们可以发现敦煌道教的某些特点，比较明显的一点是，大量的词汇都借自佛教。如第 3 行中的"六情"，就明显为佛教术语，谓廉员、宽大、公正、奸邪、阴贼、狠贪六种性情。古代术数家据阴阳五行，以喜、怒、哀、乐、好、恶推演之。谓恶行廉员，寅午主之；喜行宽大，己酉主之；哀行公正，戌丑主之；乐行奸邪，辰未主之；怒行阴贼，亥卯主之；好行狼贪，申子主之。

再如第 4 行的"五道"，佛经中又称作"五趣"，指地狱、饿鬼、畜牲、人、鬼。后被道教吸收，于《道教义枢》卷七中加以阐发。同行的"三界"，也为佛教术语，包括欲界、色界、无色界，佛教认为这三界皆处在"生死轮回"过程之中，是有情众生存在的三种境界。

另外，《十戒经传授盟文》中出现的"法师""修行""轮回""地狱"等也

①王宗昱《三洞缘起》，《世界宗教研究》2000 年第 2 期，第 81~85 页。

②《道典论》卷二。

③参见前揭谭蝉雪《敦煌道经题记综述》，第 20~22 页。

都借自佛教的常用词汇。

不仅如此,《十戒经传授盟文》所见仪式的誓言、盟约的用语,都不无佛教的影响,体现了敦煌道教与佛教间密切的关系。

《十戒经传授盟文》后附1914年题跋一则,书于宣纸之上,全文曰:

> 中华民国三年四月蓂生十三叶,距余宰/敦煌历一百一十七甲子。/今昨因公到敦,父老云城南卅里千佛洞前光绪庚子/四月八日洞壁忽崩裂,内藏古书数十种,/佛经尤多,多汉晋唐宋名公书,为法人伯/希和购取殆尽。余亟往观之,于故纸堆中/搜罗一二,字迹似在晋唐间,惜残缺不全,/遗憾何如!内有唐景龙三年沙州敦煌县/神泉观道士索澄空赍三洞法师盟约一/纸。考索氏在晋唐时为敦煌世族,代出伟/人,澄空岂其苗裔耶?
>
> 唯文称沙州敦煌县,/考敦煌本沙州卫地。前乾隆廿五年改/卫置敦煌县治。古皆称郡,似无县名。及考/《唐书》,武德五年置西沙州,贞观七年曰沙/州,领敦煌、寿昌二县。是敦煌本唐时县治,/隶沙州,故之称沙州敦煌县也。然字不甚/精工,文亦截然不全,而观其纸色,亦千年故/物也。吉光片羽,弃之可惜,携归装裱,悬诸座/右,以俟考古家鉴旃。
>
> 关中筱山氏题并识。

从跋文知,该文献是1914年四月筱山氏(即张元涛)于敦煌莫高窟藏经洞获得的。张元涛,字筱珊,陕西泾阳人,进士出身,于光绪二十三年(1897年)四月一日出任敦煌知县,但不到一年时间即离任而去。从他上任至1914年四月十三日他因公再到敦煌,其间恰好历时一百一十七甲子(7020天)。时间完全吻合。1914年三月下旬,英国的斯坦因第三次到达敦煌,又用银500两,自王道士手中骗走写本570件,足足装了五大箱。待张元涛闻讯,“亟往观之”时,石室已空,仅在“故纸堆中搜罗一二”,如实地反映了当时敦煌文物流失的情形。俄人奥登堡之到达敦煌,比张元涛又晚了半年,说明他获得的文献都不是他本人从藏经洞中直接取出来的,而是从民间或通过其他渠道搜集的。其中大多数是藏经洞的流散物。

跋文称,莫高窟藏经洞是“光绪庚子(1900年)四月八日洞壁忽崩裂”

后才发现的,进一步证实了藏经洞系 1900 年发现这一说法(另一种说法称藏经洞发现于 1899 年)。

题跋所用宣纸原印有梅花图案和泊舟图等, 并印有 “沉花笺纸桃花色”, “江南无所有,聊赠一枝春”,“壬申花影寅生抚写”,“万室制”等朱色文字,当为宣纸制造厂或商家旧绘,与题跋内容无关,故不赘。

〔原载《宗教学研究》2001 年第 1期,第 97~100 页(与李永平合撰)〕

《乐山堂神记》与福建摩尼教
——霞浦与敦煌吐鲁番等摩尼教文献的比较研究

一、引　　言

2008年10月以来，福建霞浦县柏洋乡上万村周围发现了大量摩尼教文献、文物与古遗迹，经中国社会科学院世界宗教研究所金泽副所长、黄夏年研究员、陈进国博士和郑筱筠研究员等专家的系统调查与研究，确认为古代摩尼教遗物。承蒙发现人之一、霞浦摩尼教教主林瞪（1003—1059年）第29代裔孙林鋆先生和张凤女士之美意，将部分资料转交于我，嘱托研究。结合陈进国、林鋆于近期公布的调查研究结果，现知的摩尼教资料数量可称宏富，除了具有经典性质的著作《摩尼光佛》外，其余均为科仪书或表文，计有：

1.《请神科仪书合抄》（拟），清抄本，陈法师传用，包括：《高广文》《冥福请佛文》《乐山堂神记》《明门初传请本师》《借锡杖文》《借珠文》《付锡杖偈》《四寂赞》《送佛赞》《送佛文》《凶看贞明经毕用此文》《送三界神文》；

2.《奏申牒疏科册》，清抄本，用两种字体抄写，当出自不同的书手，为谢法师传用；

3.《点灯七层科册》，抄本一件，又名《功德奏名奏牒》，标题下注“福禄谢道琏”，为谢法师所传用；

4.《兴福祖庆诞科》，陈法师传用；

5.《无名科文》，抄本多件，谢法师传用；

6.《摩尼施食秘法》，抄本一件，陈法师传用；

7.《吉祥道场门书》，乾隆十五年（1786）抄本一件，陈法师传用。[①]

本人虽对古代摩尼教有所关注，但多限于回鹘，承乏对这批珍贵摩尼教资料的初步观察研究，甚感其内容之重要，堪称19世纪末20世纪初以

①陈进国、林鋆《明教的发现——福建霞浦县摩尼教事迹辨析》，《不止于艺——中央美院“艺文课堂”名家讲演录》，北京：北京大学出版社，2010年，第343~389页。

来，继吐鲁番、敦煌摩尼教文献发现以来，中国境内摩尼教文献的第二次大发现，意义重大。尤其是其中的科仪书——《乐山堂神记》全面记述了摩尼教在当地的演进史，对于从整体上认识霞浦摩尼教的历史与文献具有提纲挈领的作用，格外值得关注。

作为科仪书，《乐山堂神记》从不轻易示人，被村民们秘密保存了数百年，只有在祭祖或是重大法事活动上才会被用到。目前手中掌握有科仪书者人数甚少，在乡下他们被称为"法师"。直到 2009 年 4 月 27 日，该科仪书始为学界所知，但资料未公刊，仅有少数几位学者有缘得睹其真容。中国社会科学院世界宗教研究所陈进国博士与林鋆先生合力刊布了全文，并据以论证霞浦新文献的摩尼教性质，很有见地，但囿于篇幅，未能就文献本身之丰富内容进行细致研究。[①] 必须说明的一点是，由于刊布者未解写本中的波纹状符号实际上表示的为省略之意，故录文中出现"乐山堂开山地主孙绵大师、玉林尊者陈平山、~张德源、~上官德水、~"之类不明就里的内容，甚至有很多波纹线漏录，以至于出现许多无法猝读、内容难以理解的现象，不利于学界对该科仪书的进一步利用与研究，现据照片重新过录。由于《乐山堂神记》内容庞杂，很难理解，虽历时半年，夙夜不怠，却无大成。今略有所得，公诸同好，以求识者教焉，亦不负林鋆先生之重托也。

二、《乐山堂神记》录文

《乐山堂神记》共 10 纸，单面抄写，每页书文字 6 行，惟末页背面3行，共得文字 57 行，[②] 墨书，字迹工整，首尾完整。原文无页码，为叙述之变，本文依次编为 10 页。在首题下有"廿九都上万桃源境，普度，后山堂，七月十五日"等字样。据民国《霞浦县志》卷六《城市志》记载，廿九都属灵霍乡柘洋下里，下辖有上万、禅洋、戴家山、山章等村；"上万桃源境"即上万村，"后山堂"即"乐山堂"，因在上万村后山（芹前坑）而得名，每年七月十五日，上万村摩尼教信徒都会聚集该堂举办法事活动，以超度亡人。文

①同上，第 353~354 页。

②其中又见 Ma Xiaohe, Remains of the Religion of Light in Xiapu（霞浦）County, Fujian Province（刊《欧亚学刊》第 9 辑《第二届传统中国研究国际学术讨论会欧亚专辑》，北京：中华书局，2009 年，pp. 94–98），惜未录字，且文中也未提及。由于同样未明对写本中波纹号之含义，照录原文，故存在文意不明之类的问题。

字似用钢笔书写，显然系后人添加，很可能出自文献持有者陈培生之手，为某次活动之随手记录，与正文无关。

关于该文献形成的时代，难以考订，以“乐山堂”三字，或可确定其为元代以后的文献，但其所依据的原始信息则早于元代，以后续有增补，但不见明代以后信息，故其成型年代大致可推定为明。易言之，该科仪书中的诸神，是随着时代的变化而逐步增加的。

文中每一段落前都螺旋纹朱印，录文用◎表示。有意思的是，在谢道琏法师传用的《奏申牒疏科册》中也有与之完全一样的朱印，显然出自同一印模。原文中凡出现重复性文字，均用波纹线表示。（图 1~2）如第 16 行，原文为“胡天尊祖师、胡古月~、高佛日~”，为明晰起见，录文一律改为相应的文字，即“胡天尊祖师、胡古月祖师、高佛日祖师”。录文总行次用阿拉伯数字表示，每页行次则另加（　）表示。

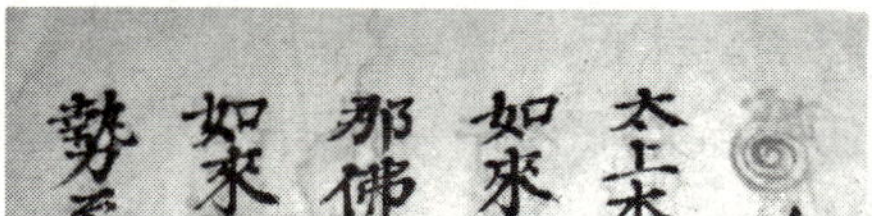
樂山堂神記
太上本師教主摩尼光佛電光王佛夷數
如來淨風先意如來天地化身盧舍
那佛北方鎮天真武菩薩法相惠明
如來九天貞明大聖普庵祖師觀音
勢至二大菩薩太上三元三品三官大
廿九都上方桃源境

图 1　《乐山堂神记》第 1 页

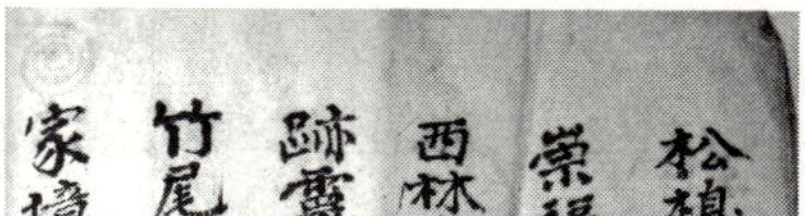
松模下宫中〃冠模下宫中〃路後宫中
崇福太后元君橋頭冥陽司院五通舍投
西林宫中〃亭前宫〃下路宫中古跡
跡靈壇　井尾宫〃　阜洋宫〃
竹尾不林四使舍投戴峯境戴四師公社
家境詹公侯王杜大祖公孫靈大王禪峰

图 2　《乐山堂神记》第 8 页

第一页

1(1).◎乐山堂神记

2(2).太上本师教主摩尼光佛、电光王佛、夷数
3(3).如来、净风、先意如来、天地化身卢舍
4(4).那佛、北方镇天真武菩萨、法相惠明
5(5).如来、九天贞明大圣、普庵祖师、观音、
6(6).势至二大菩萨、太上三元三品三官大
第二页
7(1).帝:上元一品天官锡福紫微大帝、中元二
8(2).品地官赦罪清虚大帝、下元三品水官
9(3).解厄洞阴大帝,三天教主张大真人、三
10(4).衙教主灵宝天尊、敕封护国太后元
11(5).君天尊。◎本坛明门都统威显灵相
12(6).感应兴福雷使真君济南法主四九真
第三页
13(1).人、移活吉思大圣、贞明法院三十六员
14(2).天将、七十二大吏兵、雄猛四梵天王、俱孚
15(3).元帅、嗪嗷明使。灵源传教历代宗祖:
16(4).◎胡天尊祖师、胡古月祖师、高佛日祖师,
17(5).乐山堂开山地主孙绵大师、玉林尊者、
18(6).陈平山尊者、张德源尊者、上官德水尊者、
第四页
19(1).廖道清尊者、陈弥海尊者、陈道成尊者、
20(2).杜道兴尊者、陈道全尊者、陈友祥尊者、
21(3).杜道明尊者、张玉辉尊者、杨戒成尊者、
22(4).黄戒初尊者、王惠泉尊者、吴长明尊者、
23(5).张德云尊者、杨复初尊者、林守光尊者、
24(6).林士玄尊者、黄道明尊者、林法正尊者、
第五页
25(1).林法贤尊者、林法震尊者、林法灵尊者、
26(2).林法正尊者、林法真尊者、鲁善膺尊者、
27(3).林法光尊者、毛法震尊者、方法隆尊者、
28(4).林法显尊者、林法明尊者、郑法统尊者、

29(5).王法正尊者、林思贤尊者、鲁寂连尊者、

30(6).林法兴尊者,随担陈法震尊者,吴法性师爷、

第六页

31(1).谢法如师公吴法广、詹法通师伯谢法昭、谢法行、谢法元、

32(2).上清三洞五雷箓中官将师伯。

33(3).拜请乐山祠中祖神洞天兴福感应

34(4).雷使真君。祖婆陈氏顺懿夫人、马、赵

35(5).二大元帅、乐山堂常住三宝,随佛土地

36(6).伽蓝、真宰合刹神祇。

第七页

37(1).◎芹前坑龙凤姑婆、李思洋宫中土主明王,

38(2).桃源境瑜伽坛内合坛圣众,梨园坛内田

39(3).宝二大师爷,闾山法坛文武将帅、临清

40(4).亭三圣诸佛,仙源宫八位尊神,李垓宫

41(5).中土主明王、彭家山宫中土主明王、崎山宫中土主明王、

42(6).郑节母宫中土主明王,火炎山顶杨老真仙

第八页

43(1).松樖[①]下宫中土主明王、冠樖下宫中土主明王、路后宫中

44(2).崇福太后元君、桥头冥阳司院五通舍投[②]、

45(3).西林宫中五通舍投、亭前宫五通舍投、下路宫中古迹

46(4).迹灵坛、井尾宫中古迹迹灵坛、阜洋宫中古迹迹灵坛,

47(5).竹尾不林四使舍投、戴峰境戴四师公、杜

48(6).家境詹公侯王、杜大祖公、孙灵大王、禅峰

第九页

49(1).境孙灵大王、孙三师公、缪大兵马、周孙灵

50(2).王、陈九祖公、洪倪宫中吴大祖公、南楼

51(3).宫中徐大祖公、魁洋八境列庙大小

52(4).王侯、阜洋宫中刘尊官舍投、临水

①樖,音 chòu,闽南方言,意为树木。详见许宝华、宫田一郎主编《汉语方言大词典》,北京:中华书局,1999 年,第 6753 页。

②舍投,原文因未明其意,误作“舍掾”。承蒙中山大学黄佳欣博士赐示,此乃福建方言。“舍”表示自己亲属,“投”为投递,意思是让亲属呈上请柬,此处引申为恭请神灵降临。

53(5).崇福太后元君、洞天兴福感应使雷使真
54(6).君、萧八九公、杨八九公、郑先锋舍投、合
第十页
55(1).宫圣普同舍投,任意随请。
56(2).◎上临溪头,下临水尾、桥亭、佛塔、古迹灵
57(3).坛、草庙神祇,普同拜请。

三、《乐山堂神记》与敦煌吐鲁番摩尼教文献共见诸神释证

《乐山堂神记》记载了当地摩尼教团崇奉的各种神祇,其中有不少可见于敦煌吐鲁番出土的摩尼教文献。敦煌所见汉文摩尼教文献计有三件,分别为:

北宇 56(新 8470、BD00256)《摩尼教残经》,唐代写本,现存北京国家图书馆,全卷 17 纸粘接,存 345 行,首残尾全。[①] 由于该文献前半部残失,经名不得而知。鉴于其内容涉及波斯宗教的“明”“暗”宗旨,罗振玉拟名为《波斯教经》,[②]《大正藏》第 54 册,No.2141B 收录此文献时即采是名。陈垣称之为《摩尼教残经一》,[③] 以区别于下文所述另一件摩尼教文献《摩尼教残经二》(即《摩尼光佛法仪略》)。[④] 瑞典学者翁拙瑞(Peter Bryder)将之与中古波斯语(巴列维语)文献中的《惠明讲义(Mnwhmyd rwšn wyfr)相联系。[⑤] 林悟殊则认为此即《证明过去教经(The Pragmateia)》之汉译本,乃摩尼所撰七种著述之一。[⑥] 经文以教主对弟子答问的形式,阐发摩尼关于人类自身并存明暗二性的教义,其行文类似佛经,对于研究摩尼教的基本教义及其在中国之递嬗,具有重要的参考价值。

S.3969+P.3884《摩尼光佛教法仪略》,唐代写本。其中 S.3969 卷由三

---

①图版刊中国国家图书馆编《国家图书馆藏敦煌遗书》第 4 册,北京:北京图书馆出版社,2005 年,第 357~366 页。

②罗振玉《波斯教残经跋》,《国学丛刊》第 2 册,1911 年(收入氏著《罗雪堂先生全集》三编第六册,台北:文华出版公司,1970 年,第 2299~2304 页)。

③陈垣《摩尼教残经一》,《国学季刊》第 1 卷第 3 号,1923 年,第 531~544 页。

④同上,第 545~546 页。

⑤Peter Bryder, *The Chinese Transformation of Manichaeism: A Study of Chinese Manichaean Terminology*, Löbeöd: Bokförrlaget Plus Ultra, 1985, p. 38.

⑥林悟殊《〈摩尼教残经一〉原名之我见》,《文史》第 21 辑,北京:中华书局,1983 年,第 89~100 页。

纸粘成,存 82 行,藏伦敦大英图书馆;[①] P.3884 仅一纸,存 29 行,藏巴黎法国国立图书馆。[②] 两者可缀合,中间并无脱失。此经系唐玄宗时在华摩尼传教师奉诏撰写的一个解释性文件。[③] 现存残本计 1540 余字,共分六章,主要内容为简介摩尼教的起源、教主摩尼的主要著作、教团的组织、寺院的制度、教义的核心等,对研究当时中亚地区和中国内地的摩尼教具有重要参考价值。

S.2659(Or.8210)摩尼教《下部赞》,唐代写本,藏伦敦大英图书馆。[④]该文献基本完整,存文字 423 行,仅首端稍有损缺,其他部分偶有脱字。由日本学者矢吹庆辉研究甄别,定名为《摩尼教下部赞》,收入《大正藏》第 54 册,No.2140。该文献当为中国摩尼教徒举行宗教仪式时诵唱用的赞美诗,虽有残缺,但在现存各种文字的摩尼教赞美诗中,仍不失为保存最为完整,内容最为丰富者。[⑤]

以上三文献先由林悟殊录文标点,[⑥] 继由芮传明进行了校注。[⑦] 二者录文准确,校释精良,足资参考。

本文下引《摩尼教残经》《摩尼光佛教法仪略》及《下部赞》皆本乎此。吐鲁番出土的汉文文献中,有摩尼教文献 5 件,其中 Ch.3218v 和 Ch.3138v (T II T D 132)内容对应于《摩尼教残经》之 86~88 行、105~109 行。[⑧] Ch.258r/v(T II T 1319)内容复杂,有部分内容对应于敦煌汉文

①图版刊中国社会科学院历史研究所等编《英藏敦煌文献(汉文佛经以外部分)》第 5 卷,成都:四川人民出版社,1992 年,第 223~225 页。

②图版刊上海古籍出版社、法国国家图书馆编《法藏敦煌西域文献》第 29 卷,上海:上海古籍出版社,2003 年,第 86 页。

③石田幹之助《敦煌发见〈摩尼光佛教法仪略〉に见えたる二三の言语に就いて》,《白鸟博士还历纪念东洋史论丛》,东京:岩波书店,1925 年,第 157~172 页(收入氏著《东亚文化史丛考》,东京:东洋文库,1973 年,第 285~298 页);林悟殊《〈摩尼光佛教法仪略〉残卷的缀合》,《敦煌吐鲁番文献研究论集》第 5 辑,北京:北京大学出版社,1990 年,第 197~202 页。

④图版刊中国社会科学院历史研究所等编《英藏敦煌文献(汉文佛经以外部分)》第 4 卷,成都:四川人民出版社,1991 年,第 143~157 页。

⑤林悟殊《伦敦藏敦煌写本〈下部赞〉原件考察》,《季羡林教授八十华诞纪念论文集》下册,南昌:江西人民出版社,1991 年,第 871~900 页。

⑥林悟殊《摩尼教及其东渐·附录》,北京:中华书局,1987 年,第 217~265 页。

⑦芮传明《东方摩尼教研究·附录 摩尼教汉语典籍校注》,上海:上海人民出版社,2009 年,第 361~420 页。

⑧Yutaka Yoshida, On the Recently Discovered Manichaean Chinese Fragments,《内陆アジア言语の研究》XII,1997 年,pp. 35–39.

本《下部赞》之147~149行、167~169行,另一部分意思类似于《下部赞》的161~163行,还有一部分未找到对应文字。Ch.174 r/v(T II 1917)为失名摩尼教文献。[1]以上4件均出自吐峪沟。另外1件出自交河故城,编号为Ch.1363,仅存9字,为失名摩尼教文献。[2]在日本大谷文书中,新近亦发现汉文《下部赞》小残片(Ot.Ry.4982A),仅存数十字,内容与敦煌写本之161~162行完全一致。[3]出土地点不明,但据大谷西域文书的一般情况及有关摩尼教文书出土地的现有知识推测,当出自吐鲁番一带。[4]惜这些吐鲁番文献均过于残破,对敦煌汉文摩尼教文献残缺部分的复原无所补。

以敦煌吐鲁番文献与《乐山堂神记》相勘,可以看出,后者所见神祇远远多于前者,而前者所载的神祇,有一些不复见于后者,如《下部赞》第169~172行共列出十二位"大明使":

> 一者无上光明王,二者智惠善母佛。三者常胜先意佛,四者欢喜五明佛。
>
> 五者勤修乐明佛,六者真实造相佛。七者信心净风佛,八者忍辱日光佛。
>
> 九者直意卢舍那,十者知恩夷数佛。十一者齐心电光佛,十二者惠明庄严佛。

十二位大明使中,可见于《乐山堂神记》者有七,即(1)无上光明王、(3)先意佛、(7)净风佛、(9)卢舍那、(10)夷数佛、(11)电光佛、(12)惠明庄严佛。另外的五使,即(2)善母佛、(4)欢喜五明佛、(5)勤修乐明佛、(6)真实造相佛、(8)忍辱日光佛却付之阙如。

①Th. Thilo, Einige Bemerkungen zu zwei chinesch–manichäschen Textfragmenten der Berliner Turfan–Sammlung, *Ägypten–Vorderasien–Tuefan. Probleme der Edition und Bearbeitung altorientalischer Handschriften* (=Schriften zur Geschite und Kultur des Alten Orients, 23), ed. By V. H. Klengel & W. Sundermann, Berlin, 1991, S.161–170.

②王丁《柏林吐鲁番特藏中的一件出自交河的汉文摩尼教文书》,高田时雄主编《唐代宗教文化与制度》,京都:京都大学人文科学研究所,2007年,第49页。

③小田义久《西域出土の写经断片について『大谷文书集成·三』を中心に》,《龙谷大学仏教文化研究所纪要》第41号,2002年,第36页;同氏《大谷文书集成》第3卷,京都:法藏馆,2003年,第86页,图版五三。

④王媛媛《新出汉文〈下部赞〉残片与高昌回鹘的汉人摩尼教团》,《西域研究》2005年第2期,第51~57页;上引王丁《柏林吐鲁番特藏中的一件出自交河的汉文摩尼教文书》,第44页。

如上大明使在《摩尼光佛》第 48~49 页(图 3)中有备列，内容显然出自《下部赞》，惟“一者无上光明王”之“王”字以“佛”字代替，“九者直意卢舍那”，后三字改成了“舍那佛”，其余内容完全一致。

(一)太上本师教主摩尼光佛

“太上本师教主摩尼光佛”见于《乐山堂神记》第 1 页第 2 行，陈培生传用《兴福祖庆诞科》第 2 页第 2 行作“大圣长生甘露摩尼光佛”(图4)，敦煌写本通常称“摩尼光佛”，即摩尼教创始人摩尼(216—277 年?)，波斯人。在敦煌本《下部赞》中，摩尼(Mani)被译作“忙你”，如“具智法王忙你佛，咸皆显现如目前。”(第 84 行)，摩尼教在波斯曾盛极一时，后来因受到波斯王瓦拉姆一世(Vahrām I，274—277 年)的残酷迫害，教徒流徙四方，其中向东的一支进入河中地区，以后逐渐东传至中国，再辗转于 763 年传入回鹘。[①] 由于回鹘的敬信，摩尼教在唐帝国境内势力大张，影响及于唐帝国的腹心地区——黄河流域与长江流域。[②] 840 年，回鹘汗国灭亡，接着中原王朝出现“会昌法难”，摩尼教受到打击，转入地下。

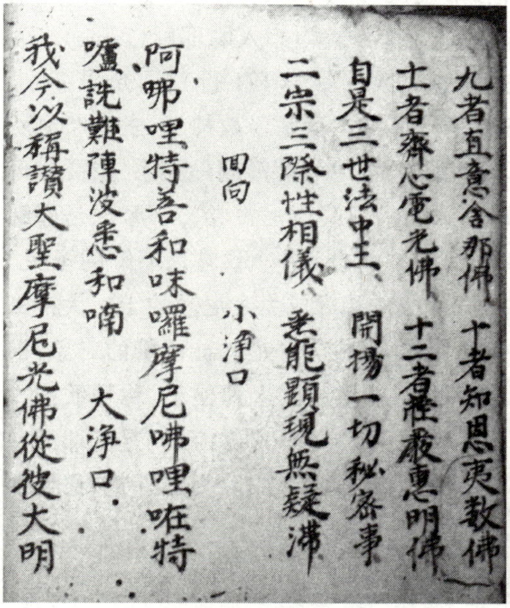
九者直意舍那佛 十者知恩夷數佛
十一者齋心電光佛 十二者莊嚴惠明佛
自是三世法中王 開揚一切秘密事
二宗三際性相儀 悉能顯現無疑滯
回向 小淨口
阿哪哩特善和味囉摩尼沸哩唯特
嚧詵難陣汝悉和喃 大淨口
我今以稱讚大聖摩尼光佛從彼大明

图 3 《摩尼光佛》第 49 页

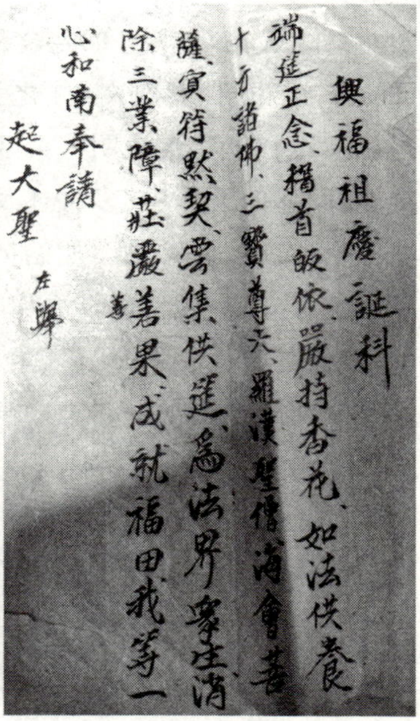
興福祖慶誕科
端筵正念稽首皈依嚴持香花如法供養
十方諸佛三寶尊天羅漢聖僧海會善
薩寅符默契雲集供筵爲法界衆生消
除三業障莊嚴善果成就福田我等一
心和南奉請 善
起大聖 左舉

图 4 《兴福祖庆诞科》首页

①杨富学《关于回鹘摩尼教史的几个问题》，《世界宗教研究》2007 年第 1 期，第 138~146 页。

②杨富学《回鹘文献与回鹘文化》，北京：民族出版社，2003 年，第 185~186 页。

(二)电光王佛

“电光王佛”,见于《乐山堂神记》第1页第2行,又见于陈培生传用《兴福祖庆诞科》,作“大圣贞明电光王佛”。在《明门初传请本师》中,称作“宝光(吉降福、凶救性)电光王佛”,请神科仪书《冥福请佛文》作“千变万化电光王佛”,《摩尼光佛》第26页第8行作“神通电光王”。电光王佛或电光佛,相当于中古波斯语、帕提亚语之 kanīg rōšan,意为“光明夫人(或处女)”。[①]

按照摩尼教创世神话,电光佛是大明尊第三使召唤才出现的,地位并不高。《下部赞》所列大明使有十二位,电光王佛位列倒数第二,也很靠后。然而在《乐山堂神记》和《兴福祖庆诞科》中,其地位大有提高,紧随摩尼光佛之后。个中原因,值得深究。

(三)夷数如来

“夷数如来”,见于《乐山堂神记》第1页第2~3行,又见于陈培生传用《兴福祖庆诞科》,作“大圣延生益算夷数和佛”;《摩尼光佛》称之为“活命世尊夷数和佛”,第26页第7行和第45页第1行又作“夷数王”;《冥福请佛文》作“大慈大悲正智夷数和佛”。乃基督教核心人物耶稣(Jesus)之音译,《下部赞·赞夷数文》称之为“知恩夷数佛”(第171行)或“光明夷数”(第13行)或“夷数光明”(第369行)。耶稣本为基督教神祇,素为摩尼所重,在摩尼的著作中,多次述及耶稣其人。摩尼与耶稣间的关系,主要体现在三个方面:“耶稣是摩尼的拯救者”(见《科隆摩尼古卷》)、“摩尼是耶稣基督的使徒”(见水晶印章和摩尼信件中的自称)、“摩尼是耶稣的圣灵”(摩尼门徒对他的称呼)。[②] 经摩尼的改造,耶稣成为摩尼教的十二大神祇之一。耶稣在摩尼教诸神中身份和特殊,常成为摩尼教徒颂赞的对象,被称作“大圣”,如《下部赞·赞夷数文》即谓:“得睹无上涅槃王,称赞歌扬大圣威;彼处暗复印件元无,所有内外明无比。”(第309~310行)足见耶稣在摩尼教中之地位是比较高的。[③] 在《乐山堂神记》中,除夷数外,被称作如

①Ma Xiaohe, Remains of the Religion of Light in Xiapu County, Fujian Province, p. 97.

②Zauzsanna Gulacsi, A manichaean Portrait the Buddha Jesu (yishu fo zheng): Identifying a Twelfth century Chinese Paiting from the Collection of Seiun–ji Zen Temple, *Artibus Asiae* 69/1, 2009, p.132. 古乐慈著,王媛媛译《一幅宋代摩尼教〈夷数佛帧〉》,《艺术史研究》第10辑,广州:中山大学出版社,2008年,第162页。

③H.–J.Klimkeit, Jesus Entry into Parinirvana Manichaean Identity in Buddhist Central Asia, *Numen* Vol. 33, Fasc. 2, 1986, pp. 225–240.

来的还有净风、先意和惠明。①

(四)净风、先意与惠明

“净风、先意如来”见于《乐山堂神记》第 1 页第 3 行，为摩尼教创世传说中的二大神祇。“法相惠明如来”则见于《乐山堂神记》第 1 页第 4~5 行。

“净风”，中古波斯语作 wād žīwahrēn，汉文文献又作“净法风”。如敦煌写本《摩尼教残经》第 131~134 行引《应轮经》言：“若电那勿等身具善法，光明父子及净法风，皆于身中每常游止。其明父者，即是明界无上明尊；其明子者，即是日月光明；净法风者，即是惠明。”这里的“净法风”即是“净风”的异名或省称。

值得注意的是，文中有“净法风者，即是惠明”之载。显然，“净风”和“惠明”被视作同一神祇。受其影响，有学者认为净风即是惠明。如翁拙瑞即认为，“净”与“明”同义，而《下部赞》中又有“敬礼清净微妙风，本是明尊心中智”之语(第 145 行)，说明“风”与“心中智”有关，“心中智”者，亦“慧明”也。故而接受《应轮经》“净法风者即是惠明”之说。②

在前述“电光王佛”释文所引摩尼教创世神话中，一直未出现“惠明”一称，故学界有一种观点，认为惠明其实就是先意。③

笔者认为，“净风”“先意”与“惠明”属于不同的神祇，不可混淆。

《摩尼教残经》在引述《应轮经》之后，又有文言：“先意、净风各有五子，与五明身作依止柱。于是惠明善巧田人，以恶无明崎岖五地而平填之。”(第 146~147 行)《下部赞》亦载：“三者常胜先意佛……七者信心净风佛……十二者惠明庄严佛”。(第 169~171 行)由是以观，“先意”“惠明”与“净风”当属于不同的神祇，《乐山堂神记》将先意、净风与惠明分列，亦明确表示三者非为同一神祇。

惠明，中古波斯语、帕提亚语作 manohmed rōšan，《下部赞》作“法相惠明”(253 行)或“惠明庄严佛”(第 171 行)；《摩尼教残经》则作“惠明使”(第 57、63、142、151、154、157、170、184、201、219 行)、“惠明大使”(第 64、137 行)或“惠明法相”(第 115 行)。关于其神迹，《摩尼教残经》有如下

①对摩尼光佛、电光王佛与夷数和佛的考证，可参见马小鹤、吴春明《摩尼教与济度亡灵——霞浦明教〈奏申牒疏科册〉研究》，《九州学林》2010 年秋季号，第 29~31 页。

②Peter Bryder, *The Chinese Transformation of Manichaeism*, pp. 101, 119; Werner Sundermann,Who is the Light-Nous and what does he do, *The Manichaean Nous-Manichaean Studies* II, ed, by Alois van Tongerloo, Lovanii, 1995, p. 261.

③H. J. Polotsky, *Paulys Real-Encyklopädie der Classischen Altertumswissenschaft,* Suppl. VI, Stuttgart, 1935, col. 241-271.

记载：

惠明大使入此世界，颠倒邪城，屈曲聚落，坏朽故宅，至于魔宫……时惠明使先取膏腴肥壤好地，以己光明无上种子，种之于中；又于己体脱出模样，及诸珍宝，为自饶益，大利兴生，种种庄严，具足内性，以为依柱，真实种子，依因此柱，得出五重无明暗坑，犹如大界。（第137~146行）

学界的研究表明，如同净风一样，惠明亦为摩尼教创世神祇之一。净风的主要业绩在于创造天地，是宇宙的神灵；惠明主要职责在于拯救人类的灵魂。①

"先意"，中古波斯语作 handēšišn naxwistēn。在敦煌本《波斯教残经》中，"先意"凡三见，分别为：

其十三种大勇力者，先意、净风各五明子。（第17~18行）

先意、净风各有五子，与五明身作依止柱（第146~147行）。

十二时者，即像先意及以净风各五明子。（第206~207行）

在《下部赞》中，"先意"凡四见，按出现的先后依次为：

与彼常胜先意父，及以五明欢喜子。（第124行）

及彼最后胜先意，并余福德诸明性。（第142行）

一者无上光明王，二者智惠善母佛。三者常胜先意佛，四者欢喜五明佛。（第169行）

称赞净妙智，夷数光明者。示现仙童女，广大心先意。（第369行）

《下部赞》称"先意"为佛，义同《乐山堂神记》之"先意如来"，在《波斯教残经》中，先意似乎没有这一身份。

(五)天地化身卢舍那佛

卢舍那佛见于《乐山堂神记》第1页第3~4行。按通常的解释，卢舍那佛应为报身佛，梵语作 Locana，意为"智慧广大，光明普照"，以光明意而为

①芮传明《摩尼教神"净风""惠明"异同考》，《欧亚学刊》第6辑，北京：中华书局，2007年，第92~94页。

摩尼教徒所敬奉。按照摩尼教教义,纯净得救的灵魂聚成光耀柱,它既是神,又是灵魂到达月宫、日宫以致最后回归涅槃常明世界所要经过的境界。① 光耀柱是摩尼第三次召唤中出现的一个神衹,在中亚与中国摩尼教文献中,通常被称作卢舍那,“他与受难耶稣等义,表示囚禁在物质中的光明分子的总和,其象征是光明的十字架”。②《下部赞》所见“大庄严柱”(第390行)、“金刚相柱”(第365行)及《摩尼教残经》所见“金刚宝柱”(第325行),指的都是光耀柱,即卢舍那。吐鲁番出土回鹘文文献 Mainz 774(T ID 200)即阐述了卢舍那身为万事万物中光明分子总和的观念,是回鹘摩尼教对卢舍那佛光明意蕴的信发展。兹摘录其中第8~22行之相关内容:

8. ……………………………………………ymä
9. ol toyïn kim munčulayu qïlïnč qïlsar·
10. ötrü ol kirž-i üč yir suvdaqï tüžü
11. burxan-nïng kirtü köni özläri buzuγlï
12. artat[ï] γlï ärür·ymä ol ärür tükäl yaz-
13. [uq]luγ sïnyuq čxšaptlγ dïntar ol titir:
14. ymä mayak tarmadan inčäp tip
15. ayyur·ol lušyanta burxan özi bar qamγ
16. yir t[aγ] t[a]š qum·ögän·ägüz suvï qamγ
17. toš bašï yulat suvlar·qamγï ïγač barča
18. [t]ïnlïγ yalnguq [·]näng antaγ yir yoq kim
19. lušyanta özi tolu yoq ärsär·qltï toyïn
20. kiši äligi qanyuγaru kötürsär·azu qanyuγaru
21. sunsar·antaγ lušyanta burxan özi-ngä
22. yaz-ïnmïš bolur·

卢舍那佛身(lu yanta burxan öz)即是万事万物:地、山、石、沙、河川之水、所有池塘、水道、湖泊、所有植物和树木、所有生物和人类。卢舍那之身无所不在,遍一切处。设若某僧对某种事物

①马小鹤《摩尼教“光耀柱”和“卢舍那身”研究》,《摩尼教与古代西域史研究》,北京:中国人民大学出版社,2008年,第139页。

②Samuel N. C. Lieu, *Manichaeism in the Later Roman Empire and Medieval China: a Historical Survey*, Tubingen, 1992, p. 209.

伸出或举起其手，那他就对卢舍那佛身种下了罪孽。①

《乐山堂神记》将卢舍那佛称作"天地化身"，指的也应该是这种含义。这一观念，在道教文献《海琼白真人语录》卷一中也有体现：

[弟子彭耜]问："乡间多有吃菜持斋以事明教，谓之灭魔，彼之徒且曰太上老君之遗教，然耶？否耶？"

[海琼白真人]答曰："……彼之教有一禁戒，且云尽大地、山河，草木、水火，皆是毗卢遮那法身，所以不敢践履，不敢举动。然虽如是，却是在毗卢遮那佛身外面立地。且如持八斋、礼五方，不过教戒使之然尔。"②

海琼白真人即白玉琼，本名葛长庚，尽管身为道士，但作为福建人，他对当地流行的摩尼教还是较为了解的，故其所述较为切合实际。

卢舍那佛在敦煌出土摩尼教《下部赞》中共五见(171、364~367、390、397 和 412 行)，其中所列十二"大明使释"中，第九为"直意卢舍那"(第 171 行)，而且还有专门的偈赞：

此偈赞卢舍那讫，末后结愿用之。

称赞裒誉，苏露沙罗夷，具足大夫，金刚相柱，任持世界，充遍一切，以自妙身，以自大力，利益自许，孤栖宠子。我等今者，不能具赞，唯愿纳受，此微启讼，护助善众，常如所愿！(364~367 行)

其中，苏露沙罗夷即中古波斯语 srwšhr'y 的音译，意为"光耀柱"。由此可见，"卢舍那"以其"智慧广大，光明普照"意，合于摩尼教崇尚光明之主旨，

① W. Bang -A. von Gabain, *Türkische Turfan Texte. V: Aus buddhistischen Schriften, Sitzungsberichte der Preussischen Akademie der Wissenschaften, Phil.-hist. Klasse*, Nr. 14, 1931, S.334-335; Zieme, Uigurisches Steuerbefreiungsurkunden für buddhistische Klöster, *Altorientalische Forschungen* 8, 1981, S.242, anm. 46.

②[北宋]谢显道编《海琼白真人语录》卷一，《道藏》第 33 册，北京：文物出版社、上海书店、天津古籍出版社影印，1988 年，页 114 下~115 上。参见饶宗颐《穆护歌考》，《选堂集林·史林》(中)，香港：中华书局，1982 年，第 501~502 页。

从而在摩尼教中获得了非常尊崇的地位。

(六)观音、势至二大菩萨

“观音、势至二大菩萨”见于《乐山堂神记》第 1 页第 6 行。在《摩尼光佛》第 19 页第 8 行有“势至变化观音初,直入大明降吉祥”之语。在敦煌摩尼教文献中仅一见,《下部赞》尾部第 390~391 行有言:“对卢舍那,大庄严柱,五妙相身,观音势至。”观音,梵文作 Avalokiteśvara,其名字蕴含了菩萨大慈大悲、济世的功德和思想,位居佛教诸大菩萨之首,是我国佛教信徒最崇奉的菩萨,拥有的信徒最多,影响最大。势至为大势至菩萨的简称,梵文作 Mahāsthāmaprāpta,是阿弥陀佛的右胁侍,与阿弥陀佛、观世音菩萨(阿弥陀佛的左胁侍)合称为“西方三圣”。

直到今天,在上万村尚有观音阁留存,内置多种摩尼教遗物,成为当地村民宗教活动之场所。

(七)四梵天王

《乐山堂神记》第 3 页第 2 行所见“四梵天王”,《奏申牒疏科册》第41 页之《牒官府》亦有“右牒请四梵天王诸大护法明使”之谓(图 5)。在《摩尼光佛》第 13~14 页有《赞天王》,称:“四天王管四天下。嚧嚩逸天王管北郁坛界,弥诃逸天王统御[东弗婆提,咄嚩啰逸天王管]南阎浮提,娑啰逸天王掌握西瞿耶尼。”《兴福祖庆诞科》中之《请护法文》所载四天王纯粹用音译,即咿(嚧)嚩诃逸啰、弥诃逸啰、咄嚩啰逸啰、

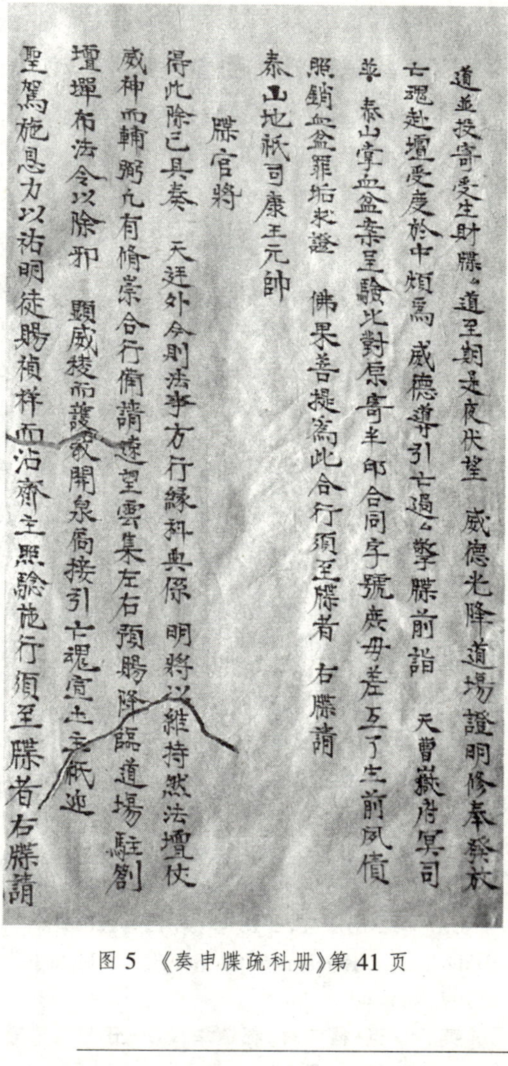
道並投寄受生財牒〻道至期是夜伏望 威德光降道場證明修奉豫於
亡魂赴壇受度於中煩爲 威德導引亡過〻擎牒前詣 天曹嶽府冥司
并 泰山掌血盆案呈驗比對原寄年卯合同字號庚母差互了生前夙債
照銷血盆罪垢光遂 佛果善提為此合行須至牒者 右牒請
泰山地祇司康王元帥
牒官將
得此除已具奏 天廷外今則法事方行緣科典原 明將以維持然法壇仗
威神而輔弼凡有脩崇合行備請 遠望雲集左右預賜降臨道場駐劄
壇墠布法令以除邪 顯威棱而護衛開泉扃接引亡魂宣土主祇迎
聖駕施恩力以祐明徒賜禎祥而治齋主照驗施行須至牒者 右牒請

图 5 《奏申牒疏科册》第 41 页

娑啰逸啰。显然借自佛教四大天王概念。[①] 其中的“弥诃逸啰”,指的是东方天王;咄嘚啰逸啰指的是南方天王。可见,《摩尼光佛》抄本有脱御“东弗婆提,咄嘚啰逸天王管”等文字,兹据《兴福祖庆诞科》予以补充。

《摩尼光佛》中的“北郁坛界”,当为梵文 Uttarakuru 之意译加音译。Uttara,意为“北”,“kuru”,意为“高胜”,音译“俱卢”“拘搂”等,故通常译作北俱卢洲。“北郁坛”皆指 Uttara,“界”当为 kuru 之不确切译法;原文漏抄的“东弗婆提”,为梵文 Pūrvavideha 之意译加音译,即“东胜神洲”;南阎浮提,即梵文 Jambudvīpa 之旧译,指南赡部洲;“西瞿耶尼”为 Aparagodānīya 之对译,通称西牛货洲。

(八)俱孚元帅

俱孚元帅见于《乐山堂神记》第 3 页第 2~3 行。《下部赞》第 215 行有“头首大将耶俱孚,常具甲仗摧逆党”之语。“元帅”与“头首大将”义同,故可断定,“俱孚”当为“耶俱孚”之省称。《摩尼光佛》第 12 页即作“耶俱孚”,可证。

学界有一种意见将“耶俱孚”释作艾萨克(Isaak)次子雅各布(Jacob,又译“雅各布伯”)。[②] 雅各布之名,又见于陕西盩厔出土《大秦景教流行中国碑》右侧第 1 行,写作“耶俱摩”。[③] 若仅从发音来看,将耶俱孚/耶俱摩与 Jacob 等同,并无不妥,然虑及耶俱孚与雅各布之身份差异,这种观点就难以成立了。

雅各布本为艾萨克次子、亚伯拉罕(Abraham)的孙子,其事迹在《圣经》和《创世纪》中有较详细的记载。他曾以“一碗红豆汤”为代价,骗取了其兄以扫(Esau)的长子名分,又与其母合谋骗取父亲艾萨克的祝福,遂成为亚伯拉罕的正统后裔。这里的雅各布似乎与霞浦摩尼教文献中的俱孚/耶俱孚所具有的元帅与头首大将身份方枘圆凿,不相契合,故在耶俱孚与雅各布间画等号,有所不妥。

耶俱孚者,依 Mikkelsen 之见,当为中古波斯语与帕提亚语 y'kwb 和 y'qwb 之音译。[④] 德金则进一步认为,y'kwb 和 y'qwb 意为“天使”,系闪米

①马小鹤《摩尼教十天王考——福建霞浦文书研究》,朱玉麒主编《西域文史》第 5 辑,北京:科学出版社,2010 年,第 119~120 页。

②Ma Xiaohe, Remains of the Religion of Light in Xiapu County, Fujian Province, p. 106–107, Note. 40.

③[英]阿·克·穆尔著,郝镇华译《一五五〇年前的中国基督教史》,北京:中华书局,1982 年,第 51 页。

④G. B. Mikkelsen, *Dictionary of Manichaean Texts in Chinese*, Turnkout, 2006, p. 108.

特语(Semitic)之写法。[①] 历史上,波斯帝国长期占据闪米特语言流行区,词汇的借用自属于情理中事。结合上下文,"俱孚元帅"介于"雄猛四梵天王"和"嗪畯明使"之间,"元帅"之谓与"天王"相当,而"天使"之谓又与"明使"相合,可以确认,如同"四梵天王"一样,"俱孚元帅"也为摩尼教之护法神。

除汉文外,在敦煌吐鲁番还出土有更多的不同民族古文字文献,如回鹘文、摩尼文、粟特文、中古波斯文、帕提亚文等,这些有助于阐释《乐山堂神记》中一些不见于汉文文献的摩尼教神祇,如移活吉思大圣(详后)。

通过上文的叙述可以看出,《乐山堂神记》所记众多神祇中,有12位可在敦煌吐鲁番出土文献中找到对应内容。一般而言,凡见于敦煌吐鲁番文献的神祇,均可视作唐代以前摩尼教旧有者,而不见于敦煌吐鲁番文献者,除有些因文献缺载而失考外(如摩尼教历代宗祖胡天尊祖师、胡古月祖师、高佛日祖师),大多可视作摩尼教入福建后之新增,大抵为摩尼教在福建地方化的产物。

四、回鹘摩尼僧之开教福建

摩尼教之开教福建,何乔远《闽书》卷七《方域志》有如下记载:

> 华表山,与灵源相连,两峰角立如华表。山背之麓有草庵,元时物也。祀摩尼佛。摩尼佛名末摩尼光佛,苏邻国人。又一佛也,号具智大明使……会昌中,汰僧,明教在汰中。有呼禄法师者,来入福唐(今福建福清市),授侣三山(福州市),游方泉郡(泉州市),卒葬郡北山(泉州北郊清源山)下。[②]

这一记载说明,摩尼教开教福建者为呼禄法师。会昌五年(845年)四月,唐武宗下令拆毁天下僧寺四千六百区,招提若兰四万,并"勒大秦(即景教)、穆护拨(祆)二千余人,并令还俗,不杂中华之风",[③] 使道教以外的

①D. Durkin-Meisterenst, *Dictionary of Manichaean Middle Persian and Parthian*, Turnkout, 2006, p. 372.

②[明]何乔远《闽书》卷七《方域志》,福州:福建人民出版社,1994年,第171~172页。

③[宋]宋敏求编《唐大诏令集》卷一一三《拆寺制》,北京:中华书局,2008年,第591页。

诸宗教都受到了沉重的打击，而在此之前，随着回鹘汗国灭亡而遭到禁断的摩尼教也在其中（详后）。为逃避宗教迫害，呼禄法师逃亡远离政治中心的福建作为其避难与弘法之所，由福清而福州，再至泉州传播摩尼教，卒葬于泉州清源山下。其墓今天虽已无从寻觅，但南宋理学家朱熹曾拜谒其墓，并留有诗作《与同僚谒奠北山》，[①] 可证何乔远记载之不虚。

呼禄其人，观名号，非汉人自明。刘南强考证认为，应音译自中古波斯语 xrwhxw'n/xrōhxwān，汉译呼嚧唤。[②] 此说既出，便得到学术界广泛的支持。[③] 林悟殊先生据此认为该法师属于中亚摩尼教团。[④] 在吐鲁番出土回鹘文摩尼教寺院文书中，呼嚧唤被译作 xruxan。[⑤]《摩尼光佛教法仪略》第 91~95 行载：

> [摩尼教寺院]每寺尊首，诠简三人；
> 第一，阿拂胤萨，译云“赞愿首”，专知法事；
> 第二，呼嚧唤，译云“教道首”，专知奖劝；
> 第三，遏换健塞波塞，译云“月直”，专知供施。皆须依命，不得擅意。

呼嚧唤意为“传教士”。[⑥] 在摩尼教五个等级中，排在第四级，如吐鲁番发现的中古波斯语摩尼教残片所列，即依次为：hmwc'g（或 hmucg，慕阇）、'spsg（萨波塞）、mhystg（默奚悉德）、xrwhxw'n（呼嚧唤）、ywš'g（耨沙

①诗见《古今图书集成》之《方舆汇编·职方典》第 1052 卷《泉州府部·艺文》三之三。

② Samuel N. C. Lieu, Precept and Practice in Manichaean Monasticism, Journal of Theological Studies, New Series 32, 1982, p.163; ibid, *Manichaeism in the Later Roman Empire and Medieval China: a historical survey,* Manchester, 1985, pp. 89, 264; ibid, *Manichaeism in Central Asia and China,* Leiden–Boston–Köln, 1998, p. 86.

③Peter Bryder, *The Chinese Transformation of Manichaeism*, p. 10；吉田丰《汉译マニ教文献における汉字音写された中世イラン语に ついて》（上），《内陆アジア言语の研究》II（1986 年号），1987 年，注 93；森安孝夫《ウイグル=マニ教史の研究》（=《大阪大学文学部研究纪要》第 31·32 卷合并号），大阪大学文学部，1991 年，第 61~62 页。

④《摩尼教及其东渐》，第 124 页。

⑤耿世民《回鹘文摩尼教寺院文书初释》，《考古学报》1978 年第 4 期，第 503 页；Geng Shimin, Notes on an Ancient Uighur Official Decree Issued to a Manichaean Monaster, *Central Asiatic Journal,* Vol. 35, no. 3–4, p. 212.

⑥Mary Boyce, *A Word-List of Manichaean Middle Persian and Parthian,* Leiden, 1977, p. 99.

嗲)。同样的排列次序又见于《摩尼光佛教法仪略》之《五级仪》:

> 第一,十二慕阇,译云"承法教道者";
> 第二,七十二萨波塞,译云"侍法者",亦号"拂多诞";
> 第三,三百六十默奚悉德,译云"法堂主";
> 第四,阿罗缓,译云"一切纯善人";
> 第五,耨沙嗲,译云"一切净信听者"。(第 71~75 行)

中古波斯语文献中的 xrwhxw'n/xrōhxwān,这里被称作"阿罗缓",说明"阿罗缓"即"呼嚧唤",其意为"一切纯善人"。[①] 易言之,即是一般的选民,属于摩尼教中级别较低僧侣,[②] 地位仅高于"听者"(通常著乌冠",应为在家信徒),其身份与能够"授侣三山"的呼禄法师明显不相当。再说,呼嚧唤既为官号,就不应再与"法师"二字搭配使用,恰如"方丈"、"主持"或"慕阇"等僧官称号之后不能再加"法师"一样。一般而言,"法师"之前多冠以法号,如玄奘法师等,回鹘依然,如 Aryacantri Bodistwt Kši Acari(圣月菩萨大师)、Sïngqo Säli Tutung(胜光法师)等。

那么,呼禄法师究由何来呢?笔者认为当非来自中亚,而是来自漠北的回鹘。

如前文所言,摩尼教形成于波斯,但长期蒙受迫害,惟 8 世纪中叶传入回鹘后,才实现了柳暗花明大转折,被定为国教,得以迅猛发展。是时,摩尼高僧受到了回鹘可汗的信任和倚重,甚至能左右国家大事,形成了"可汗常与共国"的局面。[③] 牟羽可汗不仅在国内推行摩尼教,而且还凭借自己在唐朝的优越地位和强大的政治力量在唐帝国内大力推行之。大历三年(768 年)六月,于京师"敕回纥置寺,宜赐额大云光明之寺。"大历六年(771 年),"回纥请于荆、扬、洪、越等州置大云光明寺,其徒白衣白冠。"[④] 元和二年(807 年),又应回鹘之请,而于河南府、太原府置摩尼寺。[⑤]

---

①阿罗缓,应为巴列维语 ardawan 的音译,相当于拉丁文之 electi。见 Samuel N. C. Lieu, *Manichaeism in Central Asia and China*, Brill: Leiden-Boston-Köln, 1998, p. 84. ardawan 与 xrwhxw'n 义同。

②《摩尼教及其东渐》,第 112、117 页。

③[宋]司马光《资治通鉴》卷二三七胡三省注文,北京:中华书局,1963 年,第 7638 页;《新唐书》卷二一七《回鹘传》,北京:中华书局,1975 年,第 6126 页。

④[宋]志磐《佛祖统纪》卷四一,《大正藏》卷四九《史传部一》,No. 2035,页 378c。

⑤[宋]王溥《唐会要》卷四九《摩尼寺》,上海:上海古籍出版社,2006 年,第 1012 页。

回鹘摩尼教势力由鄂尔浑河流域推广到唐帝国的腹心地区——黄河流域与长江流域。[①] 这一状况得以形成的原因，唐武宗《赐回鹘可汗书》讲的相当明白：

> 摩尼教天宝以前，中国禁断。自累朝缘回鹘敬信，始许兴行；江淮数镇，皆令阐教。[②]

很明显，唐政权允许摩尼教"兴行"，是因"回鹘敬信"。而在此之前，唐政府对摩尼教采排斥态度，在唐玄宗时遭到禁断："开元二十年(732年)七月，敕末摩尼法本是邪见，妄称佛教，诳惑黎元，宜严加禁断。"[③] 回鹘汗国第三代君主牟羽可汗在位时，国势强盛，助唐戡乱，唐报答优厚，使之获得了大量的绢帛等物，又娶唐室公主为可敦，依托唐朝，雄长漠北。为了进一步从唐朝谋取利益，"回鹘可汗王(即牟羽可汗)令明教僧进法于唐。"[④] 鉴于回鹘的势力，唐朝也不得不认可此事。

会昌元年(840年)，回鹘汗国灭亡，摩尼教随之失势。会昌三年，唐武宗下令对摩尼教和僧众进行抄检："诏回鹘营功德使在二京者，悉冠带之。有司收摩尼书若像，烧于道，产赀入之官。"[⑤] 当时，旅唐日本高僧圆仁亲眼目睹并记下了摩尼师惨遭屠戮的悲剧：

> [会昌三年]四月中旬，敕下，令煞天下摩尼师。剃发，令著袈裟，作沙门形而煞之。[⑥]

此后，摩尼教便在唐代文献中销声匿迹了。摩尼教的传教活动由公开变为秘密，其教徒遂投奔唐朝统治势力较弱的东南滨海地域，以寻求自己

①杨富学《回鹘文献与回鹘文化》，第185~186页。

②[唐]李德裕著，傅璇琮、周建国校笺《李德裕文集校笺》卷五，石家庄：河北教育出版社，2000年，第67页。

③[唐]杜佑《通典》卷四〇，北京：中华书局，1984年，第229页注文。[宋]赞宁《大宋僧史略》卷下同载，但称其为八月十五日，见《大正藏》第五四卷《事汇部下》，No. 2126，页253b。

④《资治通鉴》卷二三七胡三省注引《唐书会要》，第7638页。

⑤《新唐书》卷二一七《回鹘传》，第6133页。

⑥[日]圆仁著，白化文等校注《入唐求法巡礼行校注》卷三，石家庄：花山文艺出版社，1992年，第416页。

的归宿。①

唐代传播摩尼教最力者为回鹘,那么呼禄法师是否为回鹘人呢?从名号即可见其端倪。1997年在柏林召开的国际摩尼教学术讨论会上,日本学者森安孝夫教授提出呼禄即回鹘语 Uluγ,意为“大”,指“[宗教]法师”,则呼禄法师即为“大法师”之意。② 此说得到了克拉克的支持。③ 刘南强虽仍坚持呼禄来自中古波斯语 xrwhxw'n/xrōhxwān 之说,但对森安之新说亦予关注。④ “大法师”之说虽不乏新意,但古文献中未见 Uluγ 可直接音转为呼禄的直接证据。中国古代翻译异族语言时,音译多用于专有名词或难以找到准确对应词者(如般若、涅槃)等,Ulug 词义确切,不必音译,如回鹘文文献常见的 Uluγ Sangun,通译“大将军”,不闻“呼禄将军”之谓;Uluγ Qaγan,通译“大汗”,亦无“呼禄汗”之说。同样道理,“呼禄法师”中的“呼禄”必不为“大”意,只能理解为人名。呼禄,中古音读作*xuo-luk,与其将之释作 Uluγ 之音译,毋宁以回鹘语 Qutluγ 之音译释之,似乎更容易理解与接受。Qut 中的-t 在汉译时常省略,如ïduq qut 译作“亦都护”、Qut Tirig 译作“骨迪历”,与 xuo 音近;luγ 中的-γ 在早期回鹘文文献中,与 q、k 混用,故-luγ 与-luk 完全对应。

Qutluγ 意为“吉祥”“幸运”,唐代文献常见之人名“骨咄禄”是也。如回鹘第四代可汗被称作“合骨咄禄毗伽可汗(Alp Qutluγ Bilgä Qaγan)”,第六代可汗为“骨咄禄毗伽可汗(Qutluγ Bilgä Qaγan)”,第七代可汗又名“骨咄禄(Qutluγ)”。有时又作“骨禄”,如新疆库车库木吐喇石窟第75窟有供养人榜题曰“兄骨禄□”“□骨禄思□”“妹骨禄思力”,⑤ 另外在库木吐喇题名沟有“王骨咄禄啜”题刻。在敦煌汉文写本中,“骨咄禄”又被省

①蔡鸿生《唐宋时代摩尼教在滨海地域的变异》,《中山大学学报》2004年第6期,第114~115页。

②Moriyasu Takao, On the Uigur čxšapt ay and the Spreading of Manichaeism into South China, R. E. Emmerick (ed.), *Studia Manichaica. IV. Internationaler Kongress zum Manichäismus, Berlin, 14.-18. Juli 1997*, Berlin, 2000, p. 436.

③Larry Clark, The Conversion of Bügü Khan to Manichaeism, R. E. Emmerick(ed.), *Studia Manichaica. IV. Internationaler Kongress zum Manichäismus, Berlin, 14.-18. Juli 1997*, Berlin, 2000, pp. 95-96, note 30.

④Samuel N. C. Lieu, *Manichaeism in Central Asia and China*, Brill: Leiden-Boston-Köln, 1998, pp. 85-86, note 44.

⑤新疆龟兹石窟研究所编《库木吐喇石窟内容总录》,北京:文物出版社,2008年,第247页。

称“骨都”，如 P.2058《水则道场帖》：“东征府主，定骨都，布一家。”[①] 库木吐喇石窟的供养人，观其名号，即知非为龟兹人和汉族，贾应逸与吕明明研究的结论是葛逻禄人，是以“骨禄”为“姓”而题名的。[②] 然历史文献中未见称葛逻禄为“骨禄”之先例，二者读音差异较多，“葛”“骨”音转有困难，而且历史上无葛逻禄信仰佛教的记载。故笔者认为，如将其解释为回鹘人，则于理于义似乎要更容易理解一些。Qutluγ 与“呼禄”读音更近的写法是“胡禄（中古音作 *γuo-luk）”，如永泰元年（765 年）冬十月“乙酉，回纥首领胡禄都督来朝”。[③] 宝应元年（762 年），以回鹘助唐平定安史之乱有功，“左杀封为雄朔王，右杀封为宁朔王，胡禄都督封金河王，拔览将军封为静漠王，诸都督十一人并封国公”。[④] 可见，“骨咄禄”“骨禄”“骨都”“胡禄”“呼禄”皆 Qutluγ 之音译。在摩尼教中，Qutluγ 一词常被人格化为“保护神”。[⑤] 由是可证，开教福建之呼禄，乃回鹘摩尼僧也。Qutluγ 音译“呼禄”，意译“吉祥”。“吉祥”者，不仅可用于人名，也可为法号，如宋太祖开宝四年（971 年），于阗“国僧吉祥以其国书来上”。[⑥]《至元法宝勘同总录》的编者为“庆吉祥”。另外，在吐鲁番出土回鹘文题记中有 anandaširi atlγ toyïn-qa 一语，意为“被称作阿难吉祥的和尚”。[⑦] 元代回鹘高僧必兰纳识里，回鹘语原作 Piratyaširi，来自梵语Prajnāśri，意译即为“般若吉祥”。回鹘文中的širi 借自梵文śri，义同Qutluγ，为“吉祥”意。故而可定，“呼禄法师”，意即“吉祥法师”也。

除上述之外，还有其他一些因素也支持回鹘摩尼僧开教福建之说。

首先看《乐山堂神记》第 3 页第 1 行所见神祇名称“移活吉思大圣”。“移活吉思大圣”，不见于敦煌吐鲁番出土汉文摩尼教文献，但见于敦煌景教文献《尊经》（P.3847），写作“宜和吉思法王”，文曰：

①汪泛舟《敦煌文学写本辨正举隅》，《敦煌研究》1991 年第 1 期，第 93 页录作“东征府主定骨（鹘）都（部）而为一家。”认为“骨都”乃“鹘部”，即回鹘部之误，似不可取。

②贾应逸、吕明明《库木吐喇第 75 窟研究——兼述供养人的族属》，《吐鲁番学研究》2010 年第 2 期，第 48~49 页。

③《旧唐书》卷一一《代宗纪》，北京：中华书局，1975 年，第 280 页。

④《旧唐书》卷一九五《回纥传》，第 5204 页。

⑤A. von Gabain, Das Staatsbewuβstein im uigurischen Königreich von Qočo, 840–1400, *Turcica et Orientalia. Studies in honour of Gunnar Jarring on his eightieth birthday 12 October 1987*, Istanbul, 1987, S.38.

⑥《宋史》卷四九〇《于阗传》，北京：中华书局，1977 年，第 14107 页。

⑦Peter Zieme, *Buddhistische Stabreimdichtungen der Uiguren* （Berliner Turfantexte XIII, Berlin, 1985, Texte 49, S.15–39.

敬礼妙身皇父阿罗诃，应身皇子弥施诃，证身卢诃宁俱沙。已上三身同归一体。

瑜罕难法王 庐伽法王 摩矩辞法王 明泰法王 牟世法王 多惠法王 景通法王 宝路法王 千眼法王 那宁逸法王 珉艳法王 摩萨吉思法王 宜和吉思法王 摩没吉思法王 岑稳僧法王 二十四圣法王 宪难耶法王 贺萨耶法 弥沙曳法王 娑罗法王 瞿卢法王 报信法王。[①]（引文中的着重号为笔者所加）

文中所列法王甚多，其中有些很容易辨认，如瑜罕难即约翰(John)、庐伽即路加(Luke)、摩矩辞即马可(Mark)、明泰即马太(Matthew)、牟世即摩西(Moses)、多惠即戴维(David)等，均为圣徒，[②] 推而论之，宜和吉思同样应为基督教之圣徒之一，据考，即圣乔治，约于303年在巴勒斯坦殉教，被称为大殉教者。[③] 圣乔治崇拜流行很广，在回鹘中亦有流传。20世纪初，勒柯克在吐鲁番发现有回鹘文《圣乔治殉难记》残卷1叶，藏于柏林，编号为T II B 1(U 320)，当译自圣经，大概为9世纪末至10世纪初的遗物。[④] 后来，又发现了同属这一内容的小残片两件：T II B 62/512(U 5179)和T II B 62(U 187a)，前者正面存文字5行，背面存2行，并有一人像；后者正背面各存文字6行。[⑤] 回鹘文《圣乔治殉难记》在描述圣乔治于受刑前作祈祷时，声称在需要的时候，只要呼唤他的名字，就能有求必应，其神通差不多可与大慈大悲的观世音菩萨相匹敌。[⑥] 后为摩尼教所吸收，成为“大圣”之一。惜残片未出现圣乔治之名，未详回鹘文之具体写法。

①上海古籍出版社等编《法藏西域敦煌文献》第28册，上海：上海古籍出版社，2004年，第357页。

②[英]阿·克·穆尔著，郝镇华译《一五五〇年前的中国基督教史》，第64页注3。

③吴其昱《唐代景教之法王与尊经考》，《敦煌吐鲁番研究》第5卷，北京：北京大学出版社，2001年，第25页.

④A. von Le Coq, Ein christliches und manichäisches Manuscriptfragment in türkischer Sprache aus Turfan, Chinesisch-Turkistan, *Sitzungsberichte der Preussischen Akademie der Wissenschaften,Phil.-hist. Klasse*,1909,S.1205-1208;W.Bang,Türkische Bruchstücke einer nestorianiachen Georgspassion, *Le Muséon* 39, 1926, S.41-75.

⑤P. Zieme,Zwei Ergänzungen zu der christlich-türkischen Handschrift T II B 1,*Altorientalische Forschungen* 5, 1977, S.271-272.

⑥J. P. Asmussen, The Sogdian and Uighur-Turkish Christian Literature in Central Asia before the Real Rise of Islam. A Survey, *Indological and Buddhist Studies. Volume in Honour of Professor J. W. de Jong on his Sixtieth Birthda, Canberra*, 1982, p. 22.

宜和吉思/移活吉思，显系叙利亚文 Giwargis/Georges 之音译，值得注意的是，在敦煌出土粟特语文献 Or.8212-89 之第 5 行，有 yw'r-k's 一词，[①] yw'r-k's 之异写形式 yw'-rks 可见于吐鲁番出土文献汉—回鹘双语文献 Ch/U 6536b(T II 3073)中。该文献残甚，正面仅存汉文 10 行，为《妙法莲华经》卷六，背面行间写回鹘文，其中有 yw'-rks 一词。[②] 不难看出，yw'r-k's 或 yw'-rks 当为宜和吉思/移活吉思在粟特语和回鹘语中写法。

其次，《乐山堂神记》第 3 页第 3~4 行称："灵源传教历代宗祖：胡天尊祖师、胡古月祖师、高佛日祖师。"下文将详引的《摘抄孙绵大师来历》言乐山堂的创始人孙绵之师为"西爽大师"。从名称可以看出，这些均非汉人，其中胡天尊、胡古月、高佛日均来自"灵源"，即福建晋江市西南之灵源山，与华表山相连[③]，西爽大师则为今霞浦县水门乡龙溪村人。唐代以来推行摩尼教最力者为回鹘，故其为回鹘人的可能性更大，胡天尊应即呼禄本人。

其三，这里还应注意《乐山堂神记》第 3 页第 3 行的"嗪皎明使"，在《摩尼光佛》中，写作"秦皎明使"。在泉州晋江草庵所在地苏内村有一所供奉摩尼教神祇的境主宫，系 20 世纪 30 年代重建，寝殿粉壁上画"五境主"，居中者题"摩尼佛"，左一题"都天灵相"，左二题"境主公"；右一题"秦皎明使"，右二题"十八真人"。[④]"境主"，在江浙多见，为当地保护神，相当于城隍，惟非建于城垣而建于村落，不能称城隍而称境主。类似情况又见于云南、湘西、贵州毕节和四川西昌等地的白族聚居区，各村寨差不多都有本主，凡有本主之村寨皆建本主庙，大多在村头、山麓或湖边景色幽静处。徐嘉瑞先生言："大理现存之本主庙，若稽来源，皆历史甚古，今大理七十村中，几乎各有本主庙。"[⑤] 至于本主之意，学界众说纷纭，有曰为"本村鬼主"或"本境鬼主"之省称，有曰为"本境福主"或"本境土主"之省称，学界多倾向于"本境土主"之说。[⑥] 本主又曰土主，为白族乡村的"村社保护

①N. Sims-Williams-J. Hamilton, *Documents turco-sogdiens du IX-X siècle de Touen-houang,* London, 1990, p. 68.

②G. Schmit t-Th. Thilo, *Katalog chinesischer buddhistischer Textfragmente*, Bd.1, Akademie-Verlag, Berlin, 1975, S.100.

③原文误释作波斯，此改。

④粘良图《晋江草庵研究》，厦门：厦门大学出版社，2008 年，第 82 页及图 21。

⑤徐嘉瑞《大理古代文化史》，香港：中国图书刊行社，1985 年，第 277 页。

⑥李东红《白族本主崇拜研究述评——兼论本主研究的方法论问题》，《思想战线》1997 年第 5 期。

神”。[①] 与闽浙等地之境主一样，义同城隍。

“明使”乃摩尼教对光明王国诸神的汉译称谓，唐代汉文摩尼教文献常见，如《摩尼教残经》共 5 见，《下部赞》共 22 见，《摩尼光佛法仪略》有“光明使者”，义同。在摩尼教入华之前，华夏人士对各教或民间诸神之称谓，未闻有“明使”之说，只是在唐代摩尼教入华以来，此术语才一直使用不辍。至于何以取姓秦，盖因循以国名为姓之古法，古人认为摩尼教来自“西海大秦国”，如释志磐《佛祖统纪》卷三九即谓：“波斯国人拂多诞(原注：西海大秦国人)持二宗经伪教来朝。”[②] 皎，洁白、明亮意，与摩尼教之崇拜有关。[③] 该名同样也不见于敦煌吐鲁番汉文文献，应来自回鹘或粟特语文献，惜至今无法落实，有待进一步查证。

呼禄法师于 9 世纪中叶开教福建，使之逐渐发展为摩尼教在中国南方继续传播的主要源头。呼禄法师最早到达福清，然后北行福州、泉州，并逝于泉州。在他故后，摩尼教继续北传至浙江诸地，势焰日张。

有宋一代，摩尼教多被称为明教或苏邻法，以福建为最盛。故元人陈高谓：“明教之始，相传以为自苏邻国流入中土，瓯闽人多奉之。”[④]《佛祖统纪》卷四八引洪迈《夷坚志》云：“吃菜事魔，三山尤炽。为首者紫帽宽衫，妇人黑冠白服，称为明教会。”[⑤] 1979 年，在晋江摩尼教寺院草庵前发现宋代褐釉碗一件，上书“明教会”三字，[⑥] 可证明教会之载不虚。日本学者竺沙雅章指出：“从五代到明代的一系列资料看，明教与摩尼教确曾在福建的福州、泉州，浙江的温州、台州、明州等地流传。”[⑦] 霞浦上万村摩尼教遗物的发现，证明摩尼教在闽东宁德地区亦有传播，再加上呼禄法师入闽最早落脚地——福州所辖福清市，庶几可推想，宋明时代，明教的势力或遍及福建各地。

北宋真宗时，曾令枢密使王钦若校定《道藏》，摩尼教徒重赂主编，以

①杨政业《白族本主文化》，昆明：云南人民出版社，1994 年，第 2 页。

②《大正藏》第四九卷《史传部一》，No. 2035，页 369c。

③林悟殊《泉州晋江新发现摩尼教遗迹辨析》，《华学》第九、十辑(二)，上海：上海古籍出版社，2008 年，第 755~756 页。

④[元]陈高《不系舟渔集》卷一二《竹西楼记》，《景印文渊阁四库全书》第 1216 册，台北：台湾商务印书馆，1986 年，第 237 页。

⑤《大正藏》第四九卷《史传部一》，No. 2035，页 431a。

⑥黄世春《福建晋江草庵发现“明教会”黑釉碗》，《海交史研究》1985 年第 1 期，第 73 页；粘良图《晋江草庵研究》，第 34~39 页。

⑦竺沙雅章《吃菜事魔について》，《青山博士古稀纪念宋代史论丛》，东京：创文社，1974 年，第 245 页。

求将摩尼经典编入《道藏》,遂愿。上引《夷坚志》云:

> 其经名二宗三际。二宗者,明与暗也;三际者,过去未来现在也。大中祥符兴《道藏》,富人林世长赂主者,使编入藏,安于亳州明道宫。①

进献摩尼教经典的闽籍士人林世长因此而"授守福州文学。"② 林世长采取贿赂手法使摩尼教经典得以被编入《道藏》,体现了明教徒欲入正统的观念。关于明教经典入《道藏》事,在黄震(1213—1280年)《黄氏日抄》卷八六《崇寿宫记》也有记载:

> 希声复缄示所谓《衡鉴集》载我宋大中祥符九年(1016年)、天禧三年(1019年),两尝敕福州;政和七年(1117年)及宣和二年(1120年),两尝自礼部牒温州:"皆宣取摩尼经颁入道藏"。其文尤悉,余始复述书谓之曰:信矣。③

崇寿宫位于慈溪县淹浦乡东罗村,"奉摩尼香火"。《崇寿宫记》是该宫住持张希声请名人黄震撰写的,于宋景定五年(1263年)五月立石于崇寿宫。该寺建于宋初或五代,比晋江草庵要早数百年。

南宋陆游《老学庵笔记》卷一〇称闽中明教流行,而且刻印经典:

> 闽中有习左道者,谓之明教。亦有明教经,甚多刻版摹印,妄取道藏中校定官名衔赘其后。④

这些记载说明当时福建之明教势力是相当大的。惜由于史料缺载,今已无从知晓当时编入《道藏》的明教经典有哪些,但可以肯定,当有一定的数量。那么,这些经典又是从哪里来的呢?对这一问题的探讨似乎还需由呼禄法师入手。

①[宋]志磐《佛祖统纪》卷四八,《大正藏》卷四九《史传部一》,No. 2035,页431a。
②[明]何乔远《闽书》卷七《方域志》,福州:福建人民出版社,1994年,第172页。
③[明]黄震《黄氏日抄》卷八六《崇寿宫记》,《景印文渊阁四库全书》第708册,台北:台湾商务印书馆,1986年,第890页。
④[南宋]陆游《老学庵笔记》(历代笔记史料丛刊),北京:中华书局,1997年,第125页。

作为“授侣三山”的摩尼教传教大师，呼禄入闽时应该携带某些摩尼教经典，以为传教之资。这些经典应为粟特文或回鹘文，入闽后，根据需要再转译为汉文。北宋初年福建明教徒所使用的经典大概就是他遗留下来的，据其传抄或刻印。否则就无法理解，原本连摩尼像都阙如的福建，[①] 会突然间造出一批摩尼教经卷来进献朝廷，进而获准编入《道藏》。[②]

五、由乐山堂看明教堂口制度的形成与影响

摩尼教本有寺堂之设，《摩尼光佛教法仪略》之《寺宇仪第五》载：

> 经图堂一，斋讲堂一，礼忏堂一，教授堂一，病僧堂一。
>
> 右置五堂，法众共居，精修善业；不得别立私室厨库。每日斋食，俨然待施；若无施者，乞丐以充。唯使听人，勿畜奴婢及六畜等非法之具。(85~90 行)

此处的寺堂完全是摩尼教徒“精修善业”之场所，与后世在东南沿海地区形成的堂口制度是迥然有别的。

会昌法难之后，摩尼教转入地下，逐渐与民间信仰相结合，以秘密宗教形式存在，故被称作“秘密结社”[③] 或“民间宗教”[④]。虽然曾有摩尼教寺院存在，如四明(浙江宁波)的崇寿宫、泉州刀石山摩尼寺、泉州华表山草庵、温州平阳潜光院等，[⑤] 不仅数量少，历宋元二代仅知有四座，而且都处于穷乡僻壤，不像中唐时期摩尼教寺院多建于大都市(长安、太原、洛阳、荆州、扬州、洪州、越州)，故改变不了摩尼教的民间性质。宋元统治者对摩尼教有时会采取宽容态度，如宋真宗允许摩尼教经典编入《道藏》，及至元代，政府允许摩尼教合法存在，政府设专职官员对摩尼教进行管理。泉州出土皇庆二年(1313 年)碑刻有言：“管理江南诸路明教、秦教等，也里可

①北宋至道年间(995–997 年)，摩尼像始传入福建，何乔远《闽书》卷七《方域志》载：“至道中，怀安士人李廷裕，得佛像于京城卜肆，鬻以五十千钱，而瑞相遂传闽中。”

②王见川《从摩尼教到明教》，台北：新文丰出版公司，1992 年，第 206 页。

③吴晗《明教与大明帝国》，《读史札记》，北京：生活·读书·新知三联书店，1956 年，第 242 页。

④马西沙、韩秉方《中国民间宗教史》，上海：上海人民出版社，1992 年，第 86~101 页。

⑤林悟殊《宋元时代中国东南沿海的寺院式摩尼教》，《世界宗教研究》1985 年第 3 期，第 103~111 页。

温，马里失里门、阿必思古八，马里哈昔牙。”① 这里的“明教”，指的应为摩尼教寺院，但不应包括未得到官方认可的秘密结社之类。

五代至宋元明时期摩尼教常常在农民起义中扮演重要角色。后梁贞明六年(920年)冬十月，陈州爆发了摩尼教徒策划的毋乙起义。史载：

> 陈州里俗之人，喜习左道，依浮图氏之教，自立一宗，号为“上乘”。不食荤茹，诱化庸民，揉杂淫秽，宵聚昼散。州县因循，遂致滋蔓。时刺史惠王友能恃戚藩之宠，动多不法，故奸慝之徒，望风影附。毋乙数辈，渐及千人，攻掠乡社，长吏不能诘。是岁秋，其众益盛，南通淮夷。朝廷累发州兵讨捕，反为贼所败。陈、颍、蔡三州大被其毒。群贼乃立毋乙为天子。其余豪首，各有树置。至是发禁军及数郡兵合势追击，贼溃。生擒毋乙等首领八十余人，械送阙下，并斩于都市。②

《大宋僧史略》更明确记载说：“梁贞明六年，陈州末尼党类，立母(毋)乙为天子。”毋乙之乱被讨平不久，至后唐与后晋时，“复潜兴。推一人为主，百事禀从……或有比丘为饥冻故，往往随之效利。”③

由于摩尼教处于秘密状态，形成一种潜在的势力，常为农民起义所利用，曾引起士大夫阶层的惊恐，宋朝统治者三令五申，禁止传播，如南宋绍兴十一年(1141年)正月十七日，高宗赵构下达严办明教的敕令：“诸吃菜事魔或夜聚晓散，传习妖教者绞，从者配三千里，妇女千里编管。”④ 虽严刑峻法，但根本无法铲除干净。摩尼教常伪托佛、道，而不尊反贬，如上引《大宋僧史略》即载五代时明教“画一魔王踞坐，佛为其洗足”，并云：“佛止大乘，我乃上上乘”，⑤ 多有轻慢之意，故而受到正统佛、道二教的嫉恨，斥之为异端，故改“摩”为“魔”，称“摩尼”为“魔王”，“摩尼教”为“魔教”。又因为传教者严禁“荤茹”，一律素食，所以后来被官方统称为“吃菜事魔”

①吴文良《泉州宗教石刻》，北京：科学出版社，1957年，第46页；Samuel N. C. Lieu, *Manichaeism in Central Asia and China*, Brill: Leiden–Boston–Köln, 1998, p. 180。
②《旧五代史》卷一〇《末帝纪下》，北京：中华书局，1976年，第144页。
③《大正藏》第五四卷《事汇部下》，No. 2126，页253b。
④《宋会要辑稿》刑法二之一一二。
⑤《大正藏》第五四卷《事汇部下》，No. 2126，页253b。

者。[①]宋元时代，福建、浙江秘密宗教盛行，[②]其内部机密极难为外界所知，而当时士人、官僚也不屑于去加以细分，往往将明教与白莲菜、白云菜等其他系统的秘密信仰混为一谈，统称为“吃菜事魔”了。故而可以认为，“吃菜事魔”主要指江浙明教，间或亦应包括一些原本与摩尼教无关的秘密宗教团体。[③]

关于宋代明教秘密结社的情况，《宋会要辑稿》刑法二之七八~七九有载：

> [宣和二年(1120年)]十一月四日臣僚言：
>
> 一、温州等处狂悖之人，自称明教，号为行者。今来明教行者，各于所居乡村，建立屋宇，号为斋堂。如温州共有四十余处，并是私建无名额佛堂。每年正月内，取历(历)中密日，聚集侍者、听者、姑婆、斋姊等人，建设道场，鼓扇愚民男女，夜聚晓散。
>
> 一、明教之人，所念经文及绘画佛像，号曰《讫思经》《证明经》《太子下生经》《父母经》《图经》《文缘经》《七时偈》《日光偈》《月光偈》《平文》《策汉赞》《策证明赞》《广大忏》《妙水佛帧》《先意佛帧》《夷数佛帧》《善恶帧》《太子帧》《四天王帧》。已上等经佛号，即于道释经藏并无明文。该载皆是妄诞妖怪之言，多引尔时明尊之事，与道释经文不同。至于字音，又难辨认，委是狂妄之人伪造言辞，诳愚惑众，上僭天王太子之号。
>
> 奉御笔：仰所在官司，根究指实，将斋堂等一切毁拆。所犯为首之人，依条施行外，严立赏格，许人陈告。今后更有似此去处，州县官并行停废，以违御笔论。廉访使者失觉察，监司失按劾，与同罪。

这一记载表明，宣和年间温州的明教不但信徒众多，而且已形成教团，所

①陈垣《摩尼教入中国考》，《国学季刊》第1卷第2号，1923年（收入氏著《陈垣学术论文集》第1集，北京：中华书局，1980年，第364页）；吴晗《明教与大明帝国》，第243页。

②参见连立昌《福建秘密社会》，福州：福建人民出版社，1989年，第1~37页。

③对“吃菜事魔”与摩尼教关系的专题研究，可参见林悟殊《吃菜事魔与摩尼教》，《文史》第26辑，北京：中华书局，1985年，第149~155页；王见川《从摩尼教到明教》，台北：新文丰出版公司，1992年，第233~269页。二文认为“吃菜事魔”非特指摩尼教，与本文意见不合，特此说明。对此问题，笔者拟另文考述，此不复赘。

建斋堂40余处，并编撰不同于佛、道的经卷十数种，密日(摩尼教徒以密日持斋，视为大日，即星期日)设道场，夜聚晓散，而且还有系统的教理(多部经典)和规范的崇拜仪式(有规定时间、地点和多幅“佛像”)。宋政府以其“伪造言辞，诳愚惑众，上僭天王太子之号”等罪名予以取缔，所有斋堂尽予焚毁。此外，在泉州晋江也有明教斋堂存在，但已迟至元代。据晋江市图书馆藏明嘉靖年间续修抄本《青阳庄氏族谱》记载，庄氏三世祖惠龙(1281—1349年)晚年崇信明教，“厌观世谛，托以苏邻法，构萨坛以为娱宾优游之所”。[①] 同样的记载又见于《青阳科甲肇基庄氏族谱》集外篇所收《有元海月居士庄公墓志铭》：“[庄]惠龙，号海月……晚年厌观世谛，托以苏邻法，构摩萨坛于其里之右，往来优游”。[②] 所谓“苏邻法”者，即摩尼之法也。[③]《摩尼光佛》第48页云：“摩尼大法王，最后光明使，出现于苏邻，救我有缘人”，亦即此谓。《青阳科甲肇基庄氏族谱》还记庄惠龙第三子名天德，卒后葬于自家“菜堂”，即“斋堂”。其遗址在晋江一中院内，毁于“文革”后期。因庄惠龙墓志铭有“天德为晛达”之语，粘良图推定天德“应为当时明教神职人员”，[④] 可以取信。庄惠龙逝世前后，其族子谦又建“保斋堂”，遗址在今晋江青阳镇隘门头村入口不远处。[⑤] 可谓迄今所知关于明教堂口制度存在的最为明晰的记载了。可喜的是，比之更详尽、更完整的明教堂口制度资料可见于《乐山堂神记》之中。

乐山堂位处霞浦县柏洋乡盖竹上万村西偏北二公里许之后山，始建于北宋。关于其形成过程，孙氏族谱所录《摘抄孙绵大师来历》有较为详尽的记载：

> 公，孙姓，讳绵，字春山，禅洋人，初礼四都(本都)渔洋龙溪。西爽大师门徒诚庵陈公座下，宋太祖乾德四年(966年)丙寅肇韧本堂，买置基址而始兴焉，诚为本堂一代开山之师祖也。本堂初名龙首寺，元时改乐山堂，在上万，今俗名盖竹堂。门徒一人号立正，即林廿五公，幼名林瞪，上万桃源境人，真宗咸平癸卯

①李玉昆《20世纪福建摩尼教的新发现及其研究》，中国航海学会、泉州市人民政府编《泉州港与海上丝绸之路》，北京：中国社会科学出版社，2002年，第476页。

②粘良图《晋江草庵研究》，第49页。

③有关考证见林悟殊《元〈竹西楼记〉摩尼教信息辨析》，《中古三夷教研究》，北京：中华书局，2005年，第149~150页。

④粘良图《晋江草庵研究》，第50~51页。

⑤同上，第60~61页。

(1003年)二月十三日诞生,天圣丁卯年(1027年)拜孙绵大师为师。[廿]五公卒嘉祐己亥(1059年)三月初三日,寿五十七,墓在上万芹前坑。孙绵大师墓葬禅东墘对面路后。显扬师徒,俱得习传道教,修行皆正果。

尽管该族谱修成于民国壬申年,即公元1932年,但必来源有自,可以信赖。这一记载说明,乐山堂初兴于966年,原名龙首寺,开山始祖为孙绵。孙绵亡后,即葬于与上万村相邻的禅洋村,其墓地的位置,当地群众尚可确认。宋元明清历代,乐山堂续有重修,于“文革”期间被拆毁,后来又在其地基上补盖木屋顶,平时成为躲风避雨或存放物品之所,于2006年完全坍塌(图6),现仅存石板基址、莲花式柱座及梁架构件等,遗址附近现存一棵数百岁桧树(图7)。

乐山堂之取名,马小鹤认为当取自《论语·雍也》“智者乐水,仁者乐山”之谓。① 通常情况下,这种解释是无可非议的,但考虑到乐山堂的摩尼教性质,笔者更愿意将之与中古波斯语 rōšan 一词联系起来考虑。Rōšan/Rōšn,可音译作“洛桑”或“乐山”,义为“光明”,② 符合摩尼教崇尚光明的旨趣,“乐山堂”遂成为“光明堂”的隐语。在吐鲁番回鹘文摩尼教文献中有 knig rošn tngrä之语,意为“光明夫人(或处女)神”。③ 其中的rošn 为波斯语 rōšan/rōšn 之音转。

乐山堂原名龙首寺。那么,其性质到底是摩尼教寺院还是斋堂呢?笔者的答案是后者。大凡寺院,不管建于都市或山野,一般会选择比较僻静的地方,以利僧众修行,前文提到的四所摩尼教寺院,皆处深山,即反映了这种情况。乐山堂建于村内,为信徒集中之地,具有斋堂的一般特征;寺院为僧侣闭门修炼的场所,而乐山堂却为信众村民聚会的地方,不具寺院特征而明显为斋堂。正是因为这一缘由,元代时名从其实,径直改寺为堂。一种意见认为乐山堂(龙首寺)创建的时间比晋江草庵要早数百年,大大向前推进了摩尼教在福建创建寺院的时间。与其这样比较,毋宁说,乐山堂

①Ma Xiaohe, Remains of the Religion of Light in Xiapu County, Fujian Province, pp. 83-84.

②*A Concise Pahlavi Dictionary*, London/ New York/ Toronto: Oxford University Press, 1971, p. 72.

③A. von Le Coq, *Türkische Manichäica aus Chotscho*, Ⅲ, Abhandlungen der Preussischen Akademie der Wissenschaften, Berlin, 1922, Nr. 3, S.6.

图6　乐山堂旧貌上所建棚屋，2006年毁于台风（1990年代摄）

（龙首寺）创建的时间早于温州百余年，是中国最早的摩尼教斋堂，如是定位似乎更准确一些，也丝毫不降低乐山堂的重要性。

乐山堂形成于孙绵，但其发展壮大，却与霞浦县柏洋乡上万村的林瞪（1003—1059年）息息相关。《济南堂上万林氏宗谱》（又称《盖竹上万林氏宗谱》，清同治十一年抄本）载：

> 瞪公，宋真宗咸平六年癸卯（1003年）二月十三日生，行二十五，字□，娶陈氏，生二女……公年二十五，乃弃俗入明教门，斋戒严肃，历二十有二年，功行乃成。至嘉祐四年（1059）己亥三月三日密时冥化，享年五十有六，葬于所居东头芹前坑。
>
> 公殁后灵感卫民，故老相传，公于昔朝曾在福州救火有功，寻蒙有司奏封"兴福大王"，乃立闽县右边之庙以祀之，续蒙嗣汉天师亲书"洞天福地"四字金额一面，仍为奏封"洞天都雷使"，加封"贞明内院立正真君"，血食于乡，祈祷回应。每年二月十三日诞辰，二女俱崇祀于庙中，是日子孙必罗祭于墓，庆祝于祠，以为例程。

图 7　乐山堂遗址今貌

更详尽的记载，可见于苍南《林氏宗谱》(清嘉庆二十三年抄本)：

岁在丁卯仲夏之月，因修谱而考前人之懿行，见夫甲第蝉联声名籍甚者，则九牧其尤盛也；孝行昭彰，旌表门闾者，则双阙其最著者也；至若生而为英，死而为灵，如我祖讳瞪公尤罕匹焉。族人以公护国救民，御灾捍患，久已脍炙人口，特有(未)① 有赞焉以纪之。鳌敬仰公之为人，正气塞乎两间，不屑屑于富贵，不戚戚于名利，因非凡人所可及矣。自入明教后，若无所表见，时人得无以为公病而不知人之所以病公者，正公之所以成其为公也。盖死日然后是非乃定矣！试思庸人争利于生前，达人流芳于死后，古今来当时则荣、没则已然者，何可胜道哉。公于宋嘉祐间福州回禄救援有功，封为"兴福真人"，建庙于省垣，庙食百世，其子若孙亦各立庙宇，以每年二月虔备祭品，庆祝华诞，岁时伏腊皆有祭，凡有求必祷(灵)②，有祷必应焉。嗟呼！公以一布衣而享祀不忒，流芳百世，揆之古人，若关公尽忠事汉，死为帝君；岳将竭力佐宋，没为正神。虽显晦不同而乃圣乃神，宁不与之后先济美哉。

大清嘉庆二十二年岁次丁丑满月吉旦，信房三十二世孙登

①此处之"有"，意不通，据上万村藏《林氏族谱》清抄本，当改为"未"。

②此处之"祷"，意不通，据上万村藏《林氏族谱》清抄本，当改为"灵"。

鳌百拜敬撰。[①]

而《兴福祖庆诞科》则记有上文不曾记载的林瞪事迹：

> 恭维兴福都雷使林公二十五真君，生于济南八世，聪明正直，为神承基藏教，踪迹存于乐山，司土安民，恩被沾于福地。

不惟家族宗谱与科仪书，在福建地方志书中也不乏对林瞪的记载，如明万历《福宁州志》卷一五《梵僧》：

> 林瞪，上万人。嘉祐间，闽县前津门火，郡人望空中有人衣素衣，手持铁扇扑火，遂灭。遥告众曰："我长溪上万林瞪也。"闽人访至其墓拜谒，事闻，勅书"兴福真人"。正德初，县令刘槐失辟，因祷之，夜梦神衣象服，告以亡处，明日获之。

类似记载又见于清乾隆《福宁州志》卷三《人物·方外》、民国《福建通志·列仙传》、民国《霞浦县志》卷三八《列仙·方外》。这些资料显示，林瞪曾因福州救火而显奇迹，故而被封为"有求必灵，有祷必应"的神灵。"奇迹是宗教的支柱"，[②] 所谓林瞪"乃弃俗入明教门，斋戒严肃""自入明教""衣素服"、于"密时冥化"等记载，都透露出林瞪之明教徒身份，而且是乐山堂的第二代堂主，上承始祖孙绵大师。

值得注意的是，在《乐山堂神记》中没有出现林瞪之名，在孙绵大师之后的为玉林尊者，再后为陈平山尊者(第 3 页第 5~6 行)。

陈平山其人，乃《摩尼光佛》《乐山堂神记》及《兴福祖庆诞科》等摩尼教遗物收藏者陈培生法师之祖先。据传，林瞪无子，将法术传给了外姓乡亲陈平山等人。陈氏等人当初曾发过毒誓，林瞪所传法术，若有一天林家后代要学习时，一定无条件传承；若所要资料，一定要归还林家。易言之，林瞪之法术上承孙绵大师，下传陈平山等人。勘之于《乐山堂神记》，林瞪恰处"玉林尊者"之位。

那么，林瞪何以变成了"玉林尊者"呢？窃以为应为林瞪之尊称。《说文

①"大清嘉庆二十二年岁次丁丑满月吉旦，信房三十二世孙登鳌百拜敬撰"，上万村藏《林氏族谱》清抄本作"裔孙庠生登鳌百拜敬撰"。

②［法］帕斯卡尔著，何兆武译《思想录》，北京：商务印书馆，1997 年，第 428 页。

解字》云:“玉,石之美者,有五德。润泽以温,仁之方也。”[1] 孔子在《礼记·聘义》中曰:“君子比德于玉焉,温润而泽仁也。”古人尚玉,遂有玉帝、玉墀、玉阙、玉虚之谓。摩尼教信徒尊崇林瞪,不敢直呼其名,遂在姓氏前加“玉”字,以示敬仰之意。姓氏前加“玉”,文献罕见,或属民间行为,未可知也。《乐山堂神记》第 11~13 行所见:“本坛明门都统威显灵相感应兴福雷使真君济南法主四九真人”同样亦指林瞪其人,据当地民间传说,这些都是宋政府赐予林瞪的封号。

从《乐山堂神记》看,该堂口之内部组织相当严整而秘密。乐山堂之兴,向前直追至摩尼教发源地之祖师,即“灵源传教历代宗祖:胡天尊祖师、胡古月祖师、高佛日祖师”,以示乐山堂来源有自,非为无源之水,无本之木。以下为开山始祖孙绵,继之为林瞪等三十九位尊者,再下有师爷、师公、师伯,再下为真君、仙人及护法神祇明王、元帅等。《神记》中出现的尊者共有三十九位,其中以林姓数量最多,有十三位,若加上“玉林尊者”林瞪,即为十四位。其次为陈姓,有 6 位。值得注意的是,这些林氏尊者在林氏宗谱中竟一无所见。观诸位尊者名号,其中含“法”字的有林法正、林法贤、林法震、林法灵、林法正、林法真、林法光、林法显、林法明、林法兴,共 10 位,还有林士玄,宗教意味十足,显然为法号或化名而非真名,故宗谱中不载。回过头来再看其中的“玉林尊者”,也非林瞪之真名。之所以用法号或化名而不用真名,旨在防范政府的查抄。林瞪有法术,得到官方认可是有可能的,即便如此,他后来所主持的堂口组织,势必难以得到政府的允准,在宋朝统治者目中,自然难以容忍之。至此,林瞪名号使用中隐含的秘密也就昭然若揭了:但凡官方文件或宗族谱牒,一律使用真名林瞪;惟在秘不示人的科仪书中,才使用“玉林尊者”这一尊号,作用等同于法号或化名。

乐山堂教主嫡嫡相传, 这在波斯、中亚等地的摩尼教中均无先例可寻,在回鹘及唐代中原地区也未有所闻,惟霞浦有之,当系受中国佛教教派(地论派、天台宗、三论宗、禅宗)祖师传承制度的影响所致,如禅宗,有西天祖师二十四位,东土祖师难以胜计,前者相当于《乐山堂神记》之“灵源传教历代宗祖”,后者相当于乐山堂的大师与尊者,有关情形何其似也。

乐山堂形成于 966 年,比前述温州摩尼教斋堂要早百余年。二者间有无一定的关系呢? 答案是肯定的。

①[汉]许慎《说文解字》,北京:中华书局,1992 年,页 10 上。

南宋庄绰《鸡肋篇》卷上记载：

> 事魔食菜，法禁至严，而近时事者益众，云自福建流传至温州，遂及两浙……闻其法，断荤酒……不事神佛，但拜日月……以张角为祖，虽死于汤镬，终不敢言"角"字。

这里的"事魔食菜"，当指摩尼教。如前所述，温州摩尼教盛行，宣和二年十一月四日有臣僚言："温州等处狂悖之人，自称明教。"政和七年(1117 年)及宣和二年(1120)，宋政府两度"自礼部牒温州：'皆宣取摩尼经颁入道藏。'"[①] 说明温州摩尼教盛行。绍兴七年(1137 年)十一月二十九日枢密院言：

> 宣和间，温、台村民多学妖法，号吃菜事魔。鼓惑众听，劫持州县。朝廷遣兵荡平之后，专立法禁，非不严切。访闻日近，又有奸滑，改易名称，结集社会。或名白衣礼佛会，及假天兵，号迎神会。千百成群，夜聚晓散，传习妖教。[②]

这里明确将温州至摩尼教称作"吃菜事魔"，确证庄绰所言"事魔食菜"即摩尼教也。

温州居民的始迁祖有不少来自福建。后汉天福十二年(947 年)，吴越国从南唐手中夺取福州，兵燹所及，百姓流离失所，"福、建，暴骨如莽"。[③] 而闽东之北邻温州，自 907 年吴越王钱缪占领其地，及至 978 年吴越王钱傲纳土归宋，社会一直相对稳定，于是闽东，尤其是长溪(今福鼎、霞浦一带)便有大批移民入温。平阳、苍南(1981 年由平阳县析出)二县，来自福建的移民更多，占当地居民的大多数，其中的林氏，就是唐五代宋时迁入的。据 2005 年前后的人口统计资料，林氏为平阳、苍南二县之大姓，有人口 19 万，仅次于陈姓(28 万)。[④] 依浙江苍南《林氏族谱》清抄本，林瞪被奉为八世祖，说明苍南林氏是由霞浦上万村迁移过去的，印证了庄绰所谓温州摩尼教来自福建的记载。既是如此，自然可定，温州堂口制度的形成，

①《黄氏日抄》卷八六《崇寿宫记》，《景印文渊阁四库全书》第 708 册，台北：台湾商务印书馆，1986 年，第 890 页。

②《宋会要辑稿》刑法二之一一一。

③《资治通鉴》卷二八二，第 9226 页。

④林顺道《摩尼教传入温州考》，《世界宗教研究》2007 年第 1 期，第 131 页。

当是受乐山堂的影响所致。温州"事魔食菜"者"以张角为祖",正符合宋代明教徒的尊奉,而《乐山堂神记》则称张角为"三天教主张大真人"(第2页第3行),信仰的一致性,也表明二者间渊源关系的存在。

六、霞浦明教的民间化与地方化

关于唐以后中国内地流行的摩尼教的性质,法国伯希和、沙畹有如下论断:"吾人需知者,真正之摩尼教,质言之,大摩尼师自外来传布之教,已灭于八四三年之敕;尚存者为已改之摩尼教,华化之摩尼教耳。"① 此说广为学界所接受。

摩尼教之华化,在学界早已是不争之论。但限于资料,对其研究,多囿于概貌,惟《乐山堂神记》为我们深入认识这一问题提供了极为难得的细节资料;摩尼教华化进程的最终完成,学界迄无定论,一种意见认为"是在其入华千年之后,即在明末清初之际或更晚后些"。② 从《乐山堂神记》看,这一过程的完成,似乎还应该更提前一些。

霞浦摩尼教之华化,主要体现为福建地区流行的地方神祇,有不少都被纳入摩尼教系统之中,其中既有佛教高僧,也有道教神祇,也有霞浦特有的民间信仰。

就佛教言,最典型的例子莫过于普庵祖师,凡二见,一为《乐山堂神记》正面第5行,二为失名摩尼教科文。

普庵祖师(1115—1169年),禅宗临济法系僧人,俗姓余,名印肃,号普庵,江西宜春人。普庵善神术,屡屡为民禳灾去病,救旱抗洪。南宋嘉熙元年(1237年),因祈雨辄应而封"寂感禅师";淳祐十年(1250年),因救旱加封"妙济禅师";宝祐三年(1255年),因禳疫加封"真觉禅师"。咸淳五年(1269年)因祈雨止旱封"昭贶禅师"。元大德四年(1300年)封"大德禅师",皇庆元年(1312年)加封"慧庆禅师"。至明代更被抬高到菩萨的地位,永乐十八年(1420年)加谥"至善宏仁圆通智慧寂感妙济慈济真觉昭贶慧庆护国宣教大德菩萨"。普庵信仰以独特禅风和生前消灾除病灵验而深受景仰崇拜,信众主要集中于江南,以江西、福建为最盛。③

①[法]伯希和、沙畹著,冯承钧译《摩尼教流行中国考》,《西域南海史地考证译丛八编》,北京:中华书局,1958年,第80页。
②林悟殊《泉州晋江新发现摩尼教遗迹辨析》,第758页。
③李玉昆《泉州民间信仰》,北京:大众文艺出版社,2009年,第327~328页。

与佛教相比，迈入乐山堂的道教神祇则更多。摩尼教的道教化在唐代已初露端倪，《摩尼光佛法仪略》第5~15行有言：

> 佛夷瑟德乌卢诜者本国梵音也，译云光明使者，又号具智法王，亦谓摩尼光佛，即我光明大慧无上医王应化法身之异号也。当欲出世，二耀降灵，分光三体；大慈愍故，应敌魔军。亲受明尊清净教命，然后化诞，故云光明使者；精真洞慧，坚疑克辩，故曰具智法王；虚应灵圣，觉观究竟，故号摩尼光佛。光明所以彻内外，大慧所以极人天，无上所以位高尊，医王所以布法药。则老君托孕，太阳流其晶；释迦受胎，日轮叶其象。资灵本本，三圣亦何殊？成性存存，一贯皆悟道。

开宗明义指出摩尼与释迦、老子本是同源，并没有什么质的差别。[①] 但道化程度要比佛化程度低得多，故唐代汉文摩尼教经典写本所用佛教术语俯拾皆是，道教词汇却难得一见。及至宋代，摩尼教迅速道化，以至于其经典被列入《道藏》。从《乐山堂神记》看，霞浦摩尼教之道化特征明显胜过佛教，其中所列道教神祇众多，现举其要者如下。

(一)北方镇天真武菩萨

北方镇天真武菩萨见于《乐山堂神记》第1页第4行，即真武祖师，为镇守北方的道教仙，又称玄天上帝，标准像为："被(披)发黑衣，仗剑踩龟蛇，从者执黑旗。"[②] 真武即玄武，与青龙、白虎、朱雀常作为道教护法神，以壮威仪。宋人赵彦卫在《云麓漫抄》卷九中说："祥符(1008—1016年)间，避圣祖(即赵玄朗)讳，始改玄武为真武。"《明史》亦称："宋真宗避讳，改为真武。"[③] 天禧(1017—1021年)中，诏封"真武灵应真君"。元朝大德七年(1303年)加封为"元圣仁威玄天上帝"。明成祖朱棣于北京发动"靖难之变"，在誓师时把满天乌云说成是真武显圣，以助军威，并为自己的造反行动涂上一层"奉天行道"的神圣色彩。朱棣称帝后，特加封真武为"北极镇天真武玄天上帝"，地位更加显赫。民间有称之为菩萨者。

①林悟殊《〈摩尼光佛法仪略〉的三圣同一论》，《摩尼教及其东渐》，北京：中华书局，1987年，第183~190页。

②[宋]赵彦卫《云麓漫抄》卷九，《景印文渊阁四库全书》第864册，台北：台湾商务印书馆，1986年，第346页。

③《明史》卷五〇《吉礼志四》，北京：中华书局，1974年，第1308页。

(二)九天贞明大圣

九天贞明大圣见于《乐山堂神记》第1页第5行,即九天应元雷声普化天尊,“道家以为总司五雷”,[①] 系统领雷部众神之帅,所司五雷为天雷、地雷、水雷、神雷、社雷(妖雷)。《九天应元雷声普化天尊玉枢宝经》谓其主治玉霄府,“每月初六及旬中辛日,监观万天,浮游三界。”“所统三十六天内院,中司东西华台玄官妙阁,四府六院及诸有司,各分曹局,所以总司五雷,天临三界者也。”以后,道教又把皇帝封为“九天应元雷声普化真王”,住于神霄王府,“真王之前有雷鼓三十六面,三十六神司之。凡行雷之时,真王亲击本部雷鼓一声,实时雷公雷师发雷声也。”[②]

(三)太上三元三品三官大帝

太上三元三品三官大帝见于《乐山堂神记》第1页第6~7行。三官,即天官、地官、水官。道教宣称三官能为人赐福、赦罪、解厄,即天官赐福,地官赦罪,水官解厄。自东汉张道陵(又作张陵)天师开始及至元魏,乃以三官配为三元节,即正月十五日为上元节,七月十五日为中元节,十月十五日为下元节。而上元节为天官诞辰,中元节为地官诞辰,下元节为水官诞辰。

(四)三天教主张大真人

三天教主张大真人见于《乐山堂神记》第2页第3行。张大真人即张角(? —184年),鉅鹿(治今河北平乡)人,东汉末“黄巾军”起义军领袖,太平道的创始人。因受《太平经》之影响,以宗教救世为己任,利用宗教组织群众,于中平元年(184年)率领群众发动起义,自称“天公将军”。不久,张角病死,起义军也很快被镇压下去。五代、宋、元时期,明教流行于淮南、两浙、江东、江西、福建等地民间,常被用作组织农民起义的工具。明教尊张角为教祖,敬摩尼(或译作“牟尼”)为光明之神,并崇拜日月。

(五)三衙教主灵宝天尊

三衙教主灵宝天尊见于《乐山堂神记》第2页第3~4行。灵宝天尊,名经宝,居三清(玉清元始天尊、上清灵宝天尊、太清道德天尊)的第二位,又称上清大帝、灵宝道君或太上道君。《云笈七签》引《大洞真经》称:“上清高圣太上大道君者,盖二晨之精气,庆云之紫烟,玉晖辉焕,金映流真,结化含秀,苞凝玄神,寄胎母氏,育形为人……母妊三千七百年,乃诞于西那天

①同上,第1307页。

②[明]徐道、程毓奇《历代神仙通鉴》卷四,上海江东书局印行本。

郁察山浮罗岳丹玄之阿”。[①] 年长之后即开始参悟道真，一心追求至道。他坐在七宝笃林下，苦思百日，而后遇到元始天尊降临，授予他灵宝大乘之法妙经十部，灵宝天尊遂修成得道。

(六)敕封护国太后元君

敕封护国太后元君见于《乐山堂神记》第2页第4~5行。于史无征，马小鹤推测为“碧霞元君”。[②] 按碧霞元君即天仙玉女泰山碧霞元君，俗称泰山娘娘、泰山老奶奶、泰山老母等，为“庇佑众生，灵应九州岛”，“统摄岳府神兵，照察人间善恶”之神。关于其来历，说法不一，多称之为黄帝所遣之玉女。明王之纲《玉女传》曰：“泰山玉女者，天仙神女也。黄帝时始见，汉明帝时再见焉。按《玉女考》、李谔《瑶池记》曰：‘黄帝尝建岱岳观，遣女七，云冠羽衣，焚修以迓西昆真人。玉女盖七女中之一，其修而得道者。’”[③] 宋真宗东封泰山，用白玉重雕玉女神像，建“昭真祠”致祭，号“圣帝之女”，封“天仙玉女碧霞元君”。明代改昭真祠为“灵应宫”，后又扩建，增大规模，为碧霞宫，赐号“碧霞元君”。古代文献似无“护国太后”之封号，且碧霞元君信仰主要流行于北方地区，南方稀见。故“敕封护国太后元君”与“碧霞元君”之间的关系，尚有待进一步研究。

(七)感应兴福雷使真君

感应兴福雷使真君见于《乐山堂神记》第2页第6行。在同文献第6页第3~4行作：“洞天兴福感应雷使真君”及第9页第5~6行作：“洞天兴福感应使雷使真君。”皆指林瞪其人。《上清玉府五雷大法玉枢灵文》称：“自有五雷使，专司统摄五雷，下统北极、玉枢、蓬莱三司。凡世间风雨不时，亢阳为虐，旱蝗作孽，兵戈妄动，饥馑荐臻，皆由请命帝君，行令玉枢，即施号令。”雷祖九天贞明大圣所居雷城是天庭行雷之所，高八十一丈，左有玉枢五雷使院，右有玉府五雷使院。对雷神及雷使的崇拜，在霞浦一代甚为流行，如霞浦县盖竹上万村林氏宗祠内至今尚有题“敕封洞天福地雷使真君”的神轿，而雕刻于乾隆五十一年(1786年)“洞天灵应兴福雷使真君”的牌位，至今仍供奉在上万村宗祠内。当地人对雷使的格外崇奉，源自林瞪在传说中被封为“洞天都雷使”，已如前述。

①[宋]张君房纂辑，蒋立生等校注《云笈七签》卷八，北京：华夏出版社，1996年，第43页。

②Ma Xiaohe, Remains of the Religion of Light in Xiapu County, Fujian Province, p. 100.

③《古今图书集成》第49册，北京：中华书局、成都：巴蜀书社，1987年，第60016页。

(八)马、赵二大元帅

马、赵二大元帅见于《乐山堂神记》第6页第5~6行。马元帅又名马天君,原名马灵官,又叫马胜。马元帅在道教中通称华光大帝,又称三眼灵光或是华光天王等。赵元帅名叫赵玄坛,人称赵公明,因被赋予保佑人类商业活动的功能,渐渐成为广大人民最尊奉的财神。上万村民间传说谓马、赵二大元帅均被林瞪公收收服,成为当地护法神。

此外还有贞明法院三十六员天将和七十二大吏兵。前者又称三十六天罡,是天宫的神将,负责保护天宫和众仙的安全。依次为蒋光、钟英、金游、殷郊、庞煜、刘吉、关羽等。后者当指道教所谓的七十二地煞星,依次为地魁星、地煞星、地勇星、地杰星、地雄星、地威星、地英星等。

通过上文的叙述可以看出,在霞浦摩尼教文献中,道教因素比其前大为加强,对道教新成分的吸收,远远超过佛教。

在唐代以前,摩尼教主要体现为佛化倾向,此已广为学界所知,毋庸赘言。及至会昌灭法以后,摩尼教开始更多地依托道教。究其原因,不外有二。其一,可能与会昌灭法完全针对外来宗教,而对中土形成的宗教——道教却持保护态度有关。及至宋代,道教仍然受到崇奉。摩尼教在会昌灭法前主要受回鹘的庇护而得以在唐境内广建寺院,势力大张。840年回鹘汗国灭亡,摩尼教很快即被唐朝禁绝,后再经会昌灭法的打击,几乎销声匿迹。后秘密传入福建,自唐至宋,一直处于地下状态。为求生存,不得不依附道教,故而有大量道教神祇此时不断进入摩尼教的神堂。其二,摩尼教原来所依托的佛教,不仅受到武宗的打击,同时又对摩尼教多持排斥态度,如《僧史略》载:"初陈州里俗喜习左道,依浮图之教,自立一宗,号上上乘,不食荤茹,诱化庸民,糅杂淫秽……此法诱人直到地狱,慎之哉。"[①]《佛祖统纪》更是直称摩尼教为"魔教"。[②] 佛教文献对摩尼教的猛烈抨击,势必大大挤压摩尼教依托佛教以求自存的空间。故唐代晚期以后新进入摩尼教神堂的佛教神祇极稀见,仅有普庵一人而已。

除佛道外,福建当地所崇奉的神祇,如顺懿夫人(《乐山堂神记》第6页第4行)等也都不约而同地进入摩尼教的万神殿。

顺懿夫人,又称临水夫人、大奶夫人、顺天圣母、三山女神,是闾山三奶派的重要女神。据传,陈夫人名靖姑,或名进姑。一说福建古田人,一说福州人。生平事迹,记载纷歧。元代张以宁(1301—1370年)《顺懿庙记》

①[宋]赞宁《大宋僧史略》卷下,见《大正藏》第五四卷《事汇部下》,No. 2126,页253b。
②[宋]志磐《佛祖统纪》卷三九,《大正藏》第四九卷《史传部下》,No. 2035,页370a。

载："古田东去三十里，并为临水夫人请封，庙曰顺懿。其神姓神氏，肇基于唐，赐敕额于宋，封顺懿夫人。英灵著于八闽，施及于朔南。"这是目前所见最早记载顺懿夫人的文献资料。[①] 以后，关于顺懿夫人的记载渐趋详备，如明嘉靖(1521—1570 年)《罗川志》崇福宫条载："其神姓陈，讳靖姑，生于唐大历元年正月十五日，福州下渡人。适本县霍口里西洋黄演，由巫为神，乡人祀之，祷雨旸，驱旱疠，与凡祈年求嗣，无不立应。宋端平(1234—1236)、淳祐(1241—1252 年)间，状其绩于朝，赐额顺懿夫人，封崇福昭应慈济之神。"清代史书与地方志的有关记载大多都沿袭明代而来。顺懿夫人是福建和台湾民众崇奉的女神，其他的信徒则遍布浙江、江苏以及东南亚，福州裔信徒视其为乡里的守护神。其他地区的信徒，则多视其为妇女、儿童的保护神，类似于七娘妈。顺懿夫人信仰非常昌盛，以其能护佑生产闻名。台湾有主祀顺懿夫人的庙宇一百三十几座。[②] 据传说，陈靖姑的身世系由观音指血而生，为佛教之属，但她又修习闾山道法，此道法属于巫术之一种。由是可见，当地民间信仰的混杂性。有一种意见因顺懿夫人前冠有"祖婆"二字而认为有可能指的是林瞪夫人，其实非也，《神记》明言顺懿夫人姓陈，指陈靖姑无疑。若顺懿夫人指林瞪夫人(亦姓陈)，那就不能以之与护法神马、赵二大元帅并列了。

在《乐山堂神记》第 7 页第 1 行还有"龙凤姑婆"之载。《济南堂上万林氏宗谱》(又称《盖竹上万林氏宗谱》，清同治十一年抄本)载："瞪公……长女屏俗，出家为尼，卒附父墓左。次女适，卒祔父墓左……每年二月十三日诞辰，二女俱崇祀于庙中，是日子孙必罗祭于墓，庆祝于祠，以为例程。"林瞪的这两个女儿，长女终身未嫁，随母在龙首寺出家。村民现在称林氏长幼二女为龙凤姑婆，而且乐山堂附近，即芹前坑还建有姑婆宫，至今犹存。前引《宋会要辑稿》刑法二之七八有谓："温州等处狂悖之人，自称明教……每年正月内，取历中密日，聚集侍者、听者、姑婆、斋姊等人，建设道场，鼓扇愚民男女，夜聚晓散。"其中的侍者、听者指摩尼教男性选民与在家信徒；姑婆、斋姊则指女性选民和在家信徒。[③] 此证林瞪二女当为明教

①康诗瑀《临水夫人信仰研究——以地方志书、史料记载及传说故事发展为例》，《史汇》第 10 期，2006 年，第 203 页。

②詹石窗《临水夫人的道派归属与社会影响》，《中国道教》1997 年第 1 期，第 34~37 页；连心豪《临水夫人崇拜社会原因作用的历史考察》，《台闽陈靖姑信仰学术研讨会论文集：妇孺保护神——临水夫人》，台中：台湾省各姓渊源研究学会，1999 年，第 9~13 页。

③A. Forte, Deux etudes sur le manichéisme chinois, *T'oung Pao* LIX, 1973, pp. 234–235.

之女选民。

从《乐山堂神记》还可以看出，霞浦摩尼教还吸收了当地的法教，如闾山道法、瑜伽正教等内容。

《乐山堂神记》第7页有3行有“拜请……闾山法坛文武将帅”之语。闾山道法，又称闾山派、闾山教等，是盛行于华南地区的道教重要流派，以福建为中心，广泛流行于广东、浙江、江西、江苏、湖南、台湾及东南亚地区。据传，其发源地在闽江之底的神秘世界闾山，为凡人所不能见者，唯独达到一定道行的人才可目睹。闾山道法形成于唐宋时期，供奉闾山九郎、蒙山七郎、赵侯三郎、张赵二郎等法神，并且吸收了灵宝派的符咒科仪，成为南方最重要的教派之一。

福建是闾山道法的活动中心，除了以许真君为教主外，还有以三奶夫人(陈、林、李)为法神的三奶派。该派源于上文所述的顺懿夫人陈靖姑信仰。陈靖姑本为一女巫，曾师从闾山法主许真君，得其秘诀，又从龙虎山张天师学道，得斩妖宝剑。另外二位为林淑靖(林九娘)和李三靖(李三娘)，为授胎、护产、育婴之女神。这些派系绝大部分都是以驱邪禳灾、押煞纳福来服务民间。究其来源，当系由古代巫术、巫法、巫教发展而来，而且应受到道教的影响。

闾山道法讲究强硬与霸道，其法术极具杀伤力和攻击性，与福建流行的以强硬闻名的茅山派相比，其程度有过之而无不及。这些并不符合摩尼教的基本教义，但作为民间秘密宗教，长期受到官方贬抑和镇压，出于自我保护的需要，明教开始崇尚武力，以至于庄绰《鸡肋编》卷上出现温州明教徒“甘嗜杀人”的记载。如前所言，温州明教深受霞浦明教的影响，尚武之风的形成恐与之有关。由于尚武与摩尼教教义不符，故论者认为此为庄绰的误记，系“教外人不明底蕴，误信官方指摘之文告”所致。[1] 读《乐山堂神记》，可知庄氏记载之不虚。《乐山堂神记》列出的护法神甚多，除前文提到的 “三十六员天将”“七十二大吏兵”“雄猛四梵天王”“俱孚元帅”“嗪畋明使”“马、赵二大元帅”“随佛土地伽蓝”“闾山法坛文武将帅”外，还有“桃源境瑜伽坛内合坛圣众、梨园坛内田宝二大师爷”等，可谓护法神将毕集。这里的“瑜伽坛”，其前身为瑜伽行派，又称瑜伽教，是古印度佛教的一个学派，后吸收道教法术，与闾山道法并行发展于福建地区，民间道坛中常把闾山法语瑜伽法相提并论，如建阳闾山法科仪书《坛头本》即称“法有三

①吴晗《明教与大明帝国》，第248页。近有林顺道也以尚武与摩尼教教义不符而认为温州“事魔食菜”者“未必就是指摩尼教”。见其所著《摩尼教传入温州考》，第126页。

元连九品，不离闾山与瑜伽”。霞浦县畲族闾山道坛之“奶娘行罡舞”中即涵瑜伽派“意业”之教法内蕴。可见，无论从内容到形式，瑜伽坛法对闾山坛法都有深刻影响。[①]“梨园坛”为福建道教法术之一，为闾山法术名义下的一个支派。这些都体现出福建地方文化对霞浦摩尼教的深刻影响，是摩尼教在福建地区彻底地方化的实证。诚如法国汉学家伯希和、沙畹所言：“其教在闽浙诸地，虽具有佛道二教之外表，然尚不失为摩尼教，二宗三际，未仍变也。”[②]

乐山堂及《乐山堂神记》堪称摩尼教中国化的典型代表。首先，《乐山堂神记》具体而详实地记载了霞浦摩尼教的神谱，其中除摩尼教旧有神祇外，又增入了许多其他神祇，其中以道教居多，有北方镇天真武菩萨、九天贞明大圣、太上三元三品三官大帝等，还有福建地方民间信仰，如顺懿夫人、龙凤姑婆等，佛教已退居次要地位，仅吸收了当时在东南沿海地区受到崇拜的普庵祖师。这些现象堪称福建摩尼教所特有。

其次，乐山堂初步形成于966年，至第二代堂主林瞪时得以发扬光大，形成了较为完善的堂口制度。这一制度后来又由霞浦而北渐浙江，仅在温州就形成斋堂40余处。

其三，从《乐山堂神记》看，霞浦摩尼教大量吸纳了当地流行的各种法术，如闾山道法、瑜伽坛法与梨园坛法，崇尚强硬法术，与原始摩尼教教义迥然有别。

其四，由于明教具有秘密性的特点，而且拥有组织严密的堂口，崇尚强硬法术，这些均有利于农民起义的宣传、组织与发动，故宋元时代东南沿海地区频繁爆发的农民起义很多都与摩尼教息息相关。

所有这些都说明，霞浦摩尼教之民间宗教色彩极为浓厚，充分体现了摩尼教在福建地方化的特色，堪称摩尼教在中国地方化、民间化的稀见而典型的范例。是故可以认为，摩尼教的彻底华化，在宋元时期即已完成，而非晚至明清。

〔原刊《文史》2011年第4辑（总第97辑），第135~173页〕

①叶明生《试论“瑜伽教”之衍变及其世俗化事象》，《佛学研究》第8期，1999年，第262~263页。

②［法］伯希和、沙畹撰，冯承钧译《摩尼教流行中国考》，第100页。

回鹘摩尼寺的形成及其功能的异化

摩尼教是公元3世纪中叶波斯人摩尼(Mani,216—277年)所创立的一种宗教,它摄融了早已在中亚流行的祆教、基督教诺思替派(Gnostic,又作灵知派)和佛教的各种因素,主要思想则为世上光明与黑暗斗争的二元论。摩尼教在波斯曾盛极一时,后来因受到波斯王巴拉姆一世(Vahrām I,274—277年)的残酷迫害,教徒流徙四方。其中向东的一支进入河中地区,以后逐渐东传至中国内地,再于763年辗转传入回鹘国中,在漠北取得迅猛进展,迅速替代了原来盛行的萨满教而一跃成为漠北回鹘汗国的国教。840年,漠北回鹘汗国在天灾人祸的交困下分崩离析,民众大部外迁,除部分南奔唐朝外,大部西迁。西迁回鹘大致分为三支,一支奔至吐蕃统治下的河西走廊,先后以甘州(今甘肃张掖市)、沙州(今甘肃敦煌市)为中心建立了自己的政权——甘州回鹘和沙州回鹘;另一支逃往中亚葛逻禄统治区,建立了哈喇汗王朝;第三支入新疆,以高昌、北庭为中心建立了高昌回鹘王国,又称西州回鹘。在西迁回鹘中,摩尼教继续为回鹘王室所信奉,拥有相当高的地位。

一、回鹘摩尼教寺院的形成

摩尼在传教之初,主张"祈祷神灵,不需要建寺院"。[①] 故而在涉及原始摩尼教的早期文献中,都没有看到任何有关摩尼寺院存在的信息。241—242年,摩尼曾亲临印度传教。[②] 在那里他看到了印度的佛寺,这对其苦行主义的形成产生了一定影响,故其"刚从印度传教旅行回来,就着

①А.М.Беленицкии,*Вопросы Идеологии и Култов Согда по Материалам Пянжикентсих Храмов*,*Ивопис Древнего Пянжкента*,Москва,1954,стр. 64.

②W.Sundermann,Mani in India. *Central Asia in the Kushan Period. Proceedings of the International Conference on the History, Archeaology and Culture of Central Asia in the Kushan Period* (*Dushanbe*, *1968*). Vol. II, Moscow 1975, p. 155([德]宗德曼著,杨富学译《吐鲁番文献所见摩尼的印度之旅》,《敦煌学辑刊》1996年第2期,第134页)。

手寺院建设”。[1] 尽管在西方实际上没有严格意义上的摩尼寺院存在,[2] 但摩尼教团曾有过寺院建设方面的尝试,如奥古斯丁(Augustine)在论述摩尼教的道德时即言摩尼教徒试图在罗马城为传教士修建一座旅馆,但是未能如愿。[3] 但在东方世界,情况就大不相同了,寺院之建屡见于文献记载与考古发现。阿斯姆森论述说:

> 从摩尼教文书和考古资料看,中亚寺院 mānīstānān 其实就是叙利亚语 dairā 和‘ūmrā 本意所指的寺院;然在西方和科普特(Coptic)摩尼教文献中,该词则无从厘定……而且,科普特语的寺院 Sóuhas 一词,在摩尼教文书中并不作为专门术语,都用来泛指选民的教团(Congregatio)。[4]

这些说明,在中亚地区摩尼教寺院应是存在的。在此之前,佛教寺院在中亚地区已存在了数世纪,加上摩尼本人在印度旅行时与佛寺的接触并受其影响,摩尼教仿效佛寺而建立自己的寺院,也就成为顺理成章之事了。[5] 从敦煌本《摩尼光佛教法仪略》所描绘的摩尼教寺院构成来看,显然与佛教寺院是非常接近的。由此而使克林凯特(H.-J.Klimkeit)得出了如下结论:

> 摩尼教徒在其向中亚和东亚扩张的过程中,不仅汲取佛教术语和神灵的象征,而且还发展出一种由大量普通信徒所支撑

①A. Henrichs - L. Koenen, Der Kölner Mani-Kodex, P. Colos inv. Nr. 4780. Edition der Seiten 72.8-99.9, *Zeitschrift für Papyrologie und Epigraphyik*, xxxii, 1978, S.169.

②J.P.Asmussen, *Xuāstvānīft-Studies in Manichaeism* (*Acta Theol.Danica.7*), Kopenhagen 1965, p. 260, n.14;努尔兰·肯加哈买提《日月光金钱胡书考》,《中国钱币》2007 年第 1 期,第 45 页。

③[英]刘南强撰,林悟殊译《摩尼教寺院的戒律和制度》,《世界宗教研究》1983 年第 1 期, 第 24 页; Samuel N. C. Lieu, *Manichaeism in Central Asia and China*, Brill: Leiden-Boston-Köln, 1998, p.76.

④J.P.Asmussen, *Xuāstvānīft-Studies in Manichaeism*(*Acta Theol. Danica. 7*), Kopenhagen 1965, p. 260, n.14.

⑤马小鹤《粟特文’δw wkrw ’ncmn(二部教团)与汉文“四部之众”》,荣新江主编《唐代宗教信仰与社会》,上海:上海辞书出版社,2003 年,第 430 页。

的寺院生活。①

开元七年(719 年)吐火罗支汗那王帝赊给唐玄宗派了一位精通天文学的大慕阇(粟特传教士)作大使,随同的传教团请求建造了一座摩尼教寺院。② 这是涉及入华摩尼教寺院的最早记载。至于该寺院是否建立,于史无征。阿拉伯旅行家马苏第(Mas'ūdi)在撰写于 10 世纪中期的《黄金草原(Muruj al-Dhahb)》一书中曾对撒马尔罕一带的摩尼教寺院情况有如下记载:

> 在萨比派(摩尼教)信徒中,还有一座"政务"、一座"需要"和一座"灵魂"的庙宇。这 3 座建筑都呈圆形……萨比派信徒们认为这些庙宇中含有他们从来不想泄露的象征和奥秘。③

文中的萨比派(Sabei),是阿拉伯人对中亚摩尼教徒的称呼。关于撒马尔罕之摩尼教状况,可与之相互印证的还有波斯佚名作者的《世界境域志》:

> 撒马尔罕是一个巨大、繁荣、很美丽的城镇。全世界的商人都到这里来。该城有内城(Shahristan)、城堡和城郊……在撒马尔罕有摩尼教的寺院,当地称摩尼教徒为 Nighūshāk(听众)。④

1947 年,苏联考古学家在塔吉克斯坦的片治肯特(Panjikent)故城发掘平面布局相同的两间大建筑物。以其平面布局和建筑物上留存的壁画,别列尼茨基(А.М.Беленицкии)教授推断该建筑物是摩尼教寺院。⑤ 这些

①H.-J. Klimkeit, Stūpa and Parinrvāna as Manichaean Motifs, A. Dsllapiccola (ed.), *The Stupa*, Wiesbaden 1980, p. 230.

②《册府元龟》卷九七一《外臣部·朝贡四》,第 11407 页。

③[古代阿拉伯]马苏第著,耿昇译《黄金草原》,西宁:青海人民出版社,1998 年,第 758 页。

④V. Minorsky, *Hudud al-'Ālam. "The Regions of the World", a Persian Geography 372 A H. - 982 A.D.*, London: 1937, p. 113; [波斯]佚名著,王治来译注《世界境域志》,上海:上海古籍出版社,2010 年,第 108 页。

⑤А.М.Беленицкии, *Вопросы Идеологии и Култов Согда по Материалам Пянжикентсих Храмов*, *Ивопис Древнего Пянжкента*, Москва, 1954, стр. 27-82.

都证明在中亚地区,摩尼教寺院应是存在的。

更能说明这一问题的是,吐鲁番出土编号为 M 1 (MIK III 203)的中古波斯语文献《摩尼教赞美诗集(Mahrnāmag)》,有跋语曰:

在宗教领袖们的命令下,抄经手开始抄写赞美诗,但未能完成……它被存放在焉耆的一所寺院中。①

这里明确显示,在西域的焉耆一带,也有摩尼教寺院存在。该赞美诗集抄于 761 年或 762 年,但未抄完,一直保存在焉耆(Ark)的摩尼寺中,直至 9 世纪上半叶才最终抄完。② 说明 9 世纪上半叶以前,焉耆已有摩尼教寺院存在。但不能否认的是,在中亚及西域地区,摩尼教寺院还是比较稀见的,不仅考古证据罕见,文献记载也相当稀少。摩尼教寺院真正走向社会舞台并发挥重要影响,则应自回鹘始。

回鹘摩尼教寺院出现于牟羽可汗皈依摩尼教不久, 此后得到快速发展,汉文史料多有记载:

大历三年(768 年)六月,敕回纥置寺,宜赐额大云光明之寺。六年(771 年)正月,又敕荆(今湖北江陵县)、越(今浙江绍兴市)、洪(今江西南昌市)等州各置大云光明寺一所。③

[大历六年],回纥请于荆、洪、越等州置大云光明寺,其徒白衣白冠。④

元和二年(807 年)正月庚子,回纥请于河南府、太原府置摩尼寺,许之。⑤

①F. W. K. Müller, Ein Doppelblatt aus einem manichäischen Hymenbuch (Maḥrnamag), *Abhandlungen der Preussischen Akademie der Wissenschaften* 1912, Berlin 1913, S.15–16.

②H. –J. Klimkeit, *Gnosis on the Silk Road. Gnosis Texts from Central Asia*, *San Francisco* 1993, pp. 274–275;王媛媛《中古波斯文〈摩尼教赞美诗集〉跋文译注》,朱玉麒主编《西域文史》第 2 辑,北京:科学出版社,2007 年,第 150~152 页;同氏《从波斯到中国:摩尼教在中亚和中国的传播》,北京:中华书局,2012 年,第 66~68 页。

③[宋]赞宁《大宋僧史略》卷下,《大正藏》卷五四,No. 2126,页 253c。

④[宋]志磐《佛祖统纪》卷四一,《大正藏》卷四九,No. 2035,页 378c。

⑤[宋]王溥《唐会要》卷四九《摩尼寺》,第 1012 页。

从中可以看出，回鹘的第一座摩尼教寺院形成于大历三年(768年)，距摩尼教传入回鹘仅隔五年，寺院位于京师长安，赐额“大云光明之寺”。这是关于回鹘建立摩尼教寺院的最早也最确切的记载。

有一种说法，认为摩尼寺早在隋代即已出现，依据出自宋敏求《长安志》卷一〇《唐京城一》的一段文字：

远怀坊，东南隅，大云经寺①，本名光明寺。隋开皇四年文帝为沙门法经所立。时有延兴寺僧昙延，因隋文赐以蜡烛，自然发焰，隋文奇之，将改所住寺为光明寺。昙延请更立寺，以广其教，时此寺未制名，因以名焉。武太后初，此寺沙门宣政进《大云经》，经中有女主之符，因改为大云经寺，遂令天下每州置一大云经寺。②

隋文帝时，因延兴寺蜡烛自然发焰，故改其寺额为光明寺。《续高僧传》的《隋京师延兴寺释昙延传》中也有同样的记载。有人据此认为，此“光明寺”与武则天设立的“大云经寺”相当于代宗时建立的“大云光明寺”，均为摩尼教寺院。此说首倡者为伯希和，1908年撰《敦煌石室访书记》，其中谈到：

Devéria与沙畹曾考得甘肃凉州大云寺有一华文西夏文合璧之丰碑……大云寺之名何以与中国摩尼教发生关系，盖吾侪当研究者。③

受此说影响，清末学者蒋斧得出了如下结论：

斧按，摩尼教入中国年代，记者言人人殊。然观《长安志》所载，则其来也其再周、隋之际乎？随文所立之光明寺，武后改为大

①据饶宗颐先生考证，此“大云经寺”实为“大云寺”之误。见氏文《从石刻论武后之宗教信仰》，《选堂集林·史林》(中)，香港：中华书局香港分局，1982年，第592~593页。

②[宋]宋敏求《长安志》卷一〇，《宋元方志辑刊》第1册，北京：中华书局，1990年，第128页。

③[法]伯希和著，陆翔译《敦煌石室访书记》，《国立北平图书馆馆刊》第9卷第5号，1935年，第13页。

> 云经寺，证以代宗赐摩尼寺额为大云光明，则此寺为摩尼寺无疑。又，摩尼为火祆别派，故以蜡烛自然耸人主观听，而请广其教，否则是时佛教已遍中国，又何藉昙延之请乎？……其教绝无足以特立之精义，故其行于中国也，不能骤入，而以渐进。始则附庸释氏，继则献媚女主，后乃假手兵力。而中国人视之，初时直以为佛教之支流，故诸郡所立大云寺碑，只述建寺之年月，而不言立教之宗派。①

罗振玉为蒋文作跋，依据该记载结合敦煌残卷《老子化胡经》等材料，认为摩尼教“隋文时已入中土，绝非唐代乃入也”。罗氏指晋时凉州之宏藏寺已为信仰摩尼教之所，但并未给出理由。② 通过学术界多年的研究，可以看出，摩尼教在武则天以前传入中土是有可能的。③ 至于此前有无摩尼教寺院，则需另当别论。早年陈垣曾撰文辩驳蒋氏之说，认为“大云”、“光明”二名，只是偶然与摩尼寺相合，以此判断在隋代中土已有摩尼寺是望文生义。④ 此后的研究者也大多不认可隋代有摩尼寺之说。⑤ 尤其是伯希和，也改变了原来的观点，在与沙畹合著的《摩尼教流行中国考》中，对蒋斧、罗振玉之说进行了批评，他们认为，无论是北周、隋代的光明寺，还是唐代武则天时期全国各州普遍设立的大云寺，都是佛教寺庙，与摩尼教无关。⑥ 伯希和之所以改变观点，盖因为 1908 年时他搜求的中国摩尼

①蒋斧《摩尼教流行中国考略》，《罗雪堂先生全集》三编六册，台北：大通书局，1972 年，第 2297 页。

②罗振玉《〈摩尼教流行中国考略〉补考》，《罗雪堂先生全集》三编第六册，台北：大通书局，1972 年，第 2299~2304 页。

③林悟殊《摩尼教入华年代质疑》，《文史》第 18 辑，北京：中华书局，1983 年，第 69~81 页。

④陈垣《摩尼教入中国考》，《陈垣学术论文集》第 1 集，北京：中华书局，1980 年，第 340 页。

⑤王媛媛《从大云寺到大云光明寺——对中原摩尼寺额的考察》，《文史》2005 年第 4 辑（总 73 辑），第 199~210 页；同氏《从波斯到中国：摩尼教在中亚和中国的传播》，北京：中华书局，2012 年，第 161~167 页；芮传明《“光明寺”、“大云寺”与“大云光明寺”考辨——“华化”摩尼教释名之一》，上海社会科学院《传统中国研究集刊》编辑部编《传统中国研究集刊》第 7 辑，上海：上海人民出版社，2010 年，第 222~232 页。

⑥Éd. Chavannes–P. Pelliot, Un traité manichéen retrouvé en Chine (2), *Journal Asiatique* 1913, pp. 261–262.

教史料尚少,还未注意到唐代宗赐给摩尼教的寺额为“大云光明寺”,故对大云寺和中国摩尼教的关系尚不明了，而混同于7世纪武则天建立的大云寺。① 看来,摩尼教在武后之前传入中国当是有可能的,但隋代有摩尼寺之说无法成立。摩尼寺在中国的大兴应在大历以后。

在大历三年(768年)长安立摩尼寺之后又三年,回鹘获准于荆(今湖北江陵县)、扬(今江苏扬州市)、洪(今江西南昌市)、越(今浙江绍兴市)等州建寺。元和二年(807年),回鹘又于洛阳、太原府置摩尼寺。这样,摩尼教的势力很快即由漠北推进到唐朝的中原腹地。

在9世纪中叶回鹘西迁入西域、河西后,建造摩尼教寺院之风得到继承。20世纪初,德国吐鲁番考察队数次在在吐鲁番高昌故城进行发掘,发现了绘有摩尼形象的摩尼教壁画以及大量摩尼教文献，从而证实了高昌摩尼教寺院的存在,如K遗址和α遗址即是。② 上世纪上半叶于吐鲁番发现的回鹘文《摩尼教寺院文书》记载了高昌境内的三座寺院,即东城摩尼寺、西城摩尼寺和唆里迷摩尼寺(详后)。其中,东城摩尼寺位于高昌故城的中心“可汗堡”,西城摩尼寺位于交河故城,第三处摩尼寺位于唆里迷,即焉耆。③ 除了这三处摩尼寺之外,柏孜克里克等地也有摩尼教寺院存在,敦煌也可能有摩尼教寺院存在(详后)。

这里值得特别提到的是,1971年，苏联学者科兹拉索夫(Л.Р. Кызласов)教授在俄罗斯哈卡斯自治共和国阿巴坎市(Abakan)西北普尔河上游索尔加(Sorga)盆地发现了一处摩尼教寺院遗址,从四至地基看,为长方形,面积37.5×28.5平方米。通过发掘,推定其年代当在8世纪中叶至10世纪之间。④ 哈卡斯即古之黠戛斯,今该共和国阿巴坎市博物馆尚

①王楠、史睿《伯希和和中国学者关于摩尼教研究的交流》,朱凤玉、汪娟编《张广达先生八十华诞祝寿文集》,台北:新文丰出版公司,2010年,第1263页,注40。

②A. Grünwedel, *Bericht über Archäologische Arbeiten in Idukuschari und Umgebung im Winter 1902–1903.* München 1906, S.26–27, 55–73; A. von Le Coq, *Chotscho. Facsimile–Wiedergaben der wichtigeren Funde der Ersten Königlich Preussischen Expedition nach Turfan in Ost–Turkistan*, Berlin 1913, S.6–9; A. von Le Coq, *Buried Treasures of Chinese Turkestan*, London, 1928, pp. 58–63.

③杨富学、牛汝极《回鹘文摩尼教寺院文书释文的几个问题》,《西北史地》1992年第4期,第43~44页。

④Л. Р. Кызласов, Манического Храм в Котловине Сорга Республик Хаксия), Российская Археология No. 2, 1999, стр. 181–206.

存有咸通七年(866年)唐懿宗册封黠戛斯首领为王的玉册残简,系1978年于哈卡斯自治共和国的图塔特奇科夫附近的古城堡遗址中所发现。[①]说明阿巴坎一带在唐代曾为黠戛斯国之腹地。该地摩尼教寺遗址的发现,证实古代黠戛斯国确曾有摩尼教寺院存在。如前所述,黠戛斯接受摩尼教始于840年以后,故其摩尼教寺院的出现,应是绍继回鹘摩尼教寺院遗风而来。

对摩尼教寺院之规制,敦煌本P.3884《摩尼光佛法仪略·寺宇仪第五》有明确记载:

> 经图堂一,斋讲堂一,礼忏堂一,教授堂一,病僧堂一。
>
> 右置五堂,法众共居,精修善业;不得别立私室厨库。每日斋食,俨然待施;若无施者,乞丐以充。唯使听人,勿畜奴婢及六畜等非法之具。
>
> 每寺尊首,诠简三人:
>
> 第一,阿拂胤萨,译云赞愿首,专知法事;
>
> 第二,呼嚧唤,译云教道首,专知奖劝;
>
> 第三,遏换健塞波塞,译云月直,专知供施。
>
> 皆须依命,不得檀(擅)意。[②]

至于这些规制在中土乃至回鹘中是否曾得到执行,因文献无载,不得而知。

二、回鹘摩尼寺功能的异化

如上所言,摩尼教寺院是在印度佛教寺院的启发下形成的,如《摩尼

①刘凤翥《俄国阿巴坎博物馆所存的唐代玉册残简》,中国社会科学院历史研究所隋唐宋辽金元研究室编《隋唐宋辽金元史论丛》第1辑,北京:紫禁城出版社,2011年,第11~12页。

②录文载林悟殊《摩尼教及其东渐》附录,北京:中华书局,1987年,第232~233页;芮传明《东方摩尼教研究·附录 摩尼教汉语典籍校注》,上海:上海人民出版社,2009年,第382~383页;图版刊上海古籍出版社、法国国家图书馆编《法藏敦煌西域文献》第29卷,上海:上海古籍出版社,2003年,第86页。

光佛法仪略》中的经图堂、斋讲堂、礼忏堂、教授堂、病僧堂等，在佛教寺院中都是存在的。印度佛教有一个特点，就是把信徒分为和尚与居士。可能是受其影响，摩尼教也把信徒分为选民和听者，即 electi 和 auditors。敦煌出土《摩尼教光佛法仪略·五级仪第四》(S.3969)记载：

第一，十二慕阇(中古波斯语 možak，拉丁语 magister)，译云"承法教道者"；

第二，七十二萨波塞（中古波斯语 ispasag，拉丁语 episcopus)，译云"侍法者"，亦号"拂多诞"(中古波斯语 aftādān)；

第三，三百六十默奚悉德（中古波斯语 mahistag，拉丁语 presbyter)，译云"法堂主"(中古波斯语 mānsārār，帕提亚语 mānsarār)；

第四，阿罗缓(中古波斯语 ardawan，拉丁语 electi)，译云"一切纯善人"；

第五，耨沙喭(帕提亚语 miγōšagān，拉丁语 auditores)，译云"一切净信听者"。①

前四者皆属选民，即僧侣，唯最后一级为听者，相当于佛教的居士。《宋会要》载：

[宣和二年(1120 年)]十一月四日臣僚言：

一、温州等处狂悖之人，自称明教，号为行者……每年正月内，取历中密日，聚集侍者、听者、姑婆、斋姊等人，建设道场，鼓扇愚民男女，夜聚晓散。②

①中国社会科学院历史研究所等编《英藏敦煌文献(汉文佛经以外部分)》第 5 卷，成都：四川人民出版社，1992 年，第 224~225 页；林悟殊《摩尼教及其东渐·附录》，北京：中华书局，1987 年，第 232 页；芮传明《东方摩尼教研究·附录　摩尼教汉语典籍校注》，上海：上海人民出版社，2009 年，第 382 页。对音采自 A. V. Williams Jackson, *Researches in Manichaeism with Special Refrence to the Turfan Fragments*, New York 1965, p. 15；Samuel N. C. Lieu, *Manichaeism in Central Asia and China*, Brill：Leiden-Boston-Köln, 1998, p. 84.

②《宋会要辑稿》刑法二之七八~七九。

这里的“侍者、听者、姑婆、斋姊”分别指男选民、男听者、女选民和女听者,[①] 相当于佛教的比丘、优婆塞、比丘尼和优婆夷。推而论之,摩尼教寺院的主要功能应和佛教差不多。

众所周知,佛寺所具备的功能可以说是多方面的,但居其首者应为弘法之所,其次则为进行社会教化,以满足民众精神需要及僧俗佛徒修学沸法的道场。此外,佛寺还是一种重要的社会文化设施和社会福利设施。以此标准观照回鹘之摩尼教寺院,却不难发现,二者间差别很大,甚至可以说是大相径庭的。

今天所知的由漠北回鹘所建立的七座摩尼寺全都在唐朝境内,另外一座位于西域焉耆的摩尼寺虽与回鹘有关,但何时何人所建尚不明确。值得注意的是,在漠北回鹘汗国境内却未见有任何关于摩尼寺的记载。日本学者羽田明曾言:“从其遗址判断,斡耳朵八里以宫殿和摩尼教寺院为中心,已具备城市的形态。”[②] 但未给出证据。在回鹘故都斡耳朵八里(Ordou Balïq,即今位于蒙古国后杭爱省浩腾特苏木鄂尔浑河西岸的哈喇巴喇哈逊遗址)旧址的南、北距城墙约50米处现存有一字排开的15个夯土建筑基址,南八北七,用途不明。学界一种说法认为这些应为摩尼教的建筑遗存。[③] 森安孝夫言:

> 如果现在碑刻(即《九姓回鹘可汗碑》)残片散落的地方就是碑原本放置的位置,那么这块碑就应位于宫城500米左右的地方。碑刻旁边的建筑,就是摩尼教寺院。[④]

王媛媛博士亦接受这一说法。[⑤] 但笔者通过实地考察认为,这种可能性

①A. Forte, Deux études sur le manichéisme chinois, *T'oung Pao* 59, 1973, pp. 234–235.

②羽田明,“游牧民と都市——特にトルコ族の定住化·都市民化をぬぐつて”,《东西文化交流史》,东京:雄山阁,1975年,第396页([日]羽田明著,张长利译《游牧民与城市》,《民族译丛》1992年第6期,第41页)。

③中国内蒙古自治区文物考古研究所、蒙古国游牧文化研究国际学院、蒙古国国家博物馆编《蒙古国古代游牧文化遗存考古调查报告(2005~2006年)》,北京:文物出版社,2008年,第208页。

④森安孝夫、吉田丰,“モンゴル国内突厥ウイグル时代遗迹·碑文调查简报”,《内陆アジア言语の研究》第13卷,中央ユーラシア学研究会,1998年,第151页。

⑤王媛媛《从波斯到中国:摩尼教在中亚和中国的传播》,北京:中华书局,2012年,第74页。

是微乎其微的。首先,摩尼教作为回鹘汗国的国教,应受到国家的保护,置于偌大的汗城之外,匪夷所思;其次,作为寺院,应有一定规制,建筑物遗址应集中于某一地,不可能呈一字形排开,散落长度几乎与城墙相同。依其所处位置与分布状况,将这15个夯土建筑基址解释作护卫城墙的设施,似乎更容易为人所接受。易言之,言称漠北地区回鹘曾有摩尼教寺院之建,尚缺乏实证。

如果出于修行所需,回鹘摩尼教徒主要集中于漠北,故寺院亦应集中于漠北。事实却完全相反,在教徒集中地无一寺存在,反而在教徒鲜少的黄河、长江流域,回鹘人却建立了七大寺院。看来,回鹘摩尼教寺院之建与教徒的修行似没有多大关系,需另辟蹊径探寻其缘由。

史籍对摩尼寺的功能没有给予任何明确的记载,但通过其他一些蛛丝马迹,如会昌年间唐政府针对回鹘摩尼僧、寺颁发的敕令,进行综合分析,仍不难窥其一斑。

会昌年间(841—846年),唐武宗灭法事兴,先后推行了一系列“灭佛”政策。先是于会昌元年诏令限制私度僧尼,翌年,敕天下不修戒行的僧尼还俗,规定:不愿将财物纳官而愿还俗者,准予还俗,同时限制僧尼蓄养奴婢的数量。会昌三年,进一步规定不得私度僧尼,杖杀自行落发者三百余人。及至会昌五年,废佛达到高峰。是年四月,敕祠部检括天下佛寺、僧尼数量,对佛教寺僧进行调查统计,为灭佛作准备。检括结果,全国共有大、中寺院四千六百所,小的庙宇(招提、兰若)四万所;僧尼二十六万五百人(实际上当不止此数)。据《唐会要》记载,会昌元年,全国有户四百九十五万五千一百五十一。[①] 而僧尼即有二十六万多人,所占人口比例是相当大的。

会昌五年八月,武宗颁布《毁佛寺制》,大规模取缔佛教与其他外来宗教的行动正式开始。《唐会要》卷四十七载《毁佛寺制》曰:

> 其天下所拆寺四千六百余所,还俗僧尼二十六万余人,收充两税户,拆招提、兰若四万余所,收膏腴上田数千万顷,收奴婢为两税户十五万人。隶僧尼属主客,显明外国之教。勒大秦、穆护袄

①《唐会要》卷八四《户口数》,第1838页。

三千余人还俗,不杂中华之风。[①]

这段录文前部各版本大体一致,唯最后一句中的“大秦穆护祆三千余人”,却有很大差异。其中的“祆”,《旧唐书》《古文渊鉴正集》《全唐文》卷七六《毁佛寺勒僧尼还俗制》皆作“祓”。陈垣考证说:“祆或作祓者,固由字形相近,传写易讹”。[②] 冯承钧亦言:“祓为祆之讹”。[③] 甚是。关于“大秦穆护祆”被处置的人数,说法各异,[④]《唐会要》言三千余人。而《新唐书》则记为二千余人,[⑤] 但也有的言称仅有数十人而已,如宋人姚宽载:“武宗毁浮图,籍僧为民。会昌五年敕:大秦、穆护、火祆等六十余人,并放还俗。”[⑥]唐人李德裕所言更少:“大秦、穆护、祆二十余人,并令还俗者。”[⑦] 一次全国性的大规模法难,合景、祆二教受处置的僧侣仅有二十或六十余人,似乎有点儿偏少,故其中的“十”应为“千”之误。综合各种文献记载,似应以2000或3000余人为确。

至于其中的“大秦穆护祆”当指何种宗教,学界做过长期的探讨。陈垣释之为“祆与大秦”,指火祆教与景教。[⑧] 至于“穆护”之含义,则成为长期困扰学界的难题。

诚如林悟殊先生所举例证,很多学者把“大秦穆护祆”断句为“大秦、穆护、祆”,说明将之视作三种宗教,但在解说时,一般仅言景教和祆教,但不言第三种宗教为何。[⑨] 在此之前,法国学者沙畹已注意到《佛祖统纪》

①《唐会要》卷四十七《毁佛寺制》,第985页。[宋]宋敏求编《唐大诏令集》卷一一三《拆寺制》,北京:中华书局,2008年,第591页。

②陈垣《火祆教入中国考》,氏著《陈垣学术论文集》第1集,北京:中华书局,1980年,第326页。

③冯承钧《景教碑考》,北京:商务印书馆,1936年,第73页。

④参见林悟殊《唐人奉火祆教考辩》,《文史》第30辑,北京:中华书局,1988年,第103~104页。

⑤《新唐书》卷五二《食货志二》,第1361页。

⑥[宋]姚宽《西溪丛语》卷上,北京:中华书局,1993年,第42页。

⑦[唐]李德裕著,傅璇琮、周建国校笺《李德裕文集校笺》卷二〇《贺毁佛寺德音表》,石家庄:河北教育出版社,2000年,第389页。

⑧陈垣《火祆教入中国考》,氏著《陈垣学术论文集》第1集,北京:中华书局,1980年,第325页。

⑨林悟殊《唐季“大秦穆护祆”考》(下),《文史》1999年第4辑(总第49辑),第111页。

卷五四对祆教的有关记载：

> 末尼火祆者，初波斯国有苏鲁支，行火祆教，弟子来化中国。唐贞观五年(631年)，其徒穆护何禄诣阙进祆教，敕京师建大秦寺。①

其中的"穆护"，沙畹译为mage。② 可能受此说的启发，冯承钧对"穆护"给予了更细致的解释，认为：

> 按穆护即古波斯语megush之对音，即希腊文之magos，拉丁文之magus，英文之magian，法文之mage是已。在祆教经典Avesta之中，则名为athravans。此言火师，要皆祆教之教师也。③

这样，"大秦"被确定为景教徒，"穆护祆"则被推断为祆教徒了。在冯氏之前，英国学者穆尔亦持有相同的观点。④ 香港学者饶宗颐匀集更为丰富的汉文资料，从而论证"穆护原为祆教僧之称"。⑤ 近期，林悟殊又撰文指出，"大秦"当指景教僧侣；"穆护"当指直接来自波斯的琐罗亚斯德教僧侣；"祆"乃指源于波斯而已中亚化的琐罗亚斯德教，即火祆教的僧侣。⑥ 可备一说。但笔者认为，唐人如此细分，似有未必。因为华化的问题在景教和摩尼教中同样存在，唐人何以就不予区别对待呢？前引《佛祖统纪》卷五四即为例证。总之，"大秦穆护祆"指的是景教和祆教徒。会昌五年的灭法令之所以不包括摩尼教，是因为在此前二年摩尼教就已经被取缔了。

武宗之灭佛，主要是出于经济原因，这在武宗废佛敕中已有明言："僧徒日广，佛寺日崇，劳人力于土木之功，夺人利于金宝之饰……坏法害人，

①[宋]志磐《佛祖统纪》卷四五，《大正藏》第四九卷，No. 2035，页474c。

②Éd. Chavannes, Le Nestorianisme et L'inscription de Kara-Balgassoun, *Journal Asiatique*, jan.-fev. 1897, p.61, n.3.

③冯承钧《景教碑考》，北京：商务印书馆，1936年，第73页。

④[英]穆尔著，郝镇华译《一五五〇年前的中国基督教史》，北京：中华书局，1982年，第76页。

⑤饶宗颐《穆护歌考——兼论火祆教、摩尼教入华之早期史料及其对文学、音乐、绘画之影响》，《选堂集林·史林》(中)，香港：中华书局香港分局，1982年，第491页。

⑥林悟殊《唐季"大秦穆护祆"考》(下)，《文史》1999年第4辑(总第49辑)，第111页。

无逾此道。”[①] 说明佛教寺院经济的发展已直接威胁到唐政府的财政收入。当然，会昌灭佛还有另外一个原因，那就是武宗、李德裕等人崇奉道教。武宗由于幻想“长生”而偏信道教，对佛教生反感之心。不过，这只能算作是个人的原因，是助因，是次要原因。[②] 能为此说提供最佳脚注的就是唐武宗、李德裕等对回鹘摩尼教及其寺院的态度。

前已述及，武宗灭佛，但不止于佛教，同时及于除道教外所有的外来宗教，所谓的三夷教，即景教、摩尼教和祆教都未能幸免。

景教入华始于唐太宗贞观九年(635 年)，由叙利亚人阿罗本(Alopen)传入。由于受到唐初统治者的支持，景教很快传播开来，迄高宗时，已是“法流十道……寺满百城”[③] 了。据香港学者罗香林研究，高宗时期的西安、洛阳、灵武、盩厔(今陕西周至县)、沙州(今甘肃敦煌市)、广州、高昌(今新疆吐鲁番市)等地都已有了景教徒的活动。[④] 后来发展不辍，玄宗时更“令宁国等五王，亲临福宇，建立坛场……天宝初，令大将军高力士送五圣写真，寺内安置。赐绢百匹，奉庆睿图”。[⑤] 玄宗不仅为之设立神坛，而且还置黄帝像于寺内。嗣后，肃宗也曾为之增建寺院。不像摩尼教那样在入华(694 年)不久便遭玄宗禁断(732 年)，其势力一直在摩尼教之上。只是在回鹘尊奉摩尼教之后，凭借回鹘之力，摩尼教地位才超迈景教之上。唐人舒元兴云：

①《旧唐书》卷一八上《武宗纪》，第 605 页。

②李斌城《论唐代反佛》，《人文杂志》1981 年第 1 期，第 28~31 页；田廷柱《李德裕与会昌禁佛》，《辽宁大学学报》1980 年第 5 期，第 65~68 页；郭朋《隋唐佛教》，济南：齐鲁书社，1981 年，第 370~371 页。张国刚认为，武宗灭法的原因有四，其一为经济膨胀；其二为政治原因；其三为文化差异；其四为宗教斗争。其中后者“是会昌灭佛的主要原因”。见氏著《佛学与隋唐社会》，石家庄：河北人民出版社，2002 年，第 162~163 页。

③《大秦景教流行中国碑》，录文载[英]阿·克·穆尔著，郝镇华译《一五五〇年前的中国基督教史》，北京：中华书局，1984 年，第 43 页；朱谦之《中国景教——中国古代基督教研究》，北京：东方出版社，1993 年，第 224 页；翁绍军《汉语景教文典诠释》，北京：生活·读书·新知三联书店，1996 年，第 57 页，等等。

④罗香林《唐元二代之景教》，香港：中国学社，1966 年，第 13~14 页。

⑤《大秦景教流行中国碑》，录文载[英]阿·克·穆尔著，郝镇华译《一五五〇年前的中国基督教史》，北京：中华书局，1984 年，第 45 页；朱谦之《中国景教——中国古代基督教研究》，北京：东方出版社，1993 年，第 224 页；翁绍军《汉语景教文典诠释》，北京：生活·读书·新知三联书店，1996 年，第 59 页，等等。

国朝沿近古而有加焉，亦容杂夷而来者，有摩尼焉、大秦(景教)焉、祆神(祆教)焉。①

陈垣先生考证道：

元兴以太和九年(西八三五)被杀，重严寺碑著于长庆间，其列举三夷寺，以摩尼居首，此必当时社会之一种现成排次，如儒释道者也，而元兴随笔引用者也。②

当时，与景教、摩尼教并行者还有火祆教，但在会昌灭法过程中，景教与祆教受到关注的程度，似乎远不如摩尼教之甚。早在会昌五年大举灭法之前，回鹘摩尼教即已被先行剪除。会昌三年二月，武宗下诏曰：

回纥既以破灭，应在京外宅及东都修功德回纥，并勒冠带，各配诸道收管。其回纥及摩尼寺庄宅、钱物等，并委功德使与御史台及京兆府各差官点检收抽，不得容诸色人影占。如犯者并处极法，钱物纳官。摩尼寺僧，委中书门下条疏闻奏。③

从中可以看出，在回鹘汗国于840年灭亡后不久，唐政府迅即下令对回鹘摩尼寺进行查禁。制中对回鹘及摩尼寺的处置分为两步走，首先是回纥在长安之官员人等，一律配各诸道收管，对回纥及摩尼寺庄宅钱物，差官点检收抽，“不得容诸色人影占”。其次才是摩尼寺僧问题，制中无具体处理措施，而是委托中书门下拟议另行处理。看来，唐政府优先关注的对象并非回鹘摩尼教寺院本身及僧侣，而在于寺院的“庄宅钱物”。

会昌三年四月之禁绝摩尼教，比会昌五年八月《毁佛寺制》的颁下要早二年有余。这一现象是否说明回鹘摩尼教的势力已经发展到比佛教、景教、祆教更为强大的地步呢？答案是否定的。唐人舒元兴撰《唐郊州永兴县

①[清]董诰等编《全唐文》卷七二七《唐郊州永兴县重严寺碑记并序》，上海：上海古籍出版社，1990年，第3322~3323页。又见《唐文粹》卷六五。

②陈垣《摩尼教入中国考》，氏著《陈垣学术论文集》第1集，北京：中华书局，1980年，第346页。

③《旧唐书》卷一八上《武宗纪》，第594页。

重严寺碑记并序》云:“十族之乡,百家之间,必有浮图,为其粉黛。国朝沿近古而有加焉,亦容杂夷而来者,有摩尼焉、大秦(景教)焉、祆神(祆教)焉;合天下三夷寺,不足当吾释寺一小邑之数也。”[①] 由是以观,摩尼教虽有一定势力,但与历史悠久、根深蒂固之佛教来说要逊色多了。[②] 合唐境内所有摩尼教、景教、琐罗亚斯德教寺院之总数尚不及一小邑之佛寺数量多。此言虽然未必为确数,但仍不失为对当时宗教状况的一种真实反映。当时唐朝境内摩尼教的势力不仅不能与佛教相提并论,即使与“法流十道……寺满百城”[③] 的景教相比,信徒估计也要少很多。再说祆教,与摩尼教相比,势力也不算小,仅在长安的寺院就有六所,[④] 数量也远多于摩尼教的一所。看来,唐之所以对回鹘摩尼教寺院不惜大用重典,似乎并非在于摩尼教势力的大小与强弱,当另有原因。在笔者看来,对回鹘摩尼教及其寺院的处置,经济原因及唐人对回鹘贵族及摩尼僧的仇恨当居主导地位。

如前所述,唐武宗于会昌三年二月所下诏书并未将摩尼寺、僧放在首位,关心的主要是寺院的经济:“应在京外宅及东都修功德回纥,并勒冠带,各配诸道收管。其回纥及摩尼寺庄宅、钱物等,并委功德使与御史台及京兆府各差官点检收抽,不得容诸色人影占。如犯者并处极法,钱物纳官。摩尼寺僧,委中书门下条疏闻奏。”[⑤] 可以看出,当时的摩尼寺似乎并未作为真正的弘法场所,而主要被用作货栈或钱庄了。而这些却是有违教主摩尼之初衷的。摩尼本人一生执戒谨严,同时严格禁止僧侣拥有财产,要求僧侣只要能保有一天的食物和一年的衣裳以维持生存即可。[⑥] 上引敦煌本《摩尼光佛法仪略》更是要求僧人“每日斋食,俨然待施;若无施者,乞丐

①[清]董诰等编《全唐文》卷七二七《唐邠州永兴县重严寺碑记并序》,上海:上海古籍出版社,1990 年,第 3322~3323 页。

②张国杰《回鹘与摩尼教》,《世界宗教研究》2000 年第 3 期,第 72 页。

③《大秦景教流行中国碑》,录文载[英]阿·克·穆尔著,郝镇华译《一五五〇年前的中国基督教史》,北京:中华书局,1984 年,第 43 页;朱谦之《中国景教——中国古代基督教研究》,北京:东方出版社,1993 年,第 224 页;翁绍军《汉语景教文典诠释》,北京:生活·读书·新知三联书店,1996 年,第 57 页,等等。

④林悟殊《唐代长安火祆大秦寺考》,《西北史地》1987 年第 1 期,第 12 页。

⑤《旧唐书》卷一八上《武宗纪》,第 594 页。

⑥林悟殊《摩尼教的二宗三际论及其起源初探》,《世界宗教研究》1982 年第 3 期,第 54 页。

以充。唯使听人，勿畜奴婢及六畜等非法之具。”看来，回鹘摩尼教寺院不仅并未遵守这一要求，而且变本加厉，将寺院变成了殖财的工具。

回鹘摩尼教寺院的功能之所以产生如此严重的异化现象，主要与粟特商人及摩尼僧有关。众所周知，粟特人善于经商，而摩尼教与商人之关系本身就非常密切，有很多摩尼教文书即有商人及旅行者的身影。① 吐鲁番出土的一件中古波斯语摩尼教文献记录了摩尼派高足阿莫(Ammō)东行传教之事(编号M 2)，其中说道：“有一个人沿着一条安全的路带走了很多财宝，之后他遇到了两名窃贼，他们用好听的话欺骗了他，把他带到了很远的地方之后杀害了他并夺走了他的宝物。”② 另一件同样出自吐鲁番的帕提亚文《摩尼教譬喻故事集》残卷(编号M 44)更是直言：“所有和那个商人走在一起的人，他们的灵魂便和基督徒走在一起，并得到救赎。”③ 文献中对商人的敬重之情溢于言表。是故，从某种意义上说，摩尼教可以被称作“商人的宗教”。

牟羽可汗对粟特商人非常倚重，经常利用他们同唐朝展开商业贸易。粟特商人连同摩尼僧大量涌进长安等地从事商业活动，李肇《唐国史补》言：“回鹘常与摩尼议政，故京师为之立寺……其大摩尼数年一易，往来中国；小者年转江岭，西市商胡驼囊其源，生于回鹘有功也。”④ 这些粟特商人和摩尼僧“殖赀产，开第舍，市肆美利皆归之，日纵贪横，吏不敢问。或衣华服，诱取妻妾”。⑤ 代宗时，回鹘居京城长安者甚多，动辄上千。《新唐书·回鹘传》记载：“始回纥至中国，常参以九姓胡，往往留京师，至千人，居资殖产甚厚”。⑥ 另外还有一些冒回鹘之名的“九姓胡”。《资治通鉴》卷二二五大历十四年(779年)七月庚辰条载：“诏回纥诸胡在京师者，各服其服，无得效华人。先是回纥留京师者常千人，商胡伪服而杂居者又倍之，县官

①Desmond Durkin-Meisterernst, Was Manichaeaism a Merchant religion，提交“第四届吐鲁番学国际学术会议研讨会暨古代钱币与丝绸高峰论坛”(吐鲁番，2012年10月18日至22日)。

②H. -J. Klimkeit, *Gnosis on the Silk Road. Gnosis Texts from Central Asia*, San Francisco 1993, p. 204.

③Iris Colditz, Bruchstücke manichäisch-parthischer Parabelsammlungen, *Altorientalische Forschungen* 14, Berlin 1987, S.300-301.

④[唐]李肇《唐国史补》卷下，上海：上海古籍出版社，1979年，第66页。

⑤《资治通鉴》卷二二五大历九年(774年)秋七月庚辰条。

⑥《新唐书》卷二一七上《回鹘传上》，第6121页。

日给饔饩。”这些九姓胡既为摩尼教僧徒,又为行商大贾,一方面通过传教活动参与回鹘汗国的政治,另一方面又依靠回鹘的政治力量牟取暴利。唐人称粟特和波斯商人为“商胡”,有唐一代,其足迹遍及中原各地,尤以江南的扬州、洪州、广州和湖北、四川等地最为集中。[①] 值得注意的是,大历年间回鹘于荆、扬、洪、越等州所建大云光明寺,恰好就在粟特商胡最活跃的地区。回鹘摩尼寺的建立,似与粟特的经济利益密不可分。[②] 唐朝之所以对回鹘摩尼寺处置如此严厉,原因可能就在于当时摩尼寺内储藏有大量财富。这对于自安史之乱后财政上捉襟见肘的唐政府来说,势必有不少的吸引力。可以说,这是武宗决意剪除摩尼教寺院的主要原因之一。

总之,建于中原地区的回鹘摩尼寺内既住有传教僧,又保存有经书、画像等,作为弘法场所存在当无可疑。但摩尼寺仅建于唐朝境内,回鹘本土却不曾有一寺出现,这一现象自然会使人质疑回鹘建摩尼寺的弘法功能到底有多大。从武宗灭法令来看,对回鹘摩尼寺的关注主要在于经济而非其他,看来,由于受到善于经商的粟特商人和摩尼教徒之影响,寺院的弘法功能已经被异化了,成为粟特商人和回鹘摩尼教僧徒聚敛财物的地方,而且后者的功能大大强于前者。

三、高昌回鹘摩尼寺的封建庄园化

(一)高昌回鹘摩尼教寺院的分布

高昌回鹘时期,摩尼教寺及其寺院经济得到了进一步的发展,吐鲁番出土回鹘文《摩尼教寺院文书》为此提供了独一无二的珍贵记录。该文献系由黄文弼先生在新疆进行考古时所发现,原件现存北京历史博物馆,编号为:总 8782T,82。文书为卷子形式,现存部分长 270cm,高 29.5cm,首尾俱有残缺,仅存 125 行,其上还钤有 11 处汉字篆文红色方印,印文为“大福大回鹘/国中书省门下/颉于迦思诸/宰相之宝印”。

在《摩尼教寺院文书》中,多次出现 manistan(摩尼教寺院)一词,如:

85. ……öngtün kidin näčä manistan-

①荣新江《波斯与中国:两种文化在唐朝的交融》,刘东编《中国学术》2002 年第 4 辑,北京:商务印书馆,2002 年,第 56~76 页。

②王媛媛《唐大历、元和年间摩尼寺选址原因辨析》,《西域研究》2011 年第 3 期,第 34 页。

86. lardaq baγ borluq yir suv iki iš ayγučïlar

87. uz itürüp①

耿世民先生译为："南北几个摩尼教寺的果园和土地由二管事的使人好好耕种。"(着重号是笔者加的)

这里出现了"几个摩尼寺"。而孙振玉则主张高昌地区仅有两个摩尼寺。显然,耿氏译文与孙氏的提法不一致,于是,孙氏就着手修改译文。他认为耿氏译文不当，因为名词 manistanlar 加上形容词附加成分-api（当为-adqi 或-diqi)后即变为形容词,而形容词是不受数词修饰的,故孙氏认为当译作"南北摩尼寺的几个果园"。这样,摩尼寺又成了南北两个。拜读之后,让人啼笑皆非。形容词固然不受数词修饰,但该处的"几个"修饰的是名词"摩尼寺",二词再组成形容词结构修饰"果园",如同"南北几个国家的人民",不能改为"南北国家的几个人民"一样,我们不能把"南北几个摩尼寺的果园"改为"南北摩尼寺的几个果园"。

当然，耿氏的译文也有不当之处，如将 öngtün 和 kidin 二词误释为"南、北"就是一个明显的例子,可惜孙氏竟未看出来。

我们知道,古代突厥、回鹘人都崇拜太阳,故把太阳升起的东方定为前方,而把日落的西方定为后方,以此类推,右为南,左为北。在蒙古高原发现的古代突厥、回鹘碑铭中,东、西二方向都是用 öngtun 和 kidin 来表示的。② 第 86 行的 yir suw 系固定词组,意为"家园",87 行的 itürüp 意为"部署","组织"。综上分析,我们以为该段的译文应改为:"让两位管事者好好看管东西(城的)几个摩尼寺的果园和家园。"③

依此例,该文书的"南北"都要改为"东西",再结合高昌和交河二城的

①耿世民《回鹘文"摩尼教寺院文书初释"》,《考古学报》1978 年第 4 期，第 504 页；Geng Shimin，Notes on an Ancient Uighur Official Decree issued to a Manichaean Monastery，*Central Asiatic Journal* Vol. 35，No. 3-4，1991，p. 213; 森安孝夫《ウイグル=マニ教史の研究》(=《大阪大学文学部纪要》第 31/32 卷合并号),大阪：大阪大学文学部,1991 年,第 43~44 页；王菲《〈回鹘文摩尼教寺院文书〉再考释》,《欧亚学刊》第 2 辑,北京：中华书局,2000 年,第 229~230 页。

②王远新《哈萨克人"东西南北"概念的形成和发展》,《新疆大学学报》1987 年第 4 期，第 108 页。

③杨富学、牛汝极《回鹘文摩尼教寺院文书释文的几个问题》,《西北史地》1992 年第 4 期,第 45 页。

地理方位,二城的位置正好是一东一西。王菲亦接受笔者的意见,译作:"东西几个摩尼寺的果园、葡萄园和土地由两位执事使人仔细耕种。"这里的东城摩尼寺,即高昌故城内的回鹘摩尼寺,亦即文书中所谓的大摩尼寺(uluγ mani-stanta,第 80 行),相应地,西城摩尼寺即交河故城内之摩尼寺,亦即文书中所谓的"小摩尼寺"(kičig mani-stanta,第 81 行)。

在此二寺之外,焉耆也有摩尼教寺院存在。《摩尼教寺院文书》载:

31. tngrilär ašï suvsušï tängsiz bolsar iki

32. xroxan-lar öz ašï az-uqï birlä barïp·solmï

33. mani-stan … olurz-un[①]

如高僧饮食不足,二呼嚧唤要从自己食物中补给,并从唆里迷摩尼寺[取来?]。

这里的 solmï(唆里迷),又出现于回鹘文《弥勒会见记》等文献中,据考,即今新疆焉耆。[②] 焉耆是吐鲁番之外的另一个摩尼教中心,前文多次引述的《摩尼教赞美诗集(Mahrnāmag)》就是在焉耆抄写的。但孙振玉提出了另外一种观点,认为"'唆里迷'为高昌的另一个名字,这个名字怎么来的,恐怕就现有史料,谁也无法考证"。[③] 这样一来,便把相距数百公里的两个摩尼寺混为一谈了。尤有进者,孙氏又引唐李肇《唐国史补》所谓"回鹘常与摩尼议政。故京师为之立寺"[④] 之语,由此肯定"高僧及教会最高机构就在高昌城内"。[⑤] 按照孙氏的推论,高僧既住在高昌城内,又在唆

①耿世民《回鹘文"摩尼教寺院文书初释"》,《考古学报》1978 年第 4 期,第 503 页;Geng Shimin, Notes on an Ancient Uighur Official Decree issued to a Manichaean Monastery, *Central Asiatic Journal* Vol. 35, No. 3–4, 1991, p. 212;森安孝夫《ウイグル=マニ教史の研究》(=《大阪大学文学部纪要》第 31/32 卷合并号),大阪:大阪大学文学部,1991 年,第 40 页;王菲《〈回鹘文摩尼教寺院文书〉再考释》,《欧亚学刊》第 2 辑,北京:中华书局,2000 年,第 227 页。

②耿世民、张广达《唆里迷考》,《历史研究》1980 年第 2 期,第 147~159 页。

③孙振玉《以古文书看高昌摩尼教—对〈回鹘文摩尼教寺院文书〉再研究》,《西北史地》1988 年第 3 期,第 23 页。

④[唐]李肇《唐国史补》卷下,上海:上海古籍出版社,1979 年,第 66 页。

⑤孙振玉《以古文书看高昌摩尼教—对〈回鹘文摩尼教寺院文书〉再研究》,《西北史地》1988 年第 3 期,第 23 页。

里迷寺,那么高昌与唆里迷之寺也就是同一寺了。殊不知,李肇记载的是漠北回鹘汗国时代的情况,京师指唐都长安,与高昌毫无干系。①

总之,《摩尼教寺院文书》所涉回鹘摩尼教寺院有三,高昌有其二,其中东寺在高昌故城,西寺在今交河故城,第三所位处焉耆(唆里迷)。

(二)高昌回鹘摩尼寺的等级制度

除了《摩尼教寺院文书》外,在吐鲁番还发现有其他一些与高昌回鹘摩尼教寺院有关的文献,其一,编号依次为 U 303(T II D 406a-11)、U 304(T II D 406a-10)、U 305a+b(T II D 406a-14)、U 306(T II D 406a-12)、U 307(T II D 406a-13)、U 308a+b(T II D 406a-9)、U 309a+b(T II D 406a-81)、U 310(T II D 406a-6)、U 311a+b(T II D 406a-4)、U 312a-c(T II D 406a-7)、U 313a-c(T II D 406a-2)、U 314a-c(T II D 406a-16)、U 315a-c(T II D 406a-15) 、U 316a-c(T II D 406a-3)、U 317a-f(T II D 406a-3)。② 这些不同编号的文献其实属于同一件写本,内容对于研究回鹘摩尼教寺院制度与经济等关系不大,故这里略而不赘。其二,编号为 TM 417 和 TM 47(M919)。文献残片 1 叶,面积 28.5×17cm,正背面各存文字 24 行,惜原件现不知所终。正面前 11 行有如下文字:

1. //////////////[ya]ltrïyu ·· kün tngričä čo[ma
2. bata] y(a)rlïqamïšïï üčün'ičtin
3. //////////ingiz bašïn q(a)m(a)ɣ grïɣ 'ikii anč(u)m(a)n
4. ////////lanai dindarlar taštïn sïngar
5. ////[a]lqatmïš 'il 'ičintä ärigmä
6. ////[ta]rkan qunčuilar tngikän t(i)gitlär
7. ['il ü]gäsii 'ilčii bilgälär q(a)m(a)ɣ atl(i,a)ɣ
8. /////yura tülüg 'ikii butluɣ 'itčä
9. ///g//gušča ätliglii buduniï buquniï
10. [a]al(ï)nïï qarasïï ·· kök tngridä qodïï yir

①杨富学、牛汝极《回鹘文摩尼教寺院文书释文的几个问题》,《西北史地》1992 年第 4 期,第 43~44 页。

②J. Wilkens, *Alttürkische Handschriften. Teil 8: Manichäisch-Türkische Texte der Berliner Turfansammlung*. Stuttgart 2000, S.276-288; 荣新江主编《吐鲁番文书总目》(欧美收藏卷),武汉:武汉大学出版社,2007 年,第 510~512 页。

11. tngrii xanïnga t(a)gii··

……由于他光芒四射,像日神那样大发恩典,向下落去。因此,从内部来说,我们有那些以……为首领的两个洁净的寺院的……全部信徒;而从外部来说,那些受到[天神]眷顾的国家里的达干、公主、王子、大相、使臣等所有要人……有羽毛的,有双腿,例如狗和鸟之属,还有寺院的属民和奴仆,及上自蓝天,下至地下的所有的凡人和精灵。①

这里出现了 ičtin 和 taštïn 二词,字面意思为“内部”和“外部”。克林凯特注意到二词的使用,认为其意思是:“内部为教义(宗教),外部为王国(人民、国家)。”② 此说得到了孟格斯的支持。③ 但从该文献看,内部指的应是摩尼教僧人,即义者(选民,electi);外部指的应是俗人,即“听者(auditors)”,类似于佛教所谓的和尚与居士。④ 易言之,在高昌回鹘的摩尼教寺院中,主要由僧俗两部分人构成。寺院拥有属民和奴仆,他们地位低下,其名字竟列于“狗和鸟之属”的后面。

从《摩尼教寺院文书》看,高昌回鹘摩尼教已形成了等级森严的组织机构,僧职大致可分为四级,有的可见于敦煌汉文写本,如慕阇(možak)、拂多诞(ävtadan)、呼嚧唤(xroxan),有的不见于汉文文献,仅见于该回鹘文写本,如 iš ayγučï。其中前三者意义明确,惟 iš ayγučï 一词学界存在着不同的解释。

①A. von Le Coq, Türkische Manichäica aus Chotscho, III, *APAW*, 1922-2, S.33-34;杨富学、牛汝极《从一份摩尼文文书谈高昌回鹘的几个问题》,《喀什师范学院学报》1990 年第 4 期,第 47~48 页。

② H. -J. Klimkeit, *Die Begegnung von Christentum, Gnosis und Buddhismus an der Seidenstrasse*, Rhein.-Westfäl. Akademie der Wissenschaften; Vorträge, G 283. 1986, S.48-49.

③Karl. H. Menges, Manichaeismus, Christentum und Buddhismus in Zentralasien und ihr gegenseitiges Verhältnis, *Central Asiatic Journal* Vol. 36. no. 1-2, 1991, S.93.

④Éd. Chavannes - P. Pelliot, Un traité manichéen retrouvé en Chine, *Journal Asiatique*, 1911, p. 554;马小鹤《粟特文'δw wkrw'ncmn(二部教团)与汉文“四部之众”》,荣新江主编《唐代宗教信仰与社会》,上海:上海辞书出版社,2003 年,第 413~433 页(收入氏著《摩尼教与古代西域史研究》,北京:中国人民大学出版社,2008 年,第 206~225 页)。

(1)管事的。耿世民先生将 iš ayγučï 译为“管事的”，他在一个注释中写道：

> iš ayγučï，此处译为“管事的”。ayγučï 来自 ay-“说”加构成名词字尾-γučï。此字也即《元史》卷 36、202 等处的“爱吾赤”，“爱护持”。①

(2)管事者。克劳森(G.Clauson)解释 ayγučï 一词时指出，ayγučï 系古代突厥的一种官号，其意为“谋臣”“说客”“发言人”和“副官”等，若在其前加 iš(事情)一词，其词义则转化成“管事者”。②

(3)月直。刘南强认为在西方摩尼教文献中没有与 iš ayγučï 直接对应的称呼，就读音言，似与敦煌汉文本《摩尼光佛教法仪略·寺宇仪第五》中的“月直”接近，且月直“专知供施”，与 iš ayγučï 之职能近似，故 iš ayγučï 有可能即“月直”之译音，但还无法确定。③

(4)干事或执事。森安孝夫指出，iš 有“仕事；事；事柄；用事；业务”等含义。ayγučï 有“发言人”之意，为回鹘低级官吏。在本文书中，为“干事”之意。④ 王菲译作“执事”，意同。⑤

上述诸说虽表述不一，但殊途同归，其意一也。只是耿世民所译“管事的”，有点儿更像形容词，作为一种僧职，译作“管事者”、“干事”与“执事”等似乎更可取些。

在回鹘文《摩尼教寺院文书》中，执事(iš ayγučï)常与呼嚧唤(xroxan)同时出现，如：

①耿世民《回鹘文“摩尼教寺院文书初释”》，《考古学报》1978 年第 4 期，第 509 页。

②G. Clauson, *An Etymological Dictionary of Pre-Thirteenth Century Turkish*, Oxford 1972, p. 271.

③[英]刘南强撰，林悟殊译《摩尼教寺院的戒律和制度》，《世界宗教研究》1983 年第 1 期，第 32 页；Lieu, Samuel N. C., *Manichaeism in Central Asia and China*, Leiden-Boston-Köln 1998, p. 90.

④森安孝夫《ウイグル=マニ教史の研究》(=《大阪大学文学部纪要》第 31/32 卷合并号)，大阪：大阪大学文学部，1991 年，第 60~61 页。

⑤王菲《〈回鹘文摩尼教寺院文书〉再考释》，《欧亚学刊》第 2 辑，北京：中华书局，2000 年，第 237 页。

36. manistan–taqï
37. [nä]täg TWYR…iš küč bolsar iki xroxan–lar iš
38. ayγučï–lar birlä…[iš lä]tz–ün

摩尼寺中若有什么事务，由两位呼嚧唤和执事们一起……安排。

43. iki änčmn tngrilär–ning ašï boγzï t[ängsiz]
44. bolmaz–un·bir ay bir xroxan bir iš ayγučï birlä
45. turup yïnčanïp aš boγuz uz qïlturz–un

不要使二僧团僧尼们的食物分配不均。一个月由一位呼嚧唤和一位执事一起当值,管理好伙食。

54. mani–stanta nätäg iš küč bolup tngri možak–kä
55. ötügkä kirsär … ilkidäki törüčä xroxanlar iš
56. ayγuï–sz kirmäz–ün·iš ayγučï–lar ymä xroxansz
57. kirmäzün·xroxan–lar iš ayγučï–lar birlä turup
58. ötünzün–lär

若摩尼寺中有什么事要向高僧慕阇禀告……根据最初的法规,呼嚧唤们在没有执事陪同的情况下不得入内,执事们不同呼嚧唤一起也不得入内,呼嚧唤们和执事们要一起立着禀告。

92. bu yir suv baγ
93. borluq savïnga tngri mož–ak ävtadan xroxan–[lar]
94. qatïlmaz–un·iš ayγučï–lar bilz–ün

这些地、果园与葡萄园的事高僧慕阇、拂多诞和呼嚧唤都不要介入,由执事们负责。①

①耿世民《回鹘文"摩尼教寺院文书初释"》,《考古学报》1978年第4期，第503~504页;Geng Shimin, Notes on an Ancient Uighur Official Decree issued to a Manichaean Monastery, *Central Asiatic Journal* Vol. 35, No. 3–4, 1991, pp. 212–213; 森安孝夫《ウイグル=マニ教史の研究》(=《大阪大学文学部纪要》第31/32卷合并号),大阪:大阪大学文学部,1991年,第41~44页;王菲《〈回鹘文摩尼教寺院文书〉再考释》,《欧亚学刊》第2辑,北京:中华书局,2000年,第227~230页。下引该文书,仅标明所在行次,不另作注。

由是以观,呼嚧唤和执事的职能差不多,考虑到呼嚧唤一般置于执事之前,说明呼嚧唤的地位当高于执事。

另外,在《摩尼教寺院文书》中还出现有 yiγmiš 一词,前后五见,分别见于第 77、81、82、106 和 108 行中。如文献第 79~82 行载:

> 79. bir kün ygrmirär qaγun mani-stan-qa klürz-[ün]
> 80. otuz qaγun uluγ mani-stanta birz-ün·otuz qaγun
> 81. kičig mani-stan-ta birz-ün bu qaγunuγ yïγmïš yïγïp
> 82. klür[z-ün]…qïlsar yïγmïš qavrïq-qa tägz-ün
>
> 每天向摩尼寺交二十个甜瓜,向大摩尼寺交三十个甜瓜,向小摩尼寺交三十个甜瓜。这些甜瓜由 yïγmïš 去征集。若……yïγmïš 要受罚。

对于其中的 yïγmïš,耿世民先生给出了如下解释:"yïγmïš,来自动词 yïγ-'收集'加词尾-mïš。此处为称号,暂译为'总管'。"[①] 高永久接受这一解释,指出:"看来它绝对不同于'管事者',从其管理麦子、甜瓜、照看生病的僧尼等职责来看,它应该是'管事者'的助手。"[②] 森安孝夫认为应为人名。[③] 王菲亦接受此说。[④] 在古回鹘文文献中,以-mïš 为词尾的动名词作为人名的情况很常见,[⑤] 这种用法在《摩尼教寺院文书》中亦多见,如 qutadmïš(第 95 行)、körmïš(97 行)、bolmïš(第 111 行)、lalan kädtuγmïš(第 114~115 行)等。笔者认为森安之人名说似乎更可接受。

从敦煌汉文本《摩尼教残经一》看,摩尼教戒律甚严,规定僧众"五者

①耿世民《回鹘文"摩尼教寺院文书初释"》,《考古学报》1978 年第 4 期, 第 512 页; Geng Shimin, Notes on an Ancient Uighur Official Decree issued to a Manichaean Monastery, *Central Asiatic Journal* Vol. 35, No. 3-4, 1991, p. 222.

②高永久《西域古代民族宗教综论》,北京:高等教育出版社,1997 年,第 237 页。

③森安孝夫《ウイグル=マニ教史の研究》(=《大阪大学文学部纪要》第 31/32 卷合并号),大阪:大阪大学文学部,1991 年,第 80 页。

④王菲《〈回鹘文摩尼教寺院文书〉再考释》,《欧亚学刊》第 2 辑,北京:中华书局,2000 年,第 240 页。

⑤A. von Gabain, *Das Leben im uigurische Königreich von Qočo (850-1250)*, Wiesbaden 1973, S.73.

常乐清净徒众，与共住止；所至之处，亦不别众独寝一室”，[1] “若谓处下流，不越居上；身为尊者，视众如己，爱无偏党。”[2] 但回鹘文《摩尼教寺院文书》所见的高昌回鹘摩尼教却是等级森严。如：

51. tngrilär xuanta olursar iki xroxan-lar
52. adaqïn turup ašγ suvsušuγ ivrxan z-ma tikä-kätägi
53. tüz tägürüp·anta kin öz-läri xuanta olurz-un.

僧尼们用饭时，两位呼嚧唤要立着把饭食和饮料送到大摩尼僧手中，然后自己才坐下来用饭。

61. bu bitigin
62. ärän tngrilär qïrqïn tngrilär mani-stan-ta ašansar
63. qanta nödmägä barsar ikirär küpčük taš suv klürüp
64. buz suvï qïlïp tngri-lärkä ivrxan z-mastikk tägi
65. tüzü tägürz-ün

按此敕书，如果男僧女僧要在摩尼寺用餐，就必须从饭馆中拿来一、二杯由外边布施的、用寺外水酿成的葡萄酒，恭敬地端到僧尼和大摩尼僧面前。[3]

71. tngri možak-kä ävtadanqa kim
72. täggäli klsär öz suvsušïn birz-ün

谁要见高僧慕阇和拂多诞，就要献上自己的饭料。

这些与敦煌本《摩尼教残经一》《摩尼光佛教法仪略》所见迥然有别，体现了高昌回鹘时期摩尼教等级的深刻变化。大摩尼僧高高在上，坐等下

①录文载林悟殊《摩尼教及其东渐·附录》，北京：中华书局，1987 年，第 225 页；芮传明《东方摩尼教研究·附录　摩尼教汉语典籍校注》，上海：上海人民出版社，2009 年，第 373 页；图版刊中国国家图书馆编《国家图书馆藏敦煌遗书》第 4 册，北京：北京图书馆出版社，2005 年，第 363 页。

②敦煌写本《摩尼教残经一》，录文载《摩尼教及其东渐》，第 226 页；芮传明《东方摩尼教研究》，第 374 页；图版见《国家图书馆藏敦煌遗书》第 4 册，第 364 页。

③译文采自杨富学、牛汝极《回鹘文摩尼教寺院文书释文的几个问题》，《西北史地》1992 年第 4 期，第 46 页。

属侍候,而且别居一室,下属不得随便觐见。如有僧尼犯错,除了经济处罚外,甚至还使用肉刑。如:

97. bu išlärig iš ayγučï-lar

98. uz qïlsar ögdi-kä ačïγ-qa tägz-ün·aγduq

99. qïlsar üč yüz qïyn-qa tägz-ün·birär žünkim

100. …YCWKY birlä qïzγut birz-ün-lär·manistan-taqï

这些事执事们若做得好就受奖,做得不好就受三百[大板]体罚,用一绒锦……来付罚金。

108. qayu dintar-lar igläp yïγmïš isinmäsär üč yüz

109. [qïy]n-qa tägzün·sav-qa küčgün barz-un·

若 yïγmïš 未照料哪位生病的信徒,要挨三百[大板]。要按此命令全力执行。

119. dintar-nïng ašï yig bolsar üč yüz qïynqa tägz-ün

信徒们的饭若是做生了,他要挨三百[大板]。

按照摩尼教的规定,摩尼寺中不得蓄养仆役,如敦煌本《摩尼光佛教法仪略·寺宇仪第五》即载:"勿畜奴婢及六畜(马、牛、羊、猪、狗、鸡)等非法之具"。① 但《摩尼教寺院文书》却表明摩尼寺中存在男女仆役,如:

40. taqï qalmïš tört yüz älig quanpu ärän-gä aspasi

41. spasanč-qa qïšqï ton ätük bolz-un·käbäz bözi

42. [al]tmïš bö[z]…spasanč-qa yayqï ton

43. bolz-un

剩余四百五十官布给男工,侍男和使女做冬天的衣服和靴子。棉布六十……给使女做夏衣。

①录文载林悟殊《摩尼教及其东渐》附录,北京:中华书局,1987年,第232页;芮传明《东方摩尼教研究·附录 摩尼教汉语典籍校注》,上海:上海人民出版社,2009年,第383页;图版刊上海古籍出版社、法国国家图书馆编《法藏敦煌西域文献》第29卷,上海:上海古籍出版社,2003年,第86页。

59. anta
60. kin qalm iš qamγ araqï oγlan ivrxan z-mastikta
61. tapïnγu blgülüg qïlïp xoanta uz tapïnturz-un

然后给其余人中的男童做上仆人的标记,在吃饭时供使唤。

可以看出,随着高昌回鹘社会封建化的不断加深,摩尼教的教规也在随之发生变化,与其初创时代已大相径庭。之所以会出现这种情况,林悟殊给出了如下解释:"摩尼教在政治和经济上的地位发生根本变化之后,其原来教徒级别的区分亦就演化成封建教阶了。"① 诚哉斯言。

(三)高昌回鹘摩尼教寺院经济及其封建庄园化

《摩尼教寺院文书》对高昌回鹘摩尼教的寺院经济状况也有真实的反映,从中可以看出,回鹘摩尼寺之葡萄园种植业极为发达,庶几乎成为主要的经济形式,这在文书中有较多反映,如:

10. baγ
11. [borluq yir suv] qaγ timäz-ün uz itürz-ün öngtün
12. …baγ borluq … bolsar taγay bars
13. [ilïmγ]a böz'Y… [qavrïq]-qa tägz-ün

不要嫌果园和葡萄园的地是旱地,要使人好好耕种。东面……果园和葡萄园若……塔海·巴尔斯·依林哈(Taγay Bars Ilïmγa)要责罚棉布。

23. … öngtünki kidinki b[älïq]…tütün duman
24. yir…buz-nung …/…'WY/YN altmïš iki … üzä
25. böz tägšürüp T'K… Y'T…kädgü böz birzün

东西[城的]所有家园[都要缴]葡萄酒和租子(?)再用62单位的亚麻布去换粗布,用以给高僧制作衣服。②

①林悟殊《从考古发现看摩尼教在高昌回鹘的封建化》,《西北史地》1984年第4期,第15页。

②译文采自杨富学、牛汝极《回鹘文摩尼教寺院文书释文的几个问题》,《西北史地》1992年第4期,第46页。

85. songun birz-ün·öngtün kidin nä ä manistan-
86. lardaq baγ borluq yir suv iki iš ayγu ïlar
87. uz itürüp·yana qaγ yiräri nä ä bar ärsär
88. az üküš yaqa-ta birip yirig küntürüp bun
89. tüšing tägürz-ün·tüš kirür yirlärig uz
90. itürüp tüšin ašz-un

东西几个摩尼寺的果园、葡萄园和土地由两位执事使人仔细耕种。有多少旱地就尽量租出去,好好整治,不要亏本。要仔细经营获利的土地,以增加收入。

92. bu yir suv baγ
93. borluq savïnga tngri mo -ak ävtadan xroxan-[lar]
94. qatïlmaz-un·iš ayγu ï-lar bilz-ün

这土地、果园、葡萄园的事,高僧慕阇、拂多诞和呼嚧唤都不要介入,由执事们负责。

从文书看,但凡涉及农业者,一般都少不了葡萄园,表明葡萄园种植业在高昌回鹘摩尼教寺院经济中占有重要位置。如所周知,吐鲁番种植葡萄的历史非常悠久,从新疆鄯善县苏贝希三号墓地发现的葡萄种子看,早在战国时代,吐鲁番地区已有葡萄栽培。① 从吐鲁番出土汉文、回鹘文文书看,古代吐鲁番地区葡萄园种植相当广泛,既有官方的、寺院的,也有私营的,规模非常大,葡萄产量也相当可观。葡萄除食用外,还可用于酿造葡萄酒、葡萄浆、葡萄甜酱和葡萄醋等,进而形成了相当发达的酿造业。② 这些正是回鹘摩尼教寺院葡萄园种植业之所以发达的最佳脚注。

此外,从《摩尼教寺院文书》看,高昌回鹘之摩尼寺还兼营谷物种植及其他经济形式,如与粮食作物有关者:

①新疆文物考古研究所、吐鲁番地区博物馆《鄯善县苏贝希墓群三号墓地》,《新疆文物》1994 年第 2 期,第 20 页。

②伊斯拉菲尔·玉素甫《葡萄在古代吐鲁番社会经济中的地位》,殷晴主编《吐鲁番学新论》,乌鲁木齐:新疆人民出版社,2006 年,第 582~589 页;陈席刚《吐鲁番文书所见唐代葡萄的栽培》,《农业考古》2002 年第 1 期,第 223~229 页。

21. öngtün yïngaq yir suv üküš ü ün

22. …WC'X…XY tarïγ quanbu yïγγu yir suvlar itgü qumar bars

由于东面的土地多……谷物和官布的收集与土地的耕作就由 Qumar Bars……

与棉花种植有关者：

111. bu tört ilig

112. kiši birär šïγ käbäz ïdïp klürz-ün·yar manistanta

113. iki küri käbäz birz-ün·alt küri käbäz qo u manistan-

114. qa klürz-ün

这四个佃户要送来一石棉花，向交河摩尼寺交两库里(küri)棉花，向高昌摩尼寺交六库里棉花。

吐鲁番一带自古以来农业发达，这里土地肥沃，水利灌溉便利，《宋史》载高昌"有水源出金岭，导之周围国城，以灌田园，做水硙。地产五谷，惟无荞麦。"[①] 除了小麦、大麦、青稞、稻谷、芝麻、粟、豆、黍、棉、麻、桑等能生长成熟外，还适宜生产各种蔬菜瓜果。回鹘人西迁到吐鲁番盆地以后，受其影响，经济形式很快由以畜牧业为主改为以农业为主。从《摩尼教寺院文书》看，除葡萄种植外，农作物有小麦(26 行)、芝麻(27 行)、豆子(27 行)、稷蜀(28 行)、麸子(73 行)、甜瓜(79 行)、葱(83 行)、棉花(112 行)等，都是当时高昌农业经济的真实反映。

从《摩尼教寺院文书》看，高昌回鹘摩尼教寺院不仅拥有大量的土地，而且还拥有不少缴纳实物地租的寺户，亦即依附农民，其身份实际上就是农奴。[②] 他们要向寺院缴纳各种物品，其中最多的就是 quanpu。

Quanpu，在回鹘文文书中又作 qunpu，学界一般都指认其当为汉语词

①《宋史》卷四九〇《高昌传》，第 14111 页。

②林悟殊《从考古发现看摩尼教在高昌回鹘的封建化》，《西北史地》1984 年第 4 期，第 12~13 页。

"官布"之音译。[1] 耿世民先生译作"课布"(第22、35、39、40行)。在敦煌出土的文书,尤其是籍账类文书、借贷契约文书和社司文书中,有许多关于官布的记载。学界以前的研究,给人的印象官布似乎就是麻布之类,笔者认为应是吐鲁番、哈密等地所产的一种可以用以制作衣服的亚麻布。[2] 后来,郑炳林先生力主此为棉布之一种,从敦煌文书看,的确如此。[3] 故下文径译官布。

34. iš ayγu ï aγïlq-qa kirür bo[rluq]
35. yir tüši tört ming yüz biš otuz quanpu bunq[ï]
36. törü ä srošivt qanikta kigürz-ün

执事要把应入库的葡萄园的地租四千一百二十官布按教规存入义务仓中。

38. kädmä tägirmän-ning
39. biš yüz quanpuda älig quanpu kädmä-gä birz-ün
40. taqï qalmïš tört yüz älig quanpu ärän-gä aspasi
41. spasanš-qa qïšqï ton ätük bolz-un·käbäz bözi

Kädmä 磨粉(?)所得的五百官布中五十官布归 Kädmä,剩余四百五十官布给男工、侍男和使女做冬天的衣服和靴子。

此外,需向寺院缴纳的还有甜瓜(第79、80、81行)、葱(第84行)、芦苇(第103行)、棉花(第112、113行),这些也应该是地租或地租的一部分。

值得注意的是第116至117行的文字:

---

①J.Hamilton, Un acte ouïgour de vente de terrain Provenant de Yar-Khoto, *Turcica* 1, Paris, 1969, p. 52; P. Zieme, Ein Uigurisher Text über die Wirtschaft Manichäischer Klöster im Uigurischen Reich, L. Ligeti (ed.), *Researches in Altaic Languages*, Budapest 1975, S.332; 山田信夫著,小田寿典、P.ツィーメ、梅村坦、森安孝夫编《ウイグル契约文书集成》第2卷,大阪:大阪大学出版会,1993年,第277页。

②杨富学、牛汝极《回鹘文摩尼教寺院文书释文的几个问题》,《西北史地》1992年第4期,第45页。

③郑炳林、杨富学《敦煌西域出土回鹘文文献所载 qunbu 与汉文文书所见官布研究》,《敦煌学辑刊》1997年第2期,第19~27页。

116. qutluγ tonga qolmïš
117. bu ikigü iki küntä bir yük otung klürür
Qutluγ Tonga 和 Qolmïš 二人每两天要交一车柴。

这一内容又明显具有劳役地租的特征。可以看出,摩尼教寺院对寺户的封建剥削方式主要是通过实物地租或劳役来实现的。

高昌回鹘摩尼寺的畜牧业和小手工业也很发达。

回鹘本为一"居无恒所,随水草流移"① 的游牧民族,社会生产以游牧为主。西迁新疆后,畜牧业继续得到发展。太平兴国六年(981 年),宋使王延德到达高昌,在其所著《使高昌记》中称北庭川长广数千里,水草丰美,禽兽很多,是放牧与狩猎的理想场所,成为回鹘王室的牧马场:

北庭地多马,王及王后、太子各养马,放牧平川中,弥亘百余里,以毛色分别为群,莫知其数。②

这一记载说明高昌回鹘的畜牧业是较为发达的。这在回纥《摩尼教寺院文书》中亦有反映:

121. šingtai toyïn vapap oγlï taz·qaz ï yaqtsin
122. toyïn·kädiz- i oγul bars·zïγ ï-lar mun a kiši manistanta
123. išläz-ün
放牧工为拖因·雅帕普(Toyïn Vapap)之子塔孜(Taz),养鹅工为雅特生·拖因 (Yaqtsin Toyïn), 制毡工为奥兀勒·巴尔思(Oγul Bars)。所有这些人都要在摩尼寺做工。

在寺院中还有供慕阇和佛多诞的骑乘的马匹(第 75、77 行)。这些表明,畜牧业也是摩尼寺寺院经济的重要组成部分。此外,寺院中还有制毡工,说明小手工业也是存在的。

通过上文的叙述,可以明显看出,当时高昌回鹘的摩尼教寺院,差不

①《旧唐书》卷一九五《回纥传》,第 5195 页。
②[宋]王明清《挥麈录·前录》卷四,上海:上海书店出版社,2001 年,第 30 页。又见《宋史》卷四九〇《高昌传》,第 14112 页,录自《挥麈录》。

多已经等同于一个自给自足的封建大庄园，[1] 原本主要用于传教弘法的功能差不多褪失殆尽，摩尼教寺院功能的异化，至此宣告彻底完成。

（原刊《吐鲁番学研究》2012 年第 2 期，第 44~68 页）

①林悟殊《从考古发现看摩尼教在高昌回鹘的封建化》，《西北史地》1984 年第 4 期，第 13 页。

回鹘摩尼教的消亡及相关问题

一、缘　　起

摩尼教是公元3世纪中叶波斯人摩尼(Mani,216—277年?)所创立的一种宗教,它摄融了早已在中亚流行的袄教、诺思替(Gnostic)教、景教和佛教的各种因素,主要思想则为世上光明与黑暗斗争的二元论。摩尼教在波斯曾盛极一时,后来因受到波斯王巴拉姆一世(Vahrām I,274—277年)的残酷迫害,教徒流徙四方。其中向东的一支进入河中地区,以后逐渐东传至中国内地,再于763年辗转传入回鹘国中,在回鹘取得迅猛进展,迅速替代了原来盛行的萨满教,一跃成为漠北回鹘汗国的国教。当时回鹘可汗对摩尼僧倚重有加,"回鹘常与摩尼议政",① 久而久之,以至于形成了"可汗常与共国" ② 之局面。回鹘僧不仅可以参与朝政,而且常作为回鹘国的使者出使唐朝,在经济上也成为回鹘政权的依赖,大量回鹘商人涌入长安等地从事经商活动。③ 陈垣先生言:"其敬重等于宰相都督,其亲信等于骨肉。"④ 正是当时摩尼僧在漠北回鹘汗国地位的真实写照。

840年,在天灾人祸的内外交困之下,漠北回鹘汗国分崩离析,民众大部被迫西迁,散处于西域、中亚与河西走廊一带,分别建立了高昌回鹘王国、喀喇汗王朝、甘州回鹘和沙州回鹘诸政权。除中亚喀喇汗王朝之外,摩尼教在西域、河西诸回鹘政权中都有流行。当时,由于受当地流行的佛教的影响,多数民众都皈依了佛门,但回鹘王室却继续尊奉传统的"国教"——摩尼教,使之在回鹘中长期拥有相当高的地位。

①[唐]李肇《唐国史补》卷下,上海:上海古籍出版社,1979年,第66页。

②《资治通鉴》卷二三七胡三省注文,北京:中华书局,1963年,第7638页;《新唐书》卷二一七上《回鹘传上》,第6126页。

③杨富学《关于回鹘摩尼教史的几个问题》,《世界宗教研究》2007年第1期,第140~143页。

④陈垣《摩尼教入中国考》,氏著《陈垣学术论文集》第1集,北京:中华书局,1980年,第339页。

甘州回鹘存在于9世纪后期至1028年之间，立国约1个半世纪左右；沙州回鹘国存在于1036年至1067年左右，立国仅30余年。摩尼教在二政权消亡不久的存废情况于史无征，以理度之，摩尼教在河西回鹘中的灰飞烟灭应在12世纪之前。相较而言，史料对高昌回鹘摩尼教衰亡的情况反映较多，其消亡时间学术界也是人言言殊，存在多种意见，一种意见认为“大概13世纪以后，此教就不再流行了。”[①] 另一种意见认为摩尼教在回鹘人中“一直维持到11世纪的前数十年”。[②] 笔者则认为“回鹘摩尼教的最终消亡应在11世纪中叶或稍后不久”。[③] 说法虽不一，但均将摩尼教在回鹘中消亡的时间推定在11世纪中期至12世纪末，相差大致1个半世纪左右。特别值得注意的是近期李树辉先生根据南疆发现的波斯文文献而认定摩尼教消亡时间在“18世纪末或19世纪初”。[④] 此说既出，一下子将回鹘摩尼教消亡的时间向后推延了六七个世纪，一石激起千层浪，迫使笔者不得不静下心来，重新就这一问题进行思考。前贤对摩尼教消亡之说多限于叙述，未及细致研究；笔者此前对这一问题虽有论述，但也比较简单。为回答李树辉先生的宏论，这里再就摩尼教在回鹘中衰亡问题作进一步深入的探讨。

二、高昌回鹘摩尼教的式微与消亡

西迁回鹘在宗教信仰上有一个共同的特点，那就是回鹘可汗虽尊崇摩尼教，但并不排斥其他宗教，所以在回鹘汗国境内很难看到不同宗教间互相攻击的现象。但由于历史条件和社会环境的变化，西迁后的回鹘摩尼教势力已大为衰落，无复漠北时代之盛，其统治地位已逐步为佛教所取代。这在高昌回鹘王国表现得尤其明显。

太平兴国六年(981年)，宋朝使者王延德出使高昌，对当地的宗教状况有如下报道：

> 佛寺五十余区，皆唐朝所赐额，寺中有《大藏经》《唐韵》《玉

①羽田亨《西域文明史概论》，京都：弘文堂书房，1931年，第164页([日]羽田亨著，耿世民译《西域文明史概论》，北京：商务印书馆，2005年，第115页)。

②[法]路易·巴赞著，耿昇译《突厥历法研究》，北京：中华书局，1998年第307页。

③杨富学《回鹘文献与回鹘文化》，北京：民族出版社，2003年，第197页；杨富学《关于回鹘摩尼教史的几个问题》，《世界宗教研究》2007年第1期，第146页。

④李树辉《试论摩尼教消亡的时间》，《世界宗教研究》2008年第4期，第117页。

> 篇》《经音》等，居民春月多游，群聚遨乐于其间，游者马上持弓矢射诸物，谓之禳灾。有敕书楼，藏唐太宗、明皇御札诏敕，缄锁甚谨。复有摩尼寺，波斯僧各持其法，佛经所谓外道者也。①

从中可以看出，佛教势力是相当强大的，不仅寺院众多，寺中藏有《大藏经》《唐韵》《玉篇》《经音》等许多来自中原的佛教经典与儒家著作，而且当地居民“群聚遨乐于其间”，说明成为当地老百姓的普遍信仰。“复有摩尼寺”一语说明当时回鹘之摩尼教虽不如佛教之盛，但势力仍然是不可忽视的。“波斯僧各持其法”说明景教势力也不可忽视。是证早在10世纪末期，高昌回鹘的摩尼教与佛教相比已居于下风。

在漠北回鹘汗国时代，摩尼僧在回鹘外交活动中充当重要角色，“无论来朝，无论去国，非摩尼不成行”。② 但高昌回鹘时期，虽然也有摩尼僧充任使者的例子，但仅有一见：

> 周太祖广顺元年二月，西州回鹘遣都督来朝……回鹘遣使摩尼贡玉团七十七、白氎段三百五十、青及黑貂鼠皮共二十八、玉带、玉鞍辔铰具各一副、牦牛尾四百二十四、大琥珀二十颗、红盐三百斤、胡桐泪三百九十斤，余药物在数外。③

可见摩尼僧在回鹘汗国的外交作用也大为削弱。尤有进者，“乾德三年(965年)十一月，西州回鹘可汗遣僧法渊献佛牙琉璃器。”说明965年以前，西州回鹘可汗即已尊奉佛教了。高昌回鹘摩尼教势力之逐步式微，应始于10世纪下半叶。

敦煌出土S.6551《佛说阿弥陀经讲经文》也涉及回鹘摩尼教问题。内云：

> 门徒弟子言：归依仏者，归依何仏？且不是磨(摩)尼仏，又不是波斯仏，亦不是火祆仏，乃是清净法身、圆满报身，千百亿化身

①[宋]王明清《挥麈录·前录》卷四，上海：上海书店出版社，2001年，第30页。又见《宋史》卷四九〇《高昌传》，第14112页，录自《挥麈录》。

②陈垣《摩尼教入中国考》，氏著《陈垣学术论文集》第1集，北京：中华书局，1980年，第354页。

③《册府元龟》卷九七二《外臣部·朝贡五》，第11425页。

释迦牟尼仏……且如西天有九十六种外道，此间则有波斯、摩尼、火祆、哭神之辈，皆言我已出家，永离生死，并是虚诳，欺谩人天。唯有释迦弟子，是其出家，堪受人天广大供养。①

文献中明确地将摩尼教与祆教、景教、萨满教一样列为外道，将其理论贬作“并为虚诳，欺谩人天”之言。文献又言：

天王……早授诸佛之记，赖蒙贤圣加持，权称帝主人王，实乃化身菩萨……更有诸宰相、达干、都督、敕使、萨温、梅录、庄使、地略，应是天王左右，助佐金门。官僚将相等，莫[不]外匡国界，内奉忠勤，为主为君，无词(辞)晓夜。善男善女，檀越信心，奉戒持斋，精修不倦。更有诸都统、毗尼法师、三藏法律、僧政、寺主、禅师、头陀、尼众、阿姨师等，不及一一称名，并乃戒珠朗耀，法水澄清，作人天师，为国中宝。②

文中充满了对佛教的景仰、赞美之情，尤有进者，从中我们可以看出原本信奉摩尼教的回鹘汗王竟被视作化身菩萨，相国百揆则被视作护法天王。很可能，此时的回鹘皇室贵族已经由原来的独尊摩尼教而改为各教并举了。该文献虽出自敦煌，但反映的内容可以肯定与敦煌是风马牛不相及的。其真正来源地可以通过以下文字来推定：

但少(小)僧生逢浊世，滥处僧伦，全无学解之能，虚受人天信施。东游唐国幸(华)都，圣君赏紫，丞(承)恩特加师号。拟五台山上，松攀(攀松)竹以经行；文殊殿前，献香花而度日。欲思普化，受别中幸(华)，负一锡以西来，途经数载，制三衣于沙碛，远达崐岗；亲牛头山，巡于阗国。更欲西登雪岭，亲灵山，自嗟业障尤深，身逢病疾，遂乃远持微德，来达此方，睹我圣天可汗大回鹘国。③

①王重民、王庆菽、向达等编《敦煌变文集》下册，北京：人民文学出版社，1957年，第464页；潘重规《敦煌变文集新书》，台北：文津出版社，1994年，第151页。
②《敦煌变文集》下册，第461页；《敦煌变文集新书》，第148页。
③《敦煌变文集》下册，第461~462页；《敦煌变文集新书》，第147~148页。

从“东游唐国华都”及“睹我圣天可汗”等语，结合前引文献出现的官号，如诸宰相、达干、都督、敕使、萨温、梅录、庄使、地略等，可定该文献来自高昌回鹘王国，书写者应是高昌回鹘王国境内的一位汉族高僧。他曾东游唐国以后，意欲西行印度求法，却因病而不得不折返。据考，该文写成于930年前后。[①] 虽然此僧未能到达印度，但此行却证明当时高昌回鹘境内不乏渴求赴印度求法游学的佛教僧徒。说明该文献反映的是高昌回鹘王国时期的情况。这种肆意贬低摩尼教而抬高佛教的现象，无疑地反映了当时摩尼教地位的下降。

吐鲁番出土编号为M 112的回鹘语文献内容反映的是毁坏摩尼教寺院的内容，对于认识回鹘摩尼教的消亡具有重要意义，兹引录如下：

原文转写：

1. //////////////(..) ɣ öŋ [ü]n-k(ï)-/////////////////////////////////////

2. /////////////[bä]dizligqïšɣa[ön]g[d]ü(n)/////////////////////////

3. //////////// munta-ta ulatï·aɣïr /////////////(.) ula(tï)//////

4. /////////// lüg uz qočo-ta yoq TYK ///////////S(..)-ig idtü[r]////.

5. ///////// ärmiš·iki yüz älig tört(rt) ///////////-(l)üp·ančan ////

6. [u](ɣ)ur-ïnta·kidin ädti(？) tözlüg ts////////n aɣu yikaŋ (？)…

7. /////nomluɣ ärtuq bk qatïɣ k[irtgün]č köŋül (ö)[ritip] ///////…

8. taš qoštr käd oɣul qoïtr bašblao PY (..)KW il ädgüsin ’WK(….) T(…)

9. törtünč il bilgä tŋri ilig oɣrïnta qap bars yïl-ïn k(ä)lip dintar bolup

10. äžun tägšürsär·aŋ kičigi mn bodan winz käd oɣul šaɣan qy-a

①张广达、荣新江《有关西州回鹘的一篇敦煌汉文文献——S.6551讲经文的历史学研究》，《北京大学学报》1989年第2期，第24~36页；李正宇《S.6551讲经文作于西州回鹘国辨证》，《新疆社会科学》1989年第4期，第88~97页。

11. bu ïduq taš manistan-ïɣ upaɣ qy-a si-in küčüm yitmiš-čä ky-ä itip

12. (i)gäläyu turur ärkän·kywan pɣ-lïɣ küü qoyn yïl-ïn törtünč ärslan

13. (bi)lgä tŋri ilig süŋülüg qaɣan-nïŋ yrlïɣïŋa·trkän tigin

14. tŋrim-niŋ äski ič balïq-nïŋ öŋdün (y)ïŋaq idmiö üč čŋgur-luɣ

15. vrxar-ïɣ köčürüp·ästud vrzint mož(a)k uɣrïnta manistan-ïɣ buzup

16. vrxar itip·ar-a-taqï ičtinki bin//k qunduw(?)kinu(/kiru)ča-ki manistan-

17. (-n)ïŋ idigin ymä söküp alïp vrxar-q(a)(ü)ntürüp iltip·bu ïduq uluɣ

18. manistan-nïŋ uluɣ özän-täki töpü luɣtu sulaɣ bädiz yaïŋn alïp

19. vrxar-ïɣ idtürti·bu ötig-kä aɣu-luɣ kad oɣul artuqraq umaɣu

20. täg ämgäk tägip umdïn manistan-niŋ yaŋïn ärsär ymä bitiyin kinki

21. (ki)čiglär ymä uqzun-lar tip azqy-a bitiyü tägintim tŋrim:

汉译文:

1 ……东(前)……

2 ……画堂(?)……

3 ……以及尊重的……

4 高昌所无的……

5 二百五十四……

6 时,西(后),根…针…

7 以最坚决之(心)……

8 以taš 大师和käd oɣul大师为首……为了国家的利益

9 当第四颉利毗伽天王(il bilgä tŋri ilig)[在位]时，于甲寅年(954年？)来到[这里]成为摩尼教僧人

10 [并]转世(？)[后]，作为最小的[僧人]我bodan winz käd oɣul šaɣan qy-a

11 曾尽最大的力量修复了这座神圣的外摩尼教寺院。

12 当土曜(kywan，音译“鸡缓”)之癸午年(983年？)，依照第四阿尔斯兰

13 毗伽天王孙古律格可汗 (ärslan bilgä tŋri ilig süŋülüg qaɣan)之令，

14 王子殿下迁移了旧的、位于内城东部建有三塔(？)的

15 佛寺，并毁坏ästud wrz-int慕阇时代[建立的]摩尼教寺院，

16 [改]建为佛寺，并拆掉位于Aza的bin//k qunduw kinu chaki 摩尼教

17 寺院的装饰，运到佛寺中去，并取走这座神圣的大

18 摩尼教寺院的大堂(？)中顶上的luɣtu塑像装饰

19 来装饰佛寺。我arauluɣ kad oɣul 为此深感痛苦，

20 [所以]我写下这座摩尼教寺院的样式，并为了让后人

21 了解[这方面的]情况，特简短写下此呈文。[愿]天神[保佑！] ①

我们可以看到，在kywan pɣ-lïɣ küü qoyn yïl(土曜之癸未年，即983年)至，回鹘Tärkän王子曾奉可汗之命，将城内的一座摩尼寺改建为佛寺，明确指示剥取拆除摩尼寺内的壁画与塑像，布置装饰佛教内容，改建其为佛教寺院。此举无疑更会加快摩尼教的衰落。

那么，摩尼教在回鹘中流行至何时呢？因史书无确据可资佐证，难以遽断。日本学者羽田亨将回鹘摩尼教消亡的时间推定在12世纪，“大概13

①Geng Shimin–H. –J. Klimkeit，Zerstörung manichäischer Klöster in Turfan，*ZaS* 18，1985，pp. 9–11；森安孝夫《ウイグル=マニ教史の研究》(=《大阪大学文学部纪要》第31/32卷合并号)，大阪：大阪大学文学部，1991年，第148~149页；耿世民、H. J. Klimkeit《一件吐鲁番出土的摩尼教寺院被毁文书的研究》，耿著《维吾尔古代文献研究》，北京：中央民族大学出版社，2006年，第448~450页。

世纪以后,此教就不再流行了”。[1] 此说得到了多数学者的遵从。然而,笔者认为这一断代未免有些过迟,因为作为“国教”,如果摩尼教还继续存在的话,不可能在中外史籍中得不到任何反映。我们现在所掌握的时代比较确切的回鹘摩尼教文献,都可归入12世纪以前。职是之故,笔者认为将之消亡时间定在12世纪以前显得更为妥帖。

三、波斯文《大霍加传》所见摩尼教徒献疑

这里特别需要指出的是,新疆发现的晚近波斯文文献中有一件文献——《大霍加传》——竟提到18~19世纪喀什噶尔(今新疆喀什市)与叶儿羌(今新疆莎车县)地区的摩尼教,与传统说法大异其趣,非常值得深思。

《大霍加传》之作者与撰写时间均不详,记述了16世纪以艾哈迈德·卡桑尼为尊号而闻名于中亚的神学家大霍加买合杜木·艾扎木及其长子依禅卡朗家族几代著名霍加的生平,其中涉及喀什噶尔、叶尔羌等地摩尼教的情况。这里引述其中的相关三段文字:

> (一)当时,喀什噶尔的民众分为几大派,一些人崇信伊斯哈克外里;一些摩尼教徒崇敬蒙古人;还有一部分人崇拜其他人物。他们经常搜集对方的情报。所以,弟子们运回灵体,秘密地安葬了萨赫甫卡朗。[2]
>
> (二)买吾拉乃·艾卜·纳斯尔又备尝了摩尼教徒的折磨。异教徒在他头上套了一种器械,在两只手上套上了似手铐又非手铐、似铁链又非铁链的一种东西,使他受尽了痛苦……在同一时期,买吾拉乃·多斯提来到叶尔羌后,亦被摩尼教徒套上了器械,受尽了千辛万苦,被解送到伊犁,交给了吐兰。[3]
>
> (三)有天,我们在乌帕尔村时,我住在买吾拉乃·德里穆的舍下……接着又来了几位客人,我们一起聊天,其中,有些是摩

①羽田亨《西域文明史概论》,京都:弘文堂书房,1931年,第164页([日]羽田亨著,耿世民译《西域文明史概论》,北京:商务印书馆,2005年,第115页)。

②佚名著,崔维歧译,宝文安、王守礼校《大霍加传》,《新疆宗教研究资料》第12辑,新疆维吾尔自治区社会科学院宗教研究所编印,1986年,第71页。

③同上,第72页。

> 尼教徒。当谈论到白色与黑色时，多数人倾向于白色，并对白色大肆赞赏。显然此话是针对我们而来。于是我便对他们说："你们听着，仁慈的真主赐毕拉勒(人名)喜爱黑色，赐仙女喜爱白色和美丽。后来，仙女们对毕拉勒这样的埃拜西人(埃拜西人即现在的埃塞俄比亚人——译注)总是不顺眼，万能的真主于是又把毕拉勒的黑颜色分给了仙女一部分，从此仙女们的美容又比原来漂亮了一百倍。黑白的缘由就是这样的，如果你们需要详细了解的话，就请你们看一看《色叶尔》这本书好了！正如人的眼帘是白色的，而眼球却是黑色的一样。请你们想一想，究竟哪种颜色优越些！"我这一席话，说得那些摩尼教徒张口结舌，低头不语，大杀了他们的威风。①

现存抄本是由英吉沙罕阿勒村毛拉阿布都拉·本·毛拉尼亚孜于希吉勒历1280年12月(1864年5月)抄写的，事涉阿帕克·霍加之子"萨赫甫卡朗阁下归真"三年后的史事。而萨赫甫卡朗死于希吉勒历1138年(1725年)。②推而论之，其写成时代当在1728年以后至19世纪上半叶之间。李树辉先生遂以此为据得出了如下结论：

> 至晚到18世纪末或19世纪初，摩尼教仍然存在于西部的喀什噶尔、叶尔羌等地。而在阿克苏及其以东地区，由于喀什噶尔和叶尔羌的摩尼教徒被"赶到了阿克苏以外"，极可能还延续过一段时间。③

若不考虑当时的历史情况，仅凭《大霍加传》的上引文字进行推断，李先生得出这样的结论应该说是合乎情理的。但是，若将多种因素综合在一起，构成一个完整的证据链，综合起来进行考虑，那么，这一结论就难以立足了。

首先，从现有资料看，喀什噶尔、叶尔羌二地历史上是否曾有过摩尼教的传播，答案是否定的。前文所述吐鲁番出土中古波斯语文献《摩尼教赞美诗集(Mahrnāmag)》在题记中详列了漠北回鹘汗国和塔里木盆地北

①同上，第79页。

②同上，第79页。

③李树辉《试论摩尼教消亡的时间》，《世界宗教研究》2008年第4期，第117页。

缘各城镇统治者，以及众多摩尼教听者的名字，分属北庭、高昌、龟兹(包括佉沙和拔换)、焉耆和于术(一作温宿)五处。[①] 说明当时天山南部地区已成为摩尼教的繁盛之地，却独不见喀什噶尔和叶尔羌。高永久先生曾言："从近代在吐鲁番地区发现的用波斯文写成的摩尼教残卷《赞美歌集》(Le Mahrnāmag)中所记可知，摩尼教的东方主教区，有喀什噶尔、龟兹、焉耆、北庭、高昌。"[②] 此说不确，其一，《摩尼教赞美诗集》中没有出现喀什噶尔，而是于术；其二，诗集提到来自北庭、高昌、龟兹(包括佉沙和拔换)、焉耆和于术等五地的听者，却无五教区之谓。在《摩尼教赞美诗集》之外，也从未见喀什噶尔和叶尔羌二地有摩尼教传播的记载，史无传承，却在摩尼教于各流行地消亡数世纪后却突然冒出了这么多的摩尼教徒，令人费解。

其次，喀什噶尔和叶尔羌果若真有摩尼教徒团体存在，那么，在众多的历史文献中绝不会得不到任何反映。巴尔托里德指出："大概在10世纪之后不久，摩尼教在回鹘人中让位于佛教和景教……在11世纪下半期喀什噶里的书(指《突厥语大辞典》)中没有证明当时摩尼教依然存在的材料，虽然喀什噶里比别人更好地了解回鹘汗国的情况……喀什噶里时代，回鹘人已不是摩尼教徒，而是佛教徒和景教徒。而其西邻这时已处于伊斯兰教的影响下了。"[③] 穆罕默德·喀什噶里本为喀什人，所著《突厥语大辞典》堪称11世纪回鹘社会的百科全书，全然不见摩尼教的踪影，足证那个时代摩尼教已影响不再，至少在高昌等地已经式微，已引不起人们的注意了。于此情况下，喀什、叶儿羌根本不可能会有摩尼教团体存在。

其三，喀什噶尔、叶尔羌周围固有的摩尼教流行区在18、19世纪也早已是古往之事。其东之高昌回鹘摩尼教在12世纪以前已销声匿迹，已如前述。其西的摩尼教绝迹更早，自10世纪西亚和中亚地区已为伊斯兰教所征服，日益伊斯兰化之后，摩尼教彻底绝迹。"无论在印度洋区域或东南亚地区，迄今未发现有任何地方曾成为摩尼教徒的聚居地"。[④] 喀什噶尔等地

①王媛媛《中古波斯文〈摩尼教赞美诗集〉跋文译注》，朱玉麒主编《西域文史》第2辑，北京：科学出版社，2007年，第130页；同氏《从波斯到中国：摩尼教在中亚和中国的传播》，北京：中华书局，2012年，第69页。

②高永久《西域古代民族宗教综论》，北京：高等教育出版社，1997年，第222页。

③[苏]维·维·巴尔托里德著，耿世民译《中亚简史》，乌鲁木齐：新疆人民出版社，1980年，第106页。

④林悟殊《宋元滨海地域明教非海路输入辨》，《中山大学学报》2005年第3期，第68页(收入氏著《中古夷教华化丛考》，兰州：兰州大学出版社，2011年，第44页)。

缺乏输入摩尼教的源头。

其四，16至18世纪的喀什、叶儿羌已完全是伊斯兰教的一统天下，当时的社会环境绝不能允许异端势力——摩尼教团体存在，更不可能形成大的派别。所以，文献言称当地摩尼教徒与伊斯兰教徒争辩，甚至折磨伊斯兰教徒。这是绝对不可能发生的事，只会是子虚乌有。新疆伊斯兰化进程与喀喇汗王朝息息相关。据说，第一个接受伊斯兰教的是沙土克·布格拉汗。万伯里(A.Vambéry)在谈到布格拉汗对待宗教的态度时说他“以传播伊斯兰教有功而著名于世，他使千千万万的佛教徒和景教徒变成了穆斯林”。① 从他以后，历代的君主们都致力于狂热地传播伊斯兰教，对异教徒不能容忍，常以“圣战”为名进行掠夺性的战争，并借以传播宗教。随着伊斯兰教势力的快速增长，新疆固有的佛教势力逐步退缩，至15世纪时，新疆伊斯兰教势力已超过佛教，至16世纪初期，新疆维吾尔族已全部皈依伊斯兰教。② 原来在新疆长期占主导地位的佛教势力在伊斯兰教的渗透下尚且不能自保而销声匿迹，遑论势力本来就比佛教弱小得多，而且于10世纪末开始便已迈入穷途末路的摩尼教了。

那么，文献中何以会有关于喀什等地摩尼教团体的记载呢？值得探究。我们知道，古代穆斯林著作有传抄前辈著作的传统，如著名的波斯文著作《世界境域志》在开首即言：“资料皆取自前人的著作和先哲们的回忆录”。③ 张广达先生善于运用古波斯、阿拉伯地理学著作以研究史地，在论及这些资料的可靠性时给予了如下总结：

> 当时，晚辈地理学家往往从修订、增补前辈的成书着手，在对前辈的编纂物做某种程度的增添之后，把该编纂物变成自己的著作……这样的做法在当时不被认为是剽窃攘夺。④

①A. Vambéry, *History of Bokhara*, London, 1873, p. 82.

②杨富学《回鹘之佛教》，乌鲁木齐：新疆人民出版社，1998年，第39~47页。参见李泰玉《新疆佛教由盛转衰和伊斯兰教兴起的历史根源》，《新疆社会科学》1983年第1期，第105~116页。

③V. Minorsky, *Hudud al-'Ālam*. "*The Regions of the World*", *a Persian Geography 372 A H. – 982 A.D.*, London: 1937, p. 49；[波斯]佚名著，王治来译注《世界境域志》，上海：上海古籍出版社，2010年，第1页。

④张广达《出土文书与穆斯林地理著作对于研究中亚历史地理的意义》（下），《新疆大学学报》1984 年第2 期，第56页。

《大霍加传》用波斯文写成，著者很可能即来自波斯，所讲内容有可能是对先辈著作的直接承袭。否则，我们的确难以解释著作中如此生动的摩尼教徒活动内容。

四、察合台文摩尼教史料辨析

在波斯文《大霍加传》之外，还有两件文献提到喀什噶尔一带的摩尼教。其一为《和卓传(Tažkira-i-khwājagān)》，其二为《摩尼之生活》。

《和卓传(Tažkira-i-khwājagān)》，察合台文写本，作者为18世纪维吾尔人穆罕默德·萨迪克·喀什噶里(Muḥammad Sādiq,Kāshghari)，写成于希吉勒历1182年(1768/69年)，内容主要讲述喀什噶尔和卓家族的历史。1859年俄国旅行家乔汗·瓦里汗诺夫发现于喀什。其中涉及摩尼的内容，英国学者沙敖(Robert Barkley Shaw)英译如下：

> Afāq,on beiŋ expelled from Kāshghar,went towards Kashmir. He arrived at an idol temple of the Prophet Māni at Ju.He performed miracles and asked for help to take the country of Yārqand. ①

陈俊谋、钟美珠据沙敖英译本汉译如下：

> 阿帕克被逐出喀什噶尔后便赴克什米尔去了。他来到先知摩尼(Māni)在朱(Ju)的偶像庙宇，在这里他行使了奇迹并请求帮助他夺回叶儿羌的国土。②

该文献言在克什米尔地区一个名唤“朱(Ju)”的地方存在有摩尼教的偶像庙宇。此亦为先前所未闻者。据传，摩尼在241—242年间弘法印度期

①Robert Barkley Shaw *The History of the Kkōjas of Eastern-Turkistan Summarised from the tazkira-i-Khwajagan of Muhammad Sadiq Kashghari*, Edited with Introduction and Notes by N. Elias, Calcutta: the Office of the Superintendent of Government Printing, India, 1897, pp. 35-36.

②穆罕默德·萨迪克·喀什噶里著，沙敖英译，陈俊谋、钟美珠汉译《和卓传》，《民族史译文集》8，中国社会科学院民族研究所历史研究室资料组编译，1980年，第99页。

间，不仅曾亲履犍陀罗地区，[①] 甚至曾涉足于克什米尔和于阗地区。[②] 但这仅为传说，尚无法得到证实。将上引英、汉二种译本进行对照，可以看出，汉译本是非常忠实于英译本的。那么，“朱”地出现的“先知摩尼”是否可与传说相印证呢？不得而知。在笔者看来，与其将这里的“摩尼(Māni)”理解为“先知摩尼”，毋宁理解为佛教术语更容易让人理解。该词既有可能指佛祖释迦牟尼，更可能为梵语词汇Mani的借用。Mani者，“珠宝”之意也，又译“摩尼珠”或“摩尼宝珠”。[③] 这一推测在新近推出的《和卓传》全译本中得到了验证。同样一段文字，林红给出了另外一种译法：

> 阿帕克和卓被伊斯梅尔汗逐出伽师噶尔后，筹措经费走过了一座又一座城市，来到了克什米尔一个叫秦的国家，然后到了一个叫朱的地方，在一座佛寺里落脚。秦的僧人们都衣不遮体，阿帕克和卓向他们显示了奇迹，劝谕他们放弃虚假的信仰。[④]

《和卓传》以前曾有过三种译本，其一为德国东方学家哈特曼(Martin Hartmann)不完整的德文译注本，其二为沙敖英文节译本，附有伊莱阿斯(N.Elias)的注释和解说，其三为乔汗·瓦里汗诺夫的片段译文。一般认为沙敖节译本较好，但略去了差不多一半的内容，“抛开细节的翻译问题，从内容上来看，沙敖的节译本只能说是为我们提供了一条历史的线索，而对我们了解17世纪前后新疆维吾尔苏非主义具体的历史面貌则无太大意义”。[⑤] 相较而言，林红汉译本比沙敖本更可信从。林译本径直将沙敖所

①H. H. Schaeder, Review of C. Schmidt and H. J. Polosky, Ein Mani-Fund in Agypten, Gnomon Bd. IX, Heft 7, Juli 1933, p. 351; Geo Widengren, *Mani und der Manichäismus*, Stuttgart 1961, S.35.

② A. von Le Coq, *Die buddhistische Spatantike in Mittelasien. II. Die Manichaeischen Maniaturen*, Berlin 1923, S.12([德]阿尔伯特·冯·勒柯克、恩斯特·瓦尔德施密特著，巫新华译《新疆佛教艺术》第2卷《摩尼教袖珍画》，乌鲁木齐：新疆教育出版社，2006年，第102页)。

③荻原云来编纂，辻直四郎监修《汉译对照梵和大辞典》，台北：新文丰出版公司，1988年，第986页。

④林红《察合台文献〈和卓传〉与维吾尔苏非主义》，新疆大学硕士学位论文，2006年，第23页。

⑤林红《察合台文献〈和卓传〉与维吾尔苏非主义》，新疆大学硕士学位论文，2006年，第1页。

谓的"先知摩尼(Māni)在朱(Ju)的偶像庙宇"译作"一座佛寺"。惜未给予任何解释。

对文献中的"朱"地，伊莱阿斯是这样解释的：

> 要确定原文中的楚(Chu)或朱(Ju)是很有趣的。瓦利哈诺夫上尉从未提到这个名字，但是他谈到阿帕克"引退到克什米尔，他从那里进入西藏……"我不知道作者有何根据把楚(Chu)假设为西藏……可能就是表示朱瓦 (Ju-wo)，对此，柔克义先生(Mr.W.W.Rockkhill)曾告诉我们，它是拉萨主要寺院的名字。①

而林译本则给予了如下注解：

> 当时中亚人民把旁遮普以北的地区统称为"秦"，而"朱"可能指当时西藏的一座重要的寺庙。②

不管怎么翻译、理解，"朱"地指代西藏当不会有太大差池。古代西藏曾有摩尼教的传播，这在藏文大藏经《甘珠尔》中赤松德赞赞普所撰《真正言量略集(bKa' yaŋ dag pa'I tshad ma las mdo btus pa)》有反映，文曰：

> 不知足的异端大波斯异教徒末摩尼(Mar Mane)从各种体系搬来了某些材料，从而创造出一种区别于其他各宗教的自身体系，当他吸收那些思想的同时，又使它们与其本意大相径庭，别的体系的思想被提出来了，但同时也被改变了，因此它是不可

①Robert Barkley Shaw *The History of the Kkōjas of Eastern-Turkistan Summarised from the tazkira-i-Khwajagan of Muhammad Sadiq Kashghari*, Edited with Introduction and Notes by N. Elias, Calcutta: the Office of the Superintendent of Government Printing, India, 1897, pp. 36-37, note 15(穆罕默德·萨迪克·喀什噶里著，沙敖英译，陈俊谋、钟美珠汉译《和卓传》，《民族史译文集》8，中国社会科学院民族研究所历史研究室资料组编译，1980年，第124页注15)。

②林红《察合台文献〈和卓传〉与维吾尔苏非主义》，新疆大学硕士学位论文，2006年，第23页注1。

靠的。[1]

显然,赞普是站在摩尼教对立面来论及摩尼教的。近年,西藏西部拉达克地区(Ladakh)[2] 阿尔奇寺(Alchi)引起了摩尼教研究者的关注。

阿尔奇寺位处印度河上游,为一座三层楼式建筑,保存了一些11世纪的藏传佛教壁画。在二楼入口左面对角处有一幅壁画,画的是五智如来,即毗卢遮那、阿閦、宝生、阿弥陀和不空成就。[3] 克林凯特指出,那儿有一些佛教艺术品中不常见的十字架、半十字架符号,还有太阳、二船图等图案。而在中亚与中国的摩尼教文献中,卢舍那即光耀柱,相当于西方文献中的受难耶稣,其标志就是光明十字架。故而克林凯特推定这些有可能和摩尼教有关。[4] 在该十字架旁有两条粟特文题记,其中有一词被读作sr'wšrt'yn,研究者认为,此即出自光耀柱的粟特文名字Srošart。是故,马小鹤认为:"可以假设为阿尔奇佛寺绘画的画家中有人来自中亚, 那儿的佛教与摩尼教很繁荣,他可能受过两种宗教美术方面的训练。"[5] 然而,各种证据显示, 阿尔奇寺为11世纪后半叶著名大喇嘛和大译师仁钦桑布(Rinchen Zangpo)之追随者所建,此时正值藏传佛教后弘期的巅峰,在西藏地区原本就没有多少根基的摩尼教, 在此时更是完全失去了生存的土壤。在克林凯特所提供的模糊不清的照片中,所谓的"十字架"或"半十字架"、太阳乃至"二船图"大多都是作为填补壁面空白之用的,在阿尔奇及

①G. Uray, Tibet's connections with Nestorianism and Manicheism in the 8th–10th centuries, *Contributions on Tibetan Language, History, and Culture*, Wien 1983, p. 408([匈]乌瑞著,王湘云译《景教和摩尼教在吐蕃》,中国敦煌吐鲁番学会主编《国外敦煌吐蕃文书研究选译》,兰州:甘肃人民出版社,1992年,第63页)。

②1842年西藏地方和克什米尔订约,将拉达克地区让与克什米尔,未得到中央政府承认。拉达克现处于印度控制之下。

③D. L. Snellgrave – T. Skorupski, *The Culture Heritage of Ladakh*. I., Wormingster 1980, pp. xii, 10, 56, plate 41.

④H. –J. Klimkeit, *Manichaean Art and Calligraphy*, *Iconography of Religions*, *Section XX*, *Manichaeism*, Leiden: Brill, 1982, pp. 32–33([联邦德国]克林凯特著,林悟殊译《古代摩尼教艺术》,广州:中山大学出版社,1989年,第73~75页)。

⑤马小鹤《摩尼教"光耀柱"和"卢舍那身"研究》,《世界宗教研究》2000年第4期,第111页(收入氏著《摩尼教与古代西域史研究》,北京:中国人民大学出版社,2008年,第146页)。

其他许多佛教壁画中都可以见到，用佛教内容来解释更容易理解。① 最近，英国学者辛姆斯-威廉姆斯重新释读和检讨了十字架旁的粟特文题记，指出其中一条应读作βz-‘w，是一个人名，而非此前所认为的yš’w(夷数)。另外一则较长，辛姆斯-威廉姆斯认出为梵化人名caitra和佛教术语šmny，来自梵文śramaṇa，意为“沙门”。可以确定这些题刻为佛教徒所书，与十字架之间不存在什么直接的联系。② 至今尚无法找到摩尼教与西藏地区相联系的证据。③ 看来，诚如英国学者刘南强所指出的那样，克林凯特的说法“显然有必要进行重新考虑”。④

上述这些表明，《和卓传》的记载不能作为西藏与克什米尔在16至18世纪尚存摩尼教的依据，同样的，也不能把《和卓传》作为南疆地区存在摩尼教的史料来看待。

这里再看《摩尼之生活》。该文献是近期于新疆乌什县私人收藏品中发现的，用察合台文书写，记述了摩尼的生平事迹。察合台文是以阿拉伯字母为基础的音素文字，是现行维吾尔文的前身，流行于14世纪至20世纪初叶，是回鹘/维吾尔伊斯兰化的结果。该文献内封有题字曰：

> ušbu kitābni män Baḫr-i Dāniš dep yazdim ‘Abdu’š-šūkr bin‘Abdu’l-qādir oɣli, 1337 racab ayniŋ ikisi
>
> 我，阿布都术克尔（Abushukr）的儿子阿布都卡迪尔(Abdulqadir)之子，于希吉勒历1337年7月2日(1919年4月2日)书写了这本称作《Baḫr-i Dāniš》的书。⑤

①Pratapaditya Pal, *Marvels of Buddhist Art: Alchi-Ladakh*, Paris 1983, p. 71.

②N. Sims-Williams, The Sogdian Inscriptions of Ladakh, *Antiquities of Northern Pakistan. Reports and Studies*, II, Mainz 1993, pp. 151-158.

③荣新江《〈历代法宝记〉中的末曼尼和弥师诃——兼谈吐蕃文献中的摩尼教和景教因素的来历》，《贤者新宴》，王耀主编，北京：北京出版社，1999年，第133页(收入氏著《中古中国与外来文明》，北京：生活·读书·新知三联书店，2001年，第348页)。需瞩意的是，有学者提到：“在吐蕃西部邻接地区还发现有不少摩尼教和景教遗迹遗物。”但未提供任何实证。见张云《上古西藏与波斯文明》，北京：中国藏学出版社，2005年，第233页。

④Samuel N. C. Lieu, *Manichaeism in Central Asia and China*, Brill: Leiden-Boston-K?ln 1998, pp. 55-56.

⑤S. Tezcan-Abdurishid Yakup, A Chaghatai Text on the Life of Mani,《内陆アジア言语の研究》第14号，1988年，p. 66.

然而,在该书的第499页题记中,又称该书抄写于希吉勒历1315年11月11日(1898年4月2日),比内封题记要早20年。具体原因不得而知,不管以何日期为准,都可看出这是一件时代很晚的文献,而且开首即曰:"该故事与先知——画家摩尼的历史相关。"① 从中可以看出,其内容是对摩尼生平事迹的追述,而完全不可作为当时维吾尔人崇奉摩尼教的证据。

通过上面的论述,我们基本可以排除16至19世纪间南疆地区有摩尼教徒存在的可能性,将回鹘摩尼教在新疆地区最终消亡的时间比定在11世纪中叶或稍后不久,亦即12世纪以前为妥。

(原刊《西南民族大学学报》2012年第9期,第210~216页)

①同上,p. 70.

回鹘宗教史上的萨满巫术

回鹘(回纥)是今天维吾尔族与裕固族的共同祖先,以善于兼容外来文明而著称于世,曾先后信奉过萨满教、佛教、摩尼教、景教、祆教、道教和伊斯兰教等多种宗教。在这些宗教中,佛教、摩尼教、景教、祆教和伊斯兰教均来源自西方,惟萨满教是回鹘土生土长的宗教,道教则产生于我国的中原地区。萨满教与道教有一共同特点,即都与巫术之间存在着密不可分的关系,而且直接影响到后世维吾尔族、裕固族的文化与习俗。鉴于学界对此尚少关注,本文在充分利用汉文史料的基础上,重点搜求整理敦煌、吐鲁番等地出土的突厥—回鹘语文资料,以探讨萨满教、道教在回鹘中的兴衰历史及其与巫术的关系。

一、回鹘萨满教之炽盛

萨满教是在原始社会条件下形成的世界性宗教,有着广泛的群众性,流布地域广阔,曾为东北亚、北美、北欧等地区众多民族世代信仰、全民尊奉。[①] 它以万物有灵论为思想基础,在内容上包括自然崇拜、图腾崇拜和祖先崇拜三个方面。

回鹘自然崇拜的对象繁多,诸如天地山川、日月星辰、草木湖海等。天,回鹘语写作Tängri,是阿尔泰语系诸民族萨满教所崇拜的最重要的神灵。《魏书·高车传》载回鹘祖先高车人于文成年间(453—454)曾在漠南举行祭天仪式,载歌载舞、杀牲聚会,“众至数万”,场面是相当壮观的。在8世纪中叶回鹘建立政权后,对天的崇拜有增无减,其可汗名号前一般都要加上“登里(Tängri)”“滕里逻(Tängridä)”等修饰语,以表示自己为天、天神所立。吐鲁番出土的回鹘文《乌古斯可汗的传说》称,乌古斯可汗有六个儿

①森安孝夫《ウイグルと敦煌》,载山口瑞凤编《讲座敦煌2 敦煌の历史》,东京:大东出版社,1980年, 第331~338页;《チベット文字ご书かおたウイグル文佛教教理问答(P. T. 1292)の研究》,载《大阪大学文学部纪要》第XXV卷,1985年,第1~85页;《敦煌と西ウイゲル王国》,《东方学》第74号,1987年,第58~74页。郭淑云《原始活态文化——萨满教透析》,上海人民出版社,2001年,第2页。

子,长子名“天”,其余五子分别唤作“山”“海”“太阳”“月亮”和“星星”。① 11世纪成书的《突厥语大词典》明确指出:“Tängri,上苍,尊贵而伟大的上苍……异教徒的教长向伟大的上苍顶礼。”② 同一世纪成书的回鹘文古典文学名著《福乐智慧》也称:“一切赞美、感谢和颂扬全归于至尊至贵的Tängri。”③

太阳,给人以温暖和光明,旭日所出的东方也就成为人们崇拜的方向。回鹘对太阳更是崇拜有加,漠北回鹘可汗坐常面东。④ 西迁后仍保留这种习惯。982年,宋朝使者王延德到达高昌,“见其王及王子侍者,皆东向拜受赐”。⑤ 这种敬日之俗,与唐代突厥完全相同。

水,是人类生存所不可或缺的。元代虞集撰《高昌王世勋之碑》载:“考高昌王世家,盖畏吾而之地有和林山,二水出焉:曰秃忽剌,曰薛灵哥。一夕有天光降于树,在两河之间,国人即而候之。树生瘿,若人妊身(娠)然。自是光恒见者,越九月又十日而瘿裂,得婴儿五,收养之。其最稚者曰卜古可罕。既壮,遂能有其民人土田,而为之君长。”⑥ 正是由于回鹘人自认为其先祖出自秃忽剌和薛灵哥二河之间的和林山,故对水崇拜有加。以是之故,远在8世纪前,漠北回鹘汗国的许多可汗就开始在自己的名号前加上“阙”(kül,“湖泊”之意),以示自己是水神之裔。

回鹘还崇拜山。据载,回鹘所崇拜的山叫Qutluγ Taγ(胡力答哈),意为“福山”,回鹘之强盛正是托此山之福。后来,唐朝使者巧使毒计,以烈火烧毁“福山”,于是,回鹘可汗卒,“灾异屡见,民弗安居,传位者又数亡,乃迁于交州”。⑦ 元人虞集曾记载过这么一桩趣事:“甲戌,至凤翔,与宪使、郡守祀于雅腊蛮神之庙。雅腊蛮者,高昌部大山有神,高昌人留关中者移祀于此云。”⑧ 准此以观,元代时迁到陕西关中凤翔一带的回鹘人把他们

①耿世民译《乌古斯可汗的传说(维吾尔族古代史诗)》,乌鲁木齐:新疆人民出版社,1980年,第18页。

②麻赫穆德·喀什噶里著,校仲彝译《突厥语大词典》第3卷,北京:民族出版社,2002年,第367页。

③优素甫·哈斯·哈吉甫著,郝关中等译《福乐智慧》,民族出版社,1986年,第1页。其中的Tängri一词被径译作“真主”。

④《新唐书》卷217《回鹘传》,北京:中华书局,1975年,第6130页。

⑤《宋史》卷490《高昌传》,中华书局标点本,1977年,第14112页。

⑥[元]虞集《道园学古录》卷24《高昌王世勋之碑》,四部丛刊本。

⑦《元史》卷122《巴而术阿而忒的斤传》,北京:中华书局,1976年,第2999~3000页。

⑧[元]虞集《道园学古录》卷6《诏使祈雨诗序》,四部丛刊本。

崇拜的山神——雅腊蛮神也搬到了新的侨居地。

关于回鹘对树的崇拜，除上文已经提到过的回鹘人自认为他们的祖先出自树瘿外，还传说乌古斯可汗的两个妻子中有一个即出自树窟窿中。[①]直到西迁之后，回鹘人还于庙中祭祀大树。[②] 黄溍在追溯元代回鹘人亦辇真的身世时更是明确记载回鹘人之与树瘿的密切关系："公讳亦辇真，伟吾而人，上世为其国之君长，国中有两树，合而生瘿，剖其瘿，得五婴儿。四儿死而第五儿独存，以为神异而敬事之，因妻以女而让以国，约为世婚，而秉其国政。"[③] 故而有人认为"回鹘人最早的部落图腾是树木"，[④] 当不为孟浪之言。

一般说来，自然崇拜约产生于血缘家庭阶段，当血缘家庭被母系氏族公社代替的时候，人们的血缘观念已在日常生活中起着决定性的支配作用。人们相信同一氏族的人是最亲密的。为了区别本氏族成员与它氏族成员的不同，各氏族都有一个特殊的标记，这就是图腾。

同其他许多北方民族一样，回鹘是将狼作为图腾的，自认其祖先原为一个女子"为狼妻而产子，后遂滋繁成国，故其人好引声长歌，又似狼嗥"。[⑤]以此之故，唐代时其国旗上常绣有狼的形象，被称为"狼纛"。[⑥]

除汉史记载外，回鹘文献给我们提供的资料则更为详尽。吐鲁番发现的回鹘古代英雄史诗《乌古斯可汗的传说》的开首部分在描述乌古斯可汗之外貌特征时称："他的腿像公牛的腿，他的腰像狼腰。"[⑦] 大军出征时，他发下号令："让苍狼作为我们战斗的口号！"[⑧] 乌古斯可汗出征，常常得到苍狼的帮助。这个传说表明，狼被视为回鹘人的保护神。

①耿世民译《古斯可汗的传说（维吾尔族古代史诗）》，第18页。

②［伊朗］志费尼著，何高济译《世界征服者史》（上册），呼和浩特：内蒙古人民出版社，1980年，第63页。

③［元］黄溍《金华黄先生文集》卷24《辽阳等处行中书省左丞亦辇真公神道碑》，四部丛刊本。

④田卫疆《蒙元时代维吾尔人的社会生活》，乌鲁木齐：新疆美术摄影出版社，1995年，第167页。

⑤《魏书》卷103《高车传》，北京：中华书局，1974年，第2307页；《北史》卷98《高车传》，北京：中华书局，1974年，第3270页。

⑥《新唐书》卷217《回鹘传》，第6115页。

⑦耿世民译《乌古斯可汗的传说（维吾尔族古代史诗）》，第15页。

⑧耿世民译《乌古斯可汗的传说（维吾尔族古代史诗）》，第19页。

回鹘对狼的崇拜还体现于回佛教艺术品中。如吐鲁番柏孜克里克石窟第9窟甬道和前室侧壁绘有坐于双幡塔中的千佛，塔座为方形房屋，屋脊的鸱尾是两只互相对望的狼头。① 除了装饰意义之外，似乎亦不应完全忽视其狼崇拜的蛛丝马迹。

如同突厥一样，狼在古代回鹘人的心目中也是异常神圣的，被视为勇敢的象征，故其强有力的可汗常被称为"附邻可汗"。② "附邻"，史籍又作附离、步离、佛狸等，即突厥—回鹘语böri的音译，意为狼。附邻可汗即为狼可汗。甚至在吐鲁番出土的摩尼文回鹘语摩尼教诗歌中，我们也可以看到狼崇拜的内容："我像苍狼与您并行，又似黑鹫与世共生。"③ 这里的黑鹫(qara quzγun)亦即古代回鹘人所崇拜的鹰的一种。唐朝中期，回鹘汗国强盛，其可汗于贞元四年(788)上表改"回纥"为"回鹘"，"义取回旋轻捷如鹘也"。④ 回鹘可汗要求将族名改为回鹘，显系崇拜鹘(即鹰)所致。在古代维吾尔族神话传说中，乌古斯可汗有许多子孙，其氏族的"汪浑"(族徽或图腾崇拜对象)都是鹰、鹫、青鹰。⑤ 结合上引摩尼教诗歌内容，我们似乎也可将鹰视作古代回鹘的图腾。在柏孜克里克石窟的回鹘文题记中，有铭文称："此为勇猛之狮、统治全国的九姓之主、全民苍鹰侯回鹘特勤。"⑥ 体现出回鹘对鹰的崇拜。

在回鹘人的观念中，生殖器官被视作生命的本源和事物繁荣的象征，因而受到崇拜，回鹘所崇拜的umai(乌麦)就是从生殖崇拜的概念中引申出来的。此词在突厥汗国时代的碑铭中就经常出现，如《阙特勤碑》在述及母之慈爱时说："托像乌麦一样的我母可敦之福，我弟受成丁之名。"⑦《暾欲谷碑》也记载说："天神与乌麦、各种土地、火神结合起来了。"⑧ 11世纪

①柳洪亮《柏孜克里克石窟年代试探——根据回鹘供养人像对洞窟的断代分期》，《敦煌研究》1986年第3期，第61页，图版10。

②岑仲勉《突厥集史》下册，北京：中华书局，1958年，第881页。

③杨富学《回鹘摩尼诗狼鹰崇拜小笺》，《国立政治大学民族学报》第23期《庆祝刘义棠教授七秩华诞荣退特刊》，1998年，第50页。

④《旧唐书》卷195《回纥传》，北京：中华书局，1975年，第5210页。

⑤[波斯]拉施特主编，余大钧、周建奇译《史集》第1卷第1分册，北京：商务印书馆，1983年，第142~145页。

⑥吐鲁番地区文物保管所编《吐鲁番柏孜克里克石窟壁画艺术》，乌鲁木齐：新疆人民出版社，1990年，第3页。

⑦Talat Tekin, *A Grammar of Orkhon Turkic*, Bloomington, 1968, pp. 235, 268.

⑧同上书，pp. 252, 288.

成书的《突厥语大词典》收录了一句古代维吾尔族的格言，称："谁相信乌麦，谁就可以得子。"① 可见，乌麦是一种保护母腹中胎儿的图腾，只要你真诚地祈祷，你就会得到幸福和孩子。除突厥、回鹘外，在阿尔泰语系突厥语族、蒙古语族和满—通古斯语族的许多民族中也都崇拜该神。②

随着母系氏族社会向父系氏族社会的过渡，人们的世系观念大大增强，对人的崇拜逐步占据了统治地位，这样就产生了祖先崇拜。回鹘之祖先崇拜主要表现在丧葬观念上，其祖先高车之丧葬方式是"掘地作坎，坐尸于中，张臂引弓，佩刀挟矟，无异于生"。③ 以此方式寄托让死者灵魂永生的愿望。依照当时的习俗，人死后，死者的亲属要"剺面"痛哭，死者的妻子以及生前的日用品也要殉葬。如回鹘毗伽可汗死，"国人欲以宁国公主殉"。④ 死者生前是主人，死后他的灵魂还要成为主人。祖先崇拜是对业已死去的人物，亦即氏族祖先的崇拜，与以往的自然崇拜和图腾崇拜相比，则更趋于人格化，即已把祖先看成半人半神的形象。

然而，要使神和人联系起来，中间必须要有一个"中介"。大凡比较完备的原始宗教，在其发展过程中，必然要形成具有一定形式的神职人员来充当人和神之间联系的中介和宗教教义的解释者。早在5世纪时，我国史书所记载的高车人中的"巫"就是这种神职人员。史载高车人"喜致雷霆。每震，则叫呼射天而弃之移去。来岁秋，马肥，复相率候于震所，埋羖羊，燃火拔刀，女巫祝说，似如中国祓除"。⑤ 高车斛律部首领倍侯利"善用五十蓍筮吉凶"。⑥ 这里的"巫""蓍筮"，在突厥语中称为qam。⑦ qam一词有"动""急动""震动""摇之向上"等意，⑧ 另外还有"跳跃"之意。⑨ 这不能

①麻赫穆德·喀什噶里《突厥语大词典》第1卷（现代维吾尔文版），乌鲁木齐：新疆人民出版社，1980年，第167页。校仲彝汉译本译作"敬奉胞衣，即可得子"。（第133页）

②孟慧英《乌麦研究》，《民族文学论丛》，内蒙古大学出版社，2000年，第150、163页。

③《北史》卷98《高车传》，第3271页。

④《新唐书》卷217《回鹘传》，第6117页。

⑤《北史》卷98《高车传》，第3271页。

⑥《北史》卷98《高车传》，第3272页。

⑦《新唐书》卷217《黠戛斯传》载黠戛斯人"呼巫为甘"。又见W. W. Rockhill，*The Journey of Williain of Rubruck to the Eastern Parts of the World*，*1235–1255*，London，1900，p. 239.

⑧A. Vambery，*Etymologisches wörterbuch der turko-tatarischen Sprachen*，Leipzig，1878，p. 91.

⑨J. T. Zenker，*Türkish-Arabisch-Persisches Handworlerbuch*，Bd. 2，p. 709.

不使人联想到巫师跳神的动作。11世纪回鹘学者麻赫穆德·喀什噶里在巨著《突厥语大词典》中曾著录qam一词，即径释之为“萨满”。[①]

时至8世纪，回鹘骤然崛起，于744年以哈喇巴剌哈逊为中心建立了幅员辽阔的回鹘汗国。在汗国初期，回鹘可汗惟萨满教是信。“当时畏兀儿信仰名曰‘珊蛮’（即萨满）之术士，与今之蒙古人同。珊蛮自言术能役鬼，鬼能以外事来告”。[②] 当时回鹘人对萨满的占卜是十分相信的，甚至出兵打仗都要听从萨满的预言。《旧唐书·回纥传》载：“初发本部来日，将巫师两人来，云：‘此行大安稳。然不与唐家兵马斗，见一大人即归’。今日领兵见令公，令公不为疑，脱去衣甲，单骑相见，谁有此心胆！是不战斗见一大人，巫师有征矣。”[③] 由这些记载可以看出，回鹘中的萨满在当时是深受统治阶级信赖和率兵将领之倚重的，俨然享有国教的地位。

二、摩尼教传入之初萨满教的抗争

萨满教尽管在回鹘中影响很大，但它毕竟是一种极为原始的宗教，随着回鹘社会的变迁与王权的形成，加强汗国统一的呼声开始高涨起来，于此情况下，萨满教就愈来愈显得无法与时代的发展相适应了，这一客观条件为波斯摩尼教之步入回鹘社会提供了契机。

摩尼教是3世纪中叶波斯人摩尼（Mani，216—277？）所创立的一种宗教，它摄融了早已在中亚流行的祆教、诺思替（Gnostic）教、景教和佛教的各种因素，主要思想则是世上光明与黑暗斗争的二元论。摩尼教在波斯曾盛极一时，后来因受到波斯王瓦拉姆一世（Vahrqm I，274—277）的残酷迫害，教徒流徙四方，[④] 其中向东的一支进入河中地区，以后逐渐东传至中国，再辗转传入回鹘，于8、9世纪时在回鹘取得了长足的进展，迅速替代了原来盛行的萨满教，一跃成为回鹘的国教，实现了柳暗花明大转折。

摩尼教初传回鹘的具体过程，在《九姓回鹘可汗碑》和《牟羽可汗入教记》中均有记载。前者用突厥文、汉文、粟特文三种文字写成，其中汉文部

①麻赫穆德·喀什噶里著，校仲彝译《突厥语大词典》第3卷，北京：民族出版社，2002年，第152页。

②冯承钧译《多桑蒙古史》。北京：中华书局，1962年，第1卷第3章，第62页。

③《旧唐书》卷195《回纥传》，第5260页。

④P. R. L. Brown, The Diffusion of Manichaeism in the Roman Empire, *Religion and Society in the Age of St. Augustine*, London, 1972, pp. 104-105.

分已由罗振玉校补，刊于《和林金石录》，广为学界引用；后者用回鹘文写成，先由德国学者邦格和葛玛丽刊布，[①] 以其刊本为据，笔者与牛汝极合力对其作了进一步的研究。[②] 以二文献相较，不难看出其间的巨大差异。

碑铭对摩尼教传入回鹘的过程是这样记载的：

> 可汗乃顿军东都，因观风俗，败民弗师，将睿息等四僧入国，阐扬二祀，洞彻三际。况法师妙达明门，精通七部，才高海岳，辩若悬河，故能开正教于回鹘，以茹荤屏乳酪为法，立大功绩，乃曰汝傒悉德。于时都督、刺史、内外宰相、司马佥曰，今悔前非，愿事正教。奉旨宣示，此法微妙，难可受持。再三恳恻：往者无识，谓鬼为佛，今已悟真，不可复事，特望□□□□□曰，既有志诚，任即持赍，应有刻画魔形，悉令焚爇，祈神拜鬼，并摈斥而受明教。薰血异俗，化为蔬饭之乡；宰杀邦家，变为劝善之国。故圣人之在人，上行下效。法王闻受正教，深赞虔诚。□□□□德(愿)领诸僧尼，入过阐扬，自后□慕阇徒众，东西循环，往来教化。[③]

碑中的可汗，实即漠北回鹘汗国第三代君主——牟羽可汗(759—780年在位)。从碑文可知，在唐朝爆发“安史之乱”后，牟羽可汗曾出兵助唐，在洛阳逗留期间与几位摩尼教高僧发生了联系，随之将睿息等四人带回漠北，令其布道。很快，摩尼教即在漠北战胜回鹘旧有宗教——萨满教而一跃成为回鹘的国教。

由碑文观之，摩尼教取代萨满教似乎是在一夜之间发生的，使人不免生疑。如前所述，在摩尼教入回鹘之前，回鹘中盛行的是萨满教，摩尼教始入时，萨满教正处于炽盛阶段，若单凭四个摩尼僧在汗国中的活动和牟羽可汗的一纸敕令，就能使摩尼教取得如此迅速的传扬，一夕间成为回鹘人的全民宗教，从一般情理讲是难以令人取信的。吾人固知，宗教是一种社会意识，属于上层建筑的范畴，社会改变了，人们的社会意识也就必然会

①W. Bang-A. von Gabain, *Türkische Turfantexte*.II, Berlin, 1929, S.3-14. 以下简称*TTT*.

②杨富学、牛汝极《牟羽可汗与摩尼教》，《敦煌学辑刊》1987年第2期，第86~93页。由于受印刷条件所限，当时未附转写与考释，进一步的研究刊载于杨富学《西域敦煌宗教论稿》，兰州：甘肃文化出版社，1998年，第11~30页。下文即以此新稿为准。

③程溯洛《释汉文〈九姓回鹘毗伽可汗碑〉中有关回鹘与唐朝的关系》，同氏著《唐宋回鹘史论集》，北京：人民出版社，1993年，第104页。

随之改变，但是社会意识往往落后于社会存在。就回鹘而言，由于萨满教长期流行，在思想上的影响根深蒂固，已形成为一种强大的习惯势力，使之改宗，绝非易事。那么，回鹘人改宗摩尼教的具体过程又是怎样的呢？

根据《牟羽可汗入教记》残卷的记载，摩尼教始入回鹘时曾遭到强烈的反对，甚至在各地不断发生压迫和杀害摩尼教徒及胡商的事件。反对者不仅有萨满，更多的则是不愿改宗的回鹘官员和民众。对最早到达回鹘的四位摩尼教僧，他们扬言要"压制并杀死"，使之随时都有可能"遇到大的压力和危险"，"一旦被抓住，就全部杀死，一个活的也不留"。[①] 这一文献还告诉我们，当时摩尼教徒面临的最大敌人是汗国内掌权的达干。这从摩尼僧要求牟羽可汗不要"重任这些达干"，要"远离这些达干"等语中就可以看得出来，后来的历史事实，即大历十五年(780年)顿莫贺达干发动政变，大批屠杀摩尼僧及九姓胡一事也可证明，达干是摩尼教徒的最大危险。

由于来自各方面的压力，牟羽可汗在当初也曾对改宗一事产生过动摇，经过激烈的思想斗争，"与众僧一起讨论了两天两夜。第三天，他们继续争论到很晚，此后，天王就有所动心了"，于是，"天王牟羽可汗亲自来到徒众聚集处，恭敬地跪在众僧面前，乞求恕罪"。[②] 这些详细记载都不见于《九姓回鹘可汗碑》。于是，其记载是否翔实的问题就不能不考虑了。

我们知道，《九姓回鹘可汗碑》勒立于回鹘汗国第九代君主保义可汗时期(808—821年)，碑文歌颂了回鹘建国以来直到保义可汗时的历代君主事迹，特别是对牟羽可汗始传摩尼教于回鹘一事记载尤详，崇敬有加，故牟羽可汗曾对摩尼教产生动摇一事则当然地被略去了。碑文将汗国的君臣民众等都描绘成一开始就是萨满教的激烈反对者，摩尼教一经传入，他们便立即行动起来，一下子就将萨满教的"刻画魔形"全部焚毁，进而接受摩尼教。从碑文看，回鹘君臣此举对萨满教的打击是极为强烈的，故有人轻信此条史料，得出了"无须乎经过三年，萨满教便荡然无存"的结论。[③] 然观有唐一代直至宋代的摩尼教史，不难发现，这种说法实际上是经不住推敲的。

根据汉文史料的记载，广德二年(765)回鹘在与唐作战时，身边还带

①杨富学《西域敦煌宗教论稿》，第17页。

②杨富学《西域敦煌宗教论稿》，第17页。

③如艾尚连《试论摩尼教与回鹘的关系及其在唐朝的发展》，《西北史地》1981年第1期，第36页。

有巫师。当回鹘与唐和议时，其首领十分高兴，“分缠头彩以赏巫师”。[①]此“巫师”即为汉族对萨满的通称。当时在场的回鹘首领共有七位，其中五位拥有达干称号。可见，由于反对摩尼教的中坚力量达干的支持，巫师在回鹘汗国仍然拥有相当势力。

考虑到自己的统治以及回鹘臣民尚未完全改宗的现状，牟羽可汗就不能不进行宗教宣传。《牟羽可汗入教记》告诉我们，牟羽可汗举行过一次特大持斋仪式。文献载：“他们持斋了”，那时，“天王进了城，头上戴着王冠，身穿深红色[长袍]，坐在黄金宝座之上，并向官员和平民传佳令。”[②]这是我们目前所见记载这方面情况的唯一资料。这种规模盛大的持斋场面，恐不宜从风俗习惯这一层面上简单理解，而牟羽可汗当时的打扮，也并非节日的盛装。它说明了牟羽可汗对摩尼教重视的程度是非同寻常的，其用意无非是想借此机会，大张旗鼓地进行改宗宣传。

牟羽可汗积极地支持、宣传摩尼教，并大力向外传播，使这个历时数百年，不断受到统治者压制、迫害的古老宗教在回鹘汗国获得了新生。牟羽可汗将摩尼教定为“国教”，使之迅速取代了萨满教在回鹘社会中的统治地位。

三、萨满教的民间化——巫术

摩尼教入回鹘，萨满教遭受重创，被迫走出了独占已久的宫廷而让位于理论更完善而且更能适应回鹘汗国统治需要的摩尼教。但是，由于萨满教在回鹘中已流播数百年，他们奉行的巫术影响巨大，故不可能一下子就退出历史舞台，史书的记载和敦煌、吐鲁番发现的回鹘语文解梦、相面之类的文献即如实地反映了这一宗教现象。

解梦方面的文献可见于敦煌出土的突厥卢尼文写本Or.8212-160(旧编号为Ch.0033)，其标题称作Ïrq Bitig。Ïrq者，为“占卜”之意，系古代阿尔泰诸族人民通过烤炙羊肩胛骨，由所见经火灼成之坼裂兆纹而举行占卜所得之预兆。从语源学论之，Ïrq为动词Ïr/yin-的派生词，原意是指裂痕，意同汉语之“兆”。故就字面意思讲，Ïrq Bitig可解释为《兆书》或《占

①《旧唐书》卷195《回纥传》，第5206页。
②杨富学《西域敦煌宗教论稿》，第18页。

卜书》。①

该文献内容包括65种预兆和一则题记。审视这些预兆,我们不难看出它实为杂占书(包括占梦、占卜、占星术等)之一种。过去学界一般译之为《占卜书》,我也曾未加怀疑地接受了这一观点。② 但后来反复审视这一文献时发现,如以通常所谓的占卜书视之,则整个写本所包括的65则预兆每一个都显得文意不通。现随手拈出其中的前三则作为例证:

1. 我是天子。我不分昼夜坐在金座上兴奋。要知道,此为吉。

2. 我是骑花马的命运之神,不分昼夜赶路。二人迎面相遇,其中一人[怀中抱着]襁褓中的男婴。负婴者害怕了,另一位说:'别怕,我将赐福。'要知道,此为吉。

3. 吾为金首食肉鹰,羽翼未丰便在大海里捕吾所爱,食吾所欲者。吾如此孔武有力,要知道,此为吉。③

其余62则,形式都与上例相同,其中为"吉"者34例,"大吉"5例,"凶"17例,"大凶"2例,另有一些预兆在文献中未作明示,故不得而知。显然,其内容不似占卜而有点像是解梦。

占卜是我国古代方术之一种,人所共悉。"占"为观察之意,"卜"是以火灼龟壳,根据其出现的裂纹来预测凶吉祸福。以此为标准,我们可以看出此Ïrq Bitig若定名为《占卜书》尚不够确切。观其内容与形式,我们发现它与敦煌汉文写本《解梦书》内容相当接近,如S.2222:"梦见市上煞人,大吉。梦见人露迟(齿)笑,诤讼。梦见牙齿洛(落),大忧。梦见齿白,富贵。"④由是观之,我认为与其将Ïrq Bitig定名为《占卜书》,毋宁释作《解梦书》显得更准确一些。考虑到该文献所具有的比较浓重的波斯文化因素,窃以为该《解梦书》当来自波斯,至少应受到波斯文化的影响。⑤

另一方面,我们又注意到,在65则预兆之每兆前都有一行小圆圈,分成3个单位,每单位有一、二、三或四个圆圈。此类小圆圈之用途与吐鲁番高昌故城出土的骰子(又称色子)很近似。以此观之,似乎又应解释为《占

①如J. Hamilton, Le Colophon de l'ïrq bitig, *Turcica*, VII, Paris 1975, pp. 7–19;张铁山、赵永红《古代突厥文〈占卜书〉译释》,《喀什师范学院学报》1993年第2期,第31~42页。

②杨富学、牛汝极《沙州回鹘及其文献》,兰州:甘肃文化出版社,1995年,第245~246页。

③Talat Tekin, *Irk Bitig. The Book of Omens*, Wiesbaden, 1993, pp. 7–8.

④录文见郑炳林、羊萍《敦煌本梦书》,兰州:甘肃文化出版社,1995年,第131页。

⑤杨富学《敦煌本突厥文Ïrq书跋》,《北京图书馆馆刊》1997年第4期,第104~105页。

卜书》。该如何理解这一文献呢？值得深入探讨。抑或为占梦与占卜二种形式的结合耶？

德人勒柯克(A.von LeCoq)于高昌故城发现的骰子为骨质，立方体，花点儿染成红色，其数目的安排与今天欧洲所见的骰子相同，即六面分刻一、二、三、四、五、六点，相对两面的花点儿之和皆为7，可掷二次以定预兆。①

吐鲁番还出土有回鹘文相面书，现存文字31行，内容可分为两部分。前者(1~13行)讲述人身生痣所代表的预兆，后者(14~31行)叙说人身发痒之征兆。与生痣有关的预兆称："他将娶一寡妇为妻。若肩膀上生一痣，他必致富，并且为吉星所护卫；倘若阴部生痣，他会对usuntuluk（性交？）感兴趣；如果腹脐上生痣，他将成为强盗；如果脐下生痣，他即能发财；如果……嘴上生痣，他即能置家产；如果膝盖上生痣，那么他就能拥有美好而安静的命运；如果大拇指上生痣，他就会有志于充当可汗的同伴。关于人身上生痣的问题，都是如此。"②

宋元时代，赴内地行巫术的回鹘人仍见诸记载。景德元年(1004)七月，上对侍臣说："近颇亢旱，有西州入贡胡僧，自言善咒龙祈雨。朕令精舍中试其术，果有符应。"③ 说明当时有来自高昌的回鹘巫师在宋朝行祈雨之法，且引起宋真宗的关注。大德五年(1301)七月，元成宗颁诏"禁畏吾儿僧、阴阳、巫觋、道人、咒师，自今有大祠祷，必请而行。违者罪之。"④ 由元政府出面颁布诏敕予以禁止，说明当时回鹘巫师(阴阳师、巫觋、咒师)及僧道的影响都是不小的，否则就不会受到朝廷如此的关注。

回鹘萨满教的影响也渗透到民俗之中。太平兴国六年(981)王延德出使高昌，见这里"佛寺五十余区……居民春月多群聚遨乐于其间。游者马上持弓矢射诸物，谓之禳灾"。⑤ 人们在佛寺内从事"禳灾"之举，体现了回鹘萨满教遗俗与佛教的结合与兼容。当时，居住于今北京一带的契丹或女真人亦非常信奉回鹘之巫术。南宋洪皓《松漠纪闻》即曰："燕(按指契丹或女真)人或俾之祈祷，多验。"⑥ 元代诗人张昱撰《辇下曲》诗中有一首描述

①A. von Le Coq, *Chotscho*, Berlin, 1913, S.64.

②W. Radloff, *Uigurische Sprachdenkmäler*. Leningrad, 1928, S.60-61.

③[宋]李焘《续资治通鉴长编》卷56，北京：中华书局，1980年，第1244页。

④《元史》卷20《成宗纪》，北京：中华书局，1976年，第436页。

⑤《宋史》卷490《高昌传》，北京：中华书局，1977年，第14112页。

⑥[宋]洪皓《松漠纪闻》卷上，《辽海丛书》第1册，沈阳：辽沈书社，1985年，第204页。

了高昌畏兀儿的风俗。诗称:“高昌之神戴羖首,仗剑骑羊势猛烈;十月十三彼国人,萝卜面饼贺神节。”① 另一元代文人欧阳玄也记载说:“十月都人家百蓄,霜松雪韭水芦菔,暖炕煤炉香豆熟。燔獐鹿,高昌家赛羊头福。”② 从中不难看出,这些习俗都受到了他们原来敬信的萨满教的影响。

通过上文的论述,我们可以看出,萨满教虽然自8世纪中叶始即已式微,但在回鹘中的影响却始终存在,而且不断吸纳外来文明(如汉族的星占、波斯的解梦等)的所需成分,以充实自己,维护自身的存在,同时根据社会的变迁而不断转化自己的形式,在融入其他宗教的同时,通过巫术继续发挥其影响。道教虽从未取得国教的地位,信众也不是很多,但其善施巫术,故对回鹘也颇有影响。以至于今日我们在维吾尔族和裕固族的生活习俗中还常可见到萨满教、道教影响的残留。

1. 与自然崇拜有关者。萨满教由于崇拜自然界和各种自然现象,影响所及,今天的维吾尔人仍认为蓝天和日月星辰都是神圣的,不得随意侮辱。每当干旱的时候,维吾尔族人就宰杀牲畜,祈求上苍降雨。哈密农村的维吾尔人,每年春耕开始,全村男女老幼都要到村外杀牲祭天,祈求苍天保佑生产丰收,人畜安全。裕固族也有敬奉“汗点格尔”的习俗。“汗点格尔”在裕固语中意为“天神”,即Qan(汗、可汗)与Tängri的合成。裕固人认为,“汗点格尔”能使他们辟邪免灾,一年四季太平吉祥。③ 他们甚至每年都要于六月六这一天举行敬奉“汗点格尔”的仪式。是日,普通民众和宗教人士汇聚一起,到每一个水源前诵经叩拜,求雨祈福。④

火也具有特殊意义。《北史·高车传》载高车人祭天时“多杀畜,烧骨以燎”。《突厥语大词典》记载说当小孩中邪时,用燃烧的树枝熏其脸,同时叫着“魔鬼快滚开”,即可驱邪。⑤ 这种习俗由来已久,一直到现在维吾尔人还把火看做是驱鬼治病的圣物。例如维吾尔族人初婚新娘第一次到公婆家时要跳越烈火。有人生病时,就拿火把在其头上绕动;用烟熏病人,向烧热的石头喷水骤发蒸气治病,将石头投入烈火中可以避邪。

①[元]张昱《张光弼诗集》卷3《辇下曲》,四部丛刊本。

②[元]欧阳玄《圭斋文集》卷4《渔家傲南词》,四部丛刊本。

③杜曼·叶尔江《浅议裕固族的萨满教遗迹》,《裕固族研究论文集》,兰州大学出版社,1996年,第291页。

④钟进文《裕固族文化研究》,北京:中国航天出版社,1995年,第148页。

⑤麻赫默德·喀什噶里著,校仲彝等译《突厥语大词典》第1卷,北京:民族出版社,2002年,第107页。

2. 与图腾崇拜有关者。长期以来,狼被视为维吾尔人的图腾和保护神,故其许多风俗习惯都与狼有关。在现代维吾尔人的观念中,狼是福兆和吉祥的象征。人们常把狼的肋骨作为"伴侣"携带在身;让临产孕妇躺在狼皮上,认为这样生的孩子将会成为无畏的勇士;离家远行的人,在路上遇见狼,就会认为一路顺风,若遇见狐狸则自认为晦气,马上转身回家,不再随便远行。因为狼是勇敢的象征,故维吾尔人将男孩习称是狼。麻赫穆德·喀什噶里记载说,妇女临盆后,人们见了孩子的家长不问她生的是男是女,而问是狼还是狐。男孩曰狼,女孩曰狐。① 直到今天,维吾尔人中仍保留有这个古老的习俗。

在今天的维吾尔族工艺品中,也可见到狼图腾崇拜的烙印。塔里木盆地周沿的维吾尔人喜欢用木制器皿,如木盘、木碗、木勺等。他们常在木勺的把子顶端刻上精致的狼头,他们所用工具的木把上也常刻有狼头形象。驰名中外的维吾尔丝织品ätläs(艾特莱斯),本身就含有"肤色为红黑褐色的猛兽和狼"的意思。

3. 迷信巫术,敬重巫师。现今的维吾尔、裕固人中间,卜卦、算命、相面、看手相、解梦、抓阄等迷信色彩浓厚的萨满教、道教遗俗还保留着,甚至在一些地区和群众中还相当盛行。通过观察人和兽骨或其他动物骨头的形状、纹路来打卦;摆石子看卦象;或通过观察人的相貌、骨骼、气色和掌纹来判断人的寿命长短、吉凶祸福和家财情况。

巫师,古代突厥—回鹘语称之为qam,直到今天,裕固族还以qam称之。② 在萨满教、道教流行时代,人们相信他们与天相通,掌握着人们的祸福与吉凶,故对其神圣性深信不疑。在现代维吾尔人中,巫师活动虽已大为减弱,但仍有Pirhon(辟尔洪,萨满教的巫医)、Dahan(达汗,伊斯兰教的巫医)、Bakšy(巴克西,抓鬼者)在到处活动。他们以驱邪治病之名义跳神抓鬼、口念咒语、疯跳狂舞,呈神鬼附体状,有时用杀羊宰鸡放血、插火把、点油灯、焚锅炼油等骗术来驱赶鬼邪。裕固族人在生病或遇到困难时,也常占卜以测祸福,占卜的方法主要是结绳,也有用动物肩胛骨占卜或用灯芯占卜者。其占卜方法有许多和今天维吾尔族中所见几无二致。

(原刊《世界宗教研究》2004年第3期,第123~132页)

①《突厥语大词典》第1卷,第453页。

②陈宗振、雷选春《裕固族中的萨满——祀公子》,《世界宗教研究》1985年第1期,第150页。

文殊山：回鹘佛教文化的最后一方净土

文殊山坐落于甘肃酒泉市南15公里处，行政上属肃南裕固族自治县祁丰藏族乡管辖，乃祁连山北麓坡地的一条支脉，山上山下寺庙林立，有建筑360余座，70余院，石室洞窟18处，素有“小西天”之称，其中尤以文殊山石窟寺群闻名遐迩(图1)，在其中一处石窟中保存有《重修文殊寺碑》，用汉文和回鹘文镌刻(图2a–b)，记载了文殊山石窟的兴衰及蒙古豳王家族修建佛教寺院的过程。其中汉文碑铭曰：

> 且肃州西南三十里嘉谷山者，乃一切贤圣栖神化远之归心。林泉秀美，涧壑寂寥，神光现于长空，石室藏于畔侧。爰有郑善进睹兹祥瑞，发心修盖文殊殿已经年远。今遇喃答失太子［常］闻［圣］境之地，每慕觐仰之心，同众兄弟等于六月二十三日，特进焚香。①

图1　文殊山石窟后山外景

①耿世民、张宝玺《元回鹘文〈重修文殊寺碑〉初释》，《考古学报》1986年第2期，第263页。

图2a 《重修文殊寺碑》碑阳汉文部分

回鹘文部分的记载则更为明晰:

现在喃答失太子……继承察哈台宝位后,由于十分敬信纯洁三宝之故,它和兄弟等人去拜谒位于肃州嘉谷沟中的、以前……由郑善进修建的圣文殊寺时,于六月[二十三]看见天空中异样五色光辉,[于是]益发全心崇信[佛法]。崇信佛法的、如菩

图2b 《重修文殊寺碑》碑阴回鹘文部分

萨一样的喃答失太子听说[重]修已毁寺院功德无量，多筑……精舍则作金轮王，一切……都将……在其宽大心中。虔诚……迅速……以[青]莲之目看见该寺院。该特异的寺院建立以来已过八百年……①

从碑文可以看出，文殊山石窟创建于北魏正光、孝昌年间，原是一座

①耿世民、张宝玺《元回鹘文〈重修文殊寺碑〉初释》，《考古学报》1986年第2期，第261页。

规模很大的石窟寺，其中北朝时期中心柱窟就有八座之多。[①] 主要遗迹有前山万佛洞、千佛洞,后山千佛洞和古佛洞,及一些残窟和一座禅窟。从碑文看，这里元代香火兴盛，第三代豳王喃答失兄弟不仅前往文殊寺发愿,更捐资对文殊寺进行修缮,使文殊寺得以“寺宇周成,梁材整台,殿方高墙,壁乃彩绘,圣容间金,而五色粧就,宝瓶琉璃,结砌周全,钟楼碑楼,工成咸就,周围垣墙,悉成已毕”。[②] 显然,该碑所反映的当为豳王家族对文殊寺进行修葺并布施田亩的情况。今天所见文殊山石窟的基本规模,大致就是在元朝后期豳王家族统治时期奠定的。[③] 为了抵御伊斯兰教的大举东进,豳王家族在河西及西域东部地区大力弘扬藏传佛教,河西地区的佛教与石窟营建在豳王家族统治时期达到高潮。[④] 自豳王家族重修文殊山石窟始,当地一带藏传佛教一直盛行不衰,今天裕固族全民信奉藏传佛教,即与豳王家族之事佛兴佛活动息息相关。

河西地区自古以来即为多民族聚居区,不仅民族成分复杂,而且势力很大,如吐蕃、回鹘、西夏等族都颇具影响力,故而蒙古豳王家族比较重视民族关系,执行一种比较宽松的民族政策,尤其是回鹘,蒙古豳王家族长期与之关系保持着极为密切的关系。[⑤] 豳王家族据守河西期间，非常注意发展当地经济,在促进社会稳定的基础上积极发展当地的文化事业,使河西地区由日趋凋敝而走向繁荣,敦煌、酒泉佛教石窟的营建活动均呈现高涨之势。这些自然会受到当地民众的欢迎与支持,从而赢得辖区内不同民族人士的赞誉，如北京大学图书馆收藏的编号为北大 D 154V和北大

①张宝玺《河西北朝中心柱窟》,《1987年敦煌石窟研究国际讨论会文集·石窟考古编》,沈阳:辽宁美术出版社,1990年,第123~164页。另参见张宝玺《喃答失太子〈有元重修文殊寺碑铭〉再考》,《龟兹学研究》第3辑,乌鲁木齐:新疆大学出版社,2008年,第201~210页。值得说明的是,该文将察合台之子拜答里/拜答儿及拜答里之子阿鲁忽与元朝时期的同名者混为一谈了。阿鲁忽卒于1264年,故史书所见1264年以后之拜答里、阿鲁忽,盖与豳王出伯家族无关。

②耿世民、张宝玺《元回鹘文〈重修文殊寺碑〉初释》,《考古学报》1986年第2期,第263页。

③明代又有修葺,但规模不大。见[明]李应魁著,高启安、邰惠莉点校《肃镇华夷志校注》卷一《山川》,兰州:甘肃人民出版社,2006年,第85页。

④张海娟、杨富学《蒙古豳王家族与河西西域佛教》,《敦煌学辑刊》2011年第4期,第84~97页。

⑤杨富学《河西多体文字合璧六字真言私臆》,《中国藏学》2012年第3期。

附 C29V[1] 的两件敦煌回鹘文写本就是敦煌当地回鹘佛教徒献给西宁王速来蛮的颂歌,[2] 虽然主旨在于赞美其奉佛兴佛之伟业,但体现的却是回鹘与蒙古豳王家族间的亲密友好关系。

豳王家族在河西的固守,抵御了察合台汗国伊斯兰教势力的东进,同时,他们又热衷于各种佛事活动,不仅努力保护佛教在统治区内的传播与弘扬,而且出资修建佛寺、修缮洞窟、塑造佛像、抄写佛经,在其推动下,佛教在当地获得了进一步的发展与繁荣。这一时期,同样也是敦煌回鹘文化发展的高峰期。敦煌发现的属于这一时期的回鹘文佛教文献数量相当多,而且篇幅大,保存比较完整。文献内容丰富,种类多样,经藏有《金光明最胜王经》《长阿含经》《中阿含经》《杂阿含经》《增一阿含经》《八十华严》《佛说十王经》及《净土三经》等,论藏方面有《阿毗达磨俱舍论》《妙法莲花经玄赞》《俱舍论颂注》《阿毗达磨顺正理论》《阿毗达磨俱舍论安慧实义疏》等,佛教文学作品有《佛教诗歌集》、叙事诗《常啼与法上的故事》及韵文体的《观音经相应譬喻谭》等,另有密宗文献《吉祥胜乐轮(Sri-cakrasamvara)》和禅宗文献《菩提达摩观心性经(xin tözin oqïdtači nom bitig)》(即学界通常所谓的《说心性经》)以及回鹘文书信等。尤其是《吉祥胜乐轮》(编号为 Or.8212-109,旧编号Ch.xix.003),译自藏文,其中叶46a~46b有题记曰:

> tört türlüg käzik-lärig yol-ča uduzmaq-lïγ tärïng nomluγ tamngaq-ïγ čoγ-luγ yalïn-lïγ uluγ baxšï·naropa-nïng käntü aγïz-ïndïn nomlayu yarlïqamïš·sakï-lïγ toyïn uluγ baxšï čoγ baγ-lïγ darma tuačï čoskï irgämsan nomluγ tuuγ atlγ baxšï üzä yaratmïš ärür……qamïl-lïγ ary-a ačarï tükäl-lig bilgä istonpa baxšï-nïng bošuγ yrlγ-ï üzä ävirü aqdaru tägintim∷ ∷ ∷či čing onunč-ï bars yïl altïnč ay tört yangï-qa üč lükčüng balïq-lï qulut mn yangï bošγutčï sarïγ tutung asuday oγul-nïng

①北京大学图书馆、上海古籍出版社编《北京大学图书馆藏敦煌文献》第2册,上海:上海古籍出版社,1995年,第140、316页。

②Abuduishid Yakup, Two Alliterative Uighur Poems from Dunhuang,《言语学研究》第17/18号,1999年,pp. 3–4,9–10;阿不都热西提·亚库甫《北京大学图书馆藏回鹘文〈西宁王速来蛮赞〉新探》,朱玉琪主编《西域文史》第6辑,北京:科学出版社,2011年,第61~77页。

lingči-si üzä bitidim sadu ädgü::

四种次第成就法，此为纳若巴大师讲说之真义……由萨迦僧人大法师法幢(Dharma tvacï)大师制成……哈密尊者阿阇黎(Ārya Ācar)遵佟巴(Istonpa)大师之令翻译……至正十年(1350年)虎年六月初四日我三鲁克沁(Üč Lükčüng)城之后学萨里都统(Sarïγ Tutung)奉阿速歹(Asuday)王子之令写。善哉！善哉！①

接着，在第47页正面又有如下文字："vzir-lïγ baxšï-nïng adaq-lïγ qooš linxu-a-sïnga oγul yükünürmn(我，阿速歹，怀着虔诚之心，命法师恭敬抄写)。"② 这里的蒙古王子Asuday即第二代西宁王速来蛮(Sulaiman)之子阿速歹，其名不见于《元史》，但见于《莫高窟六字真言碣》和《重修皇庆寺记》(二者均藏于敦煌莫高窟)。依题记知，该写本正是来自今新疆鄯善西南鲁克沁之回鹘法师萨里都统奉王子阿速歹之命而于至正十年(1350年)在沙州缮写的。这反映出了阿速歹对佛教，尤其是藏传佛教的虔诚，同时也反映了回鹘僧徒与豳王家族的密切关系。

10世纪中叶，中亚喀喇汗王朝皈依伊斯兰教，接着，便发动圣战，大举东进，经过40年左右的战争，于1006年占领"佛国"于阗。继之，继续东进，至11世纪中叶，已占领了原属于高昌回鹘王国的龟兹以西广大区域，回鹘佛教势力仅局促于吐鲁番、哈密及河西走廊一带。元代，盘踞新疆西部及中亚地区的察合台汗国皈依伊斯兰，致使西域佛教进一步式微。接着，察合台汗国继续蚕食佛教区域吐鲁番、哈密等地。及至16世纪初，回鹘佛教在西域彻底消亡。③ 但这种伊斯兰化势头在河西地区因受到驻守于此的蒙古豳王家族的强有力抵御而戛然中止。④ 有赖于此，回鹘佛教文化在

①P. Zieme und G. Kara, *Ein uigurisches Totenbuch. Nāropas lehre in uigurischer Übersetzung von vier tibetischen Traktaten nach der Samelhandschrift aus Dunhuang British Museum Or. 8212(109)*, Budapest, 1970, S.160–162；杨富学《回鹘之佛教》，乌鲁木齐：新疆人民出版社，1998年，第123~124页。

②P. Zieme und G. Kara, *Ein uigurisches Totenbuch.Nāropas lehre in uigurischer Übersetzung von vier tibetischen Traktaten nach der Samelhandschrift aus Dunhuang British Museum Or. 8212(109)*, Budapest, 1970, S.162.

③杨富学《回鹘之佛教》，乌鲁木齐：新疆人民出版社，1998年，第40~47页。

④杨富学、张海娟《蒙古豳王家族与元代西北边防》，《中国边疆史地研究》2012年第2期，第21~37页。

河西走廊地区得以幸存，一脉未绝而绵延至清代中期。尽管史书对此没有任何记载，但酒泉文殊山等地发现的回鹘佛教文化遗物，却真实地记录了这一历史现象。其中特别值得一提的是1910年马洛夫于酒泉文殊沟（金肃南裕固族自治县祁丰藏族乡政府所在地）发现的回鹘文《金光明最胜王经》写本，有题跋曰：

> kang-si yigirmi altinč yïl altïnč aynïng säkiz yungïsï, či tigma tutmaq kün sim sičqan kün üzä bašlayu bitip, säkizinč aynïng ay tolunï biš yigirmisintä bitiyü tolu qïldïm kinki-lär-kä ulalmaq bolz-un! sadu ädgü! [①]
>
> 我从康熙二十六年六月初八辛鼠日开始写，至八月十五日满月时写竟。让其流布后世吧！善哉！善哉！

抄经人为Bilgä Talui Šabï、Ratna Vijra Šabï 和Čaxsapat Manggal Toyin等人，抄经地点在敦煌。

在三位书手中，两位姓名中都出现有Šabi一词。在为数众多的回鹘文佛教题跋中很少见，除本文献外，又见于敦煌本元代回鹘文写本Or.8212/75A（Ch.xix.001）《观音经相应譬喻谭》[②]、吐鲁番出土元代回鹘文印本U 4772（TM 24）《观身心经》[③] 和榆林窟第12窟主室甬道北壁元代回鹘文题记。[④] 那么，Šabi究竟为何意呢？从回鹘语文中得不到正解。然蒙古语中有该词，其意有二：一指僧侣的徒弟，二是指隶属于寺庙或大喇嘛的属下人，即僧官管辖下的属民。无疑，该词应为汉语"沙弥"的假借（源自梵语Šrāma.nera）。有鉴于此，笔者曾怀疑这些书手很可能是蒙古人。[⑤] 然而从下文将要谈到的文殊山回鹘文题记看，把这种现象解释为回鹘人的蒙古

①В. В. Радлов-С.Е.Малов, *Suvarn.aprabhāsa. Сутра золотого Блеска, Тексть уйгурской редакции* (= *Bibliotheca Buddhica* XVII), Delhi 1992, стр. 343.

②萨仁高娃、杨富学《敦煌本回鹘文〈阿毗达磨俱舍论实义疏〉研究》，《敦煌研究》2010年第1期，第122页。

③P. Zieme, *Buddhistische Stabreimdichtungen der Uiguren* (=*Berliner Turfan Texte* XIII), Berlin 1985, S.168.

④哈密顿、杨富学、牛汝极《榆林窟回鹘文题记译释》，《敦煌研究》1998年第2期，第40页。

⑤杨富学《回鹘文献与回鹘文化》，北京：民族出版社，2003年，第210~211页。

化似乎更合乎情理。

殆至康熙二十六年(1687)时，回鹘文在西域地区早已成为“死文字”了，惟在河西一隅得以一脉独存。此前，学界一般确认上述酒泉文殊沟本回鹘文《金光明最胜王经》是时代最晚的一件回鹘文文献。最新的研究成果却证明，此说不确，酒泉文殊山万佛洞发现的回鹘文题名，有的甚至比这一文献时代更为靠后。

在万佛洞回鹘文题记中，有纪年者13则，除二则使用生肖纪年外，余则均记以年号，其中时代最早者为明嘉靖三十年（1551年）题记(图3)：

图3　文殊山嘉靖三十年回鹘文题记

1. ka sin[g?] otuzunč yïl(?)ü [z]-ä ikinti ay üz-ä yangïkün ü[z-ä]

2. ary-a manč(u)šri-nïng ornağï-nï küs(äyü?) kälmiš[kör]miš üz-ä

3. adišdid vpašyi bu tip kälip yükündimiz

4. qutluğ künkä tün(?) toyčï toyïn darm toyïn sängkäš- … toyïn

5. qoy kün üz-ä

1. 于嘉靖(?)三十年(1551年）二月新日（初一)。

2. [我们]怀念圣文

殊师利住地,来到[此寺]并看他像[后],

3. 认为[他是]守护毗婆尸佛者,故来此[像]膜拜。

4. 吉日[来此者]:僧人Tün(?) Toyčï、僧人Darm、僧人……

图4 文殊山康熙五十二年回鹘文题记

5. 于未日。

最晚者则是康熙五十二年(1713年)题记(图4)：

1. biz bilgä talui toyïn b[ilgä] sada toyïn baqšï
2. šabi ägil kärdi uluğ kičig barča
3. yükünüp yanduq
4. kang ši älik ikinči yïl törtünč ay altï
5. yangïsï yükünduq ädgü
1. 我们，僧人Bilgä Talui、僧人B[ilgä] Sada、Baqšï
2. 沙弥、Ägil、Kärdi[等]大小[人]都
3. 敬拜[此佛寺]后返回。
4. 康熙五十二年(1713年)四月
5. 初六敬拜。善哉。[①]

题记中出现的其他年号还有万历十五年（wän li ygrmi törtünč yïl)、万历二十年(wän li ygrmi yïl)、万历四十二年(wän li qïrq ikinč yïl)、顺治八年(šün či säkizinč yïl)、大清顺治十五年(tay čin šün či on bisinč yïl)和康熙十三年(kang ši on üčünč yïl)等。尤其值得注意的是，在康熙五十二年的题记中，赫然出现有僧人Bilgä Talui之名，与文殊沟所出抄写于康熙二十六年(1687年)的回鹘文《金光名最胜王经》抄写人之一，即Bilgä Talui Šabï 同名。考虑到这一时期回鹘佛教势力已衰，僧人数量不会很多，加上二者同为康熙年间回鹘僧人，庶几乎可以推定二者当为同一个人。

这些题记，加上文殊沟发现的回鹘文《金光明最胜王经》写本，可以说明，至少到康熙五十二年(1713年)止，河西西部酒泉至敦煌一带地区仍然存在着回鹘佛教集团，继续行用回鹘文。这一发现，确证明清时期回鹘佛教文化在酒泉文殊山一带的流行，这里成为回鹘佛教文化的最后一方净土。回鹘佛教与佛教文化的保留，为后来裕固族佛教的繁荣和传统文化的长期保持奠定了坚实的文化基础。而蒙古豳王家族与回鹘长期保持的非

①伊斯拉非尔·玉苏甫、张宝玺《文殊山万佛洞回鹘文题记》，吐鲁番学研究院编《语言背后的历史——西域古典语言学高峰论坛论文集》，上海：上海古籍出版社，2012年，第94~106页。

常密切的文化关系，水乳交融，又为回鹘与蒙古人的文化融合奠定了基础。这些对裕固族的最终形成，都起到了不可忽视的作用。

（原刊《河西学院学报》2012年第6期，第1~6页）

唐代长安与敦煌佛教文化之关系

素有“地下博物馆”之称的敦煌莫高窟,蕴涵着东西方文化的各种因素。这里自汉代以来即为我国西北地区的一大佛教中心,历魏晋南北朝而不衰,发展到隋唐,其佛教文化臻至极盛。

尽管佛教是西来的,但敦煌石窟中用以表现佛教教义的壁画和雕塑除早期受印度及中亚艺术风格影响稍多外,总体来说,敦煌文化的主流还是东来的,来源于以长安、洛阳、平城(今山西大同市)为中心的中原地区。[①]至于唐朝京畿地区与敦煌间的佛教文化关系,我国史乘则鲜有记载,幸赖敦煌文献对此有所反映,吉光片羽,弥足珍贵。今就我们所见,撷其要者,略述管见,旨在为学术大德的精深研究提供些许资料。

一、沙州之长安乞经

沙州向长安乞经,敦煌文书P.3851、P.4607、S.2140、S.3607、S.4640、Дx.2170等均有记载。[②] S.2140称:

> 沙州先得帝王恩赐藏教。即今遗失旧本,无可寻觅欠数,却于上都乞求者(下为沙州所缺三藏目录,即此次所求者。兹从略)。
>
> 上件所欠经、律、论本,盖为边方邑众,佛法难闻,而又遗失于教言,何以得安于人物。切望中国檀越慈济乞心,使中外之藏教俱全遣来。今之凡夫转读,便是受佛付嘱传授,教诫得住,久住间矣。[③]

①宿白《莫高窟早期洞窟杂考》,《大公报在港复刊三十周年纪念文集》,香港,1978年(收入氏著《中国石窟寺研究》,北京:文物出版社,1996年,第214~225页);苏莹辉《敦煌文化传自中原论》,《敦煌论集续编》,台北:学生书局,1983年,第285~299页。

②详见方广锠《敦煌遗书〈沙州乞经状〉研究》,《敦煌学佛教学论集》下册,香港:中国佛教文化出版有限公司,1998年,第195~232页。

③同上引《敦煌遗书〈沙州乞经状〉研究》,第202~204页。

再如 P.4607：

沙州藏内部帙中遗失经、律、论数目，今于上都求觅，唯愿信心上人同

沙州藏内部帙中现有失却经、律、论卷轴，无可寻觅，此(？)欲上都求乞者。[①]

S.2140 和 P.4607 所说的上都，指的应为求经之目的地——长安，此可由敦煌文书 P.3588 中的“上都弘福寺”一语得到确证。弘福寺为唐代长安著名译场，玄奘法师从印度取经回来就一直在该寺从事译经和弘法活动。徐松《唐两京城坊考》卷四称其故址在修德坊。这里的“上都”在S.4640 中写作“朝国”，在 Дх.2170 中又作“京国”，均为长安之代称。这些记载表明，唐廷过去确曾给沙州赐过一部大藏经。那么，这部御赐藏经是由哪一位帝王颁赐的呢？竺沙雅章推测，此人若非武则天，那就应该是唐玄宗。[②]但他没有说明这种推测的理由。牧田谛亮则认为，既然其所依目录是《开元录》，则颁赐大藏的自然应是唐玄宗，颁赐的时间可能是开元二十六年(738 年)沙州开元寺建成之时。[③] 笔者认为后一种意见是可以接受的。

由于原先所赐经藏遗失，沙州僧俗遂再次向唐廷求经。乞经状中洋溢着长期与中原隔绝的敦煌佛教界得以与中原恢复交流而感到喜悦的心情，从中可以看出，这一活动当发生在 848 年张议潮光复敦煌后不久。

沙州之乞经长安，其事本身就颇具意味。如所周知，佛教产生于印度，两汉之际始流被中土，国人遂将印度视为“佛国”，汉地僧人为得到佛国真经，以朱士行、法显、玄奘、义净等为代表的中国僧人不畏长途跋涉，纷纷从长安或洛阳出发，经河西走廊而至敦煌，再由敦煌西出阳关、玉门关、涉漫漫流沙，越葱岭而抵印度。敦煌处于联结东西方的古代丝绸之路的中段，地接西域，与印度的距离要比长安和洛阳近得多。

那么，敦煌僧人为什么不以此便而直接西行求法，却东行长安去乞经呢？笔者以为，除了长安是国都，那里有敦煌汉人需要的汉文大藏经(非梵文大藏经)这些因素外，亦与长安在佛教界所拥有的崇高地位不无关系。长安自周秦以来历为国都，长期是我国政治、经济、文化的中心。它既是佛

①同上引《敦煌遗书〈沙州乞经状〉研究》，第 206 页。

②竺沙雅章《中国佛教社会史研究》，京都：同朋会出版社，1982 年，第 403~404 页。

③牧田谛亮《疑经研究》，京都：京都大学人文科学研究所，1976 年，第 35~36 页。

教传入中国内地最早的地方，也是中国佛教大发展和鼎盛时代译经弘法的中心地，西晋竺法护、苻秦释道安、姚秦鸠摩罗什及唐代的玄奘、义净、善无畏、不空等译经大师都先后在这里译经弘法，来自印度的佛经许多都是在这里被译为汉语的，佛教思想和文化也随之在这里得以传播，渐为唐人所消化吸收，然后再经高僧大德之改造，逐步成为适合中国国土民情的中国化佛教。

隋唐之际形成的八宗，其实就是印度佛教中国化的典型产物，值得注意的其中有六宗(三论宗、法相宗、净土宗、华严宗、律宗和密宗)的祖庭都在长安。由信行创立的三阶教也肇始于此地。因此之故，古代长安被称为佛教的第二故乡。与印度相比，这里的佛教文化似乎更容易为包括敦煌在内的中国乃至东亚其他国家的僧俗所接受。这大概是沙州以及东方的日本、朝鲜古代僧人不去印度而来长安乞经求法的主要动因。

二、敦煌发现的长安佛事斋文

长安佛事斋文可见于敦煌文献 P.3129。该写本卷眉破损，入字数行，故书题仅存“卷下”二字，下题：“京右街副僧录内殿三教首座光道大师赐紫仁贵撰。”书题后有 38 篇斋文的总目，所有斋文都保存完好。[①] 但正文的次序与总目所示不尽相同。这些斋文内容很丰富，对研究长安地区的佛教很有价值，在它处无传，独存敦煌，尚未引起学界重视，现以正文所示38篇斋文之顺序移录如下(括弧内之字表示因卷眉破损而残毁的部分，兹据原卷缩微胶卷中题目增补)：

[安化柳仆射疾愈文并]喜男觐省一

[僧尼大德广备香花观将] 法门寺供养值兵戈阻隔回造斋筵二

[国师和]尚忌日文三

高僧安和尚忌文禄山之四

[节度使]孙尚书庆宅文五

[庆]贺息兵免祸兼庆影灯文六

[北平王故]尚未父忌日文七

①参见商务印书馆编《敦煌遗书总目索引》，北京：中华书局，1983 年，第 280 页。但称斋文仅存 37 篇，不妥。

李侍中为亡男十五郎追七八
[田夫子为子]迁移居庆修造九
[庆]经并舍坠文十
[宁州庆]钟楼文十一
[净戒大师庆印]金刚经文十二
[田常侍]庆画祇园壁十三
[□□回易常侍庆功德]及为凤翔解重围遥乞平善文十四
[西]隐三藏为先师中祥文十五
[昭武]相公远忌文十六
[邠州宁]太保生日文十七
希贞和尚舍坠文十八
[魏尚书新]市复创立第宅功毕庆斋文十九
[马]步杜将军庆十王堂文二十
[尼大德]贞信庆功德文二十一
[金刚埪]庆修功德文二十二
[希贞]和尚庆百部法华经毕文二十三
[先]修十会斋文第二十四
西隐大德庆功德酬愿文第二十五
□□和尚舍坠文二十六
[□□侍中朗君博士为韩]氏夫人设文第二十七
[延安太保]为侍中生日文第二十八
陈和尚庆经文第二十九
[西]隐三藏度人设文第三十
[通惠]禅院真寂大师庆千佛文第三十一
[净]观大师庆愿文第三十二
[田]仆射[庆]修宅文第三十三
[□侍中于天王院]创制钟楼动土文第三十四
[社众造佛]涅槃文三十五
会斋文三十六
道场文第三十七
[忌日]文第三十八

P.3129 所存长安佛事斋文仅存下卷的 38 篇。上卷无存，推而论之，其收斋文数亦当在 38 篇左右。说明当时长安流行的佛事斋文程式约在80种上下。而敦煌佛教文献中反映各种类型佛事活动的文体，据我们粗略统计，恰好也大约有 80 种。其中的第二篇斋文提到了法门寺。我们都知道，在古代，法门寺一名并非为今陕西扶风所独享，湖北某县就有以此为名的佛庙。[①] 在五代后晋于后周显德初，敦煌也有同一名称的佛寺存在，事见敦煌写本 S.3565《浔阳郡夫人布施疏》：

> 浔阳郡夫人布施疏：弟子敕河西归义军押番落使、检校太保曹元忠妻浔阳郡夫人及姑姨、姊妹、娘子等，造供养具疏。造五色绵绣经巾壹条、杂彩幡票壹条、银泥幡施入法门寺，永充供养。右件功德，今并圆就，请忏念。赐紫沙门(押)。

此名称还见于敦煌写本 P.3505《辛亥年四月三日起修法门寺使白面历》。其中的辛亥年，无疑当指后周太祖广顺元年(951 年)。时当曹元忠任义军节度使时期(944—974 年)。据考，该寺系由张议潮起义归唐后所建奉唐寺改名而来，改名时间大约在后晋时期，后周显德初再改名为显德寺。[②] 观 P.3129 文，知其所言法门寺必指陕西扶风者无疑。文书的第二篇讲的是法门寺僧尼二部大众广备香花供养诸佛，庆贺安史之乱平定后偃兵息戈、征尘不起的太平日子的到来。从文书看，法门寺是唐代长安地区佛教事业最兴盛的地方之一。寺内常住着僧尼二部大众。

38 篇斋文涉及的地方有宁州、凤翔、邠州、延安，讲述了这些地方的佛事和斋文。看来，赐紫沙门仁贵应是该佛事斋文总集的编纂者，而非所有斋文的撰写者。推而论之，仁贵当是受唐政府之命，将长安地区所能见到的重要佛事斋文汇编于一起，用以指导全国佛事活动之健康有序的发展。

第四篇斋文为《高僧安和尚忌文禄山》，系安禄山死后三年之内由安禄山家族的高僧安和尚为其超度亡灵并求安氏家族繁荣昌盛而作的一篇

①张仲炘《湖北金石志》。参见《石刻题跋索引》(增订本)，上海：商务印书馆，1957 年，第 515 页。

②参见土肥义和，"莫高窟千仏洞と大寺と兰若と"，《讲座敦煌 3 敦煌の社会》，东京：大东出版社，1980 年，第 345~369 页；陈祚龙《看了〈法门寺出土唐中宗下发塔铭〉以后》，《敦煌学林札记》上册，台北：台湾商务印书馆，1987 年，第 124 页。

忌文。安禄山作恶多端，关于他的忌文何以被收入斋文集，并作为一种范文流行，大概是因为此斋文历述了安禄山所造罪业，唐政府有意将其作为恶有恶报的典型供人们引以为戒用的。安禄山于至德二载(757 年)，被其子安庆绪所杀。以此度之，该斋文集之编成当在 760 年之后，其传入敦煌的时间亦应在此后不久。

三、《谒法门寺真身五十韵》及《天台五义分门图》之流入敦煌

敦煌写本 P.3445 是一篇咏赞法门寺如来真身舍利的五言诗，共 31 行，诗题《谒法门寺真身五十韵》。诗中涉及唐武宗会昌法难、唐懿宗迎佛骨和秦王李茂贞重修法门寺的历史，是研究当时佛教世俗信仰的重要资料。此诗的发现很受学术界的关注，王重民将其收入《〈补全唐诗〉拾遗》；[①] 陈祚龙在《新校重订敦煌古抄〈谒法门寺真身五十韵〉》[②] 中对其进行了专门研究；继之，暨远志又撰《敦煌写本〈偈法门寺真身五十韵〉考论》，[③] 就其所反映的史实进行了系统论述。从诗颂扬秦王李茂贞于天复元年至天复十三年(901—913 年)重修法门寺及礼佛诸事看，此诗应作成于 922—924 年之间，作者应是一位深受秦王厚爱而又为秦王所请的人，很可能为一僧人。该写本之传入敦煌应在后唐或稍后。因其已广为学界所知，此不敷赘。

《天台五义分门图》可见于 S.1310、P.2131、P.3080、P.3328 和散1464，计有 5 件敦煌写卷。写本以图表的形式总括了天台宗的诸要义。[④] 其中，P.2131 卷尾有跋云："后朋注意，启将后来君子等句，是下又言，余以大历二年者造彼释序时，略记年代也，其造序僧体清是彼资圣寺和尚外甥是也。"

题记说明此图是由资圣寺某和尚的外甥体清所造，时在大历二年(767 年)。至于体清其人，历代僧传载。求证于敦煌文献，我们发现另有两件写本与之有关。其一为 S.2496《释肇断序钞义》，文云：

①载《敦煌遗书论文集》，北京：中华书局，1984 年，第 46~47 页。

②载《中华佛教文化散策三集》，台北：新文丰出版公司，1985 年，209~211 页。

③载《敦煌研究》1992 年第 2 期，第 71~80 页。

④杨富学、王书庆《敦煌写本〈天台五义分门图〉校录研究》，《东南文化》1998 年增刊 1《天台山文化专号》，第 142~145 页。

余以大历二年春正月于资圣寺传经之次,记其所闻,以补多忘,庶来悟义,伯无诮斐然矣。崇福寺沙门体清记。

其二为S.3475《净名经关中疏卷上》:

巨唐大历七年(772年)三月廿八日,沙门体清于虢州开元寺为僧尼道俗敷演此经,写此疏以传来学。愿秘藏常开,广布真如之理;莲花永丽,弘分般若之源矣。

又至辰年九月十六日,俗弟子索游岩于大蕃管沙州,为普光寺比丘尼普意转写此卷讫。①

上述S.2469题记中的体清与P.2131、P.3080中显然为同一人。从时间上看,都在大历二年至七年之间;从地点上讲,前面两件同时出现有资圣寺。

资圣寺其名,数见于日本僧圆仁所著《人唐求法巡礼行记》,其卷四会昌三年(843年)七月条记载道:

殡葬[日本僧惟晓]于春明门外镇国寺东头资圣寺瓦窑北角地。②

这里的春明门,即今西安城东门之旧称。说明《天台五义分门图》亦当为长安传入敦煌之物,传入敦煌的时间当在"大番管沙州"时期,即吐蕃统治敦煌时期(787—848年)。

四、传入敦煌的其他长安法物

敦煌作为唐代著名的佛教城市和文化艺术中心,有奉皇帝敕而建的宫寺11所,即大云寺、永安寺、灵图寺、龙兴寺、开元寺、乾元寺、报恩寺、金光明寺、莲台寺、净土寺和三界寺,所以,长安、洛阳两京新出的佛教著作都能及时输入敦煌。如高僧玄奘在唐初所译的佛典,藏经洞中就发现了

①池田温编《中国古代写本识语集录》,东京:大藏出版株式会社,1990年,第310页。
②见圆仁著,白化文等校注《入唐求法巡礼行记校注》,北京:花山文艺出版社,1992年,第431页。

许多,其中仅《大般若波罗蜜多经》的写本就保存了一千多个卷号。其他唐朝流行较广的经典,在藏经洞中也有不少保留。中原寺院的壁画样稿也随同佛教经典和弘法高僧(如昙旷)之入敦煌而一起传到这里,藏经洞中就出土有大批由长安等地传来的经变画粉本,如《弥勒下生经变》、《劳度叉斗圣变》等。虽然逸笔草草,但人物形态和故事情节都已具备,完全可供画工作为创作的依据和参考。

敦煌文献中还保留有一些属于唐朝宫廷的写本,如S.980《金光明最胜王经卷第二》,其中的写经题记称:

> 辛未年(671年)二月四日弟子皇太子暅为男弘忽染痢疾,非常困重,遂发愿写此《金光明最胜王经》,上告一切诸佛,诸大菩萨摩诃萨及太山府君、平等大王、五道大神、天曹地府、司命司录、土府水官、行病鬼王、疫使、知文籍官院长、押门官、专使可监官,并一切幽明(冥)官典等,伏愿慈悲救护。愿弘病苦早得痊平,增益寿命。所造前件功德,唯愿过去、未来、见(现)在数世已来,所有冤家债主,负财负命者,各愿领受功德,速得生天。[①]

文中的皇太子暅,即李暅,其事可见于北图致28等卷之题记愿文之中。

这是一篇典型的宫廷抄经,抄经人李弘为唐高宗第五子,显庆元年(656年)被立为皇太子,上元二年(675年)因疾而薨,享年24岁。由此可知,文献中的辛未年当为671年。[②] 皇帝在向敦煌赐经时将其所抄一并赐给,它在敦煌文献中的保留使我们得以了解唐朝皇室成员虔信佛教但又将之与道教相杂糅的史实。

敦煌还保留有一批官办译经场中抄经生所书写本,约有20余件,兹列其卷号如右:S.36、S.456、S.513、S.523、S.1049、S.1456、S.2278、S.3423、S.2573、S.2637、S.2926、S.2956、S.3079、S.3094、S.343、P.2195、P.2314、P.2585、P.2644、P.3278、P.3709、P.4556等。这些或许就是那部御赐经藏的留物。皇帝御赐藏经中,凡比较规范的抄本后面一般都有抄经题记,其中出现的职务名有译经师、读梵文、证义、笔受、勘记、装潢手、校经手、详阅师之类。抄写佛经是一项十分严肃的工作,抄校都必须认真对待,受雇于人的抄经手更要为

①黄征、吴伟《敦煌愿文集》,岳麓书社,1995年,第920页。
②《敦煌愿文集》第920页推定该文献为911年之物,疑误。

施资者负责。宫廷抄经或官方抄经场写本流传到敦煌并在石室中保留至今，使我们得以从中窥出唐王朝极力推崇佛教的良苦用心。从这些残留物中，我们还可管窥到唐代写经场的规模、人员配置、抄校程序等，成为我们研究唐朝对周边地区所施宗教政策的第一手资料。

此外，从长安传入敦煌的佛教文献尚有《上都弘福寺玄奘大师从西天来进上太宗皇帝十二月礼佛文》(P.3588)、《大唐中兴三藏全教序》(P.2780、P.2899、P.3127、S.343、S.462、北图翔50、北图玉92)、《大唐玄宗皇帝问胜凡法师而造开元寺》(S.3728)、《大唐皇帝述圣记》(S.4612)、《大唐开元十六年(728年)七月三十日敕为大惠禅师建碑行塔所设斋赞愿文》(道氤撰)、《西天大小乘经律论并在大唐国内都数目录》(S.3565)及《李相公(李茂贞)叹真身》(S.4358)及各种壁画粉本等，此不赘述。

五、政府对敦煌佛教的管理

在中国封建专制政体下，宗教不可能成为凌驾于王权之上的神学权威，也不可能孤立于世俗社会之外。在晋朝和刘宋时期，王权主要体现为佛教的外护。后秦设僧正，在南北时期逐步确立为完善的僧官制度，标志着佛教的神权终于屈从于王权之下。随着隋唐统一大帝国的形成，对宗教的管理也得到了进一步的加强，对寺院及其活动的管理也更趋严密。

唐朝时期，敦煌佛教兴盛，文化发达，佛教信仰更加深入人心。从莫高窟供养人题记和藏经洞写经题记可以看出，唐前期出资开窟，写经的既有僧官、僧尼、居士，也有当地达官贵人、文武官僚、工匠、行客、侍从、奴婢和善男信女，说明佛教已渗透到敦煌社会的各个阶层。在这种背景下，唐政府原有的抑佛扬道政策在这里难以贯彻执行，不得不有所松动。武则天时期，出于政治上的需要，提升佛教于道教之上，并且大造佛寺，广度僧尼，推动了敦煌佛教的发展。但由于资料的缺乏，我们无法详述唐初对敦煌的具体宗教政策。可见到的资料都属归义军时期。从文献看，唐政府对敦煌僧团的管理与组织建设是非常关心的。主管宗教事务的僧统、副僧统由皇帝直接任命，这从P.3720《悟真文集》所收唐大中五年(851年)至咸通十年(869年)间的4件洪辩、悟真告身中就可看得出来。兹以其中的一件为例：

敕释门河西都僧统摄沙州僧政法律三学教主洪辩，入朝使沙州释门义学都法师悟真等，盖闻其先出自中土，顷因及瓜之戍,陷为辫发之宗。尔等廷质戎坛,栖心释氏。能有空王之法,改其异类之心。犷悍皆除,忠贞是激。虔恭教旨,夙夜修行。或倾向天朝,已分其觉路;或奉使魏阙,顿出其迷津。心惟可嘉,迹颇劳止,宜酬节义之效,或奖道途之勤。假内外临坛之名,赐中华大德之号。仍荣紫服,以耀戎□。洪辩可京城内外临坛供奉大德,悟真可京城临坛大德,仍并赐紫,余各如故。

大中五年五月二十一日。①

敦煌写本 P.4660《都僧统唐悟真邈真赞并序》对悟真赴长安受勋的过程有着更为细致的描述:

大中御历,端拱垂衣。入京奏事,履践丹墀。升阶进策,献烈(列)宏规。忻欢万乘,颖脱囊锥。丝纶颁下,所请无违。承九天之雨露,蒙百譬(辟)之保绥。宠章服之好爵,赐符告之殊私。受恩三殿,中和对辞。丕哉休哉,声播四维。皇都硕德,诗咨讽孜。论八万之法藏,破十六之横非。旋驾河西,五郡标眉。宣传敕命,俗赐风移。②

从以上可以看出,唐中央任命洪辩、悟真为河西佛教首领是极其慎重的。大中四年(850 年)六月二十二日,沙州巡礼僧悟真至京,与大德玄畅勾当藏经,各赐紫。大中五年(851 年)五月敕授沙门洪辩为京城内外临坛供奉大德释门河西僧统摄沙州僧政法律三学教主并赐紫衣，弟子悟真为京城临坛大德并赐紫衣。敕沙州专使押衙吴安正等 29 人各授官职;敕授敦煌郡释门都监察僧正兼州学博士慧菀为京城临坛大德。大中十年(856 年)四月二十一日,以悟真为沙州释门都僧录。咸通二年(861 年),河西都僧统洪辩卒,经翟法荣继任。悟真为副僧统。咸通六年(865 年),张议潮遣西凉府僧法信进沙门乘恩所撰《百法论疏抄》。唐懿宗赐法信紫衣充本道大德。咸通十年(869 年)八月,河西都僧统法荣卒,由悟真继任,直到咸宁二年(895 年)悟真病故,再由贤照继之。其中,尤以悟真最受器重。悟真

①郑炳林《敦煌碑铭赞辑释》,兰州:甘肃教育出版社,1992 年,第 138 页。

②对该写本的详细考证与研究可参见上引郑炳林书,第 116~141 页。

“其先出自中土”,曾随张议潮起义收复河西地区。他在吐蕃统治时期即负盛名,归义军时期声望更为卓著。一生虔诚信佛,以教化众生为务。夙夜修行,略无倦怠。历任灵图寺都法师、都僧录、副僧统、都僧统等僧职,就其身份与政治态度而言,都是合乎唐政府之要求的,而且其学问道德都堪为世范。唐政府任命这样一位祖出中原,且又心仪朝廷的僧人来担任河西佛教首领是信得过的。由其管理河西地区的佛教事务,有利于中央王朝宗教政策在河西地区的贯彻执行。

六、余　论

唐代长安与敦煌之间的佛教文化联系尽管密切,但二地佛教发展的轨迹却迥别。唐朝是中国佛教发展的高峰期,形成了颇具中国特色的诸宗派。这些宗派包括由慧思、智者大师创立的天台宗,由慧远、善导发起的净土宗,僧肇、僧朗所代表的三论宗,道宣的律宗,玄奘、窥基创立的法相宗,杜顺、智俨的贤首宗,善无畏、金刚智创立的密宗和以神秀、慧能为代表的北南二禅宗等。各宗都根据自己崇尚的经典著作,以理修行。他们门户相对,持见不一,例如净土宗倡念佛号;禅宗则强调“心无所著”;华严宗宣扬的是“法界缘起”;天台宗又以定(止)、慧(观)为原则。这些宗派在中原地区得到蓬勃发展,但在敦煌却一直冷冷清清,几无任何建树。这种情况的形成可以说是由敦煌特殊的地理环境和人文环境所决定的。

敦煌位于河西走廊的西端,为一面积不大的绿洲,四面戈壁、沙漠环绕。在其东南25公里处另有一小绿洲,面积尚不及1平方公里,这就是驰名中外的莫高窟之所在。有唐一代,敦煌仅有两万居民,佛寺不多,文献中有“十六寺”之谓,除上述11所敕建僧寺之外,另有吐蕃占领时期即已存在的5所尼寺(大乘寺、普光寺、灵修寺、安国寺和圣光寺)。当然,同时存在的还有其他一些佛教庙宇。①

敦煌的佛庙规模都很小,大者有僧五六十人,小者仅有十数人,甚至数人。僧人总数估计仅有千余,还比不上内地一个大中型寺院,更无法与中原地区某个宗派的信徒相提并论了,客观上就制约了敦煌佛教向宗派的发展。这种状况不利于敦煌佛教思想的纵深发展,故唐代敦煌高僧留下有关佛教义理方面的著作不多,仅在吐蕃占领时期出现过像昙旷、法成这

①参见李正宇《敦煌地区古代祠庙寺观简志》,《敦煌学辑刊》1988年第1~2期合刊,第75~85页。

样的义理高僧，但二者一人来自吐蕃，一人来自长安，且其理论又与民间佛教教团和民间佛教活动格格不入。在唐朝统治下敦煌土生土长的高僧大德不少，但研究佛教义理者却寥寥无几。最有名的高僧是悟真，其著作堪称丰富，但都是碑、铭、赞、记、诗一类，竟无一件是佛教义理方面的。当然，无教派之争也有其益，那就是有利于敦煌僧侣不限门派而博览众经，如吴僧统就"以诱声后学，宏开五部之宗。引进前修，广谈三乘之旨。维摩唯识，洞达于始终。横宗竖宗，精研于本末。加以知色空而明顿悟，了觉性而住无为。罄绝两边，兼亡不二。"① 该僧开五部，谈三乘，且止观、谈法，相悉皆洞达明了。这些言辞虽不免有溢美之嫌，但仍从一个侧面反映出在京畿等地宗派林立的情况下，敦煌不受其影响，而依然故我地循着先代大德成熟的修行之路，体味着佛法真谛。这在汉传佛教发展史上堪称为比较突出的一个特例。

在长安地区的佛教遗址中，以法门寺所存佛教文物最为集中，文化积淀也最为深厚。季羡林先生曾预言：如同敦煌学一样，研究法门寺文物，也将会成为一门国际学问。② 道出了法门寺文物的重要性。

法门寺一带是中华文化的重要发源地之一，其文化序列可一直上溯到古老的周秦、两汉文明。作为唐王朝的皇家寺院，其佛教信仰以如来真身舍利崇拜为核心，影响波及全国，在古代中国乃至世界文化的发展中都起到了重要的作用。这里文物众多，除了举世瞩目的 4 枚佛指舍利外，还有为供养舍利而奉献的各种物品，计有金银器 121 件、铜器 8 件、瓷器 16 件、琉琉器 20 件、石碑 2 通、石雕 11 件、玳瑁开元通宝 13 枚、珠玉 400 多颗(件)、铜币 25 000 余枚及丝绸织物数百件。③ 上述佛教文物均为唐朝皇室的供品，数量大，级别高，制作精美，内容丰富，且有《监送真身使随真身供养道具及恩赐金银衣物帐》可资参照，由帐目标明了供奉物品之名称与数量，对于我们鉴别古物极有价值。

总之，法门寺的出土物体现出的是唐王朝的盛大气象。敦煌文物就不同了，这里虽然也有唐朝宫廷之物的流入，但为数不多，在丰富的敦煌文

①P. 4640《吴僧统碑》，见上引郑炳林书，第 64 页。

②《人民日报》1987 年 6 月 18 日。

③韩金科等《法门寺佛教的特点及其在中国佛教史上的地位》，《人文杂志》1993 年增刊《国际法门寺佛教学术讨论会论文集》，第 7~8 页；石兴邦《法门寺地宫珍宝的发现及其相关问题》，《首届国际法门寺历史文化学术研讨会论文选集》，西安：陕西人民教育出版社，1992 年，第 11 页。

物中只是沧海一粟,且等级也无法与法门寺者相提并论。弥漫在敦煌的可以说始终是一种边陲地区所特有的乡土气息。这里最为集中的文物一为壁画,仅莫高窟、榆林窟和西千佛洞中留存的就有5万多平方米,均绘于4到14世纪间;一为写本(包括少量印本),总数多达5万卷以上,亦为同一时代之遗存。这些文化遗产数量之巨,学术价值之高,实举世无匹。其中有少数来自中原或西域、印度等地,其余都出自当地人士之手。虽不乏上佳作品,但劣质者亦不在少数,不像法门寺文物件件精美绝伦。尤其是敦煌写本中充斥着的极不正规的俗写字,其实不少都属错别字。正是这些看起来并不起眼的古物,却改变了中国古史研究的基本面貌。文献中的俗字,可为研究当时汉语、汉字的发展变化和通假转借提供借鉴;那些书写水平并不高的契约、账目、书仪、发愿文、文学作品、地方史志和各种少数民族古文献等也都可为魏晋南北朝隋唐五代宋元史的研究提供前所未知的信息,而且生动、具体、详尽,既可填补史书的空白,又可纠正史乘记载的错讹:壁画风格不一,题材多变,表现形式自由,不像宫廷艺术家那样多地受到拘束,绘画水平高下不等,这正好又为中国艺术史的研究提供了丰富多彩的形象资料。如果说法门寺是唐代宫廷文化之精英所在,那么,敦煌文化就应是对这种精英文化的民间阐释。对认识与理解唐朝的历史与文化来说,二者都很重要,不可偏废。实际上,只有把精英文化与民间文化有机地结合起来,系统研究,才能全面认识唐代中国的社会风貌,进而重新架构出真正意义上的唐朝社会、文化与宗教发展全史。

〔原刊韩金科主编《'98法门寺唐文化国际学术研讨会论文集》,西安:陕西人民出版社,2000年,第174~181页(与王书庆合撰)〕

鄯善敦煌吐蕃僧人饮酒习俗考析

西域是葡萄酒的故乡,这里有着悠久的酿酒与饮酒的历史。《史记·大宛列传》载:公元前 138 年,张骞奉汉武帝之命出使西域,看到"宛左右以蒲陶为酒,富人藏酒至万余石,久者数十岁不败。俗嗜酒,马嗜苜蓿"。1975 年,考古工作者在新疆天山北麓,从一座距今 2000 年的古墓中发掘出一套酿酒器具,其中有球形青铜壶、扁形陶瓷发酵器和木制压榨葡萄的工具等。2004 年夏,在新疆吐鲁番阿斯塔那墓地二区发现的古墓壁画中有一幅"庄园主生活图",在其下角画有一块葡萄地,由下角的方形框内绘有密集的藤类植物,旁边写有"蒲萄"二字,应象征着葡萄园。画面上还再现了葡萄酿酒从榨汁到蒸馏的全过程,非常完整地反映出十六国早期高昌地区从生产葡萄到酿制葡萄酒的过程。① 在高昌国时期,葡萄酒的饮用更为普遍,吐鲁番出土文书中与酒有关的资料很多,北凉玄始十二年(423 年)二月九日的文书残稿记有"酒吏",② 说明高昌官府很早就重视对酒的管理。在古代鄯善国境内出土的佉卢文文书中,也有大量关于产酒、饮酒与用酒的记录:

1. Kh.633 载:"尚有一瓶属于前年之酒放在钵利耶伐多(Priyavata)处。据称,该瓶已破。该贰瓶酒应由钵利耶伐多赔偿。"③

2. Kh.173 载:"在特迦遮(Tġacas)的官邸有酒十五希(khi),斯伐耶(Svaya)之百户十户长左归耶和护军酒十五希,苏耆耶(Suġiya)之百户中酒十五希,昆格耶(Kunġeya)之百户中酒十五希,修业(Mochakamasa)之百

①李肖《吐鲁番新出壁画"庄园生活图"简介》,《吐鲁番学研究》2004 年第 1 期,第 126~127 页。

②中国文物研究所、新疆维吾尔自治区博物馆、武汉大学历史系编《吐鲁番出土文书》(壹),北京:文物出版社,1992 年,第 17 页。

③ A. M. Boyer etc., Kharoṣṭhī Inscriptions. Discovered by Sir Aurel Stein in Chinese Turkestan, Oxford 1929, p. 238. 以下简称 *Kharoṣṭhī Inscriptions*; T. Burrow, A Translation of the Kharoṣṭhī Documents from Chinese Turkestan, London 1940, p. 131. 以下简称 *Translation*。

户中左尼耶之百户中酒十希。”①

3. Kh.567 载:“酒库记有帐单,税监苏耆耶(Suġiya)及钵耆娑(Pġisa)现欠酒已达一百五十米里马(milima)。”②

4. Kh.637 罗列了基特耶(Kirteya)在山中作 vasdhiga 时,王廷将酒作为礼物送与他人的一系列清单③。

5. Kh.272 载国王曾给州长索阇伽说:“去年,皇家之śuka 酒已在汝处征收。现传闻税监和差役已将所征之酒全部饮完。当汝接此令时,应立即从速全部征收去年之śuka 酒和今年之酒,并应倒在一起。”④

上述文献所涉人物既有普通百姓,也有政府官员,更有国王及其他王室成员,政府机构中不仅设置有征收酒税的官员,如“税监”和“差役”,而且还有专门的酒库和账单,王廷对酒及酒税的管理是比较严格的。这些记载说明葡萄酒的生产与饮用在古鄯善国上下都是相当普及的。流风所及,古鄯善国的佛教僧侣也形成了饮酒之习俗。

鄯善原名楼兰,是西域古国之一。据史书记载,自东汉建武以来,塔里木盆地诸国更相兼并,至三国时代,仅存五国,鄯善即其中之一。《魏书·乌丸鲜卑东夷传》裴松之注引《魏略·西戎传》曰:“由南道行,且志(末)国、小宛国、精绝国、楼蓝国,皆并属鄯善也。”这种情况一直持续到魏晋时期。新疆发现的佉卢文文书除 Kh.661 号文书出土于安得悦遗址,属于古代于阗国外,其余绝大多数都属于古代鄯善国。⑤ 在属于古代鄯善国的文献中,有不少都涉及佛教僧人饮酒或使用酒的问题。这里仅撷取其中保存比较完好,意思比较明确的文书,简列其内容于下:

1. Kh.345 号文书提到僧人阿难陀先那(Anaṃdasena)向主瞿波 (Cuġupa)借谷物 30 米里马之后,他又向主瞿波借酒 15 希。⑥

①林梅村《沙海古卷——中国所出佉卢文书(初集)》,北京:文物出版社,1988 年,第 194 页;*Kharoṣṭhī Inscriptions*, p.69. 本文书中的希(khi)及后文出现的米里马(milima),均为佉卢文文书之重量单位,1 米里马等于 20 希。见杨富学《佉卢文书所见鄯善国之货币——兼论与回鹘货币之关系》,《敦煌学辑刊》1995 年第 2 期,第 88 页。

②*Kharoṣṭhī Inscriptions*, p. 208; *Translation*, p. 112.

③*Kharoṣṭhī Inscriptions*, p. 239; *Translation*, p. 132.

④*Kharoṣṭhī Inscriptions*, p. 102; *Translation*, p. 49.

⑤马雍《古代鄯善、于阗地区佉卢文字资料综考》,《中国民族古文字研究》,北京:中国社会科学出版社,1984 年,第 6~49 页。

⑥*Kharoṣṭhī Inscriptions*, pp. 125–126; *Translation*, pp. 65–66.

2. Kh.652 号文书记载说僧人达摩罗陀(Dhamalada)把地卖给司书莱钵多迦(Lyipatġa),得到了十希酒和三 aġjaṣḍha①。

3. Kh.655 号文书称僧人佛陀尸罗(Buddhaśira)及其子将 misi 地一块买给僧人佛陀钵诃摩(Buddhapharma),该地拥有大面积葡萄庄园,可作酿酒之用②。

4. Kh.358 号文书载:"汝处寺主(Viharavala)正在挥霍和浪费自己领地的酒肉。"③

这 4 件文书分别记录的是古代鄯善国佛教僧侣借酒、买酒、酿酒与饮酒的史实,是古鄯善国僧人普遍饮酒现象的具体反映。

在鄯善国周围的吐鲁番、于阗地区,在古代也存在着僧侣饮酒的记录。

高昌各县城均有酿酒的作坊,寺院是酿酒重地,从吐鲁番出土文书中甚至可以看到僧侣租酒的有关记录。如《高昌延寿十三年正月赵寺法嵩入乙未岁僧租酒条记》载:

> 高昌乙未岁僧祖(租)究(酒)□□下,赵寺法嵩叁斛贰斗,□军巩延岳、张庆俊、郭乐子、翟怀愿、氾延……□□岁正月廿六日入。④

《高昌延寿十三年十二月赵寺法嵩入当年僧租酒条记》:

> 高昌丙申岁僧租□□住下赵寺法嵩叁斛贰斗,参军张□□、□欢海、杜海明十二月四日入。⑤

从吐鲁番出土的众多租酒账、入俗租酒条记、入僧租酒条记看,在高昌国时期,不论僧俗,都有以酒为租者。⑥

关于于阗僧人的饮酒问题,在敦煌出土文书中也有一定的反映,S.3234V(8)《年代不明(10 世纪中期)净土寺西仓粟破》载:"粟三斗,沽

①*Kharoṣṭhī Inscriptions*, p. 245; *Translation*, p.135.

②*Kharoṣṭhī Inscriptions*, p.246; *Translation*, pp. 135–136.

③*Kharoṣṭhī Inscriptions*, p.130; *Translation*, p. 70.

④《吐鲁番出土文书》(壹),北京:文物出版社,1992 年,第 445 页。

⑤《吐鲁番出土文书》〔壹〕,第 445 页。

⑥王素《高昌史稿·交通编》,北京:文物出版社,2000 年,第 112~114 页。

酒，送路于阗僧用。"[①] P.3763V《年代不明(10世纪中期)净土寺入破历算会稿》载："粟二斗，六月十七日沽酒，看僧太子。"[②] 这里的僧太子指的其实是于阗太子，因为此人身为佛教法师，故有僧太子之谓。敦研001+董希文旧藏+P.2629《归义军酒破历》称七月"廿六日，衙内看甘州使及于阗使僧，酒壹角。"[③]

在鄯善国东不远处的敦煌及肃州(今甘肃酒泉市)地区，中唐至宋初这段时间内，也曾一度存在着僧人普遍饮酒的习俗。关于肃州僧之饮酒，史料反映不多，可见于S.4899《戊寅年(978年)某寺诸色斛斗破历》：戊寅年十二月"十八日，粟壹硕壹斗，麦三斗，付丑子卧酒，屈肃州僧用。"上文出现的沽酒，指的是支出原料在酒户或酒店那里换取酒。而卧酒呢，则指用自己的原料自己酿酒或在酒户、酒店那里酿造。[④]

与肃州相比，敦煌出土文书中有大量内容可反映敦煌地区僧侣饮酒的情况，特别是佛寺账册中数量众多的寺院卧酒、沽酒、用酒及僧尼饮酒的账目。就敦煌发现的寺院与酒有关的账目而言，以其内容分类，大致可分为五种情况：

一、《付酒本历》，指寺院为卧酒、沽酒支付麦粟的专账；

二、敦煌寺院《破酒历》，即酒的消费破用专账；

三、《算酒历》，即酒的收支结算账；

四、《诸色斛斗破用历》，即寺院的流水账，其中有不少关于酿酒用酒及僧尼饮酒的记载；

五、《算会牒》，即决算账目，其中亦有不少关于酿酒用酒及僧尼饮酒的记载[⑤]。

我们这里以S.6452(3)《壬午年(982年)净土寺常住库酒破历》为例来观察当时敦煌寺院的饮酒情况：

> 1. 壬午年正月十一日，酒壹瓮，大张僧正打银碗局席用。十四日，酒壹角，东

①唐耕耦、陆宏基编《敦煌社会经济文献真迹释录》第3辑，北京：全国图书馆文献缩微复制中心，1990年，第445页。

②同上，第519页。

③同上，第274页。

④高启安《唐五代敦煌饮食文化研究》，北京：民族出版社，2004年，第319页。

⑤李正宇《晚唐至北宋敦煌僧尼普听饮酒——敦煌世俗佛教系列研究之二》，《敦煌研究》2005年第3期，第69页。

2. 窟头用。十九日，酒五升，周僧正、李僧正就店吃用。廿日，酒壹斗，二和尚就店

3. 吃用。廿五日，酒贰斗，僧正、法律就店吃用。廿六日，酒壹角，僧正三人、法律

4. 二人就店吃用。廿七日，酒壹瓮，李僧正就店对与音声。二月六日，酒半瓮。七日耽

5. 佛人酒叁斗、丑挞酒叁斗。八日，又酒七瓮。十三日，酒壹角，李僧正

6. 种麦用。十九日，佛食酒壹斗，宋判官家送。廿四日，酒壹斗，周和尚淘麦用。廿九日，看刺史煮

7. 酒五升，煮油人吃用。三月四日，寒食酒壹瓮。五日，梁阇梨亡，酒壹

8. 瓮。七日，酒壹瓮，东园造作人吃用。八日，酒捌杓，李僧正屈人用。

9. □酒壹斗，大张僧正淘麦用。酒叁斗，北园造作人吃用。九日，酒

10. □杓，十日，酒叁斗，北园造作[人]吃用。十一日，酒叁斗，河母造作用。

11. 十(或廿)三日，僧正亡，着主人酒叁斗送槃用。李僧正酒壹斗，造鞍匠吃用。

12. 廿五日，酒壹斗，大张僧正东窟来迎用。廿八日，北园造作酒半瓮。廿九

13. 日，酒叁斗，音声就店吃用。同日，酒壹斗，李僧正造鞍局席用。

14. 四月二日，酒壹斗，尚和官渠来吃用。四日，酒贰斗，破历用。七日，酒

15. 壹瓮，刺史亡用。九日，酒五升，二和尚就院吃用。十六日，酒壹斗

16. 就店二和尚吃用。廿三日，酒壹斗，李僧正淘麦用。廿五日，酒壹

17. 斗，东窟上用。廿六日，酒壹瓮，大张僧正尽局席用。廿

八日，

18. 酒一瓮，众僧吃用。廿九日，酒壹斗，宋僧正就店吃用。五月

19. 一日，酒壹斗，张僧正、李校授就店吃用。三日，酒壹斗，迎

20. 少张僧正用。四日，酒壹斗，二和尚就库门吃用。七日，酒贰斗

21. 碓头吃用。八日，酒贰斗，东窟用。又来酒半瓮，众僧吃用。

22. 又酒壹斗，小张僧正淘麦用。廿一日，北园造作午料酒一瓮，

23. 夜料酒柒杓。廿二[日]，酒贰斗，又沽酒粟四斗，指撝、孔目、僧正三人、老宿、法律

24. 等吃用。廿六日，酒壹角，弘儿丑挞圈园门吃用。六月三日，

25. 酒叁斗，买舍造文书用。十日，酒叁斗，僧正、法律就仓门吃用。

26. 廿一日，酒贰斗，李僧正东窟来迎用。七月十三日，酒五升，煮

27. 油人吃用。十四日，酒一角，东窟上用。酒壹瓮，小张僧正看

28. 使君用。粟一斗，大众东窟来迎用。十六日，破盆酒两

29. 瓮。十八日，造亟午料酒一斗。十九日，午料酒壹角。廿日，午料酒

30. 壹斗。廿一日，午料[酒]壹斗。廿二日，午料酒壹斗。又夜间局席

31. 酒壹斗。又手工价酒壹斗。廿三日，铁匠陈丑子造作酒

32. 壹斗。廿四日，安教练转局来粟贰斗沽酒用。使君脱

33. 孝，沽酒粟贰斗。廿八日，屈董都料沽酒粟贰斗，造破历

34. 酒贰斗。八月六日，显德寺人助酒壹瓮。十六日，酒贰斗，东

35. 窟看大张僧正用。十七日,酒壹瓮,安国寺人助用。廿日,酒
36. 壹斗,李僧正造后门博仕吃用。廿五日,西窟造作酒
37. 叁斗。十月五日,北园造作酒壹角。六日,掘葱酒壹斗。八日,
38. 酒壹斗,李僧正、张僧正、高僧正、索法律等就院吃用。同日
39. 夜间,酒壹角,周僧正东窟来迎用。酒五升,李僧正就
40. 少汜家吃用。十三日,酒壹斗,张僧正、僧子、法律吃用。十
41. 四日看木酒壹斗。夜间来,酒壹斗。十六日,粟二斗沽酒看待僧录,大师来,酒壹
42. 斗。十七日,酒壹斗,宋判官家送。廿二日,酒壹瓮,翟家人助
43. 用。廿四日东河庄着木酒壹角。又来酒壹斗。廿八日,周和尚
44. 铺暖房酒壹斗。十一月一日,李僧正铺暖房酒壹
45. 斗。二日,酒壹角,杨孔目、周、李就店吃用。四日,酒壹斗,
46. 周李就店吃用。十三日,周和尚麦酒叁瓮,李和尚麦
47. 酒两瓮,大张僧正麦酒壹瓮,小张僧正麦酒壹瓮,
48. 高僧正麦酒壹瓮。十九日,麦酒壹瓮,僧正法律等吃用。
49. 廿五日,酒壹斗,大张僧正东窟来迎用。冬至,麦酒
50. 壹瓮。十二月二日,酒壹斗,二和尚羊司就店吃用。三日,酒
51. 壹角,三界寺二张僧正、周和尚、法律等就店吃用。
52. 五日,酒壹斗,二和尚、校授等就店吃用。六日,酒壹
53. 斗,众法律东窟来迎用。十九日,张僧正友连亡,酒
54. 壹瓮。①

从中不难看出,该文书所反映的寺院对酒的消费量是很大的,饮酒人

①同上引《敦煌社会经济文献真迹释录》第3辑,第224~226页。

员很多,而且都是公开的。

该文献所记饮酒原因名目繁多,其中以迎来送往,招待客人用酒量最大,其次为过节,如寒食节:“三月四日,寒食酒壹瓮”;盂兰盆节:七月十六日,“破盆酒两瓮”,用于慰劳众僧或供奉亡人;冬至节:“冬至,麦酒壹瓮”;其三为酬劳赏赐,如“酒叁斗,北园造作人吃用”“北园造作酒半瓮”“廿五日,西窟造作酒叁斗”。除此之外,还有许多饮酒的由头,如悼念亡人、铺暖房、淘麦用、“使君脱孝”等。还有一些饮酒名目用途不详,如午料酒、夜间局席酒、手工价酒、造破历酒等。诸如此类,不一而足。

饮酒地点,可以在酒店,也可以在寺院,本文书所涉寺院就有显德寺、安国寺、三界寺、东窟(安西榆林窟)和西窟(敦煌西千佛洞)。

饮酒人员,有政府官员,如刺史、使君、指撝、孔目、判官,有石窟修造人员如都料、造作人及“造后门博仕”[①] 等,还有其他人员,如造鞍匠、铁匠、煮油人等,除此之外,尚有各种僧侣,除普通僧众外,高级僧侣中饮酒者亦不在少数,既有僧正、僧录、法律、老宿,也有音声、教练、大师、教授、阇梨、和尚等,说明在当时敦煌的佛教界饮酒已蔚然成风。正如郑炳林先生所言:

> 敦煌僧徒基本上都饮酒,从高级僧官都僧统、都僧录、都教授、都僧政、都法律、都判官到中级僧官教授、僧政、法师、法律、上座、寺主、判官,下至一般僧人徒众等,敦煌文书中都有他们饮酒的记录。[②]

敦煌地区的常用酒主要有三个品种,即葡萄酒、粟酒和麦酒。而出现在佛教寺院用酒账目中的大多是粟酒、麦酒和粟、麦混合酒。[③] 这与鄯善国寺院僧侣也大量饮用葡萄酒的情况是不同的。

敦煌自古以来就是汉族与少数民族的交汇之地, 但佛教信仰长期以汉传佛教为主,而在汉传佛教中,酒是一直被严格禁止的。那么,自中唐到

①博仕,即博士。在敦煌文献中把各种具备过硬专业技术、可以从事高难度技术劳动并可以独立完成所承担的施工任务的手工业者统称作博士,名目很多,如木博士、铁博士、泥博士、抽梁博士、充起毡博士、开锯齿博士及本文献中的“造后门博仕”等。参见马德《敦煌工匠史料》,兰州:甘肃教育出版社,1997 年,第 11 页。

②郑炳林《唐五代敦煌酿酒业研究》,《敦煌吐鲁番文献研究》,兰州大学出版社,1995 年,第 586 页。

③高启安《唐五代敦煌饮食文化研究》,北京:民族出版社,2004 年,第 328 页。

宋初，敦煌何以出现了饮酒习俗呢？我认为可能是受吐蕃影响所致。吐蕃于贞元二年(786年)占领中统治敦煌，[①] 历经晚唐、五代，到北宋景祐三年(1036年)曹氏归义军政权终结，前后历时250年，期间吐蕃占领敦煌62年(786—848年)。

在吐蕃统治敦煌之前，敦煌未发现僧尼公然饮酒的记录，今天所知最早的敦煌僧尼饮酒事例即发生在吐蕃统治敦煌时期。S.381《龙兴寺毗沙门天王灵验记》云："大番岁次辛巳年闰二月十五日寒食节……当寺家人在外吃酒。"这件文书写成于吐蕃统治敦煌时期，反映寺院有节日饮酒之俗。S.2228《吐蕃辰年巳年(824、825年)某寺麦布酒破历》更是记录了当时敦煌佛教寺院大量用酒的史实：

1. 日□发布九匹，并付兴胡胡充欠悬[用]。

2. 断麦五硕五斗，至秋还。其布纳官用。又张老于尼边买布一匹卌二尺，

3. 至折麦壹硕五斗两家合买，其布纳官用。各半。

4. 吊田秀妇平意布三丈三尺，其布于寺家贷。又于寺家取布两匹，

5. 辰年十月折麦纳官用。又于寺家取布一匹，智秀受戒时告裙衫用。

6. 巳年四月九日，共曹延断空设热布一匹，墨两挺已上，当家送纳

7. 又索家贷粉绸一匹，其绸四月十日却对面分付惠照上座于

8. 五月十四日，于李日荣边买小钗子一弁，其钗子折麦十硕，

9. 并汉斗。于阴兴兴边付本身麦三驮，又对僧员岸付麦一石八

10. 斗，又对僧觉义[付]麦三石，并汉斗，施本身麦六汉斗，□付碓课用。

11. 后五月，付宋澄清酒半瓮。廿二日，付王□□麦半驮

①关于吐蕃攻占敦煌的时间，学界一直存在着多种说法，这里取陈国灿先生之说。见陈著《唐朝吐蕃陷落沙州城的时间问题》，《敦煌学辑刊》1985年第1期，第1~7页。又载氏著《敦煌学史事新证》，兰州：甘肃教育出版社，2002年，第472~485页。

12. 廿五日,又付宋澄清麦六汉斗,又酒半瓮,付□□□布□□[①]

诸如此类的记载在此后年代的文献中就经常出现了,历中唐、晚唐、五代直到北宋初,敦煌僧尼普听饮酒之习俗一直盛而不衰。吐蕃地区的僧人是有饮酒习惯的,这是藏传佛教和汉传佛教间重要的区别之一。吐蕃人把这种习惯带到敦煌,自然会对敦煌汉族佛教界产生一定的影响。后来,汉人政权虽然推翻了吐蕃统治,但僧尼饮酒之风却一直得以延续。更有甚者,即使尼姑也不乏饮酒者。如 S.6452(2)《辛巳年(981 年)十二月十三日以后及壬戊年(982 年)周僧正于常住库借贷油面物历》即载正月十四日,"酒二斗,大乘寺用";四月廿三日,"酒壹瓮,阿师子东窟头吃用";四月廿八日,"阿师子来吃用"。如所周知,大乘寺为敦煌五尼寺之一,阿师子是对尼阇黎的尊称,说明尼姑饮酒亦为平常事。

众所周知,佛教是主张"出世"的,它要求人们戒除"三毒"(贪、嗔、痴),摈弃一切欲望和追求,皈依于"三宝"(佛、法、僧)。饮酒作为一种物质欲,当然是应当摈弃的。佛教入门的最初五戒(不杀生、不偷盗、不淫邪、不妄语、不饮酒)即要求戒酒。五戒之中,前四种都属于"性戒",只有饮酒为"遮戒"。遮为防范之意,饮酒本身并不是罪恶,但饮酒容易使人神志不清,智慧不明,往往会招致其他四种罪恶的产生,触犯其他的戒律,故需"遮"。在佛教经典中常有劝人莫饮酒的内容,如《大萨遮尼乾所说经·问罪过品第七》曰:"饮酒多放逸,现世常愚痴。忘失一切事,常被智者呵。来世常暗钝,多失诸功德。是故黠慧人,离诸饮酒失。"[②] 在律部著作中,酒戒更是被反复强调的大戒。《十诵律》卷一七载:"佛言:'如是过罪若过是罪,皆由饮酒故。从今日若言我是佛弟子者,不得饮酒,乃至小草头一滴亦不得饮。'佛种种因缘,诃责饮酒。"[③] 梁武帝更是根据《大般涅槃经》《楞严经》中主张戒食酒肉的内容特撰《断酒肉文》,在全国推行断酒之戒。[④] 与戒酒相关的内容,还被历代高僧大德编为歌谣供信徒传唱,以示警戒。如敦煌出土的文献 S.1073《和菩萨戒文》的唱辞写道:

①唐耕耦、陆宏基编《敦煌社会经济文献真迹释录》第 3 辑,北京:全国图书馆文献缩微复制中心,1990 年,第 149 页。

②《大正藏》第九卷《法华部》,No. 272,页 340c。

③《大正藏》第二三卷《律部二》,No. 1435,页 121b。

④[唐]道宣《广弘明集》卷二六,《大正藏》第五二卷《史传部四》,No. 2103,页 294b~303c。

诸菩萨，莫沽酒，沽酒洋(烊)铜来灌口。足下火出焰连天，狱卒持铜斩两手。总为昏痴颠倒人，身作身当身自受。仍被驱将入阿鼻，铁壁千重无处走。

这些内容说明，从经典到现实，戒酒都是佛教戒律中非常重要的内容，从某种意义上说，戒酒也是佛教慈悲精神的具体表现。

然而，我们从上引古代鄯善国境内出土的佉卢文文书和敦煌出土汉文文书中却看到鄯善国与中唐至宋初的敦煌地区却普遍存在着佛教僧侣饮酒的习俗，甚至还可以自己酿造葡萄酒。何以如此，值得深究。

佛教是一种适应性极强的宗教。在由印度向外传播过程中，为了适应不同地区的实际情况，在教义、法门与戒律上都有所变通。尤其是其中的一些戒律习俗在发展过程中逐渐同当地的地域环境与礼仪制度结合起来，形成了一套不同于印度本土，易于被当地僧尼接受和遵守的戒律。鄯善国、于阗、吐鲁番、敦煌、肃州等地僧侣饮酒习俗的形成就是佛教戒律适应当地社会生活的一个例证。

佛教戒律的推行往往要迟于佛教的流行。佛教传入汉地始于东汉明帝年间，但律部经典的翻译及实行受戒，却肇始于三国嘉平(249—254年)中。据载，当时有印度僧人昙摩迦罗(法时)来到洛阳，见中国僧人只落发而未受戒，即译出《僧祇戒心》，欲以此为持戒的准绳。又请印度僧立羯磨法(受戒规则)，创行受戒。[①] 在此之前一百多年间，“沙门耽好酒浆，或畜妻子，取贱卖贵，专行诈绐”[②]，破戒律之事当是很多见的。鄯善国僧侣之饮酒，或许就与当时鄯善国戒律未形成有一定关系。

那么，吐蕃僧侣之饮酒，是不是也有这个因素呢？我认为肯定也有，但这只能说明早期吐蕃的“有信无戒”。而事实上，吐蕃僧侣饮酒之风，自7世纪中叶佛教传入吐蕃一直蔓延到14世纪宗喀巴推行宗教改革，实行酒戒后才得以遏止。如果将这7个多世纪定为佛教戒律在吐蕃的成长期，未免历时过长。其实，早在8世纪后期，吐蕃地区即已出现了剃度僧人出家的寺院——桑耶寺，而且也有了受戒出家的僧人。在佛教传入百年后才有受戒之举，与汉地情况颇类。所以，笔者认为，吐蕃佛教界长期盛行的饮酒之风当有更深层的原因，应与藏传佛教对戒律的独特认识有关。

①杜斗城、杨富学《嵩山与律学高僧》，《少林寺与中国律宗》，郑州：少林书局，2003年，第1~2页。

②[唐]僧祐《弘明集》卷一，《大正藏》第五二卷《史传部四》，No. 2102，页4a。

清代著名法王周加巷在其所著《至尊宗喀巴大师传》中指出，在当时西藏佛教界存在着不少破戒现象：

> 有一些人借口现在因为是闻思的时候，废弛戒学没有什么关系。又有一些人说，由于是修密宗的时候，可以取酒和妇女等五欲为修道用，没有什么关系，而做毁坏戒律的行为……此外，有些自认为是密宗金刚乘的人，对饮酒及非时等，反而说，若不受用将成为罪过，是与誓戒相矛盾的……另外一些到山林禅寺中，寂静地进修禅定的人们，则如是说：舍离饮酒和非时食等，这些是毗奈耶中所说，但是那时就声闻众而说的，是就小乘信解者而说的，对于达成及了知心的本来面目者，那样做是缠缚，是无意义的。①

这里所言虽为宗喀巴宗教改革之前藏传佛教的破戒状况，但基本上可以看作是从7世纪吐蕃皈依佛教戒律松弛问题的全貌。说明当时佛教戒律在西藏已有实行，但由于藏传佛教密法盛行，那些修密法者认为酒对修上乘密宗的僧人是一种“方便”(即手段)，不认为饮酒是破戒。有许多密宗大师都是饮酒的，如著名的喇嘛教宁玛派(红教)祖师莲花生就是个极爱饮酒的僧人，传说他曾在一个酒店连饮了七天七夜。还有一些人认为律属于小乘，而自己信仰的是大乘，所以不必遵守这些戒律，而且还认为饮酒对修行者有所裨益，故而在一些宗教著作中对饮酒之事津津乐道，如著名的《米拉日巴传》中写道：米拉日巴的师父、喇嘛教噶举派(白教)的祖师玛尔巴不仅自己爱饮酒，还叫米拉日巴一起喝。后来米拉日巴在深山苦修，节制饮食，却一直不能“摄界归脉”。一天吃了妹妹送来的酒和未婚妻送的美味食物后，功夫陡然大进。打开师父所赐的秘卷一看，才知道修行到一定程度后，“要全靠好饮食”，而且还需“多少喝一点酒”，这样才能把全身脉结打开，生出乐、明、无分别的境界，到达“涅槃”。米拉日巴由此领悟到修习最上乘的密宗，要“以妙欲为道”的奥义，终成正果。这种认识，自然会导致藏族地区佛僧饮酒之风久盛不衰。正是有鉴于此，宗喀巴才开始厉行宗教改革，抉择正法，指定戒律，整饬僧众，有效遏止了僧侣饮酒之风，使藏传佛教得以重振。

①法王周加巷著，郭和卿译《至尊宗喀巴大师传》，西宁：青海人民出版社，1988年，第396~398页。

李时珍《本草纲目·酒·发明》称："酒，天之美禄也……少饮则和血行气，壮神御寒，消愁遣兴。"现代医学的研究证明，适量饮酒可以促进消化，减轻心脏负担，预防心血管疾病，而且还能加速血液循环，有效地调节和改善机体内的生物化学代谢和神经传导，有助于人们的身心健康和延年益寿。适量饮酒既有益于身体，也是人生的一种乐趣。鄯善国地处西鄙，冬季气候干冷异常，饮用葡萄酒却能帮助僧人滋养健身、抵御寒冷，能使衣着并不丰厚的僧侣增加热量，顺利过冬。修行过程中既要遵守清规戒律，但也不能一味地照搬，需要具体问题具体对待，只有这样才能集中心智研习佛法、延续慧命。这也算是僧人们在严酷的修行条件中开启的善巧之门。

佛教戒律强调禁酒，这是通常的情况，但佛经中也有饮酒无罪的教导。《佛说未曾有因缘经》卷下载：

> 尔时会中，国王太子名曰祇陀，闻佛所说十善道法、因缘果报，无有穷尽。长跪叉手，白天尊曰："佛昔令我受持五戒，今欲还舍受十善法。所以者何？五戒法中，酒戒难持，畏得罪故。"世尊告曰："汝饮酒时，为何恶耶？"祇陀白佛："国中豪强，时时相率，赍持酒食，共相娱乐，以致欢乐。自无恶也。何以故？得酒念戒，无放逸故。是故饮酒，不行恶也。"佛言："善哉，善哉！祇陀，汝今已得智慧方便。若世间人能如汝者，终身饮酒，有何恶哉！如是行者，乃应生福，无有罪也。夫人行善，凡有二种：一者有漏，二者无漏。有漏善者，常受人天快乐果报；无漏善者，度生死苦，涅槃果报。若人饮酒，不起恶业，欢喜心故；不起烦恼，善心因缘，受善果报。汝持五戒，何有失乎！饮酒念戒，益增其福。先持五戒，今受十善，功德倍胜十善报也。"①

这里通过祇陀太子与佛陀的问答，阐释了佛祖对饮酒问题的具体看法，认为在"五戒法中，酒戒难持"，主要担心因饮酒而获得罪过。但如果能像祇陀太子那样，将饮酒作为修行的手段，"饮酒不起恶业，欢喜心故；不起烦恼，善心因缘"，那么，饮酒不仅无罪，而且还能"益增其福""受善果报"，即使"终身饮酒有何恶哉！"易言之，只要饮酒后不作恶，保持神智清

①《大正藏》第一七卷《经集部四》，No. 754，页 585a–b。

楚，能够守持四大"性戒"，那就不能算是罪过。如此一来，饮酒不惟非罪，而且还可给身处欲望与戒律矛盾之中的佛僧内心世界带来些许安慰。在五戒中，不杀生、不偷盗、不淫邪、不妄语属于"根本戒"，其中并不包括戒酒，可见酒在佛教中未入深恶痛绝之列。《三国志·吴书·刘繇传》附记笮融事迹说："[笮融]初聚众数百，往依徐州牧陶谦。谦使督广陵、彭城运漕……每浴佛，多设酒饭，布席于路，经数十里，人民来观及就食且万人，费以巨亿计。"[①] 说明，即使在中原地区，佛教对酒禁戒也不是绝对的。佛教在禁酒问题上的善巧方便之门，使鄯善国与敦煌的僧侣可以公开饮酒而不致被视为离经叛道之举，因为在佛教经典中毕竟是有据可循的。

鄯善王国的上层僧侣集团实际上是由一批僧侣地主构成的。他们在出家之后，不可能完全脱离世俗家庭，这一现象层出不穷，有家有室的出家人真是举不胜举。他们娶妻生子，不仅拥有家庭，而且还占有土地和奴隶，依靠出租土地、剥削农民和低级僧侣来维持其奢侈富裕的生活；他们既肩负着牧师的职能，又兼任政府各种高官厚职，国王需要他们从精神领域维护王权，因而不断巩固上层僧侣的地位，为之享受奢华生活提供保障，上行下效，饮酒之风也由此形成并愈演愈烈。此外，在鄯善国僧侣界，还有许多僧尼是先出家，后来才成家的，成家后一般都不住在寺院了；还有一些人是就近出家，即选择离家较近的寺院出家，虽然许多人在寺院挂籍，却常年居住在俗家，与家人共同生活。[②] 这样，僧尼对世俗的家庭就有了难以割舍的牵挂，他们出家不离家，也与俗人一样可为家庭置办产业，甚至可蓄婢或牟利，并参与各种社交活动，如此一来，饮酒积习也更加难以摈弃了。

佛教世俗化的整体趋势也影响并推动了鄯善国与敦煌僧尼的日常生活。佛教的产生、发展都根植于社会经济文化生活的沃土之中，其思想根源存在于世俗社会之中，时刻受世俗社会思想和经济发展等因素的影响。佛教在西域、敦煌扎根壮大，不得不迎合所处世俗社会环境的地理条件、风俗习惯、政治主张、人文思想和道德观念等，因此，佛教世俗化的整体趋

①《三国志》卷四九，北京：中华书局，1982 年，第 1185 页。

②Ratna Chandra Agrawala, Life of Buddhist Monks in Chinese Turkestan, *Sarūpa-Bhārati or the Homage of Indology being the Dr. Lakshman Sarup Memorial Volume*, Hoshiarpur 1954, pp. 173-181; 陈世良《魏晋时代的鄯善佛教》，《世界宗教研究》1982 年第 3 期，第 87~88 页；夏雷鸣《从佉卢文文书看鄯善国僧人的社会生活——兼谈晚唐至宋敦煌世俗佛教的发端》，郑炳林、樊锦诗、杨富学主编《丝绸之路民族古文字与文化学术讨论会论文集》，西安：三秦出版社，2007 年，第 202~219 页。

势不可阻挡。从以上探讨的僧尼饮酒的特殊现象，说明这一演进过程在鄯善、敦煌地区突出表现为守持佛理教戒与向往家庭生活的客观矛盾，它的逐步融合与全面渗透的历史过程，也为后世研究佛教世俗化，树立了具有地域特色和民族特点的鲜明旗帜。美国著名文化人类学家 L.A.怀特有一句名言："文化的目的就是满足人的需要。"[①] 此说正是鄯善国、敦煌佛僧之饮酒习俗之形成的绝佳脚注。

从上文的论述可以看出，在鄯善国、吐蕃及晚唐、五代宋初的敦煌，僧侣饮酒之风都很盛行。其中，鄯善僧多饮葡萄酒，而敦煌僧尼则多饮麦酒、粟酒。敦煌僧尼饮酒是受吐蕃饮酒之风影响的结果，而吐蕃盛行饮酒，除早期戒律不成熟这一因素外，主要与藏传佛教僧侣认为饮酒不仅不违背戒律，而且还有助于修行这一认识有关。而鄯善国僧人之饮酒，当属于另外一种情况，那就是当时佛教戒律在当地还没有得到推行，尚处于"有信无戒"的状态。至于吐蕃饮酒习俗与鄯善饮酒习俗有无关联，因史料缺乏，我们不得而知。若考虑到敦煌与西域间长期存在的密切关系，[②] 鄯善佛僧饮酒习俗在西域的遗风直接或间接地影响吐蕃也并非全无可能。

（原刊郑炳林、樊锦诗、杨富学主编《敦煌佛教与禅宗学术讨论会文集》，西安：三秦出版社，2007 年，第 600~620 页）

①转引自张猛、顾昕、张继宗编著《人的创世纪》，成都：四川人民出版社，1987 年，第 254 页。

②参见巴桑旺堆《藏文文献中的若干古于阗史料》，《敦煌学辑刊》1986 年第 1 期，第 69~73 页；尕藏加《藏文文献中所见西域佛教之比较研究》，《敦煌学辑刊》1993 年第 2 期，第 50~57 页；杨铭《唐代吐蕃与西域诸族关系研究》，哈尔滨：黑龙江教育出版社，2005 年。

论鄯善国出家人的居家生活

鄯善国是古代西域诸国之一,系由楼兰国改名迁都而来,位于今新疆维吾尔自治区若羌县境内的罗布泊西面和西南面。西汉时有 14000 余人,1570 余户;养兵 2900 余人。自东汉建武以来,塔里木盆地诸国更相兼并,至三国时代,仅存五国,鄯善即其中之一。《魏书·乌丸鲜卑东夷传》裴松之注引《魏略·西戎传》曰:"由南道行,且志(末)国、小宛国、精绝国、楼蓝国,皆并属鄯善也。"3 世纪末至 5 世纪中期,常臣属于曹魏、晋及前凉、北凉、前秦。北魏太武帝太平真君六年(445 年),万度归击鄯善,俘其王真达,以鄯善为镇。鄯善国灭亡。

鄯善国时期使用的官方文字是佉卢文。"佉卢文"一词系梵语"Kharoṣṭhī"的汉语译音,原文是 Khara-(毛驴)和-osthi(嘴唇)两了加阴性语尾 i 构成的复合词,意为"驴唇文",是印欧语系中印度雅利安语中的一种俗语方言。由于它最初流行于古代印度西北地区,故名"中古印度西北方言"。佉卢文起源于犍陀罗地区,后来流行的区域大都是受犍陀罗文化艺术影响的区域,并吸收了龟兹——焉耆语、于阗塞语、粟特语、希腊语及汉语等许多非印度词汇,与荟萃各种文化因素的犍陀罗艺术相类似,所以,学术界以又称为"犍陀罗语"。

3 世纪中叶,佉卢文在印度逐渐消失。在其即将消亡的前夕,即 3 世纪 30 年代左右,这种文字却突然出现于我国塔里木盆地四周的于阗、鄯善等地。[①] 现今已刊布的佉卢文文书达 700 余件,其中,除 Kh.661 号文书出土于安得悦遗址,属于古代于阗国外,其余绝大多数都属于古代鄯善国。[②] 在属于古代鄯善国的文献中,有不少都涉及古代鄯善国佛教,从中可以看出,僧侣过的纯然是一种居家生活。这些僧人虽然在寺院挂籍,却常年居住在俗家,与家人共同生活。前贤虽已注意到这一问题,并在有关

①孟凡人《楼兰鄯善简牍年代学研究》,乌鲁木齐:新疆人民出版社,1995 年,第 533~534 页。

②马雍《古代鄯善、于阗地区佉卢文字资料综考》,中国民族古文字研究编《中国民族古文字研究》,北京:中国社会科学出版社,1984 年,第 6~49 页。

著作中或多或少有所述及,[①] 但专题性的研究尚付之阙如。有鉴于此,本文在前贤研究的基础上,以现刊相关佉卢文文书为依据,对鄯善国佛教僧侣居家生活的问题略作探讨。

一、僧侣可以娶妻生子,拥有户主身份

1. Kh.418:“据沙门菩达伐摩(Buddhavamā)申称,沙门舍利布多罗(Śāriputra)曾领登纽伽·阿没托(Denuġa Aṃto)之女尸舍特耶(Śirsateyae)作养女。沙门舍利布多罗将该女正式嫁给沙门菩达伐摩为妻。该妇女尸舍特耶之女儿,名布没那伐提耶(Puṃñavatiyae)被嫁给沙门夷伐洛·阿塔摩(Jivalo Aṭhama)为妻。该阿塔摩已死。”[②] 简言之,法师舍利布多罗将其养女正式嫁给法师菩达伐摩为妻。菩达伐摩之妻后生一女儿,法师又将其嫁给另一僧人。母女都嫁法师为妻,母亲曾是法师的养女,三位法师因为这一母女而形成了三代之间的亲属关系。

2. Kh.655:菩度娑(Budhosa)是沙门菩达尸罗(Buddhaśira)之子。[③]

3. Kh.419:菩地罗(Budhila)及菩达耶(Budhaya)是沙门阿塔莫(Aṭhamo)之子。[④]

4. Kh.474:国王致税监谕令称:沙门众力(Saṃghapāla)拥有妻室、子女。“彼若系合法夫妻,根据法律,应给儿女均等财产。”[⑤]

5. Kh.621:沙门孙陀罗(Sundara)之女与陶工之子私奔。[⑥]

---

①Ratna Chandra Agrawala, Life of Buddhist Monks in Chinese Turkestan, *Sarūpa-Bhārati or the Homage of Indology being the Dr. Lakshman Sarup Memorial Volume*, Hoshiarpur 1954, pp. 173-181; 陈世良《魏晋时代的鄯善佛教》,《世界宗教研究》1982 年第 3 期,第 87~88 页;夏雷鸣《从佉卢文文书看鄯善国僧人的社会生活——兼谈晚唐至宋敦煌世俗佛教的发端》,郑炳林、樊锦诗、杨富学主编《丝绸之路民族古文字与文化学术讨论会论文集》,西安:三秦出版社,2007 年,第 202~219 页。

② A. M. Boyer etc., *Kharoṣṭhī Inscriptions. Discovered by Sir Aurel Stein in Chinese Turkestan*, Oxford 1929, p. 149. 以下简称 *Kharoṣṭhī Inscriptions*; T. Burrow, *A Translation of the Kharoṣṭhī Documents from Chinese Turkestan*, London 1940, p. 84. 以下简称 *Translation*。

③*Kharoṣṭhī Inscriptions*, p. 246; *Translation*, p. 136.

④*Kharoṣṭhī Inscriptions*, p. 150; *Translation*, p. 85.

⑤*Kharoṣṭhī Inscriptions*, p. 171;林梅村《沙海古卷——中国所出佉卢文书(初集)》,北京:文物出版社,1988 年,第 119 页。以下简称《沙海古卷》。

⑥*Kharoṣṭhī Inscriptions*, p. 234; *Translation*, p. 129.

这里特别值得注意的是，Kh. 147 有这样的记载："唯 9 月 5 日，是时凡户主，人均一份"，这些户主以"布尼人之村落为界"，随之罗列主名36个，最后又注明"太侯卢达罗耶(Rutraya)和沙门寿友(Jivamitra)告病"。[①]显然，鄯善国的僧人可以有户主的身份。既然僧人可以结婚，那么，拥有子女，并同子女生活在一起，成为户主自然是顺理成章之事。

二、僧侣中盛行蓄奴

考古发掘资料说明，早在春秋战国时期，西域各国即已进入奴隶社会。从尼雅等地出土的佉卢文文献看，魏晋时期，鄯善国虽步入封建社会，但奴隶制残余却依然存在，而且十分浓重。在鄯善国，国王、贵族、官吏、富翁、甚至一般平民都拥有数量不等的奴隶，供他们驱使，[②] 僧人也不例外，对此，不少文献都有记载，如：

1. Kh.345："沙门阿难陀犀那(Ānandasena)在凯度多曾向注瞿钵借得谷物 30 米里马(milima)。后又借酒 15 希(khi)。另该沙门阿难陀犀那之奴，名菩达瞿沙(Buddhaghosha)又从余及鸠瞿钵之屋窃取丝绢(pata)12马身长……共计价达 100 穆立。"[③]"双方在法庭之外彼此已达成协议。该沙门将窃贼菩达瞿沙给啰苏(Larsu)，作为相等于阿难陀犀那所借谷物110 穆立(muli)及该被窃布匹等等 12 马身长之价款。cozbo 啰苏亦放弃彼对该僧阿难陀犀那所借 110 穆立之所有权。自今以后，啰苏对该僧阿难陀犀那即无权要求归还该 110 穆立及提出彼奴偷窃之事。该僧阿难陀犀那对啰苏亦无权要求归还彼之贼奴。一切事情现均已解决，并且判决亦已到达。今后若沙门阿难陀犀那或其子、其孙、彼之任何亲属或亲属之子想推翻此事或对此判决提出异议，彼等重新申诉均不生效，并将受处罚……"[④]

2. Kh.506：沙门耽提伽(Tatiga)给沙门桑茄(Śāṃcha)一个奴隶。桑茄曾将沙门婆多罗(Batra)送给耽提伽(Tatiga)作为交换。这暗示了僧侣蓄奴

①*Kharoṣṭhī Inscriptions*, pp. 58—59;《沙海古卷》，第 187~188 页。

②钱伯泉《魏晋时期鄯善国的奴隶制度》，《西北史地》1986 年第 1 期，第 15 页。

③米里马(milima)、希(khi)，均为佉卢文文书重量单位，据考，1 米里马等于 20 希。穆立，佉卢文文书原作 muli，为"价值单位，在交易中起着普通货币的作用"，1 穆立相当于 1 米里马谷物之价值。见杨富学《佉卢文书所见鄯善国之货币——兼论与回鹘货币之关系》，《敦煌学辑刊》1995 年第 2 期，第 87~88 页。又载拙著《中国北方民族历史文化论稿》，兰州：甘肃人民出版社，2001 年，第 223~224 页。

④*Kharoṣṭhī Inscriptions*, pp. 125–126; *Translation*, pp. 65–66.

的共同愿望。我们从同一文书进一步得知，沙门桑茄还有一名奴隶舍难摩为其效力。对于僧侣对奴隶的争夺，作为法官的僧团成员并未反对，表明奴隶制在普通僧侣与贵族僧侣中已得到普遍认可并具体实施。[①]

3. Kh.358：该僧侣已作为奴隶赠与他人。[②]

上述记载说明，鄯善国僧人可以畜奴，奴隶作为私人财产可以由僧人的子孙继承，也可以像其他财产那样投入买卖市场。

与僧侣蓄奴的情况相对应，也有沙门沦落为奴仆者，如 Kh.152 载："有一沙门，名曰法受(Dharmapriya)，现在沙律韦耶(Saluvaae)之庄园。当此位苏摩塔(Sumata)抵达汝处时，应令苏摩塔将该沙门拘捕。该沙门系夫人摩施迪格(maṣḍhiġe)及摩特格(motġe)之奴仆。彼之住所已出售给余。余等对所有这些均已决定。"[③]

三、僧侣可以收养子女，甚至参与妇女买卖

关于收养子女的文书，可见于 Kh. 553 号文书，其中提到，苏耆耶(Suġiya)将沙门觉友(Buddhamitra)的男孩子帕特罗耶(Patraya)收为养子，所付抚养费已全部结清。[④] 另一件编号为 Kh.418 的文书则曰：沙门舍利布多罗(Śāriputra)收养一女儿。[⑤]

此外，Kh.437 还提到，沙门菩达犀那(Buddhasena)购得一身高 5-distis 之女。[⑥] 这是鄯善国僧人参与人口买卖的直接证据。至于买卖这些人口有何用途，是收养还是蓄奴，由于史料缺载，不得而知。

四、僧人可置办田产

1. Kh. 549："此字据［立于］4 月 7 日。莫伽多(Moġata)及摩尼吉耶(Mañiġeya)在伟大国王托没伽罗迦(Toṃgraka)……该二兄弟将能种 1 米里马10 希籽种之土地卖给沙门僧伽菩地(Samghabhūti)。摩尼吉耶及莫伽

①*Kharoṣṭhī Inscriptions*, pp. 182–183; *Translation*, pp. 98–99.

②*Kharoṣṭhī Inscriptions*, p. 130; *Translation*, pp. 69–71.

③*Kharoṣṭhī Inscriptions*, pp. 60–61; *Translation*, pp. 27;《沙海古卷》，第 279 页。

④*Kharoṣṭhī Inscriptions*, p. 203;《沙海古卷》，第 136 页。

⑤*Kharoṣṭhī Inscriptions*, p. 149; *Translation*, p. 84.

⑥*Kharoṣṭhī Inscriptions*, p. 159; *Translation*, pp. 89–90.

多得于阗 alena 粗地毯 1 条及谷物 5 米里马作为地价。价格共计为 15 穆立。双方在此公平的条件上达成协议。今后,无论何人对此有异议,彼之翻案在王廷均属无效。"就是说,僧人僧伽菩地购买土地一块,以一条于阗粗毯和 5 米里马谷物作为地价。①

2. Kh.652:"有一僧人,名达摩啰陀(Dhamalada)。彼愿将能种 1 米里马籽种之土地一块卖给司书莱钵多伽 (Lyipatġa)。彼得酒 10 希及 agjsdha 3[单位]作为地价。该事业已决定。自今以后,莱钵多伽对该地有全部所有权。"② 易言之,阿莫瞿迦(Aṃgoka)陛下在位时,沙门达摩罗陀(Dhamaladha)将土地一块出售,得到酒和织物作为地价。

3. Kh.655:"沙门菩达尸罗(Buddhaśira)及其子菩度娑(Budhosa)愿将 misi 地一块卖给沙门 kutajadaga 菩达钵尔摩(Buddhapharma)。该地之播种量为 1 米里马 5 希。"③

4. Kh.582:沙门夷毕耶(Yipiya)出售土地,得到价值地价的三匹马。这些买卖行为被起草和签署在尼雅出土的有关僧侣的文书之中。④

5. Kh.473:沙门众吉(Samghaira)非法抵押他人葡萄园一所和耕地一块。⑤

6. Kh.431+432:沙门佛陀先那(Buddhasena)系耶吠村地主,征收佃户赋税。⑥

7. Kh.358:沙门苏陀娑那(Sudarśana)在被拘禁之时仍依赖于其佃户。⑦

从这些文书可以看出,鄯善国的僧人可以置办田产,拥有土地或葡萄园等,而且还可以自由买卖,并受到法律的保护。

五、僧侣可饲养牲畜

1. Kh.546:沙门法爱(Dharmapriya)在且末从他人处得骆驼一峰,又

①*Kharoṣṭhī Inscriptions*, pp. 201–202; *Translation*, p. 109.

②*Kharoṣṭhī Inscriptions*, p. 245; *Translation*, p. 135.

③*Kharoṣṭhī Inscriptions*, pp. 245–246; *Translation*, pp. 135–136.

④*Kharoṣṭhī Inscriptions*, pp. 217–218; *Translation*, pp. 121–122.

⑤*Kharoṣṭhī Inscriptions*,p. 171; *Translation*, p. 92.

⑥*Kharoṣṭhī Inscriptions*,pp. 156–157; *Translation*, pp. 87–88.

⑦*Kharoṣṭhī Inscriptions*,p. 130; *Translation*, p. 70.

以此与别人交换。[①]

2. Kh.122：僧伽之主索都吉(Sutoge)购买牝牛一头。[②]

凡此种种，都足以说明在3世纪末至5世纪中期间，鄯善国僧侣虽名为出家人，但实际上却过着一种地地道道的居家人生活。

出家，梵语作pravrajya，音译波吠昵耶，指出离家庭生活，专心修沙门之净行。又因出家是远离世俗之尘，也称"出尘"。出家须剃需落发，并穿着染色的衣服，所以出家又称剃发、剃染、剃发染衣、落染等。在七众弟子中，除优婆塞、优婆夷二众属在家外，另比丘、比丘尼、沙弥、沙弥尼、式叉摩那等五众皆为出家众，称为出家五众。

出家自古即行于印度，早在吠陀时代就有舍世出家以求解脱者，而后婆罗门教徒承其风尚，亦入山林闲寂之处专心修道；佛教则以佛陀出家学道为其滥觞。有许多经典都谈及出家、在家的区别，如《中阿含经》卷三六《何苦经》说：

> 世尊答曰："梵志，若在家者，钱不增长，金、银、真珠、琉璃、水精悉不增长，畜牧、谷米及奴婢使亦不增长。尔时，在家忧苦愁戚。因此故在家者多有忧苦，多怀愁戚。梵志，若出家学道者，行随其欲，行随恚、痴。尔时，出家学道忧苦愁戚。因此故出家学道者多有忧苦，多怀愁戚。梵志，如是在家者，以不自在为苦。出家学道者，以自在为苦。"[③]

这就是说，出家、在家各有自在与不自在之苦乐。在家人关心的是钱、金、银、珠宝、牲畜、谷米及奴婢等，以其不增长为苦；而出家人呢，关心的则是修身养性，以行随恚痴为苦。凡是欲出家之人，必先生起善法之心，而后从师剃须落发，披袈裟，受持戒法。

由此观点出发，反观鄯善国的情况，似乎与佛祖的教导大相径庭。从上引文献可以看出，尽管鄯善国的佛僧按照印度习俗称自己为沙门，但在处世态度和僧伽生活方面，与印度本土僧侣却迥然有别，他们的行业与佛祖的言行多有违背。他们忙于各种家庭事务，不仅娶妻生子、收养子女，而且还蓄奴、置办田产、饲养牲畜，甚至参与妇女买卖，和俗人生活几无差

①*Kharoṣṭhī Inscriptions*, p. 200;《沙海古卷》，第307页。

②*Kharoṣṭhī Inscriptions*, p. 48; *Translation*, p. 21.

③《大正藏》第一卷《阿含部上》，No. 26，页659b。

别。尤其值得说明的是，这不是个别现象，而是在社会上普遍存在的。在我们上引的佉卢文文书中，绝大多数都是国王敕谕、籍账、信函、契约和官府文书等，这些文书均出自鄯善国的世俗政权。这一现象说明，鄯善国出家人的居家生活是得到了官方认可的。如上引 Kh.474 号文书即载，国王在给税监的谕令中就说沙门众力拥有妻室、子女。“彼若系合法夫妻，根据法律，应给儿女均等财产”。① 这种情况，不啻为中国佛教史上具有典型意义的稀见特例。唐五代宋初，敦煌僧人娶妻生子的现象很普遍，而且为社会所接受，被视为平常之事，无论官府、僧司、民众，都不以之为非，既不歧视，又不禁止。② 情况与鄯善国所见颇有类似之处，值得深究。

那么，这种独特的现象何以能够在鄯善国出现呢？其原因应是多方面的。首先是佛教世俗化的结果。佛教世俗化的整体趋势无疑会对鄯善国佛教僧徒日常生活带来影响。佛教的产生、发展都根植于社会经济文化生活的沃土之中，其思想根源存在于世俗社会之中，时刻受世俗社会思想和经济发展等因素的影响。佛教在西域扎根壮大，不得不迎合所处世俗社会环境的地理条件、风俗习惯、政治主张、人文思想和道德观念等，因此，佛教世俗化的整体趋势不可阻挡。从上文所探讨的鄯善国僧人的居家生活现象即说明这一演进过程在鄯善地区突出表现为守持佛理教戒与向往家庭生活的客观矛盾，它的逐步融合与全面渗透的历史过程，也为后世研究佛教世俗化，树立了具有地域特色和民族特点的鲜明旗帜。

其次，应与鄯善国佛教流布时间短，佛教戒律未形成或未完备有关。鄯善国佛教流行于 3 世纪中叶至 5 世纪中期，大致有 2 世纪左右。一般来说，佛教戒律的推行往往要迟于佛教的流行。就以汉地来说，佛教的传入始于东汉明帝年间，但律部经典的翻译及实行受戒，却肇始于三国嘉平(249—254 年)中。据载，当时有印度僧人昙摩迦罗(法时)来到洛阳，见中国僧人只落发而未受戒，即译出《僧祇戒心》，欲以此为持戒的准绳。又请印度僧立羯磨法(受戒规则)，创行受戒。③ 在此之前一百多年间，“沙门

①*Kharoṣṭhī Inscriptions*, p. 171；《沙海古卷》，第 119 页。

②李正宇《晚唐至宋敦煌听许僧人娶妻生子——敦煌世俗佛教系列研究之五（修订稿）》，郑炳林、樊锦诗、杨富学主编《敦煌佛教与禅宗学术讨论会文集》，西安：三秦出版社，2007 年，第 12~36 页。

③杜斗城、杨富学《嵩山与律学高僧》，释永信主编《少林寺与中国律宗》(少林文化研究丛书)，郑州：少林书局，2003 年，第 1~8 页。

耽好酒浆,或畜妻子,取贱卖贵,专行诈给"[1],不守戒律在当时成为常见之事。鄯善国僧侣破戒状况,与中原地区大致相当。再如西藏,戒律的形成也比佛教信仰的出现要晚近200年。照此以观,当鄯善国于5世纪中叶灭亡时,佛教戒律体制尚未形成,至少可以说是尚未完备。

其三,鄯善"其地崎岖瘠薄",[2] 国小民寡。据考,在5世纪中叶鄯善国灭亡前夕,其全部人口约有八千户左右。以户五口计算,则约有四万人。[3]而法显于400年西行印度求法途次鄯善国时,该国竟"有四千余僧",[4] 差不多占到当地人口的百分之十左右,易言之,平均每两户就要养一僧人。这个数字远远高于中古时期中原地区的僧俗比例。据统计,古代中原王朝僧侣界的实际人数,从来都只占中国人口中的一小部分,其人数始终低于百分之一。[5] 如果非劳动人口超过百分之一,就会造成一定的社会问题。反观鄯善国,仅僧人的比例就已大大超出这个数字,毋宁说还有其他各种非劳动人口了。如果僧人都脱离生产,不参加田间劳动,那么,鄯善国劳动力缺乏则成势之必然。故而,笔者认为,鄯善国僧侣可娶妻生子,很有可能是受到政府的支持与鼓励的,因为这样既可增加人口,同时,沙门本身也成为纳税人,扩大政府的税源。

此外,当还有其他各种社会因素,如历史上流行的奴隶制,在封建时代仍有残存,鄯善国僧侣的蓄奴,即与这一因素不无关联。诸种因素的交互作用,促进了鄯善国佛教特色的形成。

(原刊《敦煌学》第二十七辑,台北,2008年,第215~221页)

①[唐]僧祐《弘明集》卷一,《大正藏》第五二卷《史传部四》,No. 2102,页4a。
②[晋]法显著,章巽校注《法显传校注》,上海:上海古籍出版社,1985年,第7~8页。
③同上引夏雷鸣《从佉卢文文书看鄯善国僧人的社会生活》,第214页。
④[晋]法显著,章巽校注《法显传校注》,上海:上海古籍出版社,1985年,第8页。
⑤[法]谢和耐著,耿昇译《中国5—10世纪的寺院经济》,上海:上海古籍出版社,2004年,第18页。

鄯善国佛教戒律问题研究

一、概　　说

释迦牟尼创立佛教之后，随着弟子和信徒的不断增加，为了协调教团内部僧众之间、僧俗信徒之间的关系，以及协调教团与社会民众之间的关系，并且为了适应传教的需要，除从教义方面提出引导弟子和信徒修行的目标、理论和理念用以防非止恶外，还针对教团内部发生的问题陆续制定了许多规范和禁戒。戒，梵文 Śila 的意译，音译为尸罗，意为惯行，转为行为、习惯。《华严经》卷六云："戒是无上菩提本。"[①]《法苑珠林》卷八七引《大般涅槃经》云："欲见佛性，证大涅槃，必须深心修持净戒；若毁净戒，是魔眷属，非我弟子！"[②]《首楞严经》卷六谓："摄心为戒，因戒生定，因定发慧。"[③]《大智度论》卷一三谓："好行善道，不自放逸，是名尸罗。或受戒行善，或不受戒行善，皆名尸罗。"[④] 此外，《瑜伽师地论》《法华经》《遗教经》等经典皆强调戒、定、慧是佛法的纲领，而戒为基础。因此，佛教的根本精神，即在于戒律的尊严，在于佛教弟子们对戒律的尊重与遵守。[⑤]

然而，从新疆出土的佉卢文文献看，鄯善国佛教界对戒的认识呈现出来的却是一种与上述戒律制度迥然有别的风貌。

鄯善国是古代西域诸国之一，系由楼兰国改名迁都而来，地处今新疆维吾尔自治区若羌县境内的罗布泊西面和西南面。西汉时有 14 000 余人，1 570 余户；养兵 2 900 余人。自东汉建武(26—56 年)以来，塔里木盆地诸国更相兼并，至三国时代，仅存五国，鄯善即其中之一。《魏书·乌丸鲜卑东夷传》裴松之注引《魏略·西戎传》曰："由南道行，且志(末)国、小宛国、精绝国、楼蓝国，皆并属鄯善也。"3 世纪末至 5 世纪中期，常臣属于曹魏、晋及

①《大正藏》第九卷《华严部上》，No. 278，页 433b。

②《大正藏》第五三卷《事汇部上》，No. 2122，页 921a。

③《大正藏》第一九卷《密教部二》，No. 945，页 131c。

④《大正藏》第二五卷《释经论部上》，No. 1509，页 153b。

⑤圣严法师《戒律学纲要》，北京：宗教文化出版社，2006 年，第 2 页。

前凉、北凉、前秦。北魏太武帝太平真君六年(445 年),万度归击鄯善,俘其王真达,以鄯善为镇。鄯善国灭亡。

鄯善国时期使用的官方文字是佉卢文。“佉卢文”一词系梵语“Kharoṣṭhī”的汉语译音,原文是 Khara-(毛驴)和-osthi(嘴唇)两了加阴性语尾 i 构成的复合词,意为“驴唇文”,是印欧语系中印度雅利安语中的一种俗语方言。由于它最初流行于古代印度西北地区,故名“中古印度西北方言”。佉卢文起源于犍陀罗地区,后来流行的区域大都是受犍陀罗文化艺术影响的区域,并吸收了龟兹——焉耆语、于阗塞语、粟特语、希腊语及汉语等许多非印度词汇,与荟萃各种文化因素的犍陀罗艺术相类似,所以,学术界又称为“犍陀罗语”。

3 世纪中叶,佉卢文在印度逐渐消失。在其即将消亡的前夕,即 3 世纪 30 年代左右,这种文字却突然出现于我国塔里木盆地四周的于阗、鄯善等地。[①] 现今已刊布的佉卢文文书达 700 余件,其中,除 Kh.661 号文书出土于安得悦遗址,属于古代于阗国外,其余绝大多数都属于古代鄯善国。[②] 有不少都涉及古代鄯善国佛教,从中可以看出,僧侣的生活与俗人几无二致。许多僧人虽然在寺院挂籍,却常年居住在俗家,与家人共同生活,突出表现了守持佛理教戒与向往家庭生活之间的客观矛盾。由于这一问题比较突出,故而早已引起学术界的关注,前贤在有关著作中或多或少有所述及。[③] 但由于各种原因,学界对鄯善国佛教界的这一特殊现象一直未做全面深入的专题探讨。有鉴于此,本文拟以现刊相关佉卢文文书为依据,对鄯善国佛教界普遍存在的“有信无戒”现象略作探讨。

①孟凡人《楼兰鄯善简牍年代学研究》,乌鲁木齐:新疆人民出版社,1995 年,第 543~534 页。

②马雍《古代鄯善、于阗地区佉卢文字资料综考》,中国民族古文字研究编《中国民族古文字研究》,北京:中国社会科学出版社,1984 年,第 6~49 页(收入氏著《西域史地文物丛考》,北京:文物出版社,1990 年,第 60~88 页)。

③Ratna Chandra Agrawala, Life of Buddhist Monks in Chinese Turkestan, *Sarūpa-Bhārati or the Homage of Indology being the Dr. Lakshman Sarup Memorial Volume*, Hoshiarpur 1954, pp. 173-181; 陈世良《魏晋时代的鄯善佛教》,《世界宗教研究》1982 年第 3 期,第 87~88 页(收入氏著《西域佛教研究》,乌鲁木齐:新疆美术摄影出版社,2008 年,第 95~112 页);夏雷鸣《从佉卢文文书看鄯善国佛教的世俗化》,《新疆社会科学》2006 年第 6 期,第 116~122 页;夏雷鸣《从佉卢文文书看鄯善国僧人的社会生活——兼谈晚唐至宋敦煌世俗佛教的发端》,郑炳林、樊锦诗、杨富学主编《丝绸之路民族古文字与文化学术讨论会论文集》,西安:三秦出版社,2007 年,第 202~219 页。

二、佛教在鄯善国的盛行

鄯善国何时开始与佛教有所接触，史无明载，故不得而知。参考佛教东渐的路线和时间，可大致推定为佛教传入我国于阗和内地的年代之间，约为公元前50年左右。对鄯善地区佛教传布情况最早作全面描述的当属法显。

法显西行求法，于姚秦弘始二年(400年)途次鄯善。他对当地佛教流行的情况作了如下记载：

> 其地崎岖薄瘠。俗人衣服与汉地同，但以毡褐为异。其国王奉法，可有四千余僧，悉小乘学。诸国俗人及沙门尽行天竺法，但有精粗。从此西行诸国，类皆如是。唯国国胡语不同，然出家人皆习天竺书、天竺语。住此一月日，复西行十五日到焉夷国。①

法显在鄯善逗留一月时间，对鄯善国之佛教当有相当了解。从其描述的情况看，当地佛教不可谓不盛。据《魏书》卷一〇三《且末传》载，当时鄯善国共有户八千余，八千余户就有四千余僧，而且连国王、俗人尽皆奉法，可见其佛教之兴盛。326年，割据敦煌的前凉王张骏遣沙州刺史杨宣讨伐鄯善，鄯善王元孟被逼无奈，不得不献出楼兰美女，“号曰美人，[张骏]立宾遐观以处之”。② 张骏对美人不储之以“宫”，而是专门建立“宾遐观”处之。此处的观，实即佛寺之意，足见此女应是一位笃信佛法的“善女”。从佉卢文文书(Kh.209、760)所反映的情况看，元孟(佉卢文作 Vaṣmana，约260—335年在位)乃是一位敬信佛法的国王。

鄯善佛教的盛行，除传世文献的描述外，佉卢文文献更是给予了丰富的记载。不仅有很多佉卢文文书都涉及佛教事务及沙门的活动，而且还有多部佉卢文佛教文书与经典残卷被保存下来，如 Kh.511 文书背面抄写的是《浴佛斋祷文》，③ 在其正面及 Kh.647 中，书写的内容为佛典，应为

①[东晋]法显著，章巽校注《法显传校注》，上海：上海古籍出版社，1985年，第7~8页。
②《晋书》卷八六《张骏传》，北京：中华书局，1974年，第2237页。
③夏雷鸣《从“浴佛”看佛教在鄯善国的嬗变》，《西域研究》2000年第2期，第45~52页；刘文锁《尼雅浴佛会及浴佛斋祷文》，《敦煌研究》2001年第3期，第42~49页。

《佛说温室洗浴众僧经》的犍陀罗语版;[①] Kh.204《法集要颂经》抄写于一件籍账文书的边缘，仅保存下若干句子，当系《法句经》的一种抄本;[②] Kh.510 为《解脱戒本》残卷,与《四分比丘戒本》很相似,很可能是《四分比丘戒本》的蓝本。[③] 此外,在,Kh.512 号文书中还出现有佛教神秘字母。此外，从保存下来的佛教建筑物遗迹以及与佛教有关的各种遗物中亦可得到证明。佛教艺术的兴起是鄯善国文化发展的一个重要标志,反映出佉卢文文书流行时代佛教在尼雅地区和整个鄯善国境内广为流行的历史。[④] 特别是具有浓厚犍陀罗风格的佛教艺术在楼兰(鄯善)地区的出现,在东西方艺术交流史上极具重要意义;甚至敦煌艺术的产生也与楼兰(鄯善)等地传来的印度犍陀罗艺术息息相关。[⑤] 在尼雅遗址、米兰古城遗址、楼兰古城等处都发现了佛教建筑遗迹和佛教遗物,以及木雕家具残件、封泥印章、硬币等物件,有的上面赫然出现有用佉卢文字母构成的印度标志等,均具有明显的犍陀罗遗风。据考,集中在塔里木盆地南缘和田绿洲及楼兰(鄯善)地区的佛教艺术与西北印度犍陀罗艺术之间存在着密切的关系。[⑥]

从文献资料看,鄯善国佛教以小乘为主。法显即谓其国“悉小乘学。”[⑦] 此说应是针对当时在鄯善国占统治地位的“说一切有部”而言。在今天所

①岩松浅夫《カローシュラィー文书第 511 番にっぃて》,《创价大学人文论集》第 13 号,2000 年,第 157~191 页;林梅村《尼雅出土佉卢文〈温室洗浴众僧经〉残卷》,《华林》第 3 卷,北京:中华书局,2003 年,第 107~126 页(收入氏著《松漠之间——考古新发现所见中外文化交流》,北京:生活·读书·新知三联书店,2007 年,第 110~136 页)。

②林梅村《新疆尼雅遗址出土佉卢文〈法集要颂经〉残片》,《汉唐西域与中国文明》,北京:文物出版社,1998 年,第 151~156 页。

③林梅村《新疆尼雅遗址出土犍陀罗语〈解脱戒本〉残卷》,《西域研究》1995 年第 4 期,第 142~150 页(收入氏著《汉唐西域与中国文明》,北京:文物出版社,1998 年,第 142~150 页)。

④黄振华《魏晋时期楼兰鄯善地区佛教研究札记——佉卢文沙门名号考证》,《民族研究》1996 年第 4 期,第 86~90 页。

⑤P. Banerjee, *New Light on Central Asian Art and Iconography*, New Delhi, 1992, p. xi.

⑥吴焯《佛教东传与中国佛教艺术》,杭州:浙江人民出版社,1991 年,第 152~154 页。

⑦[东晋]法显著,章巽校注《法显传校注》,上海:上海古籍出版社,1985 年,第 7~8 页。

能见到的佉卢文书佛经中,也主要是小乘经典,如《法句经》[①]《解脱戒本》《法集要颂经》等,大都是用深受佛教梵语影响的犍陀罗语书写的。在鄯善,除了小乘教外,可能还有大乘的存在。有一封书信(Kh.390),在致收信人大州长勤军(Samasena)的誉称中,有"名列大乘"(Mahāyāna)的用语。[②]这是佉卢文书中唯一的线索,若明若暗,无以确定此人的信仰是否属于大乘。《魏书》卷九九《沮渠传》记载:"始罽宾(今克什米尔)沙门曰昙无谶,东入鄯善。自云:'能使鬼治病,令妇人多子。'与鄯善王妹曼头陀林私通。发觉,亡奔凉州。"昙无谶是一"专业大乘"的高僧,推而论之,他应在鄯善国传布过大乘佛教。就地域言,鄯善国地处于阗与龟兹之间,于阗流行大乘佛教,而龟兹则以小乘流行,鄯善国佛教应受到二者的共同影响,最大的可能是大小乘并存。二者并行不悖,"没有迹象显示这两派之间有何冲突"。[③] 只是小乘占据着统治地位而已。

三、僧人娶妻生子与相关戒律

鄯善佛教流行,沙门众多。舍弃家庭生活,以修梵行,为沙门剃度出家的根本志向,这是原则问题,不可违背,否则,在戒律和清规上都是不允许的。然而,从新疆出土的佉卢文文献看,佛门的清规戒律在鄯善国似乎都仅仅为摆设而已,很少被遵守。最为典型的例证就是很多鄯善国的僧人拥有妻子儿女,堪为中国佛教界罕见的现象。兹举较为典型的佉卢文文献以

①佉卢文《法句经》发现于于阗,是由于阗人抄写的。其发现地虽不属鄯善国辖境,但该经在鄯善国有所流传则是很可能的。对该文献的研究可参见 E. J. Brough, *Gāndhāri Dharmapada*, Oxford University Press, 1962; 林梅村《犍陀罗语〈法句经〉的部派问题》,氏著《西域文明——考古、民族、语言和宗教新论》,北京:东方出版社,1995 年,第 405~419 页。

②A. M. Boyer etc., *Kharoṣṭhī Inscriptions. Discovered by Sir Aurel Stein in Chinese Turkestan*, Oxford 1929, PP.79–80(以下简称 *Kharoṣṭhī Inscriptions*);T. Burrow, *A Translation of the Kharoṣṭhī Documents from Chinese Turkestan*, London 1940, pp. 139–140.(引用时参考了王广智译《新疆出土佉卢文残卷译文集》,韩翔等主编《尼雅考古资料》,乌鲁木齐,1988 年,第 183~267 页,以下简称 *Translation*)。林梅村《沙海古卷——中国所出佉卢文书(初集)》,北京:文物出版社,1988 年,第 107 页(以下简称《沙海古卷》)。

③Christopher Atwood, "Life in Third–forth Century Cadh'ota": A survey of information gathered from the Prakrit documents found North of Minfeng [Niya], *Central Asiatic Journal*, Vol. 35, No. 3–4, 1991, pp. 161–199. 他认为在在鄯善存在大、小乘并行的情况。

资为证。

1. Kh.418："据沙门菩达伐摩(Buddhavamā)申称，沙门舍利布多罗(Śāriputra)曾领登纽伽·阿没托(Denuġa Aṃto)之女尸舍特耶(Śirsateyae)作养女。沙门舍利布多罗将该女正式嫁给沙门菩达伐摩为妻。该妇女尸舍特耶之女儿，名布没那伐提耶(Puṃñavatiyae)被嫁给沙门夷伐洛·阿塔摩(Jivalo Aṭhama)为妻。该阿塔摩已死。"① 简言之，沙门舍利布多罗将其养女正式嫁给沙门菩达伐摩为妻。菩达伐摩之妻后生一女儿，沙门又将其嫁给另一僧人。母女都嫁沙门为妻，母亲曾是沙门的养女，三位沙门因为这一母女而形成了三代之间的亲属关系。

2. Kh.655：菩度娑(Budhosa)是沙门菩达尸罗(Buddhaśira)之子。②

3. Kh.419：菩地罗（Budhila）及菩达耶（Budhaya）是沙门阿塔莫(Aṭhamo)之子。③

4. Kh.474：国王致税监谕令称：沙门众力(Saṃghapāla)拥有妻室、子女。"彼若系合法夫妻，根据法律，应给儿女均等财产。"④

5. Kh.621：那时，凯陀(Cato)曾娶沙门苏达罗(Sundara)之女为妻。⑤

不难看出，鄯善国的僧侣是可以娶妻生子的，而且拥有户主身份。众所周知，"不杀生""不偷盗""不邪淫""不妄语""不饮酒"是为五戒，为佛教一切戒的基础。佛教戒律的类别虽复杂，但"八戒""十戒"或"菩萨十重戒"不过是五戒的轻微变化或添加。其中"淫戒"被出家人列为波罗夷的首要戒条，以破净戒人的梵行者，罪过最为严重，即已受了比丘、比丘尼、式叉摩尼、沙弥、沙弥尼戒，乃至受持八关斋戒的佛弟子。"八戒"的不淫，其目标是要向佛陀看齐，《佛说斋经》中："一日一夜持心如真人(如来)，无淫意，不念房室，修治梵行，不为邪欲，心不贪色，如清净戒，以一心习。"⑥《佛说四十二章经》云："人怀爱欲不见道……人系于妻子宝宅之患，甚于牢狱桎梏锒铛。牢狱有原赦，妻子情欲虽有虎口之祸，已犹甘心投焉，其罪无赦。"⑦ 故出家为沙门，即不得近女色、蓄妻子。《四分律》、道宣之《四分律删繁补阙行事钞》、元照之《资持记》及弘一《四分律比丘戒相表记》中关于

①*Kharoṣṭhī Inscriptions*, p. 149; *Translation*, p. 84.

②*Kharoṣṭhī Inscriptions*,p. 246; *Translation*, p. 136.

③*Kharoṣṭhī Inscriptions*,p. 150; *Translation*, p. 85.

④*Kharoṣṭhī Inscriptions*,p. 171;《沙海古卷》,第 119 页。

⑤*Kharoṣṭhī Inscriptions*,p. 234; *Translation*, p. 129;《沙海古卷》,第 141 页。

⑥《大正藏》第一卷《阿含部上》,No. 87,页 911a。

⑦《大正藏》第一七卷《经集部四》,No. 784,页 723a。

“淫戒”的条文甚多。

娶妻生子,不仅历来为佛教戒律所不容,也不为世俗社会所接受。北魏时期,高祖于延兴二年(472 年)夏四月下诏曰:“比丘不在寺舍,游涉村落,交通奸猾,经历年岁。令民间五五相保,不得容止。”① 魏高祖要求僧人住寺,不得随意游走,应是当时戒律对僧人的基本要求。唐朝时期,李德裕为成都尹、知剑南西川节度事,曾对“剃发若浮屠者,蓄妻子自如”的现象下令禁止。② 宋太宗雍熙二年(985 年)闰九月亦曾颁令“禁……僧人置妻孥”。③ 僧道娶妻之风在元代更甚,朝廷力图扭转,明文规定:“诸僧道悖教娶妻者,杖六十七,离之;僧道还俗为民,聘财没官。”④ 及至明代,此风仍有延续,明成祖于永乐元年(1403 年)即颁令规定:“僧道娶妻、妾者,杖八十,还俗。女家同罪。离异。寺观住持知情者,与同罪;不知者不坐。若僧道假托亲属或童仆为名求妻,而僧道自占者,以奸论。”⑤ 清人薛允升云更是称“僧道绝无娶妻之理”,如有犯者,直接科以奸罪。⑥ 僧人娶妻以罪论处,显然有些过,但足见社会风尚对僧人娶妻现象的憎恶。

然而,我们从现刊的佉卢文文书中,不仅看不到官方及僧界依据戒律对触犯“淫戒”的沙门作出相应的处罚,而是听之任之地过着俗家的夫妻生活,更为严重的是,沙门娶妻所组成的家庭被认为是“合法夫妻,根据法律,应给儿女均等财产”(Kh.474)。以此之故,僧人自然就可以作为户主而存在了,成了政府的普通纳税人。

四、僧人置产敛财与相关戒律

既然沙门可以娶妻生子,组成家庭,那么僧人置办家产(尤其是田产)也就成了顺理成章的事了。在新疆出土的佉卢文文书,有很多这方面的例证,有的反映出 3 至 5 世纪间鄯善国佛僧是拥有相当家产的,有的则是对当时佛僧置办家产活动的记录。

1. Kh.582 载:“居住于凯度多(Cad'ota)的沙门夷毕耶(Yipiya),愿

①《魏书》卷一一四《释老志》,北京:中华书局,1977 年,第 3038 页。
②《新唐书》卷一八〇《李德裕传》,北京:中华书局,1975 年,第 5332 页。
③《宋史》卷五《太宗纪》,北京:中华书局,1977 年,第 76 页。
④《元史》卷一〇三《刑法志二·户婚》,北京:中华书局,1976 年,第 2643 页。
⑤《明会典》卷一四一《刑部》十六《都官科·婚姻门》“僧道娶妻条”。
⑥[清]薛允升《唐明律合编》卷一四,台北:台湾商务印书馆,1968 年,第 296 页。

将其25kuthala之miṣi地卖给sothamgha的罗没索蹉(Ramṣotsa)。沙门夷毕耶得地价价值三匹15岁的马。"证人为凯度多地方之僧界及其他管理国土之诸执政官。① 这里的凯度多(Cad'ota),在尼雅出土的佉卢文文书中频频出现,为鄯善国大行政区之一。这个地名在发音上与汉语"精绝"相近,所以斯坦因(M.A.Stein, 1862—1943年)推测Cad'ota就是汉文史籍中所谓的"精绝Cad'ota"。② 治所在今新疆民丰县尼雅遗址一带。20世纪初以来,这里出土的佉卢文文书多达700多件。斯坦因之说已得学界大多数学者的认可。但也有人不同意此说,认为今天的尼雅应相当于古代佉卢文文书中的Niña,而Cad'ota其地应在今民丰县西北的沙漠之中。二者与Kroraina(楼兰遗址)、Calmadāna(且末)和Sāca(安迪尔遗址)构成了鄯善国的五大城镇。③ 文书中的罗没索蹉是当地的豪强,长期在政府中担任税监和司书职务,在尼雅出土的佉卢文奴隶买卖契约中,有12件(Kh.222、571、574、579、580、581、582、586、587、589、590、592)与他有关。④

2. Kh.425载:"此为有关僧人夷伐迷多罗(Jivamitra)交易之文件。僧人夷伐迷多罗同kala楚迦波(Cuġapa)作一交易……今后若想翻案均属无效,并将处罚僧人……。"⑤

3. Kh.549载:"此字据立于四月七日。莫伽多(Moġata)及摩尼吉耶(Mañiġeya)在伟大国王童格罗伽(Toṃgraka)……该式兄弟将能种1米里马10希籽种之土地卖给僧人僧伽菩地(Samghabhūti)。摩尼吉耶及莫伽多得于阗alena粗地毯1条及谷物5米里马作为地价。价格共计为15穆立。双方在此公平的条件上达成协议。今后,无论何人对此有异议,彼之翻案在皇廷均属无效。"易言之,僧人僧伽菩地购买土地一块,地价为一条于阗粗毯和5米里马谷物。⑥

4. Kh.652载:"有一僧人,名达摩啰陀(Dhamalada)。彼愿将能种1米里马籽种之土地一块卖给司书莱钵多伽(Lyipat a)。彼得酒10希及

①*Kharoṣṭhī Inscriptions*, p. 217; *Translation*, p. 120.

②M.A. Stein, *Serindia: Detailed Report of Explorations in Central Asia and Westernmost China*, Vol. 1, Oxford: Clarendon Press, 1921, pp. 211–269.

③Christopher Atwood, Life in Third-fourth Century Cad'ota: A survey of information gathered from the Prakrit documents found north of Minfeng[Niyä], *Central Asiatic Journal* Vol. 35, No. 3–4, 1991, p. 166.

④刘文锁《沙海古卷释稿》,北京:中华书局,2007年,第188页。

⑤*Kharoṣṭhī Inscriptions*,p. 152; *Translation*, p. 87.

⑥*Kharoṣṭhī Inscriptions*,pp. 201–202; *Translation*, p. 109.

agjsdha 3［单位］作为地价。该事业已决定。自今以后，莱钵多伽对该地有全部所有权。”① 易言之，安归伽(Aṃgoka)国王在位时，僧人达摩罗陀(Dhamaladha)将土地一块出售，得到酒和织物作为地价。

5. Kh.655 载：“僧人菩达尸罗(Buddhaśira)及其子菩度娑(Budhosa)将 misi 地一块卖给僧人 kutajadaga 菩达钵尔摩(Buddhapharma)。该地之播种量为 1 米里马 5 希。”②

6. Kh.582 载：僧人夷毕耶(Yipiya)出售土地，得到价值地价的三匹马。这些买卖行为被起草和签署在尼雅出土的有关僧侣的文书之中。③

7. Kh.473 载：沙门众吉(Samghaira)非法抵押他人葡萄园一所和耕地一块。④

8. Kh.431+432：僧人佛陀先那(Buddhasena)系耶吠村地主，征收佃户赋税。⑤

9. Kh.122：僧伽之主索都吉(Sutoġe)购买牝牛一头。⑥

从这些文书可以看出，鄯善国的僧人可以置办田产，拥有土地或葡萄园等，而且还可以自由买卖，甚至作为交易证人，受到法律的保护。许多僧人虽然在寺院挂籍，却常年居住在俗家，与家人共同生活。有些僧人还兼有户主身份，成为政府合法的纳税人，说明当时不管是世俗社会还是佛教界，都不以为这些现象是违戒的。凡此种种，庶几乎可证在 3 世纪末至5 世纪中期间，鄯善国沙门虽名为出家人，但实际上却过着一种地地道道的俗家人生活。

出家，梵语作 pravrajya，音译波吠昵耶，指出离家庭生活，专心修沙门之净行。又因出家是远离世俗之尘，也称“出尘”。出家须剃度落发，并穿着染色的衣服，所以出家又称剃发、剃染、剃发染衣、落染等。在七众弟子中，除优婆塞、优婆夷二众属在家外，比丘、比丘尼、沙弥、沙弥尼、式叉摩那等五众皆为出家众，称为出家五众。

出家自古即行于印度，早在吠陀时代就有舍世出家以求解脱者，而后婆罗门教徒承其风尚，亦入山林寂静之处专心修道。佛教则以佛陀出家学

①*Kharoṣṭhī Inscriptions*,p. 245; *Translation*, p. 135.

②*Kharoṣṭhī Inscriptions*, pp. 244–245; *Translation*, pp. 135–136.

③*Kharoṣṭhī Inscriptions*,pp. 217–218; *Translation*, pp. 121–122;《沙海古卷》,第 118 页。

④*Kharoṣṭhī Inscriptions*,p. 171; *Translation*, p. 92.

⑤*Kharoṣṭhī Inscriptions*,pp. 156–157; *Translation*, pp. 87–88.

⑥*Kharoṣṭhī Inscriptions*,p. 48; *Translation*, p. 21.

道为其榜样。有许多经典都谈及出家、在家的区别,如《中阿含经》卷三六《何苦经》说:

> 世尊答曰:"梵志!若在家者,钱不增长,金、银、真珠、琉璃、水精(晶)悉不增长,畜牧、谷米及奴婢使亦不增长。尔时,在家忧苦愁戚。因此故在家者多有忧苦,多怀愁戚。梵志!若出家学道者,行随其欲,行随恚、痴。尔时,出家学道忧苦愁戚。因此故出家学道者多有忧苦,多怀愁戚。梵志!如是在家者,以不自在为苦。出家学道者,以自在为苦。"①

这就是说,出家学道、在家修行各有自在与不自在之苦乐。在家人关心的是钱、金、银、珠宝、牲畜、谷米及奴婢等,以其不增长为苦;而出家人呢,关心的则是修身养性,以行随恚痴为苦。凡是欲出家之人,必先生起善法之心,而后从师剃度落发,披袈裟,受持戒法。

五、僧人饮酒食肉与相关戒律

在属于古代鄯善国的佉卢文文献中,有不少都涉及沙门饮酒或使用酒的问题。这里仅撷取其中保存比较完好,意思比较明确的文书,简列其内容于下:

1. Kh.345 号文书提到僧人阿难陀先那(Anaṃdasena)向主瞿波(Cuġupa)借谷物 30 米里马之后,他又向主瞿波借酒 15 希。② 本文书中的希(khi)及后文出现的米里马(milima),均为佉卢文文书之重量单位,1 米里马等于 20 希。同时,在佉卢文文书中还经常出现价值单位穆立(muli)。1 穆立相当于 1 米里马谷物之价值。③

2. Kh.652 号文书记载僧人达摩罗陀(Dhamalada)把地卖给司书莱钵多迦(Lyipatġa),得到了十希酒和三 aġjaṣḍha。④

①《大正藏》第一卷《阿含部上》,No. 26,页 659b–c。

②*Kharoṣṭhī Inscriptions*,pp. 125–126;*Translation*, pp. 65–66.

③杨富学《佉卢文书所见鄯善国之货币——兼论与回鹘货币之关系》,《敦煌学辑刊》1995 年第 2 期,第 87~88 页(收入拙著《中国北方民族历史文化论稿》,兰州:甘肃人民出版社,2001 年,第 223~224 页)。

④*Kharoṣṭhī Inscriptions*,p. 245; *Translation*, p. 135.

3. Kh.655号文书称僧人佛陀尸罗(Buddha ira)及其子将misi地一块买给僧人佛陀钵诃摩(Buddhapharma),该地拥有大面积葡萄庄园,可作酿酒之用。①

4. Kh.358号文书载:"汝处寺主(Viharavala)正在挥霍和浪费自己领地的酒肉。"②

这4件文书分别记录的是古代鄯善国佛教僧侣借酒、买酒、酿酒与饮酒的史实,特别值得注意的是,第4件文书还涉及僧人食肉的问题。这些记载堪谓古鄯善国佛僧普遍饮酒食肉现象的具体反映。

佛教禁酒,多种佛典有述。《四分律》卷一六说:

> 酒者,木酒(果汁酒)、粳米酒、余米酒、大麦酒、若有余酒法作酒者是……酒色、酒香、酒味,不应饮;或有酒,非酒色、酒香、酒味,不应饮。③

饮酒作为一种物质欲,当然是应当摈弃的。佛教以不杀生、不偷盗、不邪淫、不妄语、不饮酒为佛教入门的最初五戒。五戒之中,前四种都属于"性戒",只有饮酒为"遮戒"。遮为防范之意,饮酒本身并不是罪恶,但饮酒容易使人神志不清,智慧不明,往往会招致其他四种罪恶的产生,触犯其他的戒律,故需"遮"。在佛教经典中常有劝人莫饮酒的内容,如《大萨遮尼乾所说经·问罪过品第七》曰:

> 饮酒多放逸,现世常愚痴。忘失一切事,常被智者呵。来世常暗钝,多失诸功德。是故黠慧人,离诸饮酒失。④

在律部著作中,酒戒更是被反复强调的大戒。《十诵律》卷一七载:

> 佛言:"如是过罪若过是罪,皆由饮酒故。从今日若言我是佛弟子者,不得饮酒,乃至小草头一滴亦不得饮。"佛种种因缘,诃责饮酒。⑤

①*Kharoṣṭhī Inscriptions*, p.246; *Translation*, pp. 135–136。

②*Kharoṣṭhī Inscriptions*, p. 130; *Translation*, p. 70;《沙海古卷》,第100页。

③《大正藏》第二二卷《律部一》,No. 1428,页672a–b。

④《大正藏》第九卷《法华部》,No. 272,页340c。

⑤《大正藏》第二三卷《律部二》,No. 1435,页121b。

饮酒的罪报是很可怕的,《四分律》卷一六言饮酒有十过,其中第十过是"身坏命终,堕三恶道"。[①]《分别善恶报应经》则谓其有三十六失。由此可知,酒是饮不得的。与戒酒相关的内容,还被历代高僧大德编为歌谣供信徒传唱,以示警戒。如敦煌出土的S.1073文献《和菩萨戒文》的唱辞写道:

> 诸菩萨,莫酤酒,酤酒洋(烊)铜来灌口。足下火出炎连天,狱卒持铜斩两手。总为昏痴颠倒人,身作身当身自受。仍被驱将入阿鼻,铁壁千重无处走。[②]

这些内容说明,从经典到现实,戒酒都是佛教戒律中非常重要的内容,从某种意义上说,戒酒也是佛教慈悲精神的具体表现。然而,我们从上引古代鄯善国境内出土的佉卢文文书中却看到鄯善国佛教僧侣普遍存在着饮酒的习俗,甚至僧人还可以自己酿造葡萄酒。鄯善国僧侣饮酒习俗的形成也是佛教戒律适应当地社会生活的一个例证。鄯善国地处西鄙,冬季气候干冷异常,这一特殊的地域环境不容忽视,因此饮用葡萄酒能帮助僧人滋养健身、抵御寒冷,能使衣着并不丰厚的僧侣增加热量,顺利过冬。修行过程中既要遵守清规戒律,但也不能死搬教条,需要根据具体情况,因时因地而权变,只有这样才能集中心智研习佛法、延续慧命。这也算是僧人们在严酷的修行条件中开启的善巧之门。

至于食肉,大、小乘律法有所不同。小乘律法是允许僧尼食用"净肉"的。《十诵律》卷三七载释迦牟尼在王舍城方黑石圣山向大比丘众七百人宣说:"我不听噉三种不净肉:若见、若闻、若疑……我听噉三种净肉。何等三?不见、不闻、不疑。"[③] 易言之,小乘佛法允许教徒吃的"三净肉"应具备三个条件:第一,眼不见杀,即没有亲眼看见动物临死的凄惨景象;第二,耳不闻杀,即没有听见动物惨叫的声音;第三,不为己所杀,即不是为了自己想吃才杀的。而大乘佛教则禁食一切肉。北凉昙无谶译《大般涅槃经》卷四《如來性品第四之一》云:"善男子!从今日始,不听声闻弟子食肉。若受檀越信施之时,应观是食如子肉想。"因为食肉会造成杀生,"断大慈种",是不可食用的。[④]

①《大正藏》第二二卷《律部一》,No. 1428,页672a。
②参见丁淑健《敦煌本〈和菩萨戒文〉考论》,《敦煌研究》2008年第1期,第92~97页。
③《大正藏》第二三卷《律部二》,No. 1435,页264c–265a。
④《大正藏》第一二卷《涅槃部》,No. 374,页386 a。

及至梁武帝,以皇帝的权威,下令在全国僧尼信众中实行素食制度。他一连写了四篇《断酒肉文》,以宣扬他的素食主张。他宣扬只有素食,才能"远离地狱",得好果报。梁武帝的《断酒肉文》的理论根据是《大般涅槃经》《楞严经》等经典的大乘教义。以教义取代戒律,强令僧尼们一律遵守,否则"当依王法治问"。① 迫于"皇帝菩萨"的权威,僧尼们只好就范。从此,我国便形成了佛教徒(包括出家僧尼和在家信徒)一律素食的传统。然而,除了我国汉族佛教徒之外,藏、蒙、傣等各兄弟民族的佛教徒,以及世界许多国家(例如东南亚各国以及日本等国)的佛教徒仍然都是吃荤的。就此而言,鄯善国僧人食肉,在今天的汉族人看来是违戒行为,但在其他民族或国家的佛教徒看来,则是不算犯戒的。

六、僧人蓄奴与相关戒律

考古发掘资料表明,早在春秋战国时期,西域各国即已进入奴隶制社会。从尼雅等地出土的佉卢文文献看,魏晋时期,鄯善国虽步入封建社会,但奴隶制残余却依然存在,而且十分浓重。在鄯善国,国王、贵族、官吏、富翁、甚至一般平民都拥有数量不等的奴隶,供他们驱使,② 僧人亦习以为常,对此,不少文献都有记载,如:

1. Kh.437 载:"沙门菩达犀那 (Buddhasena) 购得一身高 5distis 之女。"③

2. Kh.322 载:"布厥(Buġo)及密探奥钵吉耶(Opġeya)将于阗人桑恩厥(Ṣaṃnġo)送给凯度多僧团。现在,凯度多僧团又将该人让给 vasus 色必多(Spirta)和鸠没那犀那(Kuṃnasena)。"④

3. Kh.345: 沙门阿难陀犀那 (Ānaṃdasena) 之奴, 名为菩达瞿沙(Buddhagoṣa)。⑤

4. Kh.506:沙门耽提伽(Tatiġa)给僧人桑迦(Śūṃca)一个奴隶。⑥

从上述记载得知,鄯善国僧人可以役使奴隶,奴隶作为私人财产可以

①[唐]道宣《广弘明集》卷一一,上海:上海古籍出版社,1989 年,第 305~309 页。

②钱伯泉《魏晋时期鄯善国的奴隶制度》,《西北史地》1986 年第 1 期,第 15 页。

③*Kharoṣṭhī Inscriptions*, p. 159; *Translation*, p. 89.

④*Kharoṣṭhī Inscriptions*, p. 117; *Translation*, p. 60.

⑤*Kharoṣṭhī Inscriptions*, pp. 125–126; *Translation*, pp. 65–66.

⑥*Kharoṣṭhī Inscriptions*, pp. 182–183; *Translation*, pp. 98–99.

由僧人的子孙继承，也可以像其他财产那样投入买卖市场。与僧侣蓄奴的情况相对应，也有沙门沦落为奴仆者，如 Kh.152 载："有一沙门，名曰法爱(Dharmapriya)，现在沙律韦耶(Saluvaae)之庄园。当此位苏摩塔(Sumata)抵达汝处时，应令苏摩塔将该沙门拘捕。该沙门系夫人摩施迪格(Maṣḍhiġe)及摩特格(Motġe)之奴仆。彼之住所已出售给余。余等对所有这些均已决定。"[①] Kh.506 反映的是沙门间可将奴隶互相转让、赠予，说明蓄奴在当时的沙门间是普遍可以接受的。我们从同一文书进一步得知，沙门桑迦还有一名奴隶舍难摩(Śanaṃma)为其效力。对于僧侣对奴隶的争夺，作为法官的僧团成员并未反对，甚至也直接参与对一般僧侣的买卖与馈赠，这表明奴隶制在普通僧侣与贵族僧侣中已得到普遍认可并具体实施。

蓄奴在佛教戒律中是不允许的。《梵网经》四十八经戒中有"伤慈贩卖戒"，即禁止买卖人口、六畜、棺材等。同时，"不行救赎戒"，若见恶人贩卖佛菩萨父母像、经律、卖比丘比丘尼或菩萨道人为奴婢，即应救赎。[②] 然而，上述文书正是鄯善国僧人参与人口买卖的直接证据。至于买卖这些人口有何用途，是收养还是役使，由于史料缺载，不得而知。个别僧人沦为奴隶也是个不争的事实。

七、鄯善国的《僧界规章》

通过上面的论述可以看出，鄯善国佛教普遍存在着"有信无戒"现象。那么，鄯善国佛教有没有戒律呢？答案是肯定的。因为佉卢文文献《解脱戒本》残卷(Kh.510)的存在，已表明佛教戒律在鄯善国是有所传播的。此外，在新疆尼雅出土的佉卢文文献中还有《僧界规章》(Kh.489)存在，与戒律存在着一定关系，具体真实地反映了鄯善国沙门的行为规范，弥足珍贵，故特译录于下。

一、原文转写：

(正面)

1. [cad'o]ti bhichusamgasya kriyakara
2. [śra bh.]///////////anatha dharidavo

①*Kharoṣṭhī Inscriptions*, pp. 60–61; *Translation*, p. 27;《沙海古卷》，第 279 页。
②劳政武《佛教戒律学》，北京：宗教文化出版社，1999 年，第 245 页。

3. esa mutra [kr.]///////////////////

4. samgasya/////////////////////////

(背面)

1. saṃvatsare 10 mahanuava maharaya jiṭuṃga devapu[tra] mahagiri [ma] se mase 10 2 divase 10 iśa …

2. mi khuvaneṃci bhichusaṃga cad'oti bhichusamgasya kriyakara prañapta śruyati navaka bh. …

3. vṛdhasya na śrota maṃñati vṛdha ratu bhichu abhomata hutaṃti udiśa devaputrena bhichusaṃ …

4. sya puraṭha eta kriyakara prañapta vṛdha śilaprabha puṃñasena viharavala ete saṃgasya.. …

5. re saṃgakarani kartavya yatha dhamena pruchidavo yo bhichu saṃga[ka] rani sarva edeṣa [karta] …

6. yenabhichusa ṃgaatamaṃnabhaveyatiyobhichusaṃgakarani na anuvarteyati tasa …

7. dadavo paṭa 1 yo bhichu posathakamaya nānuvarteyati tasya daṃda paṭa 1 yo bhichu posatha–

8. kama nimaṃtreṣu grihasta codina praviśayati tasa daṃdadavo paṭa 1 yo bhichu bhichusya prahara

9. deyati mṛduka paṭa 4 1 madya paṭa daśa 10 asimatra paṃcadaśa 10 4 1 yo grihasta śramaṃnasa pra …①

二、汉译文：

(正面)

1. 凯度多《僧界规章》

2. 由施罗……妥当保存

3. 该印章………………

4. 僧界的………………

(背面)

1. 时惟威德宏大的伟大国王、侍中，天子摩习梨(Mahagiri)

①*Kharoṣṭhī Inscriptions*, p. 176.

在位第十年十二月十日

2. 泥僧界给凯度多僧界制定戒律,据说新来的沙弥[下残]

3. 对长老不殷勤,不服从老比丘。现在由天子当着各级比丘的面[下残]

4. 制定这些戒律。委任长老尸罗钵罗(Śilaprabha)及布没那犀那(Puṃñasena)为寺院主持(viharavla),务必管好僧界[]

5. 一切活动。依法审判,僧界一切活动由他们管理[下残]

6. 僧界人士(atanamna)定会感到满意。嗣后,无论哪位比丘,只要不参加僧界活动[下残]

7. 就要罚丝绸一匹。无论哪位比丘,只要不参加布萨仪式,就要罚丝绸一匹。凡是[下残]

8. 参加布萨仪式之僧人,不得穿俗服前来,违者罚丝绸一匹。无论哪位比丘,如果殴打[下残]

9. 其他比丘,轻者罚丝绸五匹;不轻不重者罚丝绸十匹;重者罚丝绸十五匹。任何庄园对僧人[下残]①

从佉卢文文献看,鄯善国时期,佛教盛行,上至国都下至各州,都有相应的佛教僧团组织。上述引文告诉我们,该《僧界规章》是由鄯善国国王摩习梨(Mahagiri)当着众僧的面亲自制定的,旨在规范僧团内部的行为,既有规章制度,又有处罚条例。在正面还盖有印章。由此可以看出,鄯善王不但是王国的最高统治者,也是王国宗教上的最高法王。《僧界规章》具有强烈的世俗性内容,可能与制定者为鄯善国国王息息相关。下面,拟就《僧界规章》所反映的戒律问题略作分析。

既然鄯善国的僧人都拥有财产,并居家修行,这种出家方式,势必会造成僧团内部纪律的松弛。上述这件《僧界规章》,对僧人必须尽到的职责做出了硬性的规定。其内容归纳起来主要有以下几个方面:

1. 寺院事务及僧团之一切活动,有两位长老进行管理。僧侣对长老及年老僧人应殷勤、服从,如果发生争执,则"应根据法律审讯";

2. 任何僧人均应参加僧团之各种活动,违者处罚以丝绸一匹;任何僧人不参加布萨(posatha)仪式或身着俗服参加此种仪式者,均将判罚丝绸一匹;

①*Translation*, p. 95.译文参见韩森(Valerie Hansen)《尼雅学研究的启示》,巫鸿主编《汉唐之间文化艺术的互动与交融》,北京:文物出版社,2001年,第283页。

3. 僧侣间不得斗殴;任何僧人殴打另一僧人,将会受到财产处罚。[①]

该佉卢文文书中的布萨(posatha),来自梵语 Poṣadha,又作 Upavasatha、Upoṣadha 或 Upavāsa,意为长净、长养、净住、共住等意,也有“说戒”之意,是有关僧伽团体生活的一种重要规定,即同住之比丘每半月需集会一处,请律师讲说《波罗提木叉戒本》,以反省过去半月内之行为是否合乎戒本。若有犯戒,即于众僧前忏悔,旨在使比丘均能长住于净戒中,长养善法,增长功德。唐释道宣《四分律删繁补阙行事钞》卷上云:

> 善见云:云何得知正法久住?若说戒法不坏是。摩得伽云:布萨者,舍诸恶、不善法及诸烦恼有受,证得白法,究竟梵行事故名也。又云:半月半月自观身,从前半月至今半月中间,不犯戒耶?若有犯者,于同意所忏悔。[②]

由此可见,在每隔半月举行一次的“说戒”法会上,僧人要进行自我反省。若有犯戒,趁此机会发露忏悔。另外,俗家弟子于六斋日受持八斋戒,亦称布萨,谓能增长善法。从上引佉卢文《僧界规章》看,鄯善国佛教界对布萨亦很重视,藉由规章来约束僧侣参加布萨仪式。按照中原地区佛教戒律,凡举行布萨,“在一定的区域——界(Sima)内的比丘,旧住的或新到的,有出席参加的义务。这是名副其实全体法会,如有人不到就不合法。如有病而不能参加,应委托同住的比丘,向大众表示:对布萨大会举行的一切僧事,无条件的完全同意”。[③] 说明僧人参加布萨会议是非常必要的。佉卢文《僧界规章》规定,对不参加布萨仪式的僧侣,要“判罚丝绸一匹”。因为缺席一次布萨就要罚丝绸一匹,处罚相当重。说明鄯善国僧侣的经济实力是很强的。

《僧界规章》虽针对凯度多(精绝)僧侣所制定,但适用范围不会仅局限于对凯度多(精绝)一地,而应通行于鄯善国全境。从其中的规定看,当时鄯善国僧侣生活呈现出如下几个特点:组织松散、职业性差,他们不大遵守应尽的义务。这些义务包括服从长老及年老僧人,以及参加宗教仪式。从要求僧侣在参加布萨法会时不得穿俗服要穿袈裟这一规定看,凯度多(精绝)乃至鄯善国的佛教徒很可能是住在家里而不是寺院。在当时,僧

①刘文锁《沙海古卷释稿》,北京:中华书局,2007 年,第 280 页。

②《大正藏》第四〇卷《律疏部》,No. 1804,页 34c。

③印顺《原始佛教圣典之集成》,台北:正闻出版社,1994 年,第 107 页。

侣们的自由散漫习气一定很严重了，以至于专门制定有关的“规章”以约束僧侣。其中有意思的是在规定的惩罚中，要罚以丝绸的做法，除了可以说明丝绸的昂贵，也反映出这个绿洲社会的佛教具有极为强烈的世俗化特征。还有一条值得注意的是规定僧人在参加仪式时必须穿着僧服，这条规定暗示了僧侣平时着装比较随便的情形。

下层僧侣“对长老不殷勤，不服从老比丘”，似乎已成司空见惯之事，否则就不会被写进僧侣规章，足见当时情况的严重。这种现象的出现与鄯善王国僧侣贫富差别大、地位高下迥然有别等因素息息相关。在鄯善国佛教界，上层僧侣高高在上。这些僧侣一般都来自于富人家庭，或为奴隶主，或为地主，有权有势，在出家后，一般不会完全脱离世俗家庭。他们娶妻生子，不仅拥有家庭，而且还占有土地和奴隶，甚至对下级僧侣具有买卖的权力。在经济上，他们依靠俗家的财势与地位，或出租土地，剥削农民，或作为奴隶主役使奴隶，在寺院则剥削下层僧侣，以此来维持其穷奢极欲的生活。他们既肩负着法师的职能，又兼任政府各种高官厚职；反过来，国王亦需要他们的支持，以便从精神领域维护王权，故而不断提高并巩固上层僧侣的特殊地位，为其享受奢华生活提供保障。这样，普通僧尼甚至平民都处于僧侣地主和世俗王权的双重剥削之下，而作为统治者的上层僧侣也就必然要遭到下级僧尼一定程度的反对，甚至会演化成对立。

总而言之，《僧界规章》世俗味道浓厚，既无禁止僧人饮酒的条目，也不禁止僧人娶妻生子，对违戒僧人的处罚方式，也多是采取世俗社会常见的经济手段，等于是从法律上承认僧人可以拥有家庭、私产。条文中只是对僧人行为提出了最初级、最基本的要求，内容虽与佛教戒律相关，但与正统的佛教律条大相径庭，故从严格意义上讲，还谈不上是佛门真正的清规戒律。

八、鄯善国“有信无戒”现象形成的原因

通过上文的论述可以看出，新疆出土佉卢文文书所反映的鄯善佛教，世俗味极其浓厚，僧人不守戒律，似乎与佛祖的教导大相径庭。尽管有比较简单而粗疏的《僧界规章》存在，但几乎形同虚设，只是规定僧人要参加寺院的活动，要服从长老，而且僧人之间不得斗殴，违者要进行经济处罚。

从中几乎看不出佛教清规戒律的影子。

尽管鄯善国的僧侣按照印度习俗称自己为沙门，但在处世态度和僧伽生活方面，与印度本土僧侣却迥然有别，他们的行业与佛祖的言行多有违背。他们忙于各种家庭事务，不仅娶妻生子、收养子女，而且还置产敛财、役奴使婢、饲养牲畜，甚至参与妇女买卖，和俗人生活几无差别。尤其值得说明的是，这不是个别现象，而是在社会上普遍存在的。[①] 我们上引的佉卢文文书，绝大多数属于国王敕谕、籍账、信函、契约和官府文书，换言之，这些文书均出自鄯善国的世俗政权。这一现象说明，鄯善国出家人的俗家生活方式是得到了官方认可的。如上引 Kh.474 号文书即载，国王在给税监的谕令中就说沙门众力拥有妻室、子女。“彼若系合法夫妻，根据法律，应给儿女均等财产”。[②] 这种情况，不啻为中国佛教史上具有典型意义的稀见特例。唐五代宋初，敦煌及少数民族僧人娶妻生子的现象很普遍，而且为社会所接受，被视为平常之事，无论官府、僧司、民众，都不以之为非，既不歧视，又不禁止。[③] 情况与鄯善国所见颇有类似之处，颇值得玩味。

那么，这种独特的现象何以能够在鄯善国出现呢？究其原因应是多方面的。首先是佛教世俗化的结果。佛教与世俗是一个对立的范畴，前者重彼岸，后者重此岸；前者重来世，后者重今生；前者重出世，后者重入世。从本质上讲，佛教与世俗体现的是神与人的关系问题，佛教是以追寻、接近、体证宇宙人生的最高真理为其职志的，即所谓“有所宗”，因此是极端超离世俗现象世界的。若就功用而言，佛教之宏旨在于救度众生、解脱苦难，即所谓“有所教”，重“彼岸”的目的在于解决“此岸”存在的问题；重“来世”，目的是为“今生”的所作所为给予指导；重“出世”，主旨在于悟道，悟道的最终目的同样是为世间的人服务的，因此可以说，佛教又是极端贴近世俗、不离现实世界的。概言之，佛教与世俗之间，存在着既相互对立又相互依存的关系。佛教世俗化的整体趋势无疑会对鄯善国佛教僧徒日常生活带来影响。佛教的产生、发展都根植于社会经济文化生活的沃土之中，其思想根源存在于世俗社会之中，时刻受世俗社会思想和经济发展等因素

①杨富学《论鄯善国出家人的居家生活》，《敦煌学》第 27 辑，台北：南华大学敦煌学研究中心编印，2008 年，第 215~221 页。

②*Kharoṣṭhī Inscriptions*, p. 171；《沙海古卷》，第 119 页。

③李正宇《晚唐至宋敦煌听许僧人娶妻生子——敦煌世俗佛教系列研究之五（修订稿）》，郑炳林、樊锦诗、杨富学主编《敦煌佛教与禅宗学术讨论会文集》，西安：三秦出版社，2007 年，第 12~36 页。

的影响。佛教在西域扎根并成长壮大,不得不迎合所处世俗社会环境的地理条件、风俗习惯、政治主张、人文思想和道德观念等,因此,佛教世俗化的整体趋势不可阻挡。上文所探讨的鄯善国僧人的居家生活现象,从不同方面揭示了佛教世俗化过程在鄯善地区的具体表现,突出地体现出守持佛理教戒与向往家庭生活之间的客观矛盾,对研究后世中国佛教的世俗化历史与形态来说,具有较为典型的意义。

其次,应与鄯善国佛教流布时间短,佛教戒律未形成或未完备有关。鄯善国佛教流行于3世纪中叶至5世纪中期,大致有2世纪左右。一般来说,佛教戒律的推行往往要迟于佛教的流行。就以汉地来说,佛教的传入始于东汉明帝年间,但律部经典的翻译及实行受戒,却肇始于三国嘉平(249—254年)中。据载,当时有印度僧人昙摩迦罗(法时)来到洛阳,见中国僧人只落发而未受戒,即于白马寺译出《僧祇戒心》《四分羯磨》戒本,欲以此为持戒的准绳。又请印度僧立羯磨法(受戒规则),创行受戒。[①] 朱士行成为"中国出家人中真正沙门的第一人"。[②] 此后,印度佛教戒律中的几部重要经典被逐步译为汉文,如弗若多罗与鸠摩罗什共译《十诵律》、佛陀耶舍、竺佛念、道含共译《四分律》、佛陀跋陀罗与法显共译《摩诃僧祇律》、智胜译《五分律》等。这些"广律"的译出,成为僧人行事的依据。

两晋以前,中原地区出家为僧尼者极少;及至两晋以后,出家僧尼人数猛增。如道安在襄阳(365—379年)就有"师徒数百",过着集体的宗教生活。[③] 如此庞大的群体的行止需要有完备的制度进行管理,没有戒律之约束,僧团不可避免地会出现混乱或越轨的现象,势必会引起世人诟病。所以,能够维持这种生活的僧团纪律问题便凸显出来。为此,道安自立"三科"作为僧尼行为的规范。唐释道世《法苑珠林·呗赞部》云:

> 又昔时有道安法师集制"三科",上经、上讲、布萨等。先贤立制,不坠于地。天下法则,人皆习行。[④]

以之与鄯善国的情况相比照,可以发现,二者所处的时代相仿,戒律

①杜斗城、杨富学《嵩山与律学高僧》,释永信主编《少林寺与中国律宗》(少林文化研究丛书),郑州:少林书局,2003年,第1~8页。

②劳政武《佛教戒律学》,北京:宗教文化出版社,2001年,第63页。

③[梁]慧皎撰,汤用彤校注《高僧传》卷五《道安传》,北京:中华书局,1992年,第180页。

④《大正藏》第五三卷《事汇部上》,No. 2122,页575c-576a。

的问题同样突出,故而有《僧尼轨范》和佉卢文《僧界规章》的出现。再如西藏,戒律的形成也比佛教信仰的传入要晚将近200年。照此以观,当鄯善国于5世纪中叶灭亡时,真正的佛教戒律体制尚未形成,至少可以说是尚未完备,僧侣的集体生活应该说是无戒律可循的。"经法虽传,律藏未阐",[①] 不仅是对中原早期佛教缺乏戒律情况的描述,同时也适应于3至5世纪的鄯善国佛教。

其三,鄯善"其地崎岖瘠薄",国小民寡。据考,在5世纪中叶鄯善国灭亡前夕,其全部人口约有八千户左右。以户五口计算,则约有四万人。而法显于400年西行印度求法途次鄯善国时,该国竟"有四千余僧",[②] 差不多占到当地人口的百分之十左右,易言之,平均每两户就要养一僧人。这个数字远远高于中古时期中原地区的僧俗比例。据统计,古代中原王朝僧侣界的实际人数,从来都只占中国人口中的一小部分,其人数始终低于百分之一。[③] 如果非劳动人口超过百分之一,就会造成一定的社会问题。反观鄯善国,僧人比例已远远高于这一数字,毋宁说还有其他各种非劳动人口了。如果僧人都脱离生产,不参加田间劳动,那么,鄯善国劳动力缺乏则成势之必然。故而,笔者认为,鄯善国僧侣可娶妻生子,应符合于社会生产的需要,很有可能是受到政府的支持与鼓励的,因为这样不仅可以增加人口,提供劳动力,同时也有利于僧团的壮大。而沙门本身也具有纳税人身份,僧团的发展,无疑也扩大了政府的税源。

此外,当还有其他各种社会因素,如历史上流行的奴隶制,在封建时代仍有残存,鄯善国僧侣的蓄奴役奴,即与这一因素不无关联。诸种因素的交互作用,促进了鄯善国佛教特色的形成。

九、余　论

佛教初传中国,戒律当随之而来,但刚开初必不够系统,也不够规范。而佛教教团作为一个集体生活的宗教团体,必须有一套日常生活及宗教活动的规则。[④] 这套规则的创始人,论者佥认是东晋时代的释道安。

①[梁]慧皎撰,汤用彤校注《高僧传》卷二《弗若多罗传》,北京:中华书局,1992年,第60页。
②[晋]法显著,章巽校注《法显传校注》,上海:上海古籍出版社,1985年,第8页。
③[法]谢和耐著,耿昇译《中国5—10世纪的寺院经济》,上海:上海古籍出版社,2004年,第18页。
④张平《道安在中国佛教史上的贡献及地位》,《现代哲学》2008年第3期,第111页。

道安时代(312—385年),汉地虽有戒律,但很不完备。其师佛图澄(232—348年)在河北恒山弘法时曾对流行的戒律多所订正,道安曾随之受习此事,但未及检戒,遭遇乱世。他在襄阳所著《渐备经序》中说:“云有五百戒,不知何以不至。此乃最急。四部不具,于大化有所阙。”[①] 有鉴于此,道安参照既有戒律而为僧团制定戒规——《僧尼轨范》。《高僧传》载:

> 安既德为物宗,学兼三藏,所制《僧尼轨范》《佛法宪章》,条为三例:一曰行香、定座、上经、上讲之法;二曰常日六时行道、饮食、唱时法;三曰布萨、差使、悔过等法。天下寺舍,遂则而从之。[②]

道安三例(三科)原本已佚,且史书未见明解,故不知其详。据考,其内容大致如下:其一,讲经说法的仪式及方法;其二,昼夜六时(晨朝、日中、日没、初夜、中夜、后夜)修行、食住的仪轨;其三,每半月一次(月中、月末)的说法忏悔仪式(布萨)、夏安居之“差使、悔过”制度的仪轨。质言之,可概括为上香讲经、六时礼忏与布萨之法,最后一项与佉卢文《僧界规章》第二项内容大致相当,其余内容不见于佉卢文文书。道安的《僧尼轨范》内容简单,不能与后世逐步完善的戒律相提并论,但比起佉卢文《僧界规章》来说,对僧尼行为规范的要求已严格多了。故而可以说,是不能把佉卢文《僧界规章》当做戒律来看待的。道安所定轨范对中国佛教发展产生了极为深广的影响。后世所传之僧制、禅宗清轨类典籍及各类法事,皆导源于道安戒规。故而僧史佥认:“凿空开荒,则道安为僧制之始也”。[③]《僧尼轨范》制定于4世纪后期,而这一时期也是鄯善国佛教的盛期,而佉卢文在尼雅的出土最晚者在4世纪末期,《僧界规章》即出自尼雅遗址。故而可以推定,佉卢文《僧界规章》的制定应早于道安的《僧尼轨范》,加上道安所定“三科”原本已佚,惟佉卢文《僧界规章》写本独存,故对中国佛教发展史,尤其是戒律学的研究来说,《僧界规章》不啻为一不可忽略的重要文献。

在中原地区,佛教自东汉明帝时传入以来,经过一百多年间的发展,影响日渐扩大,但戒律不行。至汉末,牟子著《理惑论》,其中提到“今沙门

①[梁]僧祐《出三藏记集》卷九,《大正藏》第五五卷《目录部》,No. 2145,页62b。

②[梁]慧皎撰,汤用彤校注《高僧传》卷五《道安传》,北京:中华书局,1992年,第183页。

③[宋]赞宁《大宋僧史略》卷中《道俗立制》,《大正藏》卷五四《事汇部下》,No. 2126,页241b。

耽好酒浆，或畜妻子，取贱卖贵，专行诈给”，[1] 客观地反映了当时中国佛教的状况。这种状况与佉卢文文书所见鄯善国的状况几无二致。看来，“有信无戒”不独为鄯善国所特有，而是中原乃至吐蕃早期佛教发展过程中共有的现象。即使后来戒律日趋完备，违戒现象仍时有发生。

佛教戒律在中原地区制度的完善，经历了漫长的历史过程。东晋以前，佛教戒律方面的经典甚少；东晋以后，戒律的发展才走向快车道，期间东晋法显起到了重要作用。法显“常慨经律舛阙，誓志寻求”，[2] 遂历尽千辛万苦赴印度求取，返国时携归《摩诃僧祇律》《萨婆多部抄律》《弥沙塞律》（即《五分律》）等，并逐步译为汉文，对后世产生了巨大的影响。故而周叔迦先生评述道：

> 东晋义熙十二年(416年)佛陀跋陀罗(即佛驮跋陀)在建业译出《僧祇律》，刘宋景平三年(424年)佛陀什又在建业译出《五分律》。这二部都是法显往游印度时传抄回来的。于是汉地大律始传。[3]

由此可见，东晋以后，佛教戒律已逐步完备。但是，从历史记载看，即使如此，僧人违戒的现象依然比比届是，从刘宋时周朗的上书中即可看到这一问题的严重性。他说：

> 自释氏流教，其来有源……然习慧者日替其修，来诫者月繁其过，遂至摩散锦帛，侈饰车从。复假精医术，蛢杂卜数，延姝满室，置酒浃堂，寄夫托妻者不无，杀子乞儿者继有。而犹倚灵假像，背亲傲君，欺费疾者，震损宫邑，是乃外刑之所不容戮，内教之所不悔罪，而横天地之间，莫之纠察。[4]

可见，当时僧人饮酒之风仍然盛行，娶妻生子、置产蓄奴的现象时有

①[梁]僧祐《弘明集》卷一，《大正藏》第五二卷《史传部四》，No. 2102，页4a。
②[梁]慧皎撰，汤用彤校注《高僧传》第三卷《法显传》，北京：中华书局，1992年，第87页。
③周叔迦《八宗概要·律宗》，《周叔迦佛学论著集》(上集)，北京：中华书局，1991年，第446页。
④《宋书》卷八二《周朗传》，北京：中华书局，1974年，第2100页。

所见,甚至还有"杀子乞儿"的现象。然而,由于各种原因,存世文献对早期中原僧团"有信无戒"情况的记载即不全面,也不具体,只有支离破碎的零散叙述,难窥全豹。这一缺陷,从新疆出土的佉卢文文书中可得到一定程度的弥补。

从前文的论述可以看出,鄯善国时期佛教虽然非常流行,但"有信无戒"现象十分突出。僧人不守戒律,他们不仅娶妻生子、饮酒食肉,而且置产敛财、役奴使婢。这些状况与早期中原佛教界所见者基本相当,见微知著,可以认为,佉卢文文书所反映佛教戒律情况,不独为鄯善国所特有,而是当时西域乃至中原佛教戒律情况的真实写照,可以看做是中国早期佛教的一个标本。佉卢文文书为认识中国早期佛教戒律的存在与发展情况提供了丰富而弥足珍贵的第一手资料。

(原刊《吐鲁番学研究》2009 年第 1 期,第 59~76页)

从生老病死看唐宋时期敦煌佛教的世俗化

佛教与世俗是一个对立的范畴,前者重彼岸,后者重此岸;前者重来世,后者重今生;前者重出世,后者重入世。从本质上讲,佛教与世俗体现的是神与人的关系问题,佛教是以追寻、接近、体证宇宙人生的最高真理为其职志的,即所谓"有所宗",因此是极端超离世俗现象世界的。若就功用而言,佛教之宏旨在于救度众生、解脱苦难,即所谓"有所教",重"彼岸"的目的在于解决"此岸"存在的问题;重"来世",目的是为"今生"的所作所为给予指导;重"出世",主旨在于悟道,悟道的最终目的同样是为世间的人服务的,因此可以说,佛教又是极端贴近世俗、不离现象世界的。概言之,佛教与世俗之间,存在着既相互对立又相互依存的关系。本文所谓的"佛教世俗化",指的就是佛教在传播过程中对世俗社会有机结构与互动原理的认同与融摄。佛教寺院通过各种佛事活动来沟通并调整寺院与世俗社会的互动关系,与信众共同来维持或建构生命存在形式的理想规范,从而维持社会的和谐,并使之正常运作。

印度佛教在流被东土之后,很快就与中国的儒学思想结合在一起了,通过二者间的相互融摄,得以根植于中华大地之民间沃土,迅速地传布并得到发展。保存于敦煌写本中的各种佛教斋文、赞文、愿文、感应故事等诸多既含佛教深刻哲理又蕴藏着佛儒交融民间文化现象的世俗佛教文献,就是佛教由宫廷走向民间、走向大众的典型代表。在这些为数众多的文献中,以晚唐五代至北宋初期的文献最为丰富,对研究敦煌佛教的世俗化最具典型意义,同时,对研究这一时期全国佛教世俗化的问题也有一定的积极意义,因为唐宋时期敦煌的佛教文化虽存在独特个性,但与中原佛教的发展脉络基本同步,而且,这一时期的敦煌文献中有不少本身就是从内地展转而流传到敦煌的。

佛教具有高深的义理,是现实生活在精神上的提升,这是毋庸置疑的。但是,在现实生活中存活的各种宗教,不管是在本土文化中自生的,还是从其他文化流入的,都必须要体现出生存其中的文化特征,只有这样才会有生命力。佛教义理深奥,如果不能深入民间,仅仅局限于富丽堂皇的殿堂宫廷,那最终只会成为空中楼阁而已,难以实现利益众生的宏愿。佛教理论奠基于南亚次大陆之古代社会,在中国这块文化传统积淀极为深厚而且文化特色迥然不同的土地上,完全照搬印度佛教超凡脱俗的那一套是根本行不通的,只有通过改变自身,注重并适应现实生活,入乡随俗,通过与中国文化,尤其是儒学思想的结合,才能使广大民众所容易理解并接受,也只有这样,作为外来文化的印度佛教才有可能在中国找到适宜的土壤,最终培育出根苗,并开花结果。佛教初传中国是在汉代,而两汉与魏晋正是中国历史上明确"以孝治天下"的时代,这一因素对初来乍到的佛教产生了影响,佛教完全接受了中国传统的孝观念,这一转变成为印度佛教在中国得以发展并臻至繁荣的根本原因之一。

佛教哲理属于宗教文化,当其与中国文化传统相结合,尤其是与儒学相结合后,形成了一种佛儒交融的世俗佛教文化。宗教文化与世俗文化既有联系,又有区别,前者对后者具有指导意义,后者是前者的具体实践。佛教在中土的每一步发展,都与中原地区民间的世俗文化存在着密不可分的关系,恰如宋代高僧志磐所言:"佛之道本常,而未始离乎世相推迁之际。"① 禅宗六祖慧能更是进一步指出:"佛法在世间,不离世间觉,离世觅菩提,恰如寻兔角。"② 这充分说明佛法离不开世间法,佛教若得到发展,必须与世俗民间紧密结合起来,否则将会一事无成。

佛教宣扬的西方净土世界与现实存在的世俗娑婆世界是密切相关,不可分离的,敦煌莫高窟壁画"净土经变"中所绘西方极乐世界的场面,正是唐代盛世现实生活的真实写照。故而高僧大德们在思考"方内"诸事之兴盛衰亡时,同时还需要思考世俗社会之发展变化,以便使佛教更好地适应世俗社会。现实社会需要什么样的意识形态,弘法大德们就会从深奥的佛典中去寻找相应的理论依据,与时俱进,在适应社会发展的同时求得自身的发展。由于佛法的传扬具有充分的灵活性和多变性,故而能在中国流传两千多年而至今仍具有旺盛的生命力。事实上,自两汉时期佛教传入中国起,与中土文化的融合便成为佛教发展的主流趋势,随着时代的发

①[宋]志磐《佛祖统纪》卷三四《法运通塞志序》,《大正藏》第四九卷《史传部一》,No. 2035,页325a。

②《六祖大师法宝坛经》,《大正藏》第四八卷《诸宗部五》,No. 2008,页351c。这一内容,在敦煌本《六祖坛经》中写作:"法元在世间,于世出世间,勿离世间上,外求出世间。"见杨曾文《敦煌新本六祖坛经》,上海:上海古籍出版社,1993年,第44页。

展，这种趋势越来越强烈、明显。到晚唐五代两宋，佛教臻至极盛，而这一时期的佛教世俗化趋势也随之发展到巅峰阶段，佛教世俗化的观念已经渗透到弘法高僧的思维意识之中了，致使这一时期佛教世俗化的历史烙印显得尤为深刻与明晰。如人人必须面临的生老病死问题，就是佛教在世俗化过程中所无法绕开而必须面对的生活现实。保存于敦煌石窟的为数丰富的唐宋时代的佛事文书，为我们认识、研究佛教之世俗化进程，提供了弥足珍贵的资料。

生老病死，佛教称之为"四苦"，是人生当中难以言状的四种痛苦。"苦谛"是佛教基本教义"四谛"之一。如来为令有情众生了解生死流转的过程，引起厌离生死、欣求解脱之心，故将人生对苦的感受总结为八苦。《增一阿含经·四谛品》云："彼云何名为苦谛？所谓苦谛者，生苦、老苦、病苦、死苦、忧悲恼苦、怨憎会苦、恩爱别离苦、所欲不得苦。取要言之，五盛阴苦，是谓名为苦谛。"① 生老病死在八苦中占了一半内容，而它所含的蕴义其实却覆盖了全部八苦。学佛修行的主旨在于寻找快乐，并最终从痛苦中得到解脱。

生老病死，佛教认为这是人生所必须经历的四种痛苦，也被称作果报四相。《法华义疏》卷六云："生老病死，即四苦也。"②《百喻经·治秃喻》载："世间之人，亦复如是。为生老病死之所侵恼，欲求长生不死之处。"③ 相传释迦牟尼为太子时，曾于王城四门分别见到分娩、老人、病人、送葬的景象，顿感人生之"苦"，因而决心放弃继承王位，出家修道，以期引导众生超脱生老病死之苦而达涅槃彼岸。后来又以四苦泛指人在一生中的重大遭际，如隋代高僧吉藏撰《仁王般若经疏》卷下云："生老病死，轮转无际，事与愿违。"④ 就是以生老病死来泛称人世诸多苦难。在敦煌出土的变文写本中，也有以四苦来代表人生重大遭际的例证，如北云24《八相变》即称：

遮莫高贵逞英豪，人生再会大难逢。生老病死相煎逼，积财千万总成空。⑤

①《大正藏》第二卷《阿含部下》，No. 125，页631a。
②《卍续藏》第三四卷，No. 1721，页530b。
③《大正藏》第四卷《本缘部下》，No. 209，页549a。
④《大正藏》第三三卷《经疏部一》，No. 1707，页345c。
⑤王重民等《敦煌变文集》（上册），北京：人民文学出版社，1984年，第338页。

在本文中,我们所使用的"四苦"概念是狭义的,仅指生老病死之苦。

这里先从佛教的"生苦"说起。生命乃由父精母血以及业识的因缘和合而来,为五蕴集聚之表现。《大般若波罗蜜多经般若理趣分述赞》卷二曰:

> 生苦有二因。一众苦所逼。二余苦所依。谓于母胎生、熟藏间,具受种种极不净物所逼迫苦。正出胎时,复受支体逼切大苦。由有生故,老病死等众苦随逐。[①]

也就是说,生苦有两种含义,其一为"众苦所逼",即在母胎之中,需要经历十个月的发育,在此期间,内热煎煮,身形渐成,住在生脏的下面,熟脏的上面,夹压如狱,具受种种不净物的逼迫。出胎时身体又受到逼迫的痛苦。《修行道地经》即详细地叙述了胎儿在发育过程中于母体内所经历的种种苦处。其二为"余苦所依"。因为有了生身之后,其余的老苦、病苦、死苦等也就接踵而至了。

佛教理论认为,生命为六道轮回之必然。六道,指地狱、饿鬼、畜生、阿修罗、人间、天上。此六道是一切有情众生轮回之道途,各道众生乘因业而趣之,此为一切众生轮回流转繁衍不息的哲理。作善因则往生人间天上,作恶因则堕饿鬼地狱。以原始朴素的生死轮回观劝导人们诸恶莫做、众善奉行, 此理论在封建社会中对于促进社会的和谐发展起到了一定的积极作用。随着佛教世俗化发展进程的逐步加深,弘法高僧及佛门大德则围绕着"生"的问题,有针对性地创作出了一系列适合民间信仰特点的斋愿文,如《难月文》《贺诞子文》《庆诞文》《满月文》等,这些内容在敦煌出土的写本中都有体现,如S.5957、S.5561、S.5593、P.3765《难月文》是这样写的:

> 夫玉毫腾相,超十地以孤游;金色流辉,跨万灵(龄)而独出。权机妙用,拔朽宅之迷徒;感应遐通,导昏城之或(惑)侣。归依者,苦原(源)必尽;回向者,乐果斯深。大哉法王,名言所不侧(测)矣。厥今坐前施主,捧炉虔跪,舍施启愿所申意者,奉为某人患难之所建也。惟患者乃清贞淑顺,妇礼善娴,智德孤明,母仪咸备。遂因往劫,福凑今生;感居女质之躯,难离负胎之患。今者旬

①《大正藏》第三三卷《经疏部一》,No. 1695,页42c。

将已满，朔似环周，虑恐有伤毁之唆(酸)，实惧值妖灾之苦。故即虔心恳切，望三宝以护持，割舍珍财，仰慈门而启颡。伏闻三宝，是济厄拔苦之能人；大士弘悲，不(无)愿不从而惠化。以兹舍施功德，念诵焚香，总用庄严，患者即体；惟愿日临月满，果生奇异之神童；母子平安，定无忧嗟之苦厄。观音灌顶，受不死之神方；药上扪摩，垂惠长生之味。母无痛恼，得昼夜之恒安；产子仙童，似被莲而化现。又持胜善，复用庄严，持护施主合门长幼等：惟愿身如松岳，命等苍冥，灵折(哲)之智朗然，悟解之心日进。父则常居禄位，母则威德恒存，兄弟忠孝过人，姐妹永终贞洁。然后四生离苦，三有获安，同发菩提，成正觉道。[①]

这是一篇希望孕妇在生产时能得到佛法庇护的斋愿文。在孕妇即将分娩之际，其家人惟恐孕妇在生产时遇到不测，故割舍资财以供奉三宝，捧炉虔跪，乞求保佑。其文体为骈文，四六成句，语言优美，义理深奥而不落窠臼，文意简明而又世人皆知。就《难月文》《贺诞子文》《满月文》而言，针对的都是与繁衍生息相关的佛事活动，具有广泛的实用意义。由是以观，佛教在走向世俗化的过程中是非常深入民心的。

其次说“老苦”。物随境迁，人与时老，成住坏空，无人可以抗拒。身体衰变名之为老，老有老苦，力不从心，眼花耳聋等现象使人感觉到痛苦无常即将到来，难以言状。《中阿含经》卷七《大拘絺罗经第九》云：众生老时，“头白齿落，盛壮日衰，身曲脚戾，体重气上，拄杖而行，肌缩皮缓，皱如麻子，诸根毁熟，颜色丑恶。彼因此故，使诸梵行爱敬尊重。”[②] 为保证老有所养，以安度晚年，儒家非常强调敬老尊老思想，构成了中华民族的传统美德之一。父慈、母爱、媳贤、子孝是构成和谐家庭的基本要素。佛教思想中尊老敬老观成了世俗佛教文化能够被中国传统文化所融摄，也使佛教的出家修身的途径或方式和中国传统文化道德伦理之源的孝悌观念相互融摄。佛教传入中国后，为获取民心，不得不圆融方便，效法儒家，吸收其爱老护老思想以为己用，而且不遗余力地加以弘扬。[③] 敦煌文献 P.2418《失调名·须报恩》即明白无误地表达了这种思想：

①参见黄征、吴伟《敦煌愿文集》，长沙：岳麓书社，1995 年，第 698 页。

②《大正藏》第一卷《阿含部上》，No. 26，页 462b。

③魏承恩《孝亲观——中国佛教伦理道德的儒化》，《江淮论坛》1990 年第 6 期。

今既长成，还须报赛。莫学愚人，反生逆害。约束时只要谛听，嗔骂则莫生只对。何假生西方，自生极乐界。①

同一文献中的《失调名·佛母同恩》更是强调佛恩与母恩的一体性：

佛惜众生，母怜男女。一例承情，从头爱护。佛如母意无殊，母似佛心堪喻。②

在敦煌写本 S.5639《庆寿文》中，具体地描写了子孙后代尊老敬长的具体表现，宣扬的也是佛教的尊老敬老思想：

至圣肇兴，发挥方便，诞金躯于右胁，舒玉彩于中天。舍人王而证法王，指俗谛而皆真谛。清凉觉海沐浴者，尘劳业消；解脱真场登蹑者，烦笼垢净。于日拖张绮席，陈列画图，命庶宛之缁流，膺鹤龄之寿者，即公庆诞之日，有斯佳会也。骤珠作性，秦镜为心，森然杞柄之材邈矣。圭璋之质，加投情十地，游认三乘，善怀不及之心。恶有探作之诚。斋主意公伏愿遗生重命，请福祈恩，凭斋戒之功勋，保松筠之算寿。故于白玉增辉之日，清萍耀彩之辰，爰抽榆荚之资，归我莲宫之众。夫如是者，九天仙神，更添益算之寿；千载贞松，永等鹤龄之固。于是香焚中首，播摇凤枝，像开满月之容，共列青霞之色。伏愿慈风扇瑞，请福庆于门栏；惠日呈祥，消千殃于家室。③

这是一篇为老人庆寿而撰写的佛教斋愿文，从文中的“拖张绮席，陈列画图”之语可以看出，该老人的寿诞之庆是办得相当隆重的。“陈列画图”当指将老人的画像陈列于干净的绮席庭堂上，以供子孙们叩拜。筵请缁众作法会，祈愿在佛力的护佑下“更添益算之寿”“永等鹤龄之固”。语句通顺流畅，四六并列，铿锵有力，佛理与世俗交辉，佛心与民意并存，赞美庆贺之意溢于言表。

另外，在敦煌写卷中，我们还可以找到佛教促进二十四孝形成的例

①任半塘编著《敦煌歌辞总编》，上海：上海古籍出版社，2006 年，第 545 页。
②同上引《敦煌歌辞总编》，第 545 页。
③王书庆《敦煌佛学·佛事篇》，兰州：甘肃民族出版社，1995 年，第 56 页。

子。在晚唐五代宋初的写本S.7、P.3361、S.3728、Дх.01064《故圆鉴大师二十四孝押座文》中,即明确出现了"二十四孝"之谓。[①] 敦煌文献中还有当时在寺院进行俗讲用的《舜子至孝变文》《董永变文》等,反映出中国传统孝道观念对佛教中国化的大影响。由于这些押座文、变文都是用来在佛寺中宣讲的,将孝道故事加工成变文俗讲的形式,使文字生动,且夹以韵文,可以边讲边唱,非常有利于孝子故事在民间的普及和流传,以促进听众孝道观念的建立。

在敦煌文献中另有《百岁篇·劝凡夫》《百岁篇·缁门》和《十二时·行孝文》等歌辞,更是具体地描述了人到老年苦空无常的道理,从而促使世俗人猛醒人生的真谛。S.2947《百岁篇·缁门》是这样劝导世人的:

> 七十连宵坐结跏,观空何处有荣华,匡心直乐求清净,永离妆衣染著花。
>
> 八十虽存力已残,梦中时复到天关,还遇道人邀说法,请师端坐上金坛。
>
> 九十之身朽不坚,犹蒙圣力助轻便,残灯未灭光辉薄,时见迎云在目前。
>
> 百岁归原逐晚风,松楸叶落几春冬,平生意气今朝尽,聚宝如山总是空。[②]

该诗格调哀怨凄婉,清新隽永,令人回味无穷,劝导世人以空的观点看待事物,遇事不要过于执着与强求,世间的一切荣华与财宝,生不带来,死不带去。在看破红尘之后,就应该专心念佛,寻求往生解脱,才是唯一的正道。

其三看佛教所谓的"病苦"。佛教认为,地、水、火、风(即"四大",梵文作Mahābhūta)是宇宙物理,是形成一切物质现象的种子。世间一切物象,都是通过四大的积聚、调和与分配而完成的。人身同样是由地、水、火、风四大和合而成。地大,地以坚固为性,如人身中之发毛、爪齿、皮肉、筋骨等均属之。水大,水以润湿为性,如人身中之唾涕、脓血、津液、痰泪、大小便等均属之。火大,火以燥热为性,如人身中之暖气属之。风大,风以动转为

①王重民等编《敦煌变文集》,北京:人民文学出版社,1984年,第835~839页;《俄藏敦煌文献》第7册,上海:上海古籍出版社,1996年,第294页。

②同上引《敦煌歌辞总编》,第1366页。

性,如人身中之出入息及身动转属之。若此四大不调,则易致病。《南海寄归内法传》卷三即谓:

> 四大违和,生灵共有……初则地大增,令身沉重。二则水大积,涕唾乖常。三则火大盛,头胸壮热。四则风大动,气息击冲。即当神州沉重、痰癊、热黄、气发之异名也。①

在人体内,地水火风均衡为正常。但是,如果地大增加,身体就会沉重;水大积聚过多,就常有鼻涕唾液;火大旺盛,身体就会发烧;风大窜动,将导致气喘、气虚等疾病,所以佛教把人身生病称为"四大违和"。用中医理论讲,就是阴阳要平衡,否则就会致病。除了由地水火风不协调所致身病外,还有一种病并非来自四大,那就是心病,此为众生执着心所致。身病为四大违和所致,心病为执着世故所致。前者可随四大的调节而病除,后者则要靠患者自身的素养及修习来调节,是很难医治的,俗语所谓"身病好医,心病难调",讲的就是这个道理。众生在世,阴阳失衡,吃五谷杂粮不匀,容易得身病;若执着心强烈,被世俗名利习气所染,则容易得心病,于是,生病也就成了众生寻常事之一。佛教在传布过程中,以治疗众生诸病为契机,广泛地开展佛事活动,从佛教义理入手,劝导众生放弃执着,平衡心理,皈依佛法,从而在心理上给得病人以安慰,并为之找到寄托和希望。在敦煌文献中保存有大量唐宋时代佛教僧徒为众生得病而祈愿病愈的佛教活动斋愿文,如P.3351《俗患文》如是写道:

> 仰启莲花藏界,清净法身,百亿如来,恒沙化佛,清凉山顶,大圣文殊,鸡足山中,得道罗汉,龙宫秘典,鹫岭微言,道服他心,一切贤圣。惟愿发神足,运悲心,降临道场,证明功德。厥今广筵僧众,开阐一乘,炉焚宝香,虔供启愿,舍施念诵者,有谁施作?时则有坐前执炉施主奉为某官染患以来,今经累月之福会也。惟患某官乃堂堂美德,神俊英灵,文武双全,忠孝兼备,须居欲了内心,攀正觉之尽,遂则寒暑集退,摄养五情,殄气云消,温风雾卷。伏闻三宝是出世诸法王,诸佛如来为生死之慈父。惟患某官自云:多生业障,难可计知,现世新薰,烦恼记忆,今到佛前法前僧

①[唐]义净著,王邦维校注《南海寄归内法传校注》,北京:中华书局,1995年,第157页。

> 前，希垂忏涤，愿罪消灭，所有群命负财，俱受功德，发欢喜心，放免患儿，仍复于旧。以斯舍施功德，回向福因，先用庄严惟患官即体，伏愿四百四病，藉此云消，五盖十缠，因兹断灭，摩诃般若。①

在佛教因果报应说的感召下，该患者认为自己今生得病是由于前生造孽多端所致，故在佛、法、僧面前洗涤身心，深刻忏悔，愿以此功德使自己诸罪消灭，病患痊愈。

又如P.2837V《辰年(836？年)支刚刚等施入疏》，内含14件文书，分别记载了支刚刚、女弟子无名、女弟子王氏、女弟子十二娘、康为、杜善和、李小胡、张意子、雷志德等14人为防患、治患在道场请僧念经祛病而布施的情况。布施原因大致可分为三种情况：其一，为染患的父母，如支刚刚“为慈母染患，未能痊减，今投道场，请为念诵”。弟子无名“一为亡过慈母，愿得神生净土；二为见存慈父，今患两目，寝膳不安，日夜酸痛，无计医疗。今投道场，请为念诵”。其二，为疾病缠身的自己，如女弟子无名、女弟子王氏“为己身染患，未能痊损，今投道场，请为念诵”。其三，为保平安，免生疾病，如杜善和“轧报平安，仅头(投)道场，请为念诵”。② 另外还有其他几件文书，其内容亦与此大体相仿，不复具引。《辰年(836？年)支刚刚等施入疏》反映的是那些家庭经济条件较差的人共同合资举办法事活动的情况，冀求通过法事之功德，使身有疾患的家人及自己蒙三宝之威力，减少痛苦，早日病愈，无病者免于疾病。

面对会对人类生存构成严重威胁的流行病，敦煌佛教界也会举办相应的集体转经活动，以求消除“疾疫”。P.3405《国有灾疠合城转经文》即反映了这一广置福田的活动：

> 天垂灾殄，则水旱相仍；疾疫流行，皆众生之共业。昨以城隍厉(疠)疾，百姓[不]安，不逢流水之医，何以济兹彫瘵，是以我皇轸虑，大阐法门。绕宝刹而香气氛氲，列胜幡而宝幢辉曜。想龙天而骤会，柳塞[虚]空，天皇梵王，震威光而必至。二部大众，经声洞晓于阖城；五部真言，去邪魔之疫疠。使灾风永卷，不害于生民；瘴气漂除，息千门之氛浸。然后人安乐业，帝祚[维]祯。以(与)二曜而

①王书庆《敦煌佛学·佛事篇》，兰州：甘肃民族出版社，1995年，第43页。
②唐耕耦、陆宏基编《敦煌社会经济文献真迹释录》第3辑，北京：全国图书馆文献缩微复制中心，1990年，第59~63页。

齐辉,并三光而洁朗。[①]

在敦煌写本中,与祈佛禳灾有关的文献还有很多,如S. 5637《亡考妣文范本等》(拟)之第十四则云:

> 疫病　倾(顷)以大游约气,时多瘴励(疠)之灾;广运妖气氛,便与疾疫之害。所以长幼惧而敷妙馔,阖城肃而列香延(筵);冀疴疾而绝寰中,屏魑魅而胜海外。云云。[②]

再如写成于吐蕃统治时期的S.2146《置伞文》亦云:

> 伏惟节儿、都督公平育物,罄节安边,恐廖疾流行,灾央条(殃倏)起,是以预修佛愿,建因竖良,因行城将昣于妖氛,竖幢(伞)用臻乎福利。今既能事备,胜愿享,福长空,量难比。[③]

总之,在敦煌文献中,现存的《患文》《僧患文》《俗患文》《丈夫患文》《疾痊回向设斋文》等有关文体反映的都是通过祈佛诵经及做各种佛事活动以祈求佛陀、菩萨保佑,预防疾病并治疗疾病之类的内容,这些对研究佛教的世俗化与民间化等问题来说,庶几为第一手珍贵资料。

最后看佛教的"死苦"。按俗家讲,生命气息的终结谓之死亡。而在佛家那里,眼识、耳识、舌识、鼻识、意识(人本身具有八识中的前六识)不复存在便谓之死亡。死亡符合人世间生住异灭,成住坏空的客观规律,是不以人的意志为转移的,无法控制,难以避免。死亡时,身心憔悴,痛苦不堪,所以被称作死苦。人死后,活着的人为追忆死者生前的丰功伟绩或父爱母慈的种种行为,为其举办追吊活动,以尽孝道或表示忆念。这种敬祖的传统意识也为佛教所借用,后来甚至成为弘扬佛法和促进寺院经济发展的手段。在敦煌文献中保存有大量的与"死"有关的佛教活动斋愿文,如P.2854《亡母文》写道:

---

①参见杨秀清《金山国诸杂斋文范(11篇)札记》,《敦煌佛教文化研究》,甘肃敦煌学学会、《社科纵横》编辑部编印,1996年,第45页;颜廷亮《〈金山国诸杂斋文范〉校录及其他》,《敦煌文学论集》,成都:四川人民出版社,1997年,第333页。

②黄征、吴伟《敦煌愿文集》,长沙:岳麓书社,1995年,第242页。

③杨富学、李吉和辑校《敦煌汉文吐蕃史料辑校》第1辑,兰州:甘肃人民出版社,1999年,第248页。

> 夫三界并是虚幻，四大假名成身，五蕴念念相续，六识刹那不住。纵使声闻缘觉，尚有死事无常。况乎凡夫，岂得长生之路？方知缘会即聚，缘散即除者欤。然今此会所申意者，奉为亡妣某七功德之嘉会也。惟亡妣乃母仪腾秀，蕙间驰芳，柔轨自居。风姿婉淑，厌荣华而慕道；隐俗修真，继怯母之胜缘。潜通大道，所冀久留慈训育子，择怜奄弃，一朝魂消万古。至孝等，想慈颜之日暮，倍益悲辛，思鞠育之恩深，无阶答孝，谨陈胜愿，以建斋筵，邀请圣凡，用酬厥德。于是，幡花布地，梵响凌天，炉焚六铢，食滋百味，惟愿以兹设斋功德，焚香胜因，先用庄严亡者所生魂路，惟愿永辞生灭，长启无为，托宝殿而入西方，座莲台而生净国，观音一睹，势至来迎，朝闻法音，夕登圣位。又持是福，即用庄严施主合门居眷等，惟愿三宝覆护，众善庄严，灾障不侵，功德圆满。然后，散沾法界，普及有情，赖此芳因，登正觉道，摩诃般若，拔苦济厄，大众虔诚，一切普诵。

该亡文追忆了亡母的音容笑貌和母德威仪，无奈生死无常，魂消万古，希冀藉由三宝佛力之加持，托生净土莲国。在生老病死的四苦当中，“死苦”对认识佛教的世俗化显得尤为重要。从敦煌文献看，对死者的追悼形式有很多种。在其得病之日有《患文》，不治身亡有《亡文》，盖棺告别有《盖闻无余涅槃金棺永寂文》，下葬有《临圹文》《叹圹文》，在埋葬后有一七至七七的《追七文》，周年有《忌文》，小祥、中祥、大祥有《追福文》，大祥期满有《脱服文》，这种内容各异的悼亡仪式，都与佛教息息相关。

除此之外，在敦煌文献中尚有《亡父文》《亡女文》《男意》《为孩子追福文》《为小娘子追福文》《为亡孩超度文》等多种文体，就连老百姓宠物的死亡也有固定的佛事活动文体，如《祭马文》《祭驴文》《祭牛文》等，名目繁多，反映出佛教思想已深入到民间社会的最基层。

这里特别值得一提的是七七斋与十王思想在敦煌的流行。七七斋又名累七斋、七七忌。人死后四十九天内，亲属每七日营斋作法，为亡人追善供养，祈求冥福，使之获得果报而德往生极乐净土。晚唐五代宋初敦煌流行的“伪经”《佛说十王经》(P.2003、P.2870、S.3147、S.5585、北咸750、北服37等)对七七斋及相关问题有详细记载。其文称：佛告大众阎罗天子于未来世作佛，多生习善为犯戒故，退落琰摩天中，作大魔王，管摄诸鬼，科断阎浮提内十恶五逆一切罪人。劝"慈孝男女修福，荐拔亡人，报生养之恩，七七修斋造像，以报父母恩，令得生天"。①

人死后从头七、二七直至七七，再加上百日、一年(小祥)、三年(大祥)，亡魂将逐一经过十王殿，亡人家属须祈请十王作斋修福，写经造像，便可拔除亡魂罪业，使之"不生三恶涂(途)，不入一切诸大地狱"，而往生天道。过十王若阙一斋，则滞在一王，留连受苦一年。若生人为己预修七斋，于每月十五、三十日两天持斋，"供养三宝，祈设十王，修名纳状，奏上六曹"，如此则死后可"配生快乐之处，不住中阴四十九日，不待男女追救命"。经中给众生指出了造此经者可"往生豪贵家，善神常守护""天王恒引接菩萨捧花迎，随心往净土"，给信众描绘了美好的未来。②

根据《十王经》，十王与十王斋供的配置关系如下：

一七斋秦广王	二七斋宋帝王
三七斋初(楚)江王	四七斋五官王
五七斋阎罗王	六七斋变(卞)成王
七七斋太山王	百日斋平正王
一年斋都市王	三年斋五道转轮王

七七斋之俗在古印度就很流行，随佛教传入中国后，与中国传统葬仪中卒哭(百日)、周年忌(小祥)、三年忌(大祥)等礼仪相结合，逐渐形成十王信仰中的十王斋供。《十王经》是我国民间信仰与佛教信仰融合而产生的经典，在学界被称为"伪经"，其基本内容可以说是冥府信仰与地藏信仰相结合的产物，其中心思想是宣扬因果报应与六道轮回等要通过十王对亡灵生前罪业的审定与制裁来实现。《十王经》后来成了中国丧葬观念的主宰，直接影响着我国的丧葬习俗。

十王斋供本是亲人为亡灵追福之佛事，但从敦煌文献看，当时还有修生七斋者，如S.778《王梵志诗》第三首即谓：

家口总死尽，吾死无亲表(衰)。

①杜斗城《敦煌本佛说十王经校录研究》，兰州：甘肃教育出版社，1989年，第9页。

②参见党燕妮《晚唐五代敦煌的十王信仰》，《麦积山石窟艺术文化论文集》(下册)，兰州：兰州大学出版社，2004年，第144~145页。

急首(手)卖资产,与设逆修斋。
托生得好处,身死雇人理(埋)。
钱财邻保出,任你自相差。①

其中的"设逆修斋",指的就是设"生七斋"。在敦煌写本 S.1523 和 S.2717《逆修》篇中,同样也讲到了"逆修斋"问题:"今生植来世之胜因,即日种后世而(之)福利。故能先开净土,预扫天门,抽減净财,爰修某七"。这些说明唐代民间已流行预修生七斋。敦煌本《十王经》对预修生七斋有明确记载:

若是生在之日作此斋者,名为预修生七斋,七分功德,尽皆得之。若亡歿已后,男女六亲眷属为作斋者,七分功德,亡人惟得一分,六分生人将去,自种自得,非关他人与之。②

预修生七斋于每月十五日、三十日分两次供养三宝,祈设十王,且"如至斋日到,无财物及有事忙,不得作斋请佛,延僧建福,应其斋日,下食两盘,纸钱喂饲。"按经中所言,如果生前作斋,"七分功德,尽皆得之",而死后由亲属作斋,"七分功德,亡人惟得一分,六分生人将去",而且预修同样可"身到[冥间]之日,得配生快乐之处,不住中阴四十九日"。《十王经》宣扬预修生七斋可使本人得全福,比死后再设七斋追福,亡灵将能获得更多的功德,这就具有更大的诱惑力,所以此俗得以流行。③

对于亡人,不管是僧俗人等,佛教寺院往往都要施与最后的关怀,常常通过助葬形式为那些丧亲家属提供救助与精神慰藉。如 S.4649+S.4657《庚午年(970 年)二月十日沿寺破历》:"粟贰斗伍升,金光明寺刘法律亡纳赠用。""显德寺吴法律亡纳赠粟贰斗伍升。"又 S.6452(1)《某年(981—982? 年)净土寺诸色斛斗破历》载:"十三日,灵图寺孔僧正亡,纳赠面伍斗,粟伍斗,油叁合。""十三日,云寺令狐法律亡,纳赠面壹斗叁升,粟壹斗,油两合。"P.2032V:"面肆斗伍升,保应亡时造祭槃及粥用"等。这些体现了寺院对亡歿僧人的关怀。对俗人的去世,则通过"吊孝"形式进行助葬。如 P.2049V《沙州净土寺诸色入破历算会牒》:"布捌尺,张家阿婆亡

①张锡厚校辑《王梵志诗校辑》,北京:中华书局,1983 年,第 3 页。
②杜斗城《敦煌本佛说十王经校录研究》,兰州:甘肃教育出版社,1989 年,第 47 页。
③谭蝉雪《敦煌民俗:丝路明珠传风情》,兰州:甘肃教育出版社,2006 年,第 374 页。

时，吊都头及小娘子用。”P.2040V《后晋时期沙州净土寺诸色入破历算会稿》：“布九尺，张乡官小娘子亡时，吊孝水官张郎君乡官等用。布壹丈伍尺，索乡官亡时，吊孝长史水官陈都头长史娘子等用。布贰丈，史军举发时，吊孝诸郎君及小娘子及郭僧正等用。布壹丈叁尺，阎家娘子亡时，吊尚书都衙及小娘子等用。布二尺五寸，善胜新妇亡时，吊孝用。布二尺五寸，康都料孙子亡吊孝用……”吊孝活动既是对丧亡者进行哀悼的礼仪，又是对死者亲属的救助活动。[①] 从而密切了寺院与世俗社会之间的联系。

这里需要特别指出的是，大千世界，诸事繁杂，不可能每一件事情都有相应的固定的佛教斋事活动文体，因应此种情况，在敦煌文献中出现了一种叫做“号头文”的固定文体，内容大致相同的文体，都可以用一个固定的“号头”。俗人去世，为之超度荐福的道场文体大都可以用一个固定的“号头”。[②] 例如《亡父母文》《亡考妣文》《亡男文》《男意文》《亡妻文》《亡女文》等都适用一个“号头”。如 P.3825 卷中的《亡父母文》与《亡男文》就是这样表达的。其中《亡父母文》写道：

> 无常苦海，六道同居，生死河深、四生共受。纵使高登十地，未免去流(留)，受绝空阐，亦随生灭。然今座前斋主启愿所申意者，奉为亡考某七追福诸(之)嘉会也。[③]

紧接其后的是一篇为某亡男超度追福的道场文：

> 亡男　号同前　厥今有坐前斋主设斋所申意者，为亡男某七追念之嘉会也。惟男天生聪俊，异世英灵，文武初明，孝兼家国，年方炽盛，欲保遐龄。何图玉树先雕(凋)，金枝早折，奄从风烛。某七俄临，每泣蟾光之影，犹掌失珠，洒血哀伤，难捐湘壁，无从再会，唯福是凭，故建斋筵，用资幽恩。[④]

本道场文若与《亡父母文》的“号头”相匹配，那就变成了一篇完整无

---

①参见李并成、王祥伟《中晚唐五代宋初敦煌佛教的生命关怀考论》，《敦煌佛教与禅宗学术讨论会文集》，西安：三秦出版社，2007 年，第 45~47 页。

②参见王书庆、杨富学《敦煌寺庙中的“号头文”略说》，见《敦煌佛教与禅宗研究论集》，香港天马出版有限公司，2006 年，第 92~101 页。

③黄征、吴伟《敦煌愿文集》，长沙：岳麓书社，1995 年，第 61 页。

④同上引《敦煌愿文集》，第 63 页。

缺的为亡男荐福的道场文。P.3285《亡父母文》与《亡男文》中的中间，又有《亡妣德文》。而《亡妣德文》只有简短的二句内容：

> 乃雍雍妇德，将月镜而同明；穆穆女仪，共春兰如并馥。一切头尾时候，共《丈夫文》同用。①

从文后用小字标注的"一切头尾时候，共丈夫文同用"一语看，《亡丈夫文》与《亡妣德文》的头尾是可以通用的。当社会上出现不同事情需要僧人去做法会时，只要内容大致相同，就可以用固定的"号头"，稍作变化，就成了斋会上可以使用的斋文，如《祭马文》《祭驴文》中的"号头"同样适用于老百姓对各类心爱动物祭奠或超生。如是，通过恤民意、体民心，佛教既增进了自己的影响，又推进了老百姓对佛教宗旨的信任和归仰，同时又会在经济上有所收益，可收一举多得之效。

佛教之世俗化进程，既与佛教徒的社会生活及其所处的社会环境密切相关，同时又与僧团和佛教组织的宗教生活和集体生活不可分割。僧侣们通过讲经说法去慰藉佛教徒的心灵，从而获得布施，以维持或改善宗教组织和集体生活，故曰，佛教的人生观和道德观其实可以说是佛教信徒的一般社会生活条件和特殊宗教生活需要的一种客观反映。这些观念一旦形成，就具有相对的独立性，能支配人们的行动，影响周围的民众。当然，世俗佛教的发展，归根结底，还是要随着社会现实条件的变化而变化的。

生老病死为俗谛，苦集灭道为真谛。其中苦对生，集对老，灭对病，道对死。在凡位曰生老病死，在圣位曰苦集灭道。苦是逼迫义，即世间一切有漏的果报，皆为一切诸苦逼迫所致。这苦果法包括有情世间和有情所依处的器世间，也就是说，这种苦充满了三千大千世界，都是由业烦恼的业力所生，俱是苦性，故名苦谛。

集是招集义，即招感集起苦果的因，包括一切烦恼、快乐以及为烦恼快乐所引生的诸业，由诸业集起生老病死，而使生老病死现象流转不息，名之为集谛。

灭是灭尽义，即择灭无为，由圣无漏智慧的简泽力，灭尽惑、业、苦三种杂染法，如《瑜伽师地论》卷六六即称：

①参见上引《敦煌愿文集》，第62页。

复次此烦恼品粗重永灭，是有余依涅槃增上所立灭谛。又因永断，未来不生，及先世因受用尽已，现在诸行，任运谢灭，是无余依涅槃增上所立灭谛。①

同书卷六八又云：

问：何等法灭故名灭谛耶？答：略有二种：一烦恼灭故，二依灭故。烦恼灭故，得有余依灭谛。依灭故，得无余依灭谛。②

灭谛的体性就是灭尽诸烦恼，绝诸戏论，究竟寂灭的涅槃，故名灭谛。

道是能通义，即证得灭果的因，由道能通往涅槃。《阿毗达磨俱舍论》卷二五称：

道义云何？谓涅槃路，乘此能往涅槃城故。或复道者，谓求所依，依此寻求涅槃果故……道与余处立通行名，以能通达趣涅槃故道。③

道有正道和助道之别。正道即诸无漏的智慧，助道即诸有漏无方便对治诸善品法。四谛法门中，前三者为道谛的总相，第四者则为终极目的，故名之为道谛。

佛陀在大菩提树下成正觉以后，在波罗奈斯城外鹿野苑(Sarnath)初转法轮，说四谛之法，教化五比丘，教导他们观察出世间的因果道理，而使他们懂得了知苦、断集、证灭、修道。五人听闻了这四谛法门，漏尽意解，成为阿罗汉，究竟解脱了生死流转的痛苦。如来入灭之际，讲说《遗教经》，以四谛法门为最后的垂示。四谛法门，亦名四谛教法，为声闻乘观理修行的中心法门。苦谛、集谛、灭谛、道谛这四种法，皆真实不虚，所以名谛。又惟是圣人无漏智慧的亲证亲知，所以又称四圣谛。

生老病死是佛对俗人讲的，所以又称四俗谛。印度佛教在传入中国后，与中国本土文化相融相合，其深奥的道理得以深入民间，并为广大民众所理解接受。佛教“四苦”观由圣入凡的这种转化，客观上加速了佛教向

①《大正藏》第三〇卷《瑜伽部上》，No. 1579，页 663c。
②《大正藏》第三〇卷《瑜伽部上》，No. 1579，页 674a。
③《大正藏》第二九卷《毗昙部四》，No. 1558，页 132a。

世俗化转变的进程。通过这一转变过程,佛教慢慢地褪去了神秘的袈裟外衣,被深深地融入俗世。烧香设供、祈祷还愿,成为佛教徒不求成佛,只求禳灾祛魔、多子多寿、保家庭日常生活平安幸福的现实性、功利性的表现形式。

生老病死是人世间的自然现象,随着佛教世俗化、民间化趋势的加深,佛教的精神宗旨也逐步深入其中。佛教以其博大精深而独具特色的哲学理论体系,使信徒充分享受到精神境界的快慰。从世俗观点看,人的感受有苦有乐,有不苦不乐;但若从佛教观点看,那就大不相同了,佛教四苦理论认为一切感受其实都是"苦",而所谓的"乐"只不过是"苦"的一种异化的表现形式而已,因为人生的本质是苦,人生所面对的世界也同样是苦。这种悲观主义的人生观,反映了现实社会中某些失意者和绝望者的消极悲观思想情绪。"四苦"的直接根源是有生,生是苦的开端,生命是受苦的载体,所以要想不受苦,只有"无生","无生"亦即"灰身灭智",亦就是达到"解脱";只有"解脱",才算是从苦海中真正得到解救。佛教在推进世俗化、民间化的过程中,以生老病死为内容,契合民众之寻求"无生"、永享快乐的心理特点,通过弘扬佛教生死轮回理论以慰藉信徒的心灵,抓住人人必须面临的生老病死问题来阐扬自己的理论见解,以期达到为社会、为公众服务之目的,在客观上促进了世俗佛教的深入发展。

〔原刊《敦煌学辑刊》2007 第 4 期,第 125~136 页(与王书庆合撰)〕

蒙古豳王家族与河西西域佛教

一、豳王乌鲁斯的形成及其对河西西部和西域东部的统治

豳王为元代诸王之一,13世纪晚期崛起于河西。豳王乌鲁斯的创建者为中亚察合台系的出伯、合班兄弟,其曾祖为成吉思汗之次子察合台,祖为拜答里,父为阿鲁浑(又作阿鲁忽,Āl$ū)。史载,1259年,元宪宗蒙哥在进攻南宋时亡殁,次年,其弟阿里不哥和忽必烈先后各自召集宗亲大会,宣布继承蒙古大汗之位,进而引发了元王朝长达四年之久的内战。这场权利之争,对蒙元历史,特别是元代西北历史产生了深远影响。在忽必烈忙于镇压阿里不哥叛乱时,分封于中亚的术赤系、察合台系、窝阔台系诸王渐趋强大,不断侵占大汗领地,随后又结成了反忽必烈集团的军事联盟,相继宣布脱离大汗的统治,给元政府的统治造成了极大威胁。恰值此时,察合台系之出伯、合班兄弟率军东奔,主动投归忽必烈麾下,于至元十九年(1283年)参与了元廷平定斡端(今新疆和田市)叛王的军事行动,世祖命令大将旦只儿“从诸王合班、元帅忙古带军至斡端,与叛往兀卢等战,胜之”。[①] 以其功,元政府于至元二十年春正月“赐诸王出伯印”。[②] 大德六年(1302年),元政府命“甘州军隶诸王出伯”,[③] 驻节于甘州(今甘肃省张掖市)。《蒙兀儿史记》称:

> 出伯……置本营于甘州,兼领沙州以西北至合剌火者畏兀儿地征戍事。陇右诸王驸马及兀丹等处宣慰司都元帅、吐蕃乌斯藏宣慰司、巩昌等处便宜总帅府并听节制。[④]

其中的“兀丹”即斡端,今新疆和田,合剌火者即今新疆吐鲁番市。可

①《元史》卷一三三《旦只儿传》,北京:中华书局,1976年,第3231页。
②《元史》卷一二《世祖纪九》,第249页。
③《元史》卷二〇《成宗纪三》,第443页。
④屠寄《蒙兀儿史记》卷四二《出伯传》,北京:中国书店,1984年,第337页。

见，当时出伯管辖范围相当广袤，东起甘州，西至新疆吐鲁番盆地。而塔里木盆地南缘的和田、吐蕃及陇右、陇中地区（巩昌，今甘肃省陇西县）亦受其节制，益发显示出其地位的重要。

大德八年（1304年），忽必烈“封诸王出伯为威武西宁王，赐金印”。[①]蒙古崛起朔漠，肇兴之初各种制度尚不完善，因此诸王初无位号，仅有六等印纽的赐予，中统以后才开始以国邑之名封号，但仍以六种印纽分等。威武西宁王位列诸王第三等，佩金印驼纽。大德十一年，出伯进封豳王，[②]由三等诸王晋升为一等，佩金印兽纽，驻节地由甘州移至肃州（今甘肃酒泉市），豳王乌鲁斯得以正式形成。接着，天历二年（1329年）出伯子忽答里迷失（又作忽塔迷失、忽答的迷失、忽塔忒迷失）被封为西宁王，佩金印螭纽，位列二等诸王，驻于沙州（敦煌市）。该年十二月，忽答里迷失进封豳王。[③]说明出伯已于是年亡故。翌年，忽答里迷失晋升后留下的西宁王之位由侄速来蛮（出伯孙）继袭。[④]元统二年（1334年）五月，又以出伯子亦里黑赤袭其旧封为威武西宁王，[⑤]地位次于西宁王，佩金印驼纽，驻于哈密。出伯兄哈班之后宽彻于天历二年八月被封为肃王，[⑥]位同豳王，为一等诸王，佩金印兽纽，驻于瓜州。[⑦]本文所谓的豳王家族即为豳王、西宁王、威武西宁王和肃王的总称。有元一代，豳王家族受元政府之命统领镇戍诸军，防守西起吐鲁番东至吐蕃一线，“镇御有劳”，[⑧]始终处于巩固元朝西北边防的第一线。

肃州为蒙古所并始自1226年，世祖至元七年（1270年），置肃州路总管。次年，蒙古攻占沙州，以其地“隶八都大王”。[⑨]瓜州在西夏覆灭之后

①《元史》卷二一《成宗纪四》，第461页。
②《元史》卷一〇八《诸王表》，第2738页。
③《元史》卷三三《文宗纪二》，第745页。
④《元史》卷一〇八《诸王表》，第2739页。《元史》卷三四《文宗纪三》，亦载至顺元年（1330年）三月“甲戌，封诸王速来蛮为西宁王”（第755页）。
⑤《元史》卷三八《顺帝纪一》，第822页。
⑥《元史》卷三三《文宗纪二》，第739页。
⑦有关豳王家族的世系与活动，请参见杉山正明《ふたつのチヤガタイ家》，小野和子编《明清时代の政治と社会》，京都：京都大学人文科学研究所，1983年，第677~686页；《モンゴル帝國と大元ウルヌ》，京都：京都大学学术出版会，2004年，第312~321页；胡小鹏《元代西北历史与民族研究》，兰州：甘肃文化出版社，1999年，第22~50页。
⑧《元史》卷三六《文宗纪五》，第802页。
⑨《元史》卷六〇《地理志三》，第1450页。

一度废弃。至元十四年,元政府复设瓜沙二州,隶肃州,归中央政府管辖,授当地百姓田种、农具。十七年,沙州升格为路,设总管府,统沙、瓜二州,直接隶属于甘肃行中书省。十八年正月,“命肃州、沙州、瓜州置立屯田”。[①]是后于至元二十四年始筑沙州城,“以河西爱牙赤所部屯田军同沙州居民修城河西瓜、沙等处”。[②] 四年后,以政局不稳,元政府尽徙瓜州居民入肃州,瓜州名存实亡。[③]

自1271年忽必烈建立元朝始,北方蒙古人大量入居河西,诸王贵族进驻重要城镇,一些比较集中的农业区和水草丰美的牧地,均为其所有。原本富庶的农桑之地,也在战争期间饱受抢掠、烧杀和摧残,忽必烈之后虽有所恢复,但已无复昔日之盛。及至世祖至元二十七年(1290年),整个肃州路仅有“户一千二百六十二,口八千六百七十九”。[④] 呈现出的是一派衰败、凋敝的景象。瓜、沙二州虽无统计数字,但人口数量不会在肃州之上。

大德七年(1303年)六月,由出伯所率蒙古大军屯驻瓜沙,使当地衰败景象始得改变。《元史》卷二一载:

> [大德七年]六月己丑,御史台臣言:“瓜、沙二州,自昔为边镇重地,今大军屯驻甘州,使官民反居边外,非宜。乞以蒙古军万人分镇险隘,立屯田以供军实,为便。”从之。[⑤]

出伯为总管河西与西域军事之要员,地位显赫,他的入居,使河西之政治、军事地位大为提高,原本日渐式微的局面大为改观,生产得到恢复并发展。至大二年(1309年)八月,中书省臣言“沙、瓜州摘军屯田,岁入粮二万五千石”。[⑥] 说明当地包括军屯在内的农业生产已恢复到相当的水平。《蒙兀儿史记·出伯传》载:

> 当是时,朝廷宿重兵和林(今蒙古人民共和国鄂尔浑河上

①《元史》卷一〇〇《兵志三》,第2569页。
②《元史》卷一四《世祖纪十一》,第299页。
③《元史》卷六〇《地理志三》,第1451页。
④《元史》卷六〇《地理志三》,第1450页。
⑤《元史》卷二一《成宗纪四》,第452页。
⑥《元史》卷二三《武宗纪二》,第513~514页。

游)，以西陲军事委之出伯。出伯治军严重，常坚壁垒，远斥堠，以待敌，来则峻拒，去勿深追……以是出伯在边十余年，河西编氓耕牧不惊，诸王将拱听约束，朝廷无西顾之忧。①

豳王家族驻军西陲，多次击败窝阔台后王海都、察合台后王都哇等叛军的进犯，保持了西陲局势的相对稳定，使元朝中央得以集中兵力，最终平定了海都、都哇之乱，同时也使辖下的河西及西域东部地区的免受战火的破坏，社会相对安定，人民安居乐业，与天山南北蒙古诸王数十年间相互争雄，战火连绵，民不聊生的局面形成了鲜明的对比。②

豳王辖地一旦遇到天灾人祸，元政府也会很快施以救助，如延祐元年(1314年)六月，“豳王南忽里等部困乏，给钞俾买马羊以济之”。③ 延祐四年闰正月“给豳王南忽里部钞十二万锭买马”。④ 至顺三年(1332年)十一月，元政府“赐诸王宽彻币帛各二千匹，以周其贫”。⑤ 这些举措，无疑会促进当地社会的稳定和经济的发展。

威武西宁王所驻的哈密，比河西更早归入蒙古。1209年，高昌回鹘亦都护巴而术阿而忒的斤臣属蒙古，不久即助蒙古军占领“罕勉力、锁檀回回等国”。⑥ 这里的“罕勉力”即哈密。至元十八年(1281年)，甘肃行省设立，哈密则与肃、瓜、沙一样，同隶甘肃行省管辖。次年，哈密城主的斤迭林捐资帮助当地屯垦。至元二十四年(1287年)，增派汉军及新附军500人来哈密力屯田。1334后，哈密成为威武西宁王封地。元覆亡后，威武西宁王兀纳失里割据自立，至永乐年间(1403—1424年)演变为哈密忠顺王。

二、豳王家族之奉佛

有元一代，藏传佛教盛行，被蒙古统治者尊为皇室宗教和“国教”，成为“全族信仰”，上至皇室贵族，下至黎民百姓，所有蒙古族成员差不多都是虔诚的佛教徒。自世祖忽必烈以下，历代蒙古大汗，都要接受国师灌顶，

①[民国]屠寄《蒙兀儿史记》卷四二《出伯传》，第337页。
②高自厚《撒里畏兀儿与蒙古宗王出伯——裕固族源流中蒙古支系的由来》，《西北民族学院学报》1990年第4期，第34~39页。
③《元史》卷二五《仁宗纪二》，第570页。
④《元史》卷二六《仁宗纪三》，第577页。
⑤《元史》卷三七《宁宗纪》，第813页。
⑥《元史》卷一二二《巴而术阿而忒的斤传》，第3000页。

在执政的过程中也多有帝师佐政,而皇室子孙自幼也要随佛僧学道,皇室贵族更是争相师从佛僧。本文所述豳王家族,系出察合台家族,贵为皇室之胄,自然亦是藏传佛教的尊从者和推崇者。遗憾的是史书对此了无记载,惟敦煌等地发现的古代文献可填补这一空白。

20世纪初,英人斯坦因(A.Stein)曾从敦煌携归回鹘文写本一件,内容为《吉祥胜乐轮(Sri-cakrasamvara)》,现藏伦敦大英图书馆,编号为Or.8212-109(旧编号Ch.xix.003)。其中叶46a~46b有题记曰:

tört türlüg käzik-lärig yol-ča uduzmaq-lïɣ tärïng nomluɣ tamngaq-ïɣ čoɣ-luɣ yalïn-lïɣ uluɣ baxšï·naropa-nïng käntü aɣïz-ïndïn nomlayu yarlïqamïš·sakï-lïɣ toyïn uluɣ baxšï čoɣ baɣ-lïɣ darma tuačï čoskï irgämsan nomluɣ tuuɣ atlɣ baxšï üzä yaratmïš ärür……qamïl-lïɣ ary-a ačarï tükäl-lig bilgä istonpa baxšï-nïng bošuɣ yrlɣ-ï üzä ävirü aqdaru tägintim :: :: :: či čing onunč-ï bars yïl altïnč ay tört yangï-qa üč lükč üng balïq-lï qulut mn yangï bošɣutčï sarïɣ tutung asuday oɣul-nïng ling či-si üzä bitidim sadu ädgü::

四种次第成就法,此为纳若巴大师讲说之真义……由萨迦僧人大法师法幢(Dharma tvacï)大师制成……哈密尊者阿阇黎(Ārya Ācar)遵佟巴(Istonpa)大师之令翻译……至正十年(1350年)虎年六月初四日我三鲁克沁(Üč Lükčüng)城之后学萨里都统(Sarïɣ Tutung)奉阿速歹(Asuday)王子之令写。善哉!善哉![1]

继之,在第47页正面又有如下文字:"vzir-lïɣ baxšï-nïng adaq-lšɣ qooï linxu-a-sïnga oɣul yükünürmn(我,阿速歹,怀着虔诚之心,命法师恭敬抄写)。"[2] 这里的蒙古王子Asuday即第二代西宁王速来蛮(Sulaiman)之子阿速歹,其名不见于《元史》,但见于《莫高窟六字真言碣》和《重修皇

① P. Zieme und G. Kara, *Ein uigurisches Totenbuch. Nāropas lehre in uigurischer Übersetzung von vier tibetischen Traktaten nach der Samelhandschrift aus Dunhuang British Museum Or. 8212(109)*, Budapest 1970, S. 160-162;杨富学《回鹘之佛教》,乌鲁木齐:新疆人民出版社,1998年,第123~124页。

② P. Zieme und G. Kara, *Ein uigurisches Totenbuch. Nāropas lehre in uigurischer Übersetzung von vier tibetischen Traktaten nach der Samelhandschrift aus Dunhuang British Museum Or. 8212(109)*, Budapest 1970, S. 162.

庆寺记》(详后)。从写本中诸多藏文术语来看,应译自藏文,内容属于印度著名密教大师纳若巴(Nāropa,1016—1100年)所传度亡之书。依题记知,该写本正是来自今新疆鄯善西南鲁克沁之回鹘法师萨里都统奉王子阿速歹之命而于至正十年(1350年)在沙州缮写的。这反映出了阿速歹对佛教,尤其是藏传佛教的虔诚,同时也反映了西域回鹘僧徒与豳王家族的密切关系。

豳王家族之奉佛,在榆林窟第12窟前室甬道南壁的回鹘文题记中亦可得到证明。题记现存文字11行,其中前4行载:

1. ……quḍluɣ [1uu] yïl (………)
2. qaγan qaḍun[s]oy[u]rqadïp qamïl-qa Y[ ]N
3. [buya]n qulï ong bašlaɣ-lïɣ biz X'D(…)P(…)
4. (…)MYŠ qïsaq-čï napčik-lig qamču T'V'[

在吉祥的[龙]年[…月…日]皇帝和皇后赐予恩典[……]给哈密(qamïl)[……]我们,以不颜嵬厘(buyan qulï)王为首驾车者[……]MYŠ,甘州(Qamču)-[……]来自纳职(Napčik)[……][①]

其中的不颜嵬厘王(buyan qulï ong)为第一代豳王出伯之孙,亦即第一代威武西宁王亦里黑赤(Ïlïqčï~Yïlïqčï)之子,来自哈密之纳职(Napčik,哈密西65公里处拉甫却克古城)。高昌回鹘王国时期,纳职地位重要,据敦煌文献P.2962《张议潮变文》和P.3451《张淮深变文》记载,纳职回鹘曾于9世纪下半叶多次入侵瓜沙地区。[②]今天的拉甫却克古城遗迹仍颇具规模,有南北二城,平面呈"吕"字形分布。由于其内残留的遗物多属汉唐或更早时期,故学界一般称之为汉唐故城。[③]从敦煌文献和榆林窟回鹘文题记看,纳职的繁荣其实并非至唐代而终,而是在其后继续保持繁荣,高昌回鹘以之为东向经营瓜沙之冲要,在元代充任威武西宁王驻牧之地,具

①Dai Matsui, Revising the Uigur Inscriptions of the Yulin Caves, *Studies on the Inner Asian Languages* XXIII, The Society of Central Eurasian Studies, 2008, p. 18;杨富学《榆林窟回鹘文威武西宁王题记研究》,《庆贺饶宗颐先生95华诞敦煌学国际学术研讨会论文集》,待刊。

②杨富学《〈张淮深变文〉所见"破残回鹘"来源考》,《文献研究》第1辑,北京:学苑出版社,2010年,第16~29页。

③《哈密文物志》编写组《哈密文物志》,乌鲁木齐:新疆人民出版社,1993年,第68~69页。

有比较重要的战略地位。

题记中的不颜嵬厘王又见于日本京都有邻馆收藏的蒙古文写本残页(No.4, red series)，其中有 buyanquli uei vu sining ong 之谓，意即“威武西宁王不颜嵬厘”为威武西宁王不颜嵬厘致西宁王苏丹沙(Sultan-šāh)的一封信札。[①] 是证回鹘文题记中的 buyan qulï ong 之身份为威武西宁王无疑。《元史》卷三八《顺帝纪一》载元统二年(1334 年)五月己丑条载：“诏威武西宁王阿哈伯之子亦里黑赤袭其父封。”[②] 值得注意的是，在黑水城出土 TK248《甘肃行省宁夏路支面酒肉米钞文书》中曾提到“嵬力豳王”。[③] 此“嵬力豳王”与《元史》中的“邠王嵬厘”和榆林窟题记中的不颜嵬厘实指同一人。至正十二年(1352 年，亦即回鹘文题记中的龙年)秋七月，邠王嵬厘“以杀获西番首贼功”而获赐金系腰一条。[④] 此为莫大之殊荣。遂亲赴榆林窟朝山，以报答佛的护佑之恩。榆林窟题记所言：“皇帝和皇后赐予恩典”，所指即为此事。[⑤]

1989 年，敦煌研究院石窟考古研究所对敦煌莫高窟北区 B163 窟进行发掘，获汉文、西夏文、回鹘式蒙古文、藏文、八思巴文文书多件，其中编号为 B163:42 的蒙古文文献为新疆地方长官克德门巴特尔下达的令旨，旨在确保新疆至敦煌佛教香客之安全，计有文字 13 行，兹引录如下：

1 [ ](…)Boladun ĵarlɤ-iyar

2 Kedmen Baɤatur üge manu [ ]

3 yabuqun ilči Bül-e [ ]

4 -ta B(…)N-W Tege Toɤtemür [ ]

5 olan čerig-ün aran-a ane

6 goṇg diṇg gui ši Dorĵi Kirešis Bal Sangbo lam-a [ ] šabinar-

7 luy̌-a Qar-a Qočo ĵug Bars Köl-e Biś Baliɤ-a kiged

①H. Franke, A 14th Century Mongolian Letter Fragment, *Asia Major* (n. s.) Vo.11, no.2, 1965, p.120.

②《元史》卷三八《顺帝纪一》，第 822 页。

③俄罗斯科学院东方研究所圣彼得堡分所、中国社会科学院民族研究所、上海古籍出版社合编《俄藏黑水城文献》第 4 册，上海：上海古籍出版社，1997 年，第 314 页。

④《元史》卷四二《顺帝纪五》，第 901 页。

⑤杨富学《榆林窟回鹘文威武西宁王题记研究》，《庆贺饶宗颐先生 95 华诞敦煌学国际学术研讨会论文集》，待刊。

iren odun

8 kereg-tegen yabuǰu odqui-dur ireküi-dür irüger-ün

9 tul-a ked ber boliǰu buu tüdetügei ačaɣaṇ temege

10 morid aṇu ulaɣ-a šügüsün kemen buu barituɣai ɣaɣun

11 kedi anu buliǰu tataǰu buu abtuɣai kemebei äyin

12 kemegülün ede goṉ diṉg gui ši Dorǰi Kirešis Bal

13 Sangbo lam-a [ ] šabiṇar-luɣaṇ Qar-a Qočo [ ]

(下残)

根据 Boladun 圣旨,克德门巴特尔[颁发]令旨:"向往来行走的使臣布勒……向……向帖哥和图黑特木尔(第 4 行)、向诸多军士……因为灌顶国师朵儿只怯烈失思巴藏卜喇嘛与其徒弟们,穿梭于八儿思阔、别失八里及高昌其它[地方],旅途应做事虔诚(即佛教的宗教仪式)并祈福众生,谁也不得阻其旅程,不许征用他们的川资、车辆、骆驼和马匹,不能说'这些是驿站牲畜或给养',没人可拿取其任何东西"。

我们[曾经]将这些授予朵儿只怯烈失思巴藏卜[喇嘛]及其徒弟们,高昌……①

第 1 行出现的 Boladun 其人,文献刊布者嘎日迪认为"应是皇帝,目前确定不了此人"。② 敖特根则认为给其"一个准确的定位实为困难"。③ 惟日本学者松井太将其考订为察合台后王都哇孙、宽阇(Könčeg,1307—1308 年)子卜剌(Bolad),亦有可能为卜剌之子麻哈没的(Bolad-Muhammad,1341—?)。④ 对这一解释,笔者不敢苟同。因为,首先,14 世纪初,窝阔台汗国已被察合台汗国所吞并,豳王所率蒙古军防御的对象正

①Dai Matsui, A Mongolian Decree from the Chaghataid Khanate Discovered at Dunhuang, Peter Zieme (ed.), *Aspects of Research into Central Asian Buddhism: In Memoriam Kōgi Kudara*,Turnhout 2008, p.160; 松井太《东西チャガタイ系储王家とウイゲルチベット佛教徒》,《内陆アジア史研究》第 23 號,2008 年,第 26~27 页。

②嘎日迪《敦煌莫高窟北区出土蒙古文和八思巴文文献标音释读》(二),彭金章、王建军《敦煌莫高窟北区石窟》第 3 卷,北京:文物出版社,2004 年,第 411 页。

③敖特根《敦煌莫高窟北区出土蒙古文文献研究》,北京:民族出版社,2010 年,第 67 页。

④Dai Matsui, A Mongolian Decree from the Chaghataid Khanate Discovered at Dunhuang, p.160; 松井太《东西チャガタイ系储王家とウイゲルチベット佛教徒》,第 26~27 页。

是察合台汗国。于此情况下,察合台汗国统治者所颁令旨能够在豳王统治区内通行是不可想象的;其次,按照惯例,只有蒙古大汗才有资格颁发圣旨,Boladun 若是察合台汗,作为宗王是无权颁发圣旨的。退一步说,察合台汗因不服忽必烈的统治而僭越自称圣旨,这样的圣旨在察合台汗辖境内有效是有可能的,但必不可能行于蒙古大汗辖属的河西地区。职是之故,笔者认为,这里的 Boladun 当为元朝某大汗,而令旨的颁布者克德门巴特尔(Kedmen Baγatur)则应为吐鲁番当地的蒙古统治者。吐鲁番被察合台汗国占领时当元顺帝至正七年(1347 年),[①] 故可将令旨颁布时间的下限推定在是年。

高昌长期以来一直为元廷与察合台汗国争夺的主战场,双方互有胜负,呈拉锯状,但迄 14 世纪上半期大部分时间,该地都在元朝中央政府控制之下。元顺帝至正七年(1347 年),"西蕃盗起,凡二百余所,陷哈剌火州,劫供御蒲萄酒,杀使臣"。[②] 火州由此陷入察合台汗国之手。故可将令旨颁布时间的下限推定在是年。

文书中的灌顶国师朵儿只怯烈失思巴藏卜 (rDo-rje bka-sis dpul-bzan-po)喇嘛又见于《明史·西域传》,据载洪武七年(1374 年)"又有和林国师朵儿只怯烈失思巴藏卜,亦遣其讲主汝奴汪叔来朝,献铜佛、舍利、白哈丹布及元所授玉印一、玉图书一、银印四、铜印五、金字牌三,命宴赉遣还。明年,国师入朝,又献佛像、舍利、马二匹,赐文绮、禅衣。和林,即元太祖故都,在极北,非西番,其国师则番僧。"此事又见于《明太祖实录》卷八七洪武七年(1374 年)二月戊戌条、卷八九洪武七年五月庚辰条。这一记载说明,元朝灭亡后,朵儿只怯烈失思巴藏卜随蒙古皇室北撤,继续充任北元之国师。只是由于某种原因,该国师脱离北元而南归,入朝明廷。[③]

该令旨颁发地在高昌(今新疆吐鲁番市),出土地在敦煌,说明当时自吐鲁番至敦煌间,当地蒙古统治者所颁布的政令是可以通行无阻的。颁旨的目的在于保护佛教香客在其间通行往来的方便与安全,文中提到,灌顶国师朵儿只怯烈失思巴藏卜喇嘛与其徒弟们曾穿梭于八儿思阔 (今新疆巴里坤)、别失八里(今新疆吉木萨尔县北 12 公里处北庭遗址)及高昌等地,足见在新疆地方统治者的支持下,西藏佛教首领灌顶国师朵儿只怯烈

①田卫疆主编《吐鲁番史》,乌鲁木齐:新疆人民出版社,2004 年,第 363 页。
②《元史》卷四一《顺帝纪四》,第 879 页。
③札奇斯钦《佛教在蒙古》,《华冈佛学学报》第 5 期,1981 年,第 152 页。

失思巴藏卜一度成为新疆至敦煌间佛教事务的管理者。[①] 另外，作为元代皇室宗教的藏传佛教,在元代的发展已臻至顶峰。因此,藏传佛教高僧朵儿只怯烈失思巴藏卜及其弟子也必然会受到河西察合台系豳王家族的优渥。

三、豳王家族与河西石窟的营造

瓜沙位于西北边陲,扼守东西交通之孔道,自古以来就是丝绸之路重镇,同时又是中西文化交汇之地,佛教文化昌盛。1226年,瓜沙二州归蒙古所有,但已无复昔日之盛。14世纪初,随着蒙古豳王家族进驻瓜沙诸地,当地社会生产才得以逐步恢复发展,而莫高窟、榆林窟的佛事活动也于这一时期渐趋高涨。至顺二年(1331年)瓜州知府、瓜州郎使郭承直与其子郭再思、司吏吴才敏、巡检杜鼎臣等巡礼榆林窟,是元代最早的纪年题记。[②] 镇守沙州的西宁王速来蛮,也于至正八年(1348年)在莫高窟立《六字真言碣》,率领王子、王妃、公主、驸马等诵经奉佛。[③] 三年后,速来蛮又主持修复莫高窟皇庆寺(第61窟门外)。[④] 至正十三年,守镇官员下令重修榆林窟,第15窟有墨书题记写道:“大元守镇造……太子业□□里至三危,睹思胜境,现□□观见光相□室中,闻香气于岩窟,由是重建精蓝,复兴佛刹,广□缁流于四姓,多兴禅定于岩间也”。[⑤] 至正十七年,甘州画师史小玉在莫高窟绘制了精美的第3窟壁画。[⑥] 在莫高窟第444窟中先后出现有至正三年、至正八年及两条至正十七年的题记。[⑦] 1367年,临洮画师刘世福在榆林窟作画并在第13窟题壁。可见在崇奉佛教的出伯家

①Dai Matsui, A Mongolian Decree from the Chaghataid Khanate Discovered at Dunhuang, p. 167; 松井太《东西チャガタイ系储王家とウイゲルチベット佛教徒》,第35页。

②榆林窟第12窟、13窟汉文题记,见张伯元《安西榆林窟》,成都:四川教育出版社,1995年,第198、202页。

③李永宁《敦煌莫高窟碑文录及有关问题》(二),《敦煌研究》(试刊)第2期,1982年,第108~112页。

④同上,第112~116页。

⑤榆林窟第15窟《大元重修三危山榆林窟千佛寺记》,见张伯元《安西榆林窟》,成都:四川教育出版社,1995年,第207页。

⑥史苇湘《丝绸之路上的敦煌与莫高窟》,《敦煌研究文集》,兰州:甘肃人民出版社,1982年,第104页。

⑦敦煌研究院编《敦煌莫高窟供养人题记》,北京:文物出版社,1986年,第175页。

族，特别是西宁王家族的推动下，沙州之地重兴营建石窟的高潮。目前所知莫高窟现存10个元代洞窟（1、2、3、95、149、462、463、464、465、477）中，以元代中后期者居多，属于元初的洞窟较少，而榆林窟的4个元代洞窟（第3、4、6、27窟）均属于晚期之遗墨，完全继承了西夏显密结合，汉藏结合的思想和艺术传统。而这一时期正是出伯家族崛起于河西，统辖瓜沙之地的重要时期。显然，豳王出伯家族以其在西北地区特有的政治地位和雄厚的经济实力，在虔诚信仰的驱使下，积极投身对莫高窟、榆林窟多个洞窟的重修与重绘，史书尽管缺载，但河西诸地出土的碑刻则如实记录了这一史实。

先看敦煌莫高窟发现的《莫高窟六字真言碣》和《重修皇庆寺记》。

现存敦煌研究院的《莫高窟六字真言碣》立于元顺帝至正八年（1348年），碣石上方横书正楷"莫高窟"三字，中央阴刻四臂观音坐像。在其上方及左右方刻汉、梵、回鹘、藏、西夏、八思巴等六种文字。其音均为"唵嘛呢叭咪吽"，即所谓六字真言。在六字真言右侧"功德主"一栏下有速来蛮西宁王、脱花赤大王，太子养阿沙、速丹沙、阿速歹、结来歹，妃子屈术、卜鲁合真、陈氏妙因之题名，右题"维大元至正八年岁次戊子五月十五日守朗立"。莲座下则为沙州路河渠司提领成罗沙等题名。[①] 立碑人为当时坐镇沙州之第二代西宁王速来蛮。[②] 上文提到的波斯文史籍《贵显世系》记载速来蛮三子分别为Asutai（阿速歹）、Sultān Sh(ah)（速丹沙）和Yaghan Shāh（牙罕沙或养阿沙），与《莫高窟六字真言碣》完全一致。而牙罕沙亦有三子，分别为：Ajudai、Arkashirin、Darmabala。其中，Darmabala（音译"答剌麻八剌"）来自梵文Dharmapāla，意为"护法"。[③] Arkashirin见于《明实录》洪武二十四年春正月条和《明史》卷三三〇《沙州卫传》，在那里写作"蒙古王子阿鲁哥失"。沙州诸蒙古王降明后，于其地置沙州卫。[④] 而Sultān为阿拉伯语，古译"速丹"或"速檀"，今译"苏丹"，原意为"力量"或"权柄"，用以称呼伊斯兰国家的统治者；Yaghan为突厥语，意为"象"；"沙"（Shāh）则为波斯语，说明养阿沙、速丹沙之取名皆受到伊斯兰教的影响，而其父名速来蛮则来自阿拉伯语Sulaimān，今译苏莱曼，为穆斯林常用名。其后代的

①上引李永宁《敦煌莫高窟碑文录及有关问题》（二），第110页。
②参见敖特根《蒙元时代的敦煌西宁王速来蛮》，《兰州大学学报》2004年第4期，第40~46页。
③荻原云来编《汉译对照梵和大辞典》，台北：新文丰出版公司，1988年，第634页。
④刘迎胜《察合台汗国史研究》，上海：上海古籍出版社，2006年，第477页。

取名却来自梵文，表现出佛教的强烈影响。

继《莫高窟六字真言碣》后，速来蛮又出资在文殊洞（即今莫高窟第61窟）外重修了皇庆寺，并勒立《重修皇庆寺记》之碑。而这一重修活动亦得到了其他文献记载的印证，如清人徐松曾记嘉庆年间莫高窟“文殊洞外，有元《皇庆寺碑》”；[①] 道光年间曾任敦煌知县许乃谷诗《千佛岩并序》亦言：“文殊洞外有《元皇庆寺碑》，至正十一年建。功德主为西宁王，记文者沙州教授刘奇也。”[②] 文殊洞即莫高窟第61窟，为五代曹元忠所建。窟前土层遗址中发现有“元代粗瓷碗片及铜器、骨刻残片等物”，另有“木炭、土块、白灰墙皮”等火烧灰烬层，[③] 足证元代曾在文殊洞前依窟建寺，此寺当即皇庆寺。该寺建成之时代，《重修皇庆寺记》言谓“唐宋间”，实不确。据考，当建于元皇庆年间（1312—1313年），但若干年后塌毁，西宁王速来蛮再予重修，并立《重修皇庆寺记》之碑以志之。[④] 该碑现存敦煌研究院，文曰：

> 沙州皇庆寺历唐宋迄今岁月既久，兵火劫灰沙石埋没矣！速来蛮西宁王崇尚释教，施金帛、采色、米粮、木植，命工匠重修之。俾僧守朗董其事，而守朗又能持疏抄题以助其成，佛像、壁画、栋宇焕然一新。[⑤]

参与皇庆寺修复的施主，除了速来蛮家族外还有来自沙州的施主桑奇同知等72人，肃州施主智宝法师等14人，晋宁路施主殷君祥等27人，沙州路河渠司提领丁虎哥赤等13人。所涉及的人物众多，身份各异，既有官又有民，既有僧亦有俗，既有汉族又有少数民族，既有近地之民又有远方来客，可见敦煌在元代仍然是佛教僧众们的倾心向往之所，信徒怀着虔敬之心，共赴敦煌，发心修缮洞窟，以做功德。《重修皇庆寺记》言：

> 寺成而王薨。守朗合掌涕泣而请曰：“皇庆寺废而兴、毁而新，皆王之力也，岂可使后之人无闻焉！愿先生记之。”

①［清］徐松著，朱玉麒整理《西域水道记》卷三，北京：中华书局，2005年，第158页。
②［清］许乃谷《瑞芍轩诗抄》，清同治七年刻本。
③潘玉闪、马世长《莫高窟窟前殿堂遗址》，北京：文物出版社，1985年，第39、40页。
④上引李永宁《敦煌莫高窟碑文录及有关问题》（二），第116页。
⑤同上，第112页。

这一陈述表明，在皇庆寺修缮完毕之后不久，速来蛮薨亡。薨亡具体时间，学界多言为至正十一年。[①] 继之，李正宇进一步指出至元五年(1339 年)速来蛮得任波斯义阑克第十六汗王，他应亡于至正十一年春夏间，其子养阿沙袭父封，继为西宁王。[②]

同处于豳王家族治下的酒泉亦有用汉文、回鹘文合璧镌刻的《重修文殊寺碑》出土。碑原立文殊山石窟寺群正中的一处石窟，即文殊寺中，记载了豳王家族修建佛教寺院的过程。其中汉文碑铭曰：

> 且肃州西南三十里嘉谷山者，乃一切贤圣栖神化远之归心。林泉秀美，涧壑寂寥，神光现于长空，石室藏于畔侧。爰有郑善进睹兹祥瑞，发心修盖文殊殿已经年远。今遇喃答失太子[常]闻[圣]境之地，每慕觐仰之心，同众兄弟等于六月二十三日，特进焚香。[③]

从碑文可以看出，文殊山石窟创建于北魏，直至元代仍是香火兴盛之地。第三代豳王喃答失兄弟不仅前往文殊寺发愿，更捐资对文殊寺进行修缮，使文殊寺得以"寺宇周成，梁材整台，殿方高墙，壁乃彩绘，圣容间金，而五色粧就，宝瓶琉璃结砌周全，钟楼碑楼工成咸就，周围垣墙悉成已毕"。[④] 显然，该碑所反映的当为喃答失对文殊寺进行修葺并布施田亩的情况。另外，汉文碑文尾跋提及多位文殊寺僧官，多使用西藏和西夏名字，如沙加令真(第 22 行)来自藏语Śā-kya-rin-chen(意为"一位僧官")；速那令真(第 26 行)来自藏语 bSod-nams-rin-chen(意为"和尚")；而其他两位僧官的名字分别为耳你、耳立嵬梨忍普(第 22 行)，亦应为西夏人。[⑤] 由于西夏佛教和蒙古族所信奉的藏传佛教有很深的渊源关系，故而夏僧颇受

①李永宁《敦煌莫高窟碑文录及有关问题》(二)，第 111 页。

②季羡林主编《敦煌学大辞典》，上海：上海辞书出版社，1998 年，第 367 页"速来蛮"条(李正宇撰)。

③耿世民、张宝玺《元回鹘文〈重修文殊寺碑〉初释》，《考古学报》1986 年第 2 期，第 263 页。

④同上，第 263 页。

⑤Dai Matsui, A Mongolian Decree from the Chaghataid Khanate Discovered at Dunhuang, p.168, note 33; 松井太《东西チャガタイ系儲王家とウイゲルチベット佛教徒》，第 36 页。其中的"耳立嵬梨忍普"，耿世民、张宝玺写作"耳立"、"嵬梨忍普"，见其所著《元回鹘文〈重修文殊寺碑〉初释》，第 263 页。以何者为是，存疑。

蒙古王室所优渥重用，[①] 如来自河西走廊的西夏遗僧杨琏真加与杨暗普父子就是元代佛教界显赫一时的人物。杨琏真加任江南释教总摄、总统达十数年，杨暗普任宣政院长官，主管佛教事务达20年之久，进而受封秦国公，在元代佛教界独一无二。[②] 而酒泉文殊寺中亦见有西夏人出任僧官，说明在豳王家族治下的河西地区，西夏僧人同样受到重用。带有藏族及西夏名字的僧人活跃于文殊寺内，反映出当时河西地区藏传佛教氛围之浓郁。

通过对以上三通河西碑刻的考查，不难发现，豳王家族在驻守河西期间，虔心向佛，将石窟的营建活动推向了高潮。伴随着豳王家族对于河西石窟、佛寺的修建，敦煌艺术获得了极大的发展，而元代的绘画艺术亦达到了高度的成熟，在人物精神面貌的刻画上进一步接近现实，带有更浓的世俗性，反映了当时人们的审美观念和宗教观念。[③] 元代藏传佛教盛行，敦煌诸地亦概莫能外，这一点从敦煌元代洞窟中就能得的充分的体现，如第3窟、第465窟都是元代晚期的代表窟，具有很高的艺术水准。而第61窟中绘有的“炽盛光佛”，很可能就是因为皇庆年间全国灾害频发，速来蛮在重修皇庆寺时特意绘出此图，以图消灾弭患。[④]

莫高窟464窟的修复亦与豳王家族息息相关。该窟后室有梵文六字真言，前室南壁有用梵文、藏文、回鹘文和汉文书写的六字真言，北壁则有梵、回鹘、藏、汉和八思巴文书写的六字真言，与壁画浑然一体，为同一时代之遗墨，故而可知前后室之壁画均为元代遗留。值得注意的是，石窟西北角的一个小方室，原为禅室，但后来成为瘗埋“元代公主”之墓。1921年，滞留于莫高窟的沙俄残部，曾对该墓进行了盗掘，将其中的珠饰钗钿洗劫一空。[⑤] 唯留一只“公主”脚，至今尚存敦煌研究院。[⑥] 至于“元代公主”之说是否可信，今已无从考证。在莫高窟北区，用于瘗埋僧人骨灰、遗

①陈广恩、陈伟庆《试论西夏藏传佛教对元代藏传佛教之影响》，《宁夏社会科学》2008年第5期，第101~104页。

②陈高华《略论杨琏真加和杨暗普父子》，《西北民族研究》1986年第1期，第55~63页；陈高华《再论元代河西僧人杨琏真加》，《中华文史论丛》2006年第2辑(总82辑)，第159~180页。

③敦煌研究院编《中国石窟·敦煌莫高窟》第5卷，北京：文物出版社、东京：平凡社，1987年，第231页。

④敦煌研究院编《中国石窟·敦煌莫高窟》第5卷，第231页。

⑤史苇湘《丝绸之路上的敦煌与莫高窟》，《敦煌研究文集》，兰州：甘肃人民出版社，1982年，第105页。

⑥刘永增《回鹘写本与敦煌莫高窟第二藏经洞》，《敦煌研究》1988年第4期，第44页。

体和遗骨的瘗窟较为多见，有 25 个，其中 15 个是专门为瘗埋死者而开凿的瘗窟，另有 7 窟是改造原来的禅窟而成。[①] 464 窟“公主墓”显然属于后者。但需注意的一点是，464 窟规模与通常的瘗窟是不可相提并论的，若没有特殊且尊贵的地位，是不可能有如此殊胜因缘的；尤其是当时为了掩人耳目，竟对石窟整体结构进行了改造，将原来的甬道加长一倍以上，在前室之西南和西北二角各构成新的方室，其中西北角方室将公主墓完全隐藏了起来。加长的南北二壁上均依据回鹘文本《金光明最胜王经》而绘制了十地菩萨像，显然，该窟前室与甬道的改造者为回鹘人。[②] 该窟内不仅发现有大量回鹘文木活字，[③] 而且还出土了大量回鹘文文献，其时代可以定在 14 世纪早期到中期。[④] 而回鹘与豳王家族关系密切，如该窟出土的回鹘文《吉祥胜乐轮》就是至正十年(1350 年)阿速歹为超度某位亡故亲属而请人抄写的。[⑤] 抑或葬于此窟的那位公主，未可知也。莫高窟北区(很可能同为 464 窟)还出土有赞美西宁王速来蛮的回鹘文头韵诗两首，[⑥] 均藏北京大学图书馆，编号为北大 D 154v 和北大附 C 29V。[⑦] 由是以观，“元代公主”墓之说当非空穴来风，而是可信的。这里的“元代公主”，当为豳王家族成员之一，考虑到该窟与西宁王速来蛮、阿速歹父子的关系格

①彭金章、王建军《敦煌莫高窟北区石窟》第 1 卷，北京：文物出版社，2000 年，第 346~347 页。

②Yang Fuxue, Three Uighur Inscriptions Quoted from Altun Yaruq in Dunhuang Mogao Grottoes 464, Presented to“Şingko Şeli Tutung Anisına Uluslararası Eski Uygurca Araıtırmaları Çalıştayı” (4-6 June, 2011, Ankara).

③史金波、雅森·吾守尔《中国活字印刷术的发明和早期传播——西夏和回鹘活字印刷术研究》，北京：社会科学文献出版社，2000 年；彭金章、王建军《敦煌莫高窟北区洞窟所出多种民族文字文献和回鹘文木活字综述》，《敦煌研究》2000 年第 2 期，第 154~159 页。

④Moriyasu Takao, An Uigur Buddhist's Letter of the Yüan Dynasty from Tunhuang 敦煌 (Supplement to "Uigurica from Tun-huang"), *Memoirs of the Research Department of the Toyo Bunko* 40, 1982, p. 15；[日]森安孝夫著，杨富学、黄建华译《敦煌出土元代回鹘文佛教徒书简》，《敦煌研究》1991 年第 2 期，第 46 页。

⑤ P. Zieme und G. Kara, *Ein uigurisches Totenbuch. Nāropas lehre in uigurischer Übersetzung von vier tibetischen Traktaten nach der Samelhandschrift aus Dunhuang British Museum Or. 8212(109)*, Budapest 1970, S. 160-162.

⑥Abuduishid Yakup, Two Alliterative Uighur Poems from Dunhuang,《言语学研究》第 17/18 号，1999 年，pp. 3-4、9-10.

⑦北京大学图书馆、上海古籍出版社编《北京大学图书馆藏敦煌文献》第 2 册，上海：上海古籍出版社，1995 年，第 140、316 页。

外密切，此公主很可能为速来蛮之女。如同莫高窟《六字真言碣》所显示的那样，速来蛮家族成员有王子、王妃、公主、驸马等，称号几同于中原大汗。说明诸王之女也被称作公主。① 曾出家为尼的某公主，亡后瘗埋于464窟。否则，敦煌何来公主呢？而亡于他地，并未在莫高窟464窟修行过的中原大汗之女绝不可能在死后千里迢迢瘗埋于西北边陲与其无甚关联的该窟之中。

敦煌莫高窟、瓜州榆林窟中保存有元代所绘的多幅供养人像，如榆林窟6窟前室西壁明窗两侧，各有元代画上下二铺供养人像，每铺画像皆作一男供养人和一女供养人床上对坐的构图，所着皆为蒙古装，男戴宝冠，女戴顾姑冠，② 显系蒙古上层贵族形象。虑及这些供养人来自豳王家族辖地，最有可能是沙州西宁王家族或瓜州的肃王家族。同样的梳妆又见于榆林窟第3窟、第4窟。二者同属元代，明显受到藏传佛教的影响。③ 另外，在榆林窟第3窟中，亦绘有男、女供养人各五身。其中一年轻男供养人

榆林窟第6窟前室西壁北侧蒙古贵族供养像

①上引《敦煌莫高窟碑文录及有关问题》（二），第108~112页。
②敦煌研究院编《中国石窟·安西榆林窟》，北京：文物出版社，1997年，图版179和180。
③敦煌研究院编《中国石窟·安西榆林窟》，第248页；董晓荣《敦煌壁画中的固姑冠》，《敦煌研究》2006年第3期，第27~32页。

魁梧健壮而又眉清目秀，双手合十，虔诚礼佛，身份显然是蒙古贵族，很可能是负责瓜州屯田的某位军事长官。同样戴着顾姑冠的女施主像在深受西藏佛教影响的莫高窟332窟也有出现。[①] 另外在莫高窟332窟中，亦绘制三身男供养像，身着被称作“塔护”的蒙古族骑士装束，后有随从二身。

通过以上的论述，可见豳王家族在统治河西西部与西域东部期间，热衷各种佛事活动，不仅努力保护佛教在统治区内的传播与弘扬，而且出资修建佛寺、修缮洞窟、塑造佛像、抄写佛经，在其推动下，佛教在当地获得了进一步的发展与繁荣。

众所周知，在元朝统治者的推崇下，藏传佛教获得了巨大的发展，而汉传佛教则开始走向落寞，仅在江南地区获得了一定发展，而北方的许多汉传佛教寺院被藏传佛教所替代，汉僧的数量也急剧减少。豳王家族对汉传佛教采取了相对宽容的政策，使得汉传佛教得以部分保全，不仅免受灭顶之灾，而且还有所发展。这一史实可从元代晚期汉僧在河西地区的活动、汉文佛经文献的大量出土及敦煌石窟中流行于汉族地区的显密洞窟的兴修得到佐证。在敦煌元代洞窟中，存在着不少汉传佛教风格的显密洞窟，如第3窟、第61窟、第95窟等皆是，其内容显然是在前期绘画技艺的基础上的发展与创新，从而形成新的题材和画面。第3窟建于至正十七年(1357年)前后，甘州画师史小玉以折芦描与铁线描、游丝描、钉头鼠尾描相结合，把线描造型推到极高的水平，壁画设色清淡典雅，其绘制、艺术语言、民族风格都呈现出明显的中原汉传佛教绘画特点。[②]

豳王家族于忽必烈时期崛起于河西，历成宗，至武宗以后势力大张。作为蒙古族的一员，豳王家族敬信佛教，不仅对佛教实行保护，而且常以施主的身份予以供养，以其特殊的政治地位及雄厚的经济实力，修复了酒泉文殊山石窟，又主持或参与了敦煌莫高窟、瓜州榆林窟多处石窟或寺院的重修与重绘。豳王家族事佛，促进了佛教，尤其是藏传佛教在西北地区的弘传与发展。上行下效，使河西地区佛教石窟的营建活动，在经过元初的低落后，于元末进入了高潮。

〔原刊《敦煌学辑刊》2011年第4期，第84~97页(与张海娟合撰)〕

①敦煌研究院编《中国石窟·敦煌莫高窟》第5卷，图版161和162；段文杰主编《中国敦煌壁画全集》第10卷《西夏、元卷》，天津：天津人民美术出版社，1996年，图版175和176。

②段文杰《晚期的莫高窟艺术》，《敦煌石窟艺术研究》，兰州：甘肃人民出版社，2007年，第123~124页。

河西多体文字合璧六字真言私臆

六字真言是藏传佛教中最受尊崇的一句咒语，密宗认为这是佛教秘密莲花部之根本真言，亦即莲花部观世音的真实言数，故称六字真言，又称六字大明咒。藏文写作 om ma ni pad me hūm，系梵文 oṃ mani padme hūm 的借用，汉文音译作唵、嘛、呢、叭、咪、吽。究其名义，唵(Oṃ)表示"佛部心"，谓念此字时，自己的身体要应于佛身，口要应于佛口，意要应于佛意，只有身、口、意与佛融为一体，才能获得成就；嘛呢，为梵文 mani 之音译，原意为"摩尼宝珠""如意宝"等，表示"宝部心"，据说此宝出自龙王脑中，若得此珠，则入海能无宝不聚，上山能无珍不得，故又名"聚宝"；叭咪，相当于梵文 padme，原意为"莲花"，表示"莲花部心"，以此比喻法性如莲花一样纯洁无瑕；吽，即梵文 hūm，表示"金刚部心"，祈愿成就的意思，意为必须依赖佛的力量，才能得到"正觉"，成就一切，普度众生，最后达到成佛的愿望。[①] 藏传佛教把这 6 个字看做经典的根源，主张信徒循环往复持诵思维，念念不忘，如此即可积累功德，终得解脱。

六字真言在藏族中形成的最早证据，可追溯到吐蕃占领敦煌时期(786~848 年)。在那个时代书写的古藏文文献中，即已发现有用吐蕃文书写六字真言的情况，如伦敦印度事务部图书馆藏 S.T.420-1、S.T.421-1、S.T.720[②] 及巴黎法国国立图书馆藏 P.T.37、P.T.51 等藏文写卷即是。[③] 这些写卷尽管有的已很残破，而且写法也不无差异，但都以无可辩驳的事实表明，至迟在 8~9 世纪时，六字真言在吐蕃中即已出现了。自那时起，六字真言便因此被视作观世音菩萨的大悲心咒，甚至佛法的象征而备受推崇，嗣后，随着藏传佛教在后弘期的迅猛发展，六字真言也开始逐步流行起来。至于在全国范围内的广泛传播，则应自元朝始。

六字真言信仰长期流行，至今不衰，六字真言题字在全国各地都很常见，既有梵文，也有汉文、藏文，还有回鹘文、西夏文、八思巴文和蒙古文

①任继愈主编《宗教词典》，上海：上海辞书出版社，1981 年，第 223 页。

②L.de la Vallee Poussin, *Catalogue of the Tibetan Manuscripts from Tun-huang in the India Office Library*, Oxford University, 1962.

③王尧主编《法藏敦煌藏文文献解题目录》，北京：民族出版社，1999 年，第 7、10 页。

等,种类繁多。浚县大伾山今存六字真言题刻达十一方,其中梵文7方,汉文2方,回鹘文和八思巴文各1方。[①] 通常情况下,不同文字的六字真言都是单体而刻的,仅有少数用二种文字合璧镌刻,如杭州飞来峰即发现有梵汉合璧的六字真言题刻。[②] 但用三种以上多体文字合璧镌刻的六字真言却极为罕见,仅于河西一带有所发现,分别使用四种、五种甚至六种文字。其中,最负盛名的为今存敦煌研究院的《莫高窟六字真言碣》。

《莫高窟六字真言碣》勒立于元顺帝至正八年(1348年),保存基本完好,略有残泐,所幸清人徐松《西域水道记》[③]、罗振玉《西陲石刻录》[④] 等有录文,缺失与模糊不清文字可据以弥补。残石高75厘米,宽57厘米,由晋宁路绛州(今陕西新绛县)白台寺僧守朗立,奢蓝令栴刻。碣石上方横书正楷"莫高窟"三字,中央阴刻四臂观音坐像。在其上方及左右方刻汉、梵、回鹘、藏、西夏、八思巴等六种文字的六字真言(图1)。而在六字真言之外围有诸多题字,左为速来蛮西宁王、脱花赤大王、太子养阿沙、速丹沙、阿速歹、结来歹、妃子屈术的题名,右题:"维大元至正八年岁次戊子五月十五日守朗立",另有长老米米、耳立嵬、刘耳立嵬、吴义赛等12人题名。莲座下则是沙州路(今甘肃敦煌市)河渠司提领威罗沙、哈只、大使逆流吉、大使兴都、百户宜吉、翟忍布、善友脱果、答失蛮、李世荣、陈世昌、翟文通、哈喇阳、公哥力加等72人题名。在外围之外,右题"卜鲁合真、陈氏妙因嵬",左题"奢蓝令栴刻"。[⑤] 共得95人题名,其中以蒙古人居多,如西宁王速来蛮及其子养阿沙、速丹沙、阿速歹、妃子屈术、大使兴都、百户宜吉、脱花赤大王以及结来歹、卜鲁合真、拜延、刘拜延、也先怗木等皆是。[⑥] 其次为汉人,如吴义赛、张宣、李世荣、陈世昌、翟文通、梁黑狗等。还有其他民族,如藏族有奢蓝令栴、公哥力加、玩着藏布、朵立只、今只合巴等;回鹘

①杨富学《浚县大伾山六字真言题刻研究》,李四龙、周学农主编《哲学、宗教与人文》,北京:商务印书馆,2004年,第627~637页。

②赖天兵《杭州飞来峰发现元代梵汉合璧六字真言题记》,《文博》2006年第4期,第78~79页。

③[清]徐松著,朱玉麒整理《西域水道记》卷三,北京:中华书局,2005年,第152~153页。

④罗振玉《西陲石刻录》,上虞罗氏于日本东京都东山侨舍排印,1914年。

⑤阎文儒《元代速来蛮刻石释文》,《敦煌研究》试刊第1期,1981年,第34~42页;李永宁《敦煌莫高窟碑文录及有关问题》(二),《敦煌研究》试刊第2期,1982年,第108~112页。需要指出的是,二文均将回鹘文误作蒙古文。八思巴文和蒙古文不可并用。

⑥敖特根《〈莫高窟六字真言碣〉研究》,《敦煌研究》2005年第6期,第77~81页。

人有阿卜海牙、哈喇阳(？)等；西夏人有耳立嵬、刘耳立嵬等①。更有来自西域的人士，如哈只、答失蛮等。哈只为阿拉伯文Ḥājj的音译，意为“朝觐者”，又译哈吉、哈哲，是给予曾经前往阿拉伯朝圣者穆斯林的尊称；答失蛮为波斯文Danishmand的音译，又作达失蛮、大石马，义为学者、明哲的人，在元代主要用以指称伊斯兰教的宗教职业者，有时也用以称呼一般的伊斯兰教徒，有时又用作人名。② 这里哈只、答失蛮均用作人名，二者即使非伊斯兰教徒，也应有一定的伊斯兰文化背景。总而言之，该碑之立当有多民族人士参与。

这里需要说明的一点是，速来蛮及其三子均出生于西域伊斯兰化的王朝——察合台汗国，故其名号颇受伊斯兰教影响。如西宁王速来蛮，即阿拉伯语Sulaimān之音译，今译苏莱曼，《古兰经》故事人物，安拉的使者之一，达伍德之子，为伊斯兰常用名。再如王子速丹沙为Sultān Sh(āh)之音译。Sultān为阿拉伯语，古译“速丹”或“速檀”，今译“苏丹”，原意为“力量”或“权柄”，用以称呼伊斯兰国家的统治者。后来继承速来蛮王位的王子牙罕沙(又作养阿沙)为Yaghan Shāh之音译。Yaghan为突厥语，意为“象”；“沙”(Shāh)则为波斯语。说明速丹沙、养阿沙之取名皆受到伊斯兰文化的影响。在速来蛮家族由察合台汗国徙居河西后，情况大变，从其家族成员的命名上即可看得出来，不复出现伊斯兰化命名，代之以佛化人名，如牙罕沙之子取名答剌麻八剌(Darmabala)，借自梵文Dharmapāla，意为“护法”。③ 而《莫高窟六字真言碣》的勒立及此后对莫高窟文殊洞(第61窟)外皇庆寺的修建④ 表明，因受当地流行的佛教文化氛围的影响，速来蛮家族已摒弃了原来所受伊斯兰教的影响（没有证据表明速来蛮家族曾皈依伊斯兰教)转而支持佛教，成为敦煌佛事活动的重要施主。在西宁王统治时期，敦煌的佛教事业，尤其是石窟营建进入高潮。⑤

①在酒泉发现的汉回鹘文合璧《重修文殊寺碑》中，出现有“耳你”、“耳立嵬梨忍普”等近似人名。参见耿世民、张宝玺《元回鹘文〈重修文殊寺碑〉初释》，《考古学报》1986年第2期，第253~263页；Dai Matsui, A Mongolian Decree from the Chaghataid Khanate Discovered at Dunhuang, Peter Zieme （ed.), *Aspects of Research into Central Asian Buddhism: In Memoriam Kōgi Kudara*,Turnhout, 2008, p. 168, note 33.

②穆宝修《元代的达失蛮》，《甘肃民族研究》1983年第4期，第73~77页。

③荻原云来编《汉译对照梵和大辞典》，台北：新文丰出版公司，1988年，第634页。

④事见至正十一年(1351)八月立《重修皇庆寺记》，录文载李永宁《敦煌莫高窟碑文录及有关问题》(二)，《敦煌研究》试刊第2期，1982年，第112~114页。

⑤杨富学、张海娟《蒙古豳王家族与河西西域佛教》，《敦煌学辑刊》2011年第4期(待刊)

用同样六种文字合璧题刻的六字真言还见于甘肃永昌县北 25 里御山圣容寺对面山崖。刻石分为二方，左边一方 4 行，自上而下依次为八思巴文、回鹘文、西夏文和汉文；右边一方 2 行，上为梵文，下为藏文。刻石虽模糊不清，但内容依稀可辨，早已为学界所知。

除以上二刻石之外，多体文字合璧六字真言还可见于莫高窟北区第 464 窟之壁面上，墨书，字迹清晰端正，惜迄今尚少为学界所知。

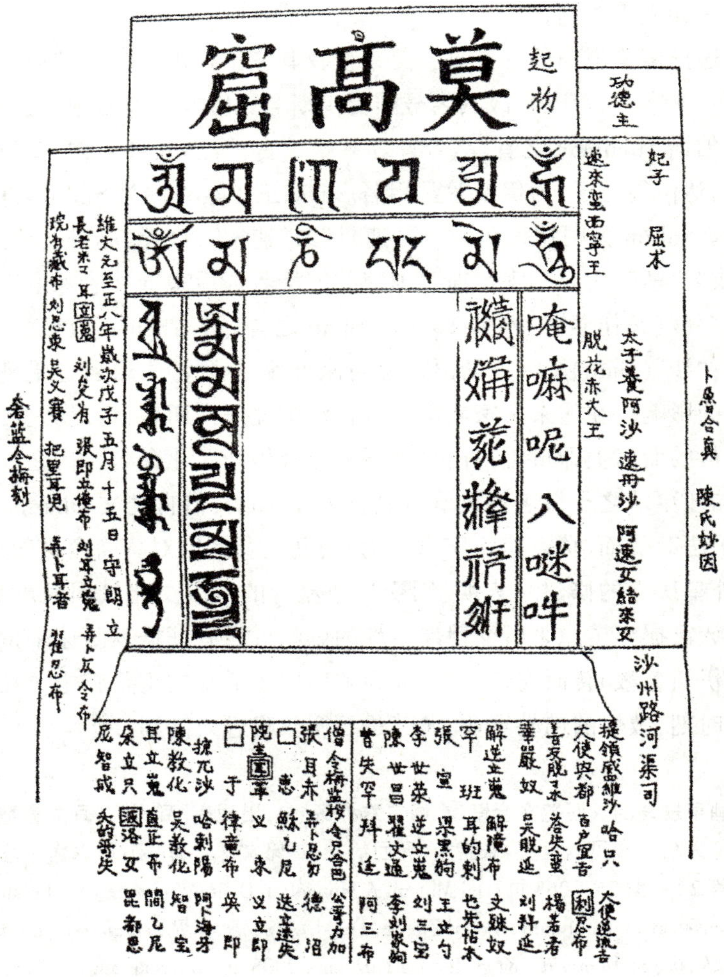

图 1 《莫高窟六字真言碣》

第464窟(张大千编号308窟,伯希和编号181窟)位处莫高窟最北端,左与第465窟,右与第463窟相毗邻,其规模在莫高窟属于中等,有前后二室。前室平顶,略有尖脊,顶部地仗大部分脱落,仅存东南角的千佛十余身。南北壁中部绘屏风式方格连环画善财五十三参变,画面受人为损毁严重,多处被切割、刻划。① 多体文字合壁六字真言即分别题写于前室的南北二壁。

南壁所书依次为梵、藏、回鹘和汉共四种文字(图2)。北壁题铭框可分为上下两部分,上书梵文、回鹘文和藏文,其下为汉文、八思巴文,另有用汉字书写的偈语:"诸行无常,是生灭法""生灭灭已,寂灭为乐。"(图3)。②

需引起注意的是,梵文六字真言的顺序应为oṃ mani padme hūm,但在464窟前室北壁中似乎有书写混乱之嫌,如尾字hūm(吽)被单写于第1行,另行开首写倒数第五字dme(弥),然后再写oṃ mani pa(唵嘛尼把)。何以如此?不得而知。

图2 莫高窟464窟前室南壁四体六字真言

①梁尉英《元代早期显密融汇的艺术——莫高窟第四六四诸窟的内容和艺术特色》,敦煌研究院、江苏美术出版社编《敦煌石窟艺术·莫高窟第四六四、三、九五、一四九窟(元)》,南京:江苏美术出版社,1997年,第11~13页。

②张大千《莫高窟记》,台北:故宫博物院,1985年,第628~629页对上述题字有简单描述,但讹误较多,值得注意。

464 窟长期被认定为西夏窟。① 笔者通过研究,得出如下结论:

1. 该窟开凿于北凉时期,原为多禅室窟,后来(很有可能为元代)通往南北二壁的禅窟甬道被封堵,多禅室窟才变成了毗诃罗窟;由于前室坍塌,原来前室、中室(主室)、后室形制变为前室和后室结构。2. 后室重修于元代早期,内有梵文六字真言,后来回鹘改造前室与甬道时,对后室壁

图 3　莫高窟464 窟前室北壁五体六字真言

①如敦煌文物研究所整理《敦煌莫高窟内容总录》,北京:文物出版社,1982 年,第 170 页;宿白《敦煌莫高窟密教遗迹札记》(下),《文物》1989 年第 10 期,第 71、82 页;谢继胜《莫高窟第 465 窟壁画绘于西夏考》,《中国藏学》2003 年第 2 期,第 69~79 页。

画有一定破坏。3. 甬道南北二壁之菩萨像及回鹘文榜题表明，现存的4尊菩萨像分别为四地菩萨、五地菩萨、九地菩萨(回鹘文榜题已失)和十地菩萨,其余6尊菩萨像与榜题均毁。十地菩萨像是敦煌艺术中前所未知的新题材,幸赖回鹘文题记而得以识别,具有重要学术价值。榜题文字皆摘录自10世纪回鹘著名翻译家、北庭人胜光法师(Šïngqo Säli Tutung)译回鹘文《金光明最胜王经(Altun Yaruq)》卷四,说明该窟甬道为回鹘所重修,而甬道壁画与前室又是连为一体的,为同一时代之遗存。4. 甬道与前室的修复活动应在元明之交,考虑到石窟的改造旨在瘗埋蒙古公主,即原来的禅窟被封堵而变成了公主墓，加上窟内发现有为超度死者亡灵而抄写的回鹘文度亡书及歌颂沙州西宁王速来蛮的回鹘文诗歌，故而可以认为,该窟前室、甬道由回鹘重修,其重修、重绘活动应是在速来蛮家族的支持下进行的。①

这里又出现了速来蛮家族,同样与事佛有关。464窟甬道与前室重修的时代应稍晚于《莫高窟六字真言碣》的勒立。后者为速来蛮于至正八年(1348年)亲立,继之速来蛮又支持重修敦煌莫高窟第61窟之前的皇庆寺。② 至正十一年(1351年),皇庆寺落成,不久,速来蛮薨亡。以理度之,支持重新修复464窟者必为其子孙无疑。易言之,《莫高窟六字真言碣》的勒立及464窟前室之六字真言的题写,都与速来蛮家族息息相关。那么,永昌六字真言与其家族是否同意有关呢？答案仍然是肯定的。

关于速来蛮的身世,波斯文文献《史集》有如下记载：

> 察合台的第六个儿子拜答儿。他是个矮子,是一个非常好的射手……他有一个儿子名叫阿鲁忽,阿鲁忽有三个儿子:第一个儿子合班。第二个儿子出伯。他一生为合罕效劳,并死于为合罕效劳。③

①YANG Fuxue, Three Uighur Inscriptions *Quoted from Altun Yaruq* in Dunhuang Mogao Grottoes 464, Presented to "Şingko Şeli Tutung Anısına Uluslararası Eski Uygurca Araştırmaları Çalıştayı" adıyla 4–6 Haziran 2011 tarihlerinde Ankara; 杨富学《莫高窟464窟的分期研究》,中国敦煌吐鲁番学会、西北民族大学、敦煌研究院、上海古籍出版社编印《中国敦煌吐鲁番学会理事会暨学术讨论会论文集》(兰州,2011年8月11~14日),第43~69页。

②上引李永宁《敦煌莫高窟碑文录及有关问题》(二),第112~116页。

③[波斯]拉施特著,余大钧、周建奇译《史集》第2卷,北京:商务印书馆,1985年,第170页。

察合台孙阿鲁忽在1260年被阿里不哥任命为察合台汗国的统治者，但因不满阿里不哥的横征暴敛而转归忽必烈麾下，并在忽必烈的支持下打败了前来讨伐的阿里不哥军队。1264年，阿鲁忽亡故，汗权旁落。继位的木八剌沙与窝阔台汗海都结为反忽必烈的联盟，不断侵扰漠北及元朝西境，给元朝在西北的统治造成了极为严重的威胁。1277至1282年之间，阿鲁忽子合班、出伯兄弟率骑兵万人归顺忽必烈，受到重用，衔命驻守西北边地。出伯英勇善战，多次出兵平叛，屡有斩获，大大加强了中原王朝在西陲抵御西域蒙古诸王叛军势力袭扰的能力。史载：

> 出伯……置本营于甘州，兼领瓜沙以西北至合剌火者畏兀儿地征戍事。陇右诸王驸马及兀丹等处宣慰司都元帅、吐蕃乌斯藏宣慰司、巩昌等处便宜总帅府并听节制。①

其中的“兀丹”指于阗，合剌火者即今新疆吐鲁番。可见，当时出伯管辖范围相当广袤，东起甘州(今甘肃张掖市)，西至新疆吐鲁番盆地。而塔里木盆地南缘的于阗、吐蕃及陇右、陇中地区(巩昌)亦受其节制。永昌御山圣容寺位处甘州东不远处，为出伯直接管辖区。大德八年(1304年)，出伯被封为威武西宁王，越三年而进封豳王，由甘州移驻肃州(今甘肃酒泉市)。天历二年(1329年)出伯子忽答里迷失被封为西宁王，驻沙州，同年十二月进封豳王。②次年，西宁王之位由忽答里迷失侄、出伯孙速来蛮继袭。元统二年(1334年)又以出伯子亦里黑赤袭其旧封为威武西宁王，驻哈密力(今新疆哈密市)。出伯兄哈班之后宽彻于天历二年八月被封为肃王，驻瓜州(今甘肃瓜州县)。如是，出伯家族就形成了豳王、西宁王、威武西宁王和肃王共四个乌鲁斯，其管辖范围主要在河西走廊至西域东部的吐鲁番、哈密一带。③

出伯家族(或曰豳王家族、速来蛮家族)之辖地，自古以来即为多民族聚居区，不仅民族成分复杂，而且势力很大，如吐蕃、回鹘、西夏、蒙古等族都颇具影响力。妥善处理不同民族间的关系，增强各民族间的凝聚力，势必有利于同心协力，共同抵御来自西域的反叛势力。

①[民国]屠寄《蒙兀儿史记》卷四二《出伯传》，北京：中国书店，1984年，第337页。

②《元史》卷三三《文宗纪二》，北京：中华书局，1976年，第745页。

③杨富学、张海娟《蒙古豳王家族与元代西北边防》，中国元史研究会、阜阳师范学院社会发展学院、阜阳师范学院皖北文化研究中心编印《“元后期政治与社会”学术研讨会论文集》(阜阳，2011年10月8~11日)，第59~60页。

出伯家族重视对民族关系的处理，在许多方面都可表现出来。如至正八年，速来蛮主持修复莫高窟皇庆寺，从有关碑记看，与《莫高窟六字真言碣》的勒立一样，共与其事者既有蒙古族，也有汉族、西夏人等多种民族。① 甘肃省酒泉文殊山石窟出土的《重修文殊寺碑》记载了出伯孙、第三代豳王喃答失(Nomdaš)及其兄弟、亲属等发心重修文殊寺的事迹，但未使用蒙古文而是用汉文和回鹘文合璧镌刻。② 驻守于哈密的出伯孙、第三代威武西宁王不颜嵬厘(Buyan-Qulï)曾于至正十二年(1352 年)亲赴瓜州榆林窟朝山，所留题记未用蒙古文，使用的却是回鹘文。③ 这些都体现了出伯家族成员对不同民族文化的尊重。

蒙古贵族集团"以马上得天下"，用武力征服其他民族，统一了全国。为巩固政权，统治被征服民族，如同历朝历代统治者一样，元朝统治者也采取了"刚柔并济""威德兼施"的策略。④ 但从整体言，与其他封建王朝相比，其民族政策带有更加鲜明的民族压迫色彩，诚如明人叶子奇所言：

> 元朝自混一以来，大抵皆内北国而外中国，内北人而外南人……是以王泽之施，少及于南；滲漉之恩，悉归于北。⑤

这种歧视性的民族政策，加上元廷在政治上又采用民族分化政策，将全国各族人民分为蒙古、色目、汉人和南人四等，在任用官吏、法律地位、科举名额和待遇及其他权利和义务等方面都有种种不平等规定，以凸显蒙古人之优越地位并压抑被征服诸族。⑥ 上述举措不仅不利于调和反而容易激化不同民族间固有的矛盾，致使有元一代民族矛盾始终处于十分尖锐的程度。

与当时元政府奉行的民族歧视、分化政策不同，出伯家族对辖区民族

①上引李永宁《敦煌莫高窟碑文录及有关问题》(二)，第 112~116 页。

②耿世民、张宝玺《元回鹘文〈重修文殊寺碑〉初释》，《考古学报》1986 年第 2 期，第 253~263 页。

③杨富学《榆林窟回鹘文威武西宁王题记研究》，《朔方论丛》第 1 辑，呼和浩特：内蒙古大学出版社，2011 年，第 96~103 页。

④罗贤佑《论元代的民族政策》，《中国历代民族政策研究》，西宁：青海人民出版社，第 220~254 页。

⑤[明]叶子奇撰《草木子》卷三上《克谨篇》，北京：中华书局，1983 年，第 55 页。

⑥韩儒林主编《元朝史》下册，北京：人民出版社，1986 年，第 53 页；萧启庆《内北国而外中国：元朝的族群政策与族群关系》，《元朝史新论》，台北：允晨文化实业股份有限公司，1999 年，第 46 页。

关系的处理要开明而且公平得多,尤有进者,对于不同的民族文化能够兼容并包,高度尊重。与此同时,豳王家族非常注意发展当地经济,在促进社会稳定的基础上积极发展当地的文化事业,使河西地区由日趋凋敝而走向繁荣。这些自然会受到当地民众的欢迎与支持,从而赢得辖区内不同民族人士的赞誉,如北京大学图书馆收藏的编号为北大 D154V 和北大附 C29V① 的两件敦煌回鹘文写本就是敦煌当地回鹘佛教徒献给西宁王速来蛮的颂歌,② 虽然主旨在于赞美其事佛兴佛之伟业,但体现的却是不同民族间关系的和睦。

中国境内六字真言题字随处可见,惟多为梵、汉、藏、八思巴四种文字,而且一般为单体镌刻或书写,采用多种文字合璧者独见于河西走廊出伯豳王家族统治区内,③ 而且都与该家族密切相关。元政府规定的官方文字有三种,即汉文、蒙古文(包括回鹘式蒙古文和八思巴文)和波斯文。汉人和南人使用的是汉文,蒙古文是"国字",波斯文通行于伊斯兰世界,是当时国际活动的主要通用文字之一。河西的六字真言未使用波斯语文可以理解,因其主要为伊斯兰教用语,非佛教徒所尊。使用梵文、汉文与八思巴文也容易理解,因为前者已成为佛教的代名词,后二者是元朝的官方文字。那么,回鹘文、藏文和西夏文何以在河西的六字真言中频频与梵、汉、八思巴文并列出现呢?颇值得玩味。窃以为,此一现象的出现,抑或与出伯家族奉行的宽容民族政策有关,他们希望通过使用多体六字真言这种简单明了的方式,藉以表达出对不同民族文化的尊重、兼容与扶持,从而达到团结当地诸族之目的。以藏传佛教及其所尊崇的六字真言为纽带,更容易凝聚当地不同民族对同样尊崇藏传佛教的元中央王朝的向心力,团结一致,共御来自西域伊斯兰教旗帜下的蒙古诸王反叛势力的侵扰,固疆定边。以上臆测缺乏直接证据,可否成立,尚望诸君子有以教焉。

(原刊《中国藏学》2012 年第 3 期,第 89~93 页)

①北京大学图书馆、上海古籍出版社编《北京大学图书馆藏敦煌文献》第 2 册,上海:上海古籍出版社,1995 年,第 140、316 页。

②Abuduishid Yakup, Two Alliterative Uighur Poems from Dunhuang,《言语学研究》第 17/18 号,1999 年,pp. 3–4, 9–10.

③在河西之外,合璧使用梵、汉、藏、八思巴、回鹘与西夏六种文字的还有北京居庸关过街塔(修建于 1342–1345 年间)所见之陀罗尼刻文与《造塔功德记》。见村田治郎编著《居庸关》第 1 卷,京都:京都大学工学部,1957 年;村田治郎、藤枝晃编著《居庸关》第 2 卷,京都:京都大学工学部,1958 年。

黄教在卫拉特中的传播与影响述论

一、黄教传入前的卫拉特佛教

卫拉特是蒙古族的一支,系漠西蒙古的总称。蒙元时期称“斡亦剌”“斡亦剌惕”“外剌”“外剌歹”,明代称“瓦剌”,清代称“卫拉特”“厄鲁特”“额鲁特”等,都是不同时期对“Oyirad”一词的音转与意译。有时又称作“西蒙古”,而其中的土尔扈特部又常被西人称为“卡尔梅克”。为统一起见,除引用原典者外,下文概称“卫拉特”。

蒙元时代,卫拉特人繁衍生息于叶尼塞河上游地区,成吉思汗兴起后,成为蒙古帝国的一部分,被划分为四个万户。元末明初,其社会发展迅速,部众人口猛增至四万余户,领地也大有扩张。除了原来的叶尼塞河上游广大地区外,已西越阿尔泰山,扩张到额尔齐斯河上游,西南与哈密、别失八里相邻,东南进入扎布汗河流域与东蒙古(鞑靼)相接,北边与乞儿吉思为邻。[1]

佛教早在蒙古国时期即已在蒙古人中有所传播。蒙古统治者出于巩固与稳定政权的需要,大力推崇佛教。1246年,蒙古阔端太子代表蒙古汗廷与西藏萨迦派四祖萨班(1182—1251年)在凉州会晤,藏传佛教始传入蒙古,萨班并被蒙古统治者确立为西藏各地僧俗的领袖。[2] 阔端也成为最早皈依藏传佛教的蒙古王室成员。不过,当时藏传佛教还远没有像后来那样居于独尊地位。在忽必烈继位之前,蒙古统治者对宗教采取的是兼容并蓄政策,而居于主导地位的应为来自汉地的禅宗,如“历事太祖、太宗、宪宗、世祖,为天下禅宗之首”[3] 的海云和尚,在蒙哥(1251—1260年在位)时即受命“掌释教事”。[4]《佛祖历代通载·海云法师传》还记载了海云

①《准噶尔史略》编写组《准噶尔史略》,北京:人民出版社,1985年,第25页。

②樊保良、水天长主编《阔端与萨班凉州会谈》,兰州:甘肃人民出版社,1997年,第84页。

③[元]程钜夫《雪楼集》卷八《海云简和尚塔碑》。

④《元史》卷三《宪宗纪》,北京:中华书局,1976年,第3页。

法师为国家祈福事：

> 乙巳(1245年)，奉[太宗]六皇后旨，于五台为国祈福……丁未(1247年)，贵由皇帝即位，颁诏命[海云]统僧，赐白金万两。师于昊天寺建大会，为国祈福……丙辰(1256年)，奉[蒙哥皇帝]圣旨，建回于昊天寺。①

这些说明，在忽必烈奉佛教之前，海云法师已在朝廷多有活动，影响不小。

此外，嵩山少林寺禅宗大师福裕亦被邀至"北庭行在"，讲经累月。②蒙哥汗时期，以福裕为代表的佛教和以李志常为代表的道教互相攻击，双方都标榜自己的教义最正确。为了平息这场争论，蒙哥汗于1256年下令在和林举行御前辩论，以决胜负。结果，蒙哥汗认为："我国家依著佛力光阐洪基，佛之圣旨敢不随奉？……今先生言道门最高，秀才人言儒门第一，迭屑人奉弥失诃言得生天，达失蛮叫空谢天赐与。细思根本，皆难与佛齐"，③ 宣布以禅宗为代表的佛教取得胜利。直到1260年元世祖忽必烈继位后，蒙古统治者的佛教信仰才发生了根本性改变。他先后敕封萨迦派五祖八思巴(1235—1280年)为国师、帝师，统领全国佛教，而且他本人和许多皇室贵族都纷纷皈依帝师。上有好者，下必甚焉，其举措将藏传佛教萨迦派很快推向极致，使其以凌驾于佛教其他各宗派之上的特殊地位而蔓延全国。

1953年，在蒙古人民共和国库苏古尔省阿尔布拉格县发现《释迦院碑》(又称《蒙哥汗碑》)一通。该碑立于元宪宗七年(1257年)，以回鹘式蒙文和汉文镌刻，系斡亦剌惕"奉佛驸马八立托"与公主为庆祝宪宗蒙哥五十大寿而勒立的，以示"广兴喜舍之心……重发菩提之意"，旨在酬谢皇恩，祈佛保佑，使"国泰民安，法轮常转"。④ 该碑的发现，证明早在13世

①《大正藏》第四九卷，No. 2036，页704c。

②[元]程钜夫《雪楼集》卷八《嵩山少林寺裕和尚碑》。

③[元]释祥迈《大元至元辨伪录》卷三。

④陈得芝《元外剌部〈释迦院碑〉札记》，中国元史研究会主编《元史论丛》第2辑，北京：中华书局，1983年，第251~260页；胡斯振、白翠琴《1257年释迦院碑考释》，中国蒙古史学会编《蒙古史研究》第1辑，呼和浩特：内蒙古人民出版社，1987年，第11~20页。

纪中叶，卫拉特中即有佛寺——释迦院——存在。此外，据载，贵由汗(1246—1247 年在位)的皇后海迷失是卫拉特人，也是一个虔诚的佛教徒。由于当时蒙哥汗推崇的是汉地禅宗,以理度之,当时卫拉特封建主接受的亦当为禅宗。《释迦院碑》的发现即从侧面证明了这一点,同时,我们可以认为该寺"很可能是邀请汉僧主持建造,并由汉僧主持"。[①] 不过,在那个时代,佛教在卫拉特中的传播主要局限在贵族阶层,影响不大,普通百姓则大多信仰蒙古族的传统宗教——萨满教。故终元一代,卫拉特佛教绝少见于史书的记载。

佛教,主要是藏传佛教在卫拉特中的发展与兴盛,最早可追溯到 15 世纪 30 年代,与卫拉特统治者脱欢、也先父子的支持有着密不可分的关系。

明初,卫拉特部开始崛起,当时其首领为猛哥帖木儿。建文四年(1402 年)左右,猛哥帖木儿去世,卫拉特被分为三部,由马哈木、太平和把秃孛罗分别领属,其中以马哈木力量最强,曾派使入明朝贡。永乐七年(1409 年)五月,明成祖分别封三部首领为顺宁王、贤义王和安乐王。永乐十六年(1418 年),脱欢继马哈木之位袭顺宁王爵。这是一个富有政治抱负的蒙古贵族,他在位期间,励精图治,经过连年征战,先后击灭太平和把秃孛罗所部,统一了卫拉特。接着,与脱脱不花联合,击败东蒙古北元政权中掌实权的和宁王阿鲁台,使分裂既久的东西蒙古复归于统一。脱欢本欲自立为可汗,但迫于当时根深蒂固的正统观念,只好拥立"黄金氏族"成吉思汗的嫡系子孙脱脱不花可汗充当傀儡,而自任太师。在其晚年,加强了对佛教的利用,并有意提高喇嘛在卫拉特社会中的地位,这在明朝史料中有侧面反映:

> [正统二年(1437 年)十二月]甲子,命瓦剌顺宁王脱欢使臣哈马剌失力为慈善弘化国师,大藏为僧录司右觉义,答兰帖木儿等指挥、千户、镇抚等官。初,哈马剌失力自陈屡来朝贡,厚蒙恩赍,乞赐名分,以便往来。行在礼部以闻,故有是命,仍赐哈马剌失力僧衣一袭,及答兰帖木儿等冠带。[②]
>
> [正统三年(1438 年)正月]丙戌,命瓦剌使臣兀思答阿里为

①同上引陈得芝文,第 258 页。

②《明英宗实录》卷三七,台北:中央研究院历史语言研究所校印,1962 年,第 711~712 页。下同,不另注。

都指挥佥事,僧人也克出脱里也为都纲,赐冠带僧衣等物。①

这一记载说明,脱欢不仅信仰佛教,而且还以僧侣为使臣前往明朝,进行外交活动。明英宗对其使臣哈马剌失力一行来朝一事相当重视,厚加封赏,封哈马剌失力为“慈善弘化国师”,大藏为“僧录司右觉义”,并“赐哈马剌失力僧衣一袭”。这些记录足以证明当时佛教在卫拉特人中是被抬得相当高的。

正统四年(1439年),脱欢死,子也先继位,称太师淮王,同时也秉承了先父优恤佛教的政策。正统十一年(1446年),他上书明廷,要求提高喇嘛的地位:

瓦剌太师也先所遣朝贡灌顶国师剌麻禅全精通释教,乞大赐封号,并银印、金襴袈裟及索佛教中合用五方佛画像、铃杵、铙鼓、缨络、海螺、咒施法食诸品物。事下礼部议。尚书胡濙等以为稽无旧例,请裁之。上曰:“朕抚御外夷,一惟祖宗成宪是式,今也先妄求,既无旧例,岂可勉徇,其勿予。”②

看来,也先之请并不如其父那样来得顺利,被明政府以前无旧例可循而予以拒绝。正统十四年(1449年),也先纠合各部众,分兵四路进攻明境。明英宗仓促应战,御驾亲征,在土木堡遭到袭击而被俘。此役使也先的势力大为扩张。也先借其余威,遂再于景泰三年(1452年)重提十年前曾被明廷拒绝的要求。史载,是年十一月庚申:

又别为其国师三答失礼、番僧撒灰帖木儿等奏求僧帽、僧衣,佛像、账房、金印、银瓶、供器等项,俱不允。③

结果仍然未得应允。

为什么父子之请会有如此截然不同的结果呢?究其原因,应与此时也先势力扩张过快,引起明政府的警觉与担心有关,以此之故,明政府也加强了对蒙古人所信奉的藏传佛教的戒备,故而对藏传佛教由支持专为

①《明英宗实录》卷三八,第741页。
②《明英宗实录》卷一三七,第2722页。
③《明英宗实录》卷二二三,第4819~4820页。

排斥。

景泰四年(1453年),也先袭杀傀儡可汗脱脱不花自立,称“大元田盛(天圣)可汗”。但命运乖舛,次年便被阿剌知院击杀。也先之死,导致了卫拉特政权的崩溃和随之而来的东西蒙古短暂统一局面的结束,代之而起的是北元王室的重新崛起。成化六年(1470年),巴图蒙克被立为大汗,称达延汗。绳其祖武,经南征北战,不久又重新统一了漠北,卫拉特不得不退回西北一隅,即使如此,还不时受到东蒙古贵族的军事进攻。为了应对这种被动局面,陷于分裂的卫拉特四部:绰罗斯(准噶尔)、杜尔伯特、土尔扈特、和硕特于15世纪后期,经过重新磨合,结成卫拉特联盟以对抗来自东蒙古的威胁。[①] 其中以准噶尔为首,但互不统属。

卫拉特联盟时期,喇嘛仍然受到统治者的优遇。在《一六四〇年蒙古卫拉特法典》之前形成的一部法典——学界习称《卫拉特旧法典》——中有这样的内容:同僧侣的通奸完全不受处罚,而普通人的通奸,奸夫应交出四岁马一匹给喇嘛传令吏。这里的僧侣、喇嘛,显然指代的都是黄教传进以前的各派喇嘛。[②] 这也足以说明,也先死后,即15世纪后期到16世纪前半期,藏传佛教在卫拉特中的传播还是相当广泛的。

其后不久,西藏黄教即渐次传入卫拉特各部,新疆佛教的面貌也随之大为改观,迈入了一个全新的时代。

吾人固知,卫拉特是游牧民族,而佛教戒杀生、戒争斗的教义肯定会与其骑马射猎、尚勇好武的习俗存在抵牾之处。那么,卫拉特人又何以不遗余力地尊崇佛教呢?我认为应有以下几个方面的因素:一、蒙元统治者为了巩固自己的统治地位,利用藏传佛教作为精神统治的武器,故对藏传佛教极力推崇,甚至将其定为国教。卫拉特上层与元朝皇室,世联婚姻,有的成为皇室的驸马,有的受到蒙古皇室的加官封爵,受其影响皈依佛门自属情理中事;二、卫拉特与沙州、罕东、赤斤三卫蒙古之间存在着密切联系,也先曾“遣人伪授沙州、罕东、赤斤蒙古三卫都督喃哥等为平章等官,又擅置甘肃行省名号,意在邀结夷心”。[③] 这三卫蒙古人都是藏传佛教信

①马曼丽、胡斯振《四卫拉特联盟初探》,《民族研究》1982年第2期,第14~21页。1630年左右土尔扈特西迁后,原杜尔伯特的属部——辉特部,顶替了土尔扈特部的位置,被作为卫拉特四部之一。

②参见陈世良、谭吴铁、陈国光《藏传佛教(喇嘛教)在新疆的传播与发展》,《新疆维吾尔自治区社会科学院首届学术报告会论文选集》(1982年11月),乌鲁木齐:新疆社会科学院编印,1982年,第297页。

③《明英宗实录》卷一二四,第2472页。

徒,其统治者往往以喇嘛为使臣与卫拉特往来,“交往深密”,[①] 也促进了卫拉特封建主对佛教的接受。此外,与卫拉特关系密切的哈密及泰宁、朵颜、福余兀良哈三卫也都是藏传佛教的兴盛之地,而且都曾受到卫拉特首领也先的控制,故其佛教对卫拉特产生影响亦当情理中事;三、黄教倡导生死轮回、善恶相报之说,鼓吹今生尊佛积善,来世可以修成正果,并宣称蒙古贵族——诺颜就是前生行善而转生成正主的,与“神”的地位相等。这些说教自然符合蒙古贵族的利益;另一方面,处于被压迫、被剥削地位的劳苦大众之所以受贫受欺,同样也是前世行为之果,因作恶而在今生得到了恶报。此说掩盖了卫拉特社会阶级差别、贫富差别的本质,在一定程度上可以使劳动人民忍受、顺从,放弃改革现实生活的斗争,有利于稳固卫拉特封建主的统治,比蒙古人原来尊奉的萨满教更符合于统治者的需要,故而得到卫拉特封建主的倡导。

二、黄教始传与顾实汗入藏护教

黄教是15世纪初在西藏兴起的一个喇嘛教派系。当时,藏传佛教各派戒律废弛,僧人追逐世俗权利与财富,引起信誉危机,有鉴于此,宗喀巴倡导宗教改革,主张依据噶当派的教义,要求僧侣严守戒律、终身不娶、脱离农事,严格寺院组织与管理制度,使世俗贵族不能操纵寺院事务;主张显密并重,强调显密兼修及先显后密的修行次第,故被称为格鲁(善规)派。又因该派僧人戴黄色僧帽,俗称“黄教”。

16世纪,东蒙古土默特部的俺答汗将卫拉特势力逐出杭爱山之南,又进兵青海,驱逐了卫拉特在那里的势力,逼迫卫拉特将其活动中心局促于天山南北一带。万历元年(1573年),黄教首领锁南嘉措应邀抵达俺答汗在青海的驻地。俺答汗皈依黄教,成了护法王,并授予锁南嘉措为“圣识一切瓦齐尔达赖喇嘛”之号。达赖之名,由此而始。这一事件标志着蒙古开始接受黄教,在蒙藏佛教史上产生了巨大的影响。接着,东蒙古其余各部也相继改宗。在达赖三世锁南嘉措的授意下,俺答汗的孙子云丹嘉措成为达赖四世。一位蒙古人坐床拉萨,成为黄教的一代教主,这对蒙古佛教信徒而言,不啻为一件具有划时代意义的大事,而对黄教来说,此举也必然为争取更多的信徒开辟了广阔的道路。于是乎,黄教更如洪水一样,迅速

①《明英宗实录》卷一四四,第2846页。

漫及东西蒙古的所有部落。但由于卫拉特“同西藏没有直接联系,以及跟东蒙古执政者不和”,黄教在卫拉特中的流行要比东蒙古晚了不少。[①]

黄教与卫拉特的最初接触,庶几乎可追溯到17世纪初叶,系由东蒙古传入。佚名氏著托忒文《和鄂尔勒克历史》对此作了如下叙述:

> 在喀尔喀乌巴什珲台吉时邀请哲布尊丹巴呼图克图[②]到蒙古地方,从此蒙古人开始皈依佛教。以后卫拉特人在拜巴噶斯时代请了察罕诺们汗呼图克图。呼图克图创造了托忒文字,给大家教书,使大家了解佛法的精义。同时传播医学和其他学问。这样,卫拉特人对佛法就更加深信不疑。[③]

上述引文中所说的佛教无疑是指黄教,察罕诺们汗即哲布尊丹巴,系喀尔喀黄教教主的封号,乌巴什珲台吉即硕垒乌巴什珲台吉。硕垒乌巴什珲台吉时,黄教在喀尔喀部已有流布,但当时哲布尊丹巴一世尚未出世,因此引文所说的哲布尊丹巴不可能是哲布尊丹巴一世,而只能是哲布尊丹巴一世的前身,即库伦掌教大喇嘛扎阿囊昆噶宁波。扎阿囊昆噶宁波原是西藏大喇嘛,达赖四世在位时,曾于神宗万历三十二年(1604年)计划在土拉河畔的库伦设置一名坐床掌教大喇嘛,以弘扬佛法,但未派人前去。后来,拉萨黄教各大喇嘛公推扎阿囊昆噶宁波前去就任此职。他于万历四十二年(1614年)抵达库伦。临行,达赖四世赐以“大慈迈达里呼图克图”之号。大喇嘛由西藏而住持蒙古,应以此为镐矢。扎阿囊昆噶宁波被选为蒙古掌教大喇嘛,宣传教旨,灵异昭著,受到了喀尔喀人的极度尊信,被尊以大慈诺们罕之号,并上“博硕克图济农”号,为转金轮彻辰济农汗。崇祯六年(1633年)圆寂于蒙古之库伦。扎阿囊昆噶宁波圆寂后,“转生”为哲布尊丹巴一世,驻锡库伦,仍为掌教之大喇嘛。

通过上文的考证,可以看出,卫拉特人最初皈依黄教,当在扎阿囊昆

①[俄]伊·亚·兹拉特金著,马曼丽译《准噶尔汗国史》,北京:商务印书馆,1980年,第160页。

②呼图克图,藏语“朱必古”的蒙语音译,意为“化身”。卫拉特人把世世转生的活佛称作“呼图克图”,尊其为蒙古人民的大教主。

③诺尔博译《和鄂尔勒克历史》,《厄鲁特蒙古历史译丛》第4集,北京:中国社会科学院民族研究所编印,1985年,第67~68页。

噶宁波于1614年抵达库伦后不久。[①] 日本学者若松宽进一步考证认为，黄教正式传入卫拉特蒙古之年应是万历四十三年(1615年)。[②] 时当俺答汗皈依黄教之后的第42个年头，可以信从。

拜巴噶斯"听取了察罕诺们汗讲授的有关情器世间必将毁灭的道理，决心脱离无常之根"，遂发愿出家为僧。由于那时拜巴噶斯是四卫拉特的领袖，故其出家念头受到所有卫拉特王公贵族的反对。众人问察罕诺们汗："是一个人当喇嘛福大，还是众人当喇嘛福大？"呼图克图回答："众人当喇嘛福大"。于是四卫拉特王公决定每人派一个儿子代替拜巴噶斯当喇嘛。这些王公有：乌巴什汗、杜尔格齐诺颜、楚库尔、哈喇呼喇、巴图尔珲台吉、墨尔根岱青、土尔扈特的和鄂尔勒克、罗卜藏、墨尔根托木尼、杜尔伯特的达赖台吉、辉特的苏勒坦台什等，每人出一个儿子，总共有32个王公的儿子当了喇嘛。同时还从庶民中选了200个男孩子作为上述王公孩子的侍从，也当了喇嘛。这些人被送到安多学习，不久又被送到拉萨求学。[③] 拜巴噶斯当时还没有儿子，便从和硕特巴巴汗诺颜的儿子中认了一个义子，献出当了喇嘛，这便是后来声名卓著的咱雅班第达(详后)。

卫拉特诸部之皈依黄教，使黄教势力更为壮大，引起了藏传佛教其他教派的担忧与警惕，遂与世俗权力联合起来试图予以遏止，其中最突出的例证就是后藏藏巴汗及其联盟对黄教的反对与抑制。也就在这一时期，卫拉特部的势力又逐步渗透到青海地区，与黄教有了更密切的接触。推进这一进程的最大力量来自和硕特部的顾实汗。

顾实汗本名图鲁拜琥(tho-rol-pā'i-hu，1582~1655年)，是和硕特部著名首领哈尼诺颜洪果尔之子，拜巴噶斯汗之弟，自小即以勇武著称。据传，他13岁时曾领兵击败了"白头回回"的4万士兵，"威名大振，所向无敌"。[④] 万历三十四年(1606年)，喀尔喀与卫拉特之间产生冲突，战争一触即发，为了消弭这场战争，他冒生死前往调解，获得成功，东科尔胡图克

①前揭陈世良、谭吴铁、陈国光《藏传佛教(喇嘛教)在新疆的传播与发展》，第298页。

②若松宽，"カラムックにおけるラマ教受容の历史的側面"，《东洋史研究》第25卷1期，1966年，第97页。

③前揭诺尔博译《和鄂尔勒克历史》，第68页；噶班沙喇布著，乌力吉图译《四卫拉特史》，《蒙古学资料与情报》1987年第4期，第10页。这里的《四卫拉特史》，为医生噶班沙喇布著，与1982年"新疆蒙古社会历史考察队"发现的佚名氏著《四卫拉特史》托忒文抄本不同。另外，巴图尔乌巴什丘缅亦用托忒文撰有《四卫拉特史》。

④Giusseppe Tucci, *Tibetan Painted Scrolls*, Vol. 1, Lome 1949, p.698；刘立千编译《续藏史鉴》，成都：华西大学出版社，1945年，第74页。

图与喀尔喀首领们对其活动极为推崇，共赠其“大国师”的称号。[①] 顾实汗实即“国师汗”之音转。

天启五年（1625 年），顾实汗以熬茶为名，秘密到后藏参加了罗桑确吉坚赞主持的吉祥法会。罗桑确吉坚赞赐给他“顾实·彻辰绰尔济”之号，并说：“是赞助我苏玛第·吉尔第教之高徒也。此后，汝之事业将获昌盛！”[②] 顾实汗原驻牧于天山北路，此时已率部到转牧于天山南路，本有袭据青海之意，此时正好获黄教首领的邀请，遂乘机于 1636 年初率部到达青海湖畔，答应保护黄教。这次会见，标志黄教护法权由东蒙古向西蒙古之转移。

在此之前，西藏地方首领藏巴汗率六路大军进入拉萨，黄教惨遭践踏；而在青海，喀尔喀部首领却图汗也嫉视黄教，故而响应藏巴汗的请求，遣其子阿尔斯兰率兵一万，侵入卫藏，公开声称他们是“黄教的敌人”，以为藏巴汗之奥援。[③] 他杀害了西藏的三位大汗，非常“仇视佛教，尤其是破坏格鲁派最为激烈”。[④] 故黄教上层遂于崇祯八年（1635 年）向卫拉特求援。卫拉特的王公贵族立即召集“丘尔干”（蒙古语意为“会议”“会盟”），决定答应黄教首领的请求，“一致表示：拜达赖喇嘛为上师。他们说：‘难道藏族人不都是达赖喇嘛的子民吗？卫拉特人不必缩手缩脚，要把他们安置到他们愿意去的地方。’”[⑤] 卫拉特王公的这一决定，不仅仅是为了护教，同时也是出于自身发展的需要。因为自 16 世纪末以来，卫拉特周围处在敌对力量的夹击之中，东方受喀尔喀蒙古的攻击，西面与哈萨克族也时常发生冲突，南方与察哈台后王有矛盾，北面又受到沙俄的侵扰与遏制，由此而产生了一系列问题，加剧了诸部的矛盾。[⑥] 出兵西藏，既可缓解内部的矛盾，扩大自己的势力、地盘与影响，又可得到西藏黄教势力的支持。当时，虽为卫拉特盟主，但却受到准噶尔排挤而早有另寻牧地打算的顾实汗

①《续藏史鉴》，第 74 页。

②萨囊彻辰著，道润梯步译校《新译校注蒙古源流》卷八，呼和浩特：内蒙古人民出版社，1981 年，第 444 页。

③Giusseppe Tucci, *Tibetan Painted Scrolls*, Vol. 1, Lome 1949, p.60.

④土观·罗桑却吉尼玛著，刘立千译《土观宗教源流——讲述一切宗教源流和教义善说晶镜史》，北京：民族出版社，2000 年，第 231 页。

⑤噶班沙喇布著，乌力吉图译《四卫拉特史》，《蒙古学资料与情报》1987 年第 4 期，第 10 页。

⑥安应民《浅析和硕特蒙古进据青藏地区的原因》，《兰州大学学报》1985 年第 1 期，第 89~96 页；罗丽达《明末清初的蒙藏关系和顾实汗入藏事件》，中国人民大学清史研究所编《清史研究集》第 5 辑，北京：光明日报出版社，1986 年，第 40~65 页。

对丘尔干的决定起到了重要作用。

崇祯九年(1636年)初,卫拉特大军由顾实汗、巴图尔珲台吉、墨尔根托木尼、吉鲁图尔台吉四人率领,从乌鲁木齐一带出发,南下远征青海,翌年击灭了却图汗。却图的覆灭,对西藏黄教诸法王来说,暂时避免了一场灾难,对卫拉特人来说,使其对青海的占领成为事实,同时也使其与黄教寺院集团的直接接触进一步加强,正如意大利著名藏学家杜齐所言:

> 顾实汗强大的游牧部落紧靠[西藏]边境,顾实汗的虔诚与专一信仰使他本人多少享有不无夸张的威望。不但黄教的上层与顾实汗之间的信使往来趋于频繁,而且黄教的僧侣经常被召集起来为这位蒙古大汗的军队举行宗教仪式,祈求神佑。①

然而,却图汗的灭亡,无论对卫拉特还是对黄教来说,都不是最后的胜利,因为势力更大的藏巴汗还毫发未损,不仅未因却图汗的灭亡而改变对黄教的政策,而且对黄教的仇视进一步变本加厉。② 崇祯十一年(1638年),顾实汗以香客的身份从青海来到拉萨,在大昭寺拜会了五世达赖和四世班禅,决定了三件大事:一是共同派兵到盛京与清皇太极取得联系;二是清除青、康地区敌对势力;三是共同摧毁藏巴汗地方政权。在顾实汗返回卫拉特部前,达赖与班禅又赠他以“丹增却吉杰波”(bstan-'dzin chos kyi rgyal po)的称号,意为“护教法王”。崇祯十四年(1641年),击杀藏巴汗,其声望“威镇后藏、阿里、康区、安多、五色四夷、汉蒙卫拉特。顾实汗让他的儿子和外甥扶持了佛教,立下了丰功伟绩”。③

击灭藏巴汗后,迎达赖五世坐床拉萨,治前藏;上罗桑确吉坚赞“班禅额尔德尼博格达”的尊号,坐床于扎什伦布寺,建立了班禅活佛系统,治后藏。从此卫拉特之护法王地位得以确立,护法王由和硕特部担任。

顾实汗出兵西藏,意义重大。战后,顾实汗没有离开西藏,也没有把西藏交给黄教寺院管理,而是在布达拉宫直接通领全藏和青海的行政、军事,并拥有任命第巴的特权。自此以后,和硕特汗廷与达赖、班禅共同掌握西藏宗教事务,历四代五汗,计75年(1642—1717年),使黄教在西藏树

①Giusseppe Tucci, *Tibetan Painted Scrolls*, Vol. 1, Lome 1949, p.63.

②蔡家艺《西藏黄教在厄鲁特蒙古的传播和发展》,中国社会科学院民族研究所编《民族史论丛》第1辑,北京:中华书局,1987年,第183~184页。

③前揭噶班沙喇布著,乌力吉图译《四卫拉特史》,第10页。

立了牢固的统治地位。达赖喇嘛利用既得的优势,抢夺其他教派所属的封地与寺庙,强迫其他教派改宗黄教,使黄教的势力得到了长足的发展。

为了进一步加强黄教的优势地位,顾实汗极力促使达赖五世与清政府加强联系。崇德八年(明崇祯十六年,1643年),他遣使向清政府奏言:“达赖喇嘛功德甚大,请延至京师,令其讽诵经文,以资福佐。”[①] 顺治九年(1652年)正月,顾实汗再度“以劝导达赖喇嘛来朝,奉表奏闻”。[②] 同年十一月,达赖五世率班禅及顾实汗的代表来到北京,受到顺治帝的隆重接待,并赍送金册、金印,封达赖五世为“西天大善自在佛所领天下释教普通瓦亦喇坦喇达赖喇嘛”,册文、印文均以满、蒙、藏、汉四种文字写成。从此,清朝中央政府正式确认了达赖喇嘛在蒙藏地区的宗教领袖地位。

顾实汗的巨大成功,无疑会加速卫拉特社会黄教化的进程,促进卫拉特封建贵族与黄教首领的政治联姻。

三、《卫拉特法典》对黄教的保护

黄教在卫拉特中迅猛发展的成果,在著名的《一六四〇年蒙古卫拉特法典》(简称《卫拉特法典》)中可得到集中的反映。

《卫拉特法典》是1640年在巴图尔珲台吉和扎萨克图汗的共同努力下,卫拉特、喀尔喀的3位呼图克图和27位世俗封建主于塔尔巴哈台会盟时制定的。法典原用回鹘式蒙古文书写,已佚,现仅存托忒文本,共有121条,内容包括僧侣和宗教、驿传运输及赋役、民族生活及婚姻、畜牧与狩猎、私有财产及继承权、刑法和审判制度、各部相互关系及攻防组织等规定,在协调诸部关系、巩固封建秩序等方面起过一定作用,是研究蒙古族,尤其是卫拉特历史的珍贵资料。与佛教有关的内容主要体现在以下四个方面:

一、法典的前文充满着对黄教的赞美之词和虔敬之意,文曰:“南无三位一体之佛,愿吉祥与我们同在!向一身具三性,在二众中显示空劫圣德的喇嘛鄂齐儿、达儿叩拜!众生之师释迦牟尼佛,请以炽热的光辉解脱我与生俱来的业惑!向迄今仍转动法轮的宗喀巴尊者和弘扬佛法的圣僧叩拜!向纯洁的雪域所矜夸的护法者达赖喇嘛和为众生而着红黄法衣的活

①《清太宗实录》卷六四,崇德八年四月丁酉条。北京:中华书局,1986年影印本。下同。
②《清世宗实录》卷六二,顺治九年正月癸酉条。

佛班禅额尔德尼二位尊者叩拜!"[①] 溢于言表的崇敬之情为《卫拉特法典》之宗教政策的制定确立了基本格调。

二、明确宣布黄教为蒙古各部共同信仰的宗教,并相应地制定了多种法规:第5条规定,凡反对黄教、杀人和掠夺属于僧侣的爱马克[②]者,科铠甲百领、驼百只、牛千头之财产刑;第9条规定,十人中必有一人献身于佛,但此人的亲戚可用牲畜赎回献身者,若是王公则出牲畜五头;第17条规定,以言辞或行动侮辱僧侣者,财产刑从重处罚;第18条规定,僧侣破戒或擅自还俗者,科牲畜及财产之半。

三、赋予黄教僧侣以种种特权,保护喇嘛财产。除上述第5条规定掠夺属于僧侣的爱马克者要处以财产刑外,第19条还规定,向喇嘛及班第征用大车者,处以母牛一头的财产刑,将献佛之马用于运输赋役者,处以马一匹的财产刑。此外,第16条还规定,为了宗教事务或行政公差而出发的使者,在运输赋役的征用方面,比别的使者优先。

四、禁止黄教以外的藏传佛教各教派及萨满教。第110条规定,取消萨满教尊崇的翁衮[③],违反者科财产刑;第112条规定,宰杀海番鸭、麻雀和用来祭祀者科马一匹;第111条和112条都宣称禁止萨满教男、女巫师进行活动。[④]

《卫拉特法典》有关宗教和僧侣的规定虽不是很多,但全部是以保护黄教为宗旨的。从这些条文可以看出,自1615年卫拉特接受黄教开始,在以后不到30年的时间里,黄教庶几乎已跃居卫拉特诸部具有统治地位的宗教,这一历史发展的结果被卫拉特统治者以法律的形式肯定下来。

吾人固知,过去蒙古各部奉行的成吉思汗《大札撒》对宗教采用的异教宽容主义,指出一切宗教都应该受到尊崇,不许批评宗教的优劣,而《卫拉特法典》却明确规定藏传佛教格鲁派是占支配地位的宗教,对萨满教,

①B. A. Рязановский, *Монгольское право, преимущественно Обычное*. Харбин, 1931, стр. 56. 参见前揭《准噶尔史略》,第252~253页。

②爱马克(ayimar),蒙古语,含有"部落分支"、"胞族"之意,即彼此有亲族关系的氏族集团、家族或氏族联盟。

③翁衮,蒙古语音译,意为"神偶"。多用木材、毛毡、布片、铁板、羊皮等制成不完整的人形,作为精灵的寄托处,以供跳神献祭时使用。

④M. И. Голъман, Русские Переводы и списки Монголо-ойратских Законов 1640г., *Монгольский Сборник*, Москва, 1959, стр. 142~153; 罗致平、白翠琴《试论卫拉特法典》, 卢明辉等编《蒙古史研究论文集》, 北京: 中国社会科学出版社,1984年,第195~217页。

甚至藏传佛教的其他派别(主要是红教)加以排斥。故《卫拉特法典》的出现,不仅巩固了黄教在卫拉特中已取得的优势地位,而且此举必然又反过来进一步加剧黄教发展的步伐,造成了深远的影响。

当然,作为一种意识形态,原来流布过的藏传佛教红教派不可能一下子就从人们的思想观念中消失,也不可能因一部法典的规定而在一夜间退出历史舞台,《新疆建置志》卷三即对焉耆土尔扈特部中红教的情况有所记载:“奉黄教者一千一百余人,奉红教者百八余人。”说明红教的势力尚不小。红教何时传入卫拉特,于史无征,但肯定要早于1573年以后才为蒙古诸部接受的黄教。《卫拉特法典》的颁行,使黄教独尊,红教地位则一落千丈,已被视为差不多与萨满教等同的宗教派别。至于土尔扈特之红教势力何以保存时间较久,似乎应与该部于1630年左右曾远徙伏尔加河流域有关。由于独居一隅,与卫拉特主流社会隔离,故其佛教信仰受当时主流佛教——黄教的冲击就相对较小。

萨满教在《卫拉特法典》中受到了抑制,此后,在卫拉特中的影响大为减弱。虽然其影响在以后的历史长河中一脉不绝,但其势力已不可与昔日相提并论,并最终为黄教所吸收、同化。今天蒙古佛教中祭鄂博、下鲊答等习俗,其实都是萨满教的孑遗。

鄂博,为蒙古语 obō 的音译。清椿园《西域总志》卷一载:“额鲁特土尔扈特人等遇大山则祭之,途间别无为敬,或插箭一枝于地,或掷财物些须而去,谓之祭鄂博。”所谓的鄂博,实际上就是一堆石子、棍棒、树枝、骨头、碎布,有时是带像或有祈祷文的头巾。鄂博原来是萨满教自然崇拜的一种,后被黄教所吸收,至今依然。

鲊答(札答、查达),为蒙古语 zada 的音译,为可用语祈雨的一种石头。卫拉特人认为,鲊答能显神灵,巫师通过祈祷,可致呼风唤雨之效。它在卫拉特人中的流行,同样也见于《西域总志》卷一:“回民及额鲁特人等多于暑天长行用以解烈日之酷,谓之下札答。喇嘛下之尤捷。”这种巫术今天在卫拉特佛教徒中仍然存在。

祭鄂博、下鲊答等萨满教遗俗在包括卫拉特在内的蒙古人中的存在,从一个侧面,彰显着蒙古族黄教的特点。

《卫拉特法典》赋予黄教僧侣诸多特权,明确宣布保护喇嘛财产。毋庸置疑,寺庙的财产主要来自信徒的贡献,尤其那些王公贵族,为了表示信仰虔诚，同时也为了控制黄教，既要求来世的天堂，也要求现世的幸福，他们把子孙送去当喇嘛，将部分财产分赐给喇嘛及寺庙。《咱雅班第达传》即多次记载卫拉特王公给咱雅班第达捐献财物。仅 1645 年，王公们一次就赠给咱雅班第达马 10 000 匹，其他上层喇嘛各得马 1 000 和 500 匹，普通喇嘛分别得 100 匹、60 匹和 40 匹不等。[①] 世俗封建主把自己的阿拉特——平民的最下层——贡献给上层喇嘛，阿拉特原来对世俗封建主所承担的无偿封建义务被转移到喇嘛名下。被贡献的阿拉特称为“沙比那尔”。[②] 他们名义上是喇嘛的门徒，实际上是寺院的属民和上层喇嘛的奴婢。这一隶属关系使上层喇嘛在本质上变成了僧侣封建主，他们拥有各种特权和众多的财产。当然，这些僧侣中有相当一部分人原本就是世俗封建主，只是后来才出家了，旧有的属民必然随之而来。总之，《卫拉特法典》极大地促进了卫拉特黄教寺院经济的发展。

四、咱雅班第达对黄教的贡献

咱雅班第达(Zaya Banḍita, 1599—1662 年)，本名纳木卡嘉木错，出生于卫拉特和硕特部古鲁青(Curocin)鄂脱克的桑噶斯(Sangxas)家族。[③] 由拉特纳巴德拉于 17 世纪末写成的《咱雅班第达传》说，咱雅班第达生于土猪年(1599 年)，17 岁时出家当喇嘛，此年是万历四十四年(1616 年)，这和《和鄂尔勒克历史》的说法大致相当。而加班沙拉勃《关于卫拉特人的故事》则称，其出家之时为 1610 年。[④] 当时，拜巴噶斯担任卫拉特盟主，土尔扈特部的赛英台奈思麦根台曼奈诺颜发起信奉黄教，他向拜巴噶斯和其他贵族提出信奉黄教的建议。[⑤] 得到响应，黄教自此始传入卫拉特，其

①拉特纳巴德拉著，成崇德译注《咱雅班第达传》，《清代蒙古高僧传译辑》，北京：全国图书馆文献缩微复制中心，1990 年，第 7~8 页。

②沙比那尔，蒙古语“徒弟们”之意。沙比(Šabi)为汉语“沙弥”的假借(源自梵语Śrāmaṇera)，17 世纪起有两种含义，一指僧侣的徒弟，二是指隶属于寺庙或大喇嘛的属下人，即僧官管辖下的属民。

③[日]若松宽，“蒙古ラマ教史上の二人の弘法者——ネイチ·トインとザヤ·パンディタ”，《史林》第 56 卷 1 期，1973 年，第 92 页。

④[俄]伊·亚·兹拉特金著，马曼丽译《准噶尔汗国史》，北京：商务印书馆，1980 年，第 160 页。

⑤噶班沙喇布著，乌力吉图译《四卫拉特史》，《蒙古学资料与情报》1987 年第 4 期，第 10 页。

时在17世纪初年，即1610至1616年之间。

1615年，咱雅班第达作为当时四卫拉特盟主和硕特首领拜巴噶斯的义子被奉献出当了喇嘛。[①] 翌年，他经由青海赴西藏学习佛法，入专学显宗的参尼札仓学经。在以后10年中，“他诵经修法，卓识超群，精通《相学》，为众人折服”，最终于大昭寺获得了“拉让巴格西”学位。[②] 以后便跟随达赖五世阿旺罗卜藏嘉木错（1617—1682年）从事宗教活动达22年之久，深得黄教上层的信任。1638年，咱雅班第达奉五世达赖和四世班禅罗卜藏绰尔济嘉勒参（1567—1662年）的谕旨，由西藏返回卫拉特传布佛教，弘扬佛法。

从此以后，他便致力于一系列的弘扬佛法的活动。崇祯十一年（1638年）底，他首先到额尔济斯河的阿巴赖台吉处从事弘法活动；1640年参与《一六四〇年蒙古卫拉特法典》的制定；1641年初，受喀尔喀扎萨克图汗素巴第的邀请，动身去喀尔喀；又从扎萨克图汗处去到土谢图汗那里，随后接受麻哈萨马吉车臣汗的邀请。咱雅班第达“以神圣的教义满足他们的要求，成为七旗三大汗的喇嘛”。喀尔喀三汗劝说咱雅班第达在他们那里逗留二三年，但他不肯，于1638年40岁时返回准噶尔。为了感谢咱雅班第达的弘法活动，喀尔喀汗“每日奉献给咱雅班第达三只汤羊，又献给他三十个乌拉，尊称他‘拉让巴咱雅班第达’”。[③]

顺治三年（1646年），咱雅班第达去乌拉尔河土尔扈特王公处。1656年夏季以后又去伏尔加河土尔扈特部，于顺治十年（1658年）返回鄂齐尔图处。他在伏尔加河土尔扈特处的传布佛法效果显著，以后，土尔扈特为他建立了库仑，赐给他3个鄂托克。现特克斯县还有为他所建庙宇的遗址，唤作呼图克图格根庙。呼图克图格根（意为活佛）是咱雅班第达的众多封号之一。这儿的蒙古人至今仍在祷告时称之为呼图克图格根。[④]

1648至1649年间，咱雅班第达在巴图尔珲台吉的支持下，在回鹘式蒙古文的基础上创制了托忒蒙文。如所周知，蒙古文是13世纪初成吉思汗命回鹘人塔塔统阿以回鹘文字母为基础而创制的。但至17世纪时，由

①同上引兹拉特金《准噶尔汗国史》，第161页；若松宽，“カラムックにおけるラマ教受容の历史的側面”，《东洋史研究》第25卷1期，1966年，第100页。

②同上引《咱雅班第达传》，第4页。

③同上引《咱雅班第达传》，第6页。

④《新疆蒙古族社会历史、宗教调查资料汇编》，《新疆宗教研究资料》第9辑，1984年，第34页。

于蒙古语发生了很大变化，而原来的回鹘式蒙古文常常无法准确地表达蒙古语的全部语音，给语音记录带来了诸多不便，更使佛经翻译工作障碍重重。根据这种情况，咱雅班第达在原来文字的基础上进行了改造，使之能够更清楚地书写蒙古语。为此，该文字得名“托忒文(Todorkhai Mongol)”。托忒系蒙古语音译，意为“清楚”，托忒文即“清楚的文字”。外国学者又称之为卡尔梅克文(Kalmack)。该文字直到目前在新疆的卫拉特蒙古中仍在继续使用，又称“卫拉特蒙古文”。

通过长期的宗教实践，咱雅班第达认识到，要想准确无误地理解佛理，达到弘法的目的，就必须从翻译有关的佛教著作入手，包括经典(经、律、论)、佛传故事、因缘故事与名僧传记等。以此之故，从1650年至1662年，他与其弟子历时12年，用托忒文翻译藏文经典与著作152部[①] 之多，其中大多为佛经(著名的有《金刚经》《大般涅槃经》《金光明经》《贤劫经》《文殊所说最胜名义经》《无量寿经》等)和其他各种佛教典籍(如忏悔词、莲花手印诀、陀罗尼等)，此外也有相当一部分科学、历史、文学、医学等方面的著作。[②] 这些著作不仅在当时为广大僧众提供了印藏佛学的重要材料，而且为后世留下了宝贵的宗教历史资料。其中虽然在清军剿灭噶尔丹时大部被焚毁，但是至今仍有存世之译作，成为弥足珍贵的财富，为沟通蒙藏之间的宗教、历史、文学、天文、医药的传播与交流，起到了积极作用。

咱雅班第达不仅是一位佛学家和翻译家，同时也是一位出色的宗教活动和政治活动家。他一生中曾多次赴喀尔喀、西藏和清廷进行宗教政治活动，对卫拉特各部之间的矛盾，他也竭力予以调解，不断奔波于卫拉特各地，起着调停人的作用，力求阻止武装冲突。他的活动促进了卫拉特各部的团结，为准噶尔民族政权的发展建立了和平安定的内部、外部环境。他的佛事活动，也引起了清政府的重视与敬重，据载，顺治四年(1647年)十一月丁巳，“上御太和殿赐厄鲁特部落喇木占霸胡图克图、单储特霸达尔汗绰尔济、喀尔喀部落扎萨克图汗下额尔克温布及土谢图汗下杜尔伯

①一说200余部，一说170余部。其依据都来自《咱雅班第达传》的记载，但由于对文中所涉著作的名称理解不同，故有如此差异。兹从丁守璞、杨恩洪著《蒙藏关系史大系·文化卷》，拉萨：西藏人民出版社、北京：外语教学与研究出版社，2000年，第154页。

②同上引《咱雅班第达传》，第12~25页。

等宴”。[①] 其中的喇木占霸即咱雅班第达,从中不难看出其地位的尊贵。

咱雅班第达还曾两次前往西藏进行宗教政治活动,最后于1662年秋圆寂于第三次赴藏途中。在他寂灭后,灵柩被运往拉萨大昭寺,由达赖喇嘛给他诵经超度,“参加葬礼的大小喇嘛纷纷到扎什伦布寺的像前磕头,为咱雅班第达修制银塔”,并请求为其塑像,得到了达赖喇嘛的允准。[②]

咱雅班第达的影响是既深且巨的。据载,当他去世的消息传开后,和硕特、准噶尔等部为了表彰他对卫拉特宗教、文化发展的贡献,特地成立了一个“卫拉特大库伦”,献出三个鄂托克的人,作为“大库伦的沙比那尔”。游牧于伏尔加河流域土尔扈特人,也独自建立了“呼图克图库伦”。[③] 咱雅班第达的影响之大于此可见一斑。直到康熙二十八年(1689年),甘肃白塔寺住持罗卜藏宜宁等还宣称:“伊师喇木占巴喇嘛复转生于世,祈请往聚。”[④] 向清廷要求成立咱雅班第达的活佛系统。

由于咱雅班第达及其他高僧(如罗卜藏呼图克图、伊拉古克三班第呼图克图)的努力,藏传佛教愈益为卫拉特统治者所推崇,成为准噶尔政权的精神支柱,在巴图尔珲台吉及其子僧格,都曾得到以咱雅班第达为首的等藏传佛教首领的有力支持。而以后噶尔丹、策妄阿拉布坦、噶尔丹策零、喇嘛达尔扎、达瓦齐、阿睦尔撒纳等卫拉特头领的上台与权势的形成,其实也都与这一宗教力量息息相关。

五、噶尔丹与西藏黄教上层的结纳

噶尔丹(Galdan, 1644—1697年)是卫拉特准噶尔部的首领,号博硕克图汗,为巴图尔珲台吉第六子。噶尔丹的一生,从他初登西藏佛殿,确定政治路线,后来入侵喀尔喀与清朝中央政府展开割据与统一的斗争,都与五世达赖和掌实权的第巴落桑金巴和后继者第巴桑结嘉错存在着千丝万缕的联系。

噶尔丹年少时即剃发往西藏。据史料记载,噶尔丹“有大志,好立奇功,父母深爱之,欲立为黄台吉。噶尔丹曰:‘阿哥(即僧格——引者)在。’

①《清世宗实录》卷三五,顺治四年十一月丁巳条。

②同上引《咱雅班第达传》,第41页。

③诺尔布译《托忒文手抄本——四卫拉特史(译文初稿)》,《新疆宗教研究资料》第9辑,1984年,第52页。

④[清]蒋良骐《东华录》卷一五,北京:中华书局,1980年,第248页。

乃尽髡其发，独身往乌思藏"。[①] 噶尔丹来西藏当喇嘛，本非出自对黄教的笃信，只不过是要利用袈裟来提高自己的社会地位而已，故"居乌思藏日久，不甚学梵书，惟取短枪摩弄"。[②] 他的这种行为，不仅未受到达赖喇嘛的阻止，反而却受到了特别的器重。达赖喇嘛"之徒遍西域，而特重嘎尔旦，所语密，虽大宝法王、二宝法王不得与闻"。那么，达赖喇嘛为何"语密"？有什么内容呢？史书未载，但紧随其后的言论却道破了天机：

> 黄衣僧常叹息：西方回纥不奉佛教，护法如韦驮，仅行于三洲（应为三州，指伊州、西州和庭州——引者）。噶尔旦笑曰："安知护法不生今日。"[③]

寥寥数语，便把达赖五世（即黄衣僧）与噶尔丹之间互相接纳的因由与图谋交代得非常清楚：原来新疆是佛教的天下，但自 10 世纪中叶始，被逐步伊斯兰化了。至 17 世纪时，除卫拉特外，当地诸族差不多都已皈依了伊斯兰教，这自然是达赖五世所不愿看到的。要重振这里的佛法，就需要有强有力的护法主。于是，噶尔丹便成为他的最佳人选。而这正是噶尔丹可遇而不可求的大好机会。默契达成，达赖喇嘛遂授之以"噶尔丹呼图克图"的尊号。日后，噶尔丹对南疆的侵略及达赖喇嘛的鼎力襄助，正是对这种关系的最佳脚注。

康熙九年（1670 年）底，噶尔丹兄僧格被杀，准噶尔部大乱，达赖喇嘛立即抓住这个机会，把噶尔丹"遣归辖厄鲁特众……嘎尔丹遂为所部长"。"嘎尔旦将行，达赖喇嘛多秘语，膜拜别，曰：'东方运兴，汝将出也。'"[④] 噶尔丹深知黄教的号召力，临行时，"他向护法神请求：'我的家乡地处僻壤，而且异教徒很多，请赐给我保护家乡的保护神。'"当噶尔丹于 1671 年归部后，达赖五世派大喇嘛奈冲鄂木布前往监护噶尔丹，以影响其政策。在达赖喇嘛和僧格旧部的支持下，噶尔丹为兄僧格报了仇，夺得了准噶尔部的统治权。据载："初，僧格遇害，部落有逃而结聚者百十骑，屯大碛东，未知所附"，当噶尔丹到来时，"手捉一枪，众审视惊喜，下马罗拜以为神。嘎

①［清］梁份著，赵盛世、王子贞、陈希夷校注《秦边纪略》卷六《嘎尔旦传》，西宁：青海人民出版社，1987 年，第 419 页。
②《秦边纪略》卷六《嘎尔旦传》，第 419 页。
③《秦边纪略》卷六《嘎尔旦传》，第 419 页。
④［清］祁韵士《皇朝藩部要略》卷一〇。

尔旦益集合烬余,故部落闻嘎尔旦归,稍稍集聚千余骑”。[①] 这一情节形象地反映了黄教在噶尔丹夺取准部政权及统一准部中的作用。不过，刚开始,由于力量弱小,噶尔丹曾一度附牧于弟弟温春台吉那里。不久,他便利用卫拉特兄终弟及之俗，通过与其兄妻阿奴的联姻而争取到“厄鲁特之主”鄂齐尔图车臣汗的援助,准噶尔才得逐步稳定下来。

鄂齐尔图车臣汗帮助噶尔丹稳固了政权,但为时不久,随着准噶尔的逐步壮大他便成了噶尔丹的攻击目标。康熙十六年(1677 年),噶尔丹袭杀鄂齐尔图车臣汗,“西套厄鲁特既溃，或奔依达赖喇嘛，或被噶尔丹掠去”。[②] 这一变故,对达赖喇嘛来说,不啻为双喜临门。一方面,卫拉特部众的归附,无疑增强了自己的势力;另一方面,受到清廷册封的鄂齐尔图车臣汗之亡,为其所扶持的噶尔丹势力的发展壮大扫清了道路。[③]

噶尔丹当政时,大力发展佛教。佚名氏著《蒙古青史》载：

> 噶尔丹出家当喇嘛,住在西藏。他父亲死后,他的四兄(应为五兄——引者)僧格继位，被其长兄车臣和三兄巴图尔所害,消息传到西藏,他听见了,便请于班禅额尔德尼(应为达赖喇嘛——引者),接受布斯克图封号,奉三圣金身,回归故乡,斩除敌人,修建特尔尼、拉马立木、沙巴丹三庙,于庙中供奉三界圣佛。[④]

由于噶尔丹的大力倡导与扶植,准噶尔喇嘛阶层很快扩大。按照《咱雅班第达传》的说法,17 世纪 50 年代,准噶尔的僧人有 1200 名,[⑤] 但到噶尔丹侵袭喀尔喀前夕,被其派赴喀尔喀活动,以充任征服喀尔喀时之内应的喇嘛就有上千人。[⑥] 由此可以推想准噶尔部喇嘛势力发展之速。

噶尔丹一方面致力于本部佛教的发展，另一方面又积极发展与西藏

①[清]梁份《秦边纪略》卷六《嘎尔旦传》,第 420 页。

②[清]祁韵士《皇朝藩部要略》卷九。

③张植华《略论噶尔丹与西藏僧俗统治者的关系》，卢明辉等编《蒙古族历史人物论集》,北京:中国社会科学出版社,1981 年,第 204 页。

④谢再善译注《蒙古青史译注稿》,兰州:西北民族学院编印,1980 年,第 94 页。

⑤同上引《咱雅班第达传》,第 29 页。

⑥[清]魏源《圣武记》卷三,北京:中华书局,1984 年,第 116 页;[清]俞正燮撰,涂小马、蔡建康、陈松泉校点《癸巳类稿》卷八(《新世纪万有文库》本),沈阳:辽宁教育出版社,2001 年,第 265 页。

黄教上层的关系，据载，当时西藏常有“黄衣僧来，人咸莫测其所以”。[①] 噶尔丹凡有重要活动，都要征求五世达赖的意见，如康熙十三年(1674 年)吴三桂叛乱时，“嘎尔旦谋所向。达赖喇嘛使高僧语之曰：‘非时！非时！不可为。’嘎尔旦乃止”。[②] 当时，达赖五世在暗中是吴三桂叛乱的支持者，但当噶尔丹蠢蠢欲动时，他以时机尚不成熟为由不使其介入。作为噶尔丹的幕后指挥，达赖五世是极尽其职的。

达赖五世不使噶尔丹介入“三藩之乱”其实是另有打算的。如前所言，达赖五世重用噶尔丹的主要目的在于重振新疆之佛教，这从 1678 年噶尔丹对南疆的占领一事中即可得到充分的证明。

17 世纪中后叶，南疆伊斯兰教势力发展迅速，宗教头领——和卓力量渐长，与世俗政权产生了尖锐的矛盾，和卓内部因争夺世俗政权而分裂为白山派和黑山派。黑山派在察哈台后王的支持下，将白山派首领阿帕克和卓从喀什噶尔驱逐出去。阿帕克和卓逃亡西藏，投奔五世达赖，请求帮助，“并博得了这位伊斯兰教天然敌人的好感与支持”。[③] 于是，五世达赖和第巴落桑金巴派阿帕克携带其亲笔信去见噶尔丹，信中要求噶尔丹帮助阿帕克和卓他“喀什噶尔和叶尔羌重建其他的政权”。[④] 信中写道：“你亲自领兵，收复暴君统治的那些城池，让阿帕克霍加登上王位，然后你再返回原地。”[⑤] 噶尔丹抓住这个机会于康熙十七年(1678 年)派出一万骑兵占领南疆，将察合台王及其家属虏往伊犁，另立阿帕克和卓为傀儡，并强迫穆斯林“纳添巴(赋税)，奉浮图”。[⑥] 噶尔丹的这些举措，其实都得到了达赖五世的指使。可见，噶尔丹兵锋之所向、起事之时机，与达赖五世的谋划和影响关系很大。此后，直到清朝统一新疆之前，南疆地区基本上处于准噶尔封建贵族的统治之下。[⑦]

噶尔丹经过 10 余年的征战，势力日强，进而向康熙皇帝提出“圣上君

①[清]梁份《秦边纪略》卷六《嘎尔旦传》，第 421 页。

②《秦边纪略》卷六《嘎尔旦传》，第 421 页。

③[俄]库罗帕特金著，中国社会科学院近代史研究所翻译室译《喀什噶尔(它的历史、地理概况、军事力量以及工业和贸易)》，北京：商务印书馆，1982 年，第 94 页。

④H. H. Howorth, *History of the Mongols from the 9 th to the 19 th* Century, London, 1927, p.623.

⑤佚名氏著，崔维歧译《大霍加传》，《新疆宗教研究资料》第 12 辑，1986 年，第 16 页。

⑥[清]梁份《秦边纪略》卷六《嘎尔旦传》，第 422 页。

⑦前揭张植华《略论噶尔旦与西藏僧俗统治者的关系》，第 205~206 页。

南方,我长北方"的要求。[①] 1679年,达赖五世授予他"博硕克图汗"的封号。这一年,达赖五世的第五任第巴桑结嘉错接任,此人有专制西藏的野心。[②] 康熙二十一年(1682年)五世达赖寂灭,他秘不发丧,并假借达赖喇嘛的名义,号令于蒙藏,噶尔丹"与第巴暱"。而第巴桑结"阳则奉宗喀巴之教,阴则与噶尔丹朋比"。[③] 一方要求割据祖国西北,另一方则要求喀尔喀黄教直接听命于西藏黄教领袖,两方互相勾结,终于导致了康熙二十七年(1688年)对喀尔喀黄教首领哲布尊丹巴及其兄土谢图汗的战争。

对这场战争爆发的起因,康熙帝洞察秋毫,明确指出:"达赖喇嘛,蒙古尊之如佛,第巴者,即代达赖喇嘛理事之人。噶尔丹叛逆皆第巴之故"。[④] 起初,康熙帝不知达赖五世已故去,致书请求其施加影响使噶尔丹罢兵,但第巴桑结嘉错却背其道而行之,遣使济隆呼图克图前准噶尔部,故意激化噶尔部与喀尔喀之间的矛盾。[⑤] 战争爆发后,济隆呼图克图不但为噶尔丹出谋划策,替其制定进兵计划,而且在噶尔丹于乌兰布通败后亲到清营打听军情。然后又伙同伊拉古克三[⑥] 胡土克图为噶尔丹求情,以致噶尔丹能逃回科布多草原。[⑦] 第二年,伊拉古克三公开背叛清朝,投奔噶尔丹。此后一直追随噶尔丹,为其出谋划策。1679年,噶尔丹败亡,伊拉古克三后穷途末路,转投策妄阿拉布坦。策妄迫于清军声威,将伊拉古克三及其家人属众执送清廷,被"磔诛之"。[⑧] 又有大喇嘛奈冲隆木布,替噶尔丹军队诵经祈祷,鼓舞士气。第巴桑结还派出善巴陵堪布,代表噶尔丹去北京,向清政府施加压力。甚至还有不少西藏喇嘛直接参加战斗。最后,在噶尔丹将被其侄策妄阿拉布坦围歼时,第巴桑结嘉错的使者又用公布达赖五世去世的消息,成功地阻止了策妄阿拉布坦的进攻。因为按照黄教教规,达赖喇嘛去世是要休战祈祷的。诸如此类,均表明第巴桑结曾给予噶

①[清]温达等《亲征平定朔漠方略》卷七。系噶尔丹使者尊多伊格苏尔对清朝政府内大臣阿密达转述噶尔丹的话。

②王尧《第巴·桑结嘉错杂考》,中国人民大学清史研究所编《清史研究集》第1辑,北京:中国人民大学出版社,1980年,第183~199页。

③《清圣宗实录》卷一五三,康熙三十九年九月丁卯条。

④[清]蒋良骐《东华录》卷一七,北京:中华书局,1980年,第280页。

⑤[清]魏源《圣武记》卷三,北京:中华书局,1984年,第115页。

⑥伊拉古克三,其人其事,可参见马汝珩《清代西部历史论衡》,太原:山西人民出版社,2001年,第279~281页。

⑦《准噶尔史略》编写组《准噶尔史略》,北京:人民出版社,1985年,第110页。

⑧[清]蒋良骐《东华录》卷一七,北京:中华书局,1980年,第283页。

尔丹以多方面的支持,起着不可低估的作用。

噶尔丹以黄教起家,后又被黄教领导集团利用而最终导致败亡,他在康熙三十五年(1696年)败于克鲁伦河后,面对部下的抱怨,他说:"此行非我意,乃达赖使言南征大吉,是以深入。"[①] 清抚远大将军费扬古在奏言中亦谓:"据降人言,噶尔丹遁时,部众多出怨言。噶尔丹云:'我初不欲来克鲁伦地方,为达赖喇嘛煽惑而来,是达赖喇嘛陷我,我又陷尔众人矣。'"[②] 此言足证西藏黄教上层在噶尔丹叛乱中曾起到重要作用。但需辩明的一点是,他当时是受第巴桑结嘉错的指使,因为他入克鲁伦河反叛时,达赖五世早已亡故10余年了,只是其死讯一直被第巴桑结嘉错掩盖,未公布而已。[③]

六、策妄阿拉布坦及其后的卫拉特黄教

策妄阿拉布坦(Cavan-Rabtan,1665—1727年)是巴图尔珲台吉第五子僧格的长子,在卫拉特佛教史上有一定影响。

17世纪70年代,在其叔父噶尔丹夺取了准噶尔部的统治权后,策妄阿拉布坦曾受到掣肘,被迫带领僧格旧部5000余人逃至今新疆博乐县一带,长期与噶尔丹为敌。在清朝平定噶尔丹叛乱的战争中,立有战功。康熙三十六年(1697年)年五月,噶尔丹仰药自杀,策妄阿拉布坦执掌了准噶尔部大权。是年,康熙帝降旨诘责第巴桑结匿达赖五世丧讯并嗾使襄助噶尔丹叛乱之罪,第巴桑结无奈之下一方面卑辞请恕,另一方面公布达赖五世之丧,同时,使早已寻获之六世仓央嘉措正式坐床。但由于此举违逆了顾实汗的后代拉藏汗的意愿,第巴桑结与拉藏汗遂因达赖六世的问题而发生了冲突。康熙四十四年(1705年),桑结嘉错买通拉藏汗的内侍,想用下毒的办法杀害拉藏汗,事泄,反被拉藏汗所杀,他所立的六世达赖也随之被废黜。康熙帝加封拉藏汗为"翊法恭顺王",并命其将被废的达赖六世送往北京,结果于1706年病死于青海湖边。[④] 拉藏汗立阿旺伊什嘉木错为达赖六世,于1707年2月奏准正式坐床,但遭到三大寺(哲蚌寺、色拉

①《清史稿》卷五二五《藩部八》,北京:中华书局,1977年,第14535页。

②《清圣宗实录》卷一七三,康熙三十五年五月癸酉条。

③陈世良、谭吴铁、陈国光《藏传佛教(喇嘛教)在新疆的传播与发展》,《新疆维吾尔自治区社会科学院首届学术报告会论文选集》(1982年11月),乌鲁木齐:新疆社会科学院编印,1982年,第306~307页。

④《清史稿》卷五二五《藩部八》,北京:中华书局,1977年,第14536页。

寺和甘丹寺）上层喇嘛的反对，他们在青海和硕特部的支持下，又在理塘找到一个名叫格桑嘉措的幼童作为仓央嘉措的转世灵童，为六世达赖，于是，冲突又起。此时，一部分西藏喇嘛邀请策妄阿拉布坦进兵西藏。策妄认为机会已到，于康熙五十五年（1716年）十月命大策凌敦多布率兵六千，经和田，由小道翻越昆仑山，奔袭拉萨，杀死拉藏汗，并大肆劫掠西藏寺院财宝法物，以致现时藏人尚有“准噶尔之劫”的说法。[①] 另又派一支部队奔袭青海，迎取青海和硕特部所立之六世达赖，但遭到失败。康熙五十九年（1720年），清军分路进入西藏，大策凌敦多布携带所掠重器，仓皇败退伊犁。是年，康熙帝命廷信、噶尔弼分率陕、甘等地和川、滇等地满汉兵入藏，并以金册、金印封格桑嘉措为六世达赖。这表示既不承认仓央嘉措为六世达赖，也不承认阿旺伊什嘉木错为六世达赖。但藏人，尤其是三大寺僧众一直认为仓央嘉措为六世达赖，格桑嘉措为七世达赖。[②]

在这场充满血雨腥风的较量中，策妄阿拉布坦扮演了重要角色。如前所述，第巴桑结嘉错一直是噶尔丹的幕后主使，故策妄在反对噶尔丹战争中的节节胜利是桑结嘉错所不愿看到的。史载：“桑结忌策妄阿喇布坦尽收准部故地，致噶尔丹无所归，奏防其猖獗，而策妄阿喇布坦亦奏第巴奸谲，及所立新达赖之伪，欲藉词侵藏。”[③] 二者的不共戴天之怨在其奏表中表现得淋漓尽致。同时，策妄阿拉布坦也不承认第巴桑结所立的六世达赖。为了得到策妄阿拉布坦的支持，达赖六世仓央嘉措曾赐其“额尔德尼卓里克图洪台吉”之封号，即“宝权大庆王”之谓，并铸铁章梵文以赐。[④] 后来，仓央嘉措被废，策妄阿拉布坦又一改原来的态度，转而要迎仓央嘉措去伊犁，但未得到拉藏汗的许可。何以突然会有如此大的转折？康熙帝一语破的：“蒙古素崇佛教，有达赖喇嘛名，皆皈依之。倘为策妄阿拉布坦所迎归，则西藏蒙古皆向策妄阿拉布坦矣”。[⑤]

清军入藏后，针对策妄阿拉布坦在西藏的活动，康熙帝采取了一系列强有力的对策：其一，对策妄阿拉布坦所派企图劫持达赖喇嘛和班禅的小股部队予以坚决消灭，并派皇十四子允禵进驻西宁，切断准噶尔入藏骑兵

①王尧《承德〈安远庙碑〉考释》，《法音》1982年第3期，第33页。
②王森《西藏佛教发展史》，北京：中国社会科学出版社，1987年，第196~197页。
③《清史稿》卷五二五《藩部八》，北京：中华书局，1977年，第14536页。
④［清］傅恒等纂，钟兴麒等校注《西域图志校注》卷四一《服物一》，乌鲁木齐：新疆人民出版社，2002年，第535页。
⑤［清］祁韵士《皇朝藩部要略》卷一七。

的退路；其二，争取达赖喇嘛的支持。允禵亲往会见达赖喇嘛，以阐明与准噶尔部作战的意义。由达赖喇嘛发布告示，揭露“准噶尔人背逆无道，混乱佛教，贻害杜伯特（即西藏——引者）”的罪行，从而宣扬清军“扫除准噶尔人，收复藏地，以兴黄教，使杜伯特众生太平如恒”的意义；[①] 其三，清军入藏，护送达赖七世于布达拉宫坐床，逮捕了准噶尔派往西藏各寺院的 101 名喇嘛，斩杀 5 名首恶者，其余 96 名“尽行监禁”。[②] 挫败了策妄阿拉布坦分裂的阴谋，稳定了西藏政局。

如前所述，策妄阿拉布坦是在击灭噶尔丹以后登上汗位的，但在对待黄教这一问题上，他继承的却为噶尔丹的衣钵：支持黄教，以求得到西藏黄教上层的支持。在他统治时期，除经常邀请札什伦布寺、哲蚌寺大喇嘛到准噶尔地区传播经教外，又通过扩大寺院建设、制定“僧律”等措施，竭力提高喇嘛教的地位。其崇佛事迹，史书曾有这样的记载：

> 此后额尔德尼·觉热图·洪台吉·策旺饶丹（即策妄阿拉布坦——引者）也很崇信佛教，尤信格鲁派。先后迎请札什伦布寺安钦·格勒饶吉及班觉嘉措二大德赴蒙古。之后，又迎请哲蚌寺的瓦许·丹巴饶吉等很多大善知识，使在家人皆授勤策戒，使沙弥比丘受持朗孜顶玛二种学处，创立清净律制，当此时虽未设立显教学院，但亦以讲听广略《菩提道次第》为主要功课。对每一沙弥比丘属民三户、骆驼六匹、马牛四十头、羊二百只，其对佛法之贡献堪与吐蕃之赤热巴坚王相颉颃。[③]

在他所居住的四个蒙古大帐房中，前头大房都供奉着佛像，周围百余帐房则由喇嘛居住，名曰三大宰桑所。议事时，他与大喇嘛盆素克丹津、阿拉木、扎木巴等同坐床上，[④] 以表明其地位在世俗官员之上。大喇嘛有参与决定军政要务的大权。卫拉特的寺院经济也得到了较大的发展。寺庙的牧地扩张，牲畜与寺领人口不断地增加，逐渐形成了寺院封建领地——集赛。这种领地由宰桑管理，受到了统治者的法律保护。

---

①[清]爱新觉罗·胤祯《抚远大将军奏议》。

②《清圣宗实录》卷二八九，康熙五十九年冬十月庚戌条。

③土观·罗桑却吉尼玛著，刘立千译《土观宗教源流——讲述一切宗教源流和教义善说晶镜史》，北京：民族出版社，2000 年，第 230 页。

④[清]黄文炜《重修肃州新志·西陲纪略·准噶尔》，甘肃省酒泉县博物馆翻印，1984 年，第 659 页。

雍正五年(1727年),策妄阿拉布坦病故,子噶尔丹策零(1727—1745年在位)继位。他凭借着雄厚的经济实力,大力提倡黄教,经常派人到札什伦布寺、哲蚌寺、色拉寺等处邀请黄教大师到准噶尔传授经典。札什伦布寺闻思州院教授迹象智、哲蚌寺上座律师多门院教授善慧满、勒勤巴僧称、色拉寺教授诸善知识等都先后应邀前往讲法论道。为了奖励喇嘛们研习经教,噶尔丹策零对于新获得"格西"学位的喇嘛给以"隆重赏赐和赞扬"。① 而且新修了气势恢弘的固尔札庙和海努克庙,供喇嘛居住。故《四卫拉特史》赞扬他"阐扬了佛教哲理"。② 为了鼓励部众出家当喇嘛,他还制定了《博瓦尼法庙律》,规定:"五锡拉言庙,各位僧徒五百人,每一僧徒属蒙古人二,奴隶三户,骑马二匹,公骆驼二匹,骒马二匹,騸马一匹,羊一百只,以及绸缎布匹衣物等,不时赏赐"。③ 这里所规定的每个喇嘛拥有的财产数,实际上指的是整个寺庙可按僧徒人数计算拥有的财产数,并非每位僧众都可占有或已经占有的财产,整个寺院的财产实际上是上层喇嘛的。制定庙律的另外一层意思是用来限制庙产,但后来喇嘛人数远远超过了庙律的限额,实际上并未能控制住寺院经济的膨胀。

策妄阿拉布坦时已初步形成的"集赛",到噶尔丹策零时发展为五个,以后又很快扩展到九集赛。集赛所出,均用于寺院与喇嘛。集赛,是一种包括牧地、畜群、寺领人口(劳动力)的社会组织,与所谓的鄂托克差不多相当,只不过是归寺庙所有而已。五集赛的名称是:"阿克把集赛有二宰桑,人四千户;赉吗里木集赛、杜尔把集赛、推素隆集赛、伊克胡拉尔集赛,各有一宰桑,人各一千户"。④ 五集赛的名称来源于五个寺庙名:阿克把庙——阿克把集赛、赉吗里木庙——赉吗里木集赛、杜尔把庙——杜尔把集赛、推素隆庙——推素隆集赛、伊克胡拉尔庙——伊克胡拉尔集赛。⑤ 后又增集赛四:"温都逊集赛、善披领集赛,各有一宰桑,人各有一千户;桑堆集赛、品陈集赛,各有一宰桑,人各有三百户。此九集赛办理喇嘛一切事

①土观·罗桑却吉尼玛著,刘立千译《土观宗教源流——讲述一切宗教源流和教义善说晶镜史》,北京:民族出版社,2000年,第231页。

②诺尔布译《托忒文手抄本——四卫拉特史(译文初稿)》,《新疆宗教研究资料》第9辑,1984年,第52页。

③谢再善译注《蒙古青史译注稿》,兰州:西北民族学院编印,1980年,第59页。

④[清]傅恒等纂,钟兴麒等校注《西域图志校注》卷首乾隆《准噶尔全部纪略》,乌鲁木齐:新疆人民出版社,2002年,第10页。

⑤诺尔布译《托忒文手抄本——四卫拉特史(译文初稿)》,第52页。

务。喇嘛有六千余”。[①] 寺领人户约占准噶尔政权总户数20余万户的5%强。喇嘛人数6千余，约占总人数60余万的1%。这与后来嘉庆四年(1799年)男人中喇嘛占20%的情况相比,寺领人口占总人口比重不是很大,但业已相当可观。特别是寺院财产,已如此庞大,实在是一支不可小觑的力量。

概言之,在策妄阿拉布坦及其子噶尔丹策零统治时,黄教在卫拉特诸部得到了进一步发展,喇嘛人数激增,寺庙规模扩大,注重教义修习,戒律僧制日臻完备,名师高僧辈出。高僧中著名于世的有:阿尔丹嘎布纠、罗云康布腾、巴乌喇嘛和土尔扈特部的阿嘉喇嘛等，这些高僧的庙宇至今犹在。策妄阿拉布坦和噶尔丹策零在位期间,还多次请求赴藏熬茶礼佛,每次费银达20余万两。清廷亦赐茶叶香帕,以助其施。

噶尔丹策零死后,准噶尔部陷入内乱,黄教喇嘛便不失时机地介入其政治纷争之中,如喇嘛达尔扎、达瓦齐之得嗣位,都得力于黄教喇嘛的支持,后来达瓦齐与阿睦尔撒纳之构衅,亦同样是伊犁喇嘛所指使。阿睦尔撒纳助清军定伊犁,随即使人赴西藏熬茶,发愿一旦得到卫拉特四部的统治权,便以振兴黄教为务。同时派人唆使固尔扎喇嘛去见伊犁将军,威胁道:“若不使阿睦尔撒纳主伊犁者,喇嘛等当自刎死”,[②] 甚至放出流言,称“阿睦尔撒纳有统领准部之分”,[③] 要求由阿睦尔撒纳来主持伊犁的政务,遭到了清政府的断然拒绝。在其诡计一个个破灭后，便于乾隆二十年(1755年)撕下伪装,发动了叛乱,其借口之一就是清军统帅班第等“临事暴急,凌辱喇嘛”。[④]

清军历年余平定叛乱,重新统一伊犁后,清政府进一步增强了对准噶尔封建主和黄教关系的认识。康熙帝认为:“蒙古之教宿尚黄,宗喀巴以来三百余年其流长。昔顾实汗以此雄据卫藏摄群部,然亦不过假名敬佛,要乃所以收众方。强吞弱噬互攘窃,无不垂涎达赖喇嘛,貌为恭谨,其实心弗良”,[⑤] 要加强对蒙藏的统治,就需“因其俗,不易其旧;齐其政,不易其宜”,[⑥] 从而逐步把黄教纳入自己的控制之下。

①《西域图志校注》卷首乾隆《准噶尔全部纪略》,第11页。

②[清]俞正燮撰,涂小马、蔡建康、陈松泉校点《癸巳类稿》卷八(《新世纪万有文库》本),沈阳:辽宁教育出版社,2001年,第277页。

③《清高宗实录》卷四九三,乾隆二十年七月癸巳条。

④《清高宗实录》卷五〇四,乾隆二十一年正月己巳条。

⑤《西域图志校注》卷三九康熙《御制伊犁喇嘛行》,第511页。

⑥《皇朝文献通考·舆地考》卷二九二。

在此思想支配下，清政府对卫拉特黄教采用了恩威并施和因俗而治的策略。一方面因势利导，通过扶持并发展黄教，以收安定民心之效。在卫拉特居住区，甚至在清朝行宫所在的承德等地大兴寺庙，修建了著名的兴教寺（又称普化寺）、绥静寺等，以安置卫拉特喇嘛，同时又考虑到从噶尔丹到达瓦齐、阿睦尔撒纳等，都曾把喇嘛教作为分裂割据的工具，为防止喇嘛势力的膨胀而重蹈其附逆叛乱的覆辙，故而采取了一系列严格的措施：将年富力强的喇嘛迁移内地，只留下老弱病残者；喇嘛不得干预世俗事务；不许伊犁喇嘛产生呼图克图，由清政府直接派遣堪布进行管理，三年轮换一次；严禁新疆喇嘛到内地或内地喇嘛到新疆游方。《理藩院则例》卷五九规定，内地喇嘛与卫拉特、喀尔喀等处喇嘛往来，必须呈报驻地将军详细稽查，否则按"喇嘛私请私行例"予以惩罚。这些措施的制定，使新疆黄教完全沦为清政府笼络蒙古王公权贵和统治人民的工具。

七、土尔扈特之黄教

1630年前后，土尔扈特部与准噶尔部不和，屡受巴图尔珲台吉排挤，矛盾加深。为了寻求新的牧地，和鄂尔勒克率领全部土尔扈特人和部分和硕特、杜尔伯特属众约5万帐，徙牧额济勒河（伏尔加河），设牙帐于阿赫图巴河下游，成为一个单独的卫拉特游牧部族，故这里作为独立单元叙述。

西迁的土尔扈特人"主要信仰的是喇嘛黄教"。[①] 他们因"敬达赖喇嘛"，故其首领常常遣使（或亲自）赴西藏"熬茶、供佛，谒达赖喇嘛"。[②] 在伏尔加河两岸佛寺当喇嘛的有1万多人，最多时达2万人，有10个大型喇嘛庙，这是由土尔扈特汗室批准建立的，另有几十个大小不同的佛寺，分布于大小王公的牙帐旁。由于其周邻操突厥语的各民族多是信奉伊斯兰教或东正教的，宗教信仰对立严重，进而时常导致宗教冲突和战争的爆发。和鄂尔勒克就是在1644年攻打沙俄阿斯特拉罕的战斗中阵亡的。[③]

西迁后的土尔扈特和其他部众，在以后的140年间，不仅保持其原来

①佚名氏著，诺尔布译《卡尔梅克诸汗简史》，《厄鲁特蒙古历史译丛》第4集，北京：中国社会科学院民族研究所编印，1985年，第1页。

②［清］何秋涛《朔方备乘》卷三八《土尔扈特归附始末》。

③［俄］帕里莫夫著，许淑明译《卡尔梅克在俄国境内时期的历史概况》，乌鲁木齐：新疆人民出版社，1986年，第12页。

崇奉的黄教，而且还保持着与故土卫拉特诸部的联系。崇祯十三年（1640年），和鄂尔勒克率其子书库尔岱青等前往塔尔巴哈台，参加卫拉特、喀尔喀封建主会盟，共同制定了《卫拉特法典》，以后也一直保持着《法典》规定的对黄教的尊奉。会盟期间，和鄂尔勒克拜会了咱雅班第达，并邀请其去土尔扈特部落传经。顺治二年（1645年），咱雅班第达抵达土尔扈特，在那里讲经说法，转抄经典，加强了黄教在部落中的正统宗教地位。和鄂尔勒克死后长子书库尔岱青继位，“他的政权是在同其兄弟们斗争之后，在西藏达赖喇嘛的支持下才得以巩固的”。1646年，书库尔岱青赴青藏拜谒达赖与班禅，被达赖喇嘛封为土尔扈特的“汗”，但被其拒绝了。①

阿玉奇执政期间，“扶持黄教，统一德化”，② 继续加强与西藏黄教的联系，先后派出8批使团赴西藏礼佛，人数最多的一次达500余众。康熙二十九年（1690年），达赖喇嘛赐阿玉奇“汗”的封号，并赠玉印，阿玉奇始自称汗。③ 其后，土尔扈特部首领又多次派使到西藏参拜达赖喇嘛和班禅。康熙四十三年（1704年），阿玉奇汗的一个侄子阿拉布珠尔由伏尔加河下游起程，经长途跋涉到西藏朝拜，拜谒了达赖喇嘛。由于其归途被准噶尔部阻断，阿拉布珠尔不得不请求清政府予以安置，被安置于嘉峪关外的党色尔腾地方，并被晋封为“固山贝子”。④ 乾隆二十一年（1756年），敦多达克什汗派遣以吹扎布为首的使团入清，在朝拜了乾隆皇帝后，又请求去拜谒达赖喇嘛和班禅，乾隆允其所请，并派官员予以护送。

当清政府派出的图理琛使团于康熙五十三年（1714年）到达伏尔加河阿玉奇汗驻地——马努托海时，也同样受到了热烈的欢迎，其中就有喇嘛参加，喇嘛们还为使团演出了宗教舞蹈。阿玉奇汗不失时机地询问使团：“达赖喇嘛可遣使往来否”？⑤ 在汗位的继承问题上，土尔扈特首领完全不睬俄国政府的多次干涉，而以达赖喇嘛的封赐为准。阿玉奇如此，敦多克奥木巴也是如此。在临终之前，敦多克奥木巴还请求达赖喇嘛在他的孩子中间，选一位汗。这些举措引起了沙俄政府的不满。为了能使土尔扈特部人民“臣服”于它，俄国当局强迫土尔扈特人受洗、改变宗教信仰，进

①《卡尔梅克在俄国境内时期的历史概况》，第12页。

②马大正、郭蕴华《〈康熙谕阿玉奇汗敕书〉试析》，《民族研究》1984年第2期，第20页。

③[清]何秋涛《朔方备乘》卷三八《土尔扈特归附始末》。

④[清]祁韵士《皇朝藩部要略》卷九至一一。

⑤[清]图理琛著，庄吉发校注《满汉异域录校注》，台北：文史哲出版社，1983年，第148页。

行大规模的宗教迫害，但遭到了强烈的抵抗。土尔扈特东返祖国，重要原因之一就是宗教信仰问题。当时，鉴于“俄罗斯风味迥殊”，土尔扈特又“慕我国家尊崇黄教”，[①] 加上达赖六世当时亦曾派出代表劝说土尔扈特部回到原来的驻牧地。在东返的动员、组织谋划和归途的整个过程中，喇嘛们都起到了重大的作用。著名的土尔扈特部阿嘉库仑寺主罗卜藏丹增喇嘛，在东返过程中，“对一切事务，皆相助策伯克多尔济，为其出谋划策”。[②] 不仅参与了起义与东返的最高决策，而且还为渥巴锡汗确定了东返的日期。

乾隆三十六年(1771 年)，土尔扈特回归祖国，受到了清政府和各地人民的隆重欢迎和妥善安置，一直游牧于天山南北麓草原，他们尊奉的黄教得到了清政治的尊重与扶持。清政府认为：“兴黄教，即所以安众蒙古，所系非小，故不可不保护之。”[③] 乾隆皇帝对土尔扈特喇嘛教采取了不少保护和奖励措施。在承德，对随从渥巴锡前来拜谒的罗卜藏丹增大喇嘛予以隆重接待，充分尊重其在宗教上的地位。在规模宏大的仿拉萨布达拉宫佛寺建筑普陀宗乘之庙落成时，“以其素崇黄教，命往瞻礼”，使崇信黄教的土尔扈特王公首领“益深感悦”。[④] 乾隆三十七年(1772 年)二月，谕令舒赫德要对渥巴锡游牧地之“修筑寺院”事予以“极力赞助”，指出此举在当时“益发重要，如早日竣工，可收定其心”。[⑤] 同年七月，又特准“将土尔扈特渥巴锡、舍楞等赴藏礼拜达赖喇嘛，所派之人，官为办理，派员护送”。而按清朝的规定，少数民族王公首领赴藏礼佛属于“私事，理宜自备资斧前往”，但鉴于土尔扈特的处境困难，故额外予以抚恤。[⑥] 在诸如此类的行之有效的政策措施保护下，新疆土尔扈特牧地也兴修了大批的寺庙，著名的有和静县巴仑台的永安寺和大黄庙，和布克赛尔县的夏律瓦庙、乌苏县的黄庙、巩乃斯河谷的昂嘉庙等。有清一代，土尔扈特黄教信仰不仅得以保持，而且取得了较大发展。

①[清]祁韵士《土尔扈特部总传》，《外藩蒙古回部王公表传》卷一〇二《传第八六》。
②乾隆三十六年(1771)九月十一日摺。见马大正《土尔扈特蒙古大喇嘛罗卜藏丹增史事补述》，中国社会科学院民族研究所编《民族史论丛》第 1 辑，北京：中华书局，1987 年，第 114 页。
③[清]乾隆《喇嘛说》，见张羽新《清政府与喇嘛教》，拉萨：西藏人民出版社，1988 年，第 340 页。
④[清]乾隆《普陀宗乘庙落成，拈香得句》，《高宗诗文十全集》卷九。
⑤中国第一历史档案馆藏满文土尔扈特档案。转引自马汝珩、马大正《厄鲁特蒙古史论集》，西宁：青海人民出版社，1984 年，第 224 页。
⑥《清高宗实录》卷九一三，乾隆三十七年七月己未条。

综观上文所述，我们可以得出如下结论：

1. 卫拉特人与佛教的接触，始于13世纪中期，但信徒较少，主要局限于上层统治者，其信奉的当为汉地流行的禅宗。14世纪中叶以后，藏传佛教各教派（如噶玛派红教）开始逐步渗透入卫拉特社会中。黄教的传入，虽迟至1615年，但由于受到卫拉特封建主的鼎力支持，发展迅速，在以后不到30年的时间里，已差不多发展成为卫拉特居统治地位的宗教，并被卫拉特统治者以法律的形式肯定下来。

2. 由于咱雅班第达及其他高僧的努力，藏传佛教愈益为卫拉特统治者所推崇，成为卫拉特封建主的精神支柱，从巴图尔珲台吉、僧格、噶尔丹、策妄阿拉布坦到噶尔丹策零、喇嘛达尔扎、达瓦齐、阿睦尔撒纳，这些卫拉特头领的上台与权势的形成，其实也都与黄教势力的支持息息相关。

3. 在黄教传入后，卫拉特政治体制发生了重大变化，汗和珲台吉等封建主虽仍像从前那样掌握政权，但其行动则常常要受到身边大喇嘛或远在西藏的达赖喇嘛的制约，有时甚至完全按照喇嘛们的旨意行事。如噶尔丹的叛乱、渥巴锡的东归及策妄阿拉布坦的活动等都是如此，恰如松筠所说："俗最重喇嘛，凡决疑定谋，必咨于喇嘛而后行。"①喇嘛同意之事，必以为大吉，否则，便"户限不敢越"。②说明喇嘛教对卫拉特政治所造成的影响是相当大的。

4. 蒙元政府极力推崇藏传佛教萨迦派，使之成为全国性的居于统治地位的宗教，元朝灭亡后，该派陷于衰退；而卫拉特封建主通过对青海、西藏的征服，使西藏政权在相当长的一段时间内处于卫拉特人的控制之下，他们大力扶持黄教，使之摆脱原来受压抑的地位而变成蒙藏诸地占统治地位的教派，将黄教的发展推向极致，从而为尔后"政教合一"制度的形成提供了条件，影响极为深远。

（原刊《法源——中国佛学院学报》总第21期，2003年，第215~236页）

①［清］松筠《西陲总统事略》卷一二《厄鲁特旧俗纪闻》。
②［清］肖大亨《夷俗记》。

从敦煌文献看道信禅法

佛法东流中土，为求得生存与发展，不得不适应中国旧有的文化传统，并与之融合，逐步形成了独具特色的中国式佛教，而这种佛教在某种意义上讲已经偏离了印度原始佛教的特性。印度佛教不太注意引导众生的修行，而中国佛教则相反，往往通过建立宗派以扩充自己的势力，于隋唐五代形成了多种宗派，其中，以禅宗的历史发展脉络最为清晰，从印度禅宗诸祖到菩提达摩入华传法，及其以后的诸祖都比较清楚，敦煌文献也多有记载。达摩入华前中原流行的禅法基本上是小乘禅法。达摩入华带来了大乘禅法，随着佛教中国化的进程加快，禅宗也迅速地实现了中国化的进程。其中，禅宗四祖道信(580—651 年)就在这一过程中起过至关重要的作用。

禅宗重《楞伽经》。最初的楞伽师修头陀(Dhūta)行，都遵守一种严格的戒律。头陀行共有十二种戒，其中特别规定不许在一地久留，以免产生留恋，所以他们是居无定所的。尽管他们也都随方传教，却不能形成一种团体。这种状况到道信时才发生了巨变。他先在庐山大林寺住了 10 年，后又在黄梅双林寺定居了 30 年，并且“聚徒五百人”，这就与楞伽师的做法完全不同了。[①]具有明显的中国佛教特色。

禅宗主张不立文字，教外别传，与其他教派不同，没有任何像《法华经》《大日经》《阿弥陀经》之类的权威性经典。[②] 这种“不立文字”的传统在道信身上即有所反映，观其一生，著述甚少。据《楞伽师资记》载，道信著有《菩萨戒法》和《入道安心要方便法门》。前者讲授菩萨戒的要领，惜早已失传；后者原书也佚，但主要内容幸被保存于其四传弟子净觉所撰《楞伽师资记》(敦煌遗书 S.2054 和 P.3436)中，[③]主要讲述的是“诸佛心第一”“一行三昧”“念佛即是念心，求心即是求佛”“守一”和“看心”等内容。[④]

①吕澂《中国佛学源流略讲》，北京：中华书局，1979 年，第 206 页。

②关口真大《达磨の研究》，东京：岩波书店，1967 年，《序言》。

③《大正藏》第八五卷《古逸部》，No. 2863，页 1286c~1289b。

④释惠敏《道信禅师的禅法与东山门下的流变——以〈入道安心要方便〉为中心》，《中华佛学研究所论丛》(一)，台北：东初出版社，1989 年，第 1~25 页。

综观道信禅的诸法门,归根到底可归于“心”与“佛”上,佛存在于心中。人心具有清净和熏染两重性。只要不使人本来清净的心受到熏染(即追逐名利及诸杂念),正常的心即具备了佛性,亦即当身是佛,当即是佛。真正使本来清净之心不产生诸杂念非为易事,身处五浊娑婆世界,七情六欲俱全,要想使原本清净佛性常现,不被诸熏染所恼,不产生邪念,就须坐禅。唐人杜朏撰《传法宝纪·道信传》如是言:

> 每劝诸门人曰:努力勤坐,坐为根本。能作三五年,得一口食塞饥疮,即闭门坐。莫读经,莫共人语。能如此者,久久堪用,如猕猴取栗中肉吃,坐取研,此人难有。①

道信主张戒禅并传,要求门人“努力坐禅”,而无须诵读佛经,不与人往来,以求清净之心不被污染。同时讲求农禅并重。

专心坐禅当然不是无所思虑,而是要“守一”“看心”“念佛”,心即是佛,佛即在心,心佛一体,这样自身本来清净的佛性就不会被诸杂乱所扰动。佛教各宗皆讲见性成佛,唯有禅宗见性成佛的方法最简单,最直观,最彻底。道信禅师的各种修禅法门无一不是围绕心与佛这个问题展开的,所开各种法门旨在因人而异,根据因缘根基及悟彻的程度相机而行。

“诸佛心第一”之意义,杨曾文先生曾作过深刻而准确的解释:

> 意为在大乘的各种引导众生解脱的法门中,只有观悟如来藏自性清净心(本有佛性)的法门才是最重要的。众生之心从根本上说等同于诸佛之心,但只有在众生通过观悟自己本有佛性,断除掩覆于本有佛性之上的烦恼情欲之后,才能使清净的佛性显现,从而达到解脱。②

佛本虚幻,佛心更是如此。这里所言佛心指众生本具有的清净之心,保持清净之心永不受污染,认识自己的本性,也就具足了佛心第一了。

①该文献仅存于敦煌遗书 P. 2634、P. 3858、P. 3559 和 P. 3664 中。其中以 P. 3664 内容最为完整,《道信传》也仅存于此写本中。《大正藏》第八五卷《古逸部》所收《传法宝记并序》以 P. 2634 为据,缺《道信传》。录文可参见林世田等编《敦煌禅宗文献集成》,北京:中华全国图书馆文献缩印中心出版,1998 年,第 13~14 页。

②杨曾文《唐五代禅宗史》,北京:中国社会科学出版社,1999 年,第 74 页。

“一行三昧”，亦作“一相三昧”，指专心坐禅，静心入定，专心观想并念想一佛的庄严及名号，念念相续，永不间断，就能由一佛看见无量劫以来过去、现在、未来诸佛，把自身与法界联系起来观想，诸佛法身和法界平等无二，从而达到即心、即身、即佛。

“念佛即是念心，求心即是求佛”，更为直接地阐述了心佛互为一体的道理，离心求佛犹如海底捞月。他在引证了《大品般若经》的“无所念者，是名念佛”之后说：“即念佛心，名无所念；离心无别有佛，离佛无别有心，念佛即是念心，求心即是求佛”。[①] 把己心作佛，把佛作己心，只有达到这样的境界，才能求得真解脱。

“守一”和“看心”两种法门是相辅相成的。“一”即“一如”，亦即本来清净的佛性，坚守一如永不丢失，是成佛的关键。“看心”具有双重性，充分认识心的属性——即先天具有的清净之心和后天容易产生的染污之心，只要守住先天具有清净之心不受染污，也就找到了佛法的真谛。概括道信禅师诸法门，可归结如下：明心见性，佛在自身，别无所求，皆为虚妄。

道信如同历代禅师一样，对禅法的传承，注重心法，坐禅修道，明心见性，而很少著书立说，故后人不易了解其思想及修持的法门。今天的研究，除上述少量存世的道信著作外，特别要注意其法嗣的行为及著述，只有这样，才能对道信禅法的了解更为全面。道信禅师在圆寂前确定弘忍为他的传灯继承人，说明弘忍对道信禅法的理解与接受有独擅之处。敦煌文献中所存 P. 3777 弘忍著《导凡趣圣悟解脱宗修心要论》，内容相当丰富，对认识弘忍的思想及其与道信禅法的传承关系，具有积极意义，但尚未引起禅宗史研究者应有的注意，故不厌其长，节录如下：

> 蕲州忍和上《导凡趣圣悟解脱宗修心要论》一卷。
>
> 夫言修道之体，自识当身，本来清净，不生不灭，无有分别，自性圆满，清净之心，此见本师，乃胜念十方诸佛。
>
> 问曰：何知自心本清净？
>
> 答曰：《十地论》云，众生身中，有金刚佛性，犹如日轮，体明圆满，广大无边，只为五蕴重云所覆，如瓶内灯光不能照。又以即日为喻，譬如世间云雾，八方俱起，天下阴暗……
>
> 问曰：何知自心本来不生来灭？

①杨曾文《唐五代禅宗史》，第 75 页。

答曰:《维摩经》云:如无有生,如无有灭,如者为真如佛性,自性清净心源真本有,不从缘生者。又云:一切众生皆如也,众圣贤亦如也,一切众生者,即我等是众圣贤者,即诸佛是言,名相虽别,身中真如法体并同,不生不灭,故言皆如也,故知自心本来不生不灭……

问曰:云何凡心得胜佛心?

答曰:常念他佛,不免生死,守我本心,得到彼岸。故《金刚般若经》云:若以色见我,以音声求我,是人行邪道,不能见如来。故知守真心,胜念他佛,又言胜者,只是约行劝人之语,其实究竟果体平等无二……

问曰:何知守心是入道之要门?

答曰:乃至举一手爪甲画佛像,或造恒沙功德者,只是佛为教导无智慧众生作当来之因,胜缘报业及见佛之因,若愿自身早成佛者,会是无为,守真守心,三世诸佛无量无边。若有一人不守真心,得成佛者,无有是处。故经云:正心一处,无事不辨。故知守真心是入道之要门……

问曰:云何是无记心?

答曰:诸摄心人为缘境,粗心少息,内缚真心,心未净时,于行住坐卧中,恒微意看心,由未能得了了,清净独照心源,是名无记。亦是漏心犹不免生死。大病况复,总不知守心者,是人沉没生死苦海,何日得出,可怜!努力!经云:众生若不精诚,不内发者,于三世中,纵值三世诸佛,无所能为。经云:众生识心自度,佛不能度众生者,过去诸佛恒沙无量,何故我行不成也?只是精诚不内发,是故沉没苦海。努力过去不知已过,悔亦不及,今身现在有遇得闻,分明相语,快解此语,了知守心一道,不肯发至心求愿成佛,受无量自在快乐,仍始轰轰随俗,贪求名利,当来坠地狱中,受种种苦恼。……

问曰:此论从首至末皆题自心求道,未知果行二门是何而摄?

答曰:此论题一乘为宗,然其至意导迷趣解,自免生死,乃能度人,直言自利,不谈利他,约行门摄,若有人依文行者,即在前成佛。若我诳汝，当来坠十八地狱，指天地为誓。若不信我，世世被虎狼所食。

敦煌文献中所存弘忍《导凡趣圣悟解脱宗修心要论》共有7篇，其卷号分别为：S.3559、P.3559、P.3434、P.3777、北宇04、S.2669、S.4064。全卷共十四问答，分别为弟子们在修行中遇到的难题，请忍师逐一回答。这十四个回答，可视作弘忍禅修的十四种法门，依次为：一自心本来清净；二自净心不生不灭；三心是本师；四凡心得圣佛心；五佛心与众心同一；六真如法性同一无二；七守心是涅槃之本；八守心是入道之要门；九守真心是十二部经之宗；十守心是三世诸佛之祖；十一无记心；十二我所心；十三无所攀缘清净心；十四自心是道。

把弘忍的十四种法门与道信的"诸佛心第一""一行三昧""念佛即是念心，求心即是求佛""守一""看心"诸法门相比较，可看出二者之实质本无二致，都立足于对"心"的阐述。众生轮回生死六道，究其源就是迷惑心性，本性被妄相覆盖，犹如明镜落尘，损污明性，揩拭复明，修道亦然。众生的无明心就是贪根，贪根亦同爱本，贪爱久习，若欲出离三途，先须割断根本，即见心源，心源不离性源，与真体无二。学道之法必先知根源，求道不如求心，识心之体性，方明道之根本，一了千明，一迷万惑。心无形相，内外不居，境起心生，亡心灭色，色大心广，色小心微，无色无形，无心无想，色相俱息，寂净常安。常在系中，心无可系，身常依幻，离我身幻，欲约其心，心依体有，心不自见，身不自名，心会一空，身依四大，四大无我，念念无心，心我两如，常归实相，心住一切法不动是名真禅定。法无形不可见，法无相不可见，一切法皆是心作，心不可见，以不可见是名为见法，知心寂灭即入空寂法门；知心无系缚即入解脱法门；知心无相即入无相法门；觉心无心即入真如法门；若能知心如是者即入智慧海法门。弘忍大师深得道信禅修之要义，结合自己修禅的体会，强调识心的重要性，把此十四法门识为成佛解脱的必由之路，不惜自己当来坠十八地狱作保证，信誓旦旦，证明自己的体会及言语真实不虚，以此来引导众生迈入解脱之捷径。

从道信的《入道安心要方便法门》到弘忍的《导凡趣圣悟解脱宗修心要论》，他们不但著述形式相似(皆为问答开示)，而且著述的中心思想亦基本一致(安心与修心),由此可见弘忍作为道信的传灯弟子,他不仅深得道信法旨,而且忠实地按照道信禅法修行,因此,我们研究道信思想,在资料匮乏的情况下,不妨通过研究弘忍的禅法思想来窥其一斑。他们所讲的安心与修心,名异质同,都讲心是成佛之根本。

弘忍在道信处受学时,道信不但以安心坐禅开示弘忍,还以顿渐之理教弘忍入门。宋人赞宁记曰:

> 时年七岁也。至双峰,习乎僧业,不逭艰辛。夜则敛容而坐,恬澹自居。洎受形俱,戒检精厉。信每以顿渐之旨,日省月试之。忍闻言察理,触事忘情,痖正受尘渴方饮水如也。[①]

可知弘忍曾在道信指导下如饥似渴地修习顿悟和渐悟法门,深得顿渐之主旨。弘忍把此二法门又传给弟子慧能和神秀,但二人各偏执一法门,从而形成了南宗与北宗,南顿北渐之说由此而兴,并迅速影响全国,禅宗中国化臻至巅峰。敦煌遗书《菩提达摩南宗定是非论》(P.2045)云:

> 远法师问曰:何故不许普寂禅师称为南宗?
>
> 和上答:为神秀和上在日,天下学道者号此二大师为南能北秀,天下闻知,因此号遂有南北两宗。

敦煌地处西北边陲,南北禅宗的思想在敦煌都有影响,并指导着敦煌禅僧的修学。在敦煌文献中保存着不少关于南北宗的思想史料,其中有些早已失传,成为判定南北宗及其演变过程的弥足珍贵的资料,现略举数端。

一、大乘五方便北宗(又称《大乘无生方便门》):北生24背、S.2503、S.7961、P.2058、P.2270、S.2561;

二、大乘北宗论:散1477、S. 2581;

三、大乘开心显性顿悟真宗论:P.2162、S.4286;

四、南天竺国菩提达摩禅师观门:S.2669、S.2583、S.6985;

五、北宗五方便门:S.2400;

六、南阳和上顿教解脱禅门真了性坛语:北寒81、S.2492、S.6977、

①[宋]赞宁《宋高僧传》卷上,北京:中华书局,1987年,第171~172页。

P.2045 等；

七、南宗定邪正五更转：P.2045；

八、菩提达摩南宗定是非论：P.3047、P.2045、P.3488。①

慧能与神秀同为弘忍门下大弟子，但对禅的看法不同，遂分为南北二宗。北宗禅法多弘扬于北方贵族阶层，南宗初行于岭南一带。南宗主张顿悟，北宗主张渐修，各执一词，②后由慧能弟子神会相继于开元十八年(730 年)之洛阳、开元二十年之滑台(也称白马，在今河南省滑县东)定南北宗是非大会上，批评北宗禅"师承是傍，法门是渐"，指出慧能才是达摩以来的禅宗正统。③

道信所传顿渐法门，原意在于因人施教，善巧方便，而没想到会引起门户之争。从敦煌文献《大乘北宗论》《大乘五方便北宗》诸卷内容中即可清楚地看出神秀对道信以来禅法的发展，"体用" 二字可以作为理解神秀禅法的纲领，他的《观心论》(S.646、S.2595、S.5532、P.2074、P.2732、P.1885、P.2460、P.4646)是通过对心之体用和理解以强调观心、守心的必要性，其"五方便"则是"体用不二"说在修禅实践中的具体贯彻。神秀的禅法由于立足于"自性清净心"而注重"息妄"的渐修，因而显示出与南宗的差异。"拂尘看净，方便通经"是北宗渐修法的重要标志，"凝心入定，住心看净，心起外照，摄心内证"概括了北宗禅法的主要特征。

由于慧能为不识字的樵夫，读诵佛经，理解佛旨文献有先天障碍，于是便宣扬"即心是佛"的观点，识己心为佛心，只要不使自己本来清净之心受熏染，便可以当身为佛，时时成佛。这一观点为钝根者之向佛趋佛指明了道路。南北二宗的禅学思想有很多相通的地方，如因果报应说，累世修行与向外求寻等，都没有偏离四祖道信的禅法思想。

相异的地方主要体现在如下两个方面：

①篠原寿雄、田中良昭编《敦煌佛典と禅》(《讲座敦煌》第 8 卷)，东京：大东出版社，1980 年；田中良昭《敦煌禅宗文献の研究》，大东出版社，1983 年。参见田中良昭著，杨富学译《敦煌汉文禅籍研究略史》，《敦煌学辑刊》1995 年第 1 期，第 116~136 页。

②冉云华《敦煌遗书与中国禅宗历史研究》，《中国唐代学会会刊》(台北)第 4 期，1993 年，第 54~61 页；Yanagida Seizan, The Li-tai fa-bao chi and the Ch'an Doctrine of Sudden Awakenning, Langaster Lai(ed.), *Early Ch'an in China and Tibet*. California 1983, pp. 13-50；屈大成《中国佛教思想史上的顿渐观念》，台北：文津出版社，2000 年，第 372~403 页。

③胡适《荷泽大师神会传》，《胡适说禅》，北京：东方出版社，1993 年，第 113~117 页；杨曾文《神会和尚禅话录》，北京：中华书局，1996 年，第 169~186 页。

一、佛性与烦恼的关系。南宗侧重于真心与妄心的一体,认为二者并不截然对立;北宗侧重于佛性与无明的不同功能,认为二者绝对不同。见解的差异导致二宗在禅法修行上对是否排除妄念,即通常的意识活动提出不同的主张。

二、真心与佛性的关系:北宗把对心性的抑制当做佛性;南宗把心性活动排除自觉控制条件下自发的直觉当做佛性。南北二宗在成佛方法和如何修行上主张不同。北宗主张"离念",即慢慢地完全转变妄念为清净觉悟,如同把坏人变为好人需要过程一样;南宗主张"无念",即发现真心就意味着除去妄念,如拭镜面浮尘一样。[①]北宗主张定慧为修行的两个步骤;南宗则认为定慧是一个事物的两个方面。北宗修行成佛主张循序渐进,顿悟是整个修行中的一环;南宗则主张顿悟成佛,只要明心即无须准备,由突发的精神境界一念之间实现佛的觉悟。北宗追求外在的目标并遵循外在的仪式与方法,南宗则抛弃外在的目标与仪式,而直接获得内心的体认。南北二宗对修行成佛的认识及方法存在着差异,其渊源同出自道信的顿渐之法。道信始传顿渐之法于弘忍,弘忍又传之于弟子慧能和神秀,并由此而得以发扬光大。所以说南北二宗其实并不存在对立和敌视,它们只不过是道信门下的一门二法罢了。

从现有史料无法确知道信所传"顿渐之旨"的具体内容,但通过对他的嫡系法孙慧能及神秀思想的剖析,便可窥见其要领之一斑。

弘忍圆寂后,其门下"堪为人师"的十大弟子皆分头弘化,在把东山法门传向全国的同时,弟子们又各立门户,逐渐形成了不同的禅宗派系。其中对后世影响较大的有法如系、神秀系、慧能系、智诜系。这四系在敦煌文献中均有记载,有些甚至是研究禅宗发展史之独一无二的历史资料。从禅法上看,法如保持了早期禅宗的朴素禅风,他的禅法与慧能很相似。玄赜、老安的禅法中有许多与南宗相似,将其归入神秀的北宗禅并不合适。在四川弘化的智诜门下净众系与保唐系所传的禅法,既不同于神秀的北宗,也有异于慧能的南宗。该派虽在义理上追随南宗,但仍然属于南北宗之外独立的一个支派。

用"南能北秀"一语是不能概括东山法门之禅法思想的。我们研究道信,不能仅就其个人而言之,因为禅法不立文字,直指心源,我们需要把道

①参见冉云华《敦煌文献中的无念思想》,《敦煌学》第9辑,台北:敦煌学会编印,1985年,第1~13页(收入氏著《中国禅学研究论集》,台北:东初出版社,1990年,第138~159页)。

信、弘忍及弟子们的禅法思想都进行深入细致的研究，既而加以综合考察与具体分析，只有这样才能对道信的禅法有一个较全面的了解。

〔原刊段文杰、茂木雅博主编《敦煌学与中国史研究论集——纪念孙修身先生逝世一周年》，甘肃人民出版社，2001年，第416~420页（与王书庆合撰）〕

东山法门及其对敦煌禅修的影响

一、敦煌文献所见东山法门

东山法门是禅宗真正创始人四祖道信与五祖弘忍创立的，是佛教中国化的典型，在中国佛教史上占有重要地位，其形成的过程经历了漫长的阶段。据载，自菩提达摩入华，以法传慧可，慧可传僧璨，僧璨传道信，道信传弘忍，弘忍又传慧能、神秀、智诜等，代代相袭，并衍生出许多分支，使禅门根深蒂固，枝繁叶茂，日益兴隆。其中，被尊为禅宗四祖的道信禅师，于唐初在湖北黄梅双峰山开设道场，聚徒传法，因其在禅风、禅理、禅法上开一代新风，故被认为是中国化禅宗的真正创始人。

道信以前的历代禅师，在传法方式上均以"游化为务"。他们随缘而住，"不恒其所"，"行无轨迹，动无彰记"，"随其所至，诲以禅教"。故始终不能形成团体。道信力矫这种游化传统之弊，先在庐山大林寺居住10年，后又在黄梅双林寺定居30年，"择地开居，营宇立像，存没有迹，旌榜有闻。"[①]这种定居的传法方式，对禅宗的形成与发展具有特别重要的意义。因为禅师"不恒其所"是很难发展门徒的，故而从达摩到僧璨，其弟子都是寥寥无几。而道信之举，却可使"诸州学者无远不至"，以致在双峰山出现"聚徒五百人"的盛况。一般来说，要形成佛教宗派，除了宗主和自成体系的教义外，还需有一定规模的徒众团体。道信的五百弟子，为禅宗宗派的形成奠定了基础。

禅宗主张不立文字，教外别传，这种传统在道信身上即不无反映，观其一生，著述甚少，仅有《菩萨戒法》和《入道安心要方便法门》两种而已。前者讲授受菩萨戒的要领，惜早已失传；后者原书也佚，但主要内容幸被保存于其四传弟子净觉所撰《楞伽师资记》(敦煌遗书S.2054和P.3436

①[唐]净觉《楞伽师资记·唐朝蕲州双峰山道信禅师传》(敦煌写本S.2054、4272、P.3294、3426、3537、3703、4564)；[唐]杜朏《历代法宝记·道信传》(S.516、1611、1776、5916、P.2125、3715、3727)；[唐]道宣《续高僧传》卷二六《道信传》。

等)中[①],主要讲述“诸佛心第一”“一行三昧”“念佛即是念心,求心即是求佛”“守一”和“看心”等禅法内容。

从敦煌莫高窟藏经洞发现的《楞伽师资记》《历代法宝记》《传法宝记》及《入道安心要方便法门》等唐代禅宗文献看,道信禅的诸法门,归根到底可归于“心”与“佛”的究竟义理上。

佛存在于心中。人心具有清净和熏染两重性。只要不使人本来清净的心受到熏染(即追逐名利及诸杂念滋生),正常的心即具备了佛性,亦即当身是佛,当即是佛。但由于身处五浊娑婆世界,要想使原本清净佛性显现,不被诸熏染所恼,不产生邪念,就须坐禅。专心坐禅当然不是无所思虑,而是要“守一”“看心”“念佛”,己心即是佛,佛即在己心,心佛一体,这样自身本来清净的佛性就不会被诸杂念所扰乱。佛教各宗皆讲见性成佛,唯有禅宗见性成佛的方法最便捷,最直观,最彻底。道信禅师的各种修禅法门无一不是围绕“心”与“佛”而展开的,所开各种法门旨在因人而异,根据因缘根基及悟彻的程度相机而行。概括道信禅师诸法门,可以归结为:明心见性,佛在自身,别无所求,皆为虚妄。[②]

纵观道信对达摩禅法的发扬光大,尤其是他在禅宗创立过程中所起的作用,以及在禅宗历史上的地位,可以说道信是中国禅宗的实际创始人,他的禅法奠定了禅宗的思想理论基础。在道信时期,虽没有形成完整意义上的禅宗,但已经初具雏形。

由道信禅师初创的禅宗门风,传至弘忍而有了更进一步的发展,这在弘忍口述而由其弟子记录整理并进一步充实的《导凡趣圣悟解脱宗修心要论》(敦煌写本 P.3777、S.3559、P.3559、P.3434、北宇 04、S.2669、S.4064 等)中多有体现。该文献内容丰富,对认识弘忍禅法及与道信禅法思想的关系颇具意义,兹节录如下:

> 蕲州忍和上《导凡趣圣悟解脱宗修心要论》一卷。
>
> 夫言修道之体,自识当身,本来清净,不生不灭,无有分别,自性圆满,清净之心,此见本师,乃胜念十方诸佛。
>
> 问曰:何知自心本清净?
>
> 答曰:《十地论》云,众生身中,有金刚佛性,犹如日轮,体明圆满,广大无边,只为五蕴重云所覆,如瓶内灯光不能照。又以即

①《大正藏》第八五卷《古逸部》,No. 2863,页 1286c~1289b。

②杨富学、王书庆《从敦煌文献看道信禅法》,《敦煌学与中国史研究论集——纪念孙修身先生逝世一周年》,兰州:甘肃人民出版社,2001 年,第 416~420 页。

日为喻，譬如世间云雾，八方俱起，天下阴暗……

问曰：何知自心本来不生来灭？

答曰：《维摩经》云：如无有生，如无有灭，如者为真如佛性，自性清净心源真本有，不从缘生者。又云：一切众生皆如也，众圣贤亦如也，一切众生者，即我等是众圣贤者，即诸佛是言，名相虽别，身中真如法体并同，不生不灭，故言皆如也，故知自心本来不生不灭……

问曰：云何凡心得胜佛心？

答曰：常念他佛，不免生死，守我本心，得到彼岸。故《金刚般若经》云：若以色见我，以音声求我，是人行邪道，不能见如来。故知守真心，胜念他佛，又言胜者，只是约行劝人之语，其实究竟果，体平等无二……

问曰：何知守心是入道之要门？

答曰：乃至举一手爪甲画佛像，或造恒沙功德者，只是佛为教导无智慧众生作当来之因，胜缘报业及见佛之因，若愿自身早成佛者，会是无为，守真守心，三世诸佛无量无边。若有一人不守真心，得成佛者，无有是处。故经云：正心一处，无事不辨，故知守真心是入道之要门……

问曰：云何是无记心？

答曰：诸摄心人为缘境，粗心少息，内缚真心，心未净时，于行住坐卧中，恒微意看心，由未能得了了，清净独照心源，是名无记。亦是漏心，犹不免生死，大病况复，总不知守心者，是人沉没生死苦海，何日得出？可怜！努力！经云：众生若不精诚，不内发者，于三世中，纵值三世诸佛，无所能为。经云：众生识心自度，佛不能度众生者，过去诸佛恒沙无量，何故我行不成也？只是精诚不内发，是故沉没苦海。努力过去不知已过，悔亦不及，今身现在有遇得闻，分明相语，快解此语，了知守心一道，不肯发至心求愿成佛，受无量自在快乐，仍始轰轰随俗，贪求名利，当来坠地狱中，受种种苦恼。……

该文共分为十四个问答，以师徒开示问答的形式阐释了弘忍禅修的十四种法门,依次为:一自心本来清净;二自净心不生不灭;三心是本师;四凡心得圣佛心;五佛心与众生心同一;六真如法性同一无二;七守心是涅槃之本;八守心是入道之要门;九守真心是十二部经之宗;十守心是三世诸佛之祖;十一无记心;十二我所心;十三无所攀缘清净心;十四自心是道。

把弘忍的十四种法门与道信的“诸佛心第一”“一行三昧”“念佛即是念心,求心即是求佛”“守一”“看心”诸法门相比较,可看出二者之实质本无二致,都立足于对“心”的阐述。众生轮回生死六道,究其源就是迷惑心性,本性被妄相遮盖,犹如明镜落尘,损污明性,揩拭复明,修道亦然。众生的无明心就是贪根,贪根亦同爱本,贪爱久习,若欲出离三途,先须割断根本,即见心源,心源不离性源,与真体无二。学道之法必先知根源,求道不如求心,识心之体性方明道之根本,一了千明,一迷万惑。心无形相,内外不居,境起心生,亡心灭色,色大心广,色小心微,无色无形,无心无想,色相俱息,寂净常安。常在系中,心无可系,身常依幻,离我身幻,欲约其心,心依体有,心不自见,身不自名,心会一空,身依四大,四大无我,念念无心,心我两如,常归实相,心住一切法不动,是名真禅定。法无形不可见,法无相不可见,一切法皆是心作,心不可见,以不可见是名为见法。知心寂灭即入空寂法门;知心无系缚即入解脱法门;知心无相即入无相法门;觉心无心即入真如法门;若能知心如是者即入智慧海法门。弘忍大师深得道信禅修之要义,结合自己修禅的体会,强调识心的重要性,把此十四法门识为成佛解脱的必由之路。这一思想为中国禅宗的发展铺平了道路,同时也为南能北秀宗派体系的形成奠定了理论基础。

弘忍于唐永徽五年(654年)在黄梅东山(即冯茂山,以其在双峰山之东而习称东山)创建道场,广弘佛法,故后人将其称作“东山法门”。尽管“东山法门”形成于弘忍,但它的建立却同道信不无关联,“东山法门”的思想体系是由道信、弘忍共同构建的,体现了从道信到弘忍一以贯之的法门宗旨。

通观达摩以后的禅门发展史,明显可以看出,禅宗的真正发源地,不是岭南而是湖北黄梅;禅宗的开山祖不是慧能而是道信、弘忍,中国禅宗的历史应当从“东山法门”写起,东山法门的开创,标志着禅宗的正式形成。

弘忍在道信处受学时，道信不但以安心坐禅开示弘忍，还以顿渐之理教弘忍入门。宋人赞宁记曰：

> [弘忍]时年七岁也。至双峰，习乎僧业，不逭艰辛。夜则敛容而坐，恬澹自居。洎受形俱，戒检精厉。信每以顿渐之旨，日省月试之。忍闻言察理，触事忘情，痖正受尘渴方饮水如也。[①]

可知弘忍曾在道信指导下如饥似渴地修习顿悟和渐悟法门，深得道信所传顿渐之主旨。弘忍把此二法门又传给弟子慧能和神秀，但二人各执一法门，从而形成了南宗与北宗，南顿北渐之法门由此而兴，并迅速影响全国，禅宗中国化臻至巅峰。敦煌遗书《菩提达摩南宗定是非论》(P.2045)云：

> 远法师问曰：何故不许普寂禅师称为南宗？
>
> 和上答：为神秀和上在日，天下学道者号此二大师为南能北秀，天下闻知，因此号遂有南北两宗。

慧能与神秀同为弘忍门下大弟子，但对禅的看法不同，遂分为南北二宗。北宗禅法多弘扬于北方贵族阶层，南宗禅法初行于岭南一带。前者主张渐修，后者主张顿悟，各执一词，后由慧能弟子神会相继于开元十八年(730年)之洛阳、开元二十年之滑台(也称白马，在今河南省滑县东)定南北宗是非大会上，批评北宗禅“师承是傍，法门是渐”，指出慧能才是达摩以来的禅宗正统。[②] 道信所传顿渐法门，原意在于因人施教，善巧方便，不意会引起门户之争。从敦煌文献《大乘北宗论》《大乘五方便北宗》诸卷内容中即可清楚地看出神秀对道信以来禅法的发展，“体用”二字可以作为理解神秀禅法的纲领，他的《观心论》(S.646、S.2595、S.5532、P.2074、P.2732、P.1885、P.2460、P.4646)是通过对心之体用和理解以强调观心、守心的必要性，其“五方便”则是“体用不二”说，是在修禅实践中的具体贯彻。神秀的禅法由于立足于“自性清净心”而注重“息妄”的渐修，因而显示出与南宗的差异。“拂尘看净，方便通经”是北宗渐修法的重要标志，“凝心

①[宋]赞宁《宋高僧传》卷上，北京：中华书局，1987年，第171~172页。

②胡适《荷泽大师神会传》，《胡适说禅》，北京：东方出版社，1993年，第113~117页；杨曾文《神会和尚禅话录》，北京：中华书局，1996年，第169~186页。

入定，住心看净，心起外照，摄心内证”概括了北宗禅法的主要特征。由于慧能为不识字的樵夫，读诵佛经，理解佛旨有先天障碍，于是便宣扬“即心是佛”的观点，识己心为佛心，只要不使自己本来清净之心受到熏染，便可以当身为佛，立地成佛。这一观点为钝根者之向佛趋悟奠定了信心基础。南北二宗的禅学思想有很多相通的地方，如因果报应说，累世修行与向外求寻等，可以说都没有偏离东山法门的旨趣。

二、东山法门形成前的敦煌禅

敦煌莫高窟的兴建，相传始于二禅僧之手。敦煌遗书 P.2551《李君莫高窟佛龛碑并序》载：

> 莫高窟者，厥初秦建元二年，有沙门乐僔，戒行清虚，执心恬静，尝杖锡林野。行至此山，忽见金光，状有千佛。遂架空凿险，造窟一龛。次有法良禅师，从东届此，又于僔师窟侧，更即营建。伽蓝之起，滥觞于二僧。①

乐僔其人，不知何方大师，从“执心恬静，尝杖锡林野”句可知系禅僧无疑，他最早驻锡莫高窟，开凿了第一所洞窟。步乐僔之踵，法良禅师亦于此开凿石窟，用以禅修。自此以后，在莫高窟修禅建窟日盛。只是唐以后在莫高窟建窟的目的有所改变，很多成了当地豪门贵族的家窟（也叫功德窟），但它作为禅修之地的基本属性是不曾改变的。敦煌文献多处记载唐五代河西都僧统管辖敦煌十六所寺院及三所禅窟，这三所禅窟指的就是西千佛洞（敦煌市西南 33 公里）、莫高窟（敦煌市东南 25 公里）和榆林窟（安西县南 70 公里）。它们均处戈壁边缘，远离繁喧，最宜修禅。

S.2165 卷《思大和上坐禅铭》曰：

> 的思忍，秘口言，除内结，息外缘。心欲攀，口莫语，意欲诠，口莫言。除称弃斗，密室净坐，成佛不久。

①宿白《〈李君莫高窟佛龛碑〉合校》，《敦煌吐鲁番学研究论文集》，上海：上海汉语大词典出版社，1990 年，第 48 页；郑炳林《敦煌碑铭赞辑释》，兰州：甘肃教育出版社，1992 年，第 10 页。另，P.3720《莫高窟记》亦有类似的记载。

僧人习禅，是一种思维修法，要进行禅思，就需要有安静的环境。《坐禅三昧经》卷上云："闲静修寂志，结跏坐林间。捡心不放逸，悟意觉诸缘。"①《禅秘要法经》卷中亦云："出定之时，应于静处，若在家间，若在树下，若阿练若处。"② 郊外山林静处是禅僧习禅的理想场所。

有的经文在强调坐禅要山居的同时，又明确指出应在石窟中坐禅，如《付法藏因缘传》写卷即曰：

> 山岩空谷间，坐禅而念定，风寒诸勤苦，悉能忍受之。③

在莫高窟中，用于坐禅的小僧窟在唐代以前是常见的，如285窟左右壁下部的8个小窟、268窟的附属窟267、269、270、271以及莫高窟北区数量众多的小禅窟等都是。285窟建于西魏，是唐以前所开最大的洞窟之一，窟内壁画内容丰富，大凡经变、护法、中国传统的神话故事等应有尽有。窟中央有方形中心佛坛，佛坛上的雕塑虽毁，难以考究，但佛坛底座尚清晰可见，其功用很明显，是禅僧静坐修禅之余进行绕佛念佛活动的场所。僧人以佛坛为中心绕佛，并称颂其名号，以达心境之统一。窟南北二壁各筑小禅室4个。禅室很小，不足半平方米，仅够一人打坐，室内亦无色彩粉饰，仅用泥轻抹而已，寓示四大皆空，无所执著，禅师们在此处修道入静自然也就一无所求了。出静则满壁精彩壁画，昭示美妙的极乐世界。通过鲜明的比照使禅机得到升华。

敦煌禅僧以当地特有的地理环境而选择莫高窟作为理想的修禅场所。但当时禅宗尚未正式形成，禅僧们是依何而修呢？现从梁僧慧皎《高僧传》中撷取几例早期敦煌禅僧史料，以窥当时禅修之一斑：

> 竺昙猷，或云法猷，敦煌人，少苦行，习禅定，后游江左。(《高僧传》卷一一《习禅》)
>
> 释道法，姓曹，敦煌人，弃家入道，专精禅业，亦时行神咒……后入定，见弥勒放斋中，光照三途果报，于是深加笃励，常坐不卧。(《高僧传》卷一一《习禅》)
>
> 释法颖，姓索，敦煌人，十三出家，为法香弟子，住凉州公府

①《大正藏》第一五卷《经集部二》，No. 614，页270c。
②《大正藏》第一五卷《经集部二》，No. 613，页251c。
③《大正藏》第五〇卷《史传部二》，No.2058，页304b。

寺,与同学法力俱以律藏知名。(《高僧传》卷一一《明律》)

释慧览,姓成,酒泉人,少与玄高俱以寂观见称。(《高僧传》卷一一《习禅》)

释法成,凉州人,十六岁出家,学通经律,不饵五谷,唯食松柏脂,孤居岩穴,习禅为务。(《高僧传》卷一一《习禅》)

释贤护,姓孙,凉州人,来此广汉闫兴寺,常习禅定为业,又善于律行。(《高僧传》卷一一《习禅》)

慧通……初从凉州禅师慧诏咨受禅业,法门观行,多所游刃。(《高僧传》卷一一《习禅》)

释法绪,姓混,高昌人,德行清谨,蔬食修禅,后入蜀,于刘师冢间头陀山谷,虎虫不伤,诵《法华》、《维摩》、《金光明》,常处石室中,且禅且诵。(《高僧传》卷一一《习禅》)

由此可知,在唐代以前,敦煌及河西等地的禅僧修习形式有苦行、咒语、持律、寂观、观行、诵经等多种,比较散乱。当时中国流行的禅法为达摩禅法,主旨讲理入与行入。咒语、寂观(止观)、诵经为理入,苦行、持律、观行(游历)为行入。理入者谓藉教悟宗,深信含生同一真性。但真性为尘妄所覆,不能显了。修行者若能舍妄归真,凝住壁观,无自无他,凡圣一等,坚住不移,不虽言教,即与理符,无有分别,寂然无为,名为理入。行入有四种:一报冤行,二随缘行,此二者是观恩怨苦乐都是宿业所招而无动于衷;三无所求行,要安心无为,形虽运转,万有斯空,无所愿乐;四称法行,是称性净之理而起修具行六度而无所行。无所求行是观人空,称法行是观法空。敦煌莫高窟远离繁喧。禅僧于此独居窟室,专心修法,使自性不受污染,是禅修的理想之所。

三、东山法门对敦煌僧人禅修的影响

东山法门于唐初形成后,便迅速向四方传播,使僻处边陬的敦煌也深受其影响。

东山法门是由数息止观发展而来的,至智慧禅机顿渐修行方法形成,该法门渐至完善、成熟。道信“数十年中胁不至席”,弘忍亦“专以坐禅为务”，但道信所引入的《文殊般若》“一行三昧”说却并不特别强调坐禅的殊胜意义，而是“但行直心，于一切法上无有执着，名一行三昧”。[①] 这些做法本身就包含有后来南宗禅否定早期坐禅的思想种子。弘忍禅法讲求定慧合一，由文字禅转变到传心的方法已形成基本格局。据传他先是破头山中栽松道者，经多年苦修后去拜会道信，却被道信视为老而无用者。于是，他转生为一童子，又去见道信，道信认为这个孩童颇有智根，能够承接禅法，遂允其出家，并传之衣钵。[②]这个传说的主旨在于述说坐禅不如智根顶用的道理，表明禅修方法的转变应自四祖道信和五祖弘忍始。

值得注意的是，习见于唐代以前石窟中的用于坐禅的小石窟迨至唐初以后便销声匿迹了（至少目前尚未发现），而敦煌壁画显示出的却是这样一番景象：自初唐始，敦煌禅发生了明显的变化，即由原来的专重坐禅而演变为专念阿弥陀佛名号。笔者认为，这些变化应与东山法门的影响不无关系。

如同云冈石窟、龙门石窟、北响堂山石窟、炳灵寺石窟、天梯山石窟、吐峪沟石窟等众多石窟一样，敦煌禅窟的开凿，始于北魏以前，北魏臻至极盛，历东魏、西魏、北齐、北周，终止于隋。[③]僧人坐禅被观像代替，其中最引人注目的是唐初开始出现的以《观无量寿经》为据画成的变相。《观无量寿经》作为禅宗和净土宗共同推崇的经典，曾先后出现过菩提流支、竺法护和畺良耶舍三种译本，但传世的仅有最后一种。自古及今，多有高僧为其注疏，今知者就有 10 余种。其变相出现频率之高，居敦煌石窟所有变相之首，总数达百铺（幅）之多，其中，莫高窟有 84 铺，西千佛洞 1 铺，安西榆林窟 3 铺，此外敦煌莫高窟藏经洞出土遗画中还有多铺（幅）。就时代而言，初唐为肇端时期，仅有一铺，见于莫高窟第 431 窟；盛唐为发展期，计有 21 铺；中唐（吐蕃统治时期）为鼎盛期，有 33 铺；晚唐有所减少，为19 铺；自五代、北宋以后明显减少，仅有 12 铺。后随着 11 世纪中叶曹氏归义军政权的覆灭而消失。[④]

①杨曾文校写《敦煌新本〈六祖坛经〉》，上海：上海古籍出版社，1993 年，第 15 页；邓文宽、荣新江录校《敦博本禅籍录校》，南京：江苏古籍出版社，1998 年，第 254 页。

②戢斗勇《论黄梅禅风》，《“东山法门”与禅宗》，武汉：武汉出版社，1996 年，第 73 页。

③刘慧达《北魏石窟与禅》，《考古学报》1978 年第 3 期第 338 页；敦煌研究院、甘肃省博物馆编《武威天梯山石窟》，北京：文物出版社，2000 年，第 152 页；贺世哲《读莫高窟〈难陀出家图〉》，《敦煌研究》1997 年第 2 期，第 4 页。

④孙修身《敦煌石窟中的观无量寿经变相》，《1987 敦煌石窟研究国际讨论会文集》（石窟考古编），沈阳：辽宁美术出版社，1990 年，第 215、221 页。

该经中最吸引人的内容是十六观思想，每一观的内容在敦煌莫高窟壁面上都有表现。在窟中入定坐禅观想，变幻觉思维为直觉思维，使禅修显得更切己，更具体化。它教人进入禅定后专念阿弥陀佛名号，专想西方极乐世界的庄严和美好，使心声与阿弥陀佛融为一体，犹如置身于西方极乐世界。

《观无量寿经》变相之所以受到敦煌禅僧的喜爱，其原因在于这是一套简便易行的修行方法，只要能够静坐，不胡思乱想，专念阿弥陀佛名号，就能成佛。在大乘思想中，以观佛为中心内容的禅法是很多的，但只有观想阿弥陀佛的禅法最为流行。

五祖弘忍以后，禅宗形成南能北秀两大派别。前者主张顿悟，后者倡导渐修，在当时影响都很大，敦煌禅僧以之为准则来指导自己的禅修活动。现转录敦煌发现的晚唐五代时期与之相关的邈真赞资料以资证明：

一、P.4660《河西都僧统翟和尚邈真赞》：

> 南能入室，北秀升堂。戒定慧学，鼎足无伤。①

二、P.4660《敦煌管内僧政兼勾当三窟曹公邈真赞》：

> 位高心下，惟谨惟恭。禅庭蜜(密)示，直达心通。②

三、P.3792《张和尚生前写真赞并序》：

> 一从秉义，律澄不犯于南宣。静虑修禅，辨决讵殊于北秀。③

从上可以看出，当时敦煌僧人的禅修，既采慧能的顿悟，又融神秀的渐修，而这恰恰符合于道信传弘忍的“顿渐之旨”。

禅宗在晚唐五代宋初臻至极盛，分化出许多门派，如曹洞宗、临济宗、法眼宗等等，这些门派少则千人，多则达十几万徒众，均有自己的道场和独立的禅法体系。然而从敦煌文献看，这些宗派的修禅方法和思想体系在

①《敦煌碑铭赞辑释》，第175页；姜伯勤、项楚、荣新江《敦煌邈真赞校录并研究》，台北：新文丰出版公司，1994年，第163页。
②《敦煌碑铭赞辑释》，第110页；《敦煌邈真赞校录并研究》，第196页。
③《敦煌碑铭赞辑释》，第540页；《敦煌邈真赞校录并研究》，第319页。

敦煌地区基本上没有产生什么影响。

如所周知，敦煌地处边鄙，地广人稀，出家僧人有限，所以没有像中原地区那样在晚唐五代时期形成宗派林立的局面，唯有禅宗之东山法门禅法及由之演化出的南顿北渐思想始终受到敦煌修禅僧人的青睐。禅僧们以莫高窟、西千佛洞、榆林窟为禅修场所，以东山法门禅法为指导，明心见性。

《景德传灯录》卷四记有四祖道信为法融所说心之法要：

> 夫千百法门同归方寸，河沙妙德，总在心源。一切戒门定慧门神通变心，悉自具足，不离汝心。一切烦恼业障，本来空寂，一切因果，皆如梦幻。无三界可出，无菩提可求。人与非人性相平等。大道虚旷，绝思绝虑。如是之法汝今已得，更无缺少。与佛何殊，更无别法。

道信的见性成佛禅法突破了达摩禅法的旧有模式，从而使禅修更简单、明快。这一方法得到了其徒孙神秀与慧能的继承和发扬光大，二人以道信的理论为基础，分别提出了渐修和顿悟之说。而上引邈真赞即真实地反映出，自唐以后敦煌的禅僧们修习禅观是依道信的见性成佛的禅法而行持的。

我们注意到，在敦煌住三窟修禅的僧人差不多都接受了东山法门禅法及南顿北渐思想，而对慧能、神秀再传弟子建立的宗派及其理论似乎都缺乏兴趣。究其原因，大致有两个方面的因素：首先，当这些新宗派形成之际，东山法门禅法已在敦煌有了深厚的群众基础；其次，这些新成立的宗派所主张的禅修方法往往只着眼于局部而忽视了总体，难以吸引敦煌徒众，这应是更深层的原因。在东山法门禅法影响下，敦煌禅僧严持戒律，乐居荒野，不缰名利，顿渐兼修，而不受内地佛教宗派思想的束缚。

相较而言，禅僧生活条件要比其他僧人更苦一些。其他寺院的僧人可以拥有庄园、田产、牲畜、奴婢等，而居窟修禅的禅僧们则除“三衣之外，分寸无丝”①，全靠供养生活，住窟修禅，以息结灭缘，达到澄心见性之目的。

唐五代时期，敦煌社会虽较内地稳定，但与周边民族政权之间的战争也多次发生过，为了保卫家园，不少人从戎参战。既是战争，就免不了血雨

①敦煌写本 P. 4660《禅和尚赞》，《敦煌碑铭赞辑释》，第 204 页；《敦煌邈真赞校录并研究》，第 147 页。

腥风的征剿和刀光剑影的残杀。敦煌自古佛教兴盛,因果报应思想根深蒂固,故战争过后,许多人都以参加过战争而自认为造业深重,遂投向佛门深深忏悔。P. 4640《住三窟禅师伯沙门法心赞》云:

> 禅伯(法心),即谈广之仲父也。本自轩门,久随旌旆。三秋猕猎,陪太保以南征。万里横戈,执刀鋋于瀚海,既平神乌,克复河湟。职业嵩隆,以有悬车之至(志)。数年之后,师乃喟然叹曰:"烦笼人事,久累沉阿(疴)。徇日趋名,将无所益。"遂辞旌戟,南入潢(湟)源。舍俗出家,俄然落发。①

这位法心和尚原本为多次参加张议潮收复河西战争的骁将,曾西征西域,东复神乌(即凉州),转战数年,后舍俗出家,返回敦煌,居莫高窟,镌龛住窟,诵经参禅。赞文里没有提到他弘扬佛法的功绩,更没有提到他戒定慧三学的成果,而是津津乐道地赞扬他在逐蕃复唐战争中的功绩。像法心这样前半生久积沉疴,造诸恶业的赳赳武夫,若以神秀的渐修之法,依三世因果次第修行,恐今生今世,下生下世,甚至永生永世都难以与佛为缘了。而东山法门的自心是佛说和慧能的顿悟说,却能启迪人们放下屠刀,立地成佛,从而给法心的修习成佛的信念指明一条坦途。

综上所述,可以看出,敦煌僧人的早期禅修是以理入和行入为主的;发展到唐朝初年,由于受东山法门禅法及由之演化而来的南顿北渐思想的影响,居窟坐禅苦修被道信的见性成佛禅法及专念阿弥陀佛名号的禅法所取代,见性成佛成为唐以后敦煌地区最流行的禅法。在禅宗诸派中,敦煌僧人独尊东山法门,学用南能北秀,以观心为主。概言之,东山法门的兴起取代了达摩禅法,为中国禅宗的发展竖立了新的里程碑,同时也对敦煌禅法从内容到形式的发展、变化起到了举足轻重的作用。

〔原刊吴言生主编《中国禅学》第 2 卷,北京:中华书局,2003 年 5月,第 67~76 页(与王书庆合撰)〕

①《敦煌碑铭赞辑释》,第 80 页;《敦煌邈真赞校录并研究》,第 204 页。

《历代法宝记》所见达摩祖衣传承考辨

《历代法宝记》亦名《师资众脉传》，亦名《定是非摧邪显正破坏一切心传》，亦名《最上乘顿悟法门》，是敦煌文献中留存的早期禅宗史书之一。在敦煌文献中，现存有 9 个卷号，分别为 S.516、S.1611、S.1776、S.5916、P.2125、P.3717、P.3727、Φ.216 及日本石井光雄藏精编本。

《历代法宝记》大约成书于唐代宗大历年间（766—779 年），遗憾的是，在现存的 9 个卷号中均无著者题名，从记载的史实内容和倡导的禅宗思想上分析，当属四川保唐派与净众派的著作。保唐派与净众派是唐代四川境内以成都保唐寺与净众寺为中心而形成的禅宗派别，因二者之间存在着师承关系，在禅法思想上基本一致，仅有微小的差别，[①] 故又统称保唐禅系或净众禅系。二派形成之初即受到迅速崛起的南宗思想的影响，其禅法追随南宗，后随着南宗主流地位的确立及风行全国而式微，至唐末已影响不再。[②]

《历代法宝记》是敦煌文献中现存早期禅史书中篇幅最大的著作，主要记述了从菩提达摩到六祖慧能的传法世系，尤其是四川保唐派、净众派的传法世系与禅宗思想体系，内容翔实可信，是研究中国早期禅宗传承与四川禅宗历史的最基本的参考资料之一。

除了《历代法宝记》外，敦煌文献中还保存了另外二部早期禅宗史书，即《楞伽师资记》和《传法宝记》。其中《楞伽师资记》和《传法宝记》是北宗弟子的作品，弘扬的是以神秀、普寂为代表的北宗禅法思想。二人继承了从达摩以来强调通过坐禅观心达到心识由染到净而觉悟的禅法思想，直接传承的是四祖道信所提倡的“守一”“看心”禅法及五祖弘忍的“守心”禅法，从而提出了比较系统的以“观心”“看净”为主旨的渐修禅法，这种禅法曾在北方地区极盛一时。

《历代法宝记》之成书比《楞伽师资记》及《传法宝记》都要晚一些，是成都保唐派禅师无住的弟子在参考二书的基础上编撰的。从全书内容和

①杨富学、王书庆《蜀地禅宗之禅法及其特点——以敦煌写本〈历代法宝记〉为中心》，《周绍良先生纪念文集》，北京图书馆出版社，2006 年，第 435~443 页。

②杨曾文《唐五代禅宗史》，北京：中国社会科学出版社，1999 年，第 251 页。

后面所附门人孙寰所写的《大唐保唐寺和上传顿悟大乘禅门门人写真赞文并序》可知,保唐派、净众派所创立的禅法重南宗慧能的顿悟法门,轻北宗神秀的"渐修"主张,这种思想在《历代法宝记》一书中体现得相当明显。该书的内容主要有两个方面:一讲历代禅宗师资的传承关系,从内容上讲主要是叙述自达摩以来,达摩所咐嘱传授衣法的次递,从而确立保唐派、净众派禅法思想在四川乃至全国的主导地位;二讲"定是非摧邪显正破坏一切心传"及"最上乘顿悟法门",其矛头直接对准了北宗禅的"守心""看心"等基本渐修宗旨,从而对以慧能为代表的南宗"顿悟"说给予了极大的支持。标题中称"顿悟法门"为"最上乘",显然就是对南宗思想的直接表述,特别是受到了神会思想的影响。神会、慧能所传授的顿教禅法直承达摩至弘忍的禅法,而北宗"师承是旁,法门是渐",① 在与北宗的辩论中就自称是"为天下学道者辨其是非,为天下学道者定其宗旨"(《历代法宝记》语,以下引文凡未注明出处者,均引自是书,不另注),其学说成为保唐派与净众派禅法理论的基石。辨邪正,定是非,保唐派、净众派以神会学说为基础,弘扬慧能的南宗顿教禅法思想,对北宗的渐修禅法思想提出了尖锐的批评。

《历代法宝记》对印度禅法之传承世系是这样记述的:释迦牟尼佛→迦叶→ …… →不若蜜多→僧伽罗叉,计二十八祖;对中国之禅法传承世系则记为:达摩→慧可→僧璨→道信→弘忍→慧能。其中达摩是承接中印禅法的关键人物,在禅宗的传承中,达摩祖师所留下的袈裟成为信物,代表了禅宗世系的传承,这已广为教俗所认可,故达摩信衣之传承在《历代法宝记》中占去了相当大的篇幅。

达摩祖师所咐嘱传授衣法历来是严肃认真的。达摩给慧可传衣时:"遂传袈裟以为法信,譬如转轮王子,灌其顶者,得七珍宝,绍隆王位。得其衣者,以表法正相承。"《历代法宝记》中载:"今恶世时,学禅者众,我达摩祖师,遂传袈裟,表其正法,令后学者,有其禀承也。"自达摩至慧能,祖师信衣袈裟嫡嫡相传,对于禅宗世系的确立起到了至关重要的作用。②但自慧能以后,情况就发生了变化。

文明元年(684 年),武则天废唐睿宗自立,改国号为大周。长寿元年(692 年),武则天敕天下诸州各置大云寺。二月二十八日,敕使天冠郎中

①[唐]宗密《中华传心地禅门师资承袭图》,任继愈主编《中国佛教丛书·禅宗编》第 1 册,南京:江苏古籍出版社,1993 年,第 286 页。
②田中良昭《敦煌禅宗文献の研究》,东京:大东出版社,1983 年,第 623~627 页。

张昌期，往韶州漕溪，请慧能禅师，但禅师托病不出。至万岁通天元年(696年)，则天又遣使请慧能禅师，禅师再推，于是，则天请求达摩祖师传信衣袈裟于宫中内道场供养。慧能禅师依请，即呈袈裟与使人。则天见袈裟甚感喜悦，并于内道场供养。翌年七月，则天遣使往资州德纯寺请智诜禅师(609—702年)，智诜禅师赴京，但由于多病，常思念家乡，不久便奏请返乡，因之在京时因辩论佛法有功，折服了众多印度婆罗门所谓正统的僧人，故而深受武则天敬重。智诜禅师之奏也因此获准，遂返归故里，临行前武则天厚赐智诜禅师，计有新翻《华严经》一部、弥勒绣像、幡花等，特别重要的是，同时将达摩祖师传信袈裟赐给了智诜禅师，云："能禅师不来，此上代袈裟，亦奉和上，将归故里，永为供养。"

达摩祖师所传的袈裟，是佛法的象征，在弘忍处的达摩袈裟后被慧能带回到漕溪，弘忍便对其弟子说："佛法流过岭南。"一时随慧能参学者云奔雨骤，使岭南成为禅宗的中心。后来袈裟辗转到四川，给四川佛教，尤其禅宗的发展带来了全新的局面。对袈裟流传四川之事，杜斗城先生曾撰文考辨，怀疑智诜禅师从武则天处获得信衣袈裟一说其实是智诜系门人为取信于众而伪造的。[①]对于此说，笔者不敢苟同。因为杜先生的推测虽不无道理，但仍有缺乏史料依据之嫌，就《历代法宝记》本身的记载来说，似乎并不支持这种推测。根据《历代法宝记》的记载，达摩所传袈裟在四川仅仅传递了四代。先由智诜将其传给处寂，再由处寂传无相，无相又传给了无住，但自无住以后便不知去向了。如果说袈裟来川是智诜系门人为取信于众而杜撰的，那么，《历代法宝记》的作者何以不让袈裟一直传下去呢？至少是可以多传几代的，那样岂不是更能达到弘扬保唐、净众禅法之目的吗？只有这样才符合情理，而不应该仅传四代，到无住手中就让之失传。质言之，达摩袈裟自入内道场供养后，历史上并无文字显示该袈裟后来在什么地方，只有《历代法宝记》中明示该袈裟随智诜入蜀。看来智诜禅师自武则天处得袈裟之说是可信的，并非虚构。

达摩袈裟之流落四川，对广大僧众信徒来说，佛教禅法自然亦随之流到彼处，从而使保唐派、净众派在佛教界之地位大为提高，荣耀一时。从程序上讲，四川禅派所传的达摩袈裟是有严格的传法授衣手续的。

下文据《历代法宝记》的记载，对达摩信衣在蜀地传承的情况，尤其是信衣失传的问题略作考论。

①杜斗城《敦煌本〈历代法宝记〉与蜀地禅宗》，《敦煌学辑刊》1993年第1期，第54页。

智诜其人其事，在《历代法宝记》中有详尽的记录，此外，净觉《楞伽师资记》、神清《北山录》、宗密《圆觉经大疏抄》、《中华传心地禅门师资承袭图》、段成式《酉阳杂俎》续集、道原《景德传灯录》等书及吕温《南岳弥陀寺承远和尚碑》、柳宗元《南岳弥陀碑并序》等文献也都有记载。这些文献可以证实，智诜是蜀地禅宗保唐派的开创者，后来形成的净众派，从师承与禅法上说，其实也属于保唐派系。①

智诜，俗姓周，汝南（今河南）人也，前后弘法30余年，于长安二年（702年）去世，终年94岁。先跟玄奘法师学经论，后闻双峰山弘忍大师，遂投奔忍大师习禅法，成为弘忍的十大弟子之一。由于《历代法宝记》是其后嗣所写，他的地位在书中排列第二，名列神秀之后。因早年跟玄奘大师学研经论，颇兼有文字因缘，先后造《虚融观》3卷、《缘起》1卷、《般若心经疏》1卷。前二种著作佚失，惟《般若心经疏》在敦煌文献中有存。

《般若心经疏》，具名《般若波罗蜜多心经疏》，又名《心经疏》，在敦煌文献中有7件，编号分别为：P.4940、北为52（总4498）、北阙9、P.3229、P.2178、S.7821。其中，P.2178，《敦煌遗书总目索引》定名为《般若波罗蜜多心经疏》，首题“资州诜禅师撰”。《般若波罗蜜多心经疏》，以九门分别疏释《心经》。②长安二年（702年）六月，智诜命弟子处寂扶侍其生活起居，遂咐嘱信衣袈裟，云：“此衣是达摩祖师所传袈裟，则天赐吾，吾今付汝，善自保爱。”

处寂禅师（669—736年或648—734年），绵州（治今四川绵阳东）浮城人，俗姓唐，又名唐和上，世代业儒，常习诗礼。十岁时父亡，遂投智诜禅师门下，以其根机顿熟而深得智诜和尚赏识。在智诜和尚应召入京时，他一路护侍，此后又跟随智诜回到德纯寺，传法20余年，开元二十四年（736年）去世，享年68岁。《宋高僧传》卷二〇《唐资州山北兰若处寂传》称：“处寂者，异人也。”③传中内容与《历代法宝记》中的有关记载颇有出入。处寂临终前，密传咐嘱法及信衣袈裟于东海无相禅师，云：“此衣是达摩祖师衣，则天赐诜和上，和上与吾，吾转付汝，善自保爱，觅好山住去。”

无相禅师（684—762年），俗姓金，故而又被时人称作金和尚。《宋高

①参见徐文明《智诜与净众禅系》，《敦煌学辑刊》2000年第1期，第39~47页；同氏《中土前期禅学思想史》，北京：北京师范大学出版社，2004年，第238~252页。

②冈部和雄，“禅僧の注抄の疑伪经典”，《讲座敦煌8·敦煌佛典と禅》，东京：大东出版社，1980年，第337~338页；季羡林主编《敦煌学大辞典》，上海：上海辞书出版社，1998年，第687页。

③《大正藏》第五〇卷《史传部二》，No. 2061，页832b。

僧传》卷一九《唐成都净众寺无相传》载其为新罗国王第三子,先于郡南寺落发受戒,于开元十六年(728年)泛海至唐西京长安,被玄宗召见,隶于长安禅定寺。有唐一代,有许多来自朝鲜和其他国家的僧人在中国内地活动,有的在佛学教理方面有较高的造诣,有的在立教传法方面有突出的表现,无相禅师便是其中之一。无相禅师后离开禅定寺,寻师访道,周游各地,最终到达资州德纯寺,拜谒处寂禅师时,恰因处寂禅师有疾,不便接见。无相禅师便燃一个手指为灯,表示供养处寂禅师并希冀处寂禅师疴疾早日痊愈。处寂禅师感其精诚,便收为弟子,留在左右,改名无相。随处寂学法二年,后去天谷山崖下苦修,草衣节食,食尽啖土。信徒为他建净众寺,在成都等地传法20余年,世称"东海大师",成为净众派的创始人。安史之乱后,玄宗避难入蜀,他曾于内廷受供养。宝应元年(762年)五月,无相禅师以信衣袈裟咐嘱白崖山无住禅师。

无住禅师(714—774年),凤翔郿县人,俗姓李。年20,臂力过人,武艺绝伦,在信安王充河朔两道节度使时曾任衙前游弈先锋官,后弃官寻师访道,初从白衣居士陈楚璋习顿教法。无住和尚与之相遇后,密契相知,默传心结。天宝年间(742—755年),听说范阳到次山有慧能的弟子明和尚,东京有神会和尚,太原府有自在和尚说顿教法,遂往太原府礼自在和尚。天宝八载(749年),受具戒已,辞自在和尚,去五台山清凉寺参学,第二年至长安,参学于安国寺、崇圣寺。天宝十载(751年),由长安北行,至于贺兰山,居二年,闻无相禅师在剑南传顿教法门,对无相的"无忆"、"无念"、"莫忘"三句禅要深感赞佩,遂离贺兰山至剑南参拜无相和尚。但到达灵州时被姚嗣王留住不放,直到至德二载(757年)才得以从灵州出发,中经定远、丰宁、凤翔、太白山、南梁州,终于在乾元二年(759年)正月到达成都府净众寺。无住在那里默受无相和尚教示,至成都西北茂州(治所在今四川茂汶羌族自治县)天苍山(又名白崖山)居住修行,专修"无念"禅法。一不六时礼佛忏悔,二不诵经念佛,连基本生存的生活给养也反对别人为之运送,与无相和尚在禅机上的契合,故无相和尚以达摩信衣袈裟咐嘱。

无住和尚后来在四川地位显赫,宰相杜鸿渐入蜀后专门对其参访、礼敬,并请他下山弘法,剑南军政首脑崔宁也对其深表景仰与支持。由于无住有强大的社会背景支持和众多信众的护法, 以渊博才识征服了社会各界,加上世人知达摩祖师袈裟在彼处,认为佛法随之流入剑南,故一时天下名僧、俗家弟子趋集。其中,得意弟子有超藏、超寂、超然、法轮、一行、惠明、法缘、尼常精进、正遍知等,后皆为一方导首。其余弟子尚有幕府、郎官、侍卿三十人;道士数十人;山人(在野儒士)数十人;剑南高僧、法师、论师、律师、论师二十人,净众派禅法兴盛一时,法门大启,龙象辈出。

大历九年(774年)六月,无住和尚奄然坐化,《历代法宝记》载其遗言曰:

> 若是孝顺之子,不得违吾言教,吾当大行,吾去后,不得频眉,不得同世间不修行人哭泣,着服及频眉者,即不是吾弟子,哭泣即是世间法,佛法即不然,离一切诸相,即是见佛。

遗言中未对达摩祖师袈裟的传嫡做出任何交代。传衣之法,表其正统,令后学者,有其秉承。这么重要的事情他是不应该不知,更不会忘记的,故其中必另有隐情。杜斗城先生认为其中的原因在于,当时“无住根本就没有从无相那里得到过什么袈裟”。①此说虽有新意,但于史无据,是难以凭信的。关于达摩祖师衣在无住处的情况,《历代法宝记》有三处谈及。第一处:

> 秦逖、张锽谘俦曰:“逖等充左右巡虞侯,金和上初灭度日,两寺亲事弟子啾唧,嘱何?”常侍高大夫说:“金和上信衣不知的实,及不肯焚烧。”高大夫喇判付左右巡虞侯,推问得实领过,当日初只得两领袈裟,两寺各得一领。

其中提到的“焚烧”二字,颇值得深思。达摩祖师所传信衣至为重要,可谓得其衣者得天下。历代祖师为守护信衣,几损身命。所谓逆法之徒为得到信衣,虎视眈眈,不择手段,无住禅师为保全躯命,不给自己留下招惹是非的种子,曾一度生下欲将其焚烧的念头。考虑当时情势,有这种念头也可以说是符合情理的。但可能出于某种原因,最终还是不肯焚烧之。

当时不仅袈裟未焚,从上述记载看,而且从一领变成了两领,“两寺各得一领”。那么,何为两寺呢?该文献在前文中曾有这样的记载:

> 相公(即杜鸿渐——引者)借问小师等:“合有承后弟子僧人得衣钵者?”

①杜斗城《敦煌本〈历代法宝记〉与蜀地禅宗》,《敦煌学辑刊》1993年第1期,第58页。

> 小师答："亦无人承后。和上在日，有两领袈裟，一领衡山宁国寺，一领留净众寺供养。"

这一记载表明，二领袈裟分别收藏于衡山宁国寺和成都净众寺。达摩祖师只传下一领袈裟，在此怎么会出现二领袈裟呢？书中没有详细阐明，以理度之，不外以下两种情况。其一，在宁国寺和净众寺中，有一寺供养着一领真衣，另一寺供养着一领"假衣"，以此来混淆视听，从而确保真衣的安全完整；其二，两寺所供养的都是"真衣"，一寺供养为达摩祖师所传袈裟，另一寺所供养的为无相禅师传给无住的"覆膊裙衫坐具等一十七事"中无相禅师曾用过的袈裟。无住禅师若把其常带在身边，会给自己带来诸多不便，甚至会危及性命。据此可以推想，无住禅师在其身体强壮，尚未有疾时，达摩祖师所传的袈裟就早已不在身边了。

这里再看《历代法宝记》对信衣的第二处记载：

> 知金和上衣钵先遣人送，被隐二年不送，卖与僧人。僧人得衣，夜有神人言："遣还本主，若不还，必损汝命。"买人递相告报，后卖不得，还到彼间禅师处。

无住禅师长期在白崖山禅修，山大谷深，供养不便，食尽啖草，草无啖土，又无居士弟子供养护法，虽是出世之人，然维持身命仍是其中首要，将身边仅有的袈裟当卖以维持生计，亦属符合情理之事。性命不存，佛法何在。至于"夜有神人言，遣还本主，若不还，必损汝命……还到彼禅师处"之说，显然是不足为信的。《历代法宝记》就是无住的弟子们所著，其中讲无住禅师为维持身命，曾卖掉达摩所传袈裟，虽有贻笑大方之嫌，但应属于史实。单从这一点看，恐怕就难以说无住不曾从无相禅师那里得到过袈裟。

但在另外一处，《历代法宝记》又对信衣做了这样的记载：

> 尚书问："缘何不[律]益缁流？"
>
> 答云："有一工人，于汶州刻镂功德碑，得袈裟一领，计值二十千文，被彼禅师夺去。工人衣不还，云是金和上与我，不行事相礼念。据此踪由，即是不律益缁流。"

文中的汶州即今四川茂汶羌族自治县，白崖山在此，无住长期住此地修行。这条记载提到达摩袈裟，称其价值“二十千文”。这里出现的功德碑问题颇值得深究。以理度之，该碑应是用来为智诜、处寂、无相及保唐派、净众派的禅宗思想歌功颂德的。若然，那就很有可能，当时无住禅师曾以达摩祖师的信衣作为交换条件，用来镂刻这一功德碑了。但这只能说是笔者的猜想，有待于今后考古发掘的证实。

总之，无住禅师自当明了达摩祖师所传袈裟的重要性，如果当时达摩所传袈裟果真在宁国寺或净众寺被妥为保管，那么他作为得法的继承人，在临终时，无论如何也要指定给他的得意弟子咐嘱并传授衣法的。如此看来，两领袈裟，宁国寺和净众寺各一领留作供养之说，纯粹是子虚乌有。而真实的情况是，无住在去世前，袈裟其实已不知去向了。先有焚烧之意，后为维持生计而将之卖与了某一僧人，但被退还。再后来，似乎他又以之为交换条件，用以镂刻功德碑了。总之一句话，达摩所传袈裟确曾传到无住之手，但无住却未像前代祖师那样不惜身家性命来保护它，最终使袈裟流落民间，这个结果应该是可信的。

得到达摩所传袈裟者，不管是僧人或俗人，因没有得到传授咐嘱衣法，都属不当理由所获，号召不起千万信众归仰，也只能是破布一片。而无住丢失了达摩袈裟，没有得法弟子，从而导致了蜀地佛教群龙无首，繁盛一时的保唐派、净众派很快走向衰微与这一因素当不无关系。

在中国禅宗传承世系中，自达摩密传心印及授衣至惠可、僧璨、道信、弘忍、慧能，衣钵传到哪里，皆冠以几祖的称谓，止慧能为第六祖。这是禅宗各派所认同的，但此后情况就不一样了，禅宗大德中尽管以“祖”来称谓的不少，但都没有得到禅界的公认。尽管达摩祖师传衣辗转流落到四川保唐派、净众派大德智诜、处寂、无相、无住之手，信衣的到来，极大地提高了四川在全国佛教界的地位，但得到达摩所传袈裟者却无一人称“祖”。何以如此呢？从敦煌文献 S.2144《禅宗密传心印法》中可找到答案：

> 达摩临般涅槃时密传心印，咐嘱惠可大师，偈云：
> 本来缘有地，因地种花生，
> 本来无有种，花亦不能生。
> 惠可大师临般涅槃时密传心印，咐嘱僧璨大师，偈云：

花种虽因地，从地种花生，
若无人下种，花地尽无生。
璨大师临般涅槃时密传心印，咐嘱道信大师，偈云：
花种有生性，因地花生生，
大缘与性合，当来不生生。
信大师临般涅槃时密传心印，咐嘱弘忍大师，偈云：
有种来下种，因地果还生，
无生既无种，无情亦无生。
弘忍大师临般涅槃时密传心印，咐嘱慧能大师，偈云：
慧能大师告诸长老，衣信到吾处，不传也。

所以达道，一花开五叶，结果自然成，从可大师至吾，合五人也。普告诸长老曰：如来以大法眼，咐嘱大迦叶，辗转相传于我，我今将此正法眼藏，咐嘱于汝，汝善护持，勿令法眼断绝，听我偈言：

心地菩萨性，普雨悉众生，
顿悟花情已，菩提果自成。

从《禅宗密传心印法》的上述记载中我们不难看出，凡是欲称禅宗之“祖”者，必须具备二个条件：一须得祖传袈裟；二须有上祖下传的咐嘱心印。而四川保唐派与净众派虽有达摩袈裟，但他们没有得到祖师的密传咐嘱心印，况且“慧能大师告诸长老，衣信到吾处，不传也”。

慧能不传信衣，究其原因，可能与武则天已派人把达摩祖师所传下的袈裟从慧能处取走有关。既然信衣在内道场供养，慧能就无法把袈裟再继续传下去。从《历代法宝记》看，智诜从武则天那里得到袈裟后传给了处寂，再传无相、无住，这些法师之间仅仅是袈裟相传，并没有密传心印，这与禅宗传承信衣及密传心印的程序不相契合，智诜所得达摩传衣虽说是武则天赏赐的，但从教法上来讲，是有违程序的，因其没有得到上代祖师的印可，不是上代祖师依法传下的，所以四川保唐净众寺诸法师是未敢轻易在全国的佛教界、禅宗界妄自称“祖”的。

〔原刊《敦煌学辑刊》2006 年第 3 期，第 158~164 页(与王书庆合撰)〕

敦煌文献所见武则天与达摩信衣之关系

武则天由于其母杨氏是一个虔诚的佛教徒，自小便受佛教熏陶，曾出家为尼，加上政治需要，当政时期对佛教推崇备至。武则天对神秀北宗禅法极力扶持，给北宗的发展带来了契机，而蜀地禅宗净众派、保唐派的蓬勃发展，也与武则天有一定的关系。据敦煌写本S.516、S.1611、S.1776、S.5916、P.2125、P.3717、P.3727、Φ.216《历代法宝记》等文献记载，武则天与当时代表佛法象征的达摩祖师所授信衣袈裟曾有着特殊的因缘。这一因缘的存在，引发了后世对达摩所传信衣袈裟留存问题的争论。

一、武则天与达摩信衣之入神都洛阳

达摩祖师所咐嘱传授信衣袈裟经代代相递，五传而至六祖慧能，遂为达摩信衣的合法继承人。这一史实在诸多佛教传世史籍中都有记载。在敦煌出土的《楞伽师资记》(S.2054、S.4272、P.3294、P.3436、P. 3537、P.3703、P.4564)、《历代法宝记》《传法宝记》(P.2634、P.3858 和P.3559)、《导凡趣圣心诀》(P.3559) 及《南阳和尚问答杂徵义》(P.3047、S.6557)等文献中，对此也有明载。如《南阳和尚问答杂徵义》对佛法及达摩所咐嘱传授信衣的关系是如是阐释的：

门徒问曰："未审法在衣上，即以将衣为传法？"大师谓曰："法虽不在衣上，以表代代相承，以传衣为信。今佛法者得有秉承，学道者得知宗旨，不错不谬。况释迦如来金襕袈裟，见在鸡足山，迦葉今见持着此袈裟，专待弥勒出世，分咐此衣。是以表释迦如来传衣为信。我六代祖师，亦复如是。我今能了如来性，如来今在我身中，我与如来无差别，如来即是我真如。"

敦煌文献 S.448、S.5619《顿悟无生般若颂》，对于达摩所传信衣及所

传之法,更进一步作了阐释:

衣为法信,法是衣宗,衣法相传,更无别咐。非衣不弘于法,非法不受于衣。衣是法信之衣,法是无生之法。无生即无虚妄,法是空寂之心。知空寂而了法身,了法身而真解脱。

六祖慧能得到达摩嫡传咐嘱信衣,从而代表当时国内之佛法,尽管他创立的禅宗主张顿悟法门,被称为南宗,但当时坚持渐悟法门的北宗禅代表人物神秀,对慧能是达摩信衣的合法继承人这一点,亦不持异议。敦煌文献P.3047、P.3488、P.2045、敦博77《菩提达摩南宗定是非论》中所述,正印证了神秀的这种思想:

长安三年,秀和上在京城内登云花戒坛上,有纲律师、大仪律师,于大众中借问秀和上:"承闻达摩有一领袈裟相传咐嘱,今在大禅师处不?"秀和上云:"黄梅忍大师传法袈裟,今见在韶州能禅师处。"久视年,则天召秀和上入内,临发之时,所是道俗顶礼和上,借问:"和尚入内去后,所是门徒若为修道,依止何处?"秀和上云:"韶州有大善知识,元(原)是东山忍大师咐嘱。佛法尽在彼处。汝等诸人如有不自决了者,向彼决疑,必是不可思议,即知佛法宗旨。"

武则天对神秀非常推重,派使者迎请他来神都洛阳。神秀当时已九十高龄,进入皇宫时,肩舆上殿,武则天亲行跪礼。张说《唐玉泉寺大通禅师碑铭并序》载:

趺坐觐君,肩舆上殿,屈万乘而稽首,洒九重而宴居。传圣道者不北面,有盛德者无臣礼。遂推为两京法主,三帝国师。仰佛日之再中,庆优昙之一现。混处都邑,婉其秘旨。每帝王分坐,后妃临席,鸳鹭四匝,龙象三绕。[①]

由于得到武则天的支持,北宗禅势力大张,得以迅速在北方地区独领

①《全唐文》卷二三一,北京:中华书局,1983年,第2335页。

风骚,“东山法门”成为行禅修道者的极宗,风行百余年。从神秀入洛阳算起,这一禅宗的领袖人物,高居东西两京,君临一切禅徒,加上时处升平之世,声势显赫,天下无与比伦。

武则天在光宅元年(684年)临朝执政,六年后改国号为周,称“圣神皇帝”,后称“天册金轮圣神皇帝”。出于信仰和政治的需要,武则天极力藉佛教之力以维持其皇权,改变以往道教在佛教之前的惯例,颁布“令释教在道法之上,僧尼处道士女冠之前”的诏令,[①]从此造寺译经作为武则天的政治使命,尤其是那些女身菩萨后来成为一国之君的佛经内容,特别受到武则天的青睐。《大云经》《宝雨经》《华严经》中的女身菩萨,都被武则天视为楷模,以此作为她虽为女身亦可作为皇帝的理论根据,从此在全国范围内展开了翻译、弘扬及绘制三种经变的高潮。

武则天扶持的是北宗神秀,而达摩信衣袈裟却保存于广东韶州南宗慧能处,这对武则天来说,自然是难以接受的,于是就有了武则天请达摩信衣于内道场供养一事。敦煌写本S.516、P.2125《历代法宝记》载:

> 后时大周立,则天即位,敬重佛法。至长寿元年(692年),敕天下诸州各置大云寺。二月二十日,敕使天冠郎中张昌期往韶州曹溪请能禅师,能禅师托病不去。则天后至万岁通天元年(696年),使往再请能禅师,能禅师既不能来,请上代达摩祖师传信袈裟,朕于内道场供养,能禅师依请,即擎达摩祖师传信袈裟与敕使。使回,得传信袈裟,则天见得传信袈裟来,甚喜悦,于内道场供养。万岁通天二年七月,则天敕天冠郎中张昌期往资州德纯寺,请智诜禅师,诜禅师授请,赴京内道场供养。

由于有达摩祖师咐嘱信衣在洛阳内道场供养,武则天认为佛法就在神都洛阳,便开始召请全国各地名僧大德进京讲经说法。应邀而来的有德纯寺智诜禅师、荆州玉泉寺神秀禅师、安州寿山寺玄赜禅师、随州大云寺玄约禅师、洛州嵩山会善寺老安禅师,另外还有西国婆罗门诸高僧大德,一并内道场供养。智诜、神秀、玄赜、玄约、老安皆系弘忍十大弟子之属,自弘忍圆寂后,均为一方僧界导首。由此可知,武则天的内道场讲经说法者多为弘忍门下诸弟子,形成了“天下言教皆禅”的局面,盛况空前,达摩祖

①《旧唐书》卷六《则天皇后本纪》,北京:中华书局,1975年,第121页。

师梦想中的佛国终于在中土得以实现。

二、武则天与达摩信衣之入蜀

据敦煌文献《历代法宝记》载，就在迎请到达摩信衣的第二年(697年)七月,武则天派天冠郎中张昌期到资州德纯寺迎请智诜入洛阳内道场供养。

智诜,俗姓周,祖籍汝南(今属河南),因祖父为官迁徙至蜀,13岁出家,先师事玄奘"学经论,后闻双峰山[弘]忍大师,便辞去玄奘法师,舍经论,遂于冯茂山投忍大师"。[①]弘忍大师圆寂后,因大师称"汝兼有文字性",后来回到资州(在今四川资中北)德纯寺弘法度众。他的著作有《虚融观》三卷、《缘起》一卷、《般若心经疏》一卷,前二种亡佚已久,惟最后一种在敦煌文献中存有抄本7件:P.4940、北为52(总4498)、北阙9、P.3229、P.2178、S.7821。其中,P.2178首题"资州诜禅师撰"。智诜的"识心见性"思想就体现于该文献之中。

智诜居神都洛阳期间,辩论佛法有功,折服了众多印度婆罗门所谓正统的僧人,故而深受武则天敬重。后因多病,常思念家乡而奏请返乡,其时约在久视年(700年)。《历代法宝记》载曰:

> 则天见三藏皈依诜禅师，则天谘问诸大德:"和尚等有欲否?"神秀、玄约、老安、玄赜等皆言:"无欲。"则天问诜禅师:"和尚有欲否?"诜禅师恐不放归,顺则天意答:"有欲。"则天又问云:"何得有欲?"诜答曰:"生则有欲,不生则无欲。"则天言下悟,又见三藏归依诜和上,则天信加敬重。诜禅师因便奉请归乡,敕赐新翻《华严经》一部,弥勒绣像及幡花等,及将达摩祖师信袈裟。则天云:"能禅师不来,此上代袈裟,亦奉上和上,将归故里,永为供养。"则天至景龙元年(707年)十一月(按:误,此时武则天已逝世两年),又使内侍将军薛间至曹溪能禅师所,宣口敕云:"将先代信袈裟,奉诜禅师,将受持供养。"

武则天把上代祖师传给慧能的信衣袈裟转赐给智诜,究其实质,是对

①以下引文未注明出处者,均引自敦煌写本《历代法宝记》,不另说明。

南宗的压制和贬损，同时，既提高了四川禅派的地位，又有利于北宗神秀禅法的传播。

智诜是弘忍高足，他认为人生活在世间法中，离觉悟成佛尚早，只有正确地对待“欲”，选择适当方法去“欲”，才能定其身心。故当武则天问诸大德是否有性欲时，神秀、玄约、老安、玄赜等皆答无欲，惟智诜回答有欲。如果智诜亦称无欲，武则天很可能就不会把达摩信衣赏赐于他了。与信衣同时所赏的《华严经》，亦深受武则天所推重。该经是在武则天的主持下翻译的，由实叉难陀于证圣元年(695年)译出。[①]武则天之所以重视《华严经》，是因为经中有“普照一切法界，摄取圆满一切法界”的教义，[②]颇能表明太平盛世的心态，与武则天的治国思想不谋而合。武则天为了能够君临天下，常常要借助于佛教，在佛教经典中寻找女人当皇帝的理论依据，以便让天下人相信她改唐为周，继承皇位，治理天下是符合“佛意”的。

关于武则天把达摩信衣袈裟赐给智诜带回资州德纯寺供养一事，学界多持否定意见。如杨曾文先生即认为：

> 所谓武则天赐给智诜达摩袈裟一事，是后来保唐派的人编造。在成书于公元781年的《曹溪大师传》以及其他禅宗史料内都没有武后时把慧能从弘忍处所得的袈裟送朝廷使者带到京城供养的记载，武后转赠达摩袈裟又从何而来？因此，《历代法宝记》所载智诜→处寂→无相→无住代代传承达摩袈裟的说法是不能成立的。[③]

杜斗城先生亦撰文考辨，怀疑智诜禅师从武则天处获得信衣袈裟一说其实是智诜系门人为取信于众而伪造的。[④]

对于以上说法笔者不敢苟同。《曹溪大师传》等禅宗文献不载达摩信衣入京事，不能证明此事属子虚乌有，有可能是为尊者讳而有意不提。当时，慧能迫于政治压力，把至高无上的法物送于朝廷，未能尽守护达摩信衣之责，不是一件光彩事，没必要张扬，故信徒隐其不谈，自为情理中事。敦煌文献中P.3047《南阳和尚问答杂徵义》中关于慧能师徒对达摩信衣袈

①王惠民《唐东都敬爱寺考》，《唐研究》第12卷，北京：北京大学出版社，2006年，第369页。

②《大正藏》第九卷《华严部上》，No. 287，页690c。

③杨曾文《唐五代禅宗史》，北京：中国社会科学出版社，1999年，第258页。

④杜斗城《敦煌本〈历代法宝记〉与蜀地禅宗》，《敦煌学辑刊》1993年第1期，第54页。

裟的问答，可从反面印证《历代法宝记》记载之不虚：

> 弟子僧法海问[慧能]曰："和上，以后有相承者否？有此衣何故不传？"和尚谓曰："汝今莫问，以后难起极盛，我缘此袈裟，几失身命。汝欲得知时，我灭度后四十年外，竖立宗者即是。"其奄然坐化。

如今千年已过，除却敦煌文献《历代法宝记》所载达摩祖师所传信衣袈裟先由武则天于内道场供养，后赐于智诜这一信息外，并未见任何有关达摩袈裟信衣由慧能嫡传的文字资料。所以，我们认为，作为虔诚佛教徒的武则天，在神秀禅师的唆使下，派张昌期去慧能处取达摩祖师所传信衣袈裟放置内道场供养，并转赐于智诜，《历代法宝记》对这一事件的记载应是可信的。其他说法缺乏根据，只不过是臆测罢了。

由于武则天从六祖慧能处取走了象征佛法的达摩信衣袈裟，导致慧能在当时禅界权威地位的降低，使当时全国禅派处于群龙无首的状态，从而称六祖、七祖者比比皆是，如神秀被其门人普寂立为第六祖，普寂自己则号称七祖。这种混乱局面，无疑对神秀北宗禅的发展有利。武则天的这一举措，实际上是对禅宗南宗的抑制和对北宗的扶持。

三、达摩信衣的归宿

达摩祖师所传的袈裟，是佛法的象征。当慧能从弘忍处将达摩信衣袈裟带到曹溪后，弘忍便对其弟子说："佛法流过岭南。"一时随慧能参学者云奔雨骤，使岭南成为禅宗的中心。后来袈裟辗转到四川，又给四川佛教，尤其禅宗的发展，带来了全新的局面。

长安二年（702年）六月，智诜圆寂前，咐嘱信衣袈裟于处寂禅师（665—732年），云："此衣是达摩祖师所传袈裟，则天赐吾，吾今咐汝，善自保爱。"处寂禅师在临终前，密传咐嘱法及信衣袈裟于东海无相禅师（684—762年），云："此衣是达摩祖师衣，则天赐诜和上，和上与吾，吾转咐汝，善自保爱，觅好山住去。"宝应元年（762年），无相禅师以信衣袈裟咐嘱白崖山无住禅师（714—774年）。

无住和尚在四川地位显赫,宰相杜鸿渐入蜀后专门对其参访、礼敬,并请他下山弘法,剑南军政首脑崔宁也对其深表景仰与支持。由于无住有强大的社会背景支持,又有众多的护法者追随,他以渊博的学识和杰出的才能征服了社会各界。加上世人知达摩祖师袈裟在彼处,认为佛法随之流入剑南,故一时天下名僧、俗家弟子趋集若鹜。其中得意弟子有超藏、超寂、超然、法轮、一行、惠明、法缘、尼常精进、正遍知等,后皆为一方导首。其余弟子尚有幕府、郎官、侍卿三十人,道士数十人,山人数十人,剑南高僧、法师、论师、律师二十人,净众派禅法极盛一时,法门大启,龙象辈出。

大历九年(774年)六月,无住和尚奄然坐化,《历代法宝记》载其遗言曰:

> 若是孝顺之子,不得违吾言教。吾当大行,吾去后,不得频眉,不得同世间不修行人哭泣。着服及频眉者,即不是吾弟子。哭泣即是世间法;佛法即不然,离一切诸相,即是见佛。

遗言中未对达摩祖师信衣袈裟的传嫡做出任何交代。传信衣可表其正统,使后学者有其秉承。如此要事无住不会不知,更不会忘记,故其中必另有隐情。杜斗城先生认为其中的原因在于,当时“无住根本就没有从无相那里得到过什么袈裟”。①此说虽有新意,但于史无据,是难以凭信的。

关于达摩祖师信衣袈裟在无住处的情况,《历代法宝记》中有三处谈及。第一处:

> 秦逖、张鍠谘俦曰:“逖等充左右巡虞侯,金和上初灭度日,两寺亲事弟子啾唧,嘱何?”常侍高大夫说:“金和上信衣不知的实,及不肯焚烧。”高大夫喇判付左右巡虞侯,推问得实领过,当日初只得两领袈裟,两寺各得一领。

其中提到的“焚烧”二字,颇值得深思。达摩祖师所传信衣至为重要,可谓得其衣者得天下。逆法之徒为得到信衣,虎视眈眈,不择手段,历代祖师为守护信衣袈裟,几殒身命。无住禅师为保全躯命,曾一度生下欲将其焚烧的念头,但最终还是不肯焚烧之。当时不仅袈裟未焚,从上述记载看,

①杜斗城《敦煌本〈历代法宝记〉与蜀地禅宗》,《敦煌学辑刊》1993年第1期,第58页。

而且从一领变成了两领,“两寺各得一领”。那么,何为两寺呢?该文献在前文中曾有这样的记载:

> 相公(即杜鸿渐)借问小师等:“合有承后弟子僧人得衣钵者?”小师答:“亦无人承后。和上在日,有两领袈裟,一领衡山宁国寺,一领留净众寺供养。”

这一记载表明,二领袈裟分别收藏于衡山宁国寺和成都净众寺。达摩祖师只传下一领袈裟,这里怎么会变成二领呢?书中没有详细阐明,以理度之,不外以下两种情况。其一,在宁国寺和净众寺中,有一寺供养着一领真衣,另一寺供养着一领“假衣”,以此来混淆视听,从而确保真衣的安全。其二,两寺所供养的都是“真衣”,一寺供养为达摩祖师所传信衣袈裟,另一寺所供养的为无相禅师传给无住的“覆膊裙衫坐具等一十七事”中无相禅师曾用过的袈裟。无住禅师若把其常带在身边,会给自己带来诸多不便,甚至会危及性命。据此可以推想,无住禅师身体强壮时,达摩祖师所传的袈裟就早已不在身边了。

再看《历代法宝记》对信衣的第二处记载:

> 知金和上衣钵先遣人送,被隐二年不送,卖与僧人。僧人得衣,夜有神人言:“遣还本主,若不还,必损汝命。”买人递相告报,后卖不得,还到彼间禅师处。

无住禅师长期在白崖山禅修,山大谷深,供养不便,食尽啖草,草无啖土,将身边仅有的袈裟当卖以维持生计,亦属符合情理之事。性命不存,佛法何在?至于“夜有神人言,遣还本主,若不还,必损汝命……还到彼禅师处”之说,显然是不足为信的。《历代法宝记》就是无住的弟子们所著,其中讲无住禅师为维持身命,曾卖掉达摩所传信衣袈裟,虽有贻笑大方之嫌,但应属于史实。单从这一点看,恐怕就难以说无住不曾从无相禅师那里得到袈裟。

在另外一处,《历代法宝记》又对信衣袈裟做了这样的记载:

尚书问:“缘何不[律]益缁流?”答云:“有一工人,于汶州刻镂功德碑,得袈裟一领,计值二十千文,被彼禅师夺去。工人衣不还,云是金和上与我,不行事相礼念。据此踪由,即是不律益缁流。”

汶州即今四川茂汶羌族自治县,白崖山在此,无住长期住此地修行。这条记载提到达摩信衣袈裟,称其价值“二十千文”。这里出现的功德碑问题颇值得深究。以理度之,该碑应是用来为智诜、处寂、无相及保唐派、净众派的禅宗思想歌功颂德的。若然,那就很有可能,当时无住禅师曾以达摩祖师的信衣袈裟作为交换条件,用来镂刻这一功德碑了。

总之,无住禅师自当明了达摩祖师所传信衣袈裟的重要性。如果当时达摩所传信衣袈裟果真在宁国寺或净众寺被妥为保管,那么他作为得法的继承人,在临终时,无论如何也要指定给他的得意弟子咐嘱并传授衣法的。如此看来,两领袈裟,宁国寺和净众寺各一领留作供养之说,纯粹是子虚乌有。而真实的情况是,无住在去世前,达摩所传的信衣袈裟其实已不知去向了。先有焚烧之意,后为维持生计而将之卖与了某一僧人,但被退还。再后来,似乎他又以之为交换条件,用以镂刻功德碑了。总之,达摩所传信衣袈裟确曾传到无住之手,但无住却未能像前代祖师那样不惜身家性命来保护它,最终使袈裟流落民间,这个结果尽管令人沮丧,但应该是可信的。

得到达摩所传信衣袈裟者,不管是僧人或俗人,因没有得到传授咐嘱衣法,都属不当理由所获,号召不起千万信众归仰,也只能是破布一片。而无住丢失了达摩所传信衣袈裟,没有得法弟子,从而导致了蜀地佛教法嗣无继,兴盛一时的保唐派、净众派很快走向衰微,与这一因素当不无关系。

综上所述,武则天作为虔诚的佛教徒,把作为正统佛法代表的达摩祖师传信衣袈裟从曹溪请到内道场供养,后转赐给智诜,被带至资州,促进了四川净众、保唐派禅宗的空前发展。对南宗禅派来说,此举无疑为沉重的打击,相反,却给北宗禅派的发展带来了契机,突出反映了武则天重北抑南的政策,致使北宗曾在长安和洛阳东西两京为中心的广大地区十分盛行,直到“安史之乱”爆发后情况才有所变化。安史乱起,代表南宗思想的神会曾主持戒坛度僧,聚敛钱财以支援朝廷军需,因有功而受到朝廷的重视。此后,南宗在禅界的正统地位得到朝廷的确认,逐渐发展成为禅宗的主流派,北宗随之逐渐走向衰微。南宗、北宗乃至四川的保唐、净众禅派的兴衰变迁,皆和武则天对达摩传信衣袈裟的收受有一定因果关系。

〔原刊王双环、郭绍林主编《武则天与神都洛阳》,北京:中国文史出版社,2008年,第263~271页(与王书庆合撰)〕

《传法宝记》的作者及其禅学思想

《传法宝记》一卷，是敦煌文献中发现的早期禅宗重要史书之一，早已失传，唯在敦煌石窟中幸存有写本三件，编号分别为 P.2634、P.3858 和 P.3559，均存于法国巴黎国立图书馆。其中，P.2634 为唐代写本，开端完好，并有标题，共二纸，达摩传的后半部及以下皆残损；P.3858 为五代写本，中间仅存一纸，首尾皆残损；P.3559 为唐代写本，是 3 个卷号中唯一的全本，首题《传法宝记并序》，尾题《传法宝记七祖一卷》。全书由序、目录和达摩至神秀禅宗七祖事迹及总论构成，用简短的篇幅叙述了禅宗祖师的传承：菩提达摩入魏传慧可，慧可传僧璨，僧璨传道信，道信传弘忍，弘忍传法如，法如再传神秀。这一记载与目前佛教界和学术界广泛接受的禅宗世系是不同的，对众说纷纭的中国禅宗传承体系的确具有重要参考价值，尤其值得注意的是，该文献为禅宗北宗的研究提供了极为难得而又翔实的历史资料。

敦煌本《传法宝记》是日本学者神田喜一郎于 1936 年于法国收藏的敦煌写卷中发现的，于 1944 年由白石虎月在其专著《续禅宗编年史》的“附录”中全文发表。1966 年，柳田圣山发表《初期禅宗史的研究》，收有此文献的抄本照片，在书后附录的校注中载有他校订、注释的全文，但他忽略了与其他二个卷号的比勘互校。特别值得注意的是，近年杨曾文先生综合敦煌发现的 3 件写本，对《传法宝记》进行了细致的校订，在此基础上对该书的作者、成书年代及主要内容进行了深入的研究。[①] 本文拟在前贤研究的基础上，对《传法宝记》之禅学思想略作探讨。

《传法宝记》署名为“京兆杜朏字方明撰”。至于成书年代，文献无任何记载，学术界见仁见智，存在着不同的看法。日本学者多认为其时当在开元元年(713 年)。[②] 但杨曾文先生不以为然，他根据《传法宝记》中三处有

①杨曾文《敦煌新本六祖坛经》附录一《传法宝记并序》，上海：上海古籍出版社，1993 年，第 162~180 页。

②参见柳田圣山《禅の语录》2《初期の禅史 Ⅰ》，东京：筑摩书房，1969 年，第 24~25 页；椎名宏雄《禅宗灯史の成立と发展》，《讲座敦煌 8 敦煌佛典と禅》，东京：大东出版社，1980 年，第 55 页；田中良昭《敦煌禅宗文献の研究》，东京：大东出版社，1983 年，第 572 页，等。

助于确定文献成书年代的记载，认为该文献应写成于开元四年(716 年)至开元二十年(732 年)之间。[①]当较为可信，已逐步为学界所接受。[②]

由于各种文献缺载，我们无法了解该书作者杜朏的生平事迹，但从《传法宝记》书中对神秀法系一系列的赞词和书后所言“昔尝有知音者，令修此传记。今将草润绝笔，辄为其后论矣”等语可以看出，杜朏当是神秀北宗禅法的虔诚信仰者和追随者。日本天台宗僧人圆仁(794—864 年)于开成四年至大中元年(839—847 年)入唐求法，在其所撰《在唐送进录》中提到：“《南岳思禅师法门传》一帖，清信弟子卫尉丞杜朏撰。”[③]杨曾文先生认为：“这位信奉佛教的卫尉丞杜朏与上面‘朏法师’是不是一个人，是不是《传法宝记》的作者杜朏，从现在所掌握的资料是不足以确定的。”[④]此诚得的之论。但笔者更倾向于认为，《南岳思禅师法门传》作者“清信弟子卫尉丞杜朏”与《传法宝记》的作者杜朏当属同一个人。在《传法宝记》中，作者名字前之所以没有冠以“清信弟子”字样，是因为作者自恃学佛多年，对佛学已有较深的造诣，并有师承，若冠以“清信弟子”未免有些拉杂和多余。有唐一代，佛教兴盛，社会化程度很深，由“清信弟子”继而出家而成为“法师”者不在少数。杜朏其人，很可能就是禅宗北宗名僧义福(658—736 年)曾师事过的“朏法师”。据唐代《大智禅师碑铭》载，义福曾从“朏法师”学习大乘经论。[⑤]如果这一推论不误，则“朏法师”很可能就是由作为“清信弟子”的“卫尉丞杜朏”在出家后的尊称。据笔者揣测，《传法宝记》成书时，杜朏尚时任小官吏“卫尉丞”，到后来乃至晚年投到荆州玉泉寺神秀门下出家继而有法师之称的。概言之，笔者认为“京兆杜朏”“清信弟子卫尉丞杜朏”和“朏法师”属同一人的可能性是很大的。当然历史上巧合的事情是有的，那就另当别论了。

《传法宝记》由序、目录、从达摩至神秀七祖事迹以及作者的总论组成，书后还附有《终南山归寺大通和尚塔文》，记载的是从北魏菩提达摩到神秀的历代祖师以《楞伽经》为禅法要旨的传承事迹和禅法风格。尽管其篇幅不大，但含有丰富的历史信息，对中国早期禅宗历史，尤其是北宗禅

①杨曾文《敦煌新本六祖坛经》，上海：上海古籍出版社，1993 年，第 174~175 页；同氏《唐五代禅宗史》，北京：中国社会科学出版社，1999 年，第 141~142 页。

②斋藤智宽《〈传法宝记〉の精神》，《集刊东洋学》第 85 期，2001 年，第 80 页。

③[日]圆仁《慈觉大师在唐送进录》，《大正藏》卷五五《目录部》，No. 2166，页 1077c。

④杨曾文《唐五代禅宗史》，北京：中国社会科学出版社，1999 年，第 141 页。

⑤[唐]严挺之《大智禅师碑铭》，《全唐文》卷二八〇。

法的研究具有不可忽视的价值。

首先,我们看《传法宝记》对禅宗印度始祖世系的记载。《传法宝记》称:

> 昔庐山远上人《禅门经序》云:"佛付阿难,阿难传末田地,末田地传舍那婆斯。"

这一记载可与现存河南省嵩山会善寺遗址的《唐中岳沙门释法如禅师行状》所言相印证。该碑记载说:"庐山远法师《禅经序》云:'则是阿难曲承音韶,必藏之灵符,幽关莫开,罕窥其庭。如来泥日未久,阿难传末田地,末田地传舍那婆斯。'此三应真。"①这里所谓的印度早期禅宗的传承世系为:释迦牟尼佛→阿难→末田地→舍那婆斯。而《历代法宝记》的说法却不同,记曰:

> 《付法藏经》云:"释迦如来灭度后,法眼咐嘱摩诃迦叶,迦叶咐嘱阿难,阿难咐嘱末田地,末田地咐嘱商那和修。"

这里的世系成了:释迦牟尼佛→迦叶→阿难→末田地→商那和修。

敦煌文献S.2144《禅宗密传心印法》和S.1635《泉州千佛新著诸祖颂》这两卷均是记载南宗思想的代表性作品,其中在叙述印度禅法初期之传承时,写有如下文字:"如来以大法眼咐嘱大迦叶,辗转相传于我,我今将此正法眼藏咐嘱于汝,汝善护持,勿令法眼断绝。及自祖灯相嘱,始迦叶,终漕溪,以三十三祖。"由于《传法宝记》代表的是北宗禅法思想,而时代稍晚,大约成书于唐代宗大历年间(766—779年)的《历代法宝记》②是蜀地禅宗派系的作品,但在某种程度上也代表了南宗的禅法思想。由于《传法宝记》和《历代法宝记》代表的宗派不同,故对于印度禅法祖统传承的见解也各不相同,尤其是对早期印度禅法的传承问题存在着不同的看法。他们各自引经据典,阐述自己的观点,使印度的早期禅宗世系在不同宗派的著作里出现了不同的说法。

①碑文载《唐文拾遗》卷六七。参见柳田圣山《初期禅宗史书の语录》,京都:法藏馆,1967年,第487~488页。

②在敦煌文献中现存有9个卷号,分别为S. 516、S. 1611、S. 1776、S. 5916、P. 2125、P. 3717、P. 3727、Φ. 216及日本石井光雄藏精编本。

接着再看《传法宝记》对中国禅宗祖统的见解。禅宗由初祖达摩开创发展至五祖弘忍，法门大启，龙象辈出，除世所瞩目的南能北秀两大宗派外，武则天时期，资州智诜得达摩祖师信衣袈裟，以此为契机，弘化蜀地，形成了保唐、净众禅派，与南能北秀鼎足而立，成为当时禅界一支不可忽视的宗派。不同宗派为巩固自己在禅界的地位，发扬光大本派的思想体系，分别提出了自己的祖统说，认为自己的禅法才代表禅宗思想的核心，其思想便是直承初祖达摩，乃至释迦牟尼，以便表明自己的禅法思想来自正统。

南宗提出的祖统说为：菩提达摩→慧可→僧璨→道信→弘忍→慧能。敦煌文献S.2144《禅宗密传心印法》载："弘忍大师临般涅槃时，密传心印、咐嘱慧能大师，慧能大师告诸长老，衣信到吾处，不传也。所以达道，一花开五叶，结果自然成，从可大师至吾，恰五人也。"这就是今天人们常说的中国禅宗六祖传承理论。S.2144《禅宗密传心印法》是一部典型的代表南宗思想的作品，密传心印法体现的一般是顿悟思想，据此我们可以认为南宗的祖统相传的思想，传至慧能便告结束。慧能没有将其思想宗旨指定传给某个继承人，在有关禅宗文献中也了无记载。

北宗提出了不同的祖统说。前引《唐中岳沙门释法如禅师行状》碑文代表的是北宗思想关于禅宗祖统说较为系统的见解。碑文称印度的传法世系是佛→阿难→末田地→舍那婆斯。此后菩提达摩来华传授此法。"入魏传可，可传璨，璨传信，信传忍，忍传如。"①《传法宝记》继承了这个说法，并加以发挥，称：

> 其有发迹天竺，来道此土者，有菩提达磨欤！时为震旦有胜慧者，而传默指真境乎？如彼弱丧，顿使返躬乎？亦如暗室发大明炬乎？弗可得而言已。既而味性有殊，高拔或少，玩所先习，无求胜智，翻然顶授，盖为鲜矣。唯东魏惠可，以身命求之，大师传之而去。惠可传僧璨，僧璨传道信，道信传弘忍，弘忍传法如，法如及乎大通。自达磨之后，师资开道，皆善以方便，取证于心，随所发言，略无系说。

按照这一记载，初祖菩提达摩传二祖惠可以后，惠可再传僧璨，僧璨

①碑文载《唐文拾遗》卷六七。参见柳田圣山《初期禅宗史书の语录》，京都：法藏馆，1967年，第487~488页。

传道信,道信传弘忍,弘忍传法如,法如传给了大通神秀。对于这样的传法世系,同样是代表北宗思想的《楞伽师资记》却有不同的说法,该文献以刘宋时代的求那跋陀罗为初祖,以下依次为菩提达摩、慧可、僧璨、道信、弘忍、神秀。①弘忍和神秀之间无有法如。另一件北宗文献《大照禅师塔铭》所载普寂的言论更是另有新说:

> 吾受托先师,传此密印。远自达摩菩萨导于可,可进于璨,璨钟于信,信传于忍,忍授于大通,大通胎于吾,今七世矣。②

该碑由普寂的弟子李邕撰文。文中的"吾"是碑主普寂的自称。这里,神秀为六祖,普寂继承之,为禅门第七祖。

自弘忍之后,禅宗分裂为多种宗派,有的势力强大,传灯不绝,法脉流长,如南宗;有的盛极一时,但不久即衰微,如北宗、蜀地禅宗。各派都有自己的祖统说。

《传法宝记》以北宗渐修思想为宗旨,和南宗慧能所主张的"顿悟"思想是针锋相对的,故而对于弘忍传法给六祖慧能之说避而不谈,而直接把曾跟五祖弘忍学法的弟子法如称为第六祖,把大通神秀列为第七祖。其理由是弘忍的十大弟子"俱承禅师之后"。这就是人们常说的北宗七祖传承。各宗派之间对祖统说的见解主要是由该宗所倡导的核心思想所确定的。早期禅宗史书中的传法祖统说,都是作者为了宣传自己所属派系的思想主张,以表明自己的得法是名正言顺的,故而不得不为宣传自己而回避甚或贬低他人,这是可以理解的。禅宗主张不立文字,教外别传,以心传心。因此重视师徒之间的禅法传承,从而显得尤为重要。③《传法宝记》的作者虽对神秀一系十分崇信,但对法如似乎更亲近一些,以严肃的祖统说,把南宗所认可的六祖慧能巧妙地换成了六祖法如,并确立了七祖大通神秀在禅宗思想上的历史地位。

净众派、保唐派在禅法上多追随南宗,故在祖统说上与南宗基本保持一致(只是增加了慧能以后蜀地禅宗的祖统),但在对五祖弘忍的法嗣问题上,却接受了北宗的主张,认为弘忍的十大弟子"俱承禅师之后"。在《历

①《楞伽师资记》早已失传,在敦煌文献中存 7 个编号,分别为:S. 2054、S. 4272、P. 3294、P. 3436、P. 3537、P. 3703、P. 4564。

②[唐]李邕《大照禅师塔铭》,《全唐文》卷二六二。

③Morten Schlütter, Transmission and Enlightment in Chan Buddhism Seen Through the Platform Sūtra,《中华佛学学报》第 20 期,2007 年,第 379~410 页。

代法宝记》中可以看到这样的表述:"[弘忍]又云:'吾一生教人无数,除慧能余有十尔,神秀师、智诜师、义方师、智德师、玄赜师、老安师、法如师、惠藏师、玄约师、刘主簿。虽不离吾左右,汝各一方师也。'"文中把智诜列为"俱承禅师之后"的十大弟子中的第二位,这样无疑确认智诜如同慧能、神秀一样,成了弘忍的合法继承人。

智诜应诏去京内道场为武则天讲经说法,深得则天皇后的赞赏,后因病告老返乡时,武则天特赐从慧能处召来的达摩信衣与智诜。这样智诜便有了达摩信衣,加上他曾在弘忍门下学法这一因素,在净众、保唐派的眼中他似乎成了正统的禅法掌门人兼继承人。这样,智诜传处寂,处寂传无相,无相传无住,代代相传,最后在无住手中失传,流落民间。[①]值得注意的一点是,尽管保唐、净众二派禅徒认为智诜是弘忍的合法继承人,但从《历代法宝记》可以看出,他们对六祖慧能的合法地位还是认可的,这样就清晰地形成了他们自己的祖统说:菩提达摩→慧可→僧璨→道信→弘忍→慧能→智诜→处寂→无相→无住,共计十代。比起《传法宝记》中说大通神秀和尚为禅门七祖还多出了三代祖师。智诜及其以后的法嗣,在书中虽然没有言明是第几祖,但因为有达摩的信衣在手,他们的传承又是那么井然有序,被信徒尊为祖师显然是顺理成章之事。

在禅法思想上,《传法宝记》强调"离言说",反对言说,反对执著文字:

> 昔我本师,当见乎世说法,所度皆随其根性,而得证入者,言说自亡。逮灭度后,而诸罗汉,方共结集,在世时尝所说法,著乎文字而为经。虽圆觉了义,存乎其间,而凡圣不接,离真自远。

认为佛祖释迦牟尼说法,"所度皆随其根性",只是后人才将佛陀所言"著乎文字而为经"。这样做虽然"圆觉了义",但与佛陀所追求的真谛越来越远。

《传法宝记》的作者重视直观觉悟,宣称达摩对慧可的传法是"密以方便开发,顿令其心直入法界"。为了能使广大教徒接受其思想,故而把佛、儒、道之观点融为一体,《传法宝记》言称:

> 是故我本师云:"若言如来有说法,则为谤佛。"而孔丘亦云:

①参见拙撰《〈历代法宝记〉所见达摩祖衣传承考辨》,《敦煌学辑刊》2006 年第 3 期,第 158~164 页。

"吾欲无言。"庄周复曰:"得意者忘言。"故《易·咸卦》上六曰:"咸其辅顿舌。"《象》曰:"胜口说也。"

这种折中方法为国人在传统思想框架下接受并理解深奥佛法的真谛开启了方便之门。通过离文字语言,幽处坐禅达到觉悟自性,学习达摩"息其言语,离其经论、旨微而彻、进捷而明",不通过言语经论,迅速体悟法身实相。由于北宗的思想是以《楞伽经》的思想宗旨为基础发展而来的,"诸佛心第一",探究心识、观察心识活动,促成心识的转变,正是《楞伽经》的中心思想,有关记载见于《大乘入楞伽经》卷五:

[佛曰]:"我与诸佛及诸菩萨不说一字,不答一字。所以者何?一切诸法离文字故,非不随义而分别说。大慧。若不说者,教法则断,教法断者,则无声闻。缘觉菩萨诸佛,若总无者,谁说为谁,是故大慧。菩萨摩诃萨应不著文字,随宜说法。①

《大乘入楞伽经》强调不要执著文字和言语,因为二者都不能表达真正的佛法。佛法使用名相,就会滋助妄想的增长,文字言语是俗谛,离文字言语才是真谛。②《传法宝记》作者所述的离文字思想正本乎此。

同时,《传法宝记》也反对"禅净合一"。禅宗主张静坐修心,以"明心见性,一切皆空"为宗旨,净土宗的主旨乃是以修行者的念佛行业为内因,以诸佛菩萨的愿力为外因,内外相应,从而往生极乐国土。有唐一代,静坐与念佛是最为流行的两种修行方式。在众多禅宗祖师和净土宗祖师那里,都认为将静坐与念佛有机地结合起来,更能够起到正本清源的作用。但是,大通神秀的门人对此却持有异议,《传法宝记》称:

至乎今之学者,将为委巷之谈,不知为知,未得谓得,念佛净心之方便,混此彼流,真如法身之端倪,曾何仿佛,悲夫!岂悟念性本空,焉有念处?性净已寂,夫何净心,念净都亡,自然满照。于戏,僧[慧]可有言曰:"四世之后,变成明(名)相。"信矣。

从中可以看出,该书的作者杜朏是极力反对净土宗及禅宗的高声"念

①见《大正藏》第一六卷《经集部三》,No. 672,页615b。
②柳田圣山《初期禅宗史书の语录》,京都:法藏馆,1967年,第52页。

佛”或心中“念佛”等修行方式的，认为这种形式完全是用文字、语言、名相来表达的，通过这种方式达到心识的转变是不可能的，同时也有违达摩的初旨，自然应该反对和远离。这种观点表述的应是北宗神秀对念佛禅的基本态度。北宗主张“渐修”，认为真正的禅修者应自离心中的种种妄想，超度一切心、意识，自觉圣境，这才是真正的佛心、佛性。要达到这样的境界，只能通过断除妄想的心性修行，在内心领悟。

从某种程度上讲，《传法宝记》所载神秀门人的禅观是传统型的，也是相对封闭的，与南宗禅观的开放型、大众化特色形成了鲜明的对比。这种形式不易于为广大信徒所接受和认可，故不利于自身宗派的发展。北宗禅由盛极一时而很快走向衰微，便与这些因素不无关系。

〔原刊《敦煌研究》2006年第5期，第99~102页(与王书庆合撰)〕

碑铭赞所见唐五代敦煌的禅宗信徒

唐五代时期敦煌地区禅宗流行，敦煌出土的各种禅宗文献相当丰富，从20世纪初开始就不断有人进行专门的研究，涌现出大量的研究成果，极大地填补了中国早期禅宗史研究的空白。①但这些成果多以文献整理为主旨，至于唐五代时期禅宗在敦煌的流行特点，则少有论及。敦煌发现的碑铭赞中蕴涵有丰富的禅史资料，对中国早期敦煌禅宗史的研究具有重要参考价值。这里拟以这些碑铭赞文献为基本资料，就唐五代敦煌地区禅宗信徒之分布及其信仰内容等略作探讨。

一、敦煌禅宗信徒之分布

敦煌发现的碑文、墓志铭与邈真赞等人物传记是敦煌文书中的重要文献之一，其中保存有大量的涉及禅宗流行的文字，从这些文字中我们可以考察禅宗在敦煌地区的传播情况。

在敦煌的世俗人中，信仰禅宗者往往以“顿悟大乘某某”来表明身份。在8~10世纪的敦煌文献中，“顿悟大乘”一般指的就是禅宗，易言之，是指皈依于禅师的出家弟子或俗家弟子。在敦煌文献中，很多禅宗文献都标为“顿悟大乘”或“大乘顿悟”“顿悟”“顿教”字样，如在敦煌文献中的《大乘开心显性顿悟真宗论》《惠达和上顿悟大乘秘密心契禅门法》《顿悟真宗金刚般若修行达彼岸法门要诀》等论述的就是禅宗道理，属北宗禅文献。可见，敦煌北宗禅也以“顿悟大乘”或“顿悟真宗”相标榜。在四川保唐派门人撰写的《历代法宝记》中，就直接将该书又称为“最上乘顿悟法门”，书后有“大历保唐寺和上传顿悟大乘禅门门人写真赞”。从自称“顿悟大乘禅门门人”可以看出，“顿悟大乘”也是保唐派门人的称呼。在吐蕃统治时期由前河西观察判官、朝散大夫、殿中侍御史王锡撰写的《顿悟大乘正理决》中称

①举其荦荦大端者有：筱原寿雄、田中良昭主编《讲座敦煌8 敦煌佛典と禅》，东京：大东出版社，1980年；田中良昭著《敦煌禅宗文献の研究》，东京：大东出版社，1983年；邓文宽、荣新江录校《敦博本禅籍录校》，南京：江苏古籍出版社，1998年及杨曾文著《唐五代禅宗史》，北京：中国社会科学出版社，1999年，等。

禅宗为“顿悟真筌”。以“顿悟”“顿教”等命书名的还有神会晚年所撰《顿悟无生般若颂》和六祖慧能的《南宗顿教最上乘摩诃般若波罗蜜经六祖慧能大师于韶州大梵寺施法坛经》(即《六祖坛经》)。可见,在禅宗初传过程中,“顿悟”是各派的共同目标和共同主张,是禅修者的时尚辞藻。

在敦煌文献中,以“顿悟”自称的禅宗信徒不在少数,既有敦煌大姓,也有普通百姓,更有士人与僧侣。

敦煌大姓中以索氏最有代表性。索氏家族中信仰禅宗的有索定国、索义辨、索常振、康如祥等人。在包括索氏在内的敦煌大姓的禅宗信仰中,很多人都称为“顿悟大乘贤者”或“顿悟大成优婆姨”。如在S.530《大唐沙州释门索法律义辩和尚修功德记碑》中说:“多闻龙象,继迹繁兴。得道高僧,传灯相次……皇考顿悟大乘贤者某乙,英旄携彦,早慕幽贞。悟世荣之非坚,了浮生而走电……心印密传。穷七祖之幽宗,示三乘之淳粹。趋庭则半城缁众,近训乃数百俗徒……咸通十年(883年)岁次某年某月日,坐终于金光明寺本居禅院……长子僧常振,天资爽悟,道境逾明;钦念三乘,凝心四谛。”可见索定国是沙州释门都法律义辨之父,卒于元和七年(812年)。索义辨是金光明寺僧人,曾抄写大乘经藏,在家中建立寺庙,是莫高窟晚唐时期修建的第12窟的窟主,建窟未竟而于咸通十年(883年)病故。S.530《大唐沙州释门索法律义辩和尚修功德记碑》、P.2021《金光明寺索法律邈真赞序》、P.3718《索律公邈真赞并序》以及 P.4660《索义辩和尚邈真赞》中都称索义辨“灯传北秀,导引南宗”。“北秀”指北宗神秀一系,“南宗”则指慧能一系的南宗,说明义辨为禅宗信徒,且南北兼修。但到神会以后,南北宗已逐渐走向调和的道路。[①]8世纪末,应吐蕃赞普之邀赴西藏弘扬禅法的摩诃衍禅师,本为神秀的再传弟子,而神秀绍继的是东山法门弘忍的渐修理论。后来又事南宗大师神会修习顿门之法,由此而兼通南北二宗。[②]曾经滞留敦煌,倡大乘顿悟学说,其本质是融合南北宗而成。索义辨就是当时敦煌北宗南宗相融摄的代表。索常振是义辨兄之子,“天资爽悟,道镜逾明,钦念三乘,凝心四谛”,后出家为僧。在义辨病逝后,继续修完第12窟,并邀都僧统唐悟真撰写功德记碑文。索氏家族中除男性禅信仰者

①饶宗颐《神会门下摩诃衍之入藏兼论禅门南北宗的调和问题》,《选堂集林·史林》,香港:中华书局,1981年,第705~711页。

②饶宗颐《王锡〈顿悟大乘政理决〉序说并校记》,《选堂集林·史林》,香港:中华书局,1982年,第720页;杨富学、王书庆《关于摩诃衍禅法的几个问题》,《唐史论丛》第10辑,西安:三秦出版社,2008年,第233~236页。

外,还有女禅徒。在索家所开144窟甬道南壁有供养人像题名:"夫人蕃任五州娣兼法曹参官金银问告身龙,大虫皮康公之女,修行顿悟优婆姨如祥[弟子]一心供养。"①优婆姨康如祥"修行顿悟",皈依的应是禅师,修的应即禅宗。其名出现在索家窟中,表明她已嫁给索氏或者与索氏家族间存在着密切关系。12窟或为索家专门用于修禅的场所。

与索氏家族关系密切的康姓家族中也有禅宗信徒。在前引康如祥之外尚有康易儿、康知兴等,其名见于莫高窟后唐清泰元年(934年)重修的387窟中。题记称"故父大乘贤者康易儿一心供养""故父顿悟大乘贤者康知兴一心供养"。②其中的"顿悟大乘贤者"即表明他们应是禅修者,禅宗信仰应系其家族信仰。

禅宗在敦煌各个阶层中都有信徒。在莫高窟盛唐113窟中有题记"御前散兵马使承人(大)木(乘)顿悟贤者朱三一心供养"。信仰禅宗的朱三系散官御前兵马使。在晚唐196窟何法师窟中,主室东壁门北侧供养人南向第一身题名为"故父敦煌都……顿悟……何曹□(求)一心供养",何曹□亦系禅修者。莫高窟宋代第449窟西壁龛下供养人像从南向北第六身题名:"社子顿悟大乘贤者马□□。"社子马□□为普通百姓,也是禅宗信徒。榆林窟宋代第35窟南右壁下第一供养人题记中有"施主悬泉广化寺顿悟大乘贤者□押衙银青光禄大夫……"施主勋位为银青光禄大夫,任押衙。同样,在唐元和六年(866年)七月所写的S.530《顿悟大乘贤者王某转经文抄》中有"厥有施主顿悟大乘贤者王延庆"之谓。王延庆勋位为节度银青光禄大夫、检校、国子祭酒兼,当系一位地方散官。榆林窟唐代第38窟北壁自西向东第一身供养人题记称:"……顿悟大□贤者惠意一心供养。"同列第五身供养人题记有:"……顿悟大乘贤者赵惠信一心供养"。③这两人显然也是禅宗信徒。在水口峡宋代张编第四窟西壁自左向右第二身供养人题记中有"□□大乘贤者李□□一心供养"。这里的李□□很显然是位禅宗在家信徒。在同列的第三身题记中有"□□□乘贤者翕桂子一心供养"。④就姓名以观,似为契丹人。题记所见惠意、赵惠信、李□□、翕桂子等可能都是敦煌地区的普通老百姓,从事着不同的职业,属于不同的民

①[法]伯希和著,耿昇译《伯希和敦煌石窟笔记》,兰州:甘肃人民出版社,2007年,第6页;敦煌研究敦煌院编《敦煌莫高窟供养人题记》,北京:文物出版社,1986年,第65页。
②《伯希和敦煌石窟笔记》,第355页;《敦煌莫高窟供养人题记》,第147页。
③谢稚柳《敦煌艺术叙录》,上海:上海出版公司,1955年,第493页。
④《敦煌艺术叙录》,第499页。

族,其禅修场所可以在寺庙,也可以在自己家中或其他某一固定场所。但他们的师傅应都是住窟修行的禅僧。

在吐蕃占领时期,那些长期生活于敦煌的世家子弟自然会在政治上感到苦闷与压抑,为了寻求精神上的慰藉,纷纷投向佛门,投向主张“明心见性,顿悟成佛”的精神境界,投向注重个人心灵体验的禅宗。S.1438《状请出家》中说:“某使侍昙和尚廿年,经论之门,久承训习,缅惟生死之事,迅若驶流。”昙和尚即昙旷,其名虽不见经传,但从敦煌写卷可知,他是出生于甘州的河西僧人,是敦煌传布法相宗、唯识宗的重要人物,著有《大乘二十二问》《大乘百法明门论》等。其中,《大乘二十二问》是应吐蕃赞普之命所写的一部阐述禅宗渐顿教义的作品。在吐蕃占领敦煌之前,昙旷的唯识及禅宗学说就已经在敦煌产生了广泛影响,当时的敦煌士大夫中学习昙旷学说的人不在少数。对吐蕃佛教渐顿教义之争深感苦恼的赞普慕昙旷之名,派员召之入藏。昙旷因为“卧病既久,所苦弥深,气力转微,莫能登涉”[①]而未能前往。在昙旷不能入藏的情况下,赞普将疑难问题整理成二十二问端,遣使求解于昙旷。昙旷对于“深问忽临”感到“心神惊骇”,“将欲辞避,恐负力课。疾苦之中,恭答甚深之意;敢中狂简,窃效微诚”。这就是昙旷写《大乘二十二问》的由来。敦煌士人学习经论,久承训习,具有较高的佛学修养,再加上吐蕃占领敦煌后,吐蕃赞普的提倡与推崇,使昙旷所倡顿渐兼修学说在敦煌佛学修养比较高的士大夫中间流传开来。

摩诃衍禅法也在吐蕃赞普的倡导下在西藏及敦煌等地流行一时。“戌年正月十五日,大宣诏命曰,摩诃衍所开禅义,究畅经文,一无差错。从此以后,任道俗依法修习”。[②]当时敦煌士人修习摩诃衍禅法者不乏其人。S.1438《某舍官出家并施宅充寺》说:“冒死上表,唯愿出家……味法修禅,颇经师训。回宅充寺,誓报国恩。”这位上表者在未出家时就“味法修禅,颇经师训”,即早已在禅师的引导下修习禅法了。他要求出家为僧,沙州当时为吐蕃所占,摩诃衍禅法为吐蕃赞普所提倡,故此人所学禅法内容很可能就是摩诃衍禅法。同样的例证又见于S.4268《大乘开宗显性顿悟真宗论》题记:“时有居士俗姓李,名惠光,是雍州长安人也。法名大照,不愿荣利,志求菩提。事前安阇梨,后同和尚幸已,亲承口诀,密授教旨。至于妙理,达本穷源,出有入无,圆融自在。”说明李惠光在出家前即已“亲承口诀”而修

①S. 2674、P. 2287、P. 2690 等《大乘二十二问》,杨富学、李吉和辑校《敦煌汉文吐蕃史料辑校》第 1 辑,兰州:甘肃人民出版社,1999 年,第 3~37 页。
②P. 4646 王锡撰《顿悟大乘正理决》,《敦煌汉文吐蕃史料辑校》第 1 辑,第 38 页。

习禅宗了。由于禅宗非常重视“教外别传”“密传心印”,故特别重视师承关系。居士李惠光师承安阇梨,由其亲授禅宗教理,并在传授过程中通达妙理,穷本溯源,达到出有入无、圆融自在的境界。

在敦煌文献中有关高僧大德修习禅宗的记载甚多,如唐悟真就以禅修著称。P.4660《都僧统悟真邈真赞并序》称悟真“练心入理,克意修持。寸阴有竟,积雪无亏。三冬教学,百法重晖。讨《瑜珈》而麟角早就,攻《净名》而一揽无余……洞明有相,不住无为。”练心,是指修炼心定,目的是治疗由思维错乱而引起的烦恼,系禅宗禅定的基本内容,也是禅僧修习的基本方法。说明悟真是一位修习心定的禅僧,所修经典主要为《瑜珈师地论》和《净名经》等。其师吴洪辩“知色空而明顿悟,了觉性而住无为”,[①]“一从披削,守戒修禅。志如金石,劲节松坚。久坐林窟,世莫能牵”。[②]也是一位禅僧。吴洪辩、唐悟真都来自敦煌灵图寺。在该寺中,曹僧政、宋志贞、恒安、张灵俊、马灵佺和尚、程政信和尚等也都是修习禅法的僧人。这一事实表明,晚唐五代时期的灵图寺应当是一所禅寺,至少以禅修为主。在晚唐五代时期的敦煌,有不少寺院都曾有专供僧徒进行禅修的场所。

除灵图寺以外,龙兴寺有“南能入室,北秀升堂,戒定慧学,鼎足无伤”[③]的禅僧翟法荣;大云寺有“邻亚净名大士,澄心在定,山岳无移,练意修禅,海涯驰晓……师子座上,立教三时。莲花会下,攀望禅枝”[④]的归义军都僧统氾福高和“可为缁林硕德,顿悟苦空,弃舍嚣尘,住持户间”[⑤]的前三窟教授法坚。另有“子能顿悟,弃俗悛名”[⑥]的住三窟禅师法心。P.3051后周广顺三年(953)所写的《频婆娑罗王后宫彩女功德意供养塔生天因缘变》题记中有“维大周广顺三年癸丑岁四月廿日三界寺禅僧法保自手写讫”。[⑦]可见这位三界寺的僧人法保也是一位禅僧。此外,在莫高窟唐五代的供养

①P. 4640《吴僧统碑》,郑炳林《敦煌碑铭赞辑释》,兰州:甘肃教育出版社,1992年,第64页。

②P. 4660《吴和尚赞》,《敦煌碑铭赞辑释》,第200页。

③P. 4660《河西都僧统故翟和尚邈真赞》,《敦煌碑铭赞辑释》,第175页;姜伯勤、项楚、荣新江《敦煌邈真赞校录并研究》,台北:新文丰出版公司,1994年,第163页。

④P. 3556《都僧统氾福高和尚邈真赞并序》,参见《敦煌碑铭赞辑释》,第371~372页;《敦煌邈真赞校录并研究》,第221~222页。

⑤S. 2113vc《唐沙州龙兴寺上座沙门俗姓马氏香号德胜宕泉创修功德记》。

⑥P. 4640《住三窟和尚禅师伯沙门法心赞》,参见《敦煌碑铭赞辑释》,第80页;《敦煌邈真赞校录并研究》,第204页。

⑦池田温《中国古代写本识语集录》,东京:东京大学东洋文化研究所,1990年,第491页。

人题记中，有很多“住窟禅师”“住窟禅僧”和“窟禅”的文字。如盛唐 148 窟有 “窟禅莲台寺释门法律福遂供养”“窟禅……寺法律兴道供养”“窟禅圣光寺释门法律……”“窟禅显德寺释门法律兴遂供养”“窟禅灵图寺法律□存供养”“窟禅三界寺释门法律左兴见供养”“窟禅龙兴寺释门法律周□□供养”“窟禅开元寺法律□□□供养”。曹氏归义军时期443 窟有“住窟禅师三界寺沙门戒昌一心供养”“住窟禅师显德寺沙门惠□一心供养”“住窟禅师……”等。这些禅师来自于敦煌的不同寺院，都是住在窟内，长期修习禅宗的禅僧。可见，在敦煌的众多寺院——如题记所见报恩寺、莲台寺、圣光寺、显德寺、灵图寺、三界寺、龙兴寺、开元寺等——中都有僧人在修习禅宗。其中“窟禅”二字值得深究，这些“窟禅”僧人来自不同寺院，说明莫高窟作为禅修之地，接纳敦煌各寺的僧人，或禅修，或接受禅修培训。他们不是住窟修行的专业禅僧。在窟修行期间，得到专业住窟禅僧的指导，使自己的学与行都得到升华。这些僧人多以一个寺院为中心，师徒相传，这很符合禅宗的以心印传宗的宗旨。

上文提到的“三窟”，敦煌文献有时又写作“三禅窟”，如 S.1947V 文书即称：“敦煌管内十六寺及三所禅窟。”指的是晚唐至北宋时期河西释门都僧统管辖下的瓜沙二州境内的三所佛教石窟，亦即沙州敦煌县境内的莫高窟、西千佛洞(西窟)和瓜州常乐县(今甘肃安西县南)境内的榆林窟(东窟)。当时，河西都僧统司下设三窟教授之职，管辖三窟修禅事宜。对此学界已多有论述，此不复赘。

二、敦煌禅宗信仰之基本内容

在敦煌修习禅宗的人群中，以高僧大德最具有代表性。P.4660《凝公邈真赞》中凝公“律通幽远，禅寂无疆。了知虚幻，深悟浮囊……空留禅室，锡挂垂杨。”凝公深悟禅寂，了知虚空。P.4660《禅和尚赞》中的高僧“戒如白雪，秘法恒施。乐居林窟，车马不骑。三衣之外，分寸无丝……亚相之子，万里寻师。一闻法印，洞晓幽微……”P.4640《故吴和尚赞》称吴和尚“一从披削，守戒修禅”，说他以坐禅出名，与禅和尚很可能是同一人。该和尚坐禅时常常居于林窟。禅宗四祖道信主张“努力勤坐，坐为根本”，“莫读经，莫共人语”，讲究一心坐禅，不问其他。[1]这一主张在敦煌曾产生过广泛的

①杨曾文《唐五代禅宗史》，北京：中国社会科学出版社，1999 年，第 77~78 页。

影响。[①]

敦煌禅僧多以三窟为禅修中心，但在寺院也设有专门的“禅院”，以充僧人修行之所。在师傅的引导下进行禅修，禅法内容较为复杂，既有早期小乘安世高般若禅，也有北宗渐悟之学和南宗顿悟之学，更多的则是南北宗兼修或没有明确宗派属性。

与安世高般若禅有关的内容可见于P.4660《辞弁邈生赞》。文称辞弁：“九九乘除，密解数般。先尊镌窟，奇功有残……数部般若，紊乱纷然。”所修内容显然与中国早期所传安世高般若禅内容相近。

有的禅僧自己明言属于北宗，P.3279《大晋河西敦煌郡张和尚写真赞》说：“一从秉义，律澄不犯于南宣。静虑修禅，辩决讵殊于北秀……赞词曰：四禅澄护而冰雪，万法心台龟镜明。”其中的“万法心台”显系神秀偈语“心如明镜台”的引申语，而“辩诀讵殊于北秀”是说张和尚的禅修没有与北宗神秀不同之处。可知张和尚是对北宗禅法理论研究颇深的高僧，而且能以此理论团结信徒，弘扬佛法。

专修南宗顿悟思想的高僧可见于文献记载的更多，如P.3677《刘金霞和尚迁神志铭并序》说：“壮年厌文字，依洪和尚处，悟栖禅业，舍彼鱼筌，取其心印。千池水月，盖是只轮。万象参罗，皆从方寸。心既不趁，境上偷生。障云豁开，邪山自坼。返求赤水，乃得玄珠。一契于怀，三十余载……一自传灯，万炬孔炽。陟坛讲授，弟子盈门。”可见刘金霞壮年就开始师承洪辩习禅，“舍彼鱼筌，取其心印”，重视禅宗心印的传承，属南宗顿悟之学。P.4640《住三窟禅师伯沙门法心赞》载法心和尚“子能顿悟，弃俗俊名。寻师落发，割爱家城。潢(湟)源受具，飞锡翱形”；P.3630、P.3718《阎会恩和尚邈真赞并序》载阎会恩和尚能“悟佛教[而]顿舍烦喧，炼一心而投师慕道……深通妙理，悦意禅池。慈云溥润，法雨恒施”。

南北禅兼修在敦煌禅僧中是很普遍的现象。P.4640悟真撰《翟家碑》称：“良由梵汉之称未融，渐顿之宗由滞。”悟真称神秀慧能之属为渐顿之宗，渐指北宗所主张的渐修，顿指南宗所主张的顿悟，表明禅宗在传入敦煌时，南北宗兼修的现象非常普遍，前文所述索法律义辩就是著名的南北宗兼修的禅僧。P.4660《河西都僧统翟和尚邈真赞》说翟和尚法荣生前“南能入室，北秀升堂。戒定慧学，鼎足无伤。俗之襟袖，释侣提纲。传灯闇室，诲喻浮囊。五凉师训，一道医王，名驰帝阙，恩被遐荒。”翟法荣生前曾任河

①杨富学、王书庆《东山法门及其对敦煌禅修的影响》，《中国禅学》第2卷，北京：中华书局，2003年，第67~76页。

西都僧统,学通“南能”“北秀”。翟法荣兼修戒定慧学,成为敦煌佛教界领袖,并以高明的医术治病救人,被誉为当地医王。可能正是因为他的这种精湛的医学技术,才使翟僧统在敦煌僧俗中享有崇高的声誉,也为他所尊崇的禅宗在敦煌地区的传播奠定了良好的群众基础。与翟法荣一样,索法律义辨也是“神农本草,八术皆通”的禅僧。在传播佛教禅宗义理的同时,翟法荣、索义辨还在百姓中行医,救疾患,传法理,赢得了百姓的尊崇。

在吐蕃统治敦煌之后,由于“戎王赞普,瞻仰禅墀”,遂于“至戌年正月十五日,大宣诏命曰:‘摩诃衍所开禅义,究畅经文,一无差错,从今已后,任道俗依法修习’”,[①] 故而在吐蕃治下的敦煌出现了很多摩诃衍禅宗的信徒。摩诃衍不主张操持修行,提倡无为而直指人心即可明心见性。这种相当于汉地南宗所主张的顿悟说教,在藏文文献中被称为顿门派。[②]敦煌大禅师摩诃衍应吐蕃赞普赤松德赞之邀,于781~794年到吐蕃传讲汉地禅宗,数年间使吐蕃佛教界及朝野人士、所属人民等大多崇信禅宗。792~794年,摩诃衍回到敦煌,继续宣传其禅宗义理,在他的影响下,敦煌出现了一批顿渐兼修的信徒。吴法成就是其中成就最为卓著者。

法成是吐蕃统治河西时期的一位佛教名僧。有人认为他是一位汉人,而多数学者则认为其为吐蕃人。法成学识高深,在吐蕃统治河西时期已负有盛名,译经众多,著述丰富,直到归义军初期,仍是河西地区最具权威的义学高僧。[③]P.4640《吴和尚赞文》中称“戎王赞普,瞻仰禅墀……太保钦奉,荐为国师。”P.4660《大唐沙州译经三藏大德吴和尚邈真赞》也说吴法成曾被吐蕃赞普奉为国师。P.2885《达摩和尚绝观论》有“辛巳年三月六日写记僧法成”题记,[④]系吴法成亲书。[⑤] 可见吴法成是位禅僧,被信奉摩诃衍禅法的吐蕃赞普奉为国师,说明他所信奉的禅法深受摩诃衍禅法之影响。而奉摩诃衍之命写《大乘顿悟正理决》的王锡如果本身对摩诃衍禅法没有深刻的理解的话,那么摩诃衍无论如何也不会把记录自己教义的任务交给他的,由此可见王锡也应是位摩诃衍禅法的忠实信徒。

①P. 4646 王锡撰《大乘顿悟正理决》,《敦煌汉文吐蕃史料辑校》第1辑,第39页。

②张广达《唐代禅宗的传入吐蕃及有关的敦煌文书》,《学林漫录》第3集,北京:中华书局,1981年,第36~58页。

③王尧《藏族翻译家管·法成对民族文化交流的贡献》,《文物》1980年第7期,第50~57页。

④池田温《中国古代写本识语集录》,东京:东京大学东洋文化研究所,1990年,第424页。

⑤这里的吴法成,一种意见认为应是二人,其一是译经僧,其二为禅僧。但从文献本身很难区别,故这里姑且将其视作一人处理。

三、敦煌禅宗信仰流行的原因

禅宗信仰在晚唐五代时期已渗透到敦煌社会的各个阶层，受到当地民众的广泛尊崇，原因是多方面的。

首先，自北凉以来，敦煌佛教徒就有禅修的传统。敦煌莫高窟的修建最初就与僧人的坐禅有关。前秦建元二年(366年)，禅僧乐僔杖锡林野，行至距离敦煌东南二十五公里处的鸣沙山，忽见金光，状有千佛，遂架空凿岩，开凿了莫高窟的第一个洞窟。由此看来，莫高窟的乐僔和尚是禅僧无疑。这里远离闹市，人迹罕至，非常适合禅修。随后又有法良禅师在乐僔禅窟旁边重建一窟。此后，在莫高窟开窟禅修的僧人逐渐增多，到北凉时，受内地禅业盛行的影响，敦煌地区出现了单道开、竺昙猷、释道绍、释道法、释法颖、释超辨、释慧远、昙摩蜜多等以修习禅定见称的高僧。时人认为“沙门之体，必须摄心守道，志在禅诵，不干世事，不作有为。”修禅被认为是佛教修习的根本，故而“坐禅苦行”在北魏以后蔚然成风，“京邑比丘悉皆禅诵，不复以讲经为意”。[①]从莫高窟现存最早的一组北凉石窟267、268、269、270、271来看，面积都很小，应为习禅静思的禅室无疑，而开凿于西魏大统四年(538年)的莫高窟第285窟中也修建有八个小禅室，“仅可容膝”，而且窟形低小，显然属于敦煌沙门“凿仙窟以居禅”的形象资料。[②]

其次，应归因于敦煌当地政权的支持与世家大族的参与。敦煌历史上虽然有过多次的政权动荡与少数民族的入侵，但自从佛教在该地区兴起之后，很少发生如中原地区那样专门针对佛教势力的灭佛事件。在各族统治者的扶持下，佛教几乎成为敦煌的全民信仰，佛教思想由此也成为历代统治者的精神载体。

安史之乱爆发后，吐蕃乘机占领了陇右、河西地区。吐蕃占领敦煌后，大力扶持佛教，藉宗教之力以加强统治。提高僧人地位，不断向寺院布施财物、田产、水碾以及依附人口等。当地民众信仰佛教者日益增多，佛教势力迅速膨胀。在吐蕃管辖敦煌后期，唐王朝统治的中原地区发生了“会昌法难”，中原佛教遭受了沉重打击。敦煌佛教躲过了这场法难，继续保持着

①[北魏]杨衒之撰，韩结根注《洛阳伽蓝记》卷二，济南：山东友谊出版社，2001年，第67~68页。

②王书庆、杨富学《敦煌莫高窟禅窟的历史变迁》，《中国禅学》第4卷，北京：中华书局，2006年，第310~318页。

独尊的地位。到张氏归义军时期，归义军统治者亲自参加设斋、造窟等佛事活动，并宣布保护寺院的财产与依附人口，使得佛教寺院利用各种方式继续向社会各阶层发展。曹氏归义军政权继续推行尊崇佛教的政策，不仅把争取佛教势力支持作为稳定社会、巩固政权的重要措施，还试图藉由高度发达的佛教文化来提高归义军政权在西北少数民族中的地位，使敦煌佛教长期保持强势。沙州17所大寺中有僧尼千余，享有较高的社会地位。这些因素为禅宗在敦煌地区的流行培育了适宜的土壤。

其三，是由敦煌禅宗的杂糅性所决定的。敦煌禅宗信仰内容复杂，既有早期小乘禅，也有北宗神秀渐修禅和南宗慧能顿悟禅，还有摩诃衍的顿渐修禅，而更多的则是宣扬南北兼修、禅教合融、儒释合一的经过改造过的具有敦煌本地佛教杂糅色彩的禅宗。这一现象的存在使敦煌禅僧的禅宗信仰不像中原地区一样，专门钻研高深精妙的禅理，而是把坐禅与顿悟结合起来，既强调通过坐禅观想来去除心中的杂念，渐修成佛，同时又主张顿悟思想。他们在宣传禅宗教理时借助经变画、佛曲、变文、禅诗等老百姓喜闻乐见的形式弘扬佛教精神，非常适合于敦煌禅宗信徒的口味。尤其是慧能所宣扬的“即心是佛”的观点，识已心为佛心，只要不使自已本来清净之心受熏染，便可以已身为佛，已心即佛心。这一观点为钝根者之趋佛指明了道路，对于佛教修养不深，文化水平不高的敦煌僧人或普通百姓来说，无疑具有巨大的吸引力。

综上所述，可以看出，禅宗在敦煌地区有着广泛的群众基础和社会基础，其信仰者遍及敦煌社会的各个层面。敦煌人当时信仰的既有中国早期安世高般若禅，也有北宗的渐悟、南宗的顿悟，而更多的是南北宗兼修杂糅各种学说的敦煌本地禅学。

〔原刊《西南民族大学学报》2009第11期，第205~209页(与马格侠合撰)〕

敦煌莫高窟禅窟的历史变迁

敦煌文献在记载晚唐五代宋初敦煌佛教团体时，多次提到敦煌的“十六寺”和“三禅窟”。如 S.1947V 文书即称：“敦煌管内十六寺及三所禅窟。”该文书写于唐咸通四年(863 年)，系归义军节度使与教团方面共同就敦煌佛教教团财产进行调查登记而做成的。

所谓十六寺者，是敦煌境内的五所尼寺(大乘寺、普光寺、灵修寺、安国寺、圣光寺)和十一所僧寺(龙兴寺、永安寺、大云寺、灵图寺、开元寺、乾元寺、报恩寺、金光明寺、莲台寺、净土寺和三界寺)的统称，[①]均为地面建筑，多集中在沙州城及其周围。与之对应的“三禅窟”，指的则是晚唐至北宋时期河西释门都僧统管辖下的瓜沙二州境内的三所佛教石窟，亦即沙州敦煌县境内的莫高窟、西千佛洞(西窟)和瓜州常乐县(今甘肃安西县南)境内的榆林窟(东窟)。当时，河西都僧统司下设三窟教授之职，管辖三窟修禅事宜。此外，与禅窟、禅僧有关的称呼还有“三窟教主”“三窟院主”“检校三窟”“知三窟”“住窟禅师”“窟禅”“住窟禅僧”等。[②]

莫高窟、西千佛洞和榆林窟作为敦煌僧人禅修胜地，学界论及者已多，[③]兹不复赘。这里仅就敦煌莫高窟禅窟的历史变迁问题略作述论。

禅修，一般来说需要比较寂静的地点。没有一个寂静的住处，众生无始以来的散乱心就很难调柔静定。众生是俱有我执和我所执的，寂静、无为、安乐就可对治我所执着障。寂静即法无我空，无为即无相空，安乐即无取舍的无愿空。由空、无相、无愿就可以对治我执着相。《大智度论》卷一

①土肥义和《莫高窟千仏洞と大寺と兰若と》，《讲座敦煌 3 敦煌の社会》，东京：大东出版社，1980 年，第 347~369 页；李正宇《敦煌地区古代祠庙寺观简志》，《敦煌史地新论》，台北：新文丰出版公司，1996 年，第 76~82 页。

②湛如《论敦煌佛寺禅窟兰若的组织及其他》，《段文杰敦煌研究五十年纪念文集》，北京：世界图书出版公司，1996 年，第 98~101 页。

③土肥义和上引文，第 351~355 页；姜伯勤《论禅宗在敦煌僧俗中的流传》，《敦煌艺术宗教与礼乐文明》，北京：中国社会科学出版社，1996 年，第 360~379 页；马德《敦煌莫高窟史研究》，兰州：甘肃教育出版社，1996 年，第 212~215 页；杨富学、王书庆《东山法门及其对敦煌禅修的影响》，《中国禅学》第 2 卷，北京：中华书局，2003 年 5 月，第 67~76 页。

七云：

问曰：菩萨法以度一切众生为事，何以故闲坐林泽，静默山间，独善其身，弃舍众生？答曰：菩萨身虽远离众生，心常不舍。静处求定获得实智慧，以度一切。譬如服药，将身权息众务，令力平健，则修业如故。菩萨宴寂，亦复如是，以禅定力，故服智慧药，得神通力，还在众生。或父母妻子，或师徒宗长，或天或人，下至畜生，种种语言，方便开导。①

常人看来，禅僧似乎不顾及他人，而是只管自己，实则不然。禅僧是要通过禅修，参透佛理，得如来智慧之后，才能方便开导广大众生，从而走共同解脱之路。他们参禅的寂静处，在佛教经论典籍中被称为阿练若或阿兰若，汉文译为寂静、无诤声、空闲处等，一般来说，距城镇或居民点大约四十里开外处是比较适宜的地点，这样生活上不至于特别困难，同时又避开了世俗诸多烦喧，有利于禅僧的修习定性。莫高窟地处鸣沙山与三危山之间，宕泉河从中缓缓流过，地距敦煌市五十里，距较近的农村乡里也有四十里，四处戈壁漫漫，上无飞鸟，下少人烟，非常安静，而且在窟中习禅，冬暖夏凉，以此之故，敦煌莫高窟一带理所当然地成了当地僧人习禅修行的理想场所。

莫高窟开凿于鸣沙山东麓的断崖上，根据洞窟的分布情况，可分为南北二区。在南区中，隋以前的洞窟有三十六个，其主要作用在于供僧人修禅；在隋以后主要为家窟、功德窟，现有洞窟编号多集中在南区，上下相接，左右比邻，最密集处可达五层。在北区，除个别洞窟衔接南区洞窟的编号外，大多洞窟原无编号，只是近期为清理之便才予以编号。北区是唐宋以后敦煌禅僧们居窟修禅或居住生活的集中区。

莫高窟的创建肇始于禅僧的开窟活动，敦煌写本 P.2551《李君莫高窟佛龛碑并序》载：

莫高窟者，厥初秦建元二年(366 年)，有沙门乐僔，戒行清虚，执心恬静，尝(常)杖锡林野。行至此山，忽见金光，状有千佛。遂架空凿险，造窟一龛。次有法良禅师，从东届此，又于僔师窟

①《大正藏》第二五卷《释经论部上》，No. 1509，页 180b。

侧,更即营建。伽蓝之起,滥觞于二僧。①

关于乐僔其人,文献中没有更详尽的记载,不知为何方大师,从"执心恬静,尝(常)杖锡林野"一语看,显系禅僧在寻找寂静住处。因看中了鸣沙山与三危山交界的地方,故而在此地开凿了第一所禅窟。步乐僔禅师之踵,法良禅师亦于乐僔禅师的窟侧开凿石窟用来打坐修禅。那么,乐僔与法良所开二窟安在呢?由于证据不足,目前还难以确定。从现存窟龛看,267、268、269、270、271这一组窟龛时代最早,被定为北凉时期。这一组窟龛本来是一个,以268窟为主窟,南北两壁各附两个小龛,编号为267、270(南壁)和269、271(北壁)。这四个小龛面积"才容膝头",②是禅室无疑。值得注意的是,从270窟暴露出来的层位关系看,这一组窟龛经过了两次重修,现存第一层是隋画千佛(268窟西壁未重画),第二层是北凉时期画的金刚力士和飞天等,与268窟西壁下的供养人属于同层。在北凉画下还有一层白色粉壁,什么也没有画。这就证明这一组窟龛在北凉以前没有壁画,专属禅僧坐禅苦修所用,有可能就是所谓的乐僔或法良窟。

除这组北凉窟外,时代较早的还有272和275窟,亦当为北凉统治敦煌时期所建,大致开凿于420年左右,时距乐僔开窟的建元二年(366年)不足百年。由于早期洞窟少,时间跨度短,故而被笼统地归入北朝石窟。其中,272和267窟在崖面的同一平面上,南北相连,也有可能为乐僔或法良窟。

莫高窟中的北朝石窟大致可分为四个时期,其中,第一期相当于北凉统治敦煌时期,即公元420年到442年左右,典型洞窟有268、272、275窟;第二期相当于北魏中期,大约在公元465至500年左右,有259、254、251、257、263、260、487和265窟;第三期相当于东阳王元荣一家统治敦煌时期,即北魏寿昌元年以前到西魏大统十一年(525年以后至545年)前后,有437、435、431、248、249、288、286、247、246诸窟;第四期相当于西魏大统十一年至隋开皇四年,即公元545年至584年,洞窟有432、461、438、439、440、441、428、430、290、442、294、296、297、299、301窟。至于北

①宿白《〈李君莫高窟佛龛碑〉合校》,《敦煌吐鲁番学研究论文集》,上海:汉语大词典出版社,1990年,第48页;郑炳林《敦煌碑铭赞辑释》,兰州:甘肃教育出版社,1992年,第10页。

②《续高僧传》卷二〇《法忍传》称法忍曾在覆舟岩下修行,"自静观理三十余年……所止龛室,才容膝头"。

朝敦煌禅僧坐禅的观法，学界已有详论，[①]这里从略。

莫高窟自366年开始兴建至北朝石窟第二期结束（500年左右），约一百五十年，共开凿禅窟十一个，平均十四年左右新建一个禅窟，这样的建窟速度是慢了点，但从现有洞窟题记看，差不多都是僧人自筹自建的，基本没有社会力量参与，其作用都是供禅僧在窟中修习禅定所用。"禅定"一词，在经论里，由于翻译者不同，加上时代与译语的差异，有时又为了说明诸佛菩萨的所得所证不同，来自梵语故而有许多译法，如定慧、寂静、寂照、明净等。确切地说就是止观。"止"是专注一境，即制止精神的散乱而使之澄清，"观"是思维修，观察一切所缘境，运用正智慧观察思维现身所处的所缘境。在北朝一、二期的十一个禅窟中，龛中主塑交脚弥勒的禅窟分别为第268、275、254窟。关于此三窟的主尊到底是弥勒还是释迦，前贤有所争论，但从禅学角度讲，应该认定为弥勒菩萨。其余各窟主尊均塑倚坐释迦牟尼像。主尊为交脚弥勒的洞窟在北朝二期以后就十分罕见了。

为什么在北朝一、二期禅窟中的主尊塑交脚弥勒呢？这与早期纯正质朴的禅风有关。《禅秘要法经》卷下云："佛告阿难，若有四众，修系念法……命终之后，必定得坐兜率陀天……于未来世，值遇弥勒，龙华初会，必先闻法，得证解脱。"[②]《付法藏因缘传》卷六亦称："尔时罗汉即入三昧，深谛思维，不能解了，便以神力分身，飞往兜率陀天，至弥勒所，具宣上事，请所决疑。"[③]《解深密经·分别瑜伽品第六》则曰："尔时慈氏菩萨摩诃萨白佛言：世尊！菩萨何依，何往，于大乘中修奢摩他，毗钵舍那？"[④]慈氏即弥勒的异名，由于自性慈悲，得慈心三昧，故名慈氏。在北朝石窟中，一、二期当属敦煌禅僧们居窟修禅的质朴纯正时期，未受任何外界因素的干扰，到三、四期时，这种情况已悄然有所变化，即由原来真正僧人修禅的石窟朝着家族窟、僧俗共建功德窟的形式转化。这一转化促发了莫高窟的营建速度逐步加快，从而不经意地打破了莫高窟的宁静。这一转化也使莫高窟的佛教艺术逐渐由萌芽转向成熟，进而于隋唐间达到高潮。从公元500年前后至隋开皇四年(584年)，八十四年间莫高窟共新建洞窟二十五个，平均

①刘慧达《北魏石窟与禅》，《考古学报》1978年第3期，第337~352页；贺世哲《莫高窟北朝石窟与禅观》，《敦煌学辑刊》第1集，1980年，第41~52页。

②《大正藏》第一五卷《经集部二》，No. 613，页268a。

③《大正藏》第五〇卷《史传部二》，No. 2058，页320a。

④《大正藏》第一六卷《经集部三》，No. 676，页697c。

每三年多就要开凿一个洞窟。在北朝一、二期诸窟中，笔者未发现有造窟的供养人题记，究其原因，当因这些洞窟是禅僧自己所凿，用于自己修禅，故而不存在供养人问题，当然也就无供养人题名发现。而在三、四期洞窟中，从供养像的题名来看，既有王公贵族、官僚地主，也有僧人及庶民百姓。他们所修以功德窟为主，即使僧人参加营建的洞窟，也不是以用于禅修的。莫高窟第285窟北壁上西数第二铺(迦叶佛)下有发愿文称：

> 夫至极闻旷，正为尘罗所约；圣道归趣，非积垒何能济校。是以佛弟子比丘辨化仰为七世父母，所生父母，敬造迦叶佛一区(躯)并二菩萨，因此微福，愿亡者神游净土，永离三途。现丰居眷位太(泰)安吉普，及蠕动之类，速登常乐。大代大魏大统四年岁次戊午八月中旬造。
>
> 比丘辨化供养时。[①]

学者们的研究证实，莫高窟第285窟由北魏宗室东阳王元荣亲自主持营造的。[②]前引敦煌写本P.2551《李君莫高窟佛龛碑并序》在追述乐僔、法良造窟事迹后又云："复有刺史建平公、东阳王等各修一大窟。"[③]此大窟当即该285窟。

由上论述不难看出，北朝修建禅窟的目的前后有所不同。第一、二期所营建的石窟以禅修为目的，第三、四期乃至以后所建的石窟以修功德为主旨。以第二期洞窟和第三期相比较，可以看到两者之间的迥异之处，如在第三期洞窟中普遍出现的清瘦形象，褒衣博带式的服装，面部以色块晕染双颊的中原汉式表现手法，以及体态潇洒，运动感很强的飞天等，在第二期洞窟中都不曾出现。[④]这充分说明北朝三、四期石窟较前一、二期石窟的艺术有了本质的变化，逐渐地朝着人们喜闻乐见的艺术形式发展。尽管北朝三、四期石窟的艺术特色与前期不同，但石窟形制及功用需有一个

①敦煌研究院编《敦煌莫高窟供养人题记》，北京：文物出版社，1986年，第114~115页。
②贺世哲《敦煌莫高窟第285窟西壁内容考释》，《1987年敦煌石窟研究国际讨论会文集·石窟考古编》，沈阳：辽宁美术出版社，1990年，第375~378页。
③宿白《〈李君莫高窟佛龛碑〉合校》，《敦煌吐鲁番学研究论文集》，上海：汉语大词典出版社，1990年，第48页；郑炳林《敦煌碑铭赞辑释》，兰州：甘肃教育出版社，1992年，第10页。
④樊锦诗、马世长、关友惠《敦煌莫高窟北朝洞窟的分期》，《敦煌研究文集》，兰州：甘肃人民出版社，1982年，第372页。

循序渐进的过程。北朝三、四期石窟一方面承袭了一、二期禅窟原有坐禅修习的功能,另一方面又向中原传统文化靠拢,使敦煌佛教文化向着更深的层次发展。以莫高窟第285窟为例,窟内画有诸天外道形象,有日天、月天、摩醯首罗天、鸠摩罗天等,同时又有表现中国传统文化内容的伏羲、女娲、东王公、西王母等。窟中央有方形中心佛坛,佛坛的尊像虽毁,但佛坛底座尚清晰可见,其功用很明显,是供在窟内坐禅的僧人们在久坐之后起身绕像念佛或礼拜的活动场所。禅僧们以佛坛为中心绕佛, 并称颂其名号,以达到心口意境的统一。窟南北二壁各营建小禅室四个,面积很小,不足半平方米,仅能容一人打坐,室内亦无色彩粉饰,仅用泥轻抹而已,禅僧们面壁打坐,寓示四大皆空,无所执着。入静一无所求,出静绕佛坛念佛,故满室饰彩壁画,昭示着美妙的极乐世界,通过鲜明的比照使禅机得到进一步升华。①

总之,莫高窟是由禅僧创其始的,北朝石窟的前二期是莫高窟禅僧们修禅的黄金时期,前后延续了一百五十年左右,由一、二期到三、四期石窟的变化有一个循序渐进的过程,一方面保持了一、二期敦煌禅僧习禅的基本风貌,另一方面由于二、三期功德窟的出现,使佛教文化内涵及中国传统得到了升华和表现,从而导致莫高窟加快营建的步伐,打破当初禅窟的寂静,迎来了莫高窟的佛教艺术成就向大乘的纵深发展。

自北朝后期出现功德窟之后,莫高窟随之出现了营建功德窟的高潮。在隋代短短的三十七年间即开凿洞窟约七十个 (尚不含后代因新营建洞窟而毁去的残窟)。平均每年有两个新窟建成。按一般情况平均推算,一个洞窟的开凿需要三至五年时间,由此算来,差不多每天就有了三至四个洞窟处于施工状态。据有关资料记载,修建一窟一般需要二十至八十人,较大的洞窟的营建有时需要上百人乃至几百人。隋代所修功德窟多数属大窟范围,按平均五十人参加一个新洞窟的营建,那么每天在莫高窟南区施工的人员平均在一百五十至二百人之间。这么多人的喧闹嘈杂,加上施工引发的撞击声,以及由敦煌至莫高窟运送原材料及供养的驼马嘶鸣声,不难想见当时莫高窟前的热闹场面。隋亡唐继, 开凿功德窟的热情有增无减。唐朝在莫高窟无论是开窟数量、质量及艺术成就都达到了石窟营建的

①日本学者须藤弘敏认为285窟中有大量的壁画与雕塑,其目的是用以赞叹禅定思想和禅修高僧的,并非为了现实的禅观修行。见其所著《禅定比丘图象与敦煌285窟》,《1987年敦煌石窟研究国际讨论会文集·石窟考古编》,沈阳:辽宁美术出版社,1990年,第406页。

巅峰期，高质量的洞窟及娴熟的艺术成就给后人留下了一笔不小的宝贵财富。①

唐朝历史长达二百八十九年之久，这一时期营建洞窟最多，艺术风格变化显著，人们把它区分为初唐、盛唐、中唐和晚唐。初唐营建洞窟四十三个，盛唐营建洞窟八十个，中唐营建洞窟四十四个，晚唐营建洞窟六十个，共计二百二十七个，平均一年零二个月新营建一所洞窟。其中的96窟和130窟，即俗称的北大像和南大像，参加营建的人员之多和时间跨度之久是人们难以想象的。据以上推测，唐代每天在莫高窟前参加营建洞窟人员平均应在百人左右。如此多的人在莫高窟前的峡谷中奔忙，无疑会给禅僧们的修习带来影响。

自隋到唐，新营建的洞窟皆为功德窟，而没有一所禅窟，这时在窟中坐禅修行的禅僧们大多集中在北朝时期的诸禅窟中。北朝时期开凿的禅窟恰好在南区的中段，大规模的开窟活动，使僧人习禅所需的寂静环境荡然无存。没有一个寂静的住处，对禅僧，尤其是那些初修者来说是十分不利的。无始以来本自散乱之心，在喧嚣的环境中是很难调柔静定的，所以《佛垂般涅槃略说教戒经》教导弟子们说：

> 汝等比丘，若欲求寂静，无为安乐，当离愦闹，独处闲居。静处之人，帝释诸天所共敬重。是故当舍己众他众，空闲独处，思灭苦本。若乐众者，则受众恼。譬如大树，众鸟集之，则有枯折之患。世间缚著，没于众苦，譬如老象溺泥，不能自出，是名远离。”②

该经要求弟子们在禅修时“当离愦闹，独处闲居”，远离烦喧而住于寂静处。而北朝后期以来的造窟狂潮，使莫高窟的旧有的寂静为终年不断的人声鼎沸和驼马嘶鸣所替代，势必会严重地干扰禅僧们的正常生活及修持。于是，自北朝后期开始，便已有人试图把禅窟转移到相对比较安寂的莫高窟北区。在此之前，这里已有零星的禅窟开凿，考古人员在北区的考古发掘，也证明了北区的营建可追溯至北魏。

莫高窟北区现有石窟二百四十八个（含敦煌研究院编号第461~465

①藤枝晃《敦煌千佛洞の中兴》，《东方学报》第35册，1964年，第9~139页；贺世哲《从供养人题记看莫高窟部分洞窟的营建年代》，《敦煌莫高窟供养人题记》，北京：文物出版社，1986年，第194~236页；马德《敦煌莫高窟史研究》，兰州：甘肃教育出版社，1996年，第23~59页。

②《大正藏》第一二卷《涅槃部》，No. 389，页1111c。

窟)。依照这些洞窟在崖面的位置,大致以水平方面从上向下划分为六层。第一层位于崖面底部,共有石窟三十五个;第二层有六十八个;第三层有四十二个;第四层有七十个;第五层有十五个,第六层有十八个。这些洞窟中,除无法确定的七十七个洞窟外。其余一百七十一窟,以其属性,被考古人员归纳为六类:一、禅窟,即专供僧人修行习禅的石窟(八十二个);二、僧房窟,即供禅僧们日常生活起居的石窟(五十个);三、僧房窟附设禅窟,即指在一个窟中具备日常生活和禅修的两种功能(五个);四、瘗窟,指瘗埋禅僧遗体、骨灰或遗骨的石窟(二十五个);五、礼佛窟,即供禅僧们打坐参禅之余起身向佛礼拜的石窟(七个);六、廪窟,即专供储藏僧人日用品及粮食的石窟(二个)。[①]从这些洞窟中还发现了不少历史遗迹,出土了一大批珍贵文物,对我们了解北区数百个石窟的形制特征、性质、功能及时代等提供了珍贵资料。

在北区尚未得到清理以前,面对北区那么多的闲置的尚未修好的石窟,不少人都发出这样的疑问:那是干什么用的呢?

有人认为是参加营建莫高窟的工匠或画工的居住之所。在长达数百年乃至上千年的时间里,个别石窟中可能会充作此用,但这绝不会是开凿北区石窟的主旨。

亦有人认为,由于当时战乱,对这些石窟还未来得及精雕细绘便不得不中途放弃。但对北区石窟考古得出的结论却告诉我们,在北区石窟中早至北魏,迟至宋元,各个时期均有营建。为什么在南区可以精雕细绘,独北区却不能呢?这种说法亦难以成立。

还有人认为是北区与南区沙石崖面结构不同所致,北区不适宜在石壁上彩绘壁画,故开出来的窟未予彩绘。这种说法更是离奇,笔者尽管不懂沙石结构崖面之学,但稍加推究就觉得这种说法有点与理不通,因为莫高窟的南区和北区在同一崖面上,仅相隔百米左右,其崖面的沙石构造基本一致,不应有如此大的差异。

还有一种意见认为很可能是一些僧侣们居住的小僧房,这里尽管只有“僧”与“禅”一字之差,但却与实际情况大相径庭。在莫高窟前一直有寺院的存在,如早期的崇教寺,晚期的仙岩寺等。每个寺院都有自己的寺规,有固定的礼拜场地和寮房,南区寺院的僧人们是不可能到北区石窟中单独居住的。

---

①彭金章、王建军《敦煌莫高窟北区石窟》第1卷,北京:文物出版社,2000年,第343~351页。

考古人员通过对莫高窟北区的清理，发现现存石窟中符合禅窟特点的有八十二个，实际上远非这个数字。由于年代久远，窟内器物缺乏，有的窟甚至连形制已非原貌，故不可能做出准确的统计。在前贤所推定的属于其他内容的石窟中，有一些其实也是禅窟。如比较引人注目的B43窟就是如此。

B43窟南后室发现有二次葬人骨，故被定性为瘗窟。然观其北后室，可以发现又是典型的僧房窟。在共一前室的两个后室中，南后室瘗埋死人，北后室居住活人，这一现象乍看起来有点令人费解。[①]为了说明这一问题，我们需先看《瑜伽师地论》卷二五的有关记载：

> 云何名为住阿练若？谓住空闲山林迥野，受用边际所有卧具，远离一切村邑聚落，是名为住阿练若。云何名为常居树下？谓常期愿，住于树下，依止树根，如是名为常居树下……云何名为常住冢间？为常期愿，住冢墓间，诸有命过送尸骸处，如是名为常住冢间。[②]

这段记载说明，"住冢墓间"，观死人尸骸，是禅修的观法之一。如果说观佛、想西方极乐世界庄严无比那是正向思维，那么观白骨想肉体脓血之躯的可恶，这便是一种逆向思维。观白骨是禅僧们修习止观的重要观法，佛经中早有明训，所以在禅窟旁或禅窟中存在白骨是不足为怪的。

与B43窟比邻的B42窟也很特殊，因为窟中有三男二女的人骨。考古人员发现，在砾石台上发现人骨架数具，但排列不整齐，并经后人翻动，结果造成头骨与颈椎脱离，肋骨亦呈散乱状，甚至还有一块人骨散落到砾石台下的地面上。按股骨及髋骨计，人骨架分属于五个个体，其中有三个成年男性，二个三十至三十五岁女性。经过对这些人骨的碳14测定，树轮校正后为公元664年前后，约为初唐时期之遗留。故石窟之开凿时代，应稍早于初唐或在初唐时期。[③]此窟分为前室和后室，不是一般的小禅室，人骨分散于后室中部的砾石台上，但离后室后壁尚有一定的距离。

①彭金章、王建军《敦煌莫高窟北区石窟》第1卷，北京：文物出版社，2000年，第119页。

②《大正藏》第三〇卷《瑜伽部上》，No. 1579，页422b。

③彭金章、王建军《敦煌莫高窟北区石窟》第1卷，北京：文物出版社，2000年，第107页。

如果把此窟理解为瘗窟的话,似乎欠妥。从古代敦煌埋葬习俗讲,罕见有多个男女尸体混葬在一起的佐证。即使这些死者是被屠杀后乱葬的,那也没有理由将尸骸置于象征着清洁圣地的莫高窟禅窟中。从僧人的葬俗讲,这种情况亦不可能,因为比丘和比丘尼死后需分区起塔供养,是不可以葬在一区的。这就是说,在B42窟发现的这一现象显然是有人故意安排的,那么,这种故意安排有何意义呢?我们先看《大智度论》卷一七的有关记载:

> 问曰:行何方便得禅波罗蜜?答曰:却五事(五尘),除五法(五盖),行五行(初禅五支)。云何却五事?当呵责五欲。哀哉众生,常为五欲所恼,而优求之不已。此五欲者,得之转剧,如火炙疥。五欲无盖,如狗咬骨。五欲增争,如鸟竟肉。五欲烧人,如逆风执炬。五欲害人,如践恶蛇。五欲无实,如梦所得,五欲不久,如假借须臾。世人愚惑,贪著五欲,至死不舍,为之后世受无量苦……五欲者,名为妙色声香味触,欲求禅定皆应弃之。①

五欲之中的"触"即指有男女接触的淫欲之意。窟中二个三十至三十五岁的女性骨骸,警示习禅之人应远离女色。三十至三十五岁之间的女人风华正茂,处于一生中的黄金阶段。惟"触"法遍满身识,若取观身不净等三十六种观法,对色相俱佳的女性产生厌恶心,看透本质,如同白骨,自然对女性的欲求也就没有了。②B42窟分前后两室,在禅窟中档次算是高级别的,从修行呵五欲的观法上说,修行的档次也是较高层次的。一般的禅僧只住小禅窟,面壁正思维,不知禅中深层次的内涵,更无能力得到五具男女骨骸以供自己禅观用。由此可知,能住此窟修禅的人,定是禅中高僧大德,抑或是负责北区禅务的僧官。

除了上述二窟外,符合禅窟特点的洞窟当还有不少,有待于进一步认定。当然,被归入僧房窟附设禅窟的那五个石窟,其实也可归入禅窟,因为这类石窟之主要功能也是为了习禅。这样算来,莫高窟北区可以确认为禅窟的应有八十九个。其他的石窟,如僧房窟、廪窟是专供禅僧起居所用的,礼佛窟用于禅僧礼佛,瘗窟则用于瘗埋禅僧遗体、骨灰或遗骨。总之,也都与禅修活动息息相关。

①《大正藏》第二五卷《释经论部上》,No. 1509,页181a–b。
②杨曾文《唐五代禅宗史》,北京:中国社会科学出版社,1999年,第16~30页。

通过上文的论述,我们可以得出如下结论:敦煌莫高窟的兴建肇始于禅窟,在随后的一百多年间,一直充当着当地僧众修禅打坐的重要场所;早期的禅窟多位于莫高窟南区的中部,自北朝后期开始,修建功德窟之风大兴,莫高窟的开窟活动进入高潮,程度不同地影响了禅僧的修习,于是,人们便把禅窟转移到相对比较安寂的莫高窟北区,所以自隋至唐,南区便不复重见禅窟的修建;北区现存石窟二百四十八个,可被确定为禅窟的有八十九个,还有一些尚待确定,除禅窟之外的其他石窟,也都可视作禅僧在北区坐禅修行的配套设施。所以,可以认为,北区是专供禅僧们修行打坐和日常生活的地方。

〔原刊吴言生主编《中国禅学》第四卷,北京:中华书局,2006年,第310~318页(与王书庆合撰)〕

蜀地禅宗之禅法及其特点

——以敦煌写本《历代法宝记》为中心

一、概　　说

《历代法宝记》是敦煌留存的早期禅宗史书之一。在敦煌文献中，现存有9个卷号，分别为S.516、S.1611、S.1776、S.5916、P.2125、P.3717、P.3727、Φ.216及日本石井光雄藏精编本。大约成书于唐代宗大历年间(766—779年)，作者不详，从记载的史实内容和倡导的禅宗思想上分析，当属四川保唐派与净众派的著作。保唐派与净众派是唐代四川境内以成都保唐寺与净众寺为中心而形成的禅宗派别，因二者之间存在着师承关系，在禅法思想上基本一致，仅有微小的差别，故本文统称之为蜀地禅宗。

《历代法宝记》以大量的篇幅对蜀地禅宗的源流及禅法特点进行了记述，内容丰富、详尽，而且比较可信。据《历代法宝记》书末所附保唐派门人儒者孙寰所写的《大历保唐寺和上传顿悟大乘禅门门人写真赞文并序》来推测，此书当成书于保唐寺无住和尚于大历九年(774年)去世后不久，是由其弟子编撰的。从其内容上来看，主旨在于阐明一个问题，即出自智诜之后的保唐、净众禅派在禅法上是尊奉达摩祖师之宗旨的，属于顿悟法门，并且在法系上承认从达摩到慧能的六代祖师，因为拥有从武则天赏赐的从慧能处得来的达摩祖师信衣袈裟，故而在声誉和地位上不仅优于渐修的北宗，也优于已经没有祖传袈裟的后慧能时代南宗各系。《历代法宝记》对南宗各系保持默认态度，而对北宗却提出了严厉的批评，认为净觉所著《楞伽师资记》把宋朝求那跋陀罗奉为初祖是“不知根由，惑乱后学”，“彼净觉师，妄引求那跋陀罗，称为第一祖，深乱学法”，称求那跋陀罗是译经师，不是禅师，译经师是传文字教法的，有违于达摩祖师“不将一字教来，默传心印”的教法。蜀地禅宗在祖统说及禅法思想上与北宗分庭抗礼，接近于南宗顿悟禅法，同时又具备自己的禅法特色。

二、智诜禅法

蜀地禅宗的始祖智诜（609—702年）为五祖弘忍的十大弟子之一，《历代法宝记》的作者把他列为十大弟子中第二位，当然这是保唐、净众派弟子们有意抬高智诜在佛教的地位而有意所为。在弘忍门下有十大弟子，其中的神秀被北宗尊奉为六祖，慧能是南宗的创始人，而智诜则成为蜀地禅宗的缔造者。于是，在大唐帝国内部，禅界形成了北宗、南宗和蜀地禅宗三足鼎立的局面，而三者又都和祖师传法及达摩袈裟有着微妙关系。从现有的资料，尤其是《历代法宝记》的记载，可以看出，智诜的禅法思想主要有三点，即"当处依法，想念不生"；"生则有欲，不生则无欲"；"识心见性"（《历代法宝记》语，以下引文凡未注明出处者，均引自是书，不另注）。

其一，"当处依法，想念不生"。西国婆罗门三藏问智诜："僧人何得登高而立？"智诜答云："赭回好好，更看去也。即当处依法，想念不生。""当处"即指一切地，一切处，"依法"依照佛法来要求自己的言行，一切杂念妄想即不会滋长。《根本说一切有部毗奈耶杂事》卷一二云：

> 若人无定心，即无清净智，不能断诸漏，是故汝勤修。①

《佛遗教经》亦云：

> 汝等比丘，若摄心者，心则在定。心在定故，能知世间，生灭法相。是故汝等，常当精勤，修集（习）诸定。若得定者，心则不乱。譬如惜水之家，善治堤塘，行者亦尔，为智慧水，故善修禅定，令不漏失，是名为定。②

依法修禅，心既在定，诸杂念妄想不会增长，如日当空，光明遍照万象。一切所缘，都不为其所束缚。起住自由，来去自由，见色闻声，如石上栽花，如火消冰，不为所染，不为所缚，自由自在。想念不生，无挂无碍，这便是学佛人习禅人难得的思想境界。

其二，"生则有欲，不生则无欲"。武则天问智诜："和尚有欲否？"答曰：

①《大正藏》第二四卷《律部三》，No. 1451，页260a。
②《大正藏》第一二卷《涅槃部》，No. 389，页1111c~1112a。

“有欲。”则天又问云:“何得有欲?”诜答曰:“生则有欲,不生则无欲。”智诜直言不讳地客观公正地回答了武则天的问题。正因为他有“欲”,武则天才赐给了他达摩信衣、弥勒绣像和新翻译的《华严经》等一系列物品,他若回答无“欲”,武则天可能就不赐给他物品了。《大智度论》卷一七云:

> 问曰:“行何方便得禅波罗蜜?”
>
> 答曰:“却五事(五尘),除五法(五盖),行五行。云何却五事?当呵责五欲。哀哉众生,常为五欲所恼,而犹求之不已。此五欲者,得之转剧,如火炙疥。五欲无益,如狗咬骨。五欲增诤,如鸟竞肉。五欲烧人,如逆风执炬。五欲害人,如践恶蛇。五欲无实,如梦所得。五欲不久,如假借须臾。世人愚惑,贪着五欲,至死不舍,为之后世,受无量苦。”①

《阿毗达磨大毗婆沙论》卷一七三亦云:

> 五妙欲者:谓眼所识,可爱可喜可乐,如意能引,欲可染着色。乃至身所识,可爱可喜可乐,如意能引,欲可染着触……云何眼所识色妙欲?答:若色,欲界眼触所生,爱所缘境……②

五欲即眼、耳、鼻、舌、身诸识所缘的色、声、香、味、触五境。通过这五种境才会生起人们的贪欲,故名五欲。是污染如理的尘境,故名五尘。人们对五欲的贪求,是烦恼和业障的本源。少欲之人,无欲无求,则心地坦然,无所忧畏,触事有余,善法不断增长,杂念渐渐消除,涅槃因指日可待。不生则无欲,则指了却生死轮回,不生不灭,达到最后觉悟,便无任何欲望了,世间凡人不可能做到这一点。智诜虽是弘忍弟子,生活在世间法之中,离觉悟成佛尚早,可谓是“凡夫俗子”,只有正确地对待“欲”,选择适当方法去呵“欲”,才能定其身心,走自己应该走的道路。

其三,“识心见性”。智诜弘法前后达30年之久,于长安二年(702年)去世,终年94岁。他的著作有《虚融观》三卷、《缘起》一卷、《般若心经疏》一卷,前二种亡佚已久,唯最后一种在敦煌文献中存有抄本7件。智诜的“识心见性”思想就体现于该文献之中。

①《大正藏》第二五卷《释经论部上》,No. 1509,页181a。
②《大正藏》第二七卷《毗昙部二》,No. 1545,页869b。

《般若心经疏》,具名《般若波罗蜜多心经疏》,又名《心经疏》,现存7件抄本编号分别为:P.4940、北为52(总4498)、北阙9、P.3229、P.2178、S.7821。其中,P.2178首题"资州诜禅师撰"。《般若波罗蜜多心经疏》,以九门分别疏释《心经》。[①]由于深受唐代著名学僧慧净所撰《般若波罗蜜多心经疏》(敦煌存写本4件,编号分别为S.554、北昆12、S.5850和日本天理图书馆藏品1件)的影响,智诜在注释《般若心经》时大量采用了唐初比较盛行的法相唯识思想,如八识、三性、四智等,在一些段落上加了禅宗以心性为解脱之本的内容。

例一,在解释"行深般若波罗蜜多时"一语时,将"时"字注释为:"若以智慧反照心源"。

例二,在解释"观自在菩萨"处,注释为:"一切诸法,以心为本。心生,故种种法生,心灭,故种种法灭。三界六道,本由自是心生,净生秽土,悉由心造。心外无别境,境外无别心。心外无境,无境故无心;境外无心,无心故无境。无心无境,名为般若。"

例三,在解释"照见"时,注释为:"心镜高悬,慧生而无明灭。"又云;"照者,心也;见者,眼也。心眼清净,所睹之境,一切万法,幻化生灭,悉皆是空,虚妄不实,名为照见。"例四,在解释"五蕴"(色、受、想、行、识)时,注释为:"此之五种,皆由妄想,积聚诸业,以成其身,荫盖众生身中佛性,不得显现,名之为荫。""荫"与"蕴"相通,色、受、想、行、识皆有掩盖众生本来具有的清净佛性的作用。智诜在《般若心经疏》中所阐释的正是禅宗的"识心见性"禅法所依据的重要心性禅法。若以色等见我求我,是人行邪道不能见如来。以此观之,乃知事相非真正也,过去诸佛所修种种功德,皆非外说,唯正求心,是众善之源,是万恶之主。常乐由自心生,三界轮回从心起,心为出世之门户,心是解脱之关津,知门户者,岂虑不达彼岸,识关津者,何愁不见如来。

二、处寂禅法

与智诜禅法有所不同,其传人处寂(669—736或648—734年)所专修之禅宗法门似乎难以确定,至少从《历代法宝记》的记载中是看不出来

①冈部和雄《禅僧の注抄と疑伪经典》,《讲座敦煌8敦煌佛典と禅》,东京:大东出版社,1980年,第337~338页;季羡林主编《敦煌学大辞典》,上海:上海辞书出版社,1998年,第687页。

的。该文献只讲他自幼学习儒家诗礼,年10岁父亡后,听说佛说不可思议,欲拔生死苦,乃投德纯寺诜和尚出家,在德纯寺弘法20余年。《宋高僧传》卷二〇有其专传,称他曾师事宝修禅师,在资州的北山修“杜多行”(头陀行,佛教的一种苦修方式),20年间不到村镇,颇多奇异神通之行。杜多,又名杜荼或头陀,汉译曰抖擞、淘汰、洗浣等义,抖擞衣服、饮食、住处三种贪着之行法,抖擞烦恼,离诸执著。《景德传灯录》卷一八云:

> 福州玄沙宗一大师法名师备……往豫章开元寺道玄律师受具。布衲芒屦,食才接气,常终日宴坐,众皆异之。与雪峰义存本法门昆仲,而亲近若师资。雪峰以其苦行,呼为头陀。”①

僧人行脚乞食者被称为头陀,亦称行者。释迦牟尼的大弟子迦叶,在十大弟子中称为头陀第一,在禅界称为印度禅宗史上的第二祖,紧追释迦牟尼佛之后。传说中释迦牟尼说法时曾分半座给迦叶, 与其同座一并说法。《付法藏因缘传》卷一云:

> 尔时迦叶披粪扫衣,来诣佛所,稽首礼敬,合掌而立。白佛言:“世尊,我今归依,无上清凉,愿哀纳受,听在末次。”世尊叹曰:“善来迦叶!”即分半座,命令就坐。迦叶白佛:“我是如来末行弟子,顾命分座,不敢顺旨。”是时众会咸生疑曰:“此老沙门有何异德,乃令天尊分座命之?”此人殊胜,唯佛知耳。②

由此可见释迦牟尼对修头陀苦行的弟子是十分敬重的。处寂禅师修头陀行,20年间不到村镇,深山乞食禅修,所遵行的正是一条解脱之路。《佛遗教经》云:

> 汝等比丘,若求寂静、无为、安乐,当离愦闹,独处闲居。静处之人,帝释诸天,所共敬重,是故当舍已众他众,空闲独处,思灭苦本。若乐众者,则受众恼。譬如大树,众鸟集之,则有枯折之患,世间缚着,没于众苦,比如老象溺泥,不能自出,是名远离。③

①《大正藏》第五一卷《史传部三》,No. 2076,页343c~344a。
②《大正藏》第五〇卷《史传部二》,No. 2058,页298b。
③《大正藏》第一二卷《涅槃部》,No. 389,页1111c。

这段内容说明众生都是有我执和我所执的，寂静、无为、安乐，可对治我相执著障，寂静即法无我空，无为即无相空，安乐即无取舍的无愿空，由空无相无愿，就可对治我相执著。处寂禅师通过长期的坚持不懈的修头陀行，远离愦闹，独处闲居，专注于修习善法，观所执和相无，故能免常人的我所执和相执，使自己身心处于平静状态，清净佛性自然现前，成就大智慧，成为蜀地禅宗的大法师。

三、无相禅法

无相禅师(684—762年)是处寂禅师的得法弟子，俗姓金，亦名金和尚。原是新罗王子，先后在本国郡南寺出家，唐玄宗开元十六年(728年)入唐西京长安，被编藉于禅定寺。此后寻师访道，周游各地，到达资州，拜谒德纯寺的处寂禅师。[①]处寂禅师为其精诚所感收为弟子，在处寂身边学法二年后，到天谷山禅修。处寂圆寂前，派人从天谷山唤回无相，把“达摩祖师传衣”传给他，让他作处寂的嗣法弟子。之后无相又回到天谷山老地方修杜多之行(头陀行)，常修苦练，远近闻名。他不但从处寂那里得到了达摩祖传信衣袈裟，成为处寂的嗣法弟子，并且还承袭了处寂禅师的修“杜多行”(头陀行)的禅修方法，从而成了蜀地禅宗净众派的创始人。

无相禅师的主要禅法特色可用六个字来表示：“无忆、无念、莫妄”。《历代法宝记》云：“无忆、无念、莫妄，无忆是戒，无念是定，莫妄是慧。此三句语，即是总持门。”“念不起，尤如镜面，能照万像；念起，犹如镜背，即不能照见。”佛子的所学，就应该是戒定慧三学。在三学中修习禅定是关键，因为持戒不单是为持戒而持戒，则更是为了修定而持戒。修定为了发慧，因为智慧能断除烦恼，证得菩提涅槃，乃至证得无上正等菩提。

《杂阿含经》卷三〇载：“尔时世尊告诸比丘，有三学，何等为三？谓增上戒学，增上意(定)学，增上慧学”。[②] 戒能防非止恶，定能一心不乱，慧能简择性相。增上是顺益义，为胜因义。戒学为增上引生定学，定学为增上引生慧学，慧学为增上引证菩提涅槃，故三学皆名增上。在三学中，戒是根本，必须做到严持净戒。持戒是为了修习禅定、修定需要心不散乱，专注一境，发生轻安才能得定。得了初禅根本定，乃至四禅静定，才能引发有漏无漏智慧。无漏智慧现前，才能断除烦恼，见修惑尽，才能证得涅槃菩提。因

①杨曾文《唐五代禅宗史》，中国社会科学出版社，1999年，第260页。
②《大正藏》第二卷《阿含部下》，No. 99，页210a。

此，在持戒的同时或之后，应当发愿修定，如果不修禅定，一切智慧功德，皆无法引生。为了解脱生死，证得三乘菩提涅槃，修习禅定，至为重要。

《圆觉经》云："辨音汝当知，一切诸菩萨，无碍清净慧，皆依禅定生。"①

《大宝积经》卷一一一云："佛以禅定力，能灭诸罪垢，为天人导师，到于定彼岸。"②

《大般涅槃经》卷二九云："比丘若修习，戒定及智慧，当知是不退，亲近大涅槃。"③

《解深密经》卷一云："众生为相缚，及彼粗重缚，要勤修止观，尔乃得解脱。"④

万物皆有漏相，分别以为相缚，因为有漏相的存在，见分心等不能了知，诸有漏法，皆如泡沫幻觉。非有似有，系由无明所致，便执实有色心等法，即相是缚，故名相缚。迷执者要修习止观，方能得到解脱。菩萨为了断除人我执，使烦恼障尽，法我执的所知障尽，无障无碍的清净觉智，皆依禅定生起，若无禅定，清净的智慧，一切都无。释迦牟尼之所以为人天导师，就是以究竟的已到彼岸的禅定力，无余灭尽了诸罪恶垢缚的缘故，所以能圆满善巧地教化众生，被众生称之为人天导师。无相的"无忆、无念、莫妄"的禅法思想，实质是坚持戒、定、慧三学，反对执著文字，不要产生不合乎客观实际的妄想，只有做到无念，才能达到识本清源，走向解脱觉悟之路。

无相的禅净合一思想是他修行的另一特色模式。在每年的正月、十二月举行向信徒"授缘"的盛大法会，届时有成千上万的僧俗民众参加。向社会公众弘法，参加大会的人便成为他的弟子。每逢"授缘"日都严设道场，登高座向众人说法，"先教引声念佛，尽一气念，绝声念停。"念佛是净土宗的修行法门，通过专心念佛，使人心不散乱，使己心与佛心高度合一，从而达到觉悟。⑤

禅宗与净土思想相结合，使心专注一境的修习方法由来已久。自南朝梁、陈，经隋至于唐初，期愿生西方弥陀佛国的僧人如昙鸾、道绰、善导等人都修学净土，早已把"禅观"融入到净土思想之中，从而形成所谓的"弥

①《大正藏》第一七卷《经集部四》，No. 842，页 919a。

②《大正藏》第一一卷《宝积部上》，No. 310，页 629a。

③《大正藏》第一二卷《涅槃部》，No. 374，页 537c。

④《大正藏》第一六卷《经集部三》，No. 676，页 691b。

⑤参见张子开《略析敦煌文献中所见的念佛法门》，《慈光禅学学报》第 2 期，2001 年，第 195~211 页。

陀业观”、“十六观”等。隋唐之交的昙鸾、道绰均以《观无量寿佛经》的弥陀净土为所观境。至善导的时代,已渐渐由心观“念佛”转向口称“念佛”,并将西方的“念佛”法门普及到一般大众。这一经验被当时禅宗所吸取,并得以发扬光大,使禅观几乎成为南朝僧侣普遍修学的法门。以“观佛三昧”为基础所发展出来的观西方弥陀佛国殊胜的《观无量寿佛经》,在刘宋元嘉年间传译之后,在齐梁之间渐渐流传,以致隋至唐初有多人撰疏弘扬,更是当时愿生西方者奉持的宝典。该经之“十六观”有“捉心令正,更不得杂乱,即失定心,三昧难成”之说,这与无相的“无忆、无念、莫妄”思想不期而合。俗语讲“修禅带净土,犹如带角虎”,二者相辅相成,相得益彰,二者有机地结合更能有效地“制”心。《北山录》卷六《讥异说》云:“余昔观净众禅门,崇而不僭,博而不佞,而未尝率异惊俗,真曰大智闲闲之士也。遂礼足为师,请事斯旨而学者。”[①]可见,净众派的禅净合一禅法,在当时是深受人们青睐的。

四、无住禅法及其影响

无相法嗣弟子无住(714—774 年)在未出家之前曾从政为官,后弃官寻师访道,学习佛法。宗密《圆觉经大疏钞》卷三之下对其访师过程有详细记载:无住禅师先遇嵩山慧安的俗家弟子陈楚章,开始学习“顿教法”,“密契相知,默传心印”。从此无住“断思绝虑”,在俗三五年间过着禅修的生涯。后来听说太原府自在和尚是六祖慧能的弟子,传授“顿悟法门”,他便到太原府礼谒自在和尚,自在和尚对他讲法:“净中无净相,即是真净佛性。”听后得到了启发,有所觉悟,心中欣然。自在和尚便为他剃发出家。天宝八载(749 年)在五台山清凉寺“安夏”时,对明和尚、神会和尚的事迹和禅法深入进行了解,感觉不合自己的“顿悟”机缘,因为他们主张的是北宗的渐修法门,故没有去拜访他们。翌年,他到了西京长安,往来于安国、崇圣二寺之间,在那里接触高僧大德,听其讲经说法,以增佛学修养。天宝十载(751 年)他来到灵州(治所在今宁夏灵武西南)北,在贺兰山禅修二年。在此期间风闻剑南无相禅师为众广说“无忆、无念、莫忘”,于是动身离开贺兰山到剑南拜访无相和尚。途中多遭艰辛,但都未动摇他拜访无相和尚的决心和意志,几经辗转终于在乾元二年(759 年)正月到达成都净众寺,

①《大正藏》第五二卷《史传部四》,No. 2113,页 611b。

经人引见礼拜了无相和尚。当时正是无相和尚“授缘”期间，成千上万的人接受无相和尚的“授缘”，无住和尚亦随众听法授缘。无相和尚在说法中高喊：“缘何不入山去”，无住独领其旨，默受教示，便到位于成都西北的茂州(治所在今四川茂汶羌族自治县)的天苍山(又名白崖山)去禅修。

无住禅师先为官，后参道访学，接受顿悟法门，曾在京城安国、崇圣二寺参学杜多苦修等，有着丰富的人生阅历和较深厚的佛学造诣，为他后来在四川弘法，对蜀地禅宗之修行方法进行变革奠定了基础。根据《历代法宝记》及其他文献的相关记载，可以看出，无住禅法主要有以下几个方面的内容：

一、无念。无住在山中禅修与别人不同，只是专修“无念”禅法，专心坐禅，“绝思断虑，入自证境界。”《五灯会元》卷二载：

> 乃居南阳白崖山，专务宴寂。经累岁，学者渐至，勤请不已。至此垂诲，虽广演言教，而唯以无念为宗。①

无念，即指无妄念，即正念之异名。人们自身原本具备的清净佛性，在禅师们的眼中，无意无念，清净菩提自然现前，意有杂念，清净菩提永远不会现前。一念不起，即十八界空，即身便是菩提果，即心便是真如心，只有无念是真念。无住禅师为守真念，在白崖山禅修时，一不六时礼佛忏悔，二不诵经念佛，连往深山送的给养他都反对人们去张罗。这对于传统的出家人六时礼拜忏悔，诵经念佛的人来说，是难以接受的，自然会引起不满。于是有人将其禅修表现通报无相和尚。无相不但未指责，反而大加赞赏，认为只有这样才能走向解脱觉悟之路。无住在直接继承无相“无忆、无念、莫忘”禅法的基础上，又对此作了新的解释和发挥，使之更加准确和干练，被简称为“无念”禅法。无住和尚不失时机地向求教于他的弟子或当地高官弘扬他的“无念”禅法。《五灯会元》卷二载：

> 时杜公(指杜鸿渐——引者)与戎师(指崔宁——引者)召三学硕德俱会寺中。致礼讫，公问曰：“弟子闻金和尚说无忆、无念、莫忘三句法门，是否？
>
> 师曰：“然。”

①[宋]普济《五灯会元》上册，北京：中华书局，1984年，第81页。

公曰："此三句语是一是三？"

师曰："无忆名戒，无念名定，莫忘名慧，一心不生，具戒定慧，非一非三也。"①

类似的内容，在《历代法宝记》中也可以见到：

金和上……每常座下教戒，直言："我达摩祖师所传此三句语，是总持门，念不起是戒门，念不起是定门，念不起慧门。无念即是戒、定、慧具足。过去、未来、现在，恒沙诸佛，皆从此门入，若更有别门，无有是处。"

对这里所谓的"非一非三"的理解，无住和尚要求人们不要去执著文字名相，三个基本条件归依到一乘真如佛性，所以为"非一非三"。他在解释"无念"的含义时，常常引经据典，主要有《维摩经》《思益经》《楞伽经》，有时也引用隋唐时流行的伪经如：《法句经》《佛顶经》《金刚三昧经》《禅门经》等，为了准确地表白"无念"的含义，他常常把无见、无知、无生心、无忆、心无分别、不起见、念不起、无心离意识、无是无非、无自无他、无相、无垢无净、无系无缚、无佛无众生、无生无死、无男无女、无高无下等最基本的理念作为昭示，以提醒佛徒不要执著于表面现象的东西，排除对一切内外事物的认辨，分别的思维心理活动，在思想中断除一切事物好坏、高低、美丑等的思想境界，强调不能把"无念"看做是走向解脱的必由之路，说"正无念之时，无念不白。"意为真正到达无念的境界时，无念的本身也就不存在了，这时方显真如实体。

二、心性。无住向崔宁说法时引用《大乘起信论》的心性学说，说明人有两种根本：一是"无始生死根本"，此根本以永不停息的"攀缘心"为自性，即人们正常情况下所存在的"妄心"；二是"无始菩提涅槃原清净体"，是指人们本来所具备的清净真如佛性。《五灯会元》卷二载：

师曰："夫造章疏，皆用识心，思量分别，有为有作，起心动念，然可造成。据《论》（指《大乘起信论》——引者）文云：当知一切法，从本以来，离言说相，离名字相，离心缘相，毕竟平等，无有

①［宋］普济《五灯会元》上册，北京：中华书局，1984年，第81~82页。

变异,唯有一心,故名真如。”①

说明人之所以处在流转三界的生死轮回之中,是由妄心造成的。由于妄心的存在,使众生本来清净的真如佛性经常处于有念的状态,有念的妄性覆盖了无念的真如。他常说:“正无念之时,无念不自。”“正无念之时,一切法皆是佛法,无有一法离菩提者。”“佛在身心,文殊不远,妄念不生,即是见佛”等名言,以此教导弟子正确地认识自己的心性,心性即指众生具有的真如佛性,心性达到无念的境界时,无念的本身在即不存在,真如佛性亦不存在,这才是佛徒所要追求的真正境界。

无住要求修行者努力克制自己心性的正常活动,通过克制自己的心性使自己的心性处于无念状态,只有心性常处于无念状态,才达到与真如佛性高度的契合,这即是俗语所讲的“见性解脱”。他在讲经说法时常引经据典对心性加以发挥和阐释,说:“唯心,无诸境界,心无觉知,生心动念即魔纲。”“若以心分别,即一切法邪;若不以心分别,一切法正。”《五灯会元》卷二载杜鸿渐向无住求法时有这样的问答:

公又问:“云何不生?云何不灭?如何得解脱?”

师曰:“见境心不起,名不生。不生即不灭,既无生灭,即不被前尘所缚,当处解脱。不生名无念,无念即无灭,无念即无缚,无念即解脱。举要而言,识心即离念,见性即解脱。离识心见性外,更有法门证无上菩提者,无有是处。”

公曰:“何名识心见性?”

师曰:“一切学道人,随念流浪,盖为不识真心。真心者,念生亦不顺生,念灭亦不依寂。不来不去,不定不乱,不取不舍,不沉不浮,无为无相,活泼泼,平常自在。此心体毕竟不可得,无可知觉。触目皆如,无非见性也。”②

无住的心性禅法由于直彻本源,深得南北宗各界的广泛认可,并纷纷归向。北宗老福(义福)法系的知一,是陇州开元寺的禅师,久闻无住和尚的大名,特地到成都参拜。无住问他如何修行,他以“看净”回复。无住便说:“法无垢净,云何看净?此间净由不立,因何有垢?”遂教以心性禅法,

①[宋]普济《五灯会元》上册,北京:中华书局,1984年,第82页。

②[宋]普济《五灯会元》上册,北京:中华书局,1984年,第82~83页。

“自他俱离，成佛菩提。”此后，知一闻说，言下悟，改名超然，成为他的弟子，不离左右，乐行作务。

三、一切时中总是禅。无住对那些为完成程序而坐禅的做法持反对态度。他说：“无忆是道，不观是禅，不取亦不舍，境来亦不缘。”又引《禅门经》说，不可为贪求禅的意境（禅味）而坐禅，为形式而坐禅就是“菩萨缚”，认为“定无出入”，应当“不入三昧，不住坐禅”，否定带有特定意图的坐禅，因为这种做法容易使自己的心性受到束缚，清净的真如自性不易现前。他认为只有在无念的情况下进行禅观才能真正体会到禅悦，指出：“一切时中自在，勿逐勿转，不沉不浮，不流不住，不动不摇，不来不去，活泼泼，行行坐坐总是禅。”“永无生寂，永无垢净，永无是非，活泼泼，一切时中总是禅。”这里的“一切时中”概括了禅僧行住坐卧人生的基本活动范畴，使禅更加业务化，人性化和专业化。

无住的禅法思想，可以用“活泼泼，行行坐坐总是禅”及“活泼泼，一切时中总是禅”等语来概括，即是说不要刻意地去坐禅，实际上禅的真正意义充满了时空，涉及行住坐卧各个方面，如果刻意地去做某个事物，就失去了禅的真正意义。换句话说，在任何时间与情况下，都要使本来具有清净的心做到“无念”，舍弃一切是非、垢净等等差别观念，自己的身心无论在任何情况下都是处在禅定之中。无住本人不只是形式上的坐禅，他把禅法融入到行住坐卧生活实践的各个方面，而讲究在生活各个方面是否能做到“无念”，只要能做到“无念”，就能体会到禅悦与快感。“无念”与“一切时中总是禅”在这里成了对立统一的两个概念。

无住对三宝的定义做出了新解释，他说：“知法即是佛宝，离相即是法宝，无为即是僧宝。”这三者亦称之自性三宝，“知法”、“离相”、“无为”的真正意义在无住那里不外乎是“无念”及“心性”。易言之，只要自性三宝具备，所期求达到的真如境界就正本清源了。这与慧能曾用觉（佛）、正（法）、净（僧）[①] 来解释三宝的做法形成了鲜明的对比。无住的解释将重点放在了自性圆满无碍的角度，凸显的是他不主张读经、念佛、礼忏等日常佛事活动的思想。他注重自性圆满的追求，反对执著文字语言及名相形式等内容，因为这种执著会有碍于自性的显现。而慧能的解释则不同，涵盖的是佛教思想及教团等更宽泛的内容，注重佛教思想的弘扬和佛教队伍的发展，认为这才是佛教徒所要做的事情。前者强调内在三宝，后者强调外在

①杨曾文《敦煌新本〈六祖坛经〉》，上海：上海古籍出版社，1993年，第25页。

三宝,二者之间存在着本质上的区别。

佛教的发展离不开戒律的存在，它时刻规范着僧人的言行以保持教团的纯洁。比丘有250条戒律,比丘尼有500条戒律,这些戒律指导着僧尼的修学和行为规范。对于戒律,无住也有自己独特的见解。他用“无思虑”即无念的道理对戒体作出了新解释,认为“戒体”既不是色,也不是心,而是“众生本性”。“妄念不生,即是戒律满足”。相反,如果有意地去持戒,“即破大戒”。这种解释,等于否认了戒律的重要性。受这一理论指导,无住所住寺院在招收弟子及从事寺院日常活动时,律是被置于一边而不顾的。宗密撰《圆觉经大疏钞》卷三之下即称:

> 其传授仪式,与金门(即无住之师金和尚——引者)下全异。异者,谓释门事相一切不行,剃发了,便挂七条(七条衣,亦名袈裟,三衣之中上衣,计其条数共七条——引者),不受禁戒。至于礼忏转读,画佛写经,一切毁之,皆为妄想。所住之院,不置佛事。故云教行不拘也。①

从这一记载看,在保唐寺无住门下出家,在剃发之后即披袈裟,既无需授戒时的羯摩仪式,也无需无相禅师举办的那种“授缘”仪式,更没有其他寺院的转经、礼拜、画佛像、忏悔等佛事活动。这样的修学特点既不同于全国寺院固定的修行模式,而且也有别于同属智诜禅系的净众寺,即使在保唐寺,无住不重戒律的做法也是前代所罕见的,这是无住在无相禅法基础上对修习形式进行的一些变革。如果说智诜、处寂、无相禅法的修行方式具有传统性和保守性，那么无住禅法的修行方式体现出的则是开放性和变革性,这是无住禅法与前代蜀地禅师间存在的最大区别。

五、净众保唐禅法的差异

净众派与保唐派之异,通过二派的禅法特点已可明显看得出来。除此之外,在戒律观以及对教团的维护上,也明显可看出二者间的差异。

佛教之发展离不开戒律,由此规范着僧人的言行,以保持教团队伍的纯洁。比丘有250条戒律,比丘尼有500条戒律。无住对此有自己独特的

①《续藏经》一·十四·十五。

见解。他用“无思虑”(无念)的道理对戒体进行解释,曾对某位律师说:“戒体”既不是色,也不是心,而是“众生本性”,它本来是清净的,如果有“妄念”产生,就会触犯戒体,污染清净的心性,就是违犯戒律。“妄念不生,即是戒律满足”;如果有意地去持戒,“即破大戒”;实际“戒相”虚空,无相可得;批评当时的律师“说浊说净,说持说犯”是混淆视听。无住无视戒律的存在和重要,声称“见犯重(戒)比丘不入地狱,见清净行者不入涅槃”。如此地忽视戒律,使佛教核心内容之一的“律”在他那里显得已无足轻重了。宗密在《圆觉经大疏钞》卷三下中对无住所住寺院收弟子及寺院日常活动有所描述:

> 其传授仪式,与金门(即无住之师金和尚——引者)下全异。异者,谓释门事相一切不行,剃发了,便挂七条(七条衣,亦名袈裟,三衣之中上衣,计其条数共七条——引者),不受禁戒。至于礼忏转读,画佛写经,一切毁之,皆为妄想。所住之院,不置佛事。故云教行不拘也。①

这一记载与《历代法宝记》的记载基本一致。如宗密所说,在保唐寺无住门下出家,剃发之后即披袈裟,既无授戒时羯磨等仪式,也无净众禅派的那种“受缘”仪式,在保唐寺修行的僧人是“不受禁戒”的,不像其他寺院那样有转经、礼拜、画佛像、忏悔等诸多佛事活动。这样的修学特点迥异于净众寺和全国其他寺院的修行模式。如果说净众禅派的修行方式具有传统性和保守性,那么保唐禅派的修行方式则采用了开放性和超现实性,这是无住禅法在无相禅法基础上进行了调整和改革,体现了净众禅和保唐禅二派在戒律观上的区别。

无住虽然是无相的得法弟子,但对教团的维护却相去甚远。无相每年数度组织弘法大会,为信徒“授缘”,并且使寺庙早已流行的各项佛事活动正常地开展。这些做法在无住那里已荡然无存。无住将大小乘的一切教法统归到他的“无念”上,但又未能对“无念”之概念进行灵活地解释,妥善运用。事实上,佛教徒的日常活动和思维离不开大千世界,不可能做到绝对无念。无住的理论追求的是佛教最高境界——真如佛性,由此可表现出保唐禅法的超现实性,但他忽略了广大僧侣都是三界内的肉体凡胎这一重

①《续藏经》一·十四·十五。

要因素,按他的主张去修法是根本行不通的。他否定维护教团正常秩序的清规戒律,忽视寺院应有的宗教职能,反对诵经、礼拜、忏悔,在佛事活动和教团经营运作方面放任自流。然而,佛法在社会,离开广大佛徒寻求佛法,佛法就不存在。这又凸现出保唐派禅法超出一般佛教范围的异端性。由于他不注意团结广大信徒,不从现实生活中去寻求佛法,到头来他所追求的"心性"只能是空中楼阁。六祖慧能曾说:"佛法在世间,不离世间觉,离世觅菩提,恰如寻兔角。"[①]无住的言行势必会引起僧俗信徒乃至社会各界对他的非议和反对,尽管可以在当权者(如剑南节度使杜鸿渐等)的庇护下风行一时,但因其不合乎现实社会的需求,失去了民心,是不可能长久流传下去的,最终导致了四川禅派的衰落。所以,在无住之后不久,盛行一时的四川禅派便风光不再,很快就销声匿迹了。[②]

耐人寻味的是无住作为净众派的第三代传人,不能依法传承净众派思想及禅法而另立门户。以理度之,其中必有隐情,以笔者分析,可能有以下两个原因。首先,无住是乾元二年(759 年)才开始跟随无相(金和尚)学习禅法的,时年 44 岁,但仅历四年,无相便于宝应元年(762 年)去世了,享年 79 岁。无住虽受无相器重而得授法嗣,但他在教团内是缺乏根基的,况且其宗旨又"教行不拘而灭识",传授仪式与无相大相径庭,故无相的许多大弟子并不承认无住的法嗣地位。其次,弘忍的十大弟子中有智诜和老安。净众派的传承系统是智诜→处寂→无相→无住。无相继承的是净众宗旨"三句用心为戒定慧",三句是:无忆、无念、莫忘。引导人们舍弃对往昔的忆念,亦不念未来,保持这种心态,从师受法后,便致力于静虑坐禅和注意团结广大信徒,维护寺庙的日常运作。而无住较早接触的禅法来自陈楚章、明和尚等,陈楚章及明和尚是嵩岳慧安的弟子。慧安的禅法,人称老安禅,是六祖慧能前禅法重要的一支,虽属北宗,但在禅法上有许多又与南宗相似。无住创立的保唐派似乎也与老安禅一样,具有兼容南北的特点,但从总体上说,无住禅法倾向于南宗,他的许多说法与《坛经》所载一致,表明他确实对南宗心法深有研究。无住以"教行不拘而灭识"为宗,不主张奉行固定的教行,出家后不必受戒,也不必礼忏念经等,认为"起心即妄",以达到"不起心"和"灭识",为最高精神境界。这些禅法与智诜、处寂、无相

①《六祖大师法宝坛经》,《大正藏》第四八卷《诸宗部五》,No. 2008,页 351c。这一内容,在敦煌本《六祖坛经》中写作:"法元在世间,于世出世间,勿离世间上,外求出世间。"见杨曾文《敦煌新本六祖坛经》,北京:宗教文化出版社,2001 年,第 48~49 页。

②杨曾文《唐五代禅宗史》,北京:中国社会科学出版社,1999 年,第 251 页。

所传的净众法门是迥然不同的，于是，自立门户也就成为势之必然。

〔原刊《周绍良先生纪念文集》，北京图书馆出版社，2006 年 8 月，第 435~443 页（与王书庆合撰，其中第五部分为后补）〕

关于摩诃衍禅法的几个问题[①]

一、概　　说

自唐德宗贞元二年(786年)到宣宗大中二年(848年)是吐蕃占领敦煌时期。在此62年间,吐蕃征服者将自己旧有的政治、军事制度及文化、习俗等都带到了敦煌,对当地政治、经济、文化的发展均产生了重大影响。在佛教信仰方面,吐蕃的影响更是突出,保存于敦煌的为数丰富的汉文、藏文文献对此有着集中的反映。在这些文献中,《顿悟大乘正理决并序》真实地记录了8世纪末中原禅僧摩诃衍应邀由敦煌赴西藏传布禅法这一史实,具有弥足珍贵的学术价值。

《顿悟大乘正理决并序》现存写本二件,编号分别为P.4646、S.2672,详细记录了8世纪末在吐蕃赞普赤松德赞(Khri Srong lde Brtsan,742—797年)主持下,于拉萨举办了由三位汉僧与三十位印度僧人参加的有关禅法修习的大辩论,为中古禅宗史上的一桩大事。其内容可分为三个部分,其一,为王锡撰写的序文,对吐蕃赞普的弘法伟业进行颂扬,着重叙述了8世纪末印度高僧与中原禅僧于拉萨进行辩论的始末;其二,针对印汉僧诤的辩论所写的问答记录,包括旧问、新问和又问;其三,为摩诃衍本人给赤松德赞赞普所写的三道上奏文。[②] 其内容比较全面地记录了吐蕃占领时期敦煌佛教界的情况及其与吐蕃帝国之间的关系,对摩诃衍禅法之特点及其在西藏及敦煌等地的传播有较为全面的反映,同时也折射出8世纪前后藏地佛教的特征。

序文的撰写者王锡为敦煌人,在唐代河西佛教界负有盛名。初任河西观察使判官,吐蕃占领河西时期,他曾随由内地到敦煌传教的大乘禅师摩诃衍(Mahāyāna)研习佛教禅宗教义。在吐蕃于786年占领敦煌以后,应吐蕃赞普赤松德赞之召,摩诃衍远赴西藏,在拉萨、昌珠、琼结等地传授禅

①本文为敦煌研究院科研项目“敦煌禅史禅法与禅籍研究”阶段性成果。

②山口瑞凤《摩诃衍の禅》,《讲座敦煌·八·敦煌佛典と禅》,东京:大东出版社,1980年,第383页。

门,王锡随往。经过摩诃衍师徒的努力,汉地禅宗思想在吐蕃得到迅速发展,影响颇巨。在汉僧与印度僧之大辩论中,王锡又与摩诃衍一道申述了汉地禅宗的见解。返回敦煌后,著成《顿悟大乘正理决并序》,以记其事。此外,敦煌文献中还保存着他撰写的《上吐蕃赞普书》二道(P.3021),[①]也是研究唐代吐蕃佛教乃至中印佛教早期交流的珍贵资料。

《顿悟大乘正理决并序》以其重要价值,长期受到国内外学术界的重视。如法国学者戴密微(Paul Demiéville)[②]及日本学者今枝由郎[③]分别以《顿悟大乘正理决并序》为基本资料,对8世纪的拉萨僧诤进行了详细的论述。香港学者饶宗颐对该文献进行了细致的校录,进而论述了摩诃衍及蜀地禅宗的禅法,[④]日本著名藏学专家上山大峻也以该文献为依据,结合敦煌出土藏文禅宗文献及后世藏文史料,对摩诃衍的禅法进行了研究。[⑤]张广达[⑥]、佟德富[⑦]则分别撰文,通过对《顿悟大乘正理决并序》的研究,探讨了汉地禅宗在吐蕃中的传播及其影响。这些成果论据充分,考述精湛,本文之撰写即受益于上述成果的启发。

二、摩诃衍禅法在西藏的兴衰

在《顿悟大乘正理决并序》之摩诃衍上奏文中,首先叙述了自己应吐蕃赞普赤松德赞之邀而赴逻娑(拉萨)传播禅法的起因:

①唐耕耦、陆宏基编《敦煌社会经济文献真迹释录》第4辑,北京:全国图书馆文献缩微复制中心,1990年,第358~360页。

②Paul Demiéville, *Le Concile de Lhasa*, Paris 1952([法]戴密微著,耿昇译《吐蕃僧诤记》,兰州:甘肃人民出版社,1984年)。

③Y. Imaeda, Documents tibétains de Touen-houang concernant le Concile de Tibet, *Journal Asiatique* tome 263, Paris, 1975, pp. 125~146.

④饶宗颐《神会门下摩诃衍之入藏兼论禅门南北宗之调和问题》,《香港大学五十周年纪念论文集》(上册),香港:香港大学中文系编印,1964年,第171~181页(收入氏著《选堂集林·史林》,香港:中华书局,1982年,第697~712页);《王锡〈顿悟大乘政理决〉序说并校记》,《崇基学报》第9卷第2期,1970年(收入氏著《观堂集林·史林》,香港:中华书局,1982年,第713~770页)。

⑤上山大峻《敦煌佛教の研究》,京都:法藏馆,1990年,第247~338页。

⑥张广达《唐代禅宗的传入吐蕃及有关的敦煌文书》,《学林漫录》第3辑,北京:中华书局,1981年,第36~58页。

⑦佟德富《试论禅宗在吐蕃社会的传播及其影响》,《内蒙古社会科学》1999年第3期,第63~70页。

> 臣沙门摩诃衍言:"当沙州降下之日,奉赞普恩命,远追令开示禅门。及至逻娑,众人共问禅法,为未奉进止,罔敢即说。后追到讼割,屡蒙圣主诘讫,却发遣赴逻娑,教令说禅。复于章蹉,及特便(使)逻娑,数月盘诘。又于勃宕漫,寻究其源,非是一度。陛下了知臣之所说禅门宗旨是正,方遣与达摩摩祇,同开禅教。然始敕命颁下诸处,令百姓官僚尽知。①

"当沙州降下之日"一语说明,摩诃衍之入藏是在吐蕃占领沙州不久。至于沙州被吐蕃占领的具体时间,学术界存在着不同说法,其中以贞元二年(786年)说最为可信。②推而论之,摩诃衍入藏布教的时间当在贞元二年。从《顿悟大乘正理决并序》看,摩诃衍最初在卫藏地区的传教活动是相当顺利的:

> 皇后没卢氏,一自虔诚,划(豁)然开悟,剃除绀发,披挂缁衣,朗戒珠于情田,洞禅示于定水,虽莲花不深,犹未足为喻也。善能为方便,化诱生灵,常为赞普姨母悉囊南氏,及诸大臣夫人卅余人说大乘法,皆一时出家矣,亦何异波阇波提为比丘尼之唱首尔。又有僧统大德宝真……律不昧于情田,经论备谈于口海,护持佛法,倍更精修,或支解色身,曾非挠动,并禅习然也。又有僧苏毗王嗣子须伽提,节操精修,戒珠明朗,身披百衲,心契三空。谓我大师曰:"恨大师来晚,不得早闻此法耳。"③

早在摩诃衍入藏前,汉地已有僧人入藏传教,他们有的是由唐政府派遣的,也有的是被吐蕃俘虏的。关于前者,《佛祖统纪》卷四一有载:建中二年(781年)中,"吐蕃遣使乞朝廷赐沙门善讲佛理者。帝令良琇、文素往赴说法教化,岁一更之"。同样的记载又见于《册府元龟》卷九八〇《外臣部·通好》及《唐会要》卷九七《吐蕃》。在此之后,又有被吐蕃俘虏的汉僧到达了西藏,如《旧唐书》卷一九六下《吐蕃传》载:"[建中]三年(782年)四月,

①杨富学、李吉和辑校《敦煌汉文吐蕃史料辑校》第1辑,兰州:甘肃人民出版社,1999年,第56页。以下简称《敦煌汉文吐蕃史料辑校》。

②山口瑞凤《吐蕃支配时代》,《讲座敦煌·二·敦煌の历史》,东京:大东出版社,1980年,第197~198页;陈国灿《唐朝吐蕃陷落沙州城的时间问题》,《敦煌学辑刊》1985年第1期,第1~7页。

③《敦煌汉文吐蕃史料辑校》,第38页。

放先没蕃将士僧尼等八百人归还,报归蕃俘也。"贞元二年(786年)吐蕃占领敦煌后,与汉地佛教有了更密切的接触,如当时的汉僧昙旷即受到吐蕃赞普的邀请入藏传教,只是由于身患疾病,"气力转微"而不能成行,于是撰《大乘二十二问》以回答吐蕃赞普对有关佛教问题的询问。其时约在786—788年之间。[①]摩诃衍之入藏,同样是这一历史条件的产物。

随着唐与吐蕃佛教界的接触,蜀地禅宗也传到了吐蕃地区。从现知文献看,最早把汉地禅宗输入西藏的是蜀地禅宗第二代传人无相禅师(684—762年),不少晚期的藏文文献对此都有所记载。[②]其中特别值得注意的是拔塞囊(sBa gsal snan)所著《拔协(sBa bzde)》(又称《桑耶寺广志》,其中提到,早在弃隶缩赞(即赤德祖赞,Khri lde Gtsug Brtsan,704—755年)时期,即派使者到唐朝求法,他们在回吐蕃时路经益州(成都),在益州见到金和尚无相,并住了三个月,跟无相学习佛法。[③]此事发生时赤松德赞刚刚继位,大约在755年左右,其时比792—794年赤松德赞主持吐蕃僧诤要早得多。如果此载成立,那就说明蜀地禅宗传入吐蕃远比敦煌高僧摩诃衍应吐蕃赞普之邀于贞元二年(786年)入藏传教为早。[④]无相,俗姓金,亦名金和尚。原是新罗王子,在蜀地禅宗第二代宗师处寂(665—732年)圆寂后,无相成为处寂的嗣法弟子,得到了由达摩祖师递传下来的信衣袈裟,并且还承袭了处寂禅师的修头陀行的禅修方法,居于成都净众寺,从而成为蜀地禅宗净众派的创始人。[⑤]

无相于762年圆寂后,无住(714—774年)得其法衣。从敦煌出土藏文文献看,无住之语录曾被译为藏文,其内容在P.t.116之第165、173、187叶以及《五部遗教(bkav-thang-sde-lnga)》之《大臣遗教(blon-po-bkavi-thang-yig)》第22卷第23叶中可以看到。在藏文禅宗文献的诸禅师教义论说中,无住的"论说之多,仅次于摩诃衍"。[⑥]无住的禅法在敦煌及西藏

①上山大峻《敦煌佛教の研究》,京都:法藏馆,1990年,第43页。

②山口瑞凤《チベット佛教と新罗の金和尚》,《新罗佛教研究》,东京,1973年,第3~36页。

③拔塞囊著,佟锦华、黄布凡译《拔协》,成都:四川民族出版社,1990年,第7页。

④朱丽霞《8~9世纪流传于吐蕃的禅宗派别考——兼论宁玛派与禅宗的思想渊源》,《西藏研究》2004年第2期,第74页。

⑤参见杨富学、王书庆《蜀地禅宗之禅法及其特点——以敦煌写本〈历代法宝记〉为中心》,《周绍良先生纪念文集》,北京:北京图书馆出版社,2006年,第437~439页。

⑥木村德隆《敦煌出土のチベット文禅宗文献の性质》,《讲座敦煌·八·敦煌佛典と禅》,东京:大东出版社,1980年,第446页。

诸地都产生了影响，如无住禅师所主张的“无忆是戒，无念是定，莫忘是慧”（敦煌写本S.516《历代法宝记》）之语，在敦煌藏文写本P.t.116中被译作“无想是戒，无所得为定，无二是慧”。[①]成书于14世纪的《五部遗教·大臣遗教》第12章《渐门渐悟》将其译作“不想是戒，不念是定，不生幻心是慧”，[②]更接近于无住的原意。

汉地僧人在吐蕃的活动，为摩诃衍禅法的输入奠定了基础。摩诃衍于贞元二年（786年）到达拉萨，由于未得到赞普的首肯，故面对问法者，他只有沉默以对。之后，奉命到讼割（Zunkar）、章蹉（昌珠寺）和勃宕漫（Brag dmar）等处，接受了赤松德赞有关禅宗的问询，于是得到赞普的认可，才得以与达摩摩祇一起，以超乎前人的规模开始广布大乘顿悟之法，“善能为方便，化诱生灵”，为吐蕃信徒大开方便之门，故而受到广大信众的欢迎，五六年间，吐蕃人习禅者蔚然成风。赞普妃没卢氏（ḥBro bzaḥ）、赞普姨母悉囊南氏（sNa nam mo rgyal）及苏毗王嗣子须伽提等不少显贵即从摩诃衍修习学法。

摩诃衍的影响与日俱增，直接威胁到印度高僧在西藏的声望及利益。在摩诃衍入藏前，印度高僧影响很大。赞普赤松德赞迎请印度高僧寂护（Śāntarakṣita，705—762年）入藏传教，并聆听其教诲，最终受其教导成为弟子，辛亥年（771年）与苯教教徒展开论辩，获得胜利，进一步促进了佛教在藏地的发展。同时，通过寂护，又从印度请来了以擅长咒术闻名的莲花生（Padmasambhava）大士，以威服众人。据藏文史料载，莲花生来藏途中，一路施展种种神奇法术，降伏鬼怪，使吐蕃的苯教徒们自愧弗如。自是，终于为佛教在吐蕃的传播打开了局面。

莲花生与寂护二人双双进藏，一个精通密咒法术，使苯教徒相形见绌；一个擅长显教与因明之学，注重传播佛教教理。二人长短互补，相得益彰，从而有力推动了佛教在吐蕃的传播。[③]779年，由寂护与莲花生等人主持，修建了藏族历史上第一座完整意义上的佛教寺院——桑耶寺（bsam-yas-gtsug-khang）。该寺建成后，赤松德赞派人从印度请来了十二位根本说一切有部僧人，协助寂护首次剃度了七位吐蕃贵族子弟出家为僧，并由寂护做他们的亲教师。可见，在摩诃衍入藏之前，印度高僧在西藏享有独

①陈践、王尧编注《敦煌本藏文文献》，北京：民族出版社，1983年，第228页。
②才让《从〈五部遗教〉看禅宗在吐蕃的传播和影响》，《西藏研究》2002年第1期，第39页。
③石硕《吐蕃政教关系史》，成都：四川人民出版社，2000年，第263页。

尊的地位。

摩诃衍入藏后，法门大启，藏人纷纷皈依之，布顿(Buston,1290—1364年)著《布顿佛教史(Buston kyi chos hbyun)》(成书于1323年)就这一情况记载说:“于是汉地和尚摩诃衍的门徒们势力大了起来……当时西藏人大都喜学和尚之宗。”[①]当时,只有意希旺波(Ye-shes-dbang-po,8世纪人)和年贝扬(gÑan dPal dbyans,8世纪末~9世纪上半叶)等少数僧人还遵循印度高僧寂护教法,而其余绝大部分藏僧都信奉或附和摩诃衍。[②]这一发展势头从根本上动摇了印度僧人的地位。于是,寂护的大弟子意希旺波等，为了恢复印度佛教的势力，建议赤松德赞迎请寂护高足莲花戒(Kamalaśīla)。

据《顿悟大乘正理决序》记载,莲花戒进藏后,推动印度一方的僧人上奏赞普,言称摩诃衍的禅法并非佛法,应该终止其传教。为反击莲花戒,摩诃衍则声称印度僧人所传的佛法不是大乘佛法而是小乘佛法。由于莲花戒与赞普保持着密切关系,摩诃衍处于非常被动的境地,为了能够保持既有的传法成果,并削弱莲花戒在藏地的影响,摩诃衍在各种压力之下,为求生存,被迫提出要与对方就禅法修习问题进行辩论。于是,由赞普主持,在拉萨举行了辩论会,正方为以摩诃衍为首的汉僧,反方为以莲花戒为首的印度僧侣。对此,王锡《顿悟大乘正理决并序》这样记载道:

> 粤我圣赞普,夙植善本,顿悟真筌,愍万性以长迷,演三乘之奥旨。固知真违言说,则乖实非乖,性离有无,信法而非法。盖随世谛,广被根机,不舍声闻,曲存文字,颁传境内,备遣精修。交聘邻邦,大延龙象。于五天竺国,请婆罗门僧等卅人;于大唐国,请汉僧大禅师摩诃衍等三人,会同净域,互说真宗。我大师密授禅门,明标法印。[③]

关于辩论的时间,《顿悟大乘正理决序》也有模糊的记载:“首自申年,停废禅义,至戌年正月十五日,诏许重开禅门。”其中“申年”为唐贞元八年(792年),“戌年”为贞元十年(794年)。如是,其时则在792年至794年之间。《顿悟大乘正理决序》中的“问答篇”便是摩诃衍在这场辩论中所作的

①布顿著,郭和卿译《布顿佛教史》(上),台北:华宇出版社,1988年,第257页。
②王森《西藏佛教发展史略》,北京:中国社会科学出版社,1987年,第14页。
③《敦煌汉文吐蕃史料辑校》,第38页。

回答。在莲花戒所著的《修习次第(Bhāvanā-Krama)》之最后部分,则是对摩诃衍禅法的辩驳。[①]摩诃衍的上奏文中对这一段的记述相当含糊,但也可以感觉到他的禅法在藏地的传播受到了很大的阻碍,实际上,摩诃衍在僧诤过程中是个失败者,于是他离开了拉萨。

在摩诃衍离开拉萨后,曾"屡蒙圣主诘问",似乎表明,在僧诤失利后,吐蕃赞普并没有完全忘记他,于是就有了第二次、第三次受赞普之命返回拉萨的"教令说禅",但这两次的"说禅"似乎并不是传教,而是向赞普本人讲解禅宗问题。赞普经过"数月盘诘""寻究其源"后,最终允许摩诃衍在吐蕃弘扬禅宗,这就是上奏文提到的结果"方遣与达摩摩祇同开禅教",并向吐蕃各处颁令。其时应在796年左右。[②]

关于吐蕃僧诤的结局,一般的藏文史书,如《布顿佛教史》《拔协》《贤者喜宴》《土观宗派源流》等都称摩诃衍的禅宗观点以失败而告终。《土观宗派源流》对僧诤的起因与结果有如下简要的记载:

> 到了王(赤松德赞——引者)的晚年,有摩诃衍那和尚从汉地来藏,倡言非但应舍不善分别,即诸善品分别,亦是能缠缚生死,无论铁锁金锁,同属缠缚,只应全不作意,才能求得解脱。倡此邪见,藏众翕然风从,往昔菩提萨埵等所教导的清净见行能行持者日益渐少。藏王欲破此邪说,遂派人迎请善巧之王莲花戒论师入藏,与和尚辩论,击败了他。为引据正理,破他的邪见,造了《修次第》三编,使清净的见行,又得重光于世。[③]

摩诃衍在辩论中最终败给印方僧人莲花戒后,向后者献上了花环。赤松德赞宣布吐蕃佛教应以印度瑜伽行中观派为主,不准传播禅宗,摩诃衍的著作全部被封存起来。[④]摩诃衍遂于796年返回到了敦煌。然而,在王锡撰写的《顿悟大乘正理决序》中,我们却看到了截然相反的结果。

①汉译文见[法]戴密微著,耿昇译《吐蕃僧诤记》,兰州:甘肃人民出版社,1984年,第474~482页。

②张亚莎《吐蕃时期的禅宗传承》,《西藏民族学院学报》2004年第1期,第24页。

③土观·罗桑却吉尼玛著,刘立千译《土观宗派源流(讲述一切宗派源流和教义善说晶镜史)》,北京:民族出版社,2000年,第29页。

④冲本克已《〈大乘无分别修习义·序文〉(ペリオ九九六)について》,《花园大学研究纪要》第25号,花园大学文学部,1993年;冲本克已《〈顿悟大乘正理决〉序文について》,《花园大学研究纪要》第27号,花园大学文学部,1995年。

他说：

> 婆罗门等随言理屈，约义词穷，分已摧锋，犹思拒辙，遂复眩惑大臣，谋结朋党。有吐蕃僧乞奢弥尸、毗磨罗等二人，知身聚沫，深契禅枝，为法捐躯，何曾顾己，或头燃炽火，或身解霜刀，曰："吾不忍见朋党相结，毁谤禅法。"遂而死矣。又有吐蕃僧卅余人，皆深悟真理，同词而奏曰："若禅法不行，吾等请尽脱袈裟，委命沟壑。"婆罗门等乃瞪目卷舌，破胆惊魂，顾影修墙，怀渐战股。既小乘辙乱，岂复能军，看大义旗扬，犹然贾勇。
>
> 至戌年正月十五日，大宣诏命曰："摩诃衍所开禅义，究畅经文，一无差错，从今已后，任道俗依法修习。"小子非才，大师徐谓锡曰：公文墨者，其所问答，颇为题目，兼制叙焉。因目为《顿悟大乘正理决》。[①]

从这一记载看，经过一番激烈的较量后，印度僧人"随言理屈，约义词穷"，摩诃衍大获全胜，于是，吐蕃赞普赤松德赞不得不大宣诏命，承认摩诃衍的禅法为"究畅经文，一无差错"，"从今已后，任道俗依法修习"。

不管藏文文献的记载与《顿悟大乘正理决序》的说法出入有多大，有一点是明确的，摩诃衍禅法当时在西藏一度非常盛行，而且其影响也巨大。在敦煌出土的藏文文献中，有不少都记载了摩诃衍的禅法理论，如P.t.823、827、821《顿悟大乘正理决》、P.t.116、117《禅定不观义》、S.t.709、P.t.117、812、813、827《禅定顿悟门》及P.t.116《语录》等。[②] P.t.116是在经折装的纸上双面书写的写本，计124页。尽管有几处已经过修补，但仍不失其原有本色。此外，还有9份残缺的文献，即P.t.21、118、813、817、821、822、823和S.t.706、708，其内容相当于P.t.116的一部分，这就说明与摩诃衍禅法相关的文献曾是受到广泛重视的。[③]将上述这些文献拼合在一起，便构成了藏文禅宗文献中一组内容最丰富的资料，就连在西藏本土成书的《禅定灯明论(bSam gtan mig sgron)》和《五部遗教·大臣遗教》等文

①《敦煌汉文吐蕃史料辑校》，第39页。

②上山大峻《敦煌出土チベット文マハエン禅师遗文》，《印度学佛教学研究》第19卷2期，1971年，第124~126页。

③上山大峻《敦煌出土チベット文禅资料の研究 P. tib. 116とその问题点》，《佛教文化研究所纪要》第19期，1974年，第1~11页。

献也都多次引用这些资料。[①]在9世纪上半叶以后写成的藏文无题佛教论著中(P.t.699),对摩诃衍的"看心"说进行了注释。由此可知,即使到9世纪上半叶以后,藏人仍在学习和继承摩诃衍的"看心"教义。[②]

三、摩诃衍禅法之顿渐共修

由于摩诃衍主要活动于西北地区，故中原文献对其生平事迹记载甚少,幸赖敦煌写本《顿悟大乘正理决并序》的发现,我们才有缘对摩诃衍的佛学思想及禅法特点有所了解。《顿悟大乘正理决并序》记载有摩诃衍回答印度小乘禅派提出诘难的答辩文,集中地反映了摩诃衍的博学:

> 摩诃衍一生已来,唯习大乘禅,不是法师,若欲听法相,令于婆罗门法师边听。摩诃衍所说,不依疏论,准大乘经文指示。摩诃衍所修习者依:《大般若》《楞伽》《思益》《密严》《金刚》《维摩》《大佛顶》《花(华)严》《涅槃》《宝积》《普超三昧》等经,信受奉行。[③]

为证明自己的禅法来源有自,摩诃衍在答问时广泛征引大乘经典,数量计达二十二种。除上已注明《大般若经》《楞伽经》《思益梵天所问经》《大乘密严经》《金刚经》《维摩诘所说经》《大佛顶首楞严经》《华严经》《大般涅槃经》《宝积经》《普超三昧经》十一部经外,尚有《诸法无行经》《金刚三昧经》《金光明经》《首楞严三昧经》《首楞严经》《净名经》《十地经》《大乘经》、《入如来功德经》《法华经》《善住意天子经》诸经。在这二十二部经中,引用次数最多的为《楞伽经》,计30次,其次为《思益梵天所问经》11次,再次为《金刚经》8次。摩诃衍引经据典,以此来证明自己所奉行的禅法思想为如来亲口所说,非自己杜撰,以便取信于众。博学善辩,是摩诃衍在西藏能够赢得信众的基础。

摩诃衍禅法兼有南北二宗顿渐共修的特点。摩诃衍本为神秀的再传

①冲本克己《敦煌出土のチベット文禅宗文献の内容》,《讲座敦煌·八·敦煌佛典と禅》,东京:大东出版社,1980年,第422~425页。

②木村德隆《敦煌出土のチベット文禅宗文献の性质》,《讲座敦煌·八·敦煌佛典と禅》,东京:大东出版社,1980年,第448页。

③《敦煌汉文吐蕃史料辑校》,第57页。

弟子，而神秀绍继的是东山法门弘忍的渐修理论。在《顿悟大乘正理决并序》所载摩诃衍致赤松德赞的上奏文中，明确提到自己的传承："摩诃衍依止和上，法号降魔、小福张和上、唯仰大福六和上，同教示大乘禅门。"[①]依《景德传灯录》卷四"北宗神秀禅师法嗣一十九人"中，列有兖州降魔藏禅师、西京义福禅师和京兆小福禅师。[②]这里提到的降魔即神秀弟子禅师藏。此人在北方大兴禅教，弘传神秀北宗禅法，使饮茶风俗传播到北方广大地区，促成了北人饮茶风俗的形成。至于小福与大福，史料记载不明。在敦煌写本《楞伽师资记》(S.2054、S.4272、P.3436)中，曾提到神秀的四大弟子：

> 第八唐朝洛州嵩山普寂禅师、嵩山敬贤禅师、长安兰山义福禅师、蓝田玉山惠福禅师，同一师学，法侣雁行，俱承大通和上后。少小出家，清净戒行，寻师门道，远访禅门。行至荆州玉泉寺，遇大通和上讳秀，蒙授禅法。诸师等奉事大师十有余年，豁然自证禅珠独照。

其中的长安兰山义福禅师和蓝田玉山惠福禅师，据学界研究，其实就是摩诃衍上奏文中所提到的小福张和上和大福六和上。[③]因此可以说，摩诃衍本是一位禅宗北宗的信徒，故《五部遗教·大臣遗教》第 12 章《渐门渐悟》就将摩诃衍列入其中：

> 世尊入涅槃时，为断除求问者的疑惑，讲《涅槃经》，是为末后所说法。将众多喻义授予迦叶，此后达摩多罗等汉地七化身相承，此后传至和尚摩诃衍。

从《顿悟大乘正理决并序》中，也可以看出摩诃衍在吐蕃所坚持的某

①《敦煌汉文吐蕃史料辑校》，第 57 页。

②《大正藏》第五一卷，No. 2076，页 224a~b。

③柳田圣山《初期の禅史》，东京：筑摩书房，1971 年，第 324 页；饶宗颐《神会门下摩诃衍之入藏兼论禅门南北宗之调和问题》，《选堂集林·史林》，香港：中华书局，1982 年，第 701 页。

些教理也明显具有北宗渐修的特点。[①]尤其是他所主张的"看心"论：

> 谨答："准《佛顶经》云：'一根既返源、六根成解脱。'据《金刚经》及诸大乘经皆云：'离一切妄想习气，则名诸佛。'所以令看心，除一切心妄想习气。"[②]
>
> 旧问："云何'看心'？"答："返照心源看心，心想若动，有无净不净、空不空等，尽皆不思议，不观者亦不思。故《净名经》中说：'不观是菩提。'"[③]
>
> 是故坐禅看心，妄想念起，觉则不取不住，不顺烦恼作业，是名念念解脱。[④]
>
> 其习禅者令看心，若心念起时，不观不思有无等，不思者亦不思。[⑤]

摩诃衍认为，修习禅法，看心是必要的。透过看心，可以做到不思不观，就能离一切妄想杂念。[⑥]"看心"是北宗禅的一个重要修习方法，神秀在《大乘无生方便门》(S.2503)中就强调"看心若净名净心地"。但这却是南宗禅非常反对的看法，慧能认为："若言看心，心元是妄，妄如幻故，无所看也。若言看净，人性本净，为妄念故，盖覆真如，离妄念，本性净。"[⑦]从这一点言，摩诃衍的思想是属于北宗的。

摩诃衍虽出禅门北宗，但他并不受此局限，后来又事南宗大师神会修习顿门之法，由此而兼通南北二宗。[⑧]宗密曾著《中华传心地禅门师资承袭图》，其中列有南宗禅门师承表：[⑨]

①[法]戴密微著，耿昇译《敦煌学近作》，《敦煌译丛》第1辑，兰州：甘肃人民出版社，1985年，第45页。
②《敦煌汉文吐蕃史料辑校》，第39页。
③《敦煌汉文吐蕃史料辑校》，第44页。
④《敦煌汉文吐蕃史料辑校》，第51页。
⑤《敦煌汉文吐蕃史料辑校》，第57页。
⑥释慧严《中国禅宗在西藏》，《中华佛学学报》第7期，1994年，第245~247页。
⑦杨曾文校写《敦煌新本六祖坛经》，上海：上海古籍出版社，1993年，第18页。
⑧饶宗颐《王锡〈顿悟大乘政理决〉序说并校记》，《观堂集林·史林》，香港：中华书局，1982年，第720页。
⑨《续藏经》第六三卷，No. 1225，页32b。

慧能第六
↓
神会第七
↓
- 西京坚
- 凤翔解脱
- 陕州敬宗
- 西京法海
- 襄州法意
- 路州弘济
- 东京恒观 疏主
- 浮杳无名·花严
- 荆州衍
- 磁州智如
  - ↓ 益州南印
    - ↓ 建元玄雅
    - 遂州道圆
    - 益州如一
    - 东京神照
- 河阳空
- 净住晋平
- 西京大愿
- **摩诃衍**
- 襄州寂云
- 培州郎
- 太原光瑶
- 刑州惠宽
- 魏州寂

从中可以看出,南宗顿悟法门由慧能传至神会后,法门大启,龙象辈出,摩诃衍即为其中之一。神会是禅宗六祖慧能晚期弟子,荷泽宗的创始者,对南宗的成立曾起过关键性作用。为了对抗北宗禅,他提出了南宗顿教优于北宗渐教的说法,并且指出达摩禅的真髓存于南宗的顿教,认为北宗的"师承是傍,法门是渐", [①]慧能才是达摩以来的禅宗正统。开元十二年(724 年)正月十五日,神会在滑台(今河南滑县)大云寺设无遮大会和当时北宗著名禅师崇远展开大辩论,为南宗宗旨与地位的确立奠定了基础。从《顿悟大乘正理决并序》看,摩诃衍所主张的基本理论是"不思不观"。这一思想与神会所主张的"无念"思想很接近,"不思不观"是荷泽宗

①[唐]宗密《中华传心地禅门师资承袭图》,《续藏经》第六三卷,No. 1225,页 31c。

的主张，摩诃衍的"不思不观"应是受了荷泽宗的影响。[①]摩诃衍曾提出："无观无想之功德，思及观照不可测量。佛所有功德，应如是见。"此说引起了莲花戒等人的质问，《顿悟大乘正理决并序》载：

> 旧问："若离想不思不观，云何得一切种智？"
>
> 答："若妄心不起，离一切妄想者，真性本有，及一切种智，自然显观。如《花严》及《楞伽经》等云：'如日出云，浊水澄清；镜得明净，如银离矿等。'"
>
> 旧问："若不观智，云何利益众生？"
>
> 答："不思不观，利益众生者，《入如来功德经》中广说：'由如日月，光照一切；如意宝珠，具出一切；大地能生一切。'"[②]

面对印度僧侣的诘问，摩诃衍引述《楞伽经》以论证自己的基本观点。《大乘入楞伽经》云："修多罗中说如来藏本性清净，常恒不断，无有变易，具三十二相，在于一切众生身中，为蕴界处，垢衣所缠，贪恚痴等妄分别垢之所污染，如无价宝，在垢衣中。"[③]摩诃衍由此认为，佛性乃本有之物，无须修行便可成就。若能摈弃贪、嗔、痴三毒及虚妄、妄想、过去世习性之垢衣，便可获得解脱。

以"摈弃垢衣"为目的而求得"离妄想"，并将其融入"不思不观之看心"。上述问答中表露出，"不思不观之看心"是以《金刚经》所示"离一切诸相，则名诸佛"[④]之观念为基础的，"摈弃垢衣"是其手段，见"清净自性"是其目的。当远离所有妄想之时，人人便有真正的本性，即为佛性。一切智者的根本智慧也便会自然显现出来。这种见解，在北宗"清净禅"中同样存在，宗密著《中华传心地禅门师资承袭图》即承袭了这一思想。[⑤]

如所周知，以神秀为首的北宗渐修思想是以《楞伽经》为其宗旨，相次传授咐嘱的，而以慧能为首的南宗顿悟思想是以《金刚经》为宗旨相次传授咐嘱的。敦煌本《六祖坛经》反复强调"但持《金刚般若波罗密经》一卷，

①冲本克已《摩诃衍の思想》，《花园大学研究纪要》第 8 号，花园大学文学部，1993 年，第 20 页。

②《敦煌汉文吐蕃史料辑校》，第 47 页。

③《大正藏》第一六卷《经集部三》，No. 672，页 599b。

④《大正藏》第八卷《般若部四》，No. 235，页 750a。

⑤山口瑞凤《摩诃衍の禅》，《讲座敦煌·八·敦煌佛典と禅》，东京：大东出版社，1980 年，第 392~393 页。

即得见性入般若三昧”。[1]摩诃衍讲经说法传授禅意，引用较多者既有北宗所尊崇的《楞伽经》，也有南宗所尊崇的《金刚经》，正好体现了他兼修北宗渐修禅法和南宗顿悟禅法的特点。

北宗称众生本有觉性，如镜子有明性，当被烦恼覆盖不能彰显时，便如明镜被尘埃覆盖而变得模糊。但在北宗神秀撰述的《观心论》(S.2595)中，开头便指出“观心之法综摄诸法”，并指出“观心”尤为重要。摩诃衍引《大佛顶首楞严经》偈语所用“看心”一词，将其解释为“返照心源”。如《顿悟大乘正理决并序》：

> 旧问：“云何‘看心’？”答：“返照心源看心，心想若动，有无净不净、空不空等，尽皆不思议，不观者亦不思。故《净名经》中说：‘不观是菩提。’”[2]

其中不思动念以及净不净等，皆被归为无思无念，最终目的在于否定“观”。

神会特别注重《金刚经》，并将妄念视为偶然性的东西，亦否定“观”。这在《南阳和上顿教解脱禅门直了性坛语》(敦博77、北图寒81、P.2045)中有所表述。[3]可是，摩诃衍并未完全接受神会的宗义。摩诃衍为脱去“垢衣”，保持“返照心源之心”的立场，故要求信徒在习禅时要做到“不思不观”。今心不起，分别意識，为本来之心，在这一点上，神秀、神会和摩诃衍具有相同的认识。但是，对于“观”的态度又心存各异。

摩诃衍之顿悟思想，主要来自神会，他所强调的“不思不观”也受到了神会“无念”思想的影响，但又有发展，具体表现在，神会重“无念”但同时有强调“知”与“知见”，认为“知”“知见”与“无念”是相对应的，摩诃衍则着力强调“无念”一方面。

重知，是神会禅法的重要特点之一。神会强调：“知之一字，众妙之门。”[4]神会认为，要达到顿悟，必须修不拘场合和形式的无念禅法，为此便应有无念相应的“知”或“知见”。既然只有做到“无念”才能解脱，那么，

①杨曾文校写《敦煌新本六祖坛经》，上海：上海古籍出版社，1993年，第24~25、35~36页。

②《敦煌汉文吐蕃史料辑校》，第44页。

③杨曾文编校《神会和尚禅话录》，北京：中华书局，1996年，第3~14页。

④[唐]宗密《禅源诸诠集都序》卷上之二，《大正藏》第四八卷，No. 2015，页402b。

这种"知见"即等同于"如来知见"。又因为达到"无念"即意味着做到"定慧等","明心见性",故又可以把这种"知"或"知见"看做是自身所具有的佛性。故宗密在介绍神会之荷泽宗时说:

妄念本寂,尘境本空……任迷任悟,心本自知。①

神会的这一思想,与摩诃衍所主张的"不思不观"论是明显不同的。同时还应看到,摩诃衍所说的"不思不观",只是取代了神秀的"观心",以"离念"为目的,只求达到"返照心源"的境地。《顿悟大乘正理决并序》载:

旧问:"作何方便,除得妄想及以习气?"

答:"妄想起,不觉,名生死;觉,竟不随妄想作业,不取,不住,念念即是解脱般若。《宝积经》云:'不得少法,名无上菩提。'"②

摩诃衍在回答印度僧人的发难时,常能引经据典予以驳斥,虽以南宗思想为主,但不时仍表现出顿渐兼修的思想,同时又不乏自己的见解。

四、摩诃衍禅法在西藏盛衰之因由

摩诃衍禅法何以在传入之始就能够西藏很快在藏地盛行开来?究其原因,应与上文所述摩诃衍的禅法特点不无关系。

如上所述,摩诃衍禅法兼有南北二宗顿渐共修的特点。在修习与传法过程中,摩诃衍既不执著于南北宗之分野,也不局限于顿渐之说教,而是因权施教,兼采其长,融会贯通,以构建自己的禅学理论。《顿悟大乘正理决并序》所载摩诃衍对印度僧人的答辩中即记录了他对顿悟与渐修二学说的理解:

从习于观,是渐修行,诸佛所说,皆是渐门,不见顿门……[禅修]应莫著文字,随宜说法……皆随众生烦恼解故,欲种种不同,而为开演,令知诸法自心所现……于法性理不增不减,若了知此理,是名大智慧……以法性三昧,所言渐顿,皆为众生心想

①[唐]宗密《中华传心地禅门师资承袭图》,《续藏经》第六三卷,No. 1225,页33c。
②《敦煌汉文吐蕃史料辑校》,第44页。

妄想见。是故经云:“佛言,大慧是故应离因缘所作和合想中,渐顿生见。”若离一切心想妄想,渐顿不可得。①

依照摩诃衍的说法,顿渐之法,其本意在于因人施教,善巧方便。神秀的禅法由于立足于“自性清净心”而注重“息妄”的渐修,因而显示出与南宗的差异。“拂尘看净,方便通经”是北宗渐修法的重要标志,“凝心入定,住心看净,心起外照,摄心内证”,这些概括了北宗禅法的主要特征。由于慧能为不识字的樵夫,读诵佛经,理解佛旨有先天障碍,于是便宣扬“即心是佛”的观点,识己心为佛心,只要不使自己本来清净之心受到熏染,便可以当己身为佛,立地成佛。这一观点为钝根者之向佛趋悟奠定了信心基础,同时又有利于争取北宗渐修信徒的皈依。南北二宗的禅学思想有很多相通的地方,如因果报应、累世修行与向外求寻等说法,可谓二者都没有偏离东山法门的旨趣。②

由于曾先后师从北宗、南宗禅宗大师这一特定的师承背景,使得摩诃衍深得南北禅法之要旨,认识到二者各有其长,故在进藏传教及与印度僧人辩论中,兼采二说之长,随机应变,故其说教中充盈着南北宗互融、顿渐兼修的色彩。

北宗神秀主渐修,曾得到武则天及唐中宗、睿宗的支持,被奉为国师及两京法主,影响在北方地区盛极一时。自神会北行,定南北是非,给北宗渐修学说以重大打击,后来北宗僧众逐渐归依南宗。摩诃衍洞彻禅理,深知佛教的圆融无碍,认为所谓的渐修、顿悟之法,其实都是为方便不同根机的人而施教的,顿渐兼修,更能适应社会,广度众生。摩诃衍的顿渐兼修之法,简洁明了,而且删汰了繁琐的玄学术语,因人施教,以禅定参悟等实修为主,以明了见性为目的,故而容易得到信徒的理解与支持。这是摩诃衍禅法在西藏赢得广大信众的关键。

摩诃衍主张顿渐兼修,而以顿悟为主,摈弃了佛教艰深的理论研习和烦琐的修行实践,把佛性完全纳入每个人的心中,以“无念”为成佛的唯一标准,认为人皆有佛性,人心即佛心,佛性即清净心内在地、先天地存在于人心中,所以,提出成佛既不须供佛烧香念经,亦无须积德行善,只要在“无念”、“无思”中达到一种无蔽无障、无缠无敷之虚空境界,即可顿然成

①《敦煌汉文吐蕃史料辑校》,第42~43页。
②杨富学、王书庆《东山法门及其对敦煌禅修的影响》,《中国禅学》第2卷,北京:中华书局,2003年,第71页。

佛。与寂护、莲花生、莲花戒等所主张的累世修行、次第渐进，即以积身语之善德，断无明之妄念，政性空之真如的成佛途径相比，要简便易行得多。摩诃衍给人们提出一条简便易行的途径，就是直觉的主观体验。既然是一种直觉的内心体验，当然就无须研习佛经，言传身教，累世修行，而只需内心体验，如人饮水，冷暖自知就行了，所以，只要达到无念境界，即可成佛。这些因素，也是"藏众翕然风从"之局面得以形成的重要原因。

那么，摩诃衍禅法又何以很快就走向衰亡呢？这既与当时藏地的社会政治环境密切相关，同时也与摩诃衍禅法有缺陷不无关联。

摩诃衍禅法初入西藏，传播速度极快，产生了很大影响。以理度之，吐蕃赞普应为自己敦请摩诃衍入藏传教，并取得如此之大的成功而庆幸，而实际情况却恰恰相反，赞普非但没有继续听任禅宗的发展，反而从印度请来高僧莲花戒，让其与摩诃衍进行辩论。不难看出，吐蕃赞普对摩诃衍禅法发展过快是始料未及，有所顾忌的，但又不能勒令禁止，故以辩论为名，意在通过与印度高僧之辩论，以达到遏止汉地禅法在西藏发展势头之目的。如果这一推测不误，那么我们就不难理解如日中天的摩诃衍师徒在与印度高僧的辩论中何以一直处于守势，并且最终败给了对手，吐蕃赞普的向背对于决定双方辩论结果起到了非常关键的作用。

其次，印度高僧莲花戒具有高深的佛教素养，又非常善辩，这也是导致摩诃衍在辩论中失败的重要因素之一。这一因素，即使摩诃衍本人也不能不承认。他在给吐蕃赞普所上的第三道奏表中就曾言道：

> 摩诃衍一生已来，唯习大乘禅，不是法师；若欲听法相，令于婆罗门法师边听。摩诃衍所说，不依疏论，准大乘经文指示……信行奉受。①

在这里，摩诃衍谦虚地声称自己算不上法师，而是禅的实践者。自己所言所述，只不过是对大乘经文的转述而已。直言不讳地承认，他面对的印度对手们在推理性的经院哲学方面要比自己高超。

除了以上二因素外，摩诃衍顿渐兼修的禅法本身也存在着自相矛盾、难以服人之处。

据载，摩诃衍曾撰著作五种，其中，《不修正法睡可成佛论》《禅定睡眠

①《敦煌汉文吐蕃史料辑校》，第57页。

论》《离诤论禅定复书》三著宣扬的都是不忆念、不分别的睡眠就是禅定等禅法思想。《见之表面》则阐述其所谓不修法而成佛的顿门修法理论。《八十种经根据论》将约八十部经典中所涉及不分别、不忆念的内容,汇集成论,作为理论依据。这五部论宣扬一开始就不用分别作意,不用观修法界本性,不用积德忏罪,只需放松不忆念,于床上禅坐,如睡觉般不做意,并说这是汉地禅宗祖师主要宣说的顿门,是禅宗殊胜的不共同修法。遗憾的是,这些著作今天都已失传了,我们只能通过藏文文献的记载及敦煌汉文文献《顿悟大乘正理决并序》中的只言片语来管窥摩诃衍的思想。这些文献中,以布顿·仁青珠著《布顿佛教史》的记载最为详备。

据该文献载，汉地禅僧与印度僧人的辩论是在拉萨桑耶寺大僧院(Sems bskyde byang chub gling)举行的。当时,藏王坐在中间,莲花戒论师、意希旺波及年贝扬等人坐在左边,摩诃衍及追随者坐在右边。藏王将两串花鬘分别交于辩论双方,约定“负者应向胜者献上花鬘,而且不许留驻西藏,必须离开此土”。

辩论一开始,摩诃衍禅师首先陈述自己的观点:“作善不善业,不外住善趣和恶趣两途,以此仍未解脱生死轮回,而且是成佛的障碍。譬如黑白两云,任何一种云都是障蔽天空的。须任何亦不作意,由任何也不思想而获得完全解脱生死轮回。任何亦不作意、不加分别、不去观察,即是‘无缘’。这与一时顿入‘十地’无异。”这一思想在《顿悟大乘正理决并序》中也有反映:

> 一切众生无量劫来,为三毒自心妄想分别,不觉不知,流浪生死。今一时觉悟,念念妄想起,不顺妄想作业,念念解脱。①

从摩诃衍之答词中可以看出,他强调的是“当下顿入”的觉悟,其中包涵了体验上的顿入性及直接性,但忽略了禅修理应走过的正观过程。对他来说,觉悟的殊胜状态,从理论上言,是可以一念即至的。对摩诃衍的这一顿悟观点,莲花戒完全无法接受,于是,莲花戒他认定摩诃衍的教法不属于正观。如果禅修缺乏正观过程,那就不可能成就“无想”的圆满状态。所以,对莲花戒而言,得出摩诃衍无想无观的观念只不过是指全盘否定思想及精神活动之结论,实乃自然不过,就更不要说由此所生的善行了。那只

①《敦煌汉文吐蕃史料辑校》,第 55 页。

是如石头一样完全停止意识活动,永不能自生死流转中得解脱。莲花戒辩论道:"如你所说任何也不思想,它即是舍离'妙观察智',须知'清净慧'的根本,亦即'妙观察智'。因此,如果舍离此智,必将舍离'出世间智'……如果仅作'无想念',那么昏倒或迷失知觉的时候,就应成为证得'无分别'。在没有清净的'妙观察智'中,是无法证入'无分别'[智]的。"

接着,在藏王的同意下,莲花戒的追随者年贝扬也对摩诃衍的"顿入"法进行驳斥,认为按照"顿入"理论,那么渐修就失去了功用,既然一开始就不观察、不忆念,仅放松安住,那么,如何可以知道法界的本性呢?既然睡眠即是禅定,那就不用修法了。

随后,意希旺波也发问说,如果"顿入"的话,不需修就已经成佛了,那么以'不忆念'去修也就没有必要。如果说一开始还未成佛时尚需要慢慢去修,那也就不成其为顿门修法了。比如登山,须一步一步攀登上去,如果未迈一步,就说已经抵达山顶,显然是不可能的。同样,既然说需要修,那就不能说不忆念,不作意什么,不修什么,放松安住,因为这样是不可能成佛的。资粮未圆满,业障也未清净,怎么可能圆满断证功德成就佛果呢?如果说什么也不需作,只需睡眠,依此理则应连饭也不用吃了,但那就会饿死,哪里还谈得上成佛呢?①

印度僧人的这些驳论,有理有据,直指摩诃衍禅法的自相矛盾处,切中肯綮,抓住了要害。前文已谈到,摩诃衍既修顿悟法门,又修渐修法门,在西藏弘扬禅法时,常常根据信众根器之不同,而兼用顿渐之法,这种机动灵活的弘教方法对未接触过禅法的普通受众来说,是易于接受的,对其中的自相矛盾之处,一般受众是无法看出来的,但一旦遇到像莲花戒这样的高僧,摩诃衍禅法的破绽也就暴露无遗了,以至于摩诃衍及其弟子们面对印度高僧那些有理有据的驳议时,无法以教理根据进行回答,只好向莲花戒论师献上花鬘,承认自己失败。摩诃衍被迫重新返回敦煌,在西藏地区,汉地禅宗势力迅速衰退,影响也渐次衰微了。

五、摩诃衍禅法对后世的影响

法诤失败后,摩诃衍经过一段时间的休整,曾几度受命返回拉萨与赞普讨论禅宗。敦煌汉文文献记载,796年摩诃衍返回敦煌,受到敦煌吐蕃

①布顿著,郭和卿译《布顿佛教史》(上),台北:华宇出版社,1988年,第258~260页。

统治者的欢迎，是年被授予“吐蕃大德”的尊号。可见，僧诤失败后的摩诃衍，并不像藏文史书中所记载的那样被驱除出吐蕃境内，实际上他及其他所传授的禅宗仍然受到吐蕃上层统治者的尊重和较高的礼遇，在吐蕃境内仍有着广深的群众基础。允许其在吐蕃边地传教只不过是当时的统治者颇于各方面的因素，所采取的一种缓解矛盾的方式。而事实也证明，摩诃衍在敦煌以及河陇地区的长达30余年的言传身教，造就了一大批的藏族禅宗弟子和信徒，形成并发展出一支藏族禅宗世系，其禅宗思想也渗透至吐蕃佛教之中，对后来的藏传佛教产生了深远的影响。[①]如宋人王钦臣撰《新修广仁禅院记》即载：

西羌之俗，自知佛教……其诵贝叶傍行之书，虽侏离鴂舌之不可辨，然其音琅然，如千丈之水赴壑而不知止。又有于秋冬间聚粮不出，趺坐庐室之中，曰“坐禅”。是其心岂无存诚而识理者？但世莫知之耳。[②]

该碑勒立于宋神宗元丰七年(1084年)，记载了重修岷州(甘肃岷县)广仁禅院的情况。从中不难看出，但是禅宗思想在藏人中尚具有相当的影响。至于摩诃衍禅法对敦煌禅修的影响，那就更为明显了，通过对敦煌史料的整理研究，不难看出这一问题。

真正的习禅人究竟该如何习禅，四祖道信禅师有过较明确的教示。敦煌文献《传法宝记·道信传》中记载这样一段话：

每劝诸门人曰：努力勤坐，坐为根本。能作三五年，得一口食塞肌疮，即闭门坐，莫读经，莫共人语。能如此者，久久堪用，如猕猴取栗中肉吃，坐研取，此人难有。[③]

①Herbert V. Guenther, ‘Meditation’ Trends in Early Tibet, Lewis Lancaster and Whalen Lai (ed.), *Early Ch’an in China and Tibet*, Berkeley Buddhist Studies Series, 1983, pp. 351-366.

②[宋]王钦臣《新修广仁禅院记》，《岷州志校注》，岷州志编纂委员会办公室编印，1988年，第287页。参见任树民《从〈岷州广仁禅院碑〉看河陇吐蕃佛教文化的特色》，《西藏大学学报》2003年第2期，第34~38页。

③敦煌遗书P. 2634、P. 3858、P. 3559和P. 3664，林世田等编《敦煌禅宗文献集成》，北京：中华全国图书馆文献缩印中心，1998年，第13~14页。

只要有一口粗茶淡饭充肌，就三五年地坚持坐下去，不必读经，如是，最终必然会达到明心见性的解脱境界。禅宗主张不立文字，直指心源。这种思想对摩诃衍有一定影响，但亦有所保留。摩诃衍认为："若不随世间归依三宝，渐次修善，空学文字，亦无益事。"[①]按照他的说法，如果不能皈依三宝，做不到"渐次修善"，那么"空学文字"也就毫无意义了。其说显然与道信的主张"莫读经，莫共人语"有较大区别。摩诃衍作为一代禅宗大师，有违祖训，在传法过程中独辟蹊径，教授弟子转经念佛，以广度众生见性成佛。他在《顿悟大乘正理决并序》中讲：

> 若通达真如理性，即是坐禅。若未通达者，即须转经，合掌礼拜修善。凡修功德，不过教示大乘法门令会。犹如一灯然(燃)百千灯事，法施以利群生……每日早朝，为施主及一切众生转大乘经一卷，随世间法焚香，皆发愿愿四方宁静，万姓安乐，早得成佛。亦曾于京中已上三处开法，信受弟子约有五千余人。现令弟子沙弥，未能修禅，已教诵得《楞伽》一部，《维摩》一部，每日长诵。[②]

敦煌的莫高窟、西千佛洞和瓜州的榆林窟在敦煌文书中被称为"三窟"。真正住"三窟"修行的禅僧数量是不会很多的，仅指导区区这些禅僧明心见性成佛，显然不是这位大德的抱负。摩诃衍曾"在京中已上三处开法，信受弟子约有五千余人"。这里的"在京中已上三处"，既可以理解成"在京城和其他三个地方"，也可以理解成"在京城和上述三个地方"。三地明显指剖(讼割)、章蹉和勃宕漫，京中应指吐蕃都城拉萨。与这些地方弟子五千余相较，敦煌地狭僧少，需要采用各种方法加快他弘法渡众的进程，才能赢得足够多的信徒。故而，摩诃衍"随世间法焚香"，"每日每朝，为施主及一切众生转大乘经一卷"，以诸如此类的措施来增强感召力。"每日早朝"即佛门早朝课诵，他既参加早朝课诵，那么他必然就会参加佛门约定成俗的黄昏课诵，这就是所谓的二时课诵。课诵与转经每天都需要占去摩诃衍大量的时间，再加上应酬及各种日常活动，真正用到坐禅观心、明心见性上的时间其实已经所剩不多了。

上引文献中还有一个值得注意的现象，即对新投入其门下学习禅法的小沙弥，摩诃衍是这样指导学禅的："现令弟子沙弥，未能修禅，已教诵

①《敦煌汉文吐蕃史料辑校》，第58页。
②《敦煌汉文吐蕃史料辑校》，第57页。

得《楞伽》一部、《维摩》一部，每日长诵。”他的这种教授学禅的方法、方式与四祖道信、五祖弘忍的传授方式大相径庭。他随世间法焚香，随世间法渡众，在某种形式上讲，他的这种方式更加机动，更加灵活。由于他的这种机动灵活传法及渡众方式，进一步推动了敦煌佛教乃至禅学向世俗化与民间化发展，形成了人人学佛，个个习禅的局面。

现存于敦煌文献中的敦煌高僧邈真赞大多记载吐蕃占领敦煌时期或稍后时期僧人的修行及道德，从中我们可以领略这一时期敦煌禅学的发展在敦煌一般僧人及禅僧中的影响，现略选几则以示证明。

P.3677《刘金霞和尚迁神志铭并序》：“壮年厌文字，依洪和尚处，悟栖禅业，舍彼鱼筌，取其心印。千池水月，盖只是轮。”①

P.4640《吴僧统碑》：“和尚以诱声闻后学，宏开五部之宗。引进前修，广谈三乘之旨，洞达于始终。横宗竖宗，粗研于本末。加以知色空而明顿悟，了觉性而住无为。罄绝两边、兼亡不二，得使返邪迷质，所望知津，迴向众生，真心授记。”②

P.4640《住三窟禅师伯沙门法心赞》：“一至岩泉，永抛尘迹。戒同朗月，寂入无言，三衣之外，唯持一钵。岁寒自保，实谓精通。”③

P.4660《金光明寺索法律邈真赞并序》：“练心八解，洞晓三空。平治心地，克意真风。灯传北秀，导引南宗。”④

P.4660《阴法律邈真赞并序》：“克札王书，文波谈吐，教戒门徒，宗承六祖，随机授化，应缘化度。”⑤

P.4660《河西都僧统翟和尚邈真赞》：“游乐进具，止作俱防。五篇洞晓，七聚芬香，南能入室，北秀升堂。戒定慧学，鼎足无伤。”⑥

P.3718《程政信和尚邈真赞并序》：“内包三藏，外具九章。律通邃远，禅诵无疆。了知虚幻，深悟浮囊。”⑦

P.3792《张和尚生前写真赞并序》：“心游至教，朗秦镜于胸怀，意探洪源，了澄台于沿月。博该内外，穷妙理而观掌中；海口波涛，宣扬吐而瓶注

①郑炳林《敦煌碑铭赞辑释》，兰州：甘肃教育出版社，1992 年，第 29 页。
②同上，第 64 页。
③同上，第 80 页。
④同上，第 108 页。
⑤同上，第 142 页。
⑥同上，第 175 页。
⑦同上，第 447 页。

水。故得声流雅响，三危之犷俗钦威；清梵孤鸣，五郡之纣儒顶谒。每彰释范，恒扇轨仪。千僧咸仰之欢，四众赞明怀之誉。遂使金山圣帝，惬擢谯王叹惜而超迁，乃赐登坛之首座。一从秉义，律澄不犯于南宣；静虑修禅，辩诀讵殊于北秀。”①

在以上诸赞文当中的僧人多为吐蕃占领敦煌时的禅僧，也有一些僧人邈真赞之时代稍晚于此，时间跨度大约在一世纪左右，从中体现出吐蕃占领时期敦煌禅僧的修习特点，这些特点对以后该地区禅宗的发展产生了影响。可以看到，蕃占时期敦煌禅法特点都与摩诃衍的禅修、诵经、弘法、度众的特征几无二致。这一特征与内地盛行南北宗禅修寺院有很大的差别。由于摩诃衍是从内地到敦煌的，虽对内地禅僧寺院的情况熟悉，但对敦煌佛教界的具体情况则所知不多。鉴于敦煌地区僧人人数过少，为迅速发展禅宗队伍，故而采用了当地以转经、早朝课、黄昏课等形式，以求广泛团结大众，发展禅宗。殊不知敦煌地广人稀，即使把所有出家人数加起来，恐怕也赶不上内地一所大寺之禅修人数。摩诃衍传法心切，在敦煌采取了特殊的传法措施，从某种意义上讲，他的举措扩大了禅宗在敦煌的影响，发展了敦煌的禅修群体，但却削弱了真正习禅的实际内容。

六、简短的结论

摩诃衍进入拉萨与印度僧人就禅法进行僧诤，是唐代中国佛教史及中印佛教交流史上的一件大事。在此之前，拉萨地区流行的一直是小乘禅法，对大乘禅法了无所知，更不知南顿北渐之说，自摩诃衍入藏后，大力弘扬禅宗思想，取得了极大的成功，吐蕃赞普赤松德赞承认了摩诃衍禅法，并允许在西藏地区流播，这是西藏佛教史上的一个重大转折。

摩诃衍由于先随北宗降魔藏、义福、惠福学习渐悟法门，后又转投到南宗神会门下，南北二宗兼而通之，其中又以南宗禅法为主，堪称南北宗兼融的禅学大师。摩诃衍在西藏弘法过程中，深知佛教的圆融无碍，顿渐修法虽有不同，但同样都是为方便不同根机的人而施教的，顿渐兼修，以禅定参悟等实修为主，以明了见性为目的，故而得到了吐蕃佛教徒的理解与支持，传播很快。摩诃衍禅法传播速度过猛，势必会对印度僧人的声望与利益构成影响，也不符合吐蕃统治者的需要，为了遏止汉地禅宗在藏地

①同上，第540页。

强劲发展的势头，在吐蕃赞普的支持下，印度高僧与摩诃衍在拉萨展开了辩论。由于西藏统治者的政治倒向，加上印度高僧的善辩及摩诃衍禅法本身的缺陷，早就注定了摩诃衍师徒在僧诤中失败的命运。

摩诃衍失败后，被迫重新回到了故地——吐蕃管辖下的敦煌，继续弘扬他的禅法。由于他在敦煌弘法心切，盲目地拿敦煌僧团人数与内地禅宗的僧众相比，以致在敦煌地区行禅渡众时，为了吸引尽量多的信徒，有意向民间社会靠拢，较多地摄取了当地比较流行的习俗，将之运用到诵经、二时课诵等活动之中，致使敦煌的禅修活动在程式上逐步民间化，而且修习的实际内容也与内地传统渐行渐远。这种现象在摩诃衍之后仍然得到延续，势必会对敦煌的禅修乃至整个敦煌佛教的发展产生影响。在吐蕃统治时期，敦煌禅修不论在修习形式还是在在修习内容上，都比中原佛教更贴近于民间，无疑从客观上推动并加快了敦煌禅宗乃至整个佛教向社会化、民间化、世俗化转变的进程。

〔原刊杜文玉主编《唐史论丛》第十辑，西安：三秦出版社，2008年，第228~247页（与王书庆合撰）〕

张碧波先生及其对萨满文化的研究
——《萨满文化研究》序

近期，本人应读者集团之邀，主编一套《中国北方民族历史文化丛书》。在当前出书难，尤其是离退休人员出书更难的境况下，我自然想起了我素所景仰的中国民族史研究巨擘张碧波先生。不久，便接碧波先生回函，知他正在撰写《萨满文化研究》一书，很快可以脱稿。对北方民族萨满教的研究，一直是我关心而饶有兴趣的课题，得到这一消息，使我非常振奋。

众所周知，萨满教是在原始社会条件下形成的世界性原始宗教，有着广泛的群众性，流布地域广阔，遍及东北亚、北美、北欧。在我国西北、华北、东北等地区，萨满教影响也很大，有众多民族世代信仰、全民尊奉。萨满教延续时间很长，自旧石器时代晚期(通行的说法认为萨满教起源于新石器时代晚期，即母系氏族社会晚期)兴起，发展演变至今，历千百年而绵延不绝，成为人类文化与宗教史上一个奇特且非常值得注意的现象。但由于种种原因，我国学术界对这种原始宗教的研究长期未得到应有的重视，研究成果相对稀少，而深入系统的研究著作更少。碧波先生以耄耋之年，致力于这一领域的研究，让人感到可钦可佩。

碧波先生自20世纪60年代起就已开始发表在国内学术界产生较大影响的学术论文，其本行是中国文学史，后转入中国北方民族文化研究。我和张先生的相识始自1990年，那时先生所主持的国家社会科学“七五”重点项目“中国古代北方民族文化史”正进行得如火如荼。先生当时有意让我承担敦煌民族文化史部分内容的撰写，遗憾的是，当时本人刚刚走出校门而至敦煌工作不久，对敦煌民族文化并不熟悉，此后不久又受遣赴印度德里大学学习梵文与佛教，一去二年，计划自然搁浅。等我回国时，《中国古代北方民族文化史·民族文化卷》已正式出版，接着《专题文化卷》也推出。这是我国第一部系统论述中国古代北方民族文化的鸿篇巨制，为中国古代北方民族文化的研究奠定了基础，嘉惠学林。本人虽以未能与役其事感到遗憾，但曾应先生之约提供照片数幅，也算是略尽绵薄。是后，先生不以本人卑陋而弃之，而是常常加以提携、鼓励与支持。十年前，当我的习学集——《中国北方民族历史文化论稿》出版时，先生正遭受脑腔梗、脑萎缩等病魔的侵袭，他以带病之躯慨然撰写长序向学界推荐，增辉良多，其情其谊，令人没齿难忘。

碧波先后治学勤奋而严谨，数十年如一日，孜孜矻矻，笔耕不辍，并在长期的研究过程中，逐步形成了自己的学术观点、学术体系和史学观。他认为中国古代北方民族（多为草原游牧民族）对中国文化史有特殊贡献，对其文化进行研究，有助于打破我国史学界长期存在的重华夏—汉文化而轻视北方草原游牧民族文化的传统观念，故而着意从中华民族观、中华疆域观、中华文化观的综合视野，全面整理研究北方民族文化，宏其声而扬其气。同时，张先生认为对中华文化的研究，必须重视区域文化与诸民族的个性文化，提出中华文化的发展，中原黄河文化是其中心，东夷、西戎、南蛮、北狄等诸多区域文化与之并驾齐驱，在发展过程中既呈现出个性特点，同时又相互激荡，最后构成了你中有我，我中有你的多元一体的大中华文化。这些思想在他主编的《中国古代北方民族文化史》中都有充分体现，是中国民族史、中华文化史研究上的创举。

张先生对北方民族文化的重视是持之以恒的，继《中国古代北方民族文化史》之后，他又先后推出了如下多种专著：

1.《东北古族古国古文化研究》，黑龙江教育出版社，2000 年；
2.《东北民族与疆域论稿》，黑龙江教育出版社，2002 年；
3.《中华早期文明的文化人类学考察》，黑龙江人民出版社，2005 年；
4.《中国东北疆域研究》，黑龙江人民出版社，2006 年；
5.《中华文明探源》（历史新视野），上海人民出版社，2007 年。

这些成果将北方民族文化的研究进一步推向深入。尤其后二种著作，为研究萨满教文化的形成问题奠定了基础。以张先生的谨慎、勤奋及深厚的学术素养，更兼身处萨满教流行的东北地区这一优势，致力萨满教的研究，必能披坚执锐，开拓创新。果不其然，没有多久，我便收到了张先生与其高足庄鸿雁副研究员合作撰写的书稿。拜读之下，受益良多。

由于本人对萨满教也多有关注，曾发表过几篇小作，[①]碧波先生遂嘱

① 如《敦煌本突厥文 ïrq 书跋》，《北京图书馆馆刊》1997 年第 4 期，第 104~105 页；《古代柯尔克孜人的宗教信仰》，《西北民族研究》1997 年第 1 期，第 130~137 页及《回鹘宗教史上的萨满巫术》，《世界宗教研究》2004 年第 3 期，第 123~132 页，等。

我为其作序。就年龄来说，张先生年届八秩，自是师辈；其学殖之深厚，人格之高尚，都堪称楷模，十余年来，我一直以师事之。学犹不及，安敢称序。然张先生不以在下荒陋，嘱托再三，固辞不恭，爰缀数言，勉副盛心，权充研习其大作的读书心得吧。

萨满教，原生形态当为巫，按照《萨满文化研究》之观点，约产生于旧石器时代晚期。这种原始宗教的信仰特点是，崇拜众多的神灵。崇拜自然，崇拜图腾，崇拜祖先，供奉各种神灵，祈求各种神灵的保佑。

自然崇拜的对象繁多，诸如天地山川、日月星辰、草木湖海等。如锡伯族自然崇拜的对象即有天、地、日、月、星、古树、人参等。西夏党项人的自然崇拜，是以天神崇拜为核心的；而与天神崇拜相关联的其他形形色色的自然崇拜，譬如山神崇拜、石神崇拜、日神崇拜、月神崇拜、水神崇拜、龙神崇拜、树神崇拜、土地神崇拜等，也都颇具独特文化意蕴。汉族也有自然崇拜现象存在，考察《左传》，不难发现，春秋人所信奉的天空诸神主要有太阳、星辰、雨、云、雷等，包括天体、天象和气象。①哈萨克人认为宇宙万物皆有生命，均受着神的支配。神有两大类，即善神和恶神，善神给人带来好处和幸福，恶神则使人遭受灾难。他们特别崇拜天、地、日、月、星、水、火，每逢发生瘟疫和旱灾时，人们都聚集在河边或山包上，宰杀黑色的山羊羔祭献神灵。然后就在野外煮食这些祭祀的肉，并祈求天地消灾降福。每逢新月初升时，哈萨克人便对着新月祈祷："愿日月怜悯，求新月赐福"。鄂伦春人则崇拜日月星辰与彩虹等，而且对山神（白依那恰）、马神（昭路博如坎）、草神（楚卡博如坎）、火神（透欧博如坎）也顶礼膜拜，同时又崇拜"恩古包"。恩古包包括三大神："阿路狄达力"（雷神）、"毛鲁开依达力"（旋风神）、"根球鲁阿狄尔"（风神）。鄂伦春人认为雷神是一大神，若打猎不顺利或人生病时，都向它祈祷。对旋风感到神秘，亦生畏惧，故而人畜避免走旋风刮过的地方。

一般说来，自然崇拜约产生于血缘家庭阶段，当血缘家庭被母系氏族公社代替的时候，人们的血缘观念已在日常生活中起着决定性的支配作用。人们相信同一氏族的人是最亲密的。为了区别本氏族成员与它氏族成员的不同，各氏族都有一个特殊的标记，这就是图腾。在我国北方古往今来的少数民族中，有不少都是以狼为图腾的，如乌孙、高车、突厥、回鹘、蒙古及今天的维吾尔族、哈萨克族、裕固族、满族等。高车人认为其祖源是一

①陈筱芳：《试论春秋自然崇拜》，《西南民族大学学报》2008 年第 12 期，第 248 页。

个女子“为狼妻而产子，后遂滋繁成国”的。[①]职是之故，唐代回鹘人在其国旗上常绣狼形象，称之为“狼纛”。直到今天，在维吾尔人的观念中，狼仍是福兆和吉祥的象征。人们常把狼的肋骨作为“伴侣”携带在身；让临产孕妇躺在狼皮上，认为这样生的孩子将会成为无畏的勇士；离家远行的人，在路上遇见狼，就会认为一路风顺，若遇见狐狸则自认为晦气，马上转身回家，不再随便远行。因为狼是勇敢的象征，故维吾尔人将男孩习称是狼。突厥人认为其汗国的统治者阿史那氏族先世为狼所生，故在“旗纛之上，施金狼头；侍卫之士，谓之附离，夏言亦狼也。盖本狼生，志不忘旧。”[②]图腾崇拜与图腾文化残余在东北地区多数民族中都或多或少有所保留，如满族的图腾除狼外，还有乌鸦、柳枝、野猪、鱼、鹿、鹰、豹、蟒蛇、蛙、鱼鹰等，鄂温克族则曾以熊、奥腾鸟、韩卡流特鸟、乌鲁卡斯鸟、海卡斯鸟、鹰、山、天鹅等为图腾，图腾神话、图腾名称至今仍存在，只是图腾禁忌已有所松弛。[③]

随着母系氏族社会向父系氏族社会的过渡，人们的世系观念大大增强，对人的崇拜逐步占据了统治地位，这样就产生了祖先崇拜。如高车，其丧葬方式是“掘地作坎，坐尸于中，张臂引弓，佩刀挟稍，无异于生”。[④]以此方式寄托让死者灵魂永生的愿望。乌桓人、鲜卑人的葬仪是“肥养一犬，以彩绳缨牵，并取死者所乘马衣物，借烧而送之，言以属累犬，使护死者神灵归赤山。赤山在辽东西北数千里，如中国人死者魂神归岱山也。”[⑤]乌桓所谓的“神灵归赤山”，相当于中原人所谓的“魂神归岱山”。这里的岱山亦即泰山。可见，乌桓虽地处东北，与中原相距遥远，但神灵归山观念却几无二致。后世的契丹，祖先崇拜观念亦甚浓重。据载，契丹有一先主名迺呵。“此主持一骷髅，在穹庐中覆之以毡，人不得见。国有大事，则杀白马灰牛以祭，始变人形，出视事，已，即入穹庐，复为骷髅”。[⑥]随着社会的发展，尤其是阶级社会的产生，祖先崇拜逐渐成为萨满教全部宗教活动的核心。祭祖是为了得到祖先神灵的庇佑。在丧葬仪式和各种祭祀活动中，都包含着灵魂不灭的观念。直到今天，在东北的诸民族中都遗存有祖先崇拜的观念，

①《魏书》卷103《高车传》，北京：中华书局标点本，1974年，第2307页。
②《周书》卷50《异域传下·突厥传》北京：中华书局标点本，1971年，第909页。
③何星亮：《中国图腾文化》，北京：中国社会科学出版社，1992年，第48页。
④《北史》卷98《高车传》，北京：中华书局标点本，1974年，第3271页。
⑤《后汉书》卷90《乌桓鲜卑列传》，北京：中华书局标点本，1965年，第2980页。
⑥［宋］叶隆礼撰，贾敬颜、林荣贵点校：《契丹国志》卷首《契丹国初兴本末》，上海古籍出版社，1985年，第1页。

如赫哲族人深信祖先的灵魂不灭，并且对活着的人有佑护作用。他们称祖先三代为“别布玛”，每逢春节时，都要在西屋供奉之。

宇宙万物都存在着神灵，但要使神和人得以联系起来，中间必须要有一个“中介”。大凡比较完备的原始宗教，在其发展过程中，必然要形成具有一定形式的神职人员来充当人和神之间联系的中介和宗教教义的解释者。碧波先生认为：“新石器时代的巫觋被称为‘通天神巫’，是为通天阶级，是知天知地的智者、圣者。夏商和周文武建国文献史料中除了君王（君王为大巫、大宗教主）之外露有名字并有行状之人多为巫觋，多为中华第一代文化人，这是中华文明史的一个鲜明特点。”这一观点从考古学上可以得到充分的证据。如红山文化及大地湾仰韶文化晚期宗教性遗址、遗迹的发现与研究，表明当时已出现了较复杂的宗教礼仪和某种形式的巫师，而瑶山良渚文化的墓葬资料，不仅显示了男觋地位一般高于女巫，而且也反映了神权与君权集于一人的事实。考古证据说明，在公元前的三千年中期，巫术已经成为人们的普遍信仰，专业巫师的滥觞已经出现，原始宗教正处由量变到质变的发展当中。及至商代，巫术已普及推广到社会生活的每个角落，故无事不卜不筮，无神不祭不祀。不唯卜筮医舞是巫术，甚至祭祀以及祭品、用牲，亦含有巫术意味。以卜筮而论，其权威超越人心向背与商王意愿，是最终的神秘力量。而凭借巫术力量进而握有政治决策实权的巫史集团，不仅是商代的政治精英，更是文化精英。因此，商代政治的特点可以概括为巫政合一，商代文化的特质可以总结为巫史文化。①正是由于上述巫政合一特点的存在，故而有人得出我国古代“君及官吏皆出自巫”的结论。②可谓得的之论。

就北方少数民族来说，巫的出现也是很早的。早在5世纪时，我国史书即对高车人中的“巫”有所记载。称高车人“喜致雷霆。每震，则叫呼射天而弃之移去。来岁秋，马肥，复相率候于震所，埋羖羊，燃火拔刀，女巫祝说，似如中国祓除”。高车斛律部首领倍侯利“善用五十蓍筮吉凶”。③这里的“巫”“蓍筮”，在突厥语中称为qam，亦即通古斯语中的“萨满”，自然属于那种能够沟通人与神之间联系的神职人员。12世纪中叶，南宋人徐梦莘在《三朝北盟会编》卷3中引佚名撰《女真传》谓：“兀室奸滑而有才，自制女真法律、文字，成其一国，国人号为‘珊蛮’。‘珊蛮’者，女真语巫妪也。

①刘乃寅：《商周巫史文化论纲》，《宁夏大学学报》1997年第4期。
② 李宗侗：《中国古代社会史》，台北：中华出版事业委员会，1954年，第118~119页。
③《北史》卷98《高车传》，第3271~3272页。

以其通变如神，粘罕以下皆莫之能及……”[①]这是有关萨满的最早文献记载。

直到今天，裕固族仍把萨满称作 qam。qam 一词有“动”“急动”“震动”“摇之向上”等意，另外还有“跳跃”之意。在满语中，“萨满”二字的意思是“兴奋的人”“激动的人”“壮烈的人”，这不能不使人联想到巫师跳神的动作。萨满跳神的动作各民族大同小异，一般都是身穿法衣，头戴神帽，脚踏神鞋，手击神鼓，边敲边走，忽前忽后、忽左忽右，旋转、跳跃、下蹲，口诵歌词，叨念患者的病情，呈神灵附体状，以禳灾祛鬼。民族不同，萨满之法衣、法器也自具特色，其中以赫哲族较为典型。赫哲族萨满的法衣很完备，既有神帽，也有神衣、神裙，甚至还有神手套和神鞋、神靴等；法器则有腰铃、神鼓、铜镜、鼓槌、神刀、神杖、龙头杖、神杆等。

萨满的活动在今天的东北地区仍很常见。在达斡尔族中，早期萨满活动的主持者一般都是由女性充任的，称耶德根，保持了母系氏族社会萨满的女性本源。在父系社会里，主持者变成了男性，但仍沿用耶德根一称，显系原始称呼的遗留。达斡尔族的耶德根可主持大型祭祀活动，而地位低于耶德根的斡托喜，则是娘娘神的代表，由女性充任。耶德根的助手巴格其可独自主持一些小规模的祭祀活动。这些人员都不脱离生产劳动。

而鄂伦春族的萨满则有男女之别，男称“尼罗萨满”，女的称“阿西萨满”。这种情况和蒙古族接近。蒙古人称男萨满为“博额”，称女萨满为“乌达根”。鄂伦春族萨满的来源也很有个性，其一，有人在得病后许愿当萨满，经萨满跳神后病愈，随即还愿成为萨满；其二，老萨满死后，他的灵魂会找一个人附体。如果一人能说出已故萨满的情况，即可成为萨满。萨满有“阿娇儒”与“德勒库”之不同，前者为氏族萨满，一个氏族只有一个，后者为流浪萨满，可以有若干个。因此鄂伦春族奉前者为正神，其权威要高于后者。

萨满教萌芽于旧石器时代晚期，至新石器时代晚期，即母系氏族社会的晚期已基本成形，历原始社会、奴隶社会、封建社会，一直存活到近现代，经历了漫长的历史过程。萨满教的产生，是人类自身存在与自然界关系极其密切的条件下产生的，是自然力量对人类形成压迫的结果。随着社会的发展，萨满教经历了一个由兴而盛，由盛而衰的过程，但是，它总是和北方民族的历史文化紧密相连的，用碧波先生的话说，它涉及的“多为宇

①同一内容又见南宋宇文懋昭撰，崔文印校证《大金国志校证·附录一》（下册），北京：中华书局，1986 年，第 590 页。

宙问题、社会问题、国家政权问题与生与死的生命问题”，经过千百年的发展，已由纯粹的原始宗教，经过潜移默化，逐步演变成为北方民族文化的重要组成部分。

据《萨满文化研究》一书研究，祖先崇拜思想早在距今2万8千年左右的峙峪文化（以发现于山西朔县峙峪村而得名，属旧石器时代晚期文化）和距今1万8千年左右的北京山顶洞旧石器晚期文化中即可见其端倪。该书认为，峙峪文化遗址和山顶洞文化遗址出现的墓葬“表明此时已具有宇宙层次观念，墓葬中的赤铁矿粉，已出现死后再生与升天观念；墓葬中的随葬品属非实用性的装饰品、艺术品，为灵物，为巫师的法器，表现人们的生命观念、生殖崇拜观念、审美观念和色彩观念。表现了巫史文化生成阶段的原生形态，揭示了人们对宇宙万物的新思维、新认识，表明中国古代社会已进入巫史文化阶段，并为迈入文明阶段作了准备。”这一结论否认了学界长期存在的华夏—汉族历史文化中没有巫史—萨满文化的结论，是站得住脚的。认为：“儒道释以及其他外来文化或宗教文化掺杂进来，使中华各族在构筑文化传统历程中，不断发生变化，其与巫史—萨满文化已有性质上的差异，但作为中华文明起源模式——天人合一、沟通天地的崇天观念一直为历代王朝（勿论华夏族的抑是夷狄族的）所承袭、所遵循、奉为圭臬，用为国家第一法典，这是不是巫史—萨满文化体系中的核心内容？”这些新观点解谬辨疑，抉发尤多，对我们认识巫史—萨满的起源具有振聋发聩的启示意义。

我国学界对萨满教的研究起步较晚，但于近期取得的成果却是相当引人注目的，举其荦荦大端者有秋浦主编的《萨满教研究》（上海人民出版社，1985年）、富育光、孟慧英著《满族萨满教研究》（北京大学出版社，1991年）、何星亮撰《中国图腾文化》（中国社会科学出版社，1992年）、《中国自然神与自然崇拜》（上海：三联书店，1992年）、迪木拉提·奥玛尔著《阿尔泰语系诸民族萨满教研究》（新疆人民出版社，1996年）、郭淑云著《原始活态文化——萨满教透视》（上海人民出版社，2001年）、郭淑云、王宏刚主编《活着的菩萨——中国萨满教》（辽宁人民出版社，2001年）、王宏刚、荆文礼、于国华合著《萨满教舞蹈及其象征》（辽宁人民出版社，2002年）等，这些著作的共同特点都是以北方少数民族萨满教为研究核心，以实地考察为基础，结合文献的记载与考古成就进行述论，内容丰富，资料翔实,为我们描绘了一幅中国北方民族的萨满教历史与现实的壮观图画。但在论及萨满教的起源问题时,着墨都不多。《萨满文化研究》一书则将北方民族的萨满教与中原地区由来已久的巫史文化结合起来进行研究,穷本溯源,从祭祀文化视角入手,揭橥夏、商、周、秦、汉、隋、唐、宋、明诸代华夏—汉族王朝文化史中的巫史—萨满文化诸形态, 进而将这些王朝统摄在巫史—萨满文化圈中进行探讨,钩沉发覆,穷其原委,实乃匠心独运,为北方民族萨满教起源问题的研究开辟了一条新的蹊径。

二〇〇九年岁首于兰州

(原刊张碧波、庄鸿雁著《萨满文化研究》,甘肃民族出版社,2012 年)